문화권력

제국과 포스트제국의 연속과 비연속

이 저서는 2017년도 정부(교육부)의 재원으로 한국연구재단의 지원을 받아 한림대학교 일본학연구소가 수행하는 인문한국플러스지원사업의 일환으로 이루어진 연구임 (2017S1A6A3A01079517).

차례

일러두기

1. 수록된 논문의 출처는 이 책의 뒤에 있는 「초출일람」에 밝혀 두었다.
2. 외국의 인명과 지명은 외래어표기법에 따랐다.
3. 무용 · 영화 · 연극 · 좌담회 · 공연 등은 홑꺾쇠(〈 〉)로, 소설 · 글 · 논문은 홑낫표(「 」)로, 도서는 겹낫쇠(『 』)로 구분하였다. 다만 구분이 모호한 경우는 홑낫표(「 」)로 표시하였다.

서문

1.

‘포스트콜로니얼리즘(post-colonialism)’이라는 서구의 용어가 세계사적 패러다임으로서 영향력을 발휘하면서 다양한 학문영역에서 적용되고 원용(援用)되고 회자되는 ‘시대적 담론’이 되었다. 여기에는 이 ‘이즘(ism)’이 그만한 학문적 흡수력과 응집력을 보여 주었기 때문에 가능했다는 사실이 분명히 있을 것이다. 그런데 이 거대한 담론은 거대했기 때문이겠지만 우리에게 혼란도 함께 가져왔다. 이 포스트콜로니얼리즘 담론으로 국민국가나 문화, 사회를 분석하면 ‘세계사적’ 흐름에 합류한 것이라고 여기게 하는 ‘외면적’ 장르의 분화가 바로 그것이다.

장르의 분화는, 이 서구 담론을 그대로 따르며 모방하려는 ‘추종적 수용’과 이 담론의 탄생 과정의 역사성을 규명하고 ‘서구 넘기’를 시도하려는 ‘비판적 수용’이라는 형태로 나타났다. 특히 후자의 ‘서구 넘기’는 ‘탈식민주의’라는 용어로의 번역과 수용을 통해서 “주체란 무엇인가”에 대해 고민하려는 데에서 서구를 넘으려는 비판적 수용의 시사성을 갖는다. 그러나 이러한 ‘탈식민주의’라는 용어로의 대체를 주장하는 몇몇 의견도 주체적인 해방을 제창한 것처럼 보이지만, 사실은 서구적 시각에서 잉태된 포스트콜로니얼리즘의 역사 그 자체를 설명하는 한계에서 완전히 벗어나지 못하는 과제를 안고 있다. 이처럼 문제는 ‘주체’라는 것을 어떻게 해석하고, “주체를 찾는다는 것은 무엇인가?”라는 근본적인 시각이 제자리를 찾지 못했거나 결여되어 있다는 데에 있다. 여기에는 당연히 ‘주체’에 대한 ‘타자(他者)’의 문제도 포함될 것이다. 이렇게 본다면 결국 포스트콜로니얼리즘 문제는 '우리'라는 주체 찾기에 대한 답을 구하지 못한 상태에서 거대 담론이 갖는 학문적 흡수력과 응집력 앞에 매혹되고 끌려가는 문제에 대한 '주체 찾기'라는 이른바 '탈콜로니얼리즘'적 과제를 안고 있는 현재진행형인 과제라고도 할 수 있을 것이다.

한림대학교 일본학연구소 HK^{+}사업단은 지난 9년 동안 수행한 한국연구재단 중점연구소사업 〈제국일본의 문화권력 : 학지(學知)와 문화매체〉 연구를 승계하고 발전시켜서 〈포스트제국의 문화권력과 동아시아〉 연구를 수행하고 있다. 언뜻 보기에 낯설 수도 있는 '포스트제국'이라는 용어를 배치한 데에는 위에서 언급한 포스트콜로니얼리즘 담론이 내포하는 문제와 과제를 인지하고 극복하려는 시도가 배경에 깔려 있다. '문화권력'에 초점을 맞추어 '동아시아' 개념을 재정의(再定義)하는 이 작업이 기존의 거대 담론에 포섭되거나 그 한계를 넘지 못하고 결국은 재론에 그치는 일 없이, 제국의 식민지로서 어둡고 아픈 경험을 한 우리 시선에서 근대를 거쳐 오늘날에 이르는 역사를 어떻게 바라보고 마주앉을 것인가, 문화권력과 동아시아를 화해와 협력 그리고 평화라는 해법 제시를 어떻게 정립(鼎立)할 것인가를 고민하기 위함이다. 그리고 '포스트제국'에는 당연히 '제국이 해체된 다음 시대'를 말하면서 제국에 대한 욕망은 결코 사라지지 않고 은폐되어 있을 뿐이기에 언제든 적기를 만나면 대두한다는 '후기 제국(주의)'라는 이중적 의미를 내포하고 있다. 작금의 한일 관계의 악화와 미국을 중심으로 중국, 러시아 등이 보이는 혼탁한 국제 정세는 바로 제국에 대한 욕망이 사라지지 않고 숨 쉬고 있음을 보여 주는 실례(實例)이다.

한편 역사적인 시각으로 볼 때, 포스트콜로니얼리즘은 동아시아가 아니라 서구라는 하나의 지역사회에서 잉태된 '지역 패러다임'이기도 하다. 서구 중심주의적 개념에서 등장한 이론이면서도 동아시아라는 지역 개념과 맞물려서 출현했던 것이다. 이러한 역사성은 결국 서구 모델을 추종하던 역사적 인식론의 산물이라 할 수 있으며, '동아시아적인 것'을 찾는 '포스트동아시아'라는 물음이 우리 앞에 있다고 본다. 즉 서구에 대비되는 동아시아 개념은, 서구체제를 유지하고 확산하는 '제국주의' 모습을 띠고 있었다고 할 수 있다. 이러한 세계적 통합이라는 배경을 품은 맥락 속에서 탄생한 역사적 배경을 재구성하고, 주체적인 입장에서 이를 상대화하고 해체하고 재구축하기 위해서는 서구적 특수성과 보편성을 떠나 '동아시아 내부의 실증적 문화 사례들'에 초점을 두고 '보편' 개념의 재구성을 위한 가능성을 탐구하는 시각도 필요하다. 이를 달리 표현하자면 지역적 특수성을 넘는 '동아시아' 개념의 재구성이라 할 수 있을 것이다.

이러한 시도는 결코 담론 추종에 안주하는 것이 아니라 실체적 문화가 갖는 특징과 '사람'에 초점을 맞추어 '사람의 삶과 현실, 일상 속에 나타나는 자생성'에서 출발하여 기존에 형성된 '담론'에 대한 비판성을 탐색하고, 이를 위해 사람과 연결하여 일국주의적 혹은 한 지역적 아니면 패권적(제국적) '패러다임 제시'의 한계성을 넘으려는 것이다. 이는 반대로 국가지상주의자에 의해 다문화주의나 다국가주의의 패러다임이 등장하였으며, 이들은 일국주의-다국가주의 혹은 단일민족주의-다민족주의라는 양면성을 표출하게 되었다는 점도 염두에 두어야 할 것이다.

사람의 '삶의 방식'에는 시대적 배경이나 담론의 세계에 갇히지 않는 '다양성'이 존재한다는 점에 착안하고자 한다. 그러나 동시에 삶의 방식을 지탱하고 보호해 주는 체제로서 '국가'를 당연시하거나 문화적 공동성을 자연스러운 것으로 '내면화한' 이중성의 실재(實在)에도 주목해야 할 것이다. 이는 국가, 민족, 사회라는 문화적 조건·환경 속에서 경계 만들기가 실행되었음을 역설적으로 설명해 주기도 한다. 실체로서 존재한다고 믿었던 국가나 민족이라는 개념이 사람의 일상적 생활에 의해 재구성되는 맥락이 이를 보여 주고 설명하는 실체적인 예가 될 수 있을 것이다.

이처럼 '사람의 삶'은 지역과 문화적 현상에 갇혀 있기도 하지만 그 내부에는 '보편 현상'이 존재한다는 점에 착목하여, 서구/비서구의 이분법적 틀에서가 아니라 개인의 실체적 '삶의 경험'을 존중하여 그것에 기반을 둔 논리의 특성들을 살펴보고자 했다. 바꾸어 말하면 세계 국민국가들이 구축되는 과정에서 만들어 낸 국경의 문제나 내부 계층 간의 문제가 국가 혹은 탈국가 논리의 재편 프로세스 속에서 어떻게 나타났는가를 규명하고자 했다. 동시에 서구와 대치되는 위치에 존재하는 공간으로 간주되던 동아시아 지역에 나타난 '국민국가'와 '사람의 삶'이 국가 바깥으로 나아가는 초극성이 존재했는가, 혹은 내부의 기억으로 회수되는 재현이었는가를 동시적으로 검토해 보고자 했다. 이는 사람의 삶이라는 문화적 소양이 갖는 '행위'가 기억을 어떻게 지배했는가 하는 문제를, 서구와 비서구 개념 틀을 해체하고 국가와 민족 공동체가 빚어낸 기존의 짓눌림에서 벗어나 자유를 찾아 나가는 출구의 기회를 마련해 줄 것이다.

동시에 문화권력이 어떻게 사람의 삶에 작동했고, 그 작동 자체가 어떤 한계성과 가능성을 갖는지를 찾고자 했다. 다시 말해 문화 자체가 갖는 '문화적 성격'의 차이나 그 내용을 고찰하는 것이 아니라 '국민국가'나 국가의 문화를 어떻게 내면화했고, 그 내면화의 맥락에 문화가 존재했다는 점에 초점을 두는 것이다. 국민국가의 사회적 전통이나 생활이 문화라고 보는 인식 자체이며, 국가나 민족 공동체를 형성하기 위한 '장치'로서 작동한 문화 인식인 것이다. 그것은 사회 통합을 위한 '장치'이기도 하고, 하나의 문화권력론으로 설정되기도 한다. 이것은 문화통합론적 시각이 작동하는 기제였고 공동체를 형성하는 '힘'이기도 했다는 점에서 문화권력이라고 본다. 이를 비판적으로 보는 시각을 공유하고자 하는 것이다. 그렇다고 장치로서 권력으로서의 문화에만 초점을 맞추는 것은 아니다. 문화예술이 갖는 이른바 '예술성' 혹은 마음에 감동을 주는 '문학성'과 그러한 심적 동계(動悸)를 통해서 가령 식민 통치하에서 개개인의 삶의 활력이 되는 부분도 결코 무시하지는 않는다.

이를 위해서는 원체험적 문화적 속성과 거리 두기를 해야 하는데, 이것이 어떻게 가능한가라는 문제는 문제의 해결이 아니라 오히려 '원문화 체험'의

속박으로부터 탈피하려는 '욕망'이 작동하게 되는 계기가 되고, 동시에 국민국가의 국민이 누리는 권리와 평등에 대한 두 욕망이 작동했다는 긴장감을 보고자 했다. 그것은 결과적으로 국민국가 내부의 원문화라고 여겨지는 문화권력에 대해 강조되는 역설로도 작동했고, 반대로 원문화 속에 존재하는 문화적 인식에 거리를 두고자 하는 '자각'이 탄생할 수도 있다는 점이다.

이러한 양가적 시각을 통해서 보면, 문화권력은 국민국가의 강화나 해제를 동시에 수반하는 개념이라는 점을 생각하게 한다. 그리고 문화권력의 자장(磁場) 안에 나타나는 '근대 국민국가'의 경험이 무엇이었고, 현재 현현하고 있는가를 조명해 보는 것은, 그 자체가 새로운 인식의 프리즘을 만들어 낼 수 있는 가능성이 존재한다고 볼 수 있는 것이다.

마지막으로 '포스트제국'이라는 새로운 접근과 시도로 기존 연구의 한계를 극복하려는 이번 시도에는 방법론적인 면에서 또 하나의 의도가 있음을 밝혀 두고자 한다. 〈포스트제국의 문화권력과 동아시아〉 연구를 성공적으로 수행하기 위해서는 '포스트콜로니얼리즘'이라는 너무나도 거대해진 담론 앞에 역사와 문화의 실체가 가려지거나 왜소화되어 담론 틀에 회귀 · 귀속되어서는 안 되며, 오히려 그 틀에 균열을 일으키고 새로운 인식을 만들어 내려는 구체적 실천이 있어야 한다고 생각한다.

바로 역사적 실증 연구와 담론 연구의 조화이다.

가령 역사적 실증 연구가 하나의 점에 대한 사실을 세밀하게 확인하고 증명하는 작업이라면, 그 점이 모이고 이어져서 선이 되고 면이 되어 시대와 흐름이 되는데, 여기에 담론과 실증 연구의 상호보완적인 조화가 이루어지며, 이 조화를 통해서 서로의 장단점이 융합한다고 생각한다. 인문한국플러스(HK⁺)라는 대규모 공동연구이기에 시도해야 하고 가능하다고 믿으며, 문화권력이든 포스트제국이든 결코 한 가지 방법과 잣대만으로는 규명할 수 없는 복잡하고 거대한 총체(總體)이자 복합체이기에 더더욱 실증 연구와 담론 연구의 융합은 학술적으로 유효할 것이다.

2.

이 책에는 16명의 저자가 참여했는데, 연구 대상은 다르지만 제국주의 맥락에 대한 비판적 견해를 제시하고 국민국가의 범주를 넘는 방식에 대해 설명하는 입장을 관통하고 있는 논고들이다.

먼저 제1부는 '제국과 포스트제국 그리고 국가주의'이다. 첫 번째 논문인 **남근우 교수**의 「**손진태의 '조선민속학'과 '신민족주의' 재론**」은 손진태가 일제 식민지기에 추구한 조선의 국민문학론과 조선 민속의 조사·연구 과정을 천착함으로써, 기왕의 손진태론에서 일반화한 민중의 발견자, 민족의 발견자로서의 자리매김을 재고해 보았다. 아울러 이를 발판으로 해방 후 손진태가 주창한 '신민족주의' 이데올로기와 '조선민속학'의 정치성도 고찰해 보았다. 그리고 **송석원 교수**의 「**제국일본과 한국의 스포츠 내셔널리즘**」은 "스포츠에서 정치적 암시는 피할 길이 없다"는 나탄(Alex Natan)의 지적을 제시하며, 내셔널리즘을 넘어서려는 다양한 노력에도 불구하고 종종 스포츠에서 내셔널리즘이 분출되는 것에 대한 특징을 검토했다. 더욱이 제국주의 시대에 스포츠 분야는 제국과 식민지 사이에서 피지배 민족이 지배 민족을 압도할 수 있는 정당한 공간이었으며, 이는 제국일본 시기는 물론 오늘날에도 스포츠 내셔널리즘이 표출되는 장이 된다는 '동형성'에 주목했다. **시미즈 미사토**의 「**댐 개발에서 식민지 지배를 생각하다**」는 댐 개발과 식민지 지배가 갖는 제구주의에 대한 시선의 교차성에 대해 논했다. 대만의 자난대천(嘉南大圳)은 1930년대에 건설된 수리 시설이다. 이 논문에서는 이 사업에 관여한 일본인 핫타 요이치(八田與一)라는 인물을 강조하는 담론이 주류를 이룬 나머지 당시의 농가 실정이나 사람들의 삶은 불가시적인 것으로 소거되어 가는 점에 초점을 맞추어, 제국의 저항자 시점에서 다시 쓰는 역사가 가능한지를 논하고 있다. **오은정 교수**의 「**제국일본의 패전, 전재민 그리고 피폭자**」는 제국일본의 붕괴와 함께 전쟁의 상흔을 짊어진 전재민과 히로시마와 나가사키의 원폭피해자 간의 차이에 주목해, 전후 일본의 원폭피해자 구호정책의 근간이 된 원폭의료법·원폭특별조치법·원폭원호법의 변화 과정을 고찰했다. 이를 통해 평화를 표방하는 전후 일본의 국가가 제국일본과의 표면적 단절을 선언했음에도 식민 지배와 전쟁 수행에 대한 어떠한 책임도 묻지 않았으며, 그러한 모호한 입장을 취하고 있는 일본 정부에게 히로시마와 나가사키는 '유일피폭국'이라는 정치적 구호는 제국주의의 과거를 소거(消去)하고 국가화한 피해자 담론 속에 안착하게 하는 표상이라는 점을 보여 주고 있다. **이경희 교수**의 **「제국의 퇴로, 전후 지성의 '근대'」**는 일본의 전후 지성 마루야마 마사오와 다케우치 요시미를 중심으로 '근대의 초극' 사상과 전후 사상 재건의 비/연속성을 검토했다. 제국일본의 봉건적 근대를 극복하고자 착수한 마루야마의 '근대의 사유'가 '(로컬적) 근대의 초극'과 닿았던 지점, 그리고 전후에 부상한 '아시아 내셔널리즘'을 참조하며 '민족적인 것'의 사상적 에너지에 주목한 다케우치의 '근대의 초극'론이 마루야마의 '근대적 사유'에 의거한 측면을 조명했다. **전성곤 교수**의 **「근대적 '국가주의'의 이중성과 제국주의 넘기」**는, 서구적 개념으로 일반화되는 '국가주의'의 개념에 대한 초월성과 한계성의 문제를 다루었다. 특히 신채호와 오카와 슈메이가 서구적 국가주의에 대해 새로운 대안으로서 제시한 '유교'에 기반을 둔 '도덕적 국가론'의 내적 특성을 검토해 보았다. 결국 보편주의를 강조하는 국가주의와 국민국가 내부의 완성을 요구하는 국가주의가 다르게 보이지만, 그 이론의 배경에 국가 개념이 아프리오리로 전제되었다는 점을 밝히며 초국가주의와 제국주의가 갖는 양면성을 살펴보았다.

제2부는 '포스트제국과 국민국가의 재현'이다. **강태웅 교수**의 **「항일과 향수의 길항」**은 최근 흥행에 성공한 타이완 영화들 속에 드러나는 일본의 식민지 기억을 분석하였다. 타이완에서는 식민지 시대에 대해 항일과 향수라는 대조적인 시각을 가진 영화들이 모두 흥행했다는 특징을 보이는데, 이 논문에서 타이완의 식민지 기억이 한국과 어떻게 다른지를 찾아보고 그러한 기억의 차이가 어디에서 비롯하는지에 대해 고찰했다. **고야 준코·무카이 다이사쿠 교수**

의 **「제2차 세계대전 전과 후의 오키나와 전통 예능 계승」**은 제2차 세계대전 전후의 정치적 · 문화적 상황의 변화 속에서 오키나와 사람들이 자신들의 전통 예능(류큐예능)에 어떠한 의미와 가치를 찾아내 왔는지, 그 연속성과 비연속성을 구미오도리(組踊)라는 예능의 계승 문제에 초점을 맞추어 논했다. 특히 이 시대를 통해 어떻게 '전통의 계승자'라는 존재가 구성되어 왔는지에도 주목하면서 '계승자'의 존재 자체가 어떤 특정한 역사적 · 문화적 상황 속에 살아가는 개개인이라는 것을 역사적 검증을 통해 되묻는 시도이기도 하다. **서재길 교수**의 **「포스트제국 시기 한국 영화와 원효 표상의 변모」**는, 식민지기 이광수의 역사소설 「원효대사」가 영화 「신라성사 원효」 및 「원효대사」로 변용되는 과정 속에서 나타난 포스트제국 시기 원효에 대한 문화적 표상의 변화를 살핀 것이다. 이광수의 「원효대사」가 '성승의 파계'라는 문제를 전면화함으로써 일본제국에 협력할 수밖에 없었던 이광수의 내면 풍경을 그린 것이라면, 제국 해체 이후 내셔널리즘의 부상 과정에서 생산된 「신라성사 원효」는 원효를 내셔널리즘의 자장 속에서 새로운 방식으로 표상했고, 1960년대 한국 영화의 성장기에 제작된 영화 「원효대사」는 영화적 볼거리와 러브라인을 구현하는 '히어로'로서 원효를 표상하고 있었음이 드러났다. **손지연 교수**의 **「전후 오키나와(인)의 성찰적 자기서사 「신의 섬」」**은, 오시로 다쓰히로의 「신의 섬」은 오키나와 출신이 아니면 접근하기 어려운 중층적이고 복안적인 사고성을 지녔다는 데에 초점을 두었다. 무엇보다 가해자로서의 책임을 본토인들에게만 묻고 있지 않고 오키나와 내부, 즉 '집단자결'을 명하고 정작 자신은 살아남은 자들의 책임 소재를 재문하고 있다는 것이다. 이 논문에서는 "피해자와 가해자를 대립적으로 나눌 것이 아니라 어느 쪽을 중시할 것인가가 더 큰 문제"라는 오시로 다쓰히로의 예리한 문제의식에 심층적으로 다가가 보고자 했으며, 특히 오키나와인도 가해자일 수 있다는 데에서 오는 심적 고뇌, 이른바 가해자의 트라우마 또한 생각해 보고 있다. **이노우에 겐 교수**의 **「점령기 일본의 문학공간에서의 연속과 비연속」**은 점령기 일본 잡지 미디어에 주목해 억압과 해방의 틈새 속에서 전망·시도된 근대화 양상과 미국 표상을 고찰했다. 1941년의 미국문학사와 점령기의 미국 관련서가 미국을 어떻게 '타자'로 상정했는지, 점령기 잡지 『웅계통신(雄鶏通信)』과 『미국문학』의 편집을 담당한 모더니스트들이 근대적인 것과 마주하고 아메리카니즘을 상대화한 양상을 검토하면서 제국일본과 점령기 일본에서 생산된 미국 담론의 연속성과 비연속성을 밝혔다.

마지막으로 제3부는 '포스트제국에서 국민국가의 외부와 내부'이다. 그 첫 번째 글인 **김웅기 교수**의 **「제국일본의 잔재인 조선적자의 정치적 다양성」**은, 제국일본의 잔재인 조선적자는 해방 직후 일본 정부가 일본 내 조선인의 일본 국적과 이에 따른 권리를 소멸시키기 위해 부여한 지위다. '조선'의 함의는 원래 한반도를 가리키다가 남북 분단국가가 탄생한 이후부터 '북'이라는 함의가 뒤섞이게 되었다. 이에 따라 조선적자는 북한/총련 지지 내지 연관성이 있는 층과 이와 무관하게 통일 조국을 갈망하는 층의 두 가지가 존재한다. 그럼에도 불구하고 첨예한 분단 논리에 따라 한국 정부는 조선적자를 군사정권뿐만 아니라 문재인 정부마저 모조리 '북'으로 간주하고 있다. 본고는 조선적자의 징치적 다양성을 도외시한 채 추진되고 있는 이들에 대한 문재인 정부의 한국 입국 허용정책이 되레 조선적자는 물론 재일코리안 총체를 분단 논리의 우리에 가두어 놓는 역할을 하고 있다는 점을 비판적으로 논의하고 있다. **무라시마 겐지 교수**의 **「불교에 의한 자선사업과 대만형 포스트콜로니얼」**은, 전후 대만에서 나타난 자선사업과 재해 부흥 지원을 담당한 불교단체 사례를 통해 국가가 사람들의 삶의 보장이 불가능한 점을 사회구조 분석을 통해 그려 냈다. 구체적으로는 대만적 문맥에 근거를 두고 일본 식민지기의 연속성이라는 시점에 입각하여, 전후 대만의 '삶의 보장' 문제를 포스트콜로니얼리즘과 연결하여 고찰한 것이다. **오가타 요시히로 교수**의 **「대한민국 국민국가 형성 과정의 '재일동포'정책」**은 이승만 정부의 재일동포정책에 주목하여 당시 한국 정부가 재일동포 또는 그들을 둘러싼 문제에 대해 어떤 인식을 가지고 어떤 대응을 취했는지를 분석했다. 지금까지 재일동포 관련 연구라고 하면 주로 재일동포의 정체성이나 그들과 일본사회의 관계성에 주목해 왔으나, 본고는 조국인 대한민국과 그들의 관계성에 주목했다. 또한 당시 한반도의 냉전 구도가 한국 정부의 재일동포정책에 얼마나 영향을 주었는지 밝히고자 시도했다. 이것은 기존에 일면적인 평가에 그쳤던 이승만 정부 시기의 재일동포 정책을 재고할 수 있는 계기를 마련하고자 한 것이기도 하다. **정충실 교수**의 **「해방 전 남촌의 조선인, 해방 후 명동의 한국인」**은, 식민지 경성 남촌에서의 소비 · 유흥과 연관되어 발생한 차별의 양상이 해방공간 명동에서 연속 혹은 단절되는 것에 대해 논했다. 구체적으로 일본제국의 식민지로부터 해방공간으로 전환되는 과정에서 차별 기준과 차별 공간이 달라지기는 했지만, 일본어 사용이나 일본문화 향유를 통한 배제와 차별이 지속되었음을 살펴보았다. 이를 통해 일본인이 사라진 해방공간을 자기 것으로 만든 한국인 상류층과는 달리, 여전히 배제되고 차별을 받아야 했던 하류층에게 1945년 8월 15일이 과연 해방의 날일 수 있는지 의문을 제기하고 있다. **현무암 교수**의 **「재한 일본인 여성의 전후 '귀환'과 '귀국' 사이에서」**는, 일본이 제국주의적 확장을 전개하는 속에서 생성하여 민족 · 계급 · 젠더의 결절점에 위치하는 재한 일본인 여성이 어떻게 전후의 한국을 헤쳐 나갔는지 그 이동과 정주, 귀국과 송환에 대해서 한일 관계의 정치적 교섭을 통해 고찰했다.

이처럼 제3부로 나누어 시도한 문화권력론이 문화권력을 재생산하는 논리가 아니라 그 내적 특성으로서 사람의 삶에서 나오는 실체성을 통해 새롭게 재고하는 시각을 갖기를 기대한다.

일본학연구소 소장

서정완

제1부

제국과 포스트제국 그리고 국가주의

손진태의 '조선민속학'과 '신민족주의' 재론*

남근우(南根祐, Nam Kun-Wu)

현 동국대학교 다르마칼리지 교수. 민속학 전공.

민속학사와 민속학 이론 탐구와 함께 문화의 유산화와 관광자원화에 관심을 갖고 조사·연구하고 있다. 주요 저서로는 『'조선민속학'과 식민주의』(2008), 『동아시아의 근대와 민속학의 창출』(편저·2008), 『世界遺産時代の民俗學』(공저·2013), 『한국민속학 재고 : 본질주의와 복원주의를 넘어서』(2014) 등이 있고 옮긴 책으로는 『일본인의 심리』(2000) 등이 있다.

1. 손진태론의 과제

손진태의 학문과 사상에 대해서는 지금까지 역사학계와 민속학계를 중심으로 비교적 많은 논의가 이루어졌다. 노태돈의 표현을 빌려[1] 그 논의 결과를 재정리하면 다음 세 가지로 간추릴 수 있겠다. ① 손진태는 일제 강점기에 조선 민속의 조사와 연구를 통해 민중의 삶을 이해했고, 또 민속과 함께 강인하게 이어지는 민족의 생명력을 깊이 호흡했다. ② 이를 바탕으로 일제 말기부터 다가올 해방을 맞이할 새로운 형태의 민족사 서술을 모색했다. ③ 이윽고 해방 후 그것들이 '신민족주의' 사학과 새로운 '민속학=민족문화학'의 형태로 제시되었다. 이 중에서 역사학계의 손진태론은 주로 ③의 신민족주의를 중심으로 입론이 구성되고, 민속학계의 경우엔 ①의 '조선민속학'과 ③의 민족문화학으로 그 무게중심이 쏠리기 마련이지만, 양자 모두 손진태의 학문과 사상이 ①에서 ②를 거쳐 ③으로 자연스레 귀결되었다고 보는 점에서는 대개 일치한다.

하지만 위의 통설에는 아직 미해결의 사안들이 남아 있는데, 무엇보다

---

* 이 글은 「'토민'의 '토속' 발견과 '신민족주의'」(『남창 손진태의 역사민속학 연구』, 민속원, 2003)와 「'신민족주의' 사관 재고 : 손진태와 식민주의」(『정신문화연구』 제29권 제4호, 한국학중앙연구원, 2006)을 중심으로 이미 발표한 손진태론을 재구성한 것이다. 그 과정에서 지난 10여 년 사이 새로이 발굴된 손진태의 텍스트를 보태며 다소의 첨삭과 손질을 가했다.

1 노태돈(1991), 「해방 후 민족주의사학론의 전개」, 노태돈 · 홍승기 · 이기백 외, 『현대 한국사학과 사관』, 서울 : 일조각, 8쪽.

②의 실증 여부가 핵심의 문제이겠다. ①의 조선민속학과 ③의 신민족주의 사학 및 민족문화학을 연결하는 형식 논리상의 고리가 ②이며, 따라서 이 연결고리가 사실로 확인되지 않을 경우 ①에서 ③으로의 전개를 '자연스런 귀결'로 볼 수만은 없을 터이기 때문이다. 적어도 손진태의 내부 논리에서는 그것이 어떤 학문적 단층이나 사상적 곡절을 내장한 것일 수도 있으며, 실제 그는 ③의 과정에서 때때로 자신의 과거 학술 활동에 대해 부자연스런 반응을 보이곤 한다.[2]

그러면 ②처럼 손진태는 1920~1930년대에 추구한 조선민속학의 성과를 바탕으로 일제 말기부터, 다가올 해방을 맞이할 새로운 형태의 민족사 서술을 모색한 것일까? 종래의 손진태론에서는 이에 대한 검토가 미흡했다. 손진태 자신의 다음과 같은 해방 후 발언이 유일한 논거로 자주 인용되어 왔을 뿐 그 당부에 대한 고찰은 이루어지지 않았다.

> 내가 신민족주의 조선사의 저술을 기도한 것은 소위 태평양전쟁이 발발하던 때부터였다. 동학 수우(數友)로 더불어 때때로 밀회하여 이에 대한 이론을 토의하고 체계를 구상하였다. 민족해방 이후 미구(未久)에 이 저술에 착수하였던 것이나 해방 이후 폭주하였던 공사의 일보다는 주로 나의 위장의 병으로 인하여 3년의 세월을 비(費)해서 지금에야 겨우 상권(上卷)이 탈고되었다. 나로서는 이 저술에 상당한 노력을 하였다.[3]

손진태의 학문과 사상을 처음부터 조화로운 통합체로 이해하려는 호의적 시선에서는, 『조선민족사개론』(1948)의 「자서(自序)」에 등장하는 위 발

---

2 자세한 것은 남근우(1998a), 「손진태의 민족문화론과 만선사학」, 『역사와 현실』 제28호 참조.

3 손진태(1981a), 『손진태선생전집 1』, 서울 : 태학사, 282쪽[손진태(1948e), 『조선민족사개론』, 서울 : 을유문화사].

언이 ②에 보이는 '새로운 민족사 서술의 모색' 사실을 뒷받침하는 논거가 될 수 있을지도 모르겠다. 더불어 인용문에 보이는 '동학 수우'의 일원인 조윤제, 그의 '민족사관' 창출에 관한 1952년의 회고담[4]이 그 사실을 방증하는 유력한 자료가 될 수도 있겠다.

그렇지만 손진태를 바라보는 종래의 예정조화적 시선을 일단 접어 두고, 조선의 민속과 민중과 민족에 관한 그의 관심과 주장을 그것들이 발화된 시공간의 콘텍스트로 되돌려 읽어 보려는 이들에게는, 해방 후 나온 위의 발언이 오히려 다음과 같은 궁금증을 불러일으킬 것이다. 손진태는 왜 하필이면 '태평양전쟁이 발발하던 때부터' 그 이름도 선명한 '신민족주의 조선사의 저술을 기도한 것'일까? 아니, '기도했다'고 해방공간에서 말하는 것일까?

종래의 통설에 따르면, 손진태의 신민족주의 사관은 "일본 군국주의의 단말마적인 강압 속에서 받은 민족의 시련을 정신적으로 극복해 보고자 하는 노력의 소산"이며, 아울러 그것은 "민족의 균등한 행복과 민족 간의 친선을 실현시켜야 한다는 강한 현대적 사명과 연결"[5]된다. 그렇다면 태평양전쟁 발발 전후의 '단말마적' 상황, 즉 '미영귀축(米英鬼畜) 타도'와 함께 대동아 민족의 공존과 공영이 제창되던 대동아전쟁의 위기 상황에서 신민족주의 사관의 그 '강한 현대적 사명'은 어떤 의미나 의의를 갖는 것일까? 이와 관련하여 정창렬은, 근년의 손진태론에서는 신민족주의 사학이 지닌 '구조적 취약성'이 언급되고 있지만, 그러한 연구에서도 "신민족주의 사관의 강렬한 '현재적 관심' 곧 '역사학에 현실 문제 타개의식을 내재화시키려는 역사의식'은 높이 평가되고 있다"[6]라고 지적한다.

---

4 조윤제(1988), 「나의 국문학과 학위」(1952), 도남학회 편, 『도남조윤제전집 5』, 서울 : 태학사, 377~382쪽.

5 이기백(1972), 「신민족주의사관론」, 『문학과지성』 1972년 가을호, 509쪽, 516쪽.

6 정창렬(1992), 「1940년대 손진태의 신민족주의사관」, 『한국학논집』 제21 · 22합병호, 119쪽.

하지만 우리는 이런 호평에 선뜻 따르기가 어렵겠다. 손진태가 신민족주의 조선사의 저술을 기도했다는 '태평양전쟁=대동아전쟁'의 맥락에서 보면, '민족의 균등한 행복과 민족 간의 친선'과 같은 '강한 현재적 관심'은 당시의 지배 이데올로기인 대동아공영주의와 연결될 위험성이 없지 않기 때문이다. 뒤에서 설명하듯이 제국일본의 어용학자 중에는 실제 대동아공영권의 지도 원리로 '신민조쿠슈기(新民族主義)'를 부르짖은 이가 있었으며, 따라서 신민족주의 사관의 역사의식에 대한 평가 역시 손진태의 학문과 사상에 대한 실증 고찰의 기초 위에서 신중히 다루어져야 할 과제라고 생각한다.

이러한 문제의식을 가지고 이하의 본론에서는 우선 ②의 바탕을 이룬다는 ①의 문제를 검증해 보겠다. 즉 손진태가 조선 민속의 조사·연구를 통해 민중의 삶과 민족의 생명력을 어떻게 '이해'하고 '호흡'했는지를 살펴보겠다. 구체적으로 그가 1920~1930년대에 추구한 조선의 국민문학론과 조선 민속의 조사·연구 과정을 천착함으로써 기왕의 손진태론에서 일반화한 '민중의 발견자', '민족의 발견자'로서의 자리매김을 재고해 보겠다. 이어 신민족주의 사관의 성립에 얽힌 위의 궁금증을 풀어 보고, 나아가 ③의 민족문화학에 가탁한 '민족'에의 욕망과 그 행방을 추적해 보겠다.

2. 국민문학론과 식민주의

1) 『조선고가요집』과 마에마 교사쿠

1920년의 도일부터 1934년 봄 조선으로의 '귀향'에 이르기까지 손진태는 약 14년의 세월을 제국일본의 수도 도쿄에서 보냈다. 수학과 연구를 위한 이 도쿄 생활이 그의 학문과 사상 형성에 중대한 구실을 했음은 말할 나위도 없겠다. 그사이 와세다대학의 니시무라 신지(西村真次)와 쓰다 소키치(津

田左右吉), 동양문고의 시라토리 구라키치(白鳥庫吉) 등과 같은, 당시 사계를 대표하던 그들이 손진태의 학문과 사상에 어떤 영향을 미쳤는지는 이미 필자의 논문에서 살펴보았는데,[7] 여기에서 거론하려는 구보타 우쓰보(窪田空穗)와 마에마 교사쿠(前間恭作) 역시 손진태가 추구한 1920년대의 조선 '국민문학' 연구에 크고 작은 영향을 미쳤다. 특히 후자는 손진태의 『조선고가요집(朝鮮古歌謠集)』 상재에 없어서는 안 될 중요한 존재였다.

우선 가인(歌人)이자 문예지 『국민문학』의 창간자로 널리 알려진 구보타는, 손진태가 수학하던 와세다제일고등학원에서 1~2학년 때 국어와 작문을 담당한 이다.[8] 손진태에 따르면, 그는 1921년의 1학년 작문 수업에서 과제물의 소재를 찾지 못해 헤매다 하는 수 없이 조선의 옛 노래 몇 수를 번역해 약간의 사견을 달아 제출한다. 다음 학기 초 손진태에게 되돌아온 그 과제물에는, 일본어 "번역은 그다지 맛깔스럽지 않지만, 이를 조직적으로 일본에 소개해 볼 생각은 없는지? 그건 매우 의미 있는 작업일 거다"라는 평이 쓰여 있었다. 손진태가 그 '의미 있는 작업'에 관심을 갖게 된 계기는 "선생님의 이러한 말에 자극을 받았기 때문"[9]이며, 실제 구보타는 위의 작문 수업 때부터 손진태의 첫 단행본인 『조선고가요집』 출판에 이르기까지 수차례의 번역문 첨삭과 함께 많은 격려를 보낸다.

그런데 이 『조선고가요집』을 상재하기 약 1년 전인 1928년 여름 손진태는 "최후의 교열을 받기 위해" 탈고한 원고를 지참하고, 당시 '조선학의 기숙(耆宿)인 마에마 교사쿠 선생님'을 찾아간다.[10] 그 결과 "나의 오역은 하

7 남근우(1996), 「'손진태학'의 기초연구」, 『한국민속학』 제28집.

8 와세다대학 대학사 편집소가 제공해 준 연도별 「學科配當表」 참조.

9 孫晉泰(1929a), 「序說」, 『朝鮮古歌謠集』, 東京 : 刀江書院, 5쪽.

10 『조선고가요집』의 「후서(後序)」를 쓴 이시다 미키노스케(石田幹之助)에 따르면, 손진태에게 "우리 조선학의 기숙(耆宿)인 마에마 선생님의 문을 두드려 가르침을 받아야 한다"라고 권한 것은 자신이며, 마에마에게도 삼가 가르침을 주실 것을 부탁했다고 한다[孫晉泰(1929a), 앞의 글, 3쪽]. 마에마의 '조선학'에 관해서는 末松保和(1974),

나하나 선생님에게 모두 지적당하고, 내가 선생님에게서 원고를 되돌려 받았을 때는 1백여 장의 부전(附箋)이 달려 있었다." 이처럼 "선생님의 주도 면밀한 교열에 의해 그다지 부끄럽지 않는 번역에 이르게 되었다"[11]라고 한다.

그러면 마에마가 교열 과정에서 붙인 '1백여 장의 부전'에는 어떤 내용이 담겨 있었을까? 이와 관련하여 고려대학교 박물관이 펴낸 손진태 유고집이 주목을 끈다. 유족이 기증한 각종 자료를 모은 이 유고집 제2권에는 마에마가 손진태에게 보낸 서간들이 수록되어 있기 때문이다. 그중에서 특히 주목하고 싶은 것은 편지글들이다. '조선학의 기숙'답게 조선의 시조집과 시조 작가 및 고어(古語), 비언야어(卑言野語), 자연현상에 이르기까지 그야말로 당시의 손진태가 "평신고두(平身叩頭)할 수밖에 없던"[12] 지적이 가득한 까닭이다.

그러한 여러 지적 중에서 필자가 문제 삼고 싶은 것은 "'명칭에 대해서'의 비견(卑見)을 채용해 주신 데 감사드린다"[13]로 시작하는 편지글이다. 이 대목에서 '명칭에 대해서'란 "조선의 고가(古歌)를 한마디로 시조(時調)라고"[14] 통칭하는 것과 관련한 내용이라 생각되며, 그 '비견' 채용에 따른 감사의 말에 이어 마에마는 조선의 고가에 대한 손진태의 비평과 추단을 매우 부정적으로 평가해 주목된다. 이 "비평, 추단에 관한 부분은 도저히 찬성할 수 없고, 실례지만 〔그거야말로〕 미숙의 극치라고 생각했습니다. ……그

「前間先生小傳」, 京都大学文学部 国語学国文学研究室 編, 『前間恭作著作集 下卷』, 京都 : 京都大学國文学会 참조.

11 孫晉泰(1929b), 『朝鮮古歌謠集』, 東京 : 刀江書院, 10~11쪽.

12 孫晉泰(1929b), 앞의 책, 10쪽.

13 고려대학교박물관 편(2002), 『남창 손진태 선생 유고집 제2권 : 우리의 민속과 역사』, 서울 : 고려대학교박물관, 141쪽.

14 孫晉泰(1929b), 앞의 책, 11쪽.

논술은 졸지에 만들어진 것 같고, 훌륭한 저술〔역서〕에 비해 너무 볼품없는 것처럼 보였습니다." 이에 "약간의 부전으로 내 생각하는 바를 적었습니다. 이 역시 하나의 □단설(□斷說)로 〔당신의 추단보다〕 더욱 미숙한 것임은 물론이겠습니다만, 노여워 말고 한 번 읽어 봐주십시오"[15](이하 인용문의 〔 〕는 필자가 붙인 주나 토임).

실제 그 '부전'을 살펴보면 손진태가 조선의 고가 번역에 부친 '비평, 추단'에 대해 마에마는 동의하기 어려운 대목이 많았던 모양이다. 그중에서 특히 문제로 지적한 건 조선의 민족 생활을 폄하하는 모질고 사나운 태도다. 즉 손진태가 "조선의 전통적인 민족 생활에 대해 외국인 여행객 내지는 저널리스트와 같은 피상적인 비판으로 그것을 폄하하는 폭려적(暴戾的) 태도"를 취했다는 것이다. 그게 "잠시 〔내지(內地)〕 대중의 마음에 들기 위해 하는 말이라면 허용이 될지도 모르겠지만, 사색과 연구를 직분으로 하는 학자로서는 바람직하지 않다"[16]라고 마에마는 꾸짖고 있다.

그렇다면 마에마에게 질타당한 손진태의 '폭려적 태도'는 구체적으로 무엇인가? 정말로 손진태는 조선의 전통적인 민족 생활을 '폄하'하며 사리에 어긋나는 모질고 사나운 태도를 취한 것일까? 기왕의 한국 사학사와 민속학사에서 민족과 민중의 발견자로 호평을 받아 온 손진태인 만큼 과연 그가 그런 폭려적 태도를 취했는지, 그 사실 여부가 궁금해진다.

마에마의 부전에 따르면, 조선의 문화사 중에는 "신라와 고려의 사찰을 중심으로 한 찬란한 문화〔와〕…… 조선조의 양반을 중심으로 하는 단려(端麗)한 문화"가 존재하며, 이 양자는 "우리의 사색, 연구에 무진장한 자재(資材)를 공급한다." 이 찬란한 불교문화와 단려한 유교문화의 존재에도 불구하고, 손진태 "당신 설〔을 보면〕 조선인은 비참한 생활을 계속해 왔으며, 그

---

15 고려대학교박물관 편(2002), 앞의 책, 141쪽.

16 고려대학교박물관 편(2002), 앞의 책, 142쪽.

래서 줄곧 지지러져 있다 때론 비분이 흘러나오기도 하고, 〔또〕 지나문학(支那文學)을 무조건 모방하여 그것을 읊조리기나 하고, 〔조선의〕 민족성으로 보이는 우정이 때때로 어렴풋이 드러나는, 바로 그런 게 조선인의 가문(歌文), 문학인 것처럼"[17] 읽힌다. 편지글에 보이는 이런 마에마의 비판은 『조선고가요집』에 부친 그의 서문[18]과 견주어 볼 때 의미하는 바가 보다 분명히 드러난다.

마에마에 따르면, 중국문화와 일본문화가 동양문화의 전부라 생각한다면 그건 큰 착각으로 또 하나 조선문화의 존재를 결코 등한시할 수 없다. "지금까지 조선을 지나의 연장〔아류〕인 것처럼 이해하는 이들도 있지만, 사실은 전연 그렇지 않다." 중국과 다르고 일본과도 다른 조선문화의 독자적인 특징이 있다. 이를테면 조선인의 "과거 민족 생활에서는 호족할거라는 사상(事象)이 일어나지 않았다. 따라서 봉건〔제〕와 같은 것은 물론 생길 수 없었다. 그런 까닭에 남의 공격을 걱정할 염려가 전혀 없었고, 동시에 적개심이 고무되지도 않았다." 그래서인지 조선인의 "민족 생활에는 복잡한 조직적인 게 발견되지 않는다. 일가족을 단위로 막대한 민족 생활이 영위되고, 향리(鄕里)나 생업에 의한 단결이란 것도 현저하지 않다. 그렇다고 인도의 카스트제도와 같은 것도 없고, 그저 부자·형제의 관계, 남녀노소의 차별, 그 가족의 혈통이나 소성(素性)에서 나오는 의례의 범주가 있어 〔자연스레〕 질서가 유지될 뿐이다."

일반의 기풍이 위와 같아 "힘의 집적이라는 게 자신의 지위 향상을 위한 수단으로서 그 효과가 의외로 적고, 그런 까닭에 자재에 대한 집착이 그다지 강하지 않다." 프랑스 선교사들도 놀란 박애란 바로 이런 것이며, 그렇

---

17 고려대학교박물관 편(2002), 앞의 책, 142쪽.

18 前間恭作(1929), 「孫晉太氏の朝鮮古歌謠集の發刊につきて」, 『朝鮮古歌謠集』, 東京 : 刀江書院.

기 때문에 호화와 사치에 대해서도 "다른 나라 사람들처럼 선망이 열렬하지 않다. 그로 말미암아 대중은 아주 작고 허름한 주거에 살며 가재도구라고 할 만한 것도 별로 없고, 안분지족하며 물적 생활을 영위한다." 이를 피상적으로 그저 "외관만을 보고서 폭정의 결과 혹은 위미(萎靡)와 퇴폐의 현상이라 속단하는 이도 많지만, 그건 전혀 헛다리를 짚은 것으로 실은 천 년 전이나 지금이나 그러한 생활은 그다지 변화가 없는 것이다." 혹은 이를 보고 "유타(遊惰)라는 것을 연상하는 외객(外客)도 많다. 이 역시 대단히 잘못된 것으로" 조선인 중에는 다른 곳에서 흔히 볼 수 있는 "절망적인 생활을 하는 이가 극히 드물고, 실은 모두 분수에 상응하여 근면 성실히 생활한다."

그러면 조선인은 예전에 그 어떤 이상도 갖고 있지 않았는가? 물론 그렇지 않다. "신라에서 고려에 걸친 6백~7백 년간은 불법이 그들의 마음을 지배하여…… 소향연등(燒香燃燈) 속에 그들은 도취하고, 줄곧 그러한 내적인 생활을 영위해 왔다. 그리고 최근 5백 년은 송학(宋學)의 전적(典籍) 속에서 그들이 공명할 수 있는 것을 추상(抽象)하여, 그것에 의해 종래 자신들이 가지고 있었던 사회조직(고려조에 송나라 사신이 하민(下民)에게조차 보급된 예절에 놀랐다고 말하는 것을 보면, 그것은 유교의 윤상(倫常)과는 관계가 없는 민족생활의 특징이다)을 충실히 미화"[19]했다고 주장한다.

마에마는 『조선고가요집』의 서문에서 조선문화가 동양에서 차지하는 위치와 그 실질을 위와 같이 지적한바, 이를 앞에서 본 편지글과 결부해 보면 손진태에 대한 마에마의 비판은 다음의 두 가지로 요약할 수 있겠다.

첫째, 조선문화를 중국문화의 아류로 폄하하는 이들이 많은데 사실은 전연 그렇지 않다. 신라에서 고려로 이어지는 찬란한 불교문화는 말할 것도 없고, 조선의 유교문화 역시 단려하기 그지없다. 중국의 유교를 무조건 모

19 前間恭作(1929), 앞의 글, 5~7쪽.

방한 게 결코 아니다. 송학의 전적에서 조선인들이 공명할 수 있는 것을 추상하여, 그것을 본래의 예절 바른 가족 중심의 사회조직과 결합시켜 단려한 유교문화를 만들어 낸 것이다. 당시의 조선인은 "반도가 세상에서 보기 드문 예의의 나라, 군자국이라 자신하고 있었고, 동시에 사치가 천시되고 청계(清溪)한 취미가 더욱더 향상되었음은 현대의 우리에게도 많은 교훈을 준다."[20] 그런데도 손진태는 조선조의 지배계급이 '지나문학을 무조건 모방하여 그것을 읊조리기나' 한다고 '피상적인 비판'을 가한다. "지나문학은 조선 사람들에게 잘 섭취되어 〔지나의〕 원형이 아닌 조선의 것인 게 사실"[21]인데도, 손진태가 이를 '폄하한다'고 마에마는 비판한다.

둘째, 조선의 고가에 보이는 조선인의 삶과 관련하여 '선인은 비참한 생활을 계속해 왔으며, 그래서 줄곧 지지러져 있다 때로는 비분이 흘러나오기도 한다'고 손진태는 비평과 추단을 내놓은바, 이 역시 '대단히 잘못된 것'이다. 앞의 서문에서 지적했듯이 본디 조선인의 민족 생활은 지방 호족의 할거와 봉건제의 부재로 말미암아 남의 공격을 걱정할 필요가 없었고, 적개심 역시 고무될 필요가 없었다. 본디 자재에 대한 집착이 약한 까닭에 호화와 사치에 대한 열망도 강하지 않고, 따라서 늘 안분지족하며 물적 생활을 영위해 왔다. 그런데도 작고 허름한 주거와 볼품없는 살림살이와 같은 그저 외관만을 보고 이를 폭정의 결과라든지 혹은 위미와 퇴폐의 현상이나 유타의 산물로 속단하는 이가 많은데, 그러한 속단이야말로 조선인의 전통적인 생활을 폄하하는 '폭려적 태도'다.

손진태의 '미숙한' 추단과 다르게 조선인은 결코 비참한 생활을 계속하지도 않았고, 또 줄곧 지지러져 있지도 않았다. 그들 중에 절망적인 생활을 하는 이는 극히 드물었고, 실은 모두 분수에 상응하며 근면 성실히 생활해

20 고려대학교박물관 편(2002), 앞의 책, 142쪽.

21 고려대학교박물관 편(2002), 앞의 책, 142쪽.

왔다. 결론적으로 마에마는, 조선인의 전통적인 민족 생활을 폄하하는 "가문(歌文)문학의 비평과 추단은 모두 빼버리고, 극히 간단히 그 분류에 관한 약해(略解)의 설명을 집어넣는" 게 "당신 저서의 가치를 높이는"[22] 지름길이라고 충고한다.

2) 민족 생활에의 '폭력적 태도'

그러면 손진태는 마에마의 이런 비판과 충고를 받아들인 것일까? 마에마가 '최후의 교열'을 본 당시의 원고와 위의 편지글에 대한 손진태의 답장을 볼 수 없는 상황에서 그것을 정확히 확인할 길은 없다. 그렇지만 『조선고가요집』의 「서설」을 보면 어느 정도의 판단은 가능하겠다.

우선 위의 두 비판 중 첫 번째의 것은 수용되지 않았다고 보인다. 조선의 지배계급은 중국문화의 모방과 숭배로 일관했다고 「서설」의 여기저기에서 손진태는 비판하기 때문이다. 가령 "조선은 문화적으로 말하면, 최근세까지 거의 지나의 일부였다 해도 문제가 없을 정도였다. 즉 지식계급은 모두 지나의 문자를 사용하고, 지나의 문학을 읽고, 지나사상의 소유자였다"[23]라든가, "과거 조선의 지식계급은 모두 지나문화의 모방자이며 숭배자였기 때문에 자기 나라 문화에 대해서는 거의 연구하지 않았다. 〔따라서〕 조선의 시조는 결코 일본의 만요(萬葉)〔슈(集) 노래〕처럼 상하 일반에게 존경받지 않았다."[24] 혹은 시조의 "외관을 보게 되면, 거기에는 지나 냄새가 심하게 배어 있다. 오늘날 전해지는 2천 수백 수 중에서 지나의 인물이나 사상, 경색(景色), 문장 등을 노래 속에 집어넣지 않은 건 아마 3분의 1에도

22 고려대학교박물관 편(2002), 앞의 책, 143쪽.

23 孫晋泰(1929b), 앞의 책, 3~4쪽.

24 孫晋泰(1929b), 앞의 책, 21쪽.

미치지 못할 것"[25]이라는 지적 등을 들 수 있다.

다음 두 번째 비판은 수용이 되었다고 보인다. "조선의 고가를 사상적으로 분류"해 보면, "연음(讌飮)·환로(歡老)·한적(閑寂)·호색(好色)·연군(戀君)·해학(諧謔) 등이 가장 현저한 조류이고, 개세(慨世)·심방(尋訪)·은둔(隱遁)·별한(別恨)과 같은 게 그다음의 조류일 것"이며, "이 노래들의 내용에 대해서는 내가 여기에서 우견(愚見)을 말할 필요는 없을 것"[26]이라고 지적하는 데 그치기 때문이다. 마에마의 편지글에 보이는 '조선인은 비참한 생활을 계속해 왔으며, 그래서 줄곧 지지러져 있다 때로는 비분이 흘러나오기도 한다' 운운의 비평과 추단은 찾아볼 수 없다.

이 대목에서 문제는, 손진태가 1928년 당시 조선의 전통적인 민족 생활에 대해 위와 같은 폄하와 폭려적 태도를 실제로 취했는지, 그 여부이겠다. 이와 관련하여 주목되는 것이 1920년대 중반에 발표된 손진태의 글들이다. 그중에서도 특히 1926년 동양협회의 기관지 『동양(東洋)』 5월호에 발표한 「조선의 고가와 조선인(朝鮮の古歌と朝鮮人)」과 이를 우리말로 보완하여 같은 해 『신민(新民)』 7월호에 기고한 「시조와 시조에 표현된 조선 사람」이라는 글이 눈길을 끈다. 이 두 논문에서 손진태는 "시조에 나타난 조선인의 생활 혹은 국민성과 같은 것을 고려와 이조로 나누어 고찰하고",[27] 그 결과를 다음과 같이 주장하기 때문이다.

> 고려 중엽의 태평한 시대에는 여유가 넘쳐흐르고 해학이 뛰어난 한가로운 노래들이나 불교 맛이 많이 나는 노래가 만들어졌던 것 같다. 그러던 게 고려 말기부터 이조에 걸쳐선 내우외환이 끊일 날이 없었던 탓에 국민성에도 비상

---

25 孫晋泰(1929b), 앞의 책, 33쪽.

26 孫晋泰(1929b), 앞의 책, 35쪽.

27 孫晋泰(1926d), 「朝鮮の古歌と朝鮮人」, 『東洋』 1929年 5月号, 36쪽.

(非常)한 변동이 생기게 되었다. 그리하여 시조 작품상에도 슬프고 적적한 것, 퇴폐적인 것, 비장한 것 등이 나타난 것 같다.[28]

중세의 조선 사람들은 비교적 평화(平和)한 생활을 내보였으며, 그들은 해학을 좋아하였고, 소박한 감정과 순후(淳厚)한 마음을 가졌었다. 그러나 고려 말부터 그들의 생활은 점점 이기적으로 물질적으로 되었으며, 외적의 침입과 무의미한 전쟁으로 인하여 그들의 사회적 · 경제적 생활은 근본적으로 동요하기 시작했다. 이조 초기의 소강(小康)이 있었으나 그것은 일시적이었고, 16세기 말과 17세기 초의 임란 · 호란으로 그들의 생활은 다시 구할 수 없도록 파괴되었다. 경제적으로 문화적으로. 그래서 중세의 광명한, 희망에 넘치는 소박한 해학적 민족성은 점점 침울하게 절망적으로 되고, 필경은 은둔적 · 퇴폐적으로 되었다.[29]

요컨대 평화롭고 태평스런 고려 시대에는 여유롭고 해학적인 시조가 많았다. 그런데 고려 말 이후부터 내우외환이 거듭된 조선 시대로 내려오면서 슬프고 적적하고 퇴폐적이고 비장한 시조가 나타나게 되었다. 동시에 중세 고려의 광명한, 희망에 넘치는 해학적 민족성은 점점 침울하게 절망적으로 변해 갔고, 결국은 은둔적 퇴폐적으로 되었다는 것이다. 이와 유사한 지적은 1926년 일본에서 발표한 국민문학론에서도 산견된다. 이를테면 "조선인은 근세가 되고 나서 매우 고적하고 비통한 민족성을 갖게 되었다. 그래서 철이 들 무렵부터 부르는 아이들 노래에는 대부분 그러한 경향의 노래가 많다"[30]라든가, 조선의 자장가 중에서 "비교적 근세의 소산이라 생각되는 노래들은 어느 것이나 슬픈 것뿐이다." 혹은 "본지〔『동양(東洋)』〕 8월

28 孫晋泰(1926d), 앞의 논문, 35쪽.

29 손진태(1981c), 『손진태선생전집 6』, 서울 : 태학사, 561~562쪽〔손진태(1926a), 「시조와 시조에 표현된 조선 사람」, 『신민』 제2권 제7호〕.

30 孫晋泰(1926e), 「朝鮮の童謠」, 『東洋』 1929年 9月号, 89쪽.

호에서 나는, 조선의 여성이 모두 최루물(催涙物)을 좋아한다는 걸 말했는데, 비참하고 슬프고 눈물겨운 그들의 생활에서 나온 노래에 천진난만하고 쾌활한 게 있을 리 없다"[31]와 같은 지적이다.

인용문에 보이는 '근세'란 조선 시대를 말한다. 이 근세의 내우외환에 따른 민중 생활의 피폐로 말미암아, 조선의 민중은 "'비참하고 슬프고 눈물겨운' 생활을 할 수밖에 없었고, 따라서 '매우 고적하고 비통한 민족성을 갖게 되었다." 그런데도 근세 "조선의 소위 위정자들은…… 정권 쟁탈에만 눈이" 멀어 사색당파를 일삼고 있었다. "그러한 반목과 충돌이 국가를 위한 혹은 민중 생활을 위한 투쟁 같았으면 존경할 바이겠지만, 지나식(支那式)의 유학적 도덕률로 사소한 일을 엉터리로 하여 거기〔에〕 각각 진부한 해석을 가하여, 실상은 정권 쟁탈의 도구를 삼은 것이다."

이런 점에서 "지나의 유학이 조선문화에 많은 공헌을 함과 동시에 커다란 치명상을 남겨 놓은 것은 부정치 못할 일이다."[32] 바로 그 '공헌'과 '치명상'에 관해 손진태는 일본의 독자들을 향해 다음과 같이 주장한다. "문화적으로 보면 지나는 조선에게 고마운 나라일지도 모른다. 하지만 그것은 학자들이 지껄여야 할 소리로, 조선 민중의 실생활을 위협하고 조선의 민족성을 퇴영적으로, 퇴폐적으로 만들어 버린 것 역시 지나가 아니면 안 된다. 나는 지나를 존경하지만 사실(史實) 앞에서는 어찌할 도리가 없다"[33]라고 말이다.

이와 같이 손진태는 조선 시대의 시조와 거기에 표현된 조선인의 삶과 민족성을 부정적으로 그린다. 또 그것을 초래한 조선 시대의 권력 계급과 그들의 지배 이데올로기로 작동한 '지나식 유학적 도덕률'에 대해서도 매우 비판적인 태도를 취한다. 1926년의 시조론에 보이는 이러한 부정적 묘사와

---

31 孫晉泰(1926f), 「朝鮮の子守唄」, 『東洋』 1929年 8月号, 63쪽.

32 손진태(1981c), 『손진태선생전집 6』, 서울 : 태학사, 548~549쪽〔손진태(1926a), 앞의 논문〕.

33 孫晉泰(1926d), 앞의 논문, 37쪽.

비판적 태도는, 1928년 '최후의 교열'을 받으려고 마에마에게 가져간 원고에서도 아마 관철되었을 것이다. 앞에서 본 편지글에서 마에마가 손진태를 비판한 내용이 다름 아닌 위의 두 사항이기 때문이다.

안분지족의 평화로운 조선인의 삶과 조선의 주체적인 단려한 유교문화. 마에마의 이런 목가풍의 조선 인식에서 보게 되면, 손진태의 위와 같은 부정적 묘사와 비판적 태도는 당연히 조선의 전통적인 민족 생활을 폄하하는 폭려적 태도로 비쳤을 수도 있었겠다. 하지만 와세다대학 사학과 재학 시절 이미 쓰다 소키치로부터 중국형 전제적(專制的) 권력 지배와 형식적 유교 도덕의 폐해[34]에 대해 귀에 못이 박이도록 들어온[35] 손진태로서는, '지나문화의 모방자이며 숭배자'인 조선 시대의 지식계급에 대해 비판적 태도를 취하고, 그들이 남긴 '지나풍' 시조에 대해 부정적 묘사를 하는 게 당연한 일이었을지도 모르겠다.

문제는 그러한 묘사와 비판이 폭려적인가 아닌가에 있는 게 아니다. 그것이 조선 지배를 위한 사대주의 담론과 그로 말미암은 조선 '멸망의 이야기'와 연동할 수 있다는 데 있다. 구체적으로, 조선인을 유교 도덕의 인습과 형식적인 제도에 짓눌려 생활력을 잃고 망해 버린 민족이라 간주하는, 쓰다류의 식민주의 지배 담론과 궤를 같이한다는 점이다. 그뿐만 아니라 그것은 손진태가 해방 후에 추구한 신민족주의 사관의 이항대립적 민족사 서술과도 공명하고 있어 주의를 요한다. 즉 '균등한' 씨족 공동사회의 이상화와 그에 대치되는 '불균등한' 전제적 귀족국가론으로, 그 배후에 중국문

34 자세한 것은 남근우(1996), 앞의 논문, 105쪽 참조.

35 실제 쓰다는 『조선고가요집』에 부친 서문에서 다음과 같이 지적했다. "조선에서는 지나문화, 지나사상의 압박을 받은 게 일본보다 훨씬 강했던 사실, 또 지식계급의 주의(注意)가 관부(官府)와 관련한 것에만 집중되었던 사실, 그리고 민중의 지위와 생활이 일본보다 낮았던 사실로 말미암아, 이러한 〔시조와 같은〕 가요는 일본에서보다도 훨씬 심하게 경시되었다. 지금도 역시 그러한 여습(餘習)이 없어지지 않고 남아 있는 모양이다"〔孫晉泰, 앞의 책(1929b), 2쪽〕.

화와 유교에 대한 가차 없는 비판이 자리 잡고 있음은 물론이다.

그런데 이훈상은 「의도적 망각과 단선적 역사 서술 : 일제 시대 조선 후기사 인식과 서술」이라는 논문을 통해, 일제 식민지기에 나온 연구에서 "조선 왕조는 사대주의로 본질화되고 이를 초래한 유교 이념은 부정적인 것으로 규정되었다"[36]라고 지적한다. 일제의 식민주의 지배 담론뿐 아니라 민족주의에 기초한 한국인의 저항 담론에서도 조선 시대에 대한 극도의 혐오감과 그에 따른 '의도덕인 망각'이 이루어졌다는 것이다. 그리고 "일상의 기억 속에 양반 지배 엘리트들의 특권과 수탈에 대한 부정적인 이미지로 분식되어 살아 있는 조선 시대 역사를 대신하여", "민족 공동체의 잔존물"로서의 민속 지식이 조선의 "새로운 정체성을 부여할 수 있는" 기능적 대체물로 등장하게 되는바, 그러한 "조선 시대에 대한 혐오와 이상화된 민속 지식에 대한 희구가 가장 두드러진 사례를 손진태에서 찾아볼 수 있다"[37]라고 주장한다.

이훈상이 지적한 '조선 시대에 대한 혐오'는 앞에서 인용한 손진태의 주장에서도 얼마든지 확인이 가능하다. 하지만 '이상화된 민속 지식에 대한 희구'에 관해서는 명확한 자료에 기초한 보다 신중한 논의가 필요하겠다. 뒤에서 설명하듯이 해방 이전의 손진태에게 "발견의 흔희(欣喜)와 학적(學的) 감흥을 무한히 주는 것"[38]은 벽지(僻地)에 잔존하는 토속이나 민속이었고, 그런 조선의 고속(古俗)이 그에게 '이상화된 민속 지식'으로 실제 '희구'의 대상이었는지는 따져 볼 사안이기 때문이다. 다음은 이 문제에 초점을 맞추어 일제 식민지기 그가 행한 조선의 토속과 민속 조사에 대해 살펴보자.

---

36 이훈상(1999), 「의도적 망각과 단선적 역사 서술 : 일제 시대 조선 후기사 인식과 서술」, 『진단학보』 제88호, 325쪽.

37 이훈상(1999), 앞의 논문, 331쪽.

38 손진태(1981c), 앞의 책, 465쪽〔손진태(1926c), 「토속연구여행기」, 『신민』 제13호〕.

3. 토속의 발견과 '고불통주의'

1) 조선사회의 '내적' 인식

제국일본의 동양협회에서는 1928년 기관지 『동양』의 창간 30주년을 기념하여 '동양 문제 연구호'라는 주제로 특집을 꾸민다. 고토 신페이(後藤新平)의 '과학적 식민'론[39]으로 시작되는 이 특집호에서는 '지나 문제'를 필두로 '만몽 문제', '조선 문제', '대만 문제' 등의 현상(現狀)과 과제가 각 지역의 전문가들에 의해 점검된다. 손진태의 「최근 조선사회상의 변천(最近朝鮮社會相の變遷)」은 이 '조선 문제' 섹션을 구성한 다섯 편의 글 중 하나로, 그의 1920년대 후반의 조선 인식을 이해하는 데 긴요한 글이겠다. 특히 마루야마 쓰루키치(丸山鶴吉)에 얽힌 다음 발언은 당시 그가 가진 조선 민중관의 일단을 드러내고 있어 인용할 만하다.

> 3·1운동 발발 직후에 경무국장을 지낸 마루야마 씨가 지난 어느 석상에서 술회한 바에 따르면, 조선의 신문·잡지는 함부로 애조를 띤 언론을 토로하여 민중을 흥분시킬 뿐, 조선 민중이 정말로 가야 할 길을 전혀 제시하지 않는다. 이는 도리어 조선을 오도하는 것으로, 조선 민중이 당장이라도 멸망할 듯이 말을 하지만, 그로 인해 조선 민족이 구제되는 것은 아니다. '제군은 대지에 더 힘차게 발을 딛고 조선인의 가야 할 길을 생각하지 않으면 안 된다.' 이것은 마루야마 씨만이 아니라 소위 조선을 안다는 일본인 모두가 주장하는 바다. 하지만 나는 마루야마 씨에 대해 이렇게 대답했다. '당신 설(說)은 과연 그럴 듯하다. 하지만 그것은 아직 조선사회를 내적으로 인식하지 못한 관찰이며, 조선

---

39 강상중(1997), 「'동양'의 발견과 오리엔탈리즘」, 『오리엔탈리즘을 넘어서』, 이경덕·임성모 옮김, 서울: 이산 참조.

> 인은 3·1운동 당시에도 또한 오늘날까지 진정한 감정적 세련을 받지 않았다. 사회적 운동의 자연적 과정으로서 조선인에게는 무엇보다도 먼저 센티멘털리즘운동이 필요하며, 감상(感傷)의 해방을 받지 않은 민중에게 대지에 입각한 이치를 말해도, 그것은 무용한 짓일 뿐만 아니라 도리어 오해를 살 위험이 있다. 그리하면 신문이나 잡지는 팔리지 않는다. 조선인은 아직 봉건적인 머리에서 탈각하지 못한 상태이고, 또한 희로애락을 표현하지 않는 종교적 생활로부터 구제되지 않은 까닭에, 대중적·민족적 운동을 필요로 하는 이 시대에 〔조선인의 입장에서〕 애조를 띤 언론으로 민중의 감정에 호소하는 것은 반드시 필요하며, 이 감정해방운동은 당분간 계속될 것이다.' 나는 이러한 내 견해가 옳다고 생각한다. 하지만 조선사회가 차분히 안정되어야만 한다는 것은 물론이거니와 요 2~3년 사이에는 꽤 안정된 듯한 느낌이 들기도 한다.[40]

마루야마가 조선총독부 경무국장을 역임한 것은 1922년 6월부터 1924년 9월까지이며, 따라서 위에 보이는 그의 '술회'담이 펼쳐진 것은 1924년 9월 이후이겠다. 전 식민지 경찰 관료의 이 상투적인 지배 담론이 어느 석상에서 술회되었는지, 또 그 자리에서 정말로 손진태가 위와 같은 반론 형식의 '대답'을 했는지는 알 수 없다. 하지만 그 대답 내용이 민중의 발견자라는 기왕의 손진태상과 상당한 거리가 있음은 확인할 수 있겠다.

인용문에 보이듯이 손진태는 먼저 마루야마의 지배 담론에 대해, '조선사회를 내적으로 인식하지 못한' 피상적 '관찰'이라고 비판한다. 이어 '조선인은 아직 봉건적인 머리로부터 탈각하지 못한 상태이고, 또한 희로애락을 표현하지 않는 종교적 생활로부터 구제되지 않은 까닭에', 조선 민중에게 '대지에 입각한 이치'를 말하는 것은 '무용한 짓일 뿐만 아니라 도리어 오해

---

40 손진태(1981c), 앞의 책, 679~680쪽〔孫晉泰(1928b), 「最近朝鮮社會相の變遷」, 『東洋』 第31卷 第7号, 396쪽〕.

를 살 위험이 있고', 따라서 사회운동의 '자연적 과정으로서 조선인에게는 무엇보다도 센티멘털리즘운동이 필요'하다고 주장한다. 그의 말을 다시 빌리면, "조선은 아직도 〔이〕 감정해방운동에 의한 민족해방운동 시대에 처해 있는 관계로 〔조선의 민중에게〕 실제적 · 이성적인 것을 생각하라고 해도 그건 좀 무리일 것"[41]이지만 요 2~3년 사이 조선사회도 상당히 '안정'되어 "여러 방면에 걸쳐…… 이성적 · 실제적으로 움직이게 되었다."[42] 손진태는 이와 같이 마루야마를 비롯한 일본인 독자를 향해 「최근 조선사회상의 변천」을 논한다.

손진태가 말하는 '실제적 · 이성적인 것'이 무엇인지, 위의 글에는 이 점에 관해 구체적으로 명시된 게 없다. 하지만 그것이 앞의 마루야마에 대한 대답에 보이는 '대지에 입각한 이치'와 같은 것임은 미루어 짐작할 수 있겠다. 또 그것은 지난 어느 석상에서 마루야마가 조선의 청년 제군에게 제시했다는 '조선인의 가야 할 길'과 상통하는 것인지도 모르겠다. 아무튼 1920년대 문화정치의 맥락에서 손진태가 주장하는 조선사회의 안정론과 실제적 · 이성적 동향론을 접하면서, 이른바 실력양성론으로 상징되는 문화민족주의의 순치된 저항 담론의 이미지를 떨쳐 버릴 수는 없겠다.

그런데 이러한 이미지와 앞에서 본 발언의 정황만으로 종래의 손진태상을 해체하려 드는 것은 물론 정공법이 아니며, 이 대목에서 우리는 조선사회에 대해 손진태가 '내적으로 인식'한 과정과 결과를 짚어 볼 필요가 있겠다. 즉 조선 민중의 삶에 대한 이해와 조선 민족의 생명력에 대한 호흡이 과연 어떠한 것이었는지를 살펴보아야 한다. 이 경우, 1920년부터 1934년 봄까지 도쿄에서 생활한 손진태가 조선의 민중과 직접적으로 접촉하는 계기는 대부분 조선 토속 · 민속의 현지 조사에 있었다 해도 과언이 아니며,

41 손진태(1981c), 앞의 책, 679~680쪽〔孫晉泰(1928b), 앞의 글, 396쪽〕.

42 손진태(1981c), 앞의 책, 679~680쪽〔孫晉泰(1928b), 앞의 글, 396쪽〕.

실제 그는 이에 관한 세 편의 조사일지를 남겨 놓았다.

① 「토속연구여행기」(1926, 『신민』 제13호, 신민사)
② 「조선민속채방여록(朝鮮民俗採訪餘錄) 1～2」〔1933, 『향토연구(鄕土硏究)』 제7권 제1～2호, 향토연구사〕
③ 「조선민속채방록(朝鮮民俗採訪錄)」〔1933, 『돌멘(ドルメン)』 제2권 제7호, 岡書院〕

이 중에서 ①은 조선의 시사 잡지에 조선어로, ②와 ③은 일본의 민속학 관련 잡지에 일본어로 각각 발표한 것이다. 그리고 ①은 와세다대학 사학과 재학 시절 사비로 행한 조선 '토속'의 연구 여행 기록이며, ②와 ③은 동양문고 사서 시절 일본 제국학사원의 학술 연구비를 받아 행한 조선 '민속'의 채방일지다.

위의 ②·③에서와 같이 손진태가 '민속'이라는 용어를 일반적으로 사용한 것은 1930년대에 이르러서다. 물론 그 이전에도 민속의 용례가 전혀 없는 건 아니지만, 1920년대에는 ①에 보이듯이 주로 '토속'이라는 용어를 쓰고 있다. 손진태는 이 양자를 모두 고속의 잔존물이라는 뜻으로 사용하며, 따라서 토속에서 민속으로 혹은 토속학에서 민속학으로의 용어 전환이 어떤 연구 방법상의 변화나 사상적 곡절을 함축하고 있는 것은 아니다.[43] 다음은 이

---

43 이런 관견에 최근 전경수가 이견을 제시했다. 즉 "'연구방법상의 변화'〔가〕 아니라는 데에는 동의하지만, '사상적 곡절을 함축하고 있는 것은 아니다'라는 단정에 대해서는 동의할 수 없다"라는 것이다. 그에 따르면, 제도(帝都) 도쿄에서 인류학과 토속학(ethnography)을 학습한 손진태가 그 학문들을 식민지 조선에서 실천하면서 "타자화된 조선 토속에 대한 자성(reflexivity)의 과정이 출현하였을 것이고, 〔그〕 타자성을 극복하기 위한 전략이 '토속'에서 '민속'으로의 용어 변환이었다." 그것은 식민지 지식인이 "자신의 토속을 바라보아야 하는 상황에서 발견되는 '사상'의 문제"로, 제도 도쿄의 "중심부에서 생산된 민속이라는 새로운 개념으로 주변화된 자화상을 전도하려는 손진태의 시도에는 민중에 대한 문제의식이 개입되었"〔전경수(2010), 『손진태와 문화인류

세 편의 조사일지를 살펴 그의 민중의식의 실체에 접근해 보자.

2) 화전민의 타자화

우선 ①에서 손진태는, "우리와 같이 토속을 연구하는 자에게는…… 고적(古蹟)이나 자연의 풍경보다도 차라리 개성의 무당이나 특수한 미신, 풍습 같은 것이 흥미를"[44] 끈다고 말한다. 그리고 이처럼 흥미를 끄는 "토속의 재료를 찾기 위하여 민첩히 활동"[45]하는 자신의 시선과 그 과정에서 꼬리를 물고 떠오르는 "토속학의 일거리"[46]를 서술하고, 그 작업 과제를 해결하기 위한 방법론적 전망을 내놓기도 한다. 이러한 토속 채집을 통한 일거리 '발견의 흔희와 〔토속〕학적 감흥'은 화전민에 관한 다음의 발언에서도 잘 드러난다.

손진태는 약 일주일간의 이번 여행에서 대한제국의 군인 출신으로 황주에서 사진업을 하는 정관섭이라는 인물을 우연히 만난다. 그리고 그에게 들은 화전민과 그들의 삶에 관한 이야기를 「토속연구여행기」에 남긴다. 즉 화전민의 귀틀집과 화전 경작, 추수 후 "저장해 둔 귀밀 · 조 · 감자의 밥을 씹으면서 눈 속에서 자연인의 생활을 보내는" 그들의 일상과 주부에 의한 불씨 계승 관행, "소금 외에는 아무것도 사람의 것에 가치를 두지" 않으며 "곡종(穀種) 이외에 먹고 남은 식량이 그다지 필요하지 아니한" 그들의 욕심 없는 삶과 "나그네를 환대하는…… 존귀(尊貴)한 도덕" 등을 기술한다.

학 : 제국과 식민지의 사이에서』, 서울 : 민속원, 170쪽〕다고 주장한다. 이 주장이 성립하기 어렵다는 것은 남근우(2013), 「민속 개념 재고」, 『실천민속학연구』 제21호, 98~101쪽 참조.

44 손진태(1981c), 앞의 책, 465쪽〔손진태(1926c), 앞의 글〕.

45 손진태(1981c), 앞의 책, 472쪽〔손진태(1926c), 앞의 글〕.

46 손진태(1981c), 앞의 책, 466쪽〔손진태(1926c), 앞의 글〕.

특히 이 이인환대(異人歡待)에 얽힌 로맨스에 흥미를 느낀 손진태는 "그들을 둘러싼 자연과 그들의 생활, 그중에서도 그들의 연애 생활을 연구하고 싶은 생각이 불같이 일어났다. 그러나 지금의 나에게는 시간의 여유가 없음을 한탄하였다"[47]라고 적고 있다.

이처럼 '자연인의 생활을 보내는' 신비로운 화전민, 특히 그들의 연애 생활을 탐구하고 싶다는 손진태의 낭만적 관심은 그로부터 약 6년 후, ②의 민속 채방 과정에서 이른바 '현재적 관심'으로 전환될 수 있는 계기를 맞이한다. 즉 평안·함경도의 산간 지방 위주로 약 3개월에 걸친 본격적 민속 채방 과정에서, 그는 로맨틱한 이야기 속의 화전민이 아닌 현실의 화전민을 자주 접하게 된다. 그 과정에서 화전민으로 상징되는 조선 민중의 삶을 어떻게 인식하는지, 다음은 이 점을 주시하며 그가 평안도의 "성천·양덕간에서 느낀 〔화전민〕 소감"부터 들어 보자.

사방이 벌거숭이 민둥산인 이 오지를 지나며 손진태는 우선 차창 너머로 송아지 한 마리를 발견한다. 그러고는 큰돈이 있을 리 만무한 화전민이 "어떻게 저런 10엔이나 될 듯한 송아지를 살 수 있었을까 하고 탄복한다." 이어 한참을 달리자 산꼭대기에서 연기가 피어오른다. 저곳에 화전민이 살고 있다고 옆자리의 사내가 일러 준다. "새빨갛게 벗겨진 이 척박한 산에서 무엇을 얻으려 저런 곳까지 올라가 산단 말인가." 손진태는 "연기가 나는 곳을 바라보며 무한한 연민을 느낀다."

이번에는 채소 같은 것을 이고 산을 내려오는 맨발의 젊은 처녀들의 모습이 차창에 들어온다. "시집갈 때도 고무신은 신을까 말까 하지요"라고 옆의 사내가 말한다. 연민의 느낌도 잠시, 차는 그녀들을 지나 또 달린다. 이번에는 자갈밭 바위 위에서 놀고 있는 아이들이 눈에 들어온다. "도대체 그들은 이런 자갈과 황토뿐인 밭때기 그 어느 구석에 마음이 끌려 머나먼 이

---

47 손진태(1981c), 앞의 책, 475~476쪽〔손진태(1926c), 앞의 글〕.

곳까지 온 것일까?" '탄복'에서 '연민'으로 이어지던 손진태의 화전민 소감은 이러한 물음으로 끝이 난다. 그리고 다음과 같은 마무리가 뒤따른다.

> 이와 같이 단조로움 그 자체와도 같은, 비좁고 답답한 골짜기를 굽이굽이 돌아가는데 돌연 가슴이 확 트이기 시작했다. 우리를 태운 차가 장림(長林)이라는 마을로 갑자기 들어간 것이다. 자그마한 평야가 펼쳐지고 냇가도 상당히 큰 곳인데, 경원선이 지금 여기까지 통하고 있다. 처음으로 인간을 발견한 듯한 느낌이 든다. 지금까지 본 처녀들과 아이들, 그것들은 자연이었던 것이다.[48]

위의 소감에서 우리는 화전민을 둘러싼 자연과 그들의 생활에 대한 손진태의 연민을 어느 정도 읽어 낼 수 있겠다. 그리고 이 연민의 감정은 그 동기의 진지함에서 앞의 ①에서 보았던 낭만적 관심과 큰 차이가 있음을 알 수 있겠다. ①의 사진업자 이야기에서 촉발된 신비로운 화전민 이미지와는 달리, 비록 달리는 차창 너머의 풍경이기는 하지만 하늘 끝까지 새빨갛게 벗겨진 민둥산과 그 척박한 산길을 맨발로 오르내리는 처녀들, 그리고 자갈밭의 헐벗은 아이들을 손진태는 자신의 눈으로 직접 보고 있기 때문이다.

그런데 손진태는 차창 너머로 보고 느낀 화전민의 생활, 즉 머나먼 평안도 오지까지 쫓겨 들어와 자갈과 황토뿐인 밭뙈기 한구석에 마음을 의지하고 살아가는 그들의 삶을 애써 외면하려 든다. 화전민과의 자기동일화를 전제로 모처럼 느낄 수 있었던 연민의 시선을 이내 거둬들이고 만다. '지금까지 본 처녀들과 아이들, 그것들은 자연이었〔다〕'고 말이다. 이처럼 '자연'으로 표상되는 맨발의 처녀들과 아이들, 그 대극에 경원선을 향유하는 '인

48 손진태(1981c), 앞의 책, 433~434쪽〔손진태(1932), 「조선민속채방여록 1」, 『향토연구』 제6권 제4호, 43~44쪽〕.

간'들이 있음은 물론이겠다. 거기에 몸을 실은 손진태가 자연의 화전민을 어떻게 타자화하는지, 그의 소감을 좀 더 들어 보자.

이 산을 토민(土民)은 놈막고개(淸幕嶺)라 부른다. …… 올라가는 길가의 백성들도 물론 화전민이고, 넓게 보면 양덕 · 맹산 · 영원 등지의 농민은 대부분 화전민이다. 하지만 나는 예전에 그들이 산림에 불을 질러 전지경작(轉地耕作. 지금은 방화를 금하고 있다)을 하면서 산속 깊이 파고들어 간, 당시의 모습을 가장 농후하게 보존하고 있는 화전민을 볼 요량으로 청막령을 택한 것이다. 황처령은 산도 더 높고 〔골도〕 깊으며 또한 화전민도 많은 듯하였지만, 거기에는 누목가옥(累木家屋)이 적다고 하므로 누목가옥이 가장 많다고 하는 청막령을 택한 것이다. 그런데 실제 가본 즉 〔누목가옥이〕 의외로 적은 것에 놀랐다. …… 한번 방 안을 들여다보니 벽이나 천장은 진흙으로 발라 방치해 놓고 온돌에는 흙바닥에 시꺼멓게 더러워진 안평(安平)을 한 장 중앙에 깔아 놓았을 뿐이었다. 천장에는 제비가 집을 지어 하얀 똥을 안평 위에 수북〔이〕 떨구어 놓았고, 방 안에서는 병아리와 돼지새끼, 개새끼들이 놀고 있다. 그런데도 안주인을 별로 그것들을 내쫓으려 하지 않는다. 그들은 실로 자연 그 자체의 일부분이다. ……〔정지마루 밑의 감자〕 구덩이를 들여다보니 불과 엄지손가락보다 좀 클까 말까 한 감자가 몇 되 남아 있을 뿐, 정지의 항아리는 빈 상태다. 그들은 이미 며칠 먹을 식량 이외에는 남은 게 없는 것이다.

화전민의 가구는 대개 나무로 만들어져 있다. 숟가락, 젓가락, 부젓가락, 숯불 운반구, 식기, 절구통은 물론이고 김칫독 역시 옹기를 쓰지 않고 대목(大木)의 속을 도려내어 만든 것을 사용하고, 굴뚝도 이 방법으로 만든 것을 세워 놓고 있다. 이 얼마나 공을 많이 들인 사치스러운 굴뚝이 아니겠는가![49]

---

49 손진태(1981c), 앞의 책, 451~453쪽〔손진태(1933a), 「조선민속채방여록 2」, 『향토연구』 제7권 제1~2호, 103~105쪽〕.

이처럼 감자 몇 되밖에는 가진 게 없는 화전민의 삶을 눈앞에 보면서 이내 '원목'으로 만든 그들의 '사치스러운 굴뚝'을 운위하는 손진태는, 그 "소박한 천국 백성"[50]이 사는 "산중의 별세계"[51]에서 하룻밤을 묵고 갈 요량이었던 모양이다. 네 시간을 걸어 청막령에 도착한 게 오후 네시였기 때문이다. 하지만 그는 "몸을 생각해 하산하기로 〔한〕다." 벼룩, 빈대, 이, 거미새끼 따위와 같은 "사람을 잡아 뜯는 온갖 벌레가…… 눈앞을 기어 다니고 게다가 침구도 먹을 것도 없"는 까닭이다. "귀로에 들어서려는데 우연히 영원 경찰서장 이와키 진고로(岩城甚五郞) 씨를 만나게 되었다. 씨는 부임한지 불과 일주일, 관내(管內)를 시찰 여행하는 중이라 한다. 시골 경찰관은 보통 고생이 아닌 모양이다. 한 시간 정도 이야기를 하고 있는 사이 날이 저물어 황급히 하산했다. 온창의 숙소에 도착한 게 아홉시경, 온천에 들어가 땀을 흘리고 오니 저녁밥이 준비되었다고 한다."[52] 청막령에서의 화전민 채방담은 이렇게 끝이 난다.

위의 채방담에서 알 수 있듯이 손진태는 처음부터 '화전민을 볼 요량으로 청막령을 택한 것'이 아니다. 그곳에 '누목가옥이 가장 많다'고 해서 오른 것이다. 그러니까 화전민과 그들의 삶에 대한 '현재적 관심'보다는 누목가옥, 즉 귀틀집과 같은 고속의 잔존물을 '채집'하기 위해 청막령을 찾은 것이다. 결과적으로 손진태가 그곳에서 귀틀집과 함께 '발견'한 것은 초근목피의 현실을 살아가는 화전민이 아니었다. '자연 자체의 일부분'으로서 개새끼와 돼지새끼는 물론 사람을 물어뜯는 온갖 벌레와 동거하는 '토민'이 그가 발견한 청막령의 화전민이었다.[53]

---

50 손진태(1981c), 앞의 책, 331쪽〔손진태(1936), 「온돌은 언제 어떻게 생겨났나?」, 『조광』 제2권 제1호〕.

51 손진태(1937), 「인터뷰 : 화전민의 고무신은 현대 여성의 피아노 : 보고 온 산중의 별세계 생활양식」, 『동아일보』(1937. 7. 15.자).

52 손진태(1981c), 앞의 책, 453쪽〔손진태(1933a), 앞의 글, 105쪽〕.

52 손진태는 토속의 전승 주체를 가리켜 '토민(土民)'이라 부르곤 했는데 그 용례와 해방

그런 '자연'의 화전민들이 사는 귀틀집에서 '인간' 손진태가 묵고 가기란 결코 쉬운 일이 아니었겠다. 그 전날의 시골 여인숙에서도 벌레들과 싸우느라 잠을 설친[54] 그가 '몸을 생각해 하산'하는 것은 당연한 신체적 요구일 수 있기 때문이다. 궁금한 것은 하산 길목에서 만난 영원군 경찰서장과의 대화 내용이다. 관내의 화전민들을 '시찰 여행' 중이라는 그 일본인 경찰관과 한 시간 정도 주고받았다는 이야기가 궁금하다. 내지의 일본인 독자들을 향해 그러한 대화 사실과 함께 '시골 경찰관은 보통 고생이 아닌 모양'이라고 은근한 염려의 '말씀'을 덧붙이는 까닭이 궁금하다.

3) 골동 취미와 '고불통주의'

아무튼 손진태는 일본인 경찰서장의 토민 시찰에 따른 고생을 염려하며 자신의 몸을 생각해 청막령을 서둘러 내려온다. 그리고 '온천에 들어가 땀을 흘리〔며〕' 귀틀집과 토민 채방에 따른 피로를 풀게 된다. 그런 손진태의 모습에서 기왕의 연구에서 우상화한 민중의 발견자로서의 면모를 찾아내기란 쉽지 않겠다. 아니, 다음의 발언에서는 그 '소박한 천국 백성'을 우롱하는 그의 반(反)민중적 시선조차 엿볼 수 있을지도 모르겠다.

> 〔평안남도〕 강동에서 요파(了波)로 돌아오는 길에, 나는 한왕리의 나루터 부근에서 온전한 기름접시를 하나 주웠다. ……또 하단리의 민가 정지 앞에 오래된 도기 사발이 놓여 있어, 먹고 싶지도 않은 물을 한 그릇 청해 입에 물고서, '저 사발은 필요 없는 게 아니냐?'라고 물으니 예상대로 필요 없다고 한다. 그 집 아이의 머리를 쓰다듬어 주면서, '아 참 착한 아이구나'라고 칭찬하고 10전

후의 변화에 관해서는 남근우(2003), 앞의 논문, 140쪽 참조.

54 손진태(1981c), 앞의 책, 450쪽〔손진태(1933a), 앞의 글, 102~103쪽〕.

을 주며 '엿이라도 사먹어라'라고 하자, 그 어머니는 기꺼이 사발을 넘겨 준다. 근세에 만들어진 것이지만 도쿄에서는 5엔에도 좀처럼 손에 넣기 어려운 것으로 거저 얻은 셈이다. 이와 같이 옛날 식기는 때때로 빈민의 집에서 발견된다. 중류 이상의 생활을 하는 자들은 이미 모든 것을 근년의 깔끔한 화제(和製) 사기그릇으로 쓰고, 낡고 볼품없는 도기는 가난한 사람에게 줘 버린다. 그래서 때때로 빈민의 정지에서 옛날 도기를 발견하는 수가 있다. 갑자기 팔지 않겠느냐고 물으면, 백성들은 의심이 많기 때문에 불필요한 것도 좀처럼 넘겨주려고 하지 않는다. 집에서 쓰고 있는 것이라고 한다. 이런 방법으로 나는 약간의 토기와 도기 등을 입수했다. 제기(祭器) · 주호(酒壺) · 평고형 주병(平鼓形酒甁) 등.[55]

위의 인용문은 ③의 「조선민속채방록」에서 따왔다. ②의 보충조사 성격을 띤 2주간의 이번 채방 여행에서 손진태는 골동 취미를 또[56] 보여 준다. 게다가 '의심이 많[은]' 조선의 '백성'으로부터 '불필요한' 도기 사발을 입수하는 비법조차 일본의 독자들에게 소개한다. 빈민의 집에서 '먹고 싶지도 않은 물을 한 그릇 청'하고서 동전 한 닢과 감언으로 그 집 아이와 어머니를 구슬려, '도쿄에서는 5엔에도 좀처럼 손에 넣기 어려운' 골동품을 '거저 얻은' 경험담을 자랑스레 늘어놓은 것이다.

그런 손진태가 1935년 『삼천리』에 발표한 「민예수록(民藝隨錄)」이라는 글에서는 조선의 독자들을 향해 골동 취미를 버리라고 말한다. 그 "부화(浮華)한 귀족적 취미를 버리"고 바가지, 고불통 따위와 같은 민예품을 사랑하라고 주장한다. 그의 '바가지 애족론(愛族論)'을 잠시 들어 보자.

---

55 손진태(1981c), 앞의 책, 421쪽[孫晉泰(1933b), 「朝鮮民俗採訪錄」, 『ドルメン』 第2卷 第7号, 46쪽].

56 손진태(1981c), 앞의 책, 439쪽[손진태(1932), 앞의 글, 48쪽].

우리는 흔히 차중(車中)에서나 경성역에서 바가지를 찬 만주, 기타의 이주 동포들을 본다. 어떤 이는 이것을 민족의 수치라고 하였다.

그러나 그것을 민족의 수치라고 생각하는 그러한 마음은 보다 더 민족의 수치가 되는 것이다. 왜? 그것은 우리 농민 대중의 생활에 대한 인식의 결핍과 참된 민족애의 부족을 폭로하는 심정임으로써이다.

그들에게는 바가지처럼 긴요한 것이 없다. 특히 여행에 있어 더욱 필요하다. 식기로 수배(水杯)로 보(褓)로 밤으로는 베개로. 〔바가지〕 한 개로써 능히 수십 종의 기물(器物)을 대신할 수 있다. 그러므로 그들은 바가지를 사랑한다. 참으로 사랑할 줄 안다. 이 바가지를 능히 사랑할 줄 아는 사람은 참으로 조선을 사랑할 줄 아는 자이다.

가난하다는 것이 무엇이 그리 수치가 되느뇨. 그것은 일종의 귀족숭배사상이다.[57]

이처럼 '우리 농민 대중의 생활에 대한 인식'과 이를 통한 '참된 민족애'를 주장하는 손진태는 마치 조선의 농민 대중을 사랑하는 민중적 민족주의 관점에 서 있는 것 같기도 하다. 하지만 그것은 처음부터 조선의 민속과 그 주체에 대한 그의 관심과 주장을 신민족주의로 회수하려는 예정조화적 시선의 착시에 불과하다. 바가지를 찬 만주, 기타의 이주 동포, 그 쪽박 하나로 밥그릇에서 베개에 이르기까지 수십 종의 기물을 대신할 수밖에 없는 그들에게, 위의 '바가지 사랑 조선 사랑' 운운의 민예론은 기만 그 이상도 이하도 아니기 때문이다. 그 바가지 애족론을 쓰기 바로 며칠 전에도 "경성미술구락부(京城美術俱樂部)에서 경매가 있다기에 가서 보"[58]고 온 손진태였다. 그런 '부화한 귀족적 취미'를 가진 그가 바가지를 찬 게 '무엇이 그리

57 손진태(1935), 「민예수록」, 『삼천리』 제7권 제7호, 75쪽.

58 손진태(1935), 앞의 글, 75쪽.

수치가 되느[냐]'고 되묻는다. 그리고 가난을 수치로 여기는 것은 '일종의 귀족숭배사상'이라고 잘도 말한다.

바가지를 찬 동포들을 바라보는 손진태의 이런 기만적 시선은 '고불통주의'로 이어진다. 고불통이란 함경도 방언으로 농민들이 쓰는 담뱃대 꼭지를 말한다. "오직 꼭지뿐이오 물뿌리도 없고 꼭지에 연관(煙管)을 꽂아서 쓰는 극히 소박한 것"이다. 일전에 어떤 고물상에서 2전짜리 고불통 한 개를 샀다는 손진태는 그 책상머리의 민예품을 바라보며 '고불통주의' 애족론을 다음과 같이 펼친다. "우리는 만사에 있어 더욱이 우리의 경제생활에 있어 이 고불통주의를 써야 할 것이다. 우리가 고가의 외래 사치품을 쓸 이유가 어디 있으며, 그것을 씀으로써 무슨 자랑이 되며, 문화 발전과 민족사회에 기여하는 바 무엇이 있느뇨. 부화한 귀족적 취미를 버려라. 고불통을 물고 일을 하라!"[59]

손진태의 이러한 고불통주의가 이른바 농촌진흥운동이 한창이던 1935년 상황에서 어떤 정치적 함의를 갖는지는 알 수 없다. 그렇지만 고가의 외래 사치품은커녕 '깔끔한 화제[일제] 사기그릇' 하나 없던 대다수의 조선 민중에게, '부화한 귀족적 취미를 버려라'는 그의 발언이 어떻게 비쳤을지는 헤아릴 수 있겠다. 더욱이 고불통을 물 틈도 없이 그 허울 좋은 농촌진흥운동에 동원되어야만 했던 당시의 농민 대중에게, '고불통을 물고 일을 하라!'는 그의 외침은 참으로 밉살스러운 것이 아닐 수 없었겠다. 제국일본의 '내지' 도쿄에서 배워 왔다는[60] 그 '부화한' 골동 취미가 과연 식민지 조선의 문화 발전과 민족 사회에 기여하는 바가 무엇인지, 이는 조선의 민중이 아닌 손진태 자신에게 물어야 할 물음이 아니었던가.

---

59 손진태(1935), 앞의 글, 75쪽.

60 손진태(1935), 앞의 글, 74쪽.

4. 신민족주의 사관과 식민주의

1) '태평양전쟁' 전후의 텍스트 읽어 보기

지금까지 손진태가 1920년대에 추구한 국민문학론과 식민주의의 관계성을 짚어 보았다. 그리고 1920~1930년대에 행한 조선 토속·민속의 채방 과정에서 그가 민중의 삶을 어떻게 이해하고 민족의 생명력을 어떻게 호흡했는지, 화전민에 관한 그의 관심과 발언들을 중심으로 살펴보았다. 그 결과 민중의 발견자나 민족의 발견자와 같은 기왕의 손진태상을 해체할 수 있는 계기가 마련되었다고 생각한다. 다음은 그 우상화의 핵심을 이루는 신민족주의 사관의 성립 문제를 천착해 보자.

> 손진태의 신민족주의사관은, 〔일제 말기의〕 참담한 민족적 현실을 타개하려는 적극적 실천성을 띤 사관이었다. 때문에 그것은 식민주의적 한국사관·한국사상·한국사학에 정면에서 맞서 싸우면서 그것의 허위성·허구성을 폭로하였고, 또 종래의 관념적인 민족주의적 한국사관을, 실천적·과학적인 민족주의적 한국사관으로 질적으로 발전시킴으로써, 한국사학사에서 커다란 의의를 지니고 있다.[61]

김용섭과 이기백 이래의 연구 성과들을 종합한 위의 견해는 종래 역사학계에서 두루 통용된 신민족주의 사관론이다. 이 통설의 당부가 문제인데, 그것을 가리려면 일제 말기에 표출된 손진태의 발언과 주장부터 살펴보는 게 좋겠다. 구체적으로 손진태가 '동학 수우(數友)〔와〕 더불어' 신민족주의 '이론을 토의하고 체계를 구상하였다'는 1939년 무렵부터 '신민족주의 조선사

61 정창렬(1992), 앞의 논문, 142~143쪽.

의 저술을 기도'했다는 태평양전쟁의 발발기를 거쳐 해방을 맞이할 때까지, 적어도 이 시기에 나온 그의 말과 글들을 가능한 한 빠짐없이 당절(當節)의 콘텍스트에서 읽어 볼 필요가 있겠다. 아울러 그중에 당시의 '참담한 민족적 현실을 타개하려는 적극적 실천성을 띤' 발언이나 주장이 과연 존재하는지 확인 작업이 필요하겠다. 다소 번거롭지만 다음에 열거한 일제 말기의 텍스트들을 읽어 보자.[62]

1939년 「지게」, 「단군 단군(檀君壇君)」, 「신간월평 진단학보(제10권)」
1940년 「우리 가정 카―드」, 「무격(巫覡)의 신가(神歌)」, 「조선 감저 전파설(朝鮮甘藷傳播說)」, 「소도고 정보(蘇塗考訂補)」, 「수문록(隨聞錄)」
1941년 「감저 전파고(甘藷傳播考)」, 「성달생이 필사한 불전(成達生の筆寫せる佛典) 상·하」, 「성달생필사불경존본 보전 편(成達生筆寫佛經存本普專篇)」, 「전통오락 진흥 문제」, 「설문(設問)」, 「농촌오락 진흥 문제에 대하여(農村娛楽振興問題について)」, 「고구마와 감자 전래설」, 「번갯불과 같은 공영권 확대(電光の如く共営圏の拡大)」
1942년 「보전도서관(普專圖書館)」, 「우리 집 대용식은 어떻게?」, 「유교와 조선」

우선 주목할 것은 1939년의 「단군 단군」이다. 이 글에서 손진태는 "단군(檀君)이냐 단군(壇君)이냐 함이 최근 10여 년을 두고 사단(史壇)의 말썽이 되어" 온 사실을 지적하고, 그 경위를 자신의 시라토리 구라키치 방문담을 곁

62 1941년 12월 8일의 태평양전쟁 발발 이후부터 해방 사이에 손진태가 남긴 말과 글은 현재 총 네 편이다. 즉 월간지 『녹기(綠旗)』와 『신시대(新時代)』의 '엽서통신'란에 실린 시국 관련의 두 발언과 「보전도서관」, 「유교와 조선」이라는 두 글이다. 이 중 마지막의 글은 1936년 『신동아』에 이미 발표된 것으로, "內·鮮·滿 문화의 同源 分流한 史的 고찰에 참고될"〔伊東致昊(1942), 「序」, 『半島史話와 樂土滿洲』, 滿鮮學海社, 16쪽〕 것이라고 했다.

들여 설명한다. 그리고 "내가 여기에서 특히 말하자는 것은 檀이냐 壇이냐 하는 문제가 결코 최〔남선〕설(說) 이후에 처음 시작된 것이 아니고…… 시라토리 씨의 불도조작설(佛徒造作說)도 이미 우리 선학이 제설(提說)한 것이었다"라고 주장한다. 이어 "아직 아무도 인용하는 이가 없〔다〕는" 홍만종의 『해동이적(海東異蹟)』을 그 예증으로 제시하고, "여하튼 〔이 책에서〕 단군(檀君) 단군(壇君)의 착란을 명백히 지적한 것은 쾌(快)한 일"이라고 마무리한다.[63]

그런데 이 「단군 단군」이 발표된 1939년 무렵 손진태, 이인영과 함께 학문적 번민을 토로했다는 조윤제에 따르면, "우리는 여기에〔번민의 결과〕 과거의 우리 학문은 목적 없는 문자의 희롱이요 사관 없는 학문의 도락이라 규정하고 그것을 배격하였다." 그의 부연설명을 더 들어 보면, 조선 "민족이 존망의 위기에 부닥쳐 있"던 위기 상황에서 자신들의 과거 학문을 "도락적인 일종의 관념론이라 하여 배격하고", 동시에 "현실 문제를 해결할 수 있고, 민족이 살아갈 수 있는 길을 명시하는 과학적인 학문"을 새로이 모색했다. 그리하여 "민족사관적 입장을 버려서는 참다운 우리 학문이 될 수 없다고 깊이 깨닫고, 또 굳이 믿었다"[64]라고 한다.

해방 후 1952년에 발화된 이 회고담의 내용이 사실이라면, 위에서 본 「단군 단군」은 조윤제 등이 배격코자 한 '사관 없는 학문의 도락'을 아직 탈각하지 못한 글이겠다. 왜냐하면 손진태는 이 글에서 '檀이냐 壇이냐 하는 문제'의 본질, 즉 단군신화를 둘러싼 일제 식민주의와 조선 민족주의의 첨예한 역사 이데올로기의 대립과 갈등에 대해서는 이렇다 할 관심을 보이지 않은 채, 오로지 단(檀/壇)이라는 글자의 판본학적 '말썽'과 '착란'만을 따지기 때문이다. 그러니까 조윤제가 말하는 '문자의 희롱', 그 단적인 보기가 다름 아닌 「단군 단군」인 셈이다.

---

63 손진태(1981c), 앞의 책, 25~27쪽〔손진태(1939), 「檀君壇君」, 『문장』 제3호〕.

64 조윤제(1988), 앞의 글, 380~381쪽.

문제는 이러한 '사관 없는 학문의 도락'이 일과성으로 끝나지 않는다는 사실이다. 다시 말해 일제 말기의 참담한 '현실 문제를 해결할 수 있고, 민족이 살아갈 수 있는 길을 명시하는 과학적인 학문', 그 '민족사관적 입장'과는 동떨어진 관심과 주장이 「단군 단군」 이후에도 계속 이어진다는 점이다. 이를테면 1940년의 「조선 감저 전파설」과 「소도고 정보」, 1941년의 「감저 전파고」와 「성달생이 필사한 불전 상 · 하」, 「성달생필사불경존본 보전편」, 「고구마와 감자 전래설」과 같은 글이다. 이 중에서 특기할 것은 고구마의 전파 문제를 다룬 세 편의 글로, 먼저 1940년의 「조선 감저 전파설」은 다음과 같은 문장으로 시작된다.

> 이마무라(今村) 선생이 다이쇼(大正) 4〔1915〕년부터 8〔1919〕년 사이, 제주도 도사(島司)로 재임했을 때의 치적 중에서 내가 가장 경복(敬服)한 것은, 선생 자신이 순사와 면서기 등을 데리고 농민들의 밭이나 가정에 직접 왕림하시어, 그 원시적인 양잠법과 고구마 재배법에 대해 〔그들의〕 손발을 일일이 붙잡고 열심히 지도하시어 많은 개량(改良)을 가져다주었다는 사실이다. 그 결과 늘 식량이 부족했던 도민(島民)이 선생 재임 중에 20만 엔어치의 조(粟)를 수출하기에 이르렀다고 한다. 또 추자도의 고구마 재배는 선생에 의해 시작되었다고 한다(직접 들은 이야기). 내가 이 기념호에서 특히 고구마 이야기를 쓰려고 하는 까닭도 실은 여기에 있다.[65]

인용문에 보이는 '이마무라 선생'은 이마무라 도모에(今村鞆)다. 1908년 충청북도 경찰부장으로 부임한 이래 그 '바쁜' 경찰 업무의 와중에서도 '취미 반 직무 반'으로 조선 민속을 연구하고,[66] 1925년 퇴관하고 나서는 조선

---

65 孫晉泰(1940), 「朝鮮甘藷傳播說」, 『書物同好會會報』 第9號, 14쪽.

66 이마무라의 '조선민속학'에 대해선 남근우(1998b), 「식민지주의 민속학의 일 고찰 : 신앙 · 의례 전승 연구를 중심으로」, 『정신문화연구』 제21권 제3호 참조.

사편수회 촉탁으로 활약하며 1932년에 창립된 조선민속학회의 핵심 멤버로도 참가한 인물이다. 이 '이마무라 도모에 선생 고희 축하기념 특집'[67]에서 손진태는 총독부 촉탁 마쓰다 고(松田甲)의 견해[68]를 원용하여, 조선의 고구마는 영종 39년(1763) 통신사 조엄(趙曮)에 의해 대마도에서 처음 전래된 사실을 지적하고, 이후 이 구황작물의 보급과 전파에 힘쓴 인물들을 거론한다. 그러한 "고구마 은인"[69]의 한 사람으로 이마무라 선생의 '치적'을 위와 같이 기리며, "제주도사 겸 경찰서장 겸 검사(檢事) 사무"[70]를 도맡았던 이마무라를 '원시적인 양잠법과 고구마 재배법'을 '개량'시켜 제주도민의 식량난을 해결한 이른바 문명의 사자로 칭송한다.

그리고 이 「조선 감저 전파설」에 관한 "자세한 고증은 『진단학보』 제13권에 게재할 예정"[71]이라던 손진태는 예정대로 이듬해 1941년 「감저 전파고」를 통해 상세한 문헌 고증을 시도한다. 아울러 그것을 쉽게 풀어쓴 「고구마와 감자 전래설」을 같은 해 월간지 『조광』에 게재한다. 폐간을 면한 이 친일 잡지 8월호에서는 '내선문화(內鮮文化)의 교류'를 주제로 특집을 꾸미는데, 그 특집 논문[72]의 하나로 위의 글이 실린다. 이 세 편의 고구마론을 비롯한 위의 문헌 고증학적 논고에서 일제 말기의 참담한 민족적 현실을

---

67 『서물동호회회보』 제9호뿐 아니라 조선민속학회의 기관지 『조선민속』 제3호 역시 '이마무라 옹(今村翁) 고희 기념' 특집으로 꾸며졌으며, 위의 「소도고 정보」와 「수문록」은 이 기념호에 기고한 글이다. 전자는 1932년의 「소도고(蘇塗考)」(『民俗學』 제4권 제4호)에서 언급한 '소도'와 '부도(浮屠)'의 관계에 대해 약간의 문헌 사료를 추가하여 '정보(訂補)'한 것이며, 후자는 1924~1931년 사이 조사한 단편적인 조선 민속의 보고서다.

68 松田甲(1928), 「朝鮮の甘藷に就て」, 『朝鮮』 第160号.

69 손진태(1941a), 「고구마와 감자 전래설」, 『조광』 제7권 제8호, 47쪽.

70 書物同好會 編(1940), 「今村先生略歷」, 『書物同好會會報』 第9號, 1쪽.

71 孫晉泰(1940), 앞의 논문, 15쪽.

72 이 특집 논문에서는 곡옥(曲玉)을 소재로 내선일체를 논한 후지타 료사쿠(藤田亮策)의 「흉옥(勾玉)과 상대문화(上代文化)」를 비롯하여 이병도, 고유섭, 고노 로쿠로(河野六郎), 김상기, 손진태 등이 '내선문화의 교류'론을 펼친다.

타개하려는 적극적 실천성은 물론 찾아보기 어렵다. 그뿐만 아니라 식민주의 사학에 대한 어떤 소극적인 비판의식도 찾아볼 수 없다. 『진단학보』의 발간 경위를 적은 「진단학보 신간 월평」이나 평안북도의 무가 자료를 보고 한 「무격의 신가」 등 나머지 글들 역시 마찬가지다.

2) 농촌 오락의 '총력체제화'

다음 종래의 손진태론에서 별로 거론되지 않은 텍스트인데, 손진태는 태평양전쟁이 발발하기 직전 두 편의 농촌오락진흥론을 발표한다. 하나는 친일 월간지 『삼천리』 1941년 4월호에 기고한 「전통오락 진흥 문제」이며, 다른 하나는 같은 해 조선총독부 외곽 단체인 녹기연맹의 기관지 『녹기(緑旗)』 6월호에 일본어로 기고한 「농촌오락 진흥 문제에 대하여(農村娯楽振興問題について)」란 글이다.

우선 전자가 실린 『삼천리』 4월호를 펼치면, 당절의 이른바 '신체제'에 복무할 조선의 문화운동을 주제로 문화와 관련된 8개 단체의 간부들이 벌인 좌담회 내용과 '문화단체의 진용'이 보인다. 이어 국민총력조선연맹의 '야나베 에이사부로(矢鍋永三郎) 문화부장과 농산어촌의 건전오락을 이야기한' 대담 내용이 보이고, 그 뒤를 이어 '향토예술과 농촌오락의 진흥책'을 주제로 특집이 꾸며진다.

삼천리사는 그 배경을 다음과 같이 말한다. "국민총력조선연맹 내에 이번〔에〕 문화부가 설치되어서 솔선하여 조선의 향토예술과 농산어촌의 건전한 오락을 진흥시키기로 진력하고 있다. 이제 본사에서도 민간에 계신 민속학자 제씨에게 청하여…… 그 고견을 들어 이 운동에 박차를 가하려 하노라."[73] 요컨대 제국일본의 "총력을 기울여 노동 활동의 배가(倍加)를 필요로

---

73 삼천리사(1941), 「향토예술과 농촌오락의 진흥책」, 『삼천리』 제13권 제4호, 213쪽.

하는 현 시국하"[74]에서 조선의 "국민에게 견인지구(堅忍持久) 정신을 앙양시키기 위한"[75] '건전오락' 진흥운동에 박차를 가하려 민속학자들의 '고견'을 청취하겠다는 것이다. 그 의견 청취에 응한 '민속학자 제씨'는 이능화를 필두로 고유섭, 유자후, 손진태, 이극로, 송석하 등이다.

문제의 손진태는 「전통오락 진흥 문제」의 첫머리에서 "총력연맹의 야나베 문화부장이 조선의 향토오락·예술에 대하여 그 진흥을 도(圖)하신다는 것은 매우 시의에 적(適)한 탁견"이라고 말하고, 농민의 전통오락을 진흥해야 할 이유를 세 가지 든다. 즉 "위정자 또는 지도자와 농민 간의 정적 융합, 농민생활의 윤택〔과〕 명랑, 향토애의 조성"이 그것으로, 이는 "현하(現下) 비상시국에 있어서뿐 아니라 평상시에 있어서도 필요 불가결한 일"이라고 주장한다. 그리고 "우리의 모처럼 발안(發案)한 농촌오락 진흥계획이 그들에게 도로혀 의무적인 고통을 주지 않게 하자면 처음부터 신중한 입안이 있어야 할 것이〔며〕, 우리의 요구와 그들의 요구가 합치하는 점에 입안의 근본정신이 있음"[76]을 지적한다.

여기에서 손진태가 말하는 '그들'이란 물론 식민지 조선의 농민들이다. 그리고 '우리'란, 중일전쟁 이후의 총력전체제를 배경으로 농촌오락의 진흥이라는 '매우 시의에 적한 탁견'을 제시한 야나베 문화부장과 같은 '위정자'와, 그 탁견에 따라 농촌오락 진흥계획을 발안한 총력연맹의 '지도자'들 및 거기에 고견을 보탠 손진태를 비롯한 '민속학자 제씨'를 이른다. 그러한 '우리의 요구와 그들의 요구가 합치하는 점에 〔농촌오락 진흥계획〕 입안의 근본정신'이 있으며, 이를 통해 양자의 '정적 융합'이 가능하다고 주장한다. 아울러 손진태는, 가령 농사계(農事契)와 같은 "관습은 상조 정신이며 공동 일

---

74 信原聖(1941), 「序」, 『朝鮮の郷土娯楽』, 京城 : 朝鮮総督府.

75 村山智順(1941), 「半島郷土の健全娯楽」, 『朝鮮』 第308号, 47쪽.

76 손진태(1941b), 「전통오락 진흥 문제」, 『삼천리』 제13권 제4호, 222~223쪽.

치 정신의 함양상에도 대단히 필요한 전통이니 이것을 참작하여 총력연맹 문화부에서 적의(適宜)의 기본적 입안을 하고, 여타의 세점(細點)은 지방의 사정을 고려하여 지방 지도자가 선처하도록 할 것”[77]을 제안한다.

이러한 제안은 『녹기』의 ‘생활과 오락’ 특집(1941년 6월호)에 기고한 「농촌오락 진흥 문제에 대하여」로 이어진다. 그 첫머리에서 손진태는 “나는 종래 농촌의 오락, 신앙, 기타 민속에 대해 자료를 수집하고 민속학적 연구를 시도해 왔지만 이를 오늘날의 우리 생활 속에서 활용할 수 있도록 깊은 생각을 해본 적이 없었다”라고 말한다. 그러한 실천적 방면의 민속학 연구는 송석하가 선각자이며, 사리원의 봉산탈춤은 완전히 그의 열의와 노력으로 부활된 것이라 치켜세운다. 하지만 그와 같은 개인의 노력만으론 전체적인 효과를 기대하기 어렵고, 따라서 “녹기연맹에서 일찍이 이 점에 주의하여 각 방면의 의견을 끌어모으게 된 데에 매우 경복할 따름”이란다. 이어 농촌오락 진흥의 배경과 의의를 다음과 같이 주장한다.

> 금일까지 우리는 농민의 전통적인 오락에 대해 장점보다 오히려 그 결점을 더욱 많이 보아 온 경향이 있었던 것 같다. 이렇다 하게 그 전통오락을 장려하려고도 하지 않았고, 오히려 제한을 가하는 데 주의를 기울였던 것 같다. 결국 그것은 위정자가 비난받을 일도 아니고 식자의 무성의 때문도 아니며, 요컨대 자유주의 사상의 죄였다. 오늘의 비상시국을 맞이하여 비로소 농민 생활에 관한 신체제 편성의 필요성이 절실히 요구되어, 구체제 이전의 체제 이른바 구구체제(舊舊體制) 중에서 총력체제를 찾아내려고 하는바, 이에 전통 오락을 주목하게 되었던 것이다. 구구체제를 총력체제화하는 것도 신체제의 한 요소가 된다.[78]

77 손진태(1941b), 앞의 글, 224쪽.

78 孫晉泰(1941c), 「農村娯楽振興問題について」, 『緑旗』第6卷 第6号, 151쪽.

조선인의 대규모 군집(群集)이 쉽게 허용되지 않던 일제 치하에서 농촌오락을 비롯한 조선의 향토오락은 제한과 통제의 대상이었다. 1932년에 시작된 농촌진흥운동 이전에는 말할 것도 없고, 그후 식민지 조선의 '전통오락'에 대한 선택적 장려와 조장이 정책적으로 펼쳐지는 와중에도 제한과 통제는 뒤따르기 마련이었다.[79] 하지만 '그것은 위정자가 비난받을 일도 아니고 식자의 무성의 때문도 아니며, 요컨대 자유주의 사상의 죄' 때문이라고 손진태는 주장한다.

그러면 그가 향토오락 부진의 '죄'를 뒤집어씌운 '자유주의 사상'이란 무엇인가? 당시 조선의 문화정책을 주무르던 국민총력조선연맹 야나베 문화부장의 「반도문화의 신체제(半島文化の新体制)」를 잠시 살펴보자. 조선총독부 기관지 『조선』 1941년 4월호에 기고한 이 글에서 '자유주의 사상'과 문화의 관계를 거론하기 때문이다. 한마디로 그것은 서구의 자본주의체제를 배경으로 한 개인주의적 사상과 풍조를 말한다. 이 '서구적 자유주의'는 '일본적 국민주의'의 반대 개념으로, 중일전쟁을 전후로 전자에서 후자로의 방향 전환이 문화 면에서도 이루어지게 되었다고 야나베는 주장한다.[80] 이러한 '일본적 국민주의', 즉 황국신민주의에 대치되는 '서구적 자유주의 사상' 때문에 조선의 향토오락이 진흥되지 못했다고 손진태는 강변한 것이다.

그의 부연설명에 의하면, 중일전쟁의 장기화에 따른 '비상시국을 맞이하여 비로소 농민 생활에 관한 신체제 편성의 필요성이 절실히 요구'되었고, 이를 배경으로 국민총력조선연맹의 문화부에 의해 향토오락의 진흥이라는 '시의에 적한 탁견'이 제시되었다. 바꿔 말해, "〔대〕동아공영권 건설의

---

79 자세한 것은 남근우(2002), 「'조선민속학'과 식민주의 : 송석하의 문화민족주의를 중심으로」, 『한국문화인류학』 제35집 제2호, 108~118쪽 참조.

80 矢鍋永三郎(1941), 「半島文化の新体制」, 『朝鮮』 第311号, 5쪽.

대사업"[81]을 위한 신체제하에서 인멸되어 가던 조선의 '향토오락에 시대의 각광'[82]이 비추게 되었다. 손진태의 발언을 다시 인용하면, 조선 재래의 '구구체제 중에서 총력체제를 찾아내려고 하는' 과정에서 전통오락이 주목을 받게 된 것이다.

그러면 총력체제에 부합하는 전통오락을 진흥하면 어떤 이점이 있는가? 손진태는 그 장점을 다섯 가지 제시한다. 첫째, 전래의 농촌오락은 "가장 값싼 농민 보건운동"이며, 아주 적은 비용으로 시간과 지도 요원 없이 하루아침에 진흥시킬 수 있다. 둘째는 서구적 개인주의 풍조로 급격하게 쇠퇴한 "호조(互助)·협동 정신〔을〕 함양"할 수 있으며, 셋째는 농민 "정서에 윤택을 주고 명랑(明朗)을 주며, 또 생활에 활기를 주고 노동에 유쾌함을 준"다. 넷째는 "애향심, 애토심(愛土心)을 강화함으로써" 이농을 완화할 수 있으며, 다섯째는 "관민(官民) 간의 감정 융합으로, 이제부터 이것〔전래오락〕을 장려하여 그들과 함께 즐기면 양자를 융합하는 데 커다란 도움이 될 것"이라고 주장한다.

이어 농악과 윷놀이, 널뛰기, 연날리기, 씨름, 그네 따위와 같은 "진흥시키고 싶은" 전래오락을 들고 그 진흥에 따른 몇 가지 문제점을 거론한다. 가령 "생활의 문제"와 관련하여 농민들에게 "술과 담배를 제공하고 도시사람보다 우선하여 의복과 신발을 주어야 한다"라고 주장한다. 왜냐하면 "생활이 불안한 곳에 오락을 부여한다 해도 그다지 우리가 기대하는 효과를 얻을 수 없을지도 모르기" 때문이며, "모처럼의 〔농촌오락 진흥〕계획이 거꾸로 무거운 짐이 되어 고통이 되어서는 곤란하기 때문"이다. 바로 "그러한 점을 나는 걱정한다"라고 지적한다.[83]

81 矢鍋永三郎(1941), 앞의 글, 7쪽.

82 조선총독부 기관지『매일신보』1938. 12. 27.자.

83 孫晉泰(1941c), 앞의 글, 152~153쪽.

이러한 손진태의 향토오락진흥론은 중일전쟁 이후의 총력전체제 아래에서 조선총독부 학무국이 발표한 「민중오락의 선도방침」, 그것을 부연한 무라야마 지준(村山智順)의 「반도향토의 건전 오락(半島鄕土の健全娛樂)」 따위와 같은 '비상시국'의 오락정책론에 부응한 것이다. 요컨대 조선 전래의 향토오락 중 쓸 만한 것을 추려 내어 '건전오락'으로 갱생시켜, 그 진흥을 통한 명랑 분위기와 협동 정신을 조장함으로써 이른바 '총후(銃後) 조선'의 생산력을 증강하고 그 증산 활동에 필요한 견인지구 정신을 확보하겠다는 것이다.[84]

위에서 손진태가 언급한 '우리가 기대하는 효과'란 바로 이 견인지구 정신의 확보에 다름 아니며, 결과적으로 두 편의 농촌오락 진흥론은 자신의 말대로 조선 고래의 '구구체제를 총력체제화하는' 데 일조했다고 보인다. 현재학으로서의 민속학에 대해 깊은 생각을 해본 적이 없었다는 손진태, 그가 모처럼 선보인 '현재적 관심'이 당절의 '생업보국(生業報國)과 건강보국(健康報國)'을 위한 일제의 후생운동에 부응하게 된 셈이다.

이상 일제 말기에 발화된 손진태의 말과 글들을 가능한 한 빠짐없이 읽어 보았다. 그 독해 결과로 우리는 다음의 두 가지 문제를 제기할 수 있겠다. 첫째, 손진태의 신민족주의 사관은 일제 말의 참담한 민족적 현실을 타개하려는 적극적 실천성을 띤 사관이었다. 이러한 역사학계의 통설을 입증할 만한 논거는 찾아볼 수 없었다. 도리어 향토오락진흥론처럼 당절의 반(反)민족적 현실에 영합하는 발언과 주장이 눈에 띄었다. 둘째, 손진태는 식민주의적 한국사관 · 한국사상 · 한국사학에 정면에서 맞서 싸우면서 그것의 허위성 · 허구성을 폭로하였다. 이러한 통설을 뒷받침할 만한 텍스트 역시 찾아볼 수 없었고, 오히려 식민주의적 조선문화론이나 '내선문화의 교류'론에 동조하는 발언이 보였다.

그런데 나의 이런 문제 제기에 대해서는 혹시 「손진태의 식민주의사관

84 자세한 것은 남근우(2002), 앞의 논문 참조.

비판」[85]과 같은 기왕의 통설에 기대 반론[86]을 펼치려 드는 이가 있을지도 모르겠다. 물론 손진태는 식민주의 사관, 그중에서도 특히 만선 사학자들의 단군부정론과 타율적 조선사관에 대해 격정 어린 '비판'을 쏟아낸 게 사실이다. 하지만 이미 필자의 논문에서 밝혔듯이[87] 그 '비판'은 한결같이 해방 후의 글에서 이루어졌다. 즉 『조선민족문화의 연구』나 『조선민족사개론(상)』 등과 같은 신민족주의에 기초한 저작물에서, 지금은 사라지고 없는 일본 제국주의와 그 '얼굴 없는' 만선 사학자들에 대해 손진태는 격분한 것이다. 관견(管見)에는 그러한 다소 '철 지난' 격분이 이 글 모두에서 본 손진태의 자기현시적 발언과 연동하는 것처럼 보인다. 즉 '내가 신민족주의 조선사의 저술을 기도한 것은 소위 태평양전쟁이 발발하던 때부터였다'는 해방공간의 발언과 맞닿아 있다고 생각된다.

앞에서 살펴보았듯이 바로 그 태평양전쟁이 발발하기 직전 손진태는 국민총력조선연맹의 '건전오락' 진흥운동에 영합하는 향토오락론을 펼치며 농촌 오락의 총력체제화를 주장했다. 그뿐만 아니라 '태평양전쟁=대동아전쟁'의 발발 직후에 이루어진 녹기연맹의 '엽서 방문(ハガキ訪問)', "일·미(日米) 개전(開戰) 〔소식〕을 들었을 때 어찌 느꼈는가?"라는 질문에 손진태는 다음과 같이 화답했다. "장쾌하다! 동아공영권을 동쪽은 하와이, 서쪽은 수에즈, 남은 오스트레일리아까지 연장하라. 그리고 아시아 제 민족을 백인의 노예로부터 해방하라고 부르짖었습니다. 선전(善戰) 〔소식〕을 들음과 동시에 희한하게도 어떤 위대한 힘을 느꼈고, 번갯불처럼 공영권이 척척 확대되어 가는 모습에 새삼스레 경탄의 느낌을 강하게 받았습니다."[88]

85 김수태(1996), 「손진태의 식민주의 사관 비판」, 길현익교수정년기념사학논총 간행위원회 편, 『길현익교수정년기념사학논총』, 길현익교수정년기념사학논총 간행위원회.

86 김수태(2000), 「손진태의 일제 식민주의사학 비판 재론」, 『한국사학사학보』 제2권.

87 남근우(2008), 앞의 논문 참조.

88 孫晋泰(1942), 「電光の如く共栄圏の拡大」, 『緑旗』 第7巻 第1号, 38~39쪽.

5. 신민족주의 이데올로기의 발생

1) 또 하나의 '신민족주의'

앞 절에서 새로 발굴된 텍스트를 보태 손진태의 말글과 식민주의의 관계성을 짚어 보았다. 신민족주의 사관의 성립 문제를 총괄하려면 지금까지의 논의를 발판으로 백남운에 대한 대타의식설(對他意識說)[89]과 안재홍의 신민족주의 영향설[90]에 대해서도 그 당부를 검증해야겠지만, 여기에서 거론하고 싶은 것은 중일전쟁 이후에 본격적으로 등장하는 일제의 민족정책론과 그것을 이론적으로 뒷받침한 내지 사회학계의 내셔널리즘 논의다. 글머리에서 시사했듯이 특히 고마쓰 겐타로(小松堅太郞)가 주장하는 일련의 민족주의론, 그중에서도 일제 말 신체제 아래에서 대동아공영주의의 지배 담론으로 제시된 '신민조쿠슈기(新民族主義)'는 손진태의 그것과 명칭은 물론이고 내용 면에서 상통하는 점이 많기 때문이다.

물론 손진태가 고마쓰의 민족주의론을 접했는지 아닌지 그 여부를 확인할 길은 현재 없다. 그의 논문이나 책들을 손진태가 인용하거나 거론한 적이 없기 때문이다. 흥미로운 것은 고려대학교가 고마쓰의 『신민족주의론(新民族主義論)』이라는 책을 소장하고 있다는 점이다. 더욱이 그 책에는 '보성전문학교 도서관'이라는 관인이 찍혀 있어, 손진태가 보성전문학교 도서관의 관장을 역임하던 때에 그것을 입수했을 공산이 커 보인다. 1940년 4월

---

89 손진태의 신민족주의 주창은 백남운의 사회경제사학을 의식한 결과라는 주장으로 자세한 것은 김윤식(1983), 「도남사상과 신민족주의 : 남창과 도남」, 『한국학보』 제9권 제4호 참조.

90 안재홍이 해방 직후에 주창한 신민족주의의 영향을 받아 손진태의 그것이 성립했다는 주장으로 자세한 것은 한영우(1989), 「손진태의 신민족주의 사학」, 『한국독립운동사연구』 제3호 참조.

에 발행된 이 책이 보성전문학교에 언제 어떻게 들어왔는지는 알 수 없지만, 신체제하의 사회 상황과 출판 사정 및 도서관의 수서 활동 등을 종합적으로 고려해 볼 때, 보성전문학교 도서관에 많은 분량의 도서가 한꺼번에 들어왔을 리는 없을 터이고, 따라서 당시 관장으로서 도서관 업무를 도맡았던 손진태가 고마쓰의 『신민족주의론』을 접했을 가능성은 높아 보인다.

'소위 태평양전쟁이 발발하던 때부터…… 동학 수우와 더불어 때때로 밀회하여' 신민족주의에 대한 '이론을 토의하고 체계를 구상하였다'는 손진태. 그가 신민족주의 조선사 서술을 구상하는 과정에서, 고마쓰가 부르짖은 또 하나의 신민족주의로부터 어떤 '이론'의 영향을 받았겠다고 추론해 보는 까닭은 여기에 있으며, 무엇보다 양자가 주장하는 신민족주의의 유사성이 그것을 뒷받침한다. 다음은 이 문제에 논의의 초점을 맞추어 신민족주의 이데올로기의 발생 국면을 살펴보자.

1931년의 만주사변 이후 이른바 15년 전쟁기를 통해 일본의 사회학계와 인류학계에서 활발하게 논의된 게 민족론의 영역이다. 아키모토 리쓰로(秋元律郎)에 따르면, 이에 관한 조직적인 연구는 1934년 『연보사회학(年報社会学)』에서 구성한 특집 '민족과 국가(民族と国家)'가 최초이며, 이후 시국의 추이와 함께 저널리즘에서도 현실적으로 '필요한' 과제들을 집중적으로 다루게 된다. 이를테면 1939년 『이상(理想)』 10월호의 특집 '민족성의 구명(民族性の究明)'이나 1941년 『사상(思想)』 11월의 특집 '민족 문제(民族の問題)'와 같은 것들로, 이 특집들의 주제만으로도 점차 민족정책의 특색을 강화해 가는 민족론의 전개 상황을 엿볼 수 있겠다.

이러한 민족론 성행의 배후에는 제1차 세계대전 후 더욱 심각해진 민족 문제와 나치 독일의 성립, 그리고 제2차 세계대전의 발발에 의해 새로운 국면을 맞이한 인종 문제의 대두가 존재하지만, 보다 직접적으로는 총력전체제의 현실적인 필요가 존재한다. 즉 중일전쟁으로부터 태평양전쟁에 돌입함에 따라 예전의 만몽과 조선·대만에서뿐 아니라 더욱 광범위한 남방의 새로운 점령 지역에서 민족정책이 필요하게 되었고, 그러한 시국 변화에 따른 현실적 요청이 민족론과 민족주의론을 성행시킨 결정적 요인이었다.[91]

고마쓰 겐타로의 경우 역시 예외가 아니다. 연보에 의하면 고마쓰는 1894년 야마가타 현에서 태어나 1920년에 메이지대학 법률학과를 졸업하고 미쓰이(三井)은행에서 근무를 한다. 하지만 적성에 맞지 않아 이내 직장을 그만두고, 일본 근대 사회학의 아버지로 일컬어지는 다카다 야스마(高田保馬) 문하로 들어가 이론사회학을 공부한다. 그리고 1926년 간세이가쿠인(関西学院)대학의 교수가 된 고마쓰는 1928년의 『사회학이론』을 필두로 많은 연구 성과를 산출한다. 민족론과 관련한 저서는 중일전쟁 이후 집중되는데, 가령 『민족과 문화(民族と文化)』(1939)·『신민족주의론(新民族主義論)』(1940)·『민족이론(民族の理論)』(1941)·『민족과 세계사(民族と世界史)』(1943)·『민족(民族)』(1945) 등이다. 이러한 성과를 바탕으로 1943년에는 문부성 직할 국책연구소인 민족연구소[92]의 소원(所員)으로 입소하며, 거기에서 그는 소장인 다카다와 함께 민족론과 민족주의 이론 구성을 주도한다.

고마쓰의 민족, 민족주의론을 이해하려면 우선 『민족과 문화』에 수록된 「민족의 본질(民族の本質)」과 『신민족주의론』에 실린 「민족주의론」, 그리고 그것들을 종합적으로 정리한 『민족 이론』을 살펴보는 게 순서이겠다. 그에 따르면 민족이란 '정도 개념'이다. 즉 "민족은 단지 혈연적 집단에 한정되는 게 아니고, 언어를 기연(機緣)으로 하는 공동사회만도 아니며, 그리고 문화의 공통 범위만이 민족적 한계를 짓는 유일한 계기인 것도 아니다. 오히려 민족은 최소한의 결합 강도에서부터 최대한의 그것까지 여러 단계의 결합 강도와, 그 결합 강도에 부응한 외적인 여러 징표를 갖는 사회 범

91 秋元律郎(1979), 『日本社会学史 : 形成過程と思想構造』, 東京 : 早稲田大学出版部, 274~295쪽.

92 자세한 것은 中生勝美(1997), 「民族研究所の組織と活動」, 『民族学研究』 第62巻 第1号 참조.

위 혹은 사회집단이다."[93]

이러한 '사회 범위 혹은 사회집단'으로서의 민족을 이론적으로 체계화한 『민족 이론』에서, 고마쓰는 서구에서 논의된 민족에 관한 여러 개념을 정리하고, 아울러 민족의 본질에 관한 종래의 학설을 객관설과 주관설로 나누어 점검한다. 이어 그 결과를 바탕으로, 같은 책에 수록된 「민족의 본질에 관한 사견(民族の本質に關する私見)」에서 민족을 구성하는 객관적 요소와 주관적 요소가 민족 결합과 어떤 관계를 가지는지 고찰한다. 여기에서 주관적 요소란 민족적 편향이나 감정 · 의식 따위와 같은 것들을 이르며, 객관적 요소는 다음의 두 가지로 양분된다. 즉 자연적 조건과 문화적 조건이 그것으로, 전자는 대개 민족 형성의 기초적 조건이 되고 이에 비해 후자는 파생적 조건에 해당한다. 구체적으로 "자연적 · 기초적 조건에는 혈연 혹은 지연(풍토를 포함한다)이 있으며, 문화적 · 파생적 조건에 해당하는 것은 언어, 문화, 역사적 운명, 국가(정치적 공작, 국민교육과 같은 것)와 같은 것"[94]들이다.

민족 결합의 강도에서 보면, 이 중 "자연적 조건인 혈연은 가장 기초적인 계기임과 동시에 최소한도의 결합을 보증하는 조건이다."[95] 이 '가장 기초적인' 혈연 조건의 바탕 위에 "요컨대 민족 결합의 제 조건은 결합 양의 누가(累加) 조건이 된다. 그렇기 때문에 많은 조건이 퇴적하고 있는 민족일수록 그 단결이 강인하게 된다"[96]라고 주장한다. 『신민족주의론』에서는 이를 다음과 같이 부연 설명한다.

> 이상과 같은 객관적 요소는 각각 단독으로 민족 형성의 결정적 계기가 되진 않지만, 그럼에도 불구하고 이들 여러 요소 중 두세 개가 퇴적할 경우에는 민

---

93 小松堅太郎(1939), 『民族と文化』, 東京 : 理想社出版部, 40~41쪽.

94 小松堅太郎(1941), 『民族の理論』, 東京 : 日本評論社, 274쪽.

95 小松堅太郎(1941), 앞의 책, 285쪽.

96 小松堅太郎(1941), 앞의 책, 287쪽.

> 족 형성에 중대한 역할을 할 때도 있다. 예컨대 언어를 같이하고 풍속과 습관을 공통으로 하고, 종교를 같이하고, 게다가 동일 정권에 의해 통치를 받으면서 지역을 접해 생활하는 동혈종족(同血種族)이 하나의 민족으로서 인식되는 경우다. 하지만 이 객관적 제 조건을 충족하는 경우에도 다음과 같은 주관적 조건을 결여할 때는 민족으로서 인식되기에 불충분하다. 여기에서 말하는 주관적 요소는 감정적 요소에 다름 아니다.[97]

고마쓰의 경우와 같이 민족 형성의 구성 요소나 민족 결합의 조건과 강도 문제에 대해 본격적 논의를 펼친 것은 아니지만, 위와 유사한 발언은 손진태의 글에서도 산견된다. 가령 "조선사는 조선민족사이니 우리는 유사 이래로 동일한 혈족이 동일한 지역에서 동일한 문화를 가지고 공동한 운명 하에서 공동한 민족 투쟁을 무수히 감행하면서 공동한 역사 생활을 하여 왔고 이민족의 혼혈은 극소수인 까닭이다"[98]라든가 "우리가 유사 이래로 동일 혈족으로 동일 지역에서 언어, 의복, 풍속, 기타 동일한 문화를 가지고 외민족과의 무수한 투쟁을 감행하여 가면서 지금까지 민족을 지켜 왔다는 이 뚜렷한 민족 협력, 민족 투쟁의 중대한 사실은 장래의 민족국가에 있어 민족적 단결력과 민족적 친밀감을 더욱 굳세게 할 것이다."[99] 또는 "우리 고대사의 영역이 만주와 반도를 포괄하였던 것과 이 영역 내의 주민이 동일한 혈족이었던 것은 언어상으로 종교상으로 의복상으로 주가상(主家上)으로 기타 다방[면]의 문화상으로 볼지라도 간단하게 증명되는 바이니 지석(支石)문화는…… 우리 주위의 제 민족에게는 전혀 없고 극동에서는 오직 우리 조선족(祖先族)만이 만주와 반도에 걸쳐 소유하였던 것이다"[100]

---

97 小松堅太郎(1940), 『新民族主義論』, 東京 : 日本評論社, 130~131쪽.

98 손진태(1981a), 앞의 책, 291쪽[손진태(1948e), 앞의 책].

99 손진태(1981c), 앞의 책, 4쪽[손진태(1948b), 「국사교육의 제 문제」].

100 손진태(1981b), 『손진태선생전집 2』, 서울 : 태학사, 74~75쪽[손진태(1948c), 「조선

와 같은 발언을 들 수 있다.

위의 발언들은 모두 신민족주의를 내세운 해방 후의 글에서 따왔다. 조선 민족이 단일민족임을 공통적으로 강조하고 있다. 게다가 손진태가 꼽은 단일민족 신화의 논거들은 앞에서 고마쓰가 언급한 민족의 형성, 결합을 위한 '객관적 요소'들과 초록동색이다. 즉 전자가 거론한 '동일 혈족'과 '동일 지역'은 후자가 언급한 자연적 조건이며, 또 전자가 열거한 '언어 · 의복 · 풍속 · 기타 동일한 문화'와 '동일한 운명', '공동한 민족 투쟁' 등은 후자가 말한 문화적 조건에 다름 아니기 때문이다. 이 객관적 요소들의 누가와 퇴적이 이루어지면 이루어질수록 민족의 결합이 강인해지고 민족적 단결력은 굳세어진다. 양자 모두 그리 주장하고 있다.

다음 신민족주의 조선사 서술 과정에서 손진태가 강하게 의식했던 민족과 계급, 이 양자의 관계에 대해 고마쓰는 어떤 견해를 가졌는가? 우선 『민족과 문화』에서 그는 "인류사회의 기초 구조가 계급인가, 민족인가"를 주제화한다. 그리고 "결론을 먼저 말하면, 발전론적으로 보아 민족은 계급보다도 근원적이다"라고 잘라 말한다. 민족은 "이른바 생성사회(生成社會)로서 최(最)원시로부터 존재하는 기초사회"인 데 비해, "계급은 조성사회(造成社會)로서 경제적으로 기타 기능적 분화가 일어난 후 출현하는 제2차적 단결"[101]이라고 한다. 『민족 이론』에서는 이 양자의 관계에 대해 다음과 같이 주장한다.

> 혈연 공동의 의식을 가지고 언어와 풍속, 관습을 공통으로 하고 혹은 문학과 가요, 무용 등을 공동으로 하는 한 지역의 주민이 이들 여러 요소를 달리하는 다른 주민들보다 상대적으로 봉쇄적 결합을 영위한다. 더욱이 역사적 운명을

'돌멘'에 관한 조사 연구」].

101 小松堅太郎(1939), 앞의 책, 71쪽.

> 공동으로 하게 되고, 혹은 대외적인 정치적 자치를 요구하게끔 되면, 민족 감정은 반드시 계급적으로 제약되는 게 아니다. 아니, 민족 전원이 거의 숙명적으로 다른 민족에 대해 적성(敵性)을 느끼는 경우, 이 민족 감정은 계급성을 희석하고 혹은 완전히 그것을 해소하게 된다.[102]

다만 이 경우 민족 감정의 지반(地盤)에는 차이가 있어 민족의 지도적 지위에 있는 성원은 민족 결합에 적극적으로 참여하는 데 반해, 기타 일반 성원은 전자의 능동적인 지도 아래 수동적으로 민족 결합에 참여한다. 이처럼 "지도 세력은 민족의 모든 구성원으로 하여금 하나의 전체를 형성하려고 한다." 여기에서 '전체'란 "단지 민족 전 성원의 총계가 아니고", "전 구성원의 감정과 의지의 완전한 조화 위에 성립하는 결합의 총화(總和)"를 말한다.

그러면 이 '완전한 조화'는 어떻게 성립할 수 있는가? 그것은 상호 간에 남의 의지, 욕구와 조화될 수 있을 정도로 스스로의 의지와 욕구를 부정하는 데에서 성립한다. 그리고 민족의 총력을 최고도로 발휘하려면 계급 간 모순을 불식시켜야 하고, "민족의 모든 구성원이 완전한 조화를 이루려면, 개인주의적인 자유주의의 기조 위에 선 〔개인의〕 의욕 충족 방식을 부정하지 않으면 안 된다"[103]라고 강조한다. 이 민족 전체의 '완전한 조화' 위에 성립하는 민족 결합을 고마쓰는 '민족전체사회'라 부른다.

한편 신민족주의 조선사 서술에서, 손진태 역시 고마쓰의 경우처럼 계급보다 민족을 '근원적'인 것으로 인식한다. 나아가 '부분으로서의 계급'이 아닌 '전체로서의 민족'의 발견을 추구한다. 가령 『조선민족사개론』의 「자서」에 보이는 다음과 같은 발언들이 그것을 상징적으로 보여 준다. 즉 "계급의 생명은 짧고 민족의 생명은 긴 것"이며, "계급투쟁의 길은 우리가 반드시

102 小松堅太郎(1941), 앞의 책, 324~325쪽.

103 小松堅太郎(1941), 앞의 책, 325~326쪽.

취해야 할 필요는 없고, 민족 균등이 실현되는 날 그것은 자연 해소되는 문제다." 또 "민족의 영광은 민족 내부의 반목과 투쟁에 있지 않고, 민족의 전체적 친화와 단결에 있는 것"[104]이다. 그리고 "진정한 민족주의는 민족 전체의 균등한 행복을 위한 것"이어야 하는데, "가장적(假裝的)인 민족주의 하에서 민족의 친화 단결이 불가능한 것은 과거의 역사 및 금일의 현실이 명백하게 이것을 증명"[105]한다고 주장한다.

2) 신민족주의의 정치성

그러면 과거의 역사와 금일의 현실이 증명한다는 '가장적인 민족주의'는 무엇인가? 다시 물어 손진태의 신민족주의가 지양해야 할, '민족의 친화 단결〔을〕 불가능'하게 만든다는 그 위선적인 민족주의란 구체적으로 무엇인가? 그는 신민족주의 「국사 교육 건설에 대한 구상」을 밝힌 글에서 다음의 세 가지를 보기로 든다. 즉 과거의 역사에서 흔히 볼 수 있는 소수의 권력자를 위한 '봉건주의 사관', 그리고 금일의 현실에서 직면하는 '영미적(英米的) 자유주의 사관'과 '소련적(蘇聯的) 계급주의 사관'이다. 이 세 가지를 모두 원치 않는다고 다음과 같이 주장한다.

> 국사 교육은 어떤 방향으로 나아갈 것인가. 그것이 민주주의 방향이어야 된다는 점에는 아무도 이론이 없을 것이다. 그러나 우리는 소련적 민주주의나 영미적 민주주의를 모두 원치 않는다. 그들은 모두 다수한 이민족을 포섭한 국가일 뿐만 아니라, 세계 지배를 꿈꾸는 강자들이다. 강자의 철학과 약자의 그것은 스스로 달라야 할 것이다. 소련적 국사 교육은 민족 내부에 계급투쟁

104 손진태(1981a), 앞의 책, 282쪽〔손진태(1948e), 앞의 책〕.
105 손진태(1981a), 앞의 책, 281쪽〔손진태(1948e), 앞의 책〕.

> 을 일으키어 민족을 약화시키고, 더 나아가서는 민족 자체를 부인하게 될 염려가 있다. 그리고 영미적 민주주의는 약소민족으로 하여금 저도 모르게 그들의 거대한 자본주의 속에 빠지게 하여 약소자는 더욱더 약소화하여 민족으로서의 발전을 꾀할 수 없게 될 염려가 있다. ……신민족주의(민주주의적 민족주의) 사관은 그러한 동족상잔의 원인이 되는 계급적 불평등을 발본색원적으로 없이 하자는 것이니, 계급주의 사관처럼 계급투쟁을 도발하는 것도 아니요, 또 자유주의 사관처럼 방관·방임하는 것도 아니다. 봉건주의 사관은 말할 것도 없다.[106]

이와 같은 세 '가장적인 민족주의'와 그에 대한 안티테제로서의 신민족주의. 이 대립 구도는 일찍이 고마쓰 겐타로가 되풀이하여 강조한 것으로, 그의 『신민족주의론』에는 위와 흡사한 주장이 자주 등장한다. 일례로, 진정한 "민족주의는 민족이라는 유기적 전체의 발전을 기도하는 행동 원리"인 까닭에, 시저나 징기스칸, 나폴레옹 등과 같은 "소수자의 권력적 욕망 충족을 위한…… 비합리형(非合理型) 제국주의와 달라야만 한다"[107]라고 주장한다. '비합리형 제국주의'라는 용어상의 차이는 있지만, 손진태의 경우와 같이 소수의 왕후장상을 위한 '봉건주의 사관'을 가볍게 부정한다.

이어 고마쓰는 "민족주의를 두 가지 유형"으로 나누어 본격적으로 논한다. "하나는 제국주의의 구실이 되는 민족주의이며, 다른 하나는 제국주의의 배격을 목적으로 하는 민족주의"[108]다. 1940년 현재의 "세계 질서는 〔전자의〕 구민족주의 즉 제국주의적 민족주의의 지반 위에 서 있으며, 다른 약소 제 민족을 압박·착취하고 있는 두셋의 강대한 민족에 의해 〔그게〕 지지

106 손진태(1948a), 「국사교육 건설에 대한 구상」, 『새교육』 제2호, 48~49쪽.

107 小松堅太郎(1940), 앞의 책, 16~17쪽.

108 小松堅太郎(1940), 앞의 책, 19쪽.

되고 있다"[109]라고 주장한다.

고마쓰 겐타로가 주장하는 신민족주의의 명분은 바로 이 '구민족주의 즉 제국주의적 민족주의'를 배격하여 그들로부터 압박, 착취를 당하는 약소 제 민족을 해방시키는 데 있다. 그의 말을 다시 빌리면, "근세 자본주의적 자유주의나 개인주의의 제약을 받지 않고, 또 〔자본주의라는〕 근세적 세계 질서의 부정자(否定者)인 유물주의의 제약도 받지 않고, 서로 모순되는 이 두 조류를 동시에 부정하여 보다 높은 단계에서 종합하는, 전체 봉사의 정신적 질서를 내용으로 하는 이념"이 바로 신민족주의다.

고마쓰가 말하는 '근세 자본주의적 자유주의나 개인주의'와 그 '근세적 세계 질서의 부정자인 유물주의'를 손진태의 표현으로 바꾸면, '세계 지배를 꿈꾸는' '영미적 자유주의 사관'과 '소련적 계급주의 사관'에 다름 아니다. 양자 모두 이 두 '구민족주의'를 비판하고 새로운 신민족주의를 그 대안으로 주장하는 것이다. 국내적으로는 계급 간 대립이나 갈등보다는 민족 전체의 '균등'이나 '조화'를 통한 단결이 필요하고, 국제적으로는 민족 간 전쟁이나 지배가 아닌 '친화 · 친선'이나 '공존 · 공영'이 요청된다고 강조하면서 말이다.

이상 신민족주의와 관련한 고마쓰와 손진태의 발언과 주장들을 훑어보았다. 다소 범박했을지 모르지만, 지금까지의 논의로 이 두 민족주의론이 상통한다는 건 확인할 수 있겠다. '신민족주의'라는 선명한 명칭을 필두로 민족 형성의 구성 요소나 민족 결합의 조건들, 계급의 부정과 민족에 대한 근원적 인식, 그리고 '구민족주의=제국주의적 민족주의'에 대한 비판적 인식과 그 안티테제로서 신민족주의의 내용에 이르기까지 닮은 데가 많기 때문이다.

물론 차이가 없는 게 아니다. 무엇보다 두 신민족주의가 발화된 시공간

109 小松堅太郎(1940), 앞의 책, 26쪽.

과 그 정치성에 큰 차이가 존재한다. 즉 고마쓰의 신민족주의는 1940년 전후 총력전체제하의 제국일본에서 나온 것이며, 손진태의 신민족주의는 그로부터 독립한 대한민국의 해방공간에서 나온 것이다. 전자는 이른바 '팔굉일우(八紘一宇)'라는 대동아공영권의 지배 이데올로기로 창출된 것이며,[110] 후자는 해방공간의 좌우 갈등을 배경으로 한 "중도우파 혹은 중도좌파의 정치 이데올로기를 역사 해석에 응용한 것"[111]이다.

손진태는 그 '응용' 과정에서 안재홍이 해방 직후에 발표한 또 하나의 신민족주의론에 "자극과 영향을 받은 것으로"도 보이지만, 신민족주의라는 용어는 "안재홍이 최초로 발설한 것"[112]이 아니다. 앞에서 보았듯이 그것은 일제의 어용 사회학자 고마쓰가 만들어 낸 것으로, 손진태가 차용한 그 신민족주의의 이론적 배경에는 안재홍의 '자극과 영향'뿐 아니라 고마쓰의 『신민족주의론』을 비롯한 일련의 민족주의론이 존재한다고 보인다. 덧붙여 그 사상적 배후에는 앞에서 살펴보았듯이 식민주의 사관에 동조했거나 식민지 문화정책의 영향권에서 벗어날 수 없었던, 자신의 '부끄러운 과거'의 탈각 혹은 은폐라는 해방공간의 '정치'가 작동하고 있다고 생각한다.

110 앞에서 고마쓰는 '신민족주의'가 자본주의적 자유주의와 유물주의, 이 '두 조류를 동시에 부정하여 보다 높은 단계에서 종합하는, 전체 봉사의 정신적 질서를 내용으로 하는 이념'이라고 말했거니와, 그 '전체 봉사의 정신'이란 이른바 '팔굉일우(八紘一宇)'에 다름 아니다. "그것은 근세적 제국주의와 유물주의의 상호 부정의 관계를 매개로 하여, 이 양자를 동시에 지양·방기하면서 한층 높은 질서에서 자기를 실천하고, 세계의 신질서를 현실적으로 구체화해야 하는 실천적 행동체계다"[小松堅太郎(1940), 앞의 책, 82~83쪽]. '근세적 제국주의[자본주의]와 유물주의'에 의해 부정되어 온 '대동아'의 모든 약소민족들은 이 "팔굉일우의 이상에 의해 그 부정을 부정하여 소생하고, 여기에 비로소 모든 민족의 생존권의 평등화가 실현되어…… 전체의 체계로서의 세계적 사회를 구성할 수 있다." 이러한 제국일본의 신민족주의에 의해 "내셔널리즘과 인터내셔널리즘은 변증법적으로 통일된다"[小松堅太郎(1940), 앞의 책, 83쪽]라고 고마쓰는 강변한다.

111 한영우(1989), 앞의 논문, 609쪽.

112 한영우(1989), 앞의 논문, 598쪽.

6. '민족문화학'의 유산

종래의 손진태론에서 일반화한 예정조화적 프레임에서 벗어나 그의 학문과 사상을 재고하고자 할 경우, 위에서 고찰한 신민족주의 이데올로기와 함께 또 하나 주의를 요하는 것은 '민족문화학'의 부자연스러움이다. 그것이 왜 자연스럽지 않은지를 밝히기에 앞서 『조선민족문화의 연구』(1948) 서문에 보이는 용례부터 보기로 하자. 일제 식민지기에 발표한 자신의 과거 논문 중에서 "주요한 18편을 추려…… 상재"[113]했다는 이 책 첫머리에서 손진태는 다음과 같이 주장한다.

> 민속학은 민족문화를 연구하는 과학이다. 여기에서 민족이라고 하는 술어는 지배 귀족계급을 포괄하는 광의의 말이 아니요, 민족의 대다수를 구성하는 농민과 상공·어민 및 노예 등 피지배계급을 의미하는 것이니, 따라서 민족문화라는 것은 귀족문화에 대한 일반 민중의 문화를 이르는 것이다. 다시 말하면 민속학은 민중 일반의 경제적·사회적·종교적·예술적 생활의 모든 형태와 내용을 탐구하고 비판하는 학문이다. 그러므로 일부 학자 간에서는 민속학이라는 명칭의 부당성을 말하여 이것을 민족학이라고 고치자고 하는 이도 있고, 내 자신은 이것을 '민족문화학'이라고 부르고 싶기도 하다. 그래서 이 책을 조선 민족문화의 연구라 제명(題名)한 것이다.[114]

인용문에 보이는 손진태의 발언처럼 기왕의 '민속학이라는 명칭'에 어떤 '부당성'이 존재한다고 가정할 경우, 우리는 그것을 대체하는 용어로 어떤

113 손진태(1981b), 앞의 책, 25쪽[손진태(1948d), 『조선 민족문화의 연구』, 서울 : 을유문화사].

114 손진태(1981b), 앞의 책, 25쪽[손진태(1948d), 앞의 책].

것을 사용하면 좋을까? 믿줄 부분의 개념 정의를 따르면 물론 '민중문화학'이라는 명칭이 정합적이겠다. 그것을 대용(代用)하면 논리 전개에 별 무리가 없을 것을, 손진태는 어찌 된 까닭인지 민족문화학이라는 용어를 사용코자 한다. '민족학이라고 고치자고 하는 이도 있'지만, "자신은 이것을 '민족문화학'이라고 부르고 싶다"고 말한다.

그러면 기왕의 민속학이 아니고 어떤 이가 제기한 민족학도 아닌, 그렇다고 자신의 논리에 정합적인 민중문화학도 아닌, 굳이 민족문화학으로 명칭을 변경해야 하는 까닭은 무엇인가? 이에 대한 논리적 설명이 없어[115] 그의 뜻을 정확히 알 수는 없다. 다만 민족문화학으로 개칭하고 싶은 바람을 밝힌 직후에 신민족주의가 주창된 사실 그리고 양자 모두 '민족'이 강조되고 있음을 함께 고려하면, 둘 사이에 어떤 밀접한 상호 관련을 상정할 수는 있겠다. 그 양자의 관계성 역시 손진태 연구가 풀어야 할 과제라고 생각된다.

손진태의 민족문화학이 부자연스럽게 느껴지는 것은, 그 명칭 변경의 바람이 논리적 정합성을 결여하고 있기 때문만이 아니다. 앞에서 인용한 서문 말미에 덧붙인 사족 같은 발언 때문이기도 하다. 곧 『조선민족문화의 연구』에 수록한 '주요한 18편'의 저본을 동학들에게 '보아 주시지 말라'고 당부한 점이다. 그리고 "내 자신의 방법론에 상당한 변화가 있어 과거의 논문은 전면적으로 일단 폐기하려는 의도"[116]라고 그 까닭을 밝히기 때문이

---

115 관견에 손진태는 '민족문화학'이라는 용어를 두 번 사용했다. 한 번은 위 인용문이고, 또 한 번은 『서울신문』 1948년 11월 12일자에 실린 다음과 같은 발언이다. "나는 민속학이라는 것을 민족문화학이라고 하고 싶다. 민족학이라 하면 민(民)이란 의미가 어딘지 봉건시대에 있어서 귀족을 연상시켜 봉건적인 느낌이 든다. 지금 우리는 봉건적 · 귀족적인 것을 타파하고 참다운 민족문화를 수립할 단계이다. 이러한 견지에서 민족문화학이라고 하고 싶은 것이다." 민족학의 '민'이 '봉건시대에 있어서 귀족을 연상시켜 봉건적인 느낌이 든다'면, 민족문화학의 '민' 역시 그런 느낌이 들어야 마땅할 것 같은데 손진태에게는 그렇지가 않은 모양이다. 두 용어에 보이는 '민'의 느낌이 왜 이렇게 달라야 하는지, 이 발언 역시 논리적으로 잘 이해되지 않는다.

116 손진태(1981b), 앞의 책, 26쪽[손진태(1948d), 앞의 책].

다. '자신의 방법론'에 도대체 어떤 '변화'가 있기에 일제 식민지기에 쓴 알짜배기 논문들을 '폐기'하겠다는 것인지, 또 그 '과거의 논문'에 무슨 큰 문제라도 있어 보지 말라는 것인지 독자 역시 궁금할 것이다.

이 궁금함을 풀기 위해선 당연히 해방 전의 조선민속학과 해방 후의 민족문화학에 대한 꼼꼼한 대조가 필요하겠다. 양자 사이에 존재한다는 '방법론〔의〕 상당한 변화'를 살펴봄으로써 기왕의 연구가 등한시한 손진태의 조선민속학에 대한 비판적 고찰의 공백을 메울 수 있을 터이기 때문이다. 그뿐만 아니라 그러한 비판적 고찰의 결과로 신민족주의 사관론의 과제들에 대한 새로운 조망이 가능할 것이며, 결과적으로 손진태가 추구한 학문 세계의 구성 원리와 사상의 본체에도 가까이 접근할 수 있겠다.

나는 오래전 이와 같은 문제의식을 가지고 손진태의 학문과 사상을 탐구한 결과 잠정적으로 다음과 같은 결론을 얻을 수 있었다. 즉 그의 학문은 해방 이전의 문화민족주의에 기초한 저항의 조선민속학에서 해방 후의 민족문화학이나 신민족주의 사학으로 자연스레 귀결하는 게 아니고, 그의 사상적 영위 역시 식민주의 지배 이데올로기에 대한 안티테제로서 단순명쾌하게 자리매김될 수 있는 게 아니라는 점이다. 그의 학문과 사상의 결정체로 볼 수 있는 해방 후의 민족문화학과 신민족주의가 그것을 역설적으로 반증한다. 앞에서 보았듯이 민속학에서 민족문화학으로의 부자연스런 개칭과 '방법론〔의〕 상당한 변화'에 가탁한 과거의 소거[117] 및 신민족주의의 자기현시적 주창이야말로 해방공간의 손진태가 자신의 식민지기 과거와 나눈 대화의 모호한 그림자를 드리우고 있기 때문이다.

그래서다. 이 글에서 재론하고 싶은 것은, 바로 그 모호한 그림자가 '조선민족'의 재발견과 연동한다는 점이다. 물론 손진태가 해방 후 신민족주의의 역사 서술과 민족문화학의 주창 과정에서 재발견하고자 한 민족은 일제

117 남근우(1998b), 앞의 논문, 241~253쪽 참조.

식민지기에 발견한 민족과는 사뭇 다른 모습이다. 후자의 순수하구적인 인종학적 민족에 비해 전자의 그것은 지극히 정치적인 까닭이다. 이러한 양자의 차이와 재발견의 배경을 살펴봄으로써 그가 식민지기 과거와 나눈 대화의 의중을 조금은 헤아려 볼 수 있겠다.

우선 해방 전의 민족 발견부터 되짚어 보면, 1920년대 중·후반 이후 손진태는 조선민족의 형성과 민족문화의 기초 구성을 "한국 민족사상의 가장 중대한 문제이며, 제1페이지의 문제"로 설정한다. 그리고 이 표리 관계의 두 문제를 고찰하기 위해 동양문고를 거점으로 동서양의 방대한 문헌들을 섭렵하는 한편, 1934년 봄 '귀향'할 때까지 조선의 민속 조사를 계속한다. 이렇게 확보한 문헌 사료와 민속 자료의 상보적인 조합을 통해 해방 전의 손진태는 혼합민족설과 북방문화론을 정력적으로 펼친다. 그리하여 "조선민족은 우리 주위에 있는 민족의 이주 혼혈에 의하여 구성되었으며, 조선문화는 그러한 이래(移來) 민족들의 수래(輸來)한 문화의 접촉·융합에 의하여 성립된 것"[118]임을 밝히고자 애쓴다. 그 결과, 상고시대에 한반도로 들어온 서로 다른 계통의 이질적인 복수의 북방 민족을 근간으로 이에 소수의 남방민족이 섞이고, 이후 고려 말엽에 이르기까지 북방의 퉁구스족과 몽고족의 이주·침략에 따른 혼혈을 거듭하고 나서 오늘의 조선민족과 조선문화의 기초가 형성되었다고 손진태는 주장한다.

위와 같은 북방 민족들을 중심으로 한 혼합민족설에서 주의할 것은, 손진태가 단지 혈액상의 혼혈 과정뿐 아니라 의식상의 결합 문제를 중시한 점이다. 민족이란 것은 혈액은 물론 정치적 경계와 언어, 풍속, 습관조차 초월한 심리적, 의식상의 문제이며 결국 조선 민중의 민족의식은 근대의 대한제국 성립 이후에 점차 형성되기 시작했다고 주장한다.[119] 이러한 해

118 손진태(1981c), 앞의 책, 53쪽[손진태(1926b), 「조선 상고문화의 연구 1 : 조선 가옥 형식의 인류학적 토속학적 연구」].

방 전의 민족형성론과 민족의식론은 다음에 살펴볼 해방 후의 그것과는 큰 차이가 있어 주목된다.

> 조선사는 곧 조선민족사이니 우리는 유사 이래로 동일한 혈족이 동일한 지역에서 (비록 삼국 시대 말년에 영토의 반북(半北)과 그 주민을 이실(離失)하기는 하였지만) 동일한 문화를 가지고 공동한 운명하에서 공동한 민족 투쟁을 무수히 감행하면서 공동한 역사 생활을 하여 왔고 이민족의 혼혈은 극소수인 까닭이다. 그러므로 조선에 있어서는 국민 즉 민족이요, 민족사가 곧 국사가 되는 것이다.[120]

위의 발언은 해방 후 "신민족주의 입지에서"[121] 썼다는 『조선민족사개론』의 「서설」에서 따왔다. 인용문에 보이듯이 조선민족은, '유사 이래로 동일한 혈족'이 한반도와 중국 동북부의 만주를 포함한 '동일한 지역에서' 고인돌과 같은 '동일한 문화'를 영위한 단일민족으로, '이민족의 혼혈은 극소수'라고 주장한다. 이처럼 혈연과 지연 및 문화의 동일성에 기초한 단일민족설은 바로 앞에서 본 혼합민족설, 곧 '조선민족은 우리 주위에 있는 민족의 이주 혼혈에 의하여 구성되었'다는 해방 전의 주장과 너무나도 다르다.

또한 조선민족은 '유사 이래'의 운명공동체로 '공동한 민족 투쟁을 무수히 감행하면서 공동한 역사 생활을' 지속한 까닭에, "우리가 다른 민족보다 특히 강렬한 민족의식을 가"지게 되었고 그 의식상의 결합이 곧 "우리의 장점"[122]이라고 손진태는 해방 후 되풀이하여 주장한다. 이 역시 조선의 민중

119 남근우(1998b), 앞의 논문, 218~219쪽.

120 손진태(1981a), 앞의 책, 291쪽〔손진태(1948e), 앞의 책〕.

121 손진태(1981a), 앞의 책, 281쪽〔손진태(1948e), 앞의 책〕.

122 손진태(1981b), 앞의 책, 23쪽〔손진태(1948d), 앞의 책〕.

은 구한말의 "융희(隆熙) 이전까지 봉건사상의 소유자"로 "그들은 결코 전 민족적으로 정치적 혹은 사상적 단결을 가지지 못하였었다"[123]라는 해방 전의 주장과 판이하다.

그렇다면 해방 후 손진태가 위처럼 단일민족설과 민족의식을 강조함으로써 '민족'을 재발견코자 한 까닭은 무엇인가? 우리는 그 단일민족신화의 성립 배경으로 다음의 두 가지를 꼽을 수 있겠다. 하나는 익히 알려진 외적 요인으로, 해방공간의 "민족 분열 · 좌우 대립의 현실을 타개하여 '통일민족 국가'를 수립"[124]하기 위한 중도우파적인 정치 이념의 반영이다. 손진태에 따르면, "민족 혈액의 순수 단일은 민족적 친화와 단〔결〕" 및 "자주독립 의식"에서 혼혈의 "경우보다 훨씬 강력할 것"이며, "또 이러한 단일민족은 분열을 원하지 않고 통일을 욕구하는 것도 특장의 하나"[125]다. 해방공간의 손진태에게는, 그러한 현실 정치적 '특장'을 내장한 단일민족신화가 '통일민족 국가' 수립를 위한 역사 이데올로기로 필요 불가결했다고 보인다.

또 하나 혼합민족설에서 단일민족신화로의 전화(轉化)를 촉발한 내적 요인으로, 손진태가 일제 식민지기에 추구한 민족문화론의 존재를 들지 않을 수 없다. 이미 필자의 논문에서 고찰했듯이 북방문화론에 치중한 그의 민족문화론은 결과적으로 만선 사학의 지근거리에서 '반북(半北) 지배설'로 상징되는 타율적인 조선사상(朝鮮史像)을 추수해 버리고 말았다.[126] 그런 까닭에 이른바 반일 내셔널리즘이 정치적으로 유용되던 해방공간에서, 손진태는 단일민족신화로 시라토리 구라키치 일파의 그 식민주의 사관을 격렬히 비판함으로써 자신의 알리바이를 만들 필요가 있었다고 보인다.

---

123 손진태(1928a), 「기미 전후의 문화상」, 『신민』, 21쪽.

124 방기중(1997), 「해방 후 국가건설 문제와 역사학」, 한국사학논총 간행위원회 편, 『한국사 인식과 역사이론』, 서울 : 지식산업사, 94쪽.

125 손진태(1981a), 앞의 책, 341쪽〔손진태(1948e), 앞의 책〕.

126 남근우(1998b), 앞의 논문, 231~235쪽.

해방 후 손진태가 신민족주의 역사 서술에서, 일부러 장절(章節)을 마련하여 무리한 논리를 펼치면서까지 "남북 9족의 혈액적 단일성"[127]을 강조한 까닭도 실은 이 현장부재증명과 무관치 않겠다. 또 "우리가 유사 이래로 동일 문화를 가진 단일민족이란 것을 명백하게 하는 것은 민족사학의 당연의 의무"[128]라고 역설하는 것도, 그뿐만 아니라 방법론의 변화에 가탁한 과거의 소거가 조만동조론(朝滿同祖論)으로 귀결하는 것 역시, 그 지난날의 '부끄러운 과거'를 씻어 내거나 혹은 감추고자 한 학문 내적인 정치 논리가 작동한 결과로 보인다.

어찌 보면 그것들은 일제 식민지기의 순수 학구적인 조선민속학에서 해방 후 신민족주의 사학과 민족문화학으로 거듭나기 위한 일종의 씻김굿이었을지도 모르겠다. 그 정치권력적인 재생 의례의 효력 때문인지, 1950년 손진태의 납북과 함께 유산(流産)된 그의 민족문화학은 1960년대 이후 한국 민속학의 고갱이로 줄곧 계승되어 우리의 민속학적 사고와 실천을 강하게 규정해온 게 사실이다. 금세기에 이르러 손진태 민속학의 탈신화화와 그 본질주의 '민속학=민족문화학'의 폐색(閉塞) 상황을 탈각하기 위한 방법론의 전회(轉回) 및 그에 따른 첨예한 공방과 논쟁이 펼쳐진바, 이에 대해서는 필자의 논문[129]을 참고해 주기 바란다.

---

127 손진태(1981a), 앞의 책, 338쪽〔손진태(1948e), 앞의 책〕.

128 손진태(1981a), 앞의 책, 341쪽〔손진태(1948e), 앞의 책〕.

129 남근우(2008), 「도시민속학에서 포클로리즘 연구로 : 임재해의 '비판적 성찰'에 부쳐」, 『한국민속학』 제47집 ; 남근우(2009), 「'민속학=민족문화학'의 탈신화화」, 『비교민속학』 제40권 ; 남근우(2010), 「한국 '역사민속학'의 방법론 재고」, 『한국민속학』 제51집 ; 남근우(2017), 「(민속학) 방법론의 동향과 쟁점」, 한상복 집필책임 / 이기석 · 최병현 · 임돈희 편집책임, 『학문연구의 동향과 쟁점 제6집 : 고고학 · 민속학 · 인문지리학 · 문화인류학』, 서울 : 대한민국학술원.

제국일본과 한국의 스포츠 내셔널리즘

송석원(宋錫源, Song Seok-Won)

현 경희대학교 정치외교학과 교수. 일본정치 전공.

일본정치를 정치사상, 비교정치와 접목하여 연구하고 있다. 주요 저서로는 『제국일본의 문화권력 1~3』(공저·2011~2017), 『전환 중의 EU와 '동아시아공동체'』(공저·2012), 『환동해 관계망의 역동성』(공저·2016) 등이 있고 옮긴 책으로는 『일본문화론의 계보』(2007), 『폭력의 예감』(공역·2009), 『일본 내셔널리즘의 해부』(2011), 『논단의 전후사』(2011), 『한 단어 사전 인권』(2013), 『민족과 네이션』(2015) 등이 있다.

1. 제국 질서의 확장 : 문명의 외연화와 내선일체

주지하는 바와 같이 일본은 후발 국가이기는 하지만, 유럽 이외의 지역에서는 최초로 '근대문명'을 성공적으로 달성한 국가이다. 더욱이 타이완과 한국을 식민지화하고 만주에 일본의 괴뢰정부를 구축하는 등 일본의 지리를 확장함으로써 제국을 형성한 국가이다. 제국일본의 학지(學知)와 매체(媒體)는 각각 제국일본을 학문적 권위로서 뒷받침하거나 그러한 지식을 대중에게 전파하여 통제력을 강화해 가는 문화권력[1]을 구성하고 있었다. 이러한 문화권력은 제국의 식민지 지배를 문명국의 사명[2]으로 규정함으로써 주변국에 대한 침략을 문명을 외부로 확장하는 것으로 정당화했다.[3] 그러나 외부로의 확장으로 새로이 구축된 제국일본의 경계는 기본적으로 이중적인 구조를 노정할 수밖에 없었다. 제국일본은 제국 질서 밖의 외부 세계에 대해서는 제국일본 내의 타이완, 한국 등을 일본과 동일시(assimilate, 同

---

1 제국일본의 문화권력에 대한 분석에 대해서는, 서정완 · 송석원 · 임성모 편(2011), 『제국일본의 문화권력』, 서울 : 소화 ; 서정완 · 송석원 · 임성모 편(2014), 『제국일본의 문화권력 2』, 서울 : 소화 참조.

2 식민지 지배를 정당화하는 레토릭으로 문명국의 사명이 언급되는 것은 제국일본에만 국한하는 것이 아니라 제국의 일반적 특성이라고 할 수 있다. 실제로 빅토리아 시기의 영국인들은 영국의 인도 지배에 대해 '백인의 의무(white man's burden)'라고 스스로 의미를 부여하고 있었다〔木村雅昭(2002), 『「大転換」の歴史社会学 : 経済 · 国家 · 文明システム』, 東京 : ミネルヴァ書房, 337~338쪽〕.

3 송석원(2011b), 「문명의 외연화와 지배의 정당성」, 『한국동북아논총』 제16권 제3호 참조.

化)하였으나, 제국일본 내부 질서에서는 일본인과 타이완인 및 한국인 사이에는 엄격한 구분(dissimilate, 異化)이 존재하였기 때문이다. 제국의 입장에서 제국/식민지 사이의 지배/피지배 관계를 정당화하고, 그 관계를 안정적·지속적으로 재생산할 수 있는 문화적 차이 나아가 위계의 유지는 동시에 필요한 것이었다.[4] 따라서 식민 지배체제는 제국/식민지 사이의 동화와 이화의 양 방향으로의 강화를 동시에 내포하게 된다.

제국은 식민지의 고유한 문화적 속성을 제국의 문화에 동화시키고자 하지만, 그것은 양자 간의 완전한 동일화를 의미하는 것은 아니다. 동화와 이화는 제국의 식민지 지배정책의 양륜(兩輪)이라 할 수 있다. 따라서 제국일본의 동화정책 슬로건이었던 내선융합(內鮮融合) 혹은 내선일체(內鮮一體)[5]는 한편으로는 일본이 스스로가 구축한 제국 외부에서, 다른 한편으로는 제국 내부에서 식민 지배의 정당성을 확보하기 위한 레토릭에 지나지 않는 것이었다. 실제로 내선일체를 생물학적으로 실현하는 것을 목표로 한국인과 일본인 사이의 결혼장려정책[6]이 추진되기도 했지만, 현실에서는 그다지 큰 성과를 거두지 못한 것은 내선일체라는 슬로건이 갖는 한계를 그대로 노정한 것이라고 할 수 있을 것이다.

제국일본 시기의 내선융합 혹은 내선일체는 제국 형성기의 문명의 외연화 전략의 연장선상에 있는 것이지만, 양자 사이에는 상당한 괴리감이 존재한다. 제국 형성기의 문명의 외연화 전략에서 문명을 외부 세계로 확장한다고 했을 때, 그 방향은 문명에서 반(半)문명 혹은 비(非)문명(야만)으로

4 조형근(2014), 「식민지 대중문화와 '조선적인 것'의 변증법」, 서정완·송석원·임성모 편, 『제국일본의 문화권력 2』, 서울 : 소화, 169쪽.

5 내선일체는 일본과 한국은 하나로서 같다는 의미이다. 여기에서 '같다'는 것은 일본과 한국이 같은 조상의 후손이라는 의미이다. 다만 이 경우, 가계도상의 본류(本流)는 일본이고, 한국은 지류(支流)를 이룬다고 주장된다.

6 이정선(2015), 「일제의 '內鮮結婚' 정책과 현실」, 한림대학교 일본학연구소 27차 워크숍 발표문(2015. 4. 10) 참조.

향하는 것일 수밖에 없다.[7] 따라서 제국일본과 식민지 한국의 관계는 계층적 성격으로 파악된다. 그러한 계층적 관계를 전제할 때 비로소 문명의 사명은 성립할 수 있다. 실제로 후쿠자와 유키치(福沢諭吉)는 한국인이 '완고하고 사리에 어두우며 거만'[8]하다고 보았다. 그에게 한국 정부 역시 무능·무책임하여 문명과는 거리가 멀었는데, 그 결과 1894년 시점에서 "조선국은 나라이면서 나라도 아니고 정부이면서 정부도 아니다"[9]고 단언해 버리기에 이르렀다. 후쿠자와는 "조선 정부에 인물이 없다. 조선 조정의 관리는 한 사람도 믿을 만한 사람이 없다"[10]고 하면서 "조선국은 문명의 관점에서 사지가 마비되어 스스로 움직일 능력이 없는 병자와 같다. ……일본인이 조선의 만사(萬事)에 간섭하는 것은 공명정대하여 거리낄 것이 없다. 균등하게 문명의 혜택을 입게 하는 데에는 간섭 외에 좋은 방법이 없음을 알아야 한다"[11]고 주장하기에 이른다.

그러나 이러한 후쿠자와의 주장은 초기 계몽기에 일본을 유린하려는 유럽의 의도를 비판하면서 "말로 안 되면 군함으로 하고 글(筆)에 이어 총을 들이대는 방식"으로 일본을 제2의 인도로 만들려는 유럽이 이른바 만국공법을 내세우고 있는 데 대해 그러한 공법은 "구라파 각국의 공법으로 동양

---

7 후쿠자와가 청일전쟁을 "문명개화의 진보를 도모하는 자들과 그 진보를 방해하는 자들의 싸움으로 결코 양국 간의 싸움이 아니다"라고 했을 때, 이미 일본의 승리는 당위적인 것이었다[福沢諭吉(1970b), 「日清の戦争は文野の戦争なり」, 慶應義塾 編, 『福沢諭吉全集 14』, 東京：岩波書店, 491쪽].

8 福沢諭吉(1970d), 「朝鮮新約の實行」, 慶應義塾 編, 『福沢諭吉全集 8』, 東京：岩波書店, 1970, 330쪽.

9 福沢諭吉(1970g), 「土地は併呑す可らず国事は改革す可し」, 慶應義塾 編, 『福沢諭吉全集 14』, 東京：岩波書店, 438쪽.

10 福沢諭吉(1970a), 「改革の目的を達すること容易ならず」, 慶應義塾 編, 『福沢諭吉全集 14』, 東京：岩波書店, 446쪽.

11 福沢諭吉(1970c), 「朝鮮問題」, 慶應義塾 編, 『福沢諭吉全集 15』, 東京：岩波書店, 189쪽.

에서는 아무런 역할도 못한다"[12]고 주장했던 것과는 크게 다르다. 그러나 유럽의 아시아 침탈 과정에서 후쿠자와는 군함과 총을 들이대는 형식의 국제 관계가 만국공법에 기초한 그것보다 현실에 가깝다는 것을 배우게 되고, 그 연장선상에서 마침내 '힘이 곧 정의이며 권력은 올바른 도리(正理)의 원천'[13]이라고 주장하게 된다. 후쿠자와에 의하면, "1백 권의 만국공법은 몇 문의 대포보다 못하고, 1천 권의 화친조약(和親條約)은 한 상자의 탄약보다 못하다. **대포와 탄약은 있는 도리를 주장하는 대비가 아니라 없는 도리를 만들어 내는 기계다.** ……각국이 교제하는 길은 두 가지, 멸망시키든가 멸망당하는 것뿐"(강조는 인용자)[14]이다. 따라서 표면적으로는 "조선국의 행복을 증진하고 문명을 진전"[15]시키기 위한 공명정대한 일본의 사명감으로 치환(置換)된 한국 정략의 목적은 사실은 "우리(일본)의 이익을 보호하는 것이며, 남을 위한 게 아니라 스스로를 위한 것"[16]일 뿐이었다. 이와 같이 후쿠자와의 문명 외연화 전략의 본질은 제국주의적 국가 이익의 획득에 있었음을 알 수 있다.

제국일본의 한국 식민 지배는 문명화된 일본이 야만적인 한국을 발전시키기 위한 불가피한 결과라는 주장은 후쿠자와 유키치에게만 발견되는 논리는 아니다. 실제로 예컨대 스즈키 에이타로(鈴木栄太郎)가 일본은 활기찬 젊은이의 나라인 데 반해 한국은 생동감이라고는 찾아볼 수 없는 "노인과

12 福沢諭吉(1971a), 「内には忍ぶべし外には忍ぶべからず」, 慶應義塾 編, 『福沢諭吉全集 19』, 東京 : 岩波書店, 225쪽.

13 福沢諭吉(1971b), 「内地旅行 西先生の説を駁す」, 慶應義塾 編, 『福沢諭吉全集 19』, 東京 : 岩波書店, 546쪽.

14 福沢諭吉(1970h), 「通俗国権論」, 慶應義塾 編, 『福沢諭吉全集 4』, 東京 : 岩波書店, 637쪽.

15 福沢諭吉(1970e), 「朝鮮の変事」, 慶應義塾 編, 『福沢諭吉全集 8』, 東京 : 岩波書店, 246쪽.

16 福沢諭吉(1970f), 「朝鮮政略は他国と共にす可らず」, 慶應義塾 編, 『福沢諭吉全集 13』, 東京 : 岩波書店, 465쪽.

사자(死者)의 나라"[17]라고 지적하고 있는 데에서 알 수 있는 바와 같이, 문명론적 관점에서 한국을 보는 입장은 제국일본의 식민지배체제가 구축된 시기에도 이어지고 있었다. 이와 같이 제국일본은 스스로의 식민 지배의 정당성을 문명 확산으로 규정하고 있었다. 한국은 후진적이고 인습에 사로잡혀 있는 정체(停滯)된 국가이며, 한국인은 완고하고 무능하며 무기력한 사람들[18]이라고 규정된 것도 식민 지배와 문명 확산을 등식으로 연계시킨 결과였다. 흥미로운 사실은 선진 일본문명이 한국으로 확장된 결과로서의 제국/식민 관계가 다른 한편에서는 내선융합 혹은 내선일체라는 레토릭에 의해 정당화되었다는 점이다. 문학, 연극, 영화, 미술, 언론 등의 다양한 문화매체가 일본에의 동화와 한국의 독자성 유지라는 비대칭적 긴장 사이에 추이(推移)해 갔다. 제국의 문화권력은 검열과 탄압[19]을 통해 이 매체들을 통제해 갔다. 당면한 국내외 정세가 긴박해지면서 제국일본이 파시즘체제로 재편되어 감에 따라 검열과 탄압은 더욱더 강화되었다. 제국/식민지 간의 동화와 이화의 변증법은 검열과 탄압의 강화와 더불어 파탄되어 버린다.

제국일본의 권력은 식민지에서의 스포츠에 대해서도 엄격한 통제와 관리체계를 구축했다. 스포츠는 제국/식민지 간의 동화와 이화가 가장 극적으로 표출되는 분야 가운데 하나였기 때문이다. 제국일본은 식민지 한국의 스포츠를 조직화하는 한편, 학교체육을 통해 스포츠 활동을 정규 교과과정으로 편성하기도 하였다. 식민지 초기부터 제국일본과 한국 사이에는 다양한 종목의 스포츠 경기가 열렸다. 1924년부터 시작된 〈메이지신궁 체육대회(明治神宮体育大会)〉에의 식민지 출신 선수의 참가 허용이나 스포츠 행사

17 鈴木栄太郎(1973), 「朝鮮の年中行事(草稿)」, 『鈴木栄太郎著作集 V』, 東京 : 未来社, 380쪽.

18 송석원(2011a), 「근대일본의 조선민족성 인식에 관한 연구」, 『일본연구』 제49호 참조.

19 송석원(2014), 「조선에서 제국일본의 출판경찰과 간행물의 행정처분」, 서정완·송석원·임성모 편, 『제국일본의 문화권력 2』, 서울 : 소화, 3~20쪽.

에서의 제국일본 의례의 채용은 제국 / 식민지의 위계를 확인하는 통치행위의 일환이었다. 그러나 주지하는 바와 같이 스포츠는 본질적으로 게임 참가자들의 우열의 결과를 낳기 마련이다. 스포츠 게임의 결과로서의 우열이 반드시 제국/식민지의 위계와 일치하는 것이 아니다. 스포츠의 결과는 제국/식민지의 위계를 심각하게 손상시켜 궁극적으로 식민지에서의 내셔널리즘을 고양하는 기폭제가 될 가능성을 내포하고 있다. 실제로 제국일본 시기의 한국 스포츠는 그야말로 제국에 대한 식민지의 '정당한' 저항의 장이기도 했다. 스포츠는 피지배자(식민지)가 지배자(제국)에게 공개적으로 정당하게 '승리'할 수 있는 장이었기 때문에 유력한 내셔널리즘의 우회로가 될 수 있었다.[20] 스포츠는 참여자와 관중 사이의 심정적 공감이 형성[21]되는 장이기도 했다. 식민지뿐만 아니라 제국에서도 근대국민 형성 과정에서 스포츠에 주목한 이유가 바로 여기에 있다.

2. 제국일본의 교육정책

근대사회에서의 교육이 갖는 '계몽을 통한 인간 해방'의 가능성과 '특정한 인간형의 형성을 통한 예속화'라는 모순은 오랫동안 인문·사회과학에서 쟁점이 되어 왔다.[22] 이와 같은 근대교육의 이중성은 특히 식민지사회에서 첨예한 대립 관계로 나타났는데, 그것은 교육이 한편으로는 지배를 정당화하기 위한 수단으로 파악된 반면에 다른 한편으로는 지배로부터 해

---

20 천정환(2010), 『조선의 사나이거든 풋뽈을 차라 : 스포츠민족주의와 식민지근대』, 서울 : 푸른역사, 41~43쪽.

21 박호성(2002), 「국제 스포츠 활동과 사회통합의 상관성, 가능성과 한계」, 『국제정치논총』 제42집 제2호, 106쪽.

22 김진균·정근식(1997), 『근대주체와 식민지 규율권력』, 서울 : 문화과학사 참조.

방되기 위한 가능성으로 간주[23]되었기 때문이다. 제국일본의 식민지 한국에서의 교육 역시 이러한 근대교육의 모순이 전형적으로 나타난 사례였다.

제국일본은 한국을 식민지화한 직후 식민지 교육을 통해 한국인을 제국신민으로 만들려고 했다. 조선총독부는 1911년에 제정한 조선교육령 제2조에서 식민지 교육의 목적이 '충량(忠良)한 신민' 곧 한국인을 일본(인)에 대해 순종적이게 하는 데에 있다고 규정하고 있다. 제국일본은 순종적인 한국인을 만들기 위해서는 무엇보다도 한국인이 일본어를 구사할 수 있어야 한다고 보았다. "상이한 국민이 합쳐져서 하나의 국민을 다른 국민으로 동화할 경우에 가장 필요한 것은 국어"[24]라고 생각되었기 때문이다. 조선총독부가 조선교육령을 통해 일본어를 국어로 규정(제8조)한 것은 바로 이 때문이다. 더욱이 보통학교규칙 제9조에서 "국어는 보통의 언어의 문장을 가르쳐 정확하게 다른 사람의 언어를 이해하고 자유롭게 사상을 발표할 수 있는 능력을 획득하고 생활상으로 필요한 지식을 가르침과 함께 덕성을 함양할 수 있도록 하는 것"을 요지(要旨)로 하는 것이라고 규정하여, 한국인이 국어로서 일본어를 학습하는 것은 문명으로 나아가는 가장 확실한 통로로 정의되었다. 그런 점에서 한국에서의 일본어 교육은 문명이라는 이름 아래 한국인을 일본인으로 동화하기 위한 가장 대표적인 수단이었다.

그러나 이와 같이 식민지 교육의 목적으로 동화주의를 내세우고 있는 한편으로, 그러한 교육이 '시세(時勢)와 민도(民度)에 맞게' 이루어져야 한다고 규정(제3조)하고 있다. 이러한 사실은 식민지 교육이 동화주의라는 교육 이념상의 당위와 차별주의라는 교육정책상의 현실을 모두 반영한 것임을 의미한다. 실제로 조선교육령은 '보통학교'를 교육체계의 중심에 두고(제4조), 교육 내용 및 수준에 대해서도 '보통의 지식과 기능을 가르치는 것'(제5조)으

23 정준영(2006), 「1910년대 조선총독부의 식민지교육정책과 미션스쿨」, 『사회와 역사』 제72집, 213쪽.

24 三土忠造(1910), 「朝鮮人の教育」, 『教育界』 1910年 3月号, 10쪽.

로 규정하고 있다. 보통교육을 입안한 시데하라 다이라(幣原坦)도 "대다수의 조선인은 보통학교 졸업에 의해 일단 교육을 완료한다"고 설명하고 있다.[25] 이러한 차별주의적인 규정은 식민지 교육이 목표로서는 동화주의 곧 문명을 내세우지만, 현실적으로는 근대교육의 특징 가운데 하나인 '학력을 통한 업적 추구'의 가능성을 배제하는 자기모순[26]을 드러낸 것이었다.

조선교육령은 그후 대내외적인 정세 변화를 반영하여 몇 차례 개정되었다. 니시오 다쓰오(西尾達雄)는 일본 식민지하 한국에서의 학교체육정책을 무단정치기(1910~1919), 문화정치기(1919~1928), 준전시체제기(1928~1937), 전시체제기(1937~1941), 결전체제기(1941~1945)로 분류하여 설명[27]하고 있다. 그러나 이러한 분류는 정치적 상황을 기준으로 한 교육정책의 분류라는 점에서 정작 교육이라는 관점은 뒤로 밀려나 있다고 할 수 있다. 따라서 식민지 교육에 대한 시기 구분은 역시 교육 자체를 기준으로 분류하는 것이 타당하다고 생각한다. 조선교육령의 변천에 따른 구분이 그것으로, 이에 따라 식민지 교육의 변천 내용을 정리하면 뒤 〈표 1〉과 같다.

제2차 조선교육령의 시기까지 학교교육에서 한국어 학습은 결코 금지되었던 것은 아니다. 더욱이 이 시기까지 일본어는 '장려' 혹은 '권장'되는 정도에 지나지 않았다. 그러나 전시체제의 강화와 함께 제3차 조선교육령에서 한국어는 필수과목에서 다시 선택과목으로 전락하고 대신 일본어가 국어로서 필수과목으로 지정되어, 일본어 학습의 '철저화'가 강조되었다. 전시체제의 구축 이후, 일본어 학습의 철저화에 따라 동화가 한층 강조됨과 동시에 내선융화를 넘어 내선일체가 강조되기 시작했다는 사실은 주목을 요한다. 그것은 장차 수행할 전쟁에 한국인을 일본군으로 편입하기 위해서는 무엇보다 먼저 한국인이 일본인이어야 할 필요가 있었기 때문이

25 幣原坦(1919), 『朝鮮教育論』, 東京 : 六盟館, 145쪽.

26 정준영(2006), 앞의 논문, 223쪽.

27 西尾達雄(2003), 『日本植民地下朝鮮における学校体育政策』, 東京 : 明石書店 참조.

〈표 1〉 제국일본의 대(對)한국 교육정책 변화

	교육 목적	주요 내용과 특징
제1차 (1911～1922)	충량한 국민	· 일본어의 국어화 · 보통교육 중심(대학 미설립) · 시세와 민도에 따른 점진주의
제2차 (1922～1938)	내선융합	· 선택과목이었던 한국어를 다시 필수과목으로 지정 · 사범학교 설치 · 경성제국대학 설치
제3차 (1938～1943)	내선일체	· 전시체제 반영한 국체명징, 내선일체 강조 · 한국어와 한국역사를 다시 선택과목으로 지정 · 국어로서의 일본어 학습 철저
제4차 (1943～1945)	황국신민화	· 전시 비상교육 · 한국어와 한국역사 교육의 완전 폐지 · 전쟁 수행 도구로서의 학교교육

다.[28] 실제로 식민지 말기 곧 황국신민화기에 이르면 일본어의 철저한 주입이 더욱 강조되는 한편, 한국인의 전통과 생활 습관 곳곳에까지 일본화가 진행되었다. 창씨개명(創氏改名) 및 국민복 착용 강제는 그와 같은 한국인의 일본인화 전략의 일환이었다.

3. 제국일본의 스포츠정책

그렇다면 제국일본의 한국에서의 교육정책 가운데 스포츠는 어떻게 규정되고, 또 전개되었는가? 이 절에서는 이에 대해 간단히 살펴보기로 한다.

스포츠는 그것이 어떤 종류의 것이든 간에 기본적으로 정신과 신체의 두 가지 모두의 건강에 기여한다. '건전한 정신은 건강한 신체에 깃든다'는 것은 동서고금에 공통된 격언이기도 하다. 한국에도 태권도, 씨름 등으로 대

28 小熊英二(1998), 『〈日本人〉の境界』, 東京 : 新曜社, 418쪽.

표되는 전통적인 스포츠가 존재했다. 전통적인 스포츠 대부분은 상무(尙武)적인 놀이의 성격을 띠고 있었고, 그런 점에서 한국인 역시 놀이하는 인간(Homo Ludens)[29]이라 할 수 있을 것이다. 놀이가 스포츠로 전환하는 것은 역시 근대사회 이후 서양과의 교류를 통해 비로소 이루어졌다고 볼 수 있는데, 근대적 스포츠가 한국에 본격적으로 도입되기 시작한 것은 아직 한국이 제국일본의 식민지로 전락하기 이전인 시기에 선교사 등을 통해서였다. 이학래는 그의 저서 『한국체육사연구』에서 근대 시기에 도입된 스포츠로 검도, 육상, 체조, 수영, 빙상경기, 축구, 사격, 야구, 유도, 승마, 사이클, 농구, 테니스, 권투, 배구, 조정, 럭비, 탁구 등을 열거하여 설명하고 있다.[30]

운동회는 이 근대적 스포츠들에서의 우열을 겨루는 공간인 동시에 스포츠를 매개로 참여자와 관중 사이의 문화적, 나아가 민족적 일체감을 고양시키는 학습의 장이기도 했다. 한국의 근대 지식인과 지도자들이 비록 국가의 장래에 대한 구상은 서로 달랐을지라도 민력(民力)을 배양하기 위한 방법으로 스포츠에 주목한 점에서는 동일했다. 국가적 위기가 깊어질수록 스포츠를 통한 '건강한 민족'의 육성은 국가의 긴급 현안이었다. 따라서 지식을 습득하고 덕을 쌓으며 건강한 신체를 이루는 일이 조화롭게 균형을 맞추어야 하지만, 제국주의의 침탈이라는 국가적 위기, 약육강식과 생존경쟁의 냉혹한 현실을 극복하기 위해서는 "지식을 습득하거나 덕을 쌓는 일보다 건강한 신체를 이루는 일이 가장 우선"되어야 했다.[31] 체육이 국가에 대해 "정신적 국민을 양성하고 국민을 단합케 하며, 국가 자강(自彊)의 기초를 이루는 등의 세 가지 효력"[32]을 갖기 때문이다. 스포츠 활동이 학교체육의 정식 교과과정이 된 것은 이와 같은 사정을 반영한 결과라고 할 수 있을

29 Huizinga, Johan(1938 / 1971), *Homo Ludens*, Boston : Beacon Press.

30 이학래(2003), 『한국체육사연구』, 서울 : 국학자료원, 261~274쪽.

31 「덕육과 지육과 체육 중에 체육이 최긴함」, 『대한매일신보』 1908. 2. 11.자.

32 이종만(1908), 「체육이 국가에 대해 갖는 효력」, 『서북학회 월보』 제15호.

것이다. 이로써 개인의 신체는 국가에 의해 관리되고 훈육되게 되었다.[33] 이것은 식민지화되기 이전의 한국에서의 각종 스포츠 경기를 조선 왕실이 후원하고 있는 데에서도 알 수 있다. 따라서 스포츠는 또한 왕실의 지배력을 확인하는 장으로서의 역할도 수행하였음을 알 수 있다.

한국의 근대화 과정이 제국일본의 식민지화로 이어졌다는 사실은 한국 스포츠에게도 주체적인 발전을 지연시킨 장애로 작용했다. 1907년 10월 26일 열린 〈가을 연합 대운동회〉는 조선의 황태자가 참관하였다. 따라서 이 운동회는 조선 왕실의 권위를 높이고, 나아가 높아져 가는 국가적 위기에 대한 한국인의 단결과 의지가 확인될 절호의 기회였다. 그러나 이 운동회에는 이토 히로부미(伊藤博文) 조선 통감과 하세가와 요시미치(長谷川好道) 조선 주둔군 사령관이 참석하여 운동회에 참가한 한국 청년, 학생을 격려했다.[34] 결과적으로, 운동회는 일본의 제국 권력을 확인하는 행사가 되어버렸다.

제국일본의 식민지 한국에서의 스포츠정책에 대해 앞에서 살펴본 식민지 교육정책의 시기 구분에 의거하여 간단히 정리해 보자. 제국일본의 스포츠 통제는 먼저 각종 법규범을 통한 학교 체육에 대한 간섭과 통제로부터 시작되었다. 앞에서 언급한 바와 같이 1910년 8월 한국을 식민지화한 일본은 1911년 8월 23일 조선교육령을 공포하였는데, 여기에서 교육의 목적은 "충량한 신민" 곧 '충성스럽고 선량한 국민을 육성하는 것'으로 규정되어 있었다. 제국일본의 한국에서의 스포츠정책은 이러한 조선교육령을 충실히 구현하기 위한 방안으로 마련된 것이었다. 1914년 8월 1일 학교체조교수요목(學校體操教授要目)이 제정되면서 학교체육에 대한 통제를 본격화했다. 학교체조 교수요목에서는 체육교육의 내용을 체조, 교련, 유희로 구분하면서 체육 교육의 목적으로 "절제(節制)하는 습관을 기르는 것"[35]이라

---

33 이승원 · 오선민 · 정여울(2003), 『국민국가의 정치적 상상력』, 서울 : 소명 참조.

34 「잡보」, 『대한매일신보』 1907. 10. 27.자.

35 「朝鮮総督府訓令27号 学校体操教授要目設定竝ニ其趣旨」, 『朝鮮総督府官報』 第

고 밝히고 있다. 앞에서 살펴본 바와 같이 식민지화되기 이전의 한국의 지식인들이 스포츠를 장려한 이유가 건강한 신체를 통한 국가적 위기의 극복에 있었던 것을 감안하면, 제국일본의 학교교육에서의 스포츠정책이 절제에 역점을 두고 있다는 사실은 제국일본 스스로도 스포츠 내셔널리즘의 가능성을 우려하고 있었음을 암시하는 것이라고 볼 수 있을 것이다. 실제로 체육 교육의 내용 가운데 하나인 유희가 농구·축구 등 근대적 스포츠 경기를 일부 도입하고 있기는 하지만, 전반적으로 한국의 전통적 유희가 일본의 유희로 대체되는 등 제국일본은 식민지화되기 이전의 한국의 학교체육이 지녔던 민족주의적 성격을 '근대적 체육'이라는 명분하에 말살하고 학교체육의 일본화, 즉 식민지적 학교체육을 강요해 갔다.[36] 학교체조 교수요목에 포함되어 있는 교련이 실제로는 일본에 대한 저항적 민족주의 의식을 고양시킬 가능성을 이유로 도입되지 않은 것도 이 때문이다.

제국일본은 체육 교사에 대해서도 엄격한 자격 제한을 설정하였다. 식민지로 전락하기 이전 한국의 체육 교육을 담당한 교사는 대부분이 구(舊)한국군 출신 군인이었고, 이들에 의해 병식체조가 교수된 바 있다. 제국일본도 초기에는 식민지 한국에서의 학교체육 교사로 일본군을 충원했다. 1913년 3월 3일의 '군인의 체육교원 위탁 건'에는 "지방 실업학교에서 체육교사를 채용하기 어려워 학교 소재지에 주둔하는 군대에 촉탁을 신청하면 가급적 편의를 도모"해 주도록 하고 있다.[37] 조선총독부가 1915년에 개정·공포한 사립학교규칙에서는 "사립학교의 교원은 일본어를 통달해야 하고 담당 학과에 대한 학력을 가져야만 임용한다. 다만 보통교육을 담당하는 사립학교의 교원은 사립학교 교원시험에 합격한 자, 일제가 지정한 학교를 졸업한

601号(1914. 8. 1.字).

36 이학래(1994), 「민족 시련기의 체육」, 이학래 외, 『한국체육사』, 서울 : 지식산업사, 233쪽.

37 조선교육연구회 편(1917), 『조선 법규(法規)』, 225~226쪽.

자로 제한한다"고 규정하고 있다.[38] 이러한 규정을 설정한 것은 일본 유희 도입과 함께 학교 스포츠에서의 한국의 내셔널리즘 육성을 원천적으로 차단하기 위해서였다. 비록 제국일본이 스포츠 활동을 통해 '건강한 신체'를 육성하는 것의 중요성을 강조하기는 했지만, 그것이 '민족' 혹은 '국가'의 정체성과 결부되는 것은 회피되어야 할 과제였기 때문이다.

제2차 조선교육령에서는 무엇보다도 내선융화가 강조되었음은 이미 지적한 바 있다. 이 시기 학교체육의 목표는 '생리적으로 발육시키는 것'으로 규정되었는데, 이는 대단히 모호한 표현이라고 하지 않을 수 없다. 그것은 이 시기에 이르러서는 학교체육의 대상이 한국인에 국한되는 것이 아니라 한국에 거주하는 일본인도 포함해야 하는 것이었기 때문이라고 할 수 있다. 여하튼 건강한 신체의 단련 정도로 이해될 수 있는 학교체육의 목표를 한국인에 한정해서 보면, 이들이 장차 일본의 노동력을 담당할 것이라는 전망의 결과라고 할 수 있을 것이다. 제2차 조선교육령에서의 내선융화 강조는 스포츠의 영역에서도 적극적으로 도모되었다. 1922년을 지나면서 한국 각지에서 〈내선(內鮮)학교연합 대운동회〉가 개최되었다. 나아가 1930년대부터는 스포츠의 결과가 내선융화와 결합되었다. 예컨대 『경성일보(京城日報)』 1935년 11월 9일자의 사설 「테니스선수와 내선융화」는 "신궁 경기 부(府)·현(縣) 대항에서 내선연합조가 우승한 것은…… 향후 테니스에 한정되지 않고 문화의 각 방면에서 이러한 내선융화의 실현이 현저한 성과를 낼 것"이라고 지적하고 있다.

제국일본의 스포츠 통제정책은 스포츠계 전반에 대한 주도권 장악으로도 나타났다. 다양한 종목의 근대적 스포츠 경기가 일본인의 주도하에 개최되었다. 한국의 스포츠에 대한 제국일본의 주도권은 1919년 2월 18일의 조선체육협회 창립으로 절정에 이른다. 조선체육협회는 한국에서 개최되

38 「朝鮮総督府令24号 私立学校規則中改正」, 『朝鮮総督府官報』 第794号(1915. 3. 29.字).

는 다양한 종목별 스포츠대회를 주관하였을 뿐만 아니라 〈조선신궁 체육대회〉와 〈메이지신궁 체육대회〉[39]의 출전까지 주관했다. 종목별 선수권대회가 대부분이던 시기에 종합선수권대회가 기획 · 실행되었다는 점은 특기할 만하다. 제국일본은 1920년 7월 13일 한국인들이 조선체육회를 결성하는 것을 허용했다. 이는 한국인들의 스포츠에 대한 관심의 증대를 반영한 것이기도 했지만, 한국인들의 스포츠를 통한 민족주의 배양의 토양이 될 수도 있는 것이었다. 실제로 조선체육회는 결성 직후부터 한국 언론으로부터 큰 기대를 모았다.[40]

그러나 제국일본은 1930년대 들어 급격히 파시즘체제로 전환되었다. 1931년의 만주사변, 1936년의 2 · 26사건, 1937년의 중일전쟁, 1941년의 아시아 · 태평양전쟁 등이 이어졌다. 이와 같은 파시즘체제의 강화는 스포츠의 병영(兵營)화를 초래했다. 무엇보다 총검도(銃劍道), 국방 경기(國防競技), 전기 훈련(戰技訓練), 자전거, 행군 훈련(行軍訓練), 활공 훈련(滑空訓練) 등 전쟁 용어가 포함된 다양한 종목이 이 시기에 새롭게 등장했다.[41] 이 신설된 종목들은 모두 체력 향상을 통한 군사기술의 습득을 목표로 하는 군사적 색채가 짙게 나타나는 것이었다. 대회를 보도하는 신문에서도 〈메이지신궁 체육대회〉를 수식하는 주된 표현들은 국방 · 감투 · 임전(臨戰) · 훈련 · 동원(動員) 등이었고, 〈메이지신궁 체육대회〉와 관련한 '건병건민(健兵健民)' 시리즈 기사가 실리기도 했다.[42] 제3차 조선교육령에서 내선일체가

---

39 1924~1943년까지 이어진 전전(戰前) 일본의 대표적인 종합선수권대회이다. 천황제 이데올로기가 강하게 작용하고 있는 대회로, 부국강병을 위한 국민의식의 국가적 통제정책의 일환이었다고 볼 수 있다[入江克己 · 鹿島修(1989), 「天皇制と明治神宮体育大会(1)」, 『教育科学』 第31巻 第2号 ; 入江克己 · 鹿島修(1990), 「天皇制と明治神宮体育大会(2)」, 『教育科学』 第32巻 第1号 참조].

40 「조선체육회에 대하여」, 『동아일보』 1920. 7. 16.자.

41 함예재(2011), 「총동원체제 일본의 국민체력동원과 메이지신궁대회」, 이화여자대학교 대학원 사학과 석사학위 논문, 30쪽.

42 함예재(2011), 앞의 논문, 23쪽.

강조되는 가운데 학교체육에 그동안 도입되지 않던 교련이 정식으로 채택된 것은 이러한 시대적 요청에 따른 것이었다.

총력전체제 시기의 제국일본의 한국에서의 학교체육정책의 목표는 국가적 목적을 달성하기 위해 학생들로 하여금 일본 정신으로 무장하게 하는 데에 있었다. 1938년에 도입된 '황국신민체조'는 이를 위해 학교체육에 도입된 것이었다. 황국신민체조 도입에 즈음해서 조선총독부는 "황국신민체조를 실시하는 데 있어 쓸데없이 기교나 말절(末節)에 구애됨이 없이 신체단련과 정신 통일을 취지로 하여 우리나라(일본) 전통인 무예(武藝) 정신을 익혀 황국신민의 기백을 함양"[43]하는 데 힘써야 한다고 강조하고 있다.

그러나 엄밀한 의미에서 총력전체제에서의 스포츠는 '사망'하기에 이른다. 스포츠는 스포츠 본연의 자리에서 떨어져 나와 오로지 군사적 전력 증강이라는 측면에서만 그 효용성이 인정되었기 때문이다. 이러한 사정은 "동아 신질서 건설의 큰 사명에 협력해야 할 체육의 목표는 실로 전력 증강이라는 하나에 집중되어야 한다. 태평한 때에 행해져야 하는 체육은 차제에 뒤로 미루고, 우선 우리는 최고의 전력을 얻어야 할 강한 체육의 방법을 세우지 않으면 안 된다"[44]는 조선총독부의 언급에서도 확인할 수 있다. 조선총독부는 1942년 4월 '조선학도 체육 실시요강(朝鮮学徒体育實施要綱)'을 발표하여 모든 체육대회의 개최, 주최, 참가는 조선총독부의 승인이나 허가 없이는 불가능하게 했다.[45]

이상에서 살펴본 바와 같이 식민지 체육정책에서 가장 큰 문제는 니시오 다쓰오가 적절히 지적하고 있는 바와 같이, 타민족을 지배하는 시책의 일환으로 체육정책이 수행되었다는 점이며, 그 이념은 '시세와 민도'에 따른 점진주의 · 내선융화 · 내선일체 · 황민화와 같이 지배 민족에게 피지배 민

43 朝鮮総督府 学務局(1938), 『朝鮮における教育革新の全貌』, 京城 : 朝鮮総督府, 149쪽.

44 朝鮮総督府(1939), 『朝鮮』 第291号, 34쪽.

45 이학래(2003), 앞의 책, 429~430쪽.

족을 통합하는 논리에 기초하여 피지배 민족의 신체와 정신을 지배하는 것[46]이었다고 할 수 있다.

4. 제국일본 시기의 한국 스포츠와 스포츠 내셔널리즘

제국일본 시기 한국에서는 다양한 종목의 스포츠 경기가 개최되었다. 한국에 거주하는 일본인 사이에서도 스포츠가 행해지고 경기 단체가 설립되었지만, 한국인들이 스포츠 단체를 조직하고 경기를 개최하는 횟수도 늘어 갔다. 이미 언급한 바와 같이 한국에 거주하는 일본인들은 1919년 2월 18일 조선체육협회를 창립했다. 이에 대해 한국인들은 3·1운동 이후 본격적인 한국 민족의 독자적인 체육 기관의 설립을 서두르게 되었다. "과거에는 우리가 비록 운동에 대해 그다지 중요하게 생각하지 않았었지만, 신시대와 신세계의 오늘날에 이르러서는 운동을 크게 장려하여 조선에 운동붐을 일으켰다. ……우리는 장래의 운동계를 위해 기관을 설립하는 것이 급무라고 생각한다. 기관의 설립을 이루어 운동선수를 양성하고 운동을 장려하여 위미(萎靡)하고 부진(不振)한 현상을 쇄신하여 조선 운동계의 신기원을 세워야 한다"[47]는 것이 체육 기관의 설립 필요성으로 강조되었다. 이와 같은 체육 기관 설립에 대한 사회적 요구의 증대에 따라 1920~1934년 한국에는 90여 개의 한국인 체육 단체가 결성[48]되기에 이르는데, 일본인의 조선체육협회에 대항하는 단체는 1920년 7월 13일 창립된 조선체육회였다.

---

46 西尾達雄(2003), 앞의 책, 595쪽.

47 「체육기관의 필요를 논함 1」, 『동아일보』 1920. 4. 10.자.

48 이학래·정삼현(1990), 「일제의 무단 식민지정책이 한국 체육에 미친 영향」, 『체육과학』 제10호, 276~291쪽.

조선체육회는 결성 당시부터 조선체육협회와의 대결 의식을 분명히 했다. 한국인의 체육을 지도하고 장려하는 것을 목적으로 한 조선체육회는 이를 위해 각종 경기대회를 주최하거나 후원했다. 결성된 지 4개월 만인 1920년 11월 〈제1회 전 조선 야구대회〉를 주최한 것을 비롯해서 정구, 축구, 육상, 빙상, 씨름, 수영, 역도, 농구, 권투, 마라톤 등의 종목에 대한 〈전 조선 경기대회〉를 주최하였다. 나아가 1934~1937년에는 〈전 조선 종합경기대회〉를 주최하기도 했다.[49] 〈전 조선 종합경기대회〉가 단기간에 국한된 것은 일본인이 주최하는 〈메이지신궁 체육대회〉가 동시에 개최되고 있었기 때문이다.

조선체육회는 조선체육협회가 주최하는 경기대회와 같은 날에 경기대회를 계획하는 등 제국일본에 대한 저항을 표현했다. 조선체육회와 종목별 경기 단체의 활동 속에 한국인 스포츠 선수들이 육성되어 갔다. 특히 한국인 선수와 일본인 선수가 경쟁하는 경기대회는 그야말로 '민족'과 '한국'을 공개적으로 불러내는 절호의 기회였다. 더욱이 스포츠 경기대회는 일본인 선수들과의 경기 대결을 통해 제국일본이 주장한 식민지 한국의 정체성(停滯性)·퇴영성(退嬰性)·미개(未開)·부패(腐敗)·고루(固陋)·완고(頑固)·불결(不潔) 등의 규정을 부정하고, 한국 민족이 결코 열등한 민족이 아니라는 것을 보여 주는 정당한 공간이었다. 아니, 오히려 일본인 선수와의 대결에서 패배하는 것은 한국 민족의 망신으로 여겨졌다. 이러한 인식이 가장 잘 나타난 것이 다음과 같은 1924년 10월 20일자 『동아일보』의 독자투고란의 기사이다.

> 조선 여자 선수 여러분! 그대들이 조선인이 아니면 왜 나 같은 사람이 염려와 기대를 가지겠는가? ……그대들은 항상 조선 여자 선수라는 책임감을 가지

49 이학래(2003), 앞의 책, 378~379쪽.

> 고 있는가? 또는 일본인에게 뒤떨어지는 부끄러움을 깨닫고 평소부터 연습을 쌓아 기능을 닦을 생각을 하는가? ……만약 여러분이 자신이 없으면 차라리 다음부터는 대회에 나가지 마라. 그리고 이제부터는 들어앉아 연습이나 해라. 망신시키지 말고. 우리가 일본인보다 못한 것이 소질이 그런 것이 아니라 연습이 부족하기 때문임을 유의하라.[50]

한국인 스포츠 선수들은 '민족'을 표상할 수밖에 없었다. 1925년 10월 일본 원정에 나선 조선축구단이 도쿄에 도착했을 때, 현지 언론은 선수단원 중 한 명이 친일적인 발언을 하였다고 보도했다. 당사자인 현정주는 보도 내용을 부인하였고, 축구단 일행은 기사를 취소하지 않으면 시합을 보이콧하겠다는 태도를 표명하였다. 결국 축구단은 신문사의 사과를 받고 나서 경기에 출전하였다.[51] 사이클의 엄복동과 마라톤의 손기정은 제국일본 시기에 '민족'을 표상한 가장 대표적인 한국의 스포츠 선수이다. 그러나 스포츠에 '민족'을 투영시키는 것은 일본도 마찬가지였다. 더욱이 열등한 민족이라고 스스로가 규정한 한국 민족에게 스포츠에서 패배한다는 것은 일본에서도 용납되기 어려운 일이었다. 이와 같이 '민족' 간 대결의 장이 된 스포츠는 스포츠가 원래 지향하는 스포츠 정신의 함양과는 달리 최종적인 '민족'의 승리만이 지향되었다. 따라서 한일 간 스포츠 경기는 두 나라 모두에게 질 수 없고 절대로 져서는 안 되는 그 무엇이었다. 이미 1910년대 초반부터 경쟁 상대가 없을 정도의 실력을 발휘한 엄복동이 출전한 경기가 갑자기 도중에 중단되거나[52] 난투극으로 이어진[53] 것 등은 이러한 사정을 대변하는 것이다.

---

50 「여자 선수들에게」, 『동아일보』 1924. 10. 20.자.

51 「서조선 축구」, 『동아일보』 1925. 11. 2.자.

52 「경성시민 대운동회, 돌연 중지」, 『동아일보』, 1920. 5. 3.자.

53 「운동 끝에 충돌」, 『동아일보』 1923. 5. 8.자.

스포츠에서의 내셔널 아이덴티티는 해외 원정경기에서 더욱더 극적인 효과를 보인다. 〈메이지신궁 체육대회〉에서 1939~1940년에는 함흥축구단이, 1941년에는 평양 일곡축구단이, 1942년에는 평양 병우축구단이 연속으로 우승한 것을 비롯하여 축구의 김용식, 역도의 김성집, 마라톤의 손기정 등의 활약은 제국일본의 식민 지배에 대한 저항으로 받아들여졌다.

국제 스포츠 무대, 특히 올림픽대회는 제국일본의 경계 범주를 둘러싼 한일 간의 대립이 첨예하게 나타나는 곳이다. 〈메이지신궁 체육대회〉에 참가한 한국인 스포츠 선수는 그대로 '한국'을 대표할 수 있었다. 제국일본이 그 세력 판도의 내부에서는 '일본'과 '일본 이외'를 명확히 구분했기 때문이다. 그러나 올림픽에 참가한 한국인 스포츠 선수는 국가로서 혹은 민족으로서의 '한국'을 대표할 수 없었다. 제국일본이 그 세력 판도의 외부에 대해서는 '일본'과 '일본 이외'를 구분하지 않고, 모두 '일본'으로 호명했기 때문이다. 올림픽에 출전하는 한국 선수는 일본선수단의 일원으로 비로소 참가할 수 있었다. 그는 '한국 민족'이기는 했으나 결코 올림픽 무대에서 '한국'을 대표할 수는 없었다.

따라서 한국에게 있어 올림픽은 처음부터 단순한 스포츠를 넘어 정치와 밀접하게 연관되어 있었다. 일반적으로 '스포츠는 정치에서 벗어나 중립적이어야 한다'고 주장된다. 그것은 스포츠 활동이 정치의 개입에 의해 손상되고 있는 측면이 있기 때문에 타당한 지적이라고 할 수 있다. 그러나 다른 한편으로 그러한 주장은 스포츠와 정치 사이의 관계에 대한 당위론적 접근이고, 결국 현실은 그렇지 못하다는 엄중한 사실을 반영하지 못한 지적이라고도 할 수 있다. 따라서 "스포츠에서 정치적인 암시는 피할 길이 없으며, 정치성이 배제된 스포츠 조직은 존재하지 않는다"는 나탄(Alex Natan)의 지적[54]은 스포츠와 정치가 쉽게 분리될 수 없다는 현실을 잘 표현해 주고

54 현대사회와 스포츠 교재 편찬위원회 편(1998), 『현대사회와 스포츠』, 서울 : 경북대학

있다. 그런 점에서 베를린 올림픽은 스포츠와 정치의 결합 양태를 가장 극적으로 보여 준 이벤트라고 할 수 있을 것이다. 참가 선수가 대표하는 '조국'과 '민족'의 괴리는 스포츠를 불가피하게 정치와 결합시켰다.

한국인 선수가 일본을 대외적으로 대표하는 것은 1930년대에 이르러 비로소 가능해지기 시작했다. 한국인 선수가 처음으로 올림픽에 참가한 것은 권투의 황을수와 마라톤의 권태하, 김은배 등 세 명이 참가한 1932년의 로스앤젤레스 올림픽이었다. 특히 마라톤에 출전한 사람은 한국인 두 사람과 일본인 쓰다 세이이치로(津田晴一郎)였다. 그야말로 제국일본이 주장해 온 내선일체를 상징하는 조합이었다. 김은배는 6위, 쓰다 세이이치로는 5위였다. 그러나 한국과 일본은 일체가 될 수 없었다. 한국은 세 선수 가운데 기록이 앞서는 김은배가 팀 전술을 지키느라 기회가 있었을 때 스퍼트하지 못한 것에 불만이 있었다. 반면 일본은 기본적으로 한국인이 두 사람이나 포함된 팀 구성 자체를 문제로 제기했다.[55] 그럼에도 한국은 올림픽이라는 국제무대에 비록 일본을 대표해서이기는 했지만, '한국 민족'의 대표로 참가한 것에 큰 의미를 부여했다.

한국인 선수의 올림픽 출전은 1936년의 베를린 올림픽에서도 이어졌다. 환경은 1932년 대회와 동일했다. 여전히 일본 선수의 자격으로이기는 했지만, 7명[56]의 '한국 민족' 출신 선수가 출전했다. 한국인에게 베를린 올림픽은 특별한 의미가 있는 대회였다. 올림픽에 출전한 한국인 선수가 표상하는 '한국'과 '일본'의 괴리가 가장 명확하게 표출된 것이 베를린 올림픽이었기 때문이다. 더욱이 마라톤에 출전한 손기정, 남승룡이 각각 1위와 3위를 차지한 것이 극적 효과를 배가했다. 여기에는 베를린 올림픽 이후 제국일

교출판부, 6쪽에서 재인용.

55 천정환(2010), 앞의 책, 54~55쪽.

56 베를린 올림픽에 참가한 한국 출신 선수는 손기정 · 남승룡(이상 마라톤), 김용식(축구), 이성구 · 장이진 · 염은현(이상 농구), 이규환(복싱) 등이다.

본이 점차 총력전체제를 강화해 가면서 스포츠 활동이 극도로 위축되어 가는 상황에서 한국 스포츠가 최고의 정점 이후 곧바로 파시즘의 통제 아래 사망했다는 사실이 베를린 올림픽을 더욱 특별하게 했다. 따라서 다른 한편으로는 베를린 올림픽을 계기로 마라톤은 한국인에게 특별한 의미가 있는 스포츠가 되었다.

베를린 올림픽 마라톤 경기 후의 시상식 장면 사진을 보면, 2위를 차지한 영국의 하퍼(Ernie Harper)가 정면을 주시하고 있는 것과는 달리 1위와 3위를 차지한 손기정과 남승룡은 무표정하게 고개를 숙인 모습이 대조적이다. 시상대에 일본 선수는 없었으나, 한국인 선수 두 명의 가슴에는 일본 국기가 선명하게 프린트되어 있다. 우승자로서의 기쁨은 찾을 수 없는 손기정과 남승룡의 모습에는 자신들이 대표하는 '조국'과 '민족'의 괴리가 짙게 투영되어 있다. 이러한 괴리가 그의 마음을 짓눌렀는지 손기정은 마라톤 우승 직후 단지 "슬프다!!?"[57]고만 쓴 엽서를 한국으로 보냈다. 그에게 마라톤 우승은 '슬픈 영광'이었다.

한편 손기정의 올림픽 우승은 그가 동시에 표상한 '일본'과 '한국'에 의해 각각 스스로의 위대함을 역설하는 소재로 받아들여졌다. 손기정의 우승은 일본에게도 한국에게도 더 없는 영광으로 받아들여졌다. 올림픽 마라톤대회를 중계하던 일본 NHK의 아나운서 야마모토 데루(山本照)는 손기정의 우승이 확정되는 순간을 "손 군, 드디어 테이프를 끊었습니다. 당당하게 일본이 마라톤에서 우승했습니다"[58]라고 흥분된 목소리로 전했다. 손기정은 일본 선수로 출전한 것이었고, 그의 가슴에는 일본 국기가 프린트되어 있었기 때문에 야마모토 데루는 이와 같이 말할 수 있었을 것이다. 손기정의 신체는 현실로서 '일본'을 표상할 수밖에 없었다.

---

57 손기정이 우승 직후 한국의 친구에게 보낸 엽서 내용으로 8월 11일의 소인이 있다.
58 1936년 베를린 올림픽 마라톤 중계에서의 일본 NHK 아나운서 야마모토 데루의 육성.

그러나 당연한 일이겠지만, 손기정은 '한국'도 동시에 표상할 수밖에 없었다. 그가 한국에서 태어난 '한국 민족'이었기 때문이다. 따라서 마라톤 경기 다음 날 조선체육회 회장 윤치호가 "손기정 군이 우승하였다는 것은 곧 한국 청년의 앞날이 우승하였다는 예언이자 산 교훈이라고 굳게 믿는다. 우리 한국의 청년이 스포츠를 통하여 특히 세계 20억을 상대로 당당히 우승의 영예를 획득하였다는 것은 곧 우리 한국의 청년이 전 세계 20억 인류를 이겼다는 것이다. 우리의 기쁨과 감격은 이 이상 없다"[59]고 언급한 것은 자연스러운 일이었다. 이러한 감상은 윤치호에게만 국한하는 것은 아닐 터였다. 당시의 한국인들은 마라톤대회에서의 손기정의 활약에서 '한국'을 읽었다. 스포츠 경기는 원래 선수와 관중의 심리적 동일화를 강화하는 기능을 하는데, 베를린 올림픽 마라톤대회는 단지 손기정이 세계를 제패한 데에서 그치지 않고 '한국 민족'이 세계 20억 인류를 이긴 것으로 받아들여졌다.

손기정의 마라톤 우승은 비록 그 자신에게는 '슬픈' 영광이었는지 몰라도 한국의 민중은 열렬히 환호했다. 무엇보다도 '세계 20억 인류'를 이긴 쾌거는 곧바로 다름 아닌 제국일본의 식민 지배의 정당성을 근간에서 뒤흔드는 것이었다. 앞에서도 언급한 바와 같이 스포츠는 승패가 확실하게 나타나기 때문에 부패, 나태, 타락, 게으름 등 부정적인 용어를 동원하며 열등한 민족으로 한국을 규정하던 제국의 논리에 균열을 일으킬 가능성을 항상 내포하게 된다. 베를린 올림픽 마라톤경기에서 이러한 제국 논리는 균열을 넘어 결정적으로 붕괴될 터였다. 이에 대해 제국일본은 "전 일본 스포츠계가 대망해 오던 마라톤의 세계 제패가 드디어 우리 조선 건아(健兒) 손기정과 남승룡의 두 선수의 손으로 성공했다는 것은 참으로 기쁘다. 베를린 하늘 높이 일본 국기가 둘씩이나 나부끼게 된 것은 일본의 영예는 물론 약진하

59 「손 군의 우승은 20억의 승리」, 『동아일보』 1936. 8. 10.자(호외).

는 한반도의 위대함을 말하는 것이다"[60]라고 하여 마라톤 제패를 일본의 승리이자 한국의 승리라고 하였다.

제국일본이 손기정의 마라톤 우승을 '일본의 영예와 약진하는 한반도의 위대함'으로 규정하려 할 때, 한국에서는 마라톤 우승에서의 '일본의 영예' 부분을 배제함으로써 제국일본의 이러한 움직임에 저항하였다. '일본 국기 말소 사건'이 그것이다. 『동아일보』는 1936년 8월 25일 손기정의 가슴에 있던 일본 국기를 뺀 사진을 게재했다. 이를 계기로 제국일본이 식민지 한국의 언론에 대한 대대적인 탄압에 착수하게 되는 것은 물론이다.

이후 일본은 급격히 파시즘적 성격을 강화하고 전시체제를 구축해 갔다. 이에 따라 스포츠는 더 이상 국위 선양을 위해서가 아니라 오로지 국가 방위를 위해서만 존재해야 했다. '전 국민'이 통일된 사상으로 무장하여 국가를 방위해야 한다는 '사상국방(思想國防)'이 강제로 실행되었듯이, 전 국민이 군사적 내용을 갖는 운동을 통해 건강한 신체를 단련하여 국가의 전쟁 목적에 기여해야 한다는 '스포츠 국방'이라고도 할 수 있는 내용이 제국의 범주 안에서 실행되었다.

총력전체제에서의 제국일본의 스포츠정책과 〈메이지신궁 체육대회〉에 도입된 군사적 내용의 종목은 오로지 제국일본의 국가 방위라는 목표하에 이루어졌다. 조선 말기의 계몽적 민족주의자들도 군사훈련의 내용을 띤 스포츠와 경기 대회를 장려한 바 있다. 그것은 조선의 국권 회복이라는 목표를 달성하기 위한 것이었다. 그러나 총력전체제에서의 한국의 스포츠는 더 이상 한국의 국권 회복이나 국위 선양을 위해서가 아니라 한국을 식민지로 포섭한 제국일본의 국가 방위라는 목표에 기여하는 것이어야 했다. 총력전체제에서는 전쟁 수행을 위한 청년, 학생의 건강한 신체 단련이 가

---

60 「전파를 타고 세계에로, 여유작작한 손 군의 웅장한 달리는 모습, 골인 찰나의 감격적 광경, 천지에 굉굉(轟轟)한 절찬(絶讚)의 함성」, 『매일신보』 1936. 8. 11.자.

장 중요한 국가의 책무가 되었다. 그동안 민간이 주도해 오던 〈메이지신궁체육대회〉는 1939년부터는 정부 주도로 바뀌었다. 그뿐만 아니라 조선총독부는 어린 학생들에게도 유도와 검술의 학습을 의무화함으로써 식민지 한국을 포함한 전 일본의 스포츠는 국가의 통제 아래 집단적 · 군사적 목적으로 시행되어야 할 파시즘의 도구가 되었다.[61] '태평한 때에 행해져야 하는 체육'을 뒤로 미룬 제국일본은 한국인 체육 단체를 강제해산하고 일본인 단체와 통합했다. 결과적으로 파시즘은 스포츠를 '민족'의 손에서 압수하였다.[62]

동화와 이화 사이의 팽팽한 긴장 관계 속에 추이해 오던 제국일본의 식민 지배정책이 총력전체제에 들어서면서 급격히 동화의 쪽으로 기울기 시작한 것은 식민지의 이화를 용인할 수 있는 여유가 없어졌기 때문이다. 식민지 초기 제국이 식민지와의 위계를 유지하기 위해 용인하거나 조장하던 이화가 식민지 지배 말기에 이르러서는 더 이상 용인되어서도 조장되어서도 안 되는 것이었다. 그러나 그것이 '한국'과 '일본'의 괴리 혹은 '국민'과 '민족'의 괴리가 없어졌음을 의미하는 것은 아니다.

손기정의 마라톤 우승과 『동아일보』의 일본 국기 말소 사건은 그러한 괴리가 낳은 결과이며, 내선일체를 주장한 제국일본에 대해 어떠한 경우에도 한국과 일본은 일체가 될 수 없다는, 다시 말하면 '한국'과 '일본'의 괴리 혹은 '국민'과 '민족'의 괴리를 선명하게 각인시키고자 한 한국 스포츠와 언론의 저항이었다. 손기정의 마라톤 우승은 '한국 민족'이 결코 열등한 민족이 아니라는 사실을 입증했다는 점에서 한국을 그렇게 규정하던 제국일본에 대한 훌륭한 저항일 수 있었다. 그러나 그 저항은 국가로서 '한국'의 위업으로 기록되지 못한 '슬픈' 저항이었다. 따라서 손기정의 마라톤 우승은

61 천정환(2010), 앞의 책, 342쪽.

62 천정환(2010), 앞의 책, 339~347쪽.

'한국 민족'에게 미래에 대한 희망과 한(恨)을 동시에 남겼다. 억울함과 안타까움, 슬픔 등이 응어리진 마음을 의미하는 한은 종종 한국인의 민족적 정서 가운데 하나로 일컬어지는 경우가 있다. 손기정의 마라톤 우승은 '민족'의 위대함을 입증했다는 점에서 한을 푸는 일이었다. 그러나 동시에 그것이 '한국'의 위업으로 기록되지 못했다는 점에서 새로운 한을 갖게 하는 일이기도 했다.

5. 스포츠 내셔널리즘의 행방

손기정의 마라톤 우승으로 새롭게 형성된 '민족의 한'은 올림픽에서 한국인으로는 최초의 금메달을 획득한 바로 그 마라톤에서 명실상부하게 한국 '민족'이 한국 '국가'를 대표해서 우승하는 것으로 비로소 풀릴 수 있는 일이었다. 그러나 올림픽 마라톤에서의 우승은 다른 종목에서의 우승이 모두 그러하지만, 결코 쉬운 일은 아니었다. 이러한 민족적 염원이 달성되는 데에는 베를린 올림픽 이후 56년의 세월을 필요로 했다. 1992년 바르셀로나 올림픽 마라톤 경기에서 우승한 황영조는 '민족'과 '국가'를 동시에 대표할 수 있었다. 『국민일보』는 황영조의 마라톤 우승을 전하면서 "드디어 태극기 금메달"[63]이라고 표현했다. 이로써 제국일본 시기에 한국에게 강제된 스포츠에서의 한, 마라톤에서의 한은 풀릴 수 있었다.

1992년 바르셀로나 올림픽 마라톤 경기 우승자 황영조는 결승선을 통과할 때 승자로서의 여유와 위용을 보이며 미소를 머금은 채 양팔을 위로 활짝 벌렸다. 이어 그라운드에 드러눕기는 했지만 시종 우승자로서의 영광과 여유를 보여 주었다. 이는 그라운드에 드러눕기는커녕 여전히 체력이 남아

63 『국민일보』 1992. 8. 11.자.

있는 듯한 1936년의 손기정과 대조적인 모습이었다. 손기정은 경기 후 그라운드를 떠날 때도 시상식에서도 우승자의 감격을 표면으로 드러내는 일은 없었다. '슬픈' 우승이었기 때문이다. 이와는 달리 1992년의 황영조는 시종일관 여유로운 모습이다. 그의 가슴에 태극기가 선명히 자리하고 있었던 것은 물론이다. 황영조 가슴의 태극기는 2위를 차지한 선수가 다름 아닌 일본 선수였다는 점에서 극적 효과는 더욱더 배가되었다.

일본에 의해 강요된 스포츠에서의 '슬픔'이 바로 동일한 종목 스포츠에서 일본을 이김으로써 비로소 '슬픔'은 극복되고 우승은 환희가 될 수 있었다. 그런 점에서 황영조의 우승은 제국일본 시기 이래의 일본과의 스포츠 경기에 대한 한국인들의 저항의 마지막 장(章)일 수 있었을 것이다. 그러나 그것으로 모든 것이 종료된 것은 아니었다. 한국에서의 제국일본에 대한 스포츠 분야에서의 저항은 아직 현재진행형이다. 최근의 스포츠 경기에서 일본인 선수와 관중이 제국일본의 상징을 유니폼이나 응원기로 사용하고 있기 때문이다.

일본 선수와 관중이 사용하고 있는 욱일(旭日)기는 엄밀한 의미에서 일본 국기와는 구별되어 제국일본을 표상한다. 2012년 런던 올림픽에서 일본은 욱일기를 형상화한 유니폼을 입고 경기에 출전하였으나, 아무런 제재도 받지 않았을 뿐만 아니라 우수한 성적을 거두었다. 같은 런던 올림픽 축구 경기에서 한국은 박종우 선수가 경기 후 관중이 건네준 "독도는 우리(한국) 땅"이라고 쓴 플래카드를 펼쳐 보이는 행위를 하였다. 국제축구연맹(FIFA)은 이러한 박종우 선수의 행동에 대해 2경기 출장 정지와 3,500스위스프랑의 벌금을 부과했다. 이러한 조치는 "올림픽 시설이나 경기장에서 정치적 활동을 하는 것을 금한다. 이를 위반하면 메달 박탈 내지는 자격 취소 등의 징계를 처할 수 있다"는 국제올림픽위원회(IOC)헌장 제50조의 규정에 따른 것이다. 독도의 영유권을 둘러싼 한국과 일본 사이의 갈등이 제국일본의 한국에 대한 식민지 지배에 의해 파생된 역사 현안이라는 점에서 박종우

선수의 행동은 '정치적'이라고 볼 수 있는 여지가 있었기 때문이다. 그러나 한국인들에게 국제축구연맹의 결정은 불공정한 것으로 받아들여졌다. 박종우 선수의 활동이 정치적이라면, 욱일기를 형상화한 유니폼을 입고 출전한 일본 선수들 역시 충분히 '정치적'이라고 볼 수 있기 때문이었다. 하켄크로이츠(Hakenkreuz)가 나치 독일을 표상하는 것처럼 한국인에게 욱일기는 제국일본을 표상하는 것이기 때문이다.

박종우 선수의 퍼포먼스가 일본 선수의 욱일기 사용과 대비된다면, 일본 관중의 욱일기 사용에 대한 한국 관중의 반응은 일본과의 스포츠 경기장에 이순신과 안중근의 대형 걸개그림을 내거는 것이었다. 이순신은 도요토미 히데요시(豊臣秀吉)가 조선을 침략했을 때, 그 침략을 저지한 조선의 해군 제독이다. 안중근은 제국일본의 한국에 대한 식민 지배의 토대를 구축한 이토 히로부미를 암살하여 제국일본에 대한 한국의 저항을 상징하는 대표적인 인물이다. 다시 말해 이순신과 안중근은 모두 일본과의 관계에서 한국인의 기개를 떨친 한국의 '민족적' 영웅이다.

한국과 일본의 스포츠 경기장에 욱일기와 이순신과 안중근의 대형 걸개그림이 등장하는 것은 여전히 스포츠가 '정치적인' 암시를 피할 수 없음을 입증해 준다. 그리고 적어도 일본 선수와 관중의 욱일기 사용에 대한 한국 관중의 반응 및 그 연장선상에서의 이순신과 안중근의 대형 걸개그림 사용은 제국일본의 한국에 대한 식민 지배가 원인(遠因)이다. 거의 모든 스포츠 종목에서의 한국과 일본 사이의 시합이 과열되기 쉬운 것도 그 배경에는 제국일본의 한국에 대한 식민 지배가 자리 잡고 있다. 제국일본 시기의 스포츠는 한국에게나 일본에게나 승리만이 유일하게 추구되는 장이었다. 스포츠는 한편에게는 지배의 수단이었던 데 반해, 다른 한편에게는 저항의 수단이었기 때문이다. 승리만이 추구되는 스포츠에서 자제, 절제, 페어플레이정신과 스포츠맨십 등의 윤리는 배양될 수 없다.

스포츠는 결과에 못지않게 과정 역시 매우 중요한 분야이다. 동서고금을 막론하고 강인한 신체와 건전한 정신은 스포츠를 하는 과정에서 획득하는 것이라고 생각해 왔다. 맹건(J. A. Mangan)은 그의 저서에서 "영국인은 프랑스인이나 독일인보다 두뇌와 공업 · 장비 · 군사과학과 군비(軍備)에서 뛰어나지 못했을지는 모르지만 건강과 기질 면에서 뛰어나며, 이것들은 경기에 의해 배양된 것이었다. 치트랄(Chetrar)[64]에서의 최후의 수 주간 작은 병영을 분발(奮發)시켜 그곳을 해방시킨 용사들을 고무한 쾌활함 · 담력 · 결단 · 강인함 등은 위대한 공립학교(public school)의 크리켓과 축구(football) 시합에서 항상 발견할 수 있는 모습이며, 이 운동장들에서 몸에 익힌 것이라고 할 수 있을 것이다. 담력 · 힘 · 인내력 · 쾌활함 · 자제(自制) · 규율 · 협력 · 단결심 등은 크리켓과 축구에서 성공을 가져다주지만, 평시(平時)와 전시(戰時)를 불문하고 그야말로 승부에서 이기기 위해 필요한 자질이다. 이러한 자질을 갖는 사람들, 즉 전혀 나무랄 데 없는 안정된 시민이 아니라 의지가 강하고 정력적이며 기사(騎士)적인 인간이 플라시(Plassey)[65]와 퀘벡(Quebec)을 정복한 것이다. 대영제국의 역사에서 그 패권은 스포츠에 의거한다"는 해로스쿨(Harrow school) 교장이었던 웰던(J. E. C. Welldon)의 발언을 전하고 있다.[66] 웰던에 의하면, 영국인에게 부과된 사명은 예술이나 과학 · 철학이 아니라 세계를 정복하고 명령하는 것이며, 그렇게 하는 데 적절한 자질을 함양하기에는 스포츠가 가장 적합한 것이다. 또한 팀플레이가 요구하는 자기희생은 백인의 의무(white man's burden)를 양 어깨에 짊어지는 데 필요한 자질이며, 더욱이 게임을 통해 익히는 규칙, 심판에 대한 복종, 페어플레이 정신 등은 7개의 바다를 지배한 대제국이 행정관의 변덕이나

---

64 파키스탄 북서부에 위치한 도시이다.

65 인도 서벵골 동부에 위치한 지역으로, 1757년 플라시전투를 계기로 영국은 벵골 지배권을 확립하고 이곳을 인도 전토의 식민지화를 위한 침략의 교두보로 삼게 되었다.

66 Mangan, J. A.(1998), *The Games Ethic and Imperialism : Aspects of the Diffusion of on Ideal*, London : Frank Cass Publishers, pp.35~36.

일시적인 권력욕 때문에 와해되는 것을 방지하는 데 있어서도 불가결한 자질이었다.[67]

이와는 대조적으로 제국일본의 지배자들은 스포츠로 단련된 사람들이 아니었다. 일본에도 유도와 검도 등의 전통적인 무예 스포츠가 존재하였고, 이 스포츠들에서도 정신의 함양은 중요한 덕목으로 교수(敎授)되었다. 따라서 자제, 규율, 침착, 인내심의 배양에 일본의 전통 스포츠는 유용한 작용을 하였을 것으로 보인다. 그러나 이 스포츠들은 개인 스포츠로서 팀플레이가 이루어지는 것은 아니었다. 그 결과 스포츠를 통해 협력, 단결심, 쾌활함 등을 배양하는 데에 있어 일본인은 영국인에 비해 상대적으로 취약할 수밖에 없었다. 베를린 올림픽의 마라톤 대표를 선발하는 과정에서의 잡음은 제국일본의 스포츠정책에 페어플레이 정신과 스포츠맨십이 제대로 갖추어져 있지 않았음을 보여 준다.

스포츠를 통해 페어플레이 정신과 스포츠맨십을 제대로 함양하지 못한 것은 한국도 마찬가지이다. 조선 말기에도 제국일본 시기에도 체육의 목적은 오로지 건강한 신체를 육성하는 데에 있는 것으로 표명되었다. 건전한 사고에 대한 배려가 아주 없지는 않았다 하더라도 스포츠를 통해 자제, 절제, 페어플레이 정신과 스포츠맨십 등의 심성을 육성해야 한다는 것은 그다지 강조되지 않았다. 제국일본 시기 한국 스포츠에서 승리는 절대적으로 필요한 것이었다. 따라서 "자신이 없으면 망신시키지 말고 대회에 참가하지 마라"라는 주장이 아무런 위화감 없이 제기될 수 있었다. 승리를 목표로 하는 한 스포츠 활동에서 필요한 정신은 오로지 불굴의 정신력, 인내력뿐이었다. 스포츠에서 승리가 절실했던 것은 그것만이 '민족'으로서의 자기 존재를 표명하는 중요하면서도 거의 유일한 통로였기 때문이다.

---

67 木村雅昭(2002), 앞의 책, 353쪽.

댐 개발에서 식민지 지배를 생각하다

대만의 자난대천 관개사업

시미즈 미사토(清水美里, Shimizu Misato)

현 릿쿄대학 경제학부 조교. 동아시아사 전공.
동아시아사, 대만, 식민지사와 댐 개발에 깊은 관심을 갖고 연구하고 있다. 주요 논저로는 「일본과 대만에서의 「핫타 요이치(八田與一)」 교재화의 방향성」(2017), 『제국일본의 「개발」과 식민지 대만 : 대만의 가남대천(嘉南大圳)과 일월담발전소(日月潭発電所)』(2015), 『남영역사, 사회와 문화 IV : 사회와 생활(南瀛歷史, 社会与文化 IV : 社会与生活)』(공저·2016), 『식민지연구의 논점』(공저·2018) 등이 있다.

1. 들어가기

먼저 이번 이야기의 무대인 대만이라는 땅에 관해 소개해 보자. 대만이라고 하면 가장 먼저 무엇이 떠오를까. 최근에는 대만을 방문하는 한국인 관광객을 자주 보게 되고, 대만인들도 필자를 접하게 될 때 "Korea?"라고 묻는 경우가 종종 있다. 일본에서는 대만이라고 하면 망고와 소룡포 같은 음식 이미지가 강하다.

대만이라는 섬의 역사를 돌아보면, 우선 폴리네시아계 사람들이 이 땅에 이주하여 살았다. 그후 대항해 시대에 포르투갈인이 포르모사(Formosa : 아름다운 섬)라고 이름 붙인 것으로 알려졌다. 포르모사라고 불리운 섬은 대만 이외에도 있었던 것 같지만, '메이리다오(美麗島)'라는 것은 대만의 별명이며, 포르모사는 대만의 별칭으로 기독교 문화권[1]을 중심으로 정착하였다.

포르투갈인에 이어 스페인인과 네덜란드인이 대만 땅을 밟았다. 그들은 중국 본토에서 이민자를 모집하여 대만에 한인(漢人)을 데려왔다. 이윽고 네덜란드인이 스페인인을 몰아냈고, 네덜란드인은 한인(정성공 일파)에게 쫓겨났다. 한인은 이 섬에 정착하여 결국 대만에서 가장 큰 세력이 되었지만, 실은 대만에 건너온 경로와 연대에 따라 몇 개의 부족군(ethnic group)을 형성하고 있다. 소룡포 등 대만에서 유명한 중국요리점 중 몇 군데는 전후 제2차 국공내전에서 장제스(蔣介石)와 함께 대만으로 도망쳐 온 요리사들

---

1 대만의 기독교는 장로파 세력이 강하다.

이 연 가게이다.

폴리네시안 남국 이미지 중 하나가 망고이고, 그후 중국 본토에서 이민 온 사람들이 가져온 문화 중 하나가 소룡포라 할 수 있을 것 같다. 1990년대 점진적인 민주화를 거친 대만은 개별 문화의 공생을 중시하는 샐러드 볼 유형의 다문화사회를 지향하고 있다. 또한 대만은 1895~1945년 51년간 일본령이었다. 일본인 입식자(入植者)는 적었지만 이 51년 동안 일본이 대만에 남긴 흔적은 대만이라는 그릇 안에 있는 샐러드의 한 요소이다.

좀 더 말하자면 일본 식민지기 대만에 건너온 조선인이 있었다. 르웨탄(日月潭) 제1발전소 건설 공사 현장에서 가까운 마을 위치장(魚池庄)의 1932년도 인구통계[2]에 조선인 17명이 등장한다. 그중 14명이 여성이다. 그러나 그들은 1935년도 통계에는 나타나지 않는다. 상상하건대 건설 공사 기간(1931~1934)에 생긴 번화가에서 접객업에 종사하고 준공과 함께 그 땅을 떠났을 것이다. 그들의 존재도 대만의 다원성의 하나로서 인식될 날이 멀지 않았을지도 모른다.

그러나 이러한 개별 요소가 모든 대만인에게 균일하게 받아들여지고 있는 것은 아니고, 역시 각각의 취향이 있는 것 같다. 본고에서는 우산터우댐(烏山頭水庫)을 수원으로 가진 자난대천(嘉南大圳)의 관개용수사업을 예로 들고, 대만의 다원적 역사상의 얽힌 부분을 생각해 본다.

이어서 식민지 댐을 개관한다. 20세기에 일본인 기술자는 많은 댐을 건설했다. 그것은 일본 본토에만 그치지 않고 아시아와 세계 각지에 이른다. 2018년 내가 처음으로 방문한 춘천에서 방문한 곳도 그러한 일본인 기술자가 건설에 참여한 댐 중 하나인 소양강댐이다. 12월의 소양강댐은 쾌청한 하늘 아래 강한 바람을 그대로 맞고 있었다. 물의 흐름이 없는 호수는 학교나 높은 건물에 둘러싸인 운동장과 마찬가지로 강풍을 이끌어 내고 있었다.

---

2 국립대만대학부속도서관 데이터베이스 臺灣日治時期統計資料庫.

상상 이상으로 광대한 수면에 서서 바람 소리만을 듣고 있었다. 그날 총저수용량 3억 제곱미터의 소양강댐은 거의 만수였고, 그 정도의 물이 있는데도 수면의 소리는 바람 소리에 섞여 사라져 들리지 않았다. 인공호수는 같은 물이라고 해도 뭔가 다른 것이다.

본고에서 다루는 우산터우댐은 녹색으로 덮여 있다. 반유압 필(semi-hydraulic fill) 댐이라는 공법으로 만들어져 안은 콘크리트인데 외부는 점토에 물을 뿌려 굳혀 만든 것이다. 그래서 점토에서 화초가 자라 녹색으로 뒤덮여 있다. 하지만 제방의 최상부가 약 1,200미터의 쭉 뻗은 길이라는 점이나, 물 흐름이 없는 잔잔한 수면이라는 점에서 인공 구조물임을 알 수 있다.

원래 댐은 비버가 자신의 둥지를 만들기 위해 작은 강에 나뭇가지를 모아 만든 작은 것부터 높이 수십 미터의 돌과 자갈, 콘크리트 벽을 만들어 큰 강을 막는 것까지 있지만, 일본에서는 높이 15미터 이상의 하천의 흐름을 막는 장치로서 정의를 내리고 있다. 따라서 한 사람의 힘으로 만들 수 있는 것이 아니고, 거대해질수록 다국적 · 다민족의 손으로 건설되는 경우가 많다.

소양강댐의 경우는 일본공영(日本工営)이 컨설턴트로서 건설에 참여했다. 일본공영의 창업자 구보타 유타카(久保田豊)는 전쟁 전에는 압록강의 지류인 부전강 수력발전소 건설을 시작으로 한반도에서 몇 개의 댐건설사업에 착수하여, 조선질소를 창업하고 댐의 낙차를 이용해서 만든 전력으로 비료 등의 전기화학공장을 가동시켰다. 전후 귀국한 구보타 유타카는 신흥전업(新興電業 : 일본공영의 전신), 이후 일본공영을 설립하고 동남아시아와 아프리카에서 토목 컨설턴트업을 시작했다. 일본공영은 한국에서도 많은 사업을 했고, 소양강댐은 최대급 프로젝트 중 하나였다.

일본의 토목업계에서는 구보타 유타카와 나란히 파나마운하 건설에 종사한 아오야마 아키라(青山士), 대만에서 자난대천 설계 및 현장 지휘에 종사

한 핫타 요이치(八田與一)가 '해외'에서 활동한 현창해야 할 토목기술자로 여겨진다. 예를 들어 전국건설연수센터가 발행한 토목 그림책 시리즈 〈바다를 건너 꿈을 이룬 토목 기술자들 : 아오야마 아키라 · 핫타 요이치 · 구보타 유타카(海をわたり夢をかなえた土木技術者たち : 青山士 · 八田與一 · 久保田豊)〉(2002)는 일본 전국의 초등학교에 기증되었다. 이 세 명 중 아오야마 아키라는 중남미라는 '해외'로 건너간 기술자라는 표현이 맞는 인물이지만, 핫타 요이치와 구보타 유타카는 대만과 조선이라는 일본의 식민지 지배하에 있던 지역에서 일한 인물이다. 여기에서 중남미와 식민지 대만 · 식민지 조선을 똑같이 '해외'로 간주해도 될까, 라는 의문이 든다.

일본의 식민지 지배하에 있던 지역에 일본인이 주도권을 갖고 건설한 댐에 관해서는 일본에서도 아시아에서도 각각 평가가 나뉜다. 대표적인 평가로는 식민지를 수탈하는 장치였다, 아니 식민지를 근대화한 것이다, 또는 전후 '경제성장'에 기여했다, 제국일본에 만들어진 댐은 그 지역의 환경을 파괴하고 발전을 저해하였다는 것이 있다.

이러한 평가를 부감하면 일본에서는 식민지 사회의 발전을 저해하고, 수탈했다는 부정적 평가와 식민지의 경제성장에 기여한, 당시 식민지사회를 근대화했다는 긍정적 평가가 대립하는 경우가 많다. 한국에서도 이와 유사한 구도라고 생각된다. 그러나 대만의 경우는 또 다른 역사 인식 패턴이 있다. 그것은 식민지 지배가 행해진 당시에는 수탈의 도구였지만, 전후에는 그 도구가 경제성장의 기초가 되었다는 것이다. 이처럼 부정적인 것을 전후에 자신들이 긍정적인 것으로 바꾸었다는 평가가 있다. 대만에서 복잡한 것은 이러한 부정적인 평가, 긍정적인 평가, 부정에서 긍정으로 전환했다는 평가가 혼재하고 있고 더 복잡하게 각각의 평가가 어우러져 역사 인식이 형성되었다는 점이다.

이 흔들리는 역사 인식은 의무교육에도 나타난다. 대만에서 대만사 교육은 1990년대에야 시작되었고, 그리고 2000년 이후 교과서가 국정에서 검정

제도로 바뀌었다. 그때까지 '대만은 중국의 일부'라는 원칙에서 광범위한 중국사가 가르쳐지는 가운데 대만에 대한 언급은 거의 없었다. 따라서 비교적 새로운 교과서의 대만사에 관한 기술은 시행착오의 과정이었다. 특히 출판사마다 제공하는 근현대 역사의 차이가 현저하다. 이 대만사의 정해지지 않은 역사 인식은 대만의 진정한 모습을 알고 싶은, 그리고 싶은 욕망의 반증이기도 하다.[3]

다음은 현대 · 제국(지배자) · 저항자 각각의 관점에서 자난대천의 역사를 정리하고, 마지막으로 그 역사의 착종을 다시 엮어서 식민지 댐 개발을 재고해 보고자 한다.

〈그림 1〉 식민지에 만들어진 댐의 역사 인식 패턴

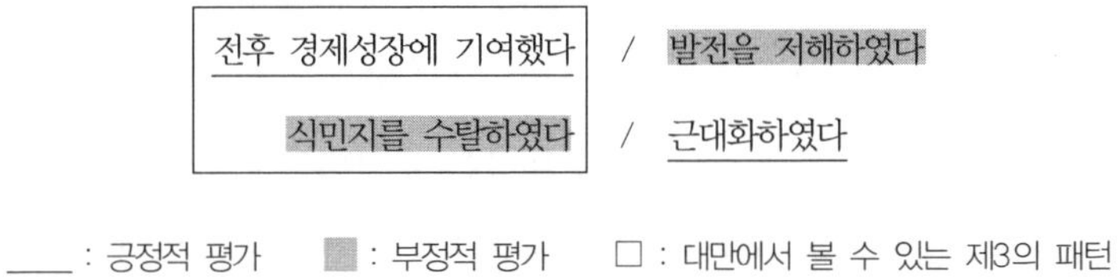

전후 경제성장에 기여했다	/	발전을 저해하였다
식민지를 수탈하였다	/	근대화하였다

___ : 긍정적 평가　▒ : 부정적 평가　□ : 대만에서 볼 수 있는 제3의 패턴

2. 현대의 시선

자난대천은 대만 남부 타이난시(臺南市), 자이현(嘉義縣), 윈린현(雲林縣)의 약 13만 헥타르 또는 15만 헥타르라고 하는 농지를 관개하는 거대 용수로이다. 1920년에 착공하여 1930년 완성했다. 수원(水源)이 두 개 있는데 현재는 북부 수원과 그 공급 지역을 윈린 농전수리회가 남부 수원과 그 공급 지역을 자난농전수리회가 관리하고 있다. 남부 수원지가 우산터우댐이고

3　清水美里(2017),「日本と台湾における「八田與一」教材化の方向性」,『史海』第64号.

공사기간과 규모 둘 다 건설 프로젝트에서 큰 비중을 차지하고 있었다.

현재 우산터우댐 호반에는 건설 공사 당시를 떠올리게 하는 순공비(殉工碑)와 핫타 요이치 동상이 있다. 이 두 '기념비'는 자난대천의 기원을 말해주는 역할을 담당하고 있다.[4]

자난대천 공사에서는 사고나 전염병으로 134명의 남녀노소가 목숨을 잃었다. 우산터우댐 공사의 현장 책임자였던 핫타 요이치는 우산터우출장소의 직원과 종업원을 대표하여 순공비를 세우고 일본인과 대만인, 남녀의 구분 없이 사망한 날짜에 따라 그들의 이름을 비에 새겼다. 당시 모든 건설 현장에서 이와 같은 비가 세워지는 것은 아니었고, 또한 비정규 고용자를 포함한 비문 제작은 드문 일이었다. 순공비는 핫타 요이치가 평등 정신을 구현한 것으로 간주된다.

순공비와 거의 같은 시기에 핫타 요이치의 부하들이 그의 동상을 세웠다. '동상 설치를 알리는 기부자에 대한 감사장'에 의하면, '하타 씨 증정 기념품'[5]인 동상 금액은 1,600원으로, 비용은 우산터우출장소 재직자 589명과 우산터우교우회에서 모았다. 동상제작발기인 전체 대표의 이름은 모두 일본인이다. 동상은 거의 등신대로, 바닥에 앉아 오른손을 관자놀이 근처에 대고 사색하는 포즈를 취하고 있다. 처음에는 받침대도 없이 마치 무명 모델의 조각 작품이 호숫가에 놓여 있는 것 같았다. 이 색다른 디자인은 모델이었던 본인의 희망이었다고 한다.[6]

그러나 이 동상은 그때로부터 수십 년간 소재지를 전전했다. 첫째, 태평

4 이하 清水美里(2015), 『帝国日本の「開発」と植民地台湾：台湾の嘉南大圳と日月潭発電所』, 東京：有志舎, 補論에 의한다.

5 古川勝三(2009), 『台湾を愛した日本人：土木技師八田與一の生涯』(改訂版), 松山：創風社出版, 235쪽.

6 古川勝三(1989), 『台湾を愛した日本人：嘉南大圳の父八田與一の生涯』, 松山：青葉図書.

양전쟁 시기에 녹여서 무기로 만들기 위해 이 동상도 공출되었다. 그러나 이유는 알 수 없지만 녹여지지 않은 채 종전을 맞아 타이난 시내 암시장에서 판매되었던 것 같다. 그것을 업무차 머물고 있던 일본인 직원의 아들이 발견하여 사무소에서 돈을 주고 다시 샀다. 그러고는 직원 숙소와 사무실에서 보관하고 있었던 것 같다. 또한 "우산터우 수고(水庫) 설계자 핫타 요이치 기사"라는 설명과 함께 전시되어 있었던 시기도 있었다고 한다.

1981년 동상은 야외에 재설치되었다. 댐 호반에 다시 설치함에 있어 반일 감정을 우려해 동상의 모형을 따서 훼손되어도 복구할 수 있도록 대책을 세웠다. 이 재설치 제막식에는 일본 외무성의 외곽 단체인 교류협회가 참석했다. 그후 참석자로부터 이야기를 들은 후루카와 가쓰미(古川勝三)가 핫타 요이치의 전기 『대만을 사랑한 일본인』을 집필한다. 후루카와는 전기의 마지막 후기에서 "아마도 나도 우산터우의 동상과 만나지 못했다면 모르고 귀국한 한 사람이었음이 틀림없다"[7]라고 썼다.

덧붙여 현재 동상 뒤에는 핫타 부부의 무덤이 있다. 핫타 요이치는 1942년 5월 8일 육군의 요청으로 면화 개발 기술요원으로 필리핀에 가는 길에 승선한 다이요마루(大洋丸)가 연합군의 폭격에 침몰하고, 며칠 후 핫타 요이치의 시신이 나가사키 앞바다에서 발견되었다. 핫타 도요키(八田外代樹 : 핫타 요이치의 부인)는 1945년 9월 1일 종전 후 얼마 안 되어 피난처인 우산터우 방수구에 몸을 던져 스스로 목숨을 끊었다. 당시 우산터우댐의 관리 조직이었던 자난농전수리협회는 1946년 부부의 묘를 만들고 매년 5월 8일 법요를 실시하게 되었다. 1981년 동상을 다시 야외에 두게 되었을 때, 그 설치 장소로 부부의 무덤이 있는 언덕이 선정된 것이다.

동상의 야외 설치를 계기로 일본에서 우산터우를 찾는 방문객이 점차 증가하게 된다. 1985년 핫타의 고향 가나자와시에서 성묘단이 타이난을 방문

---

7 古川勝三(1989), 앞의 책, 341~342쪽.

한다. 1990년대에는 시바 료타로(司馬遼太郎)의 『대만의 기행 : 가도를 가는 40(台湾紀行 : 街道をいく四〇)』과 텔레비전 프로그램에서 핫타 요이치가 다루어지고, 2002년에는 핫타 요이치를 칭찬하는 연설 원고, 리덩후이(李登輝)의 「일본인의 정신」(이른바 '환상의 강연 원고'[8])이 『산케이신문』에 게재되었다. 또한 2007년에는 대만 정부(총통부)에서 핫타 요이치에게 포장(褒章)이 수여되었다. 2008년 대만 총통에 취임한 마잉주(馬英九)는 제3회 핫타 요이치의 추도식에 참석했다. 마잉주 정권 시절에는 핫타 요이치를 기술한 사회과 교과서가 늘어났다.[9]

일본 특히 핫타의 고향에서는 분위기가 상당히 고조되었고, 이시카와현(石川県) 내 지방자치단체 및 기업의 지원을 받아 애니메이션 영화 〈팟텐라이〉(2009년 초 상영)가 제작되었다.[10] 이제 대만의 사회과 교과서뿐만 아니라 일본 5개 사의 중학교 역사 교과서(2015년 검정)에서도 핫타 요이치에 대해 설명하고 있는 것이다.

핫타 요이치가 대만과 일본에서 알려지게 된 것은 30여 년간 핫타 요이치를 통한 일본과 대만의 교류가 심화된 결과이다. 그러나 몇 년 전에 핫타 요이치의 이름을 알게 된 사람들은 핫타 요이치에게 포장을 수여하고 대만 총통들이 현창하는 것에 위화감을 느끼고 있었다.

2016년 4월 핫타 요이치 동상의 머리가 절단되었다. 이 사건을 전후하여 장제스 동상이 잇따라 훼손되었는데, 이러한 일련의 동상 훼손 사건은 보

---

8 2002년 11월 19일 일본의 『산케이신문(産経新聞)』에 실린 리덩후이의 「일보인의 정신」이라는 에세이. 이 글은 본디 리덩후이가 게이오대학의 문화제에서 강연할 목적으로 준비한 원고였는데, 일본 정부가 내일하는 리덩후이에게 비자를 내주지 않아 강연은 실현되지 못했다. 하지만 일본어로 쓰인 이 원고는 '환상의 강연 원고'로서 리덩후이의 저작과 다양한 매체에 실리는 등 세상의 빛을 보았다.

9 清水美里(2017), 앞의 논문.

10 本康宏史(2015), 「総督府官僚の「業績」と「郷土愛」 : 金沢における八田與一顕彰運動」, 檜山章夫 編, 『台湾植民地史の研究』, 東京 : ゆまに書房.

〈그림 2〉 핫타 요이치 동상(필자 촬영)

복 행위의 응수로 간주되었다. 불행히도 동상 파괴 행위로 정치적 메시지를 확산시킬 수 있다는 생각이 존재하고 있었다. 그러나 동상을 파괴하는 행위로 사람들의 관심은 범죄를 저지른 인물의 이데올로기가 아니라 파괴된 피해자인 동상으로 향하였다.[11] 관계자는 핫타 요이치의 기일인 5월 8일에 거행되는 식전에 늦지 않도록 동상의 머리 부분을 복원했다. 이 사건으로 핫타 요이치를 통한 일본·대만 교류의 '유대'가 얼마나 강한지 입증된 결과가 되었다.

시바 료타로를 안내한 것으로 유명한 사이콘상(蔡焜燦)은 일본 지역 방송국과의 인터뷰에서 "대만인은 차별에 민감하다. 핫타 요이치는 차별을 하지 않았기 때문에 사랑받는다"〔〈히라타이 요시타카(平体好孝) 대만기행 : 리덩후이 환상의 강연〉, TV 가나자와 방영〕고 말하고 있다. 여기에서 핫타 요이치는 식민지 지배의 예외로서 이야기되고 있다.

그럼 왜 '대만인은 차별에 민감'한 것일까. 그것은 대만인이 특히 사이콘상의 세대가 '대만인'으로 차별받는 입장에 있었기 때문이다. 사이는 대만

---

11 영화감독 왕정팡(王正方)은 경극배우 메이란팡(梅蘭芳)의 "욕하는 것은 무섭지 않다. 거론하지 않는 것이 무서운 것이다"라는 발언을 인용하며 동상을 세우는 것, 파괴하는 것이 정치 선전에 효과가 있는지는 모르겠지만, 동상에 관해 수군거리기도 하고 욕하기도 하며 파괴하면, 순식간에 동상에 대한 선전 효과를 증대시킨다고 말하고 있다〔王正方(2017), 「立銅像, 砍銅像, 有意義嗎?」, 『聯合報』(2017. 5. 12)〕.

의 일본어 세대, 즉 전전에 일본어 교육을 받고 전후에도 일본어를 중국어보다 유창하게 사용할 수 있는 '세대'의 한 사람이다. 조금 어려운 것은 사이뿐만 아니라 대만 사람들이 말하는 '대만인'은 '대만의 주민'이라는 의미와 반드시 겹치는 것은 아니라는 점이다. 대만사회에서는 '대만인'은 주로 한인을 의미하며, 동시에 전후에 대만으로 이민 온 한인(외성인)을 제외하는 경우가 있다. 또한 대만의 한인사회에서 다수파인 호로(福佬)만을 나타내고 소수파인 핫카를 상정하지 않는 '대만인'상, 'Taiwaneseness'가 존재한다. 이러한 배타주의적인 '대만인'상은 샐러드 볼의 형성을 방해하기 때문에 배타적이라고 인정되면 시정하지만, 불시에 얼굴을 내민다. 여기에서 사이가 말한 '대만인'은 적어도 전후에 대만으로 이민 온 외성인은 제외한 것이다.

그럼 전전의 대만인이 받은 차별은 어떤 것이었는지, 차별에 대해 당시 사람들은 어떻게 행동했는지 좀 더 깊이 살펴보자.

자난대천의 관개 구역에는 3년 윤작(three rotational irrigation)이라는 용수 시스템이 도입되었다. 이것은 약 150헥타르의 경작지를 50헥타르씩 3분할하여 각각 사탕수수작물구역(사탕수수) · 벼농사구역(쌀) · 잡종작물구역(채소)으로 배분하고, 또한 각 지역을 매년 윤번(rotation)해 나가는 시스템이다. 뒤 〈그림 4〉는 50헥타르씩 색으로 구분한 농지 지도로 사탕수수작물구역은 빨강, 벼농사구역은 노랑, 잡종작물구역은 파랑으로 색을 나누었다. 해가 바뀌면 빨강이었던 곳은 노랑으로, 노랑이었던 곳은 파랑으로, 파랑이었던 곳은 빨강으로 바뀐다.

이렇게 구분된 색깔은 실제로는 급수 시기를 나타내고 있다. 붉은 사탕수수작물구역은 건기에, 노란 벼농사구역은 우기에 물이 용수로를 타고 흐르지만 파란색의 잡종작물구역에 해당하는 농지에는 그해의 급수는 없다. 그리고 가장 물이 필요한 건기에 급수되는 것은 사탕수수작물구역이다. 이렇게 3년 윤작은 재배 작물을 지정했다. 그리고 수리 기술자들은 3년 윤작은 전

〈그림 3〉 현재 타이난의 농지(필자 촬영)

〈그림 4〉 윤작도

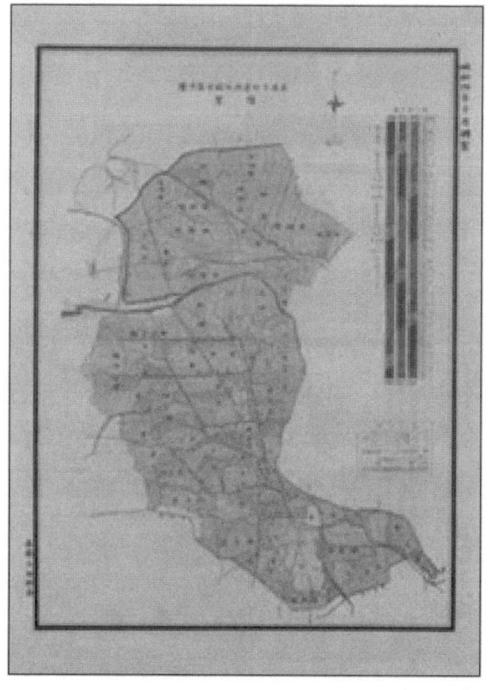

* 출처 : 『臺灣省嘉南農田水利會檔案』(國史館臺灣文獻館藏)

지역에 물이 돌아가게 하기 위해 필요한 일이라고 농민들에게 설명했다.[12]

자난대천이 생기기 전에, 이곳의 모든 농업 종사자가 사탕수수와 쌀(벼) 농사를 지은 것은 아니다. 밭벼 및 다른 잡곡, 고구마 등을 재배하던 곳도 있다. 또한 사탕수수와 쌀은 전통적으로 환금작물이고 대만의 농가는 그해 돈을 벌 수 있을 것 같은 쪽을 재배했지만, 3년 윤작은 그렇게 할 수 없다.

또한 이 세 구역은 각 농가의 소유지나 소작지와는 전혀 관계없이 배분되었다. 당시 조사[13]에 따르면 세 구역에 경작지가 있었던 농가는 29퍼센트, 두 구역에 경작지가 있었던 농가는 39퍼센트, 한 구역에만 경작지가 있는 농가 또한 32퍼센트나 되었다. 대략 9분의 1의 농가가 그해 경작지가 모두 급수가 되지 않는 잡종작물구역에 해당하고, 3분의 1의 농가는 벼농사구역에 해당하지 않는 것이다. 이렇게 급수되는 수량은 불평등한 데 반

〈그림 5〉 3년 윤작 실행률

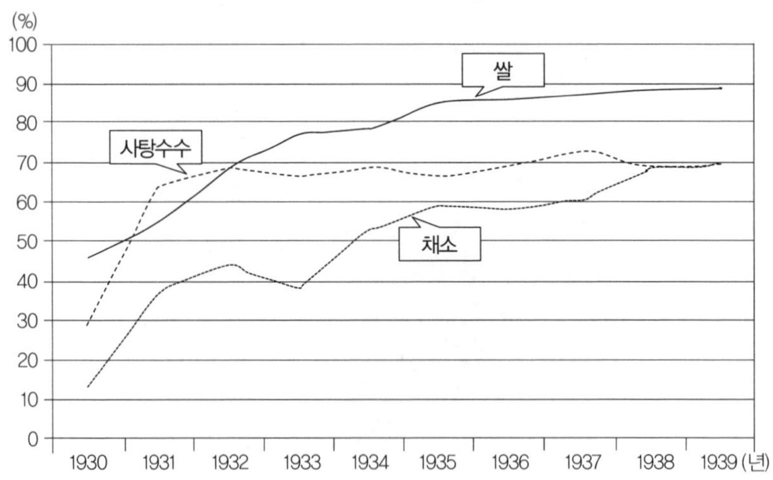

12 台湾総督府内務局(1927), 『嘉南大圳組合の事業に就いて組合員諸君に告ぐ』, 台北 : 台湾総督府内務局.

13 有安龍太郎(1935), 「嘉南大圳に関する或る日の台湾」, 『台湾の水利』 第5巻 第6号, 60쪽.

해, 수세(水租)는 잡종작물구역에도 다른 구역과 동일한 금액이 '평등'하게 부과되었다. 부언하면 양식장을 하고 있던 곳도 관개 구역으로 지정되어 다른 농지와 같은 금액의 사용료를 지불해야만 했다.

자난대천이 완성된 후 이 지역의 농업은 어떻게 바뀌었을까. 〈표 1〉에서 수확량의 증가가 두드러진 것은 분명히 알 수 있다. 그것은 주로 밭을 논으로 만들어서 달성되었다. 벼의 재배 면적이 크게 증가하고 총수확량도 7배 이상이다. 그 대신 밭이 감소했다. 양어장조차 논으로의 전환을 시도했다.

〈표 1〉 자난대천 관개구역의 작물별 면적과 수확량

면적(갑)*	공사 전	1937년	증감
벼	13,160	49,687	36,527
사탕수수	31,486	37,137	5,651
기타 채소	89,689	50,736	−38,953
소계	134,335	137,560	3,225
양어장	8,835	-	-
무수확지	13,400	-	-
합계	156,570	-	-
총수확량	**공사 전**	**1937년**	**배증률**
벼(석)	107,162	784,007	732%
사탕수수(천근)	1,379,889	4,648,773	337%
기타 채소(천원)	6,089	10,111	166%
1갑당 수확량	**공사 전**	**1937년**	**배증률**
벼(석)	8.14	15.78	194%
사탕수수(근)	43,826	125,179	286%
기타 채소(원)	67원 89전	199원 28전	289%

* 출처 : 『事業概要臺灣嘉南大圳組合』(1939) ; 惜遺, 「台湾之水利問題」, 『臺灣銀行季刊』(1950. 6) ; 「臺灣省嘉南農田水利會檔案」(国史館台湾文献館蔵).
* 1갑(甲)은 0.97헥타르에 해당하는 면적이다.

제당회사는 당초 자난대천의 건설을 적극적으로 원하고 있었다. 그러나 자난대천 완성 시에는 제당회사의 입장이 바뀌었다. 사탕수수를 '빨리 심을' 수 있게 되었기 때문이다. 1920년 당시 사탕수수는 9~11월의 건기에 심었지만, 1920년대 말에는 시기를 앞당겨 7~8월 우기에 심을 수 있게 되었다. 자난대천은 계획 단계에서는 사탕수수의 증산에 중점을 두었지만, 실제 완성 단계에서는 심는 시기가 어긋남으로써 그 의의가 희미해져 갔던 것이다.[14]

사탕수수 수확량의 증가는 1갑당 수확량 증대에 의존하는 바가 크다. 이것은 용수로의 정비뿐만 아니라, 품종 개량 및 토양 개량, 과학비료의 투입과의 인과관계를 생각해 보아야 한다. 사실 1920년대 대만 농업은 대만식 '녹색혁명'이라 할 만한 변화가 일어나서 새로운 농업기술이 도입되고, 일본으로 수출하기 위한 상품 작물이 늘어 그 수확량도 증가하고 있었던 것이다. 사탕수수에 대해 말하자면 로즈뱀부라는 자바계 품종으로의 전환이 대표적이다.

벼는 열대에서도 재배할 수 있는 자포니카종, 봉래미(대만의 벼 품종)의 개발에 성공하여, 1920년대 후반부터 단번에 대만에 보급되었다. 그 배경에는 쌀 소동이 있다. 다만 쌀 소동 시절 대만에서 재배한 벼는 인디카종이었기 때문에 일본인의 입맛에 맞지 않아 대만쌀을 일본으로 이입하는 것은 바로 진행되지 않았다. 이 부분은 종래부터 자포니카종을 재배하고 있던 조선의 산미증산정책과 시간적 차이가 있다.[15]

봉래미를 보급한 후 제당회사가 안고 있는 문제는 '미당상극'이라고 불리는 쌀과 사탕수수의 이해 상충이다. 다만 제당회사는 일본 제국주의 자본수출의 선물이었기 때문에 마치 대만 농업 전체의 문제인 것처럼 말해 왔

---

14 小野文英(1930),『台湾糖業と製糖会社』, 東京：東洋経済出版部, 16~20쪽.

15 大豆生田稔(1993),『近代日本の食糧政策：対外依存米穀供給構造の変容』, 京都：ミネルヴァ書房.

다. '미당상극' 문제란 무엇일까? 대만의 제당업은 다른 지역처럼 농장을 갖고 있지 않았다. 일본 제당업 최대 기업인 대만제당이야말로 자영 농장에서의 원료 조달 비율이 1920년대 이후에는 30퍼센트를 초과했지만, 다른 제당업체는 20퍼센트 정도, 낮은 곳은 10퍼센트도 되지 않았다.[16]

따라서 대부분의 원료인 사탕수수는 일반 농가에서 매입할 수밖에 없었다. 그러나 일반 농가는 사탕수수만을 재배하는 것이 아니다. 대만 농가가 이익 추구를 위해 봉래미와 사탕수수를 저울질하면서 더 많은 수익을 얻을 수 있는 작물을 선택하여 재배하게 되어, 제당회사는 대만 농가에서 사탕수수를 제공받기 위해 노력해야만 했다. 그리고 제당회사의 원료 조달을 위한 노력으로는, 매수 가격의 조정과 기술 지도 등과 같은 것 외에 제당회사가 미리 비료와 금전을 빌려주고 수확물로 그 대금을 받는, 즉 채무로 농가를 구속하는 방법도 포함되었다.[17]

자난대천의 이야기로 돌아가면 제당회사에게 3년 윤작 시스템은 사탕수수 재배 구역을 관개 구역의 3분의 1로 제한할 뿐만 아니라 쌀이라는 경쟁 작물을 가져오는 것이었다. 또한 용수로가 정비되기 때문에 토지 가격이 등귀하고, 그 때문에 사탕수수의 매수 가격도 등귀할 것이 우려되었다. 자난대천 건설 10년 사이 제당회사의 사업에 대한 기대는 크게 떨어졌다. 하지만 원료 조달을 안정시키기 위해 자영 농장에서는 사탕수수의 연작을 계속함에도 불구하고 일반 농가의 관개 구역에서는 3년 윤작에 따른 재배 사이클의 수행에 협력해 간 것이다.[18]

---

16 자작 원료와 매수 원료의 비율은 1917~1940년 평균 대만제당이 32.4퍼센트와 67.6퍼센트, 메이지제당 10.3퍼센트와 89.7퍼센트, 다이니혼제당이 11.1퍼센트와 88.9퍼센트, 엔스이코제당(塩水港製糖) 17.1퍼센트와 82.9퍼센트였다[保文克(2016), 『近代製糖業の経営史的研究』, 東京 : 文真堂, 32쪽].

17 陳逢源(1933), 『臺灣經濟問題の特質と批判』, 臺北 : 臺灣新民報社.

18 예를 들면 토양 개량을 위한 트랙터를 무상 제공하였다. 이 점에 관해서는 별고를 준비하고 있다.

3. 저항의 눈빛

대만 농가에게 자난대천은 어떤 존재였을까. 현재 자난대천의 성과에 관해 현지 사람들에게 이야기를 물으면 많은 사람이 칭찬한다. 확실히 데이터상의 숫자로도 수확량의 증가는 의심할 여지가 없다. 다만 조금 깊게 질문을 던지면 '반대한 것은 지주뿐이다'고 말한다. 타이난주(현 타이난시, 자이현, 윈린현)지주회[19]가 자난대천 반대운동을 전개했던 기억은 남아 있는 것이다. 타이난주지주회의 지도자는 자신의 손으로 논밭을 경작한 경험이 부족한 의사나 교사·투자자 등 지식층이기는 하지만, 땅에 뿌리를 내린 중소 지주가 자난대천으로 인해 고통스러워하고 심지어 인신매매에까지 손을 댄 것에 깊은 동정을 느끼고 있다.

자난대천 기획은 총독부가 세우고 기획 단계의 설계는 기술 관료들이 했다. 그러나 건설이 시작된 후 자난대천은 총독부의 사업이 아니라 공공위생 자난대천조합(원래 官佃溪위생조합)은 반관·반민 조직이 주관하는 사업이 되었다. 건설비의 절반은 국비, 절반은 이해 관계자(농지 소유자)가 부담하기로 되어 있었다. 앞 절에서 말한 '수세'[20]라는 물 사용료는 유지비 '수세'와 건설비를 분할 지불하는 '특별수세'로 나뉘어 있다.

1930년 자난대천이 완성되었다. 특별수세는 급수가 되지 않는 잡종작물 구역이나 수입에 변동이 없을 것 같은 양어장과 홍수 피해 지역에도 일률적으로 부과되었다. 북부 수원이 먼저 통수(通水)가 시작되었고 남부 수원에 통수가 시작된 것은 1930년 6월부터이다. 북부와 남부 일률적으로 수세 징수는 같은 해 9월부터 시작되었다. 그러나 1930년은 공황과 쌀값 폭락이

---

19 清水美里(2016), 「日本植民地期嘉南大圳の運営から見る台南エリートの諸相」, 『南瀛歷史, 社會與文化 IV : 社會與生活』, 臺南 : 臺南市文化局.

20 자난대천의 수세에 관해서는 이하 清水美里(2015), 앞의 책, 제1장 및 제2장 참조.

농가의 생계를 압박하고 있었다. 수세불납운동이 일어나는 것은 너무나 당연한 것이었다. 수세는 토지세(地租) 등과 함께 세무서에서 납부서가 송부되고, 체납하면 국세와 마찬가지로 행정에 의한 압류 처분이 이루어졌다. 강제 집행의 대상이 되는 것이다.

당시의 지방행정은 주(州)제도로 자난대천 관개 구역은 타이난주에 있으며 타이난주는 10개의 군이 있었지만, 각 군이 자난대천조합의 군부(郡部)를 겸임하고 있었다. 즉 자난대천조합 직속직원은 용수로의 관리 등 기술직이 많고 수세의 징수와 관리 등 사무직은 군 행정이 집행했다. 또한 식민지 대만의 군청은 경찰서도 겸하고 있어 행정과 사법이 분리되어 있지 않았기 때문에 원활한 행정을 위해 경찰권이 남용되는 일이 자주 발생했다. 자난대천 조합의 상부는 마치 제3섹터인 관과 민의 합의로 운용되고 있는 것처럼 보였고, 확실히 수세 금액도 농가의 대표자가 참가하는 총회의 논의를 통해 감액되는 경우도 있었지만, 조직의 말단은 항상 경찰과 행동을 함께할 수 있는 군의 공무원이 집행했다.

수세불납운동이 가장 활발하게 이루어진 지역 중 하나인 베이먼군(北門郡)의 예를 보자. 베이먼군은 해안가에 위치해 있어 토양의 염분 농도가 높아 작물이 자라기 어려운 토지가 많기 때문에 타이난주에서도 가장 가난한 지역이라고 불렸다. 생선 양식업으로 생계를 이어 가고 있는 곳도 많다. 염분지대문학이라는 이 지역을 소재로 한 빈곤문학이 장르로서 확립되어 있다. 그만큼 베이먼군의 저항자들은 단결력이 강했다. 1930년 7월 베이먼군은 수해를 입었다. 자난대천이 완성되었어도 용수로가 파괴되어 일부에서는 전혀 급수가 되지 않는 지역이 생겼다.

특별수세 징수액은 일부[21] 지역을 제외하고 15원 80전이었다. 그 외 유

---

21 1갑당 15원 80전이 부과된 토지는 13만 5천 갑이다. 그 외 통수 시에 관개 구역에 편입되었지만, 공사 기간 중에 수입이 없어 '임시부과금'을 지불하지 않은 토지만 20원

지비로서 수세 1갑당 8원이 부과되었다. 전년까지 대만인인 가장(街長 : 행정구역)과 장장(庄長 : 행정구역)이 수세 전용 납입고지서를 교부했다. 따라서 공사 기간 중에는 수리 관행을 배려한 수세 징수 절차가 가능했던 것으로 보인다. 이것을 자난대천조합은 통수를 계기로 토지세와 함께 일괄 징수로 전환했다.

1930년 9월 19일 베이먼군 자리장(佳里庄) 쯔량마오(子良廟) 지역의 50~60명의 지주는 수해로 논밭의 관개를 받을 수 없었기 때문에 수세를 낼 수 없음을 결정하고 토지세 이외의 세금을 내용증명 우편으로 장(庄) 관공서에 송부했다. 우체국에서 내용증명을 한다는 것은 당시 자주 볼 수 있는 저항 방법이다. 9월 22일 베이먼군수 오무라(大村)는 군청에 수세 지불을 거부한 지주들을 소집했다. 지주 측은 수해 때문에 관개를 받지 못했기 때문에 지불할 수 없으므로, 수로를 복구하여 관개가 가능해져 작물을 수확할 수 있으면 지불하겠다고 말하였다. 이를 들은 오무라 군수는 그들을 동정하며 어떻게든 노력하겠지만 과도한 기대는 하지 말아 달라고 말했다고 한다. 자량묘의 지주들은 9월 24일 타이난 주지사 나오 요시타쓰(名尾良辰)에게 진정서를, 자난대천조합 관리자인 나가야마 도메오(永山止米郎)에게 요구이유서를 제출했다.[22]

한편 9월 22일 자난대천투쟁위원회를 조직하고 있던 대만농민조합의 조합원들은 베이먼군의 자리장과 쉐자장(學甲庄) 관공서를 포위했다. 쩡원군(曾文郡) 마도장(麻豆庄)과 샤잉장(下營庄)의 관공서를 포위한 농민을 합쳐 약 1천여 명이 동원되었다고 한다.[23] 단순히 나누면 각각의 장 관공서에 250명이 몰려간 셈이 되는데 순회한 것인지 분담한 것인지는 불분명하다.

80전이었다.

22 「嘉南大圳沒有給水也要徵收水租地主們大起抗議「咬人」大圳的正體暴露請看當局將如何處置」, 『臺灣新民報』 第332號(1930. 9. 27.字), 2쪽.

23 台湾総督府警務局 編(1986), 『台湾総督府警察沿革誌』, 東京 : 緑蔭書房, 1133쪽.

대만농민조합은 1920년대 후반에 설립되어 급속히 세력을 넓혀 갔다. 일본 노동당과도 연락 관계를 구축하고, 후세 다쓰지(布施辰治)와 함께 소작쟁의와 노동쟁의의 변호사를 하고 있던 후루야 사다오(古屋貞雄)[24]를 대만에 맞이하였다.

9월 26일 수세 체납자에게 독촉장이 발송된다. 하지만 독촉장에는 기간이 명시되어 있지 않았다.[25] 10월 이후 타이난주 세무과는 수세 체납자에 대한 압류 처분을 강행하기 시작한다. 그러나 베이먼군 학갑장은 1갑당 수입이 15원 정도라는 '살인적인 불황'을 겪고 있었다. 이미 가재도구는 전당포에 맡기거나 팔아 버려, 공무원이 강제 압류를 하려고 해도 압류할 것이 없는 상황이었다고 보도되었다.[26] 그후 가재도구만이 아니라 토지도 압류할 수 있게 되었다. 『경찰연혁지』에 의하면, 11월 29일에 농민조합원을 중심으로 한 미납자 236명의 토지 약 60여 갑을 압류하였다고 한다.[27]

그리고 드디어 인신매매까지 하는 농가가 생겼다. 『대만신민보』는 11월 1일과 12월 20일 자난대천의 수세를 지불하지 못해 '사례금' 120원을 손에 넣기 위해 자식을 '양자'로 보낸 두 가족에 대해 보도했다. 모두 베이먼군의 일이다. 다음 두 건의 기사를 발췌한다.

> 대천애화, 자난대천으로 인한 강박감에 빈곤한 지주가 자녀를 팔아 수세를 납부하다.
>
> ……이것에 관해서는 베이먼군 산자각(山子脚)에 사는 진력(陳力)은 부모가

24 向山寛夫(1987), 『日本統治下における台湾民族運動史』, 東京 : 中央経済研究所, 802~803쪽 ; 佐藤勝巳(1976), 「古屋先生の略歴」, 『朝鮮研究』 第135号.

25 「横逆的嘉南大圳無水也要水租」, 『臺灣新民報』 第333號(1930. 10. 4.字), 5쪽.

26 「嘉南大圳情景 : 在当局干渉裡的地主抗納水租的経過」, 『臺灣新民報』 第335號(1930. 10. 18.字), 3쪽.

27 台湾総督府警務局 編(1986), 앞의 책, 1138쪽.

남긴 몇 갑의 벌판이 (자난 — 인용자)강 구역 내에 편입되어 올해부터 강은 그에게 수세를 징수하려고 하지만, 그는 어찌나 가난한지 아무것도 가진 것이 없고, 물론 빚을 내줄 연줄도 없고, 전당포에 맡길 만한 물건도 없어 해당하는 토지의 권리를 포기하려고 하지만 말도 못 꺼내고 협박을 받아, 부득이 세 살짜리 아들을 120원에 옆마을(七股庄 — 인용자) 후항(後港)의 허반(許盤)에게 양자로 주었다. 처음의 수세는 이렇게 해서 간신히 완납할 수 있었지만, 이후에는 어떻게 조치할 것인지, 상당히 주목되어진다. 이 일을 들은 사람 모두 마음 아파하지 않는 사람은 없다. 아! 얼마나 슬픈 일인가! 얼마나 불쌍한가!(원문은 중문)[28]

사랑하는 여동생을 팔아 자난대천의 수세를 납입, 이것도 대천의 공적 중 하나일지

베이먼군 칠각장(七股庄) 후항…… 진청등(陳清藤)이, 진장(陳長)과 4갑여의 양어장의 3분의 1을 공유하고 있었다. 이 양어장이 자난대천의 관개 구역 내에 편입되어 올해 8월에 수세 및 특별수세를 징수하게 된 것은 말할 것도 없다. 그러나 진청부등(陳清富藤)은 어찌나 가난한지 아무것도 가진 것이 없고, 게다가 미성년자이기 때문에, 물론 다른 수입도 없이 자신의 지분인 양어장에 의지하여 생활을 하고 있었던 것이다.

…….

마침내 (陳清藤의 — 인용자) 토지가 압류되었지만, 상증동장(相憎同庄) 진모(陳某)의 소유지가 자난대천의 관개 구역 밖으로 결정되어 그 환불금이 있었다. (자난대천조합 — 인용자) 나가야마 관리자의 알선으로 빌려서 완납했다. 여기까지는 괜찮은데, 그후 진모가 채무 반환을 재촉해 왔다. 진청등은 어떻게

---

28 「大圳哀話：因受嘉南大圳的強迫貧困地主賣子納水租」,『臺灣新民報』第337號(1930. 11. 1.字), 4쪽.

해도 돈을 마련할 수가 없었다. 여러 가지 고려해 보았지만 좋은 방도를 찾지 못했다.

진청등은 결국 귀여운 여동생 월아(月娥, 8세)를 같은 장의 독가구웅(篤茄邱雄)의 양녀로 120원에 팔고 그 돈으로 빚을 갚았다. 그냥 평범한 이야기처럼 보이지만, 생각해 보면 참으로 안타까운 일이 아닌가? 이것도 자난대천 설립이 초래한 산물의 하나다.[29]

이 두 가지 비극이 보도된 후 농가의 자난대천에 관한 진정서에는 종종 '아내를 저당 잡히고 자식을 팔고'[30]라는 말이 등장하게 되었다. 이와 유사한 신문 보도는 진위 여부를 물을 필요가 있을지도 모르지만 많은 사람이 이것을 믿고 운동을 전개했다는 사실만으로도 충분히 가치가 있고, 또한 이러한 일들이 있을 법한 이야기였던 만큼 자난대천의 수세 납입으로 고통받는 사람들이 나온 것이다. 부언하면 『대만신민보(臺灣新民報)』는 대만총독부의 엄격한 사전검열을 받은 후 발행되었다.[31]

1930년의 수세불납운동 및 인신매매 사건이 발생하고 1931년 타이난주지주회(劉清風 · 劉明電 · 林文樹)가 결성된다. 타이난주지주회는 타이난주지사 요코미쓰 요시노리(横光吉規)와 교섭하고, 1931년 수세 감액과 이를 위한 구조조정대책 채용이라는 성과를 얻었다. 나가야마 관리자는 완고한 행

---

29 「愛妹を売って嘉南大圳の水租納入」, 『臺灣新民報』 第344號(1930. 12. 20.字), 13면.

30 전처(典妻)는 배우자가 있는 여성을 다른 남성에게 빌려주었다가 여성이 출산을 하면 원래의 배우자에게 돌려보내는 오래전 중국에 있던 관습으로, 이때 금전이 오간다. 또한 아동 인신매매는 일꾼으로 팔리는 경우와 대를 이을 후계자 또는 그 배우자로 팔리는 경우가 있다. 특히 후계자가 될 남자아이의 배우자로 팔리는 것을 동양식(童養媳)이라고 부르는데, 성인 여성과 혼인할 때 지불할 마흐르(mahr)를 마련할 경제력이 없는 가정이 아들의 장래의 배우자로 삼기 위해 양녀를 들였다.

31 『대만신민보』의 전신인 『대만민보』는 당초 도쿄에서 발행되었지만, 1927년에 대만으로 발행지를 옮기고 1929년에 『대만신민보』로 개칭하였다.

동이 화근이 되어 2월과 6월의 혼란스런 총회로 인해 7월에 사직했다. 그리고 요코미쓰가 타이난 주지사와 자난대천조합 관리자를 겸임하고, 유명전(劉明電) 등의 제언을 받아 인원 정리와 부채의 저금리 차환을 실시하여 1931년의 특별수세를 1갑당 15원 80전에서 8원으로 감액했다. 이와 같이 타이난주지주회의 활동은 타이난주 수준의 정치에서는 영향력을 가지고 있었다.

그러나 타이난주지주회는 3년 윤작에도 반대했지만, 3년 윤작에 대한 비판은 경찰의 탄압을 받았다. 돈 문제는 교섭할 수 있었지만 시스템에 대한 반대는 폭력적으로 억압되었다. 이것이 식민지의 정치이다.

4. 다시 현대의 시선으로 식민지 댐을 바라보다

일본에서 소개된 대만에서의 핫타 요이치의 평가는 마치 식민지 근대화에 기여한 공로에 대한 것처럼 보인다. 확실히 대만 안에서도 그러한 평가가 있는 것은 부정할 수 없다. 그러나 핫타 요이치에 대한 평가는 그뿐만 아니라 대만이라는 땅에 애착을 갖고 일을 하였고, 일본인과 대만인에 차별 없이 대하고 있었던 것에 대한 경애의 마음이 표현되어 있다. 대만에 온 시간이 아니라 대만을 사랑하고 대만을 위해 진력한 인물을 대만 사람들은 존중한다. 이것은 다원주의사회를 지향하는 대만이 소중히 여기고 있는 것이다. 핫타 요이치는 대만이라는 샐러드 볼의 재료 중 하나가 되었다.

또한 현대 대만의 '발전' 가운데 우산터우댐과 그 용수로와 자난대천이 수행한 역할에 눈을 돌리면, 자난대천은 전후 대만의 식생활을 지원하고 뛰어난 수리 기술자를 배출해 왔다. 3년 윤작으로 재배가 지정되어 있던 사탕수수와 쌀(자포니카종)은 주로 일본 본토에서 소비된 상품 작물이다. 따라서 전후에는 먼저 사탕수수의 수요가 감소하는 한편으로 채소의 수요가 높아져 3년 윤작은 유명무실화해 갔다.[32] 또한 관개 시기도 각 농가의 재배 주기에 맞추어 세밀하게 조정된다. 대만의 수리 기술자는 탈식민지화 과정에서 자난대천을 대만 크기의 경제권에 적합한 장비로 개량해 갔다.

즉 일본 식민지기는 제국의 사정에 좌우되어 일본인이 필요로 하는 사탕수수와 벼농사를 위해 자난대천이 존재했을지도 모르지만, 일본인이 떠난 후 자난대천은 대만을 위해 사용되어야 하고, 또한 유익한 것으로 판단되어 사실 유익한 것이 되었다. 현재 3년 윤작 시스템의 흔적은 약 150헥타르의 구획을 세 구역 약 50헥타르씩으로 나눈 용수로의 틀에서만 찾아볼 수 있다. 수리기술자들의 자부심은 자난대천의 다양한 역사 인식을 받아들이는 여유를 가져왔다.

이것은 제국일본이 예상했던 것과는 달랐을 것이다. 자주 사용하는 '수탈'이라는 용어는 빼앗는 것이 목적처럼 보일지 모르지만, 제국이 생각하는 것은 제국의 안녕과 제국의 이익이며, 제국은 식민지에 마음을 두지 않는다. 제국에 해가 없으면 식민지의 발전과 번영을 방치하지만, 일단 해가 된다고 생각하면 탄압을 단행하는 것이다. 그것은 식민지만 그러한 것인가 하면, 어떤 면에 있어서는 그러하다. 일본 본토의 농업은 전통과 관행의 온존이 어느 정도 존중되고 있었다는 것을 그 증거로 볼 수 있다.

그러나 제국과 완전체가 아니라 자난대천 관개 구역에서는 총독부를 비롯한 행정과 제당회사의 생각이 충돌하는 측면이 있었다. 미당상극은 제당회사와 대만 농민의 충돌인 한편, 제당회사와 총독부의 충돌이기도 하였다. 그것은 총독부가 미곡 증산으로 완전히 이동한 전시기에 현저하게 나타나는데, 자난대천사업에 대한 온도 차에서도 양자의 대립은 나타나기

32 陳鴻図(2007), 「「農業振興」と「営利主義」の狭間：終戦後台湾における嘉南農田水利会の発展」, 『社会システム研究』 第5号.

시작했다.

이어서 120원의 '사례금'과 교환하여 인신매매된 두 명과 두 명을 내놓은 가족을 생각해 보자. 그들 가족은 왜 흩어진 것일까? 그것은 식민지 통치에서 흔히 볼 수 있는 관리의 현지 사회에 대한 몰이해와 무관심, 불성실에 기인한다. 만약 피해 지역과 양어장의 수세 징수가 면제되었다면, 만약 1930년에 수세 지불에 관해 대만 농가와 자난대천조합에서 건전한 토론이 이루어졌다면, 이러한 사태가 일어났을까.

사실 1930년 9월 수세 납입에 즈음하여, 타이난 주지사 나오 요시타쓰와 자난대천의 나가야마 관리자는 부과액의 수정을 생각하고 있었다. 전혀 예상하지 못한 사태는 아니었던 것이다. 그러나 현장에서 가까운 관료로부터 완화 조치는 불필요하게 사태를 악화시킨다는 반대가 있어 기존의 규칙대로 수세를 징수하기로 결정한 것이었다.[33]

타이난주지주회는 인신매매 사건에 마음 아파하면서, 한편 그 인신매매 사건을 최대한 '이용'하여 일본인 지배자들과 교섭하였다. 그들의 성과는 기존의 혁명사관, 항일운동사관에서 보면 너무나 미온적이다. 1970년대의 선행연구에서도 언급되었지만 크게 주목받지 못했던 것은 대만 농민의 요구를 일본인 지배자 측이 받아들이기 쉬운 수세의 감액에 맞추어 호소했기 때문이다.

불행히도 당시 대만에서 인신매매는 너무 일상적인 것으로서, 자난대천의 기억으로 새겨졌다고는 말할 수 없다. 그러나 1970년대의 일본의 선행연구에서는 자난대천의 수세불납운동에 대한 언급이 몇 가지 있다. 1990년대 이후 대만 연구자에 의한 상세한 검토가 이루어지게 되었다. 필자는 자난대천 수세불납운동과 이듬해에 결성된 타이난주지주회의 활동을 지방자

---

33 「通水開始初年の嘉南大圳水租徵収：百七万七千円納入成績懸念さる」, 『臺南新報』 1930. 9. 2.字.

치 수준의 민족운동의 성공 사례로 평가하고자 한다.

자난대천은 분명히 수탈적인 측면을 가지고 있었다. 그 식민지 대만의 수탈 장치였던 자난대천이 전후 경제성장에 기여했다는 사실은 전혀 모순되는 것은 아니다. 하지만 부정적인 평가와 긍정적인 평가가 공존하는 기억의 형성에는 이유가 있을 것이다.

이 평가의 전환을 가능하게 한 장치는, 하나는 제국의 유산인 전후사에 있다. 그리고 앞으로는 저항자들 속에서 타이난 지역의 자조를 생각하는 담당자가 성장해 갔던 것이 자난대천의 또 하나의 역사로서 기억되었으면 한다.

제국일본의 패전, 전재민 그리고 피폭자

전후 일본에서 '원폭피폭자' 범주의 구성과 그 의미

오은정(吳殷政 Oh, Eun-Jeong)

현 한림대학교 일본학연구소 HK연구교수. 문화인류학, 역사인류학 전공.
한국 원폭피해자의 역사, 일본 원폭피폭자원호정책의 자장(磁場) 속에서 작동하는 과학, 정치, 관료제의 측면에 관심을 가지고 연구하고 있다. 주요 논문으로는 「관료제적 문서주의 속에서 기록과 기억 : 한국 원폭피해자의 일본 피폭자건강수첩 취득 과정에 대한 민족지적 연구」(2014), "Nationalism and Reflexive Cosmopolitanism in Korean A-Bomb Victims' War Memory and Transnational Solidarity"(2017) 등이 있다.

1. 머리말

2007년 11월 1일 일본 최고재판소는 일본 정부가 위법한 행정적 조치를 내려, 히로시마와 나가사키에서 피폭당한 한국 원폭피해자들을 방치한 것에 대해 위자료를 지급해야 한다는 판결을 내렸다.[1] 원고는 일제 시기 미쓰비시중공업 히로시마조선소 등에 징용되었던 한국원폭피해자협회 평택지부 회원들이 중심이었다. 판결 직후 소송을 지원한 아다치 슈이치(足立修一) 변호사와 재한피폭지원시민모임의 이치바 준코(市場淳子) 회장 등이 그 의의를 설명하고 위자료 배분 등을 논의하기 위해 방한했다. 소송에 참여했거나 재판을 도운 사람들이 평택지부 사무소에 모였는데, 그곳에 처음 온 듯한 한 노인이 눈에 띄었다. 그는 몇 장의 서류를 담은 노란 봉투를 옆구리에 끼고 변호사가 들려주는 재판의 의미를 진지하게 듣고 있었다.

1 이는 1995년 12월 11일 한국원폭피해자협회 평택지부의 회원들이 일본인 변호사들의 지원을 받아 히로시마지방재판소에 일본 정부와 미쓰비시중공업을 상대로 낸 손해배상 청구소송을 가리킨다. 소송의 쟁점은 일본의 원폭원호법(원자폭탄 피폭자에 대한 원호에 관한 법률, 1994)의 시행 과정에서 적용되던 후생성의 제402호 통달을 근거로 해외에 거주하는 피폭자를 지원하지 않는 것의 위법성 여부와 강제동원 피해에 대한 인정 여부였다. 이 소송은 1999년 3월 25일 제1심에서 패소하였으나, 2005년 1월 19일 히로시마고등재판소에서 일부 승소판결을 받고, 2007년 11월 1일 최고재판소가 고등재판소의 결과를 최종 확정했다. 강제동원의 불법성과 그로 인한 피해는 인정되나 시효가 만료되었고 현 미쓰비시중공업 히로시마조선소 등은 구 미쓰비시중공업 법인과 다르다는 취지로 강제동원에 대한 손해배상청구를 기각하고, 후생성 제402호 통달로 인해 해외에 거주하는 피폭자가 원폭원호법의 적용을 받지 못한 것은 위법하다는 일부 승소 판결 내용이었다.

그런 그를 보며 회원 한 명이 나에게 나지막이 물었다.

"저 사람도 '히바쿠샤(被爆者)'[2]야?"

원폭피해자나 피폭자라고 하지 않고 굳이 일본식 발음인 '히바쿠샤'라는 단어를 쓴 데에는, 이날 처음 그 자리에 온 노인이 일본 정부로부터 인정을 받은 피폭자가 아닐 거라는 의심과 확신이 강하게 묻어 있었다. 그리고 같은 날 나는 그렇게 질문을 했던 사람으로부터 흥미로운 이야기를 들었다. 본인이 피폭자 소송 관계로 일본에 갔다가 한번은 척수를 뽑아 검사를 받았는데, 그 결과에서 본인은 방사능의 영향이 거의 없다고 했다는 것이다. 그러면서 그는 자기처럼 직접 폭탄 투하되는 것을 보고 등 전체에 화상을 입은 피폭자가 방사능의 영향을 받지 않았다면 누가 영향을 받은 것이냐며, 그 검사라는 것도 그렇고 과학이라는 것도 모두 엉터리라고 열변을 토했다.

검사의 명칭을 알려 주지 않았지만, 아마도 그가 말한 검사라는 것은 척수 세포의 DNA 변형 정도를 보아 피폭 당시의 방사능 영향 정도를 측정하는 것이라 추측된다. 이는 일반적으로 일본에서 히로시마와 나가사키의 원폭피폭자 자격을 부여하는 절차인 행정적 심사와는 무관하다. 히로시마와 나가사키의 원폭피폭자의 자격 인정은 생물학적·의학적 진단이 아니라 피폭 당시의 증인이나 상황 진술, 각종 증명서 등에 대한 행정 심사를 통해 이루어진다. 당연히 히로시마에서 원자폭탄을 맞은 것이 확실한 그에게 자신에게 방사능의 영향이 없었다고 말하는 그 연구 결과는 너무나 황당한 일이었을 것이다.

그러나 이런 황당함은 그에게만 그치는 것은 아니다. 도대체 피폭자란 누

2 일본어로는 히바쿠샤로 읽으며, 히로시마와 나사사키의 원폭피해자를 가리키는 말 중의 하나다. 한국 원폭피해자 사이에서는 '피폭자', '히바쿠샤', '원폭피해자' 등의 용어가 모두 쓰인다. 본문에서 이 용어의 어사(語史)와 용법에 대한 여러 의미를 기술하고 있다. 본문에서는 행정적·법적 의미를 가지고 쓰일 때는 '피폭자'로, 일본어식 발음이 강조되는 경우 '히바쿠샤'로, 한국의 원폭피해자들을 가리키는 지시적 용법으로 사용할 때에는 '원폭피해자'로 썼다.

구이며, 무엇이 피폭자임을 결정하는가. 현행 일본의 원폭원호법은 1957년 제정된 일본의 원폭의료법(원자폭탄 피폭자의 의료 등에 관한 법률)에 뿌리를 두고 있으며, '피폭자'에 대해 "연 2회의 건강진단에 의해 이상이 발견된 경우에는 정밀조사의 실시, 원폭의 방사능에 기인하는 장해를 가져 후생대신의 인정을 받은 자에게는 의료의 급부가 행해질 수 있다"라고 명시하고 있다.[3] 그리고 이 '의료의 급부'를 받을 수 있는 피폭자는 "피폭자건강수첩의 교부를 받은 자"(제2조)라고 정의한다.

피폭자건강수첩은 한국 원폭피해자 사이에서는 '수첩'(手帳. 일본어 발음은 '데초')이라고 불리는 것으로, '수첩이 있어야 피폭자'라는 의식과도 연결된다. 예를 들어 한국 원폭피해자들을 만나는 일본 시민운동가들은 이들에게 '피폭자인가, 아닌가'를 묻는 경우가 있는데, 이런 질문들은 대개 "원폭피해자라 하더라도 데초(수첩)가 없으면 아직 히바쿠샤가 아니다. 그러니까 수첩을 받아야 한다"라거나 혹은 "수첩을 받아서 피폭자가 되어야 한다"는 이야기로 연결된다. 또한 히로시마와 나가사키의 시 외곽에서 원폭 투하 당시 떨어진 낙진을 맞아 방사선의 영향이 있었음을 주장하는 이들은 자신들을 피폭자가 아니라 '겐바쿠타이겐샤(原爆体験者)' 즉 '원폭체험자'라고 칭한다.[4] 그들은 아직 수첩을 받지 않은 사람들이기 때문이다.

이처럼 일본 원폭의료법체계 내에서 피폭자건강수첩을 받지 않은 사람 혹은 받을 수 없는 사람은 피폭자가 아니라는 인식은, 피폭자가 단순히 원폭피해자를 의미하는 것이 아니라 국가로부터 인증받은 공식적 자격을 취

---

3 의료 급부의 내용은 시행 초기부터 현재에 이르기까지 지속적으로 변화해 오고 있다. 구체적인 내용은 히로시마시현, 나가사키시현 등에서 매년 발간하는 『원폭피폭대책사업요람』 등의 자료를 참고할 수 있다. 2011년도 히로시마시의 요람은 다음과 같다. 広島市社会局原爆被害対策部(2011), 『原爆被爆者対策事業概要』, 広島市.

4 広島県「黒い雨」原爆被害者の会連絡協議会 編(2012), 『黒い雨：内部被曝の告発』, 広島：広島県広島県「黒い雨」原爆被害者の会連絡協議会.

득한 자임을 의미한다. 수첩은 "그 사람이 원자폭탄 피폭의 생존자인지를 판명하는 증명서의 일종"으로 "법적으로 그 개인의 원자폭탄 피폭의 경험을 인증"한다.[5] 앞에서 나에게 "저 사람도 '히바쿠샤'야?"라는 질문이 던져진 것은 이러한 맥락이다. 즉 그가 원폭피해자인지 여부는 모르겠지만, 일본으로부터 공식 인정을 받은 '원폭피폭자' 즉 '히바쿠샤'인 것은 아니리라는 확신. 그것은 해방 이후 한국 원폭피해자들이 '피폭자'라는 범주 속에 포함되기 위해 거쳤던 역사를 새기고, 전후(戰後) 일본에서는 '일반의 전재자(戰災者)'와 원폭피폭자의 '특별한 전재'의 경계를 구분 지어 온 역사가 담겨 있는 말이기도 했다.

나는 이 글에서 일본의 원폭피폭자 원호정책에서 규정된 '히바쿠샤', 즉 '피폭자'라는 용어가 일본의 피폭자 원호정책상의 법과 행정적 측면에서 구성된 개념으로서, 제도적 측면에서 그 경계가 중층적으로 형성되고 변화되어 온 측면에서 포섭한 것, 그리고 동시에 배제한 것이 무엇이었는지를 주목하고자 한다. 아시아・태평양전쟁, 그리고 더 넓게는 제2차 세계대전의 종결로 상징되는 히로시마와 나가사키의 원폭으로 피해를 입은 이들을 피폭자, 즉 '히바쿠샤'라고 경계 지어 온 과정에서 전후 일본이 전쟁의 책임과 그 전쟁에 동원되었던 일반 국민의 피해를 어떤 방식으로 처리해 왔으며, 그 전쟁에 '제국의 신민'으로서 동원되었던 피식민국인들은 어떠한 방식으로 대응해 왔는가, 이들 사이의 경계 만들기와 허물기 그리고 그 재구성 과정은 어떠한 역사적 경로를 밟았으며 그 의의는 무엇인지를 살펴보고자 한다.

본문의 구성은 크게 셋으로 나뉜다. 2절에서는 히로시마와 나가사키의 원폭으로 인해 영향을 받은 사람들을 부르는 다양한 용어의 어사(語史)적

---

5 Yoneyama, Lisa(1999), *Hiroshima Traces : Time, Space, and the Dialectics of Memory*, Berkeley : University of California Press, p.93.

측면 변화를 통해 그것의 정치적 · 사회적 의미가 함축하는 바를 살펴본다. 3절에서는 패전 직후 일본에서 전재민(戰災民) 구호라는 측면에서 이른바 '일반 전재민'과 구분되지는 않았지만, 피폭으로 인한 인체 영향의 과학 연구 측면에서 비상한 관심의 대상이었던 '원폭생존자'에 대한 미 · 일 공동의 인체 영향 연구의 진행을 살펴본다. 4절에서는 비키니 피재(ビキニ—被災)를 계기로 '피폭'에 대한 일본사회의 관심이 급격하게 증가하면서, 기존의 '원폭장해자' 구호운동이 「원폭 피폭자 의료에 관한 법」으로 제도화된 과정을 살펴본다. 마지막 결론에서는 히로시마와 나가사키의 원폭 투하로 인해 영향을 받은 이들이 '전재민'에서 '원폭피폭자'로 전환되고, '피폭자'의 경계가 행정관료제적으로 한정되는 과정이 생물학적 측면에서 피해에 대한 구호로 '일반의 전재민'들과 구분되어 특수하게 의미화되는 맥락을 기술한다. 그리고 이것이 과거 제국일본의 전쟁 책임을 부정하면서 소거해 가는 과정임을 밝힌다.

2. 히로시마와 나가사키의 전재민 : 이름 짓기의 정치

히로시마와 나가사키의 원폭으로 피해를 입은 사람들을 피폭자라고 부르는 것은 당연한 일일까. 한국의 국립국어원 표준국어대사전에는 등록되지 않은 단어지만, 일본에서 '히바쿠샤'라는 말은 그리 낯선 용어가 아니다. 사전적 의미로는 "원자폭탄 혹은 그 방사선에 노출된 사람"을 뜻하고, 실제로는 위의 사례에서와 같이 1945년 히로시마와 나가사키에 떨어진 원자폭탄의 폭격에서 살아남은 이들을 가리키는 데 사용된다. 2011년 3월 11일 일본 동북 지방을 덮친 쓰나미로 후쿠시마원전 사고가 일어난 이후 다시 피폭이 이슈가 되었지만, 현재 이들은 '피난자(避難者)'나 '피재자(被災者)'로 불리는 경우가 더 많다. 원전 사고 이후 누출된 방사능에 피폭된 이들을

가리킬 필요가 있을 때는 특별히 '被曝者'나 '被ばく者'로 표기하기도 한다. 중간에 쓰이는 글자가 다르지만 발음은 모두 '히바쿠샤'로 피폭자(被爆者)와 모두 같다.

일본에서 피폭자의 존재는 표기법에 있어서만 특별한 것이 아니다. 무엇보다 이 피폭자라는 용어는 전후 일본의 정치 · 사회 진영에서 다양한 의미를 내포하며 여러 실천과 활동의 표상으로 자리 잡아 왔다.[6] 매우 드물게는 일본 정치 지형의 양극단에서 핵무장론이나 반미 투쟁의 근거가 되기도 하고, 패전의 표식으로서 망각되어야 할 수치로 해석되는 경우도 있다.[7] 하지만 반전과 반핵이 중심이 된 일본의 평화운동에서 피폭자는 무엇보다 전쟁의 비극적 상징으로서 전쟁과 핵무기의 피해자, 그리고 그 위험을 몸으로 증명하는 그 존재 자체로 핵무기 폐절이라는 가치를 드러내는 가장 강력한 표상이자 실천의 주체가 되어 왔다.[8]

일본에서 히로시마와 나가사키의 원자폭탄의 피해자들 곧 피폭자는 자신들의 피폭 경험을 생생하게 전달해 행사의 취지를 효과적으로 설명해 내는 데 있어 핵심적 역할을 수행하며, 그 의식의 시작과 끝은 대체로 이들의 체험을 듣는 것으로 채워진다. 피폭자의 이야기를 경청하는 것은 마치 의례와도 같아서 그들의 증언은 행사에서 경건한 분위기를 연출해 낸다. 피폭자들을 내세운 여러 사회운동을 "재난을 파는" 혹은 "원자폭탄을 깃발로 사용하는"[9] 행위로 비난하는 이들이 생긴 것도 주류적 피폭자 담론에 대한 반발적 성격이 짙다. 그만큼 피폭자 곧 히바쿠샤라는 단어는 사회적으로

---

6 Yoneyama, Lisa(1999), 앞의 책.

7 根本雅也(2006),「広島の戦後三〇年間にみる原爆被害の表象と実践」, 一橋大学社会学研究課修士論文, 1쪽.

8 Yoneyama, Lisa(1999), 앞의 책 ; 竹峰誠一郎(2008),「'被爆者'という言葉がもつ政治性」,『立命平和研究』第9号, 21~23쪽.

9 Lindee, Susan(1994), *Suffering Made Real : American Science and the Survivors at Hiroshima*, Chicago ; London : The University of Chicago Press, p.5.

활발하게 유통된다.

원수폭금지세계대회가 시작된 1954년 이후부터 히로시마와 나가사키의 원폭 참사에 대한 피폭자들의 증언은 이 공적인 정치 회합의 설명으로 대중에게 연설 · 전달되었다.[10] 원자폭탄이라는 신형 대량살상무기의 끔찍함과 공포에 대한 그들의 체험은 반핵운동을 촉진하는 데 중요한 도구였다. 일본의 반전, 반핵 그리고 평화운동의 '진정성의 핵'[11]과 같은 존재로서 피폭자 그리고 그들의 원폭 체험이 핵 혹은 방사능의 피해와 관련해서는 그 사용 빈도가 매우 높을 뿐만 아니라 반핵운동이나 평화 교육과 평화 연구 등의 분야에서도 매우 적극적으로 활용되는 이유다.[12]

다만 히로시마와 나가사키의 원폭으로 피해를 입은 사람들을 피폭자, 즉 히바쿠샤라고 부르는 것은 당연한 일이 아니다. 비교를 위해 영어와 한국

10 竹峰誠一郎(2008), 앞의 논문, 21쪽.

11 Lindee, Susan(1994), 앞의 책, p.5.

12 권혁태(2009), 「히로시마/나가사키의 기억과 '유일피폭국'의 언설」, 『일본비평』 제1호, 60~89쪽 ; 박경섭(2009), 「조선인 원폭피해자와 초국적 시민(권)」, 『현대사회과학연구』 제13권, 153~166쪽. 일본의 유일피폭국 언설과 피폭자 중심의 평화 담론들, 히로시마와 나가사키의 원폭 피해에 대한 시공간적 재현 그리고 그 속에서 한국 원폭피해자의 위치를 조명한 연구들이 있다. 이 연구들에서 한국 원폭피해자는 유일피폭국과 평화 담론 속에 가려졌지만, 그것의 모순을 드러내는 역사적 존재로서 부각된다. 나는 이 연구들의 주장에 동의하지만, 한편으로는 '유일피폭국'이라는 표상이 일본의 중앙정부보다는 히로시마와 나가사키 시 · 현 등과 같은 지방정부나 일본 피폭자운동 단체 등을 중심으로 강하게 채택되는 경향이 있다. 중앙정부가 그 용어를 사용하는 맥락도 지방정부나 피폭자운동 단체들과는 차이가 있다는 것에 크게 주의를 기울이지 않는다는 점을 지적하고 싶다. 가령 일본 중앙정부가 채택하는 유일피폭국이라는 표상은 전후 국가보상 범위를 어디까지로 정할 것인가 하는 매우 까다롭고 미묘한 상황에서 언급되는 국내 정치용이라는 점은 일본의 원폭피해자 구호정책의 장에서 잘 드러난다. 일본 중앙정부는 유일피폭국이라는 표어를 채택하면서도 그 언설에 부합되는 법적 조치들은 언제나 '다른 일반 전쟁의 피해자들과의 균형'을 고려하는 속에서 최소한에 머물렀다. 즉 유일피폭국의 언설은 일본의 중앙정부보다는 히로시마와 나가사키, 그리고 반핵 단체 사이에서 더 열렬하고 진지하게 그리고 중앙정부를 압박하는 과정에서 사용되는 측면이 강하다.

어 표현을 살펴보는 것도 좋을 듯하다. 우선 영어에서 이들을 지칭하는 가장 일반적인 표현은 '히로시마와 나가사키의 원폭생존자(atomic bomb survivors in Hiroshima and Nagasaki)'다. 영어식 표현에서 '원자폭탄 피해자(atomic bomb victim)'라는 용어가 있어 좀 더 피해를 강조하는 경우가 있지만, '생존자'라는 표현이 보다 일반적으로 사용된다. 내가 본 논문에서 인용하고 있는 원폭피해자 관련 저작 중 영어권 독자를 대상으로 하고 있는 주요 영문 서적의 저자들이 모두 '원폭생존자'라는 용어를 사용했다.[13]

히로시마와 나가사키에 원폭이 투하된 후 군사적이나 과학적 이유로 그곳에서 죽지 않은 사람들, 즉 '생존자'에 대한 관심은 매우 컸다. 아시아·태평양전쟁 종전 후 일본에 주둔한 연합국총사령부(General Headquarters. 이하 'GHQ')는 미국의 군부와 학계의 의견에 따라 원자폭탄에 의한 인체 영향을 연구하기 위해 1946년 원폭상해조사위원회(Atomic Bomb Casualty Commission. 이하 'ABCC')[14]를 설치하고, 여기에서 줄곧 원자폭탄을 맞았으나 '살아 있는 사람들'과 이들의 이후 상해 및 사망에 이르는 경로 등을 추적했다. 1954~1957년 ABCC의 위원장을 지낸 로버트 홈스(Robert Homes)는 이들을 '현존하는 가장 중요한 사람들' 그리고 '인류 역사에서 매우 중요한 역할을 수행할 흔치 않은 소수의 사람들'이라고 말했다.[15]

이후 이 '매우 희귀하고 귀중한 지적 자원'[16]으로서 '원폭생존자'들은 미국과 일본을 비롯한 여러 나라의 연구진에게 포괄적인 과학 연구의 대상이 되었다. ABCC를 비롯한 연구기관에서 나오는 논문이나 보고서에서는 주

13 이 글에서 인용한 대표적 영어권 저자는 수전 린디(Susan Lindee)와 리사 요네야마(Lisa Yoneyama)인데, 이들 외에도 많은 이가 '원폭생존자(atomic bomb survivor)'를 사용하고 있다.

14 이 기관은 현 방사선영향연구소(Radiation Effects Research Foundation, RERF)의 전신이다.

15 Lindee, Susan(1994), 앞의 책, pp.2~3.

16 Lindee, Susan(1994), 앞의 책, p.4.

로 이들이 방사선을 쪼인 사람이라는 것을 강조하기 위해 '(방사선 혹은 원폭에) 노출된 사람(exposed one / exposure)'으로 부르거나 노출된 방사능의 수준에 따라 분류해 지칭할 수도 있다. 예를 들어 'person who have received radiation dosages about 50 rads' 혹은 'person who have been exposed to level about 100' 등으로 풀어쓰는 식이다.[17] 하지만 이런 경우는 일반적이지 않으며, 오히려 일본어 히바쿠샤와 대응되는 단일한 용어 없이 단어 그대로 'hibakusya' 혹은 'hibakusha'로 음차하고 위와 같은 설명을 붙이는 것이 일반적이다.

한국에서는 원폭피해자라는 용어를 좀 더 널리 쓰지만, 피폭자라는 용어도 사용하고 있다. 그러나 두 용어 모두 하나의 단어로 국립국어원 표준국어대사전에는 등록되어 있지 않다.[18] 1945년 12월 복간한 『동아일보』를 중심으로 1946년 10월 1일에 창간한 『경향신문』, 이후 『매일경제』까지 총 3개 신문 자료 검색은 네이버 뉴스라이브러리를 이용했다. 검색 조건은 1920년 4월 1일부터 1950년 6월 30일까지이며 '원폭피해자', '피폭자', '원폭피해'를 키워드로 삼았다. 세 키워드 모두 같은 기간 내에 검색되지 않았으며, '원자폭탄 피해'라는 키워드를 넣었을 때 단 세 개의 기사가 나온다(2019. 8. 22. 최종 접속). 미국과 소련이 원자탄과 수소폭탄 개발과 관련 핵실험을 통해 경쟁적으로 핵무기 개발에 뛰어든 상황, 그리고 한국전쟁 당시 원자탄 사용 논쟁 등에 대한 기사가 자주 다루어진 것에 비하면 확실히 피해를 입은 사람들에 대한 기사가 거의 없다고 할 수 있다. 실제 검색 결과에서도 '원자탄의 효능'으로서 대량 인명 살상과 파괴력에 대한 언급은 있지만, 피해를 입은 사람 자체를 다룬 기사는 찾을 수 없었다. 다만 영어의 'survivors'

17 Medvedev, Ahores A.(1990), *The Legacy of Chernobyl*, New York : W. W. Norton, p.136.

18 국립국어원 표준국어대사전 '피폭자' 검색〔http://stdweb2.korean.go.kr(검색일 : 2018. 6. 14)〕.

에 해당되는 표현을 풀어쓴 것으로 보이는 "원자탄 폭발 당시의 피해를 면한 잔존자"[19]라는 표현이 유일하게 나오는데, 그 수가 광도(廣島 : 히로시마)에서만 몇만에 이른다는 내용에서 다루어지고 있다.

1950년대 이후에는 '생존자'[20] 혹은 '광도의 주민'[21] 등과 같은 표현이 나오기 시작하는데, 특히 1954년 미국의 태평양 비키니섬에서의 수소폭탄 실험 이후 '원폭 환자', '원자폭탄의 피해자', '원폭피해자'라는 표현이 본격적으로 상용되기 시작한다.[22] 이는 '원자폭탄 피해자'라는 용어가 일본에서 대중적으로 사용되기 시작한 시기와 같다. 그리고 이후 1960년대 한일회담을 즈음하여 피폭자라는 한자 용어가 등장하기 시작해,[23] 이후 원자폭탄 피해와 관련된 일본 정부 및 시민단체, 연구기관과의 교류 등을 소개하는 기사에서 간간이 이 표현이 사용되고 있음을 알 수 있다. 이 시기는 일본에서도 피폭자, 즉 히바쿠샤라는 용어가 사용되던 때였다.

그러나 피폭자라는 한자 용어가 신문지상에서 일반적으로 사용되었지만, 방사능에 노출된 사람이라는 의미로 더 쓰였을 뿐 원자폭탄의 피해자라는 의미로 사용되는 경우는 많지 않았다. 1968년 설립된 한국의 원자폭탄 피해자 단체인 한국원폭피해자협회(구 한국원폭피해자원호협회)는 여전히 '원폭피해자'라는 용어를 사용했으며, 현재도 마찬가지다. 이처럼 한국에서는 '피폭자'라는 용어가 사용되지만, 일반적으로 원폭피해자라는 용어가 더 널리 쓰임을 알 수 있다. 반면 일본에서는 원폭피해자의 일본어 표현인 '겐바쿠히가이샤'라는 용어는 특수한 맥락을 가질 때를 제외하고 잘 사용하지 않는다.

히로시마와 나가사키에 투하된 원자폭탄으로 직간접적 영향을 받은 이

19 『동아일보』 1947. 5. 31.자.
20 『경향신문』 1952. 7. 27.자.
21 『경향신문』 1952. 4. 25.자.
22 『동아일보』 1954. 9. 20.자.
23 『동아일보』 1963. 8. 6.자.

들을 지칭하는 용어들이 모두 완전히 일치되는 기준과 범주를 가지고 있지 않은 것은 당연하다. 그러나 한국인인 내가 당연하게 원폭피해자라고 불러오던 그들을 영어로는 원폭생존자, 일본에서는 히바쿠샤로 부르는 것이 더 자연스러운 일로 여겨지는 것은 원폭 투하와 관련된 정치적 책임과 비난을 자연스럽게 담아내고 있다. 이 용어들의 이름 짓기는 정치 속에 내재하는 책임 소재의 방향을 짐작하게 한다.

그렇다면 일본에서는 언제부터 피폭자라는 용어가 히로시마와 나가사키의 원폭피해자들을 가리키는 일반적인 표현으로 자리 잡게 되었을까? 이 용어는 그들의 존재가 생겨난 직후 곧바로 일반적으로 사용되어 온 것일까? 일본에서 피폭자라는 용어의 어사를 추적한 바 있는 다케미네 세이이치로(竹峰誠一郎)의 연구를 인용해 본다.[24] 다케미네는 일본에서도 피폭자라는 단어가 전후 10년 동안에는 사용되지 않았다고 보고하고 있다. 그 예로 일본의 대표적인 국어사전인 『다이겐카이(大言海)』(1956. 개정판)와 『고지엔(広辞苑)』(1955. 초판)에도 '피폭'이나 '피폭자'라는 단어는 게재되지 않았다. 두 사전 모두 원폭 투하 후 10년이 지나 개정되거나 초판으로 나온 사전들이었다.

그는 언론 매체들도 사정은 마찬가지였던 것으로 기록하고 있다. 1952년 8월 6일을 맞아 잡지 『아사히그라프(アサヒグラフ)』가 '원폭 피해의 최초 공개'라는 제목으로 발행한 특별호는 원폭 당시의 사진을 게재한 첫 출판물이라 할 만한 것이었음에도 피폭자라는 단어를 사용하지 않았다. 다만 피폭이라는 단어가 군데군데 쓰였다. 대신 당시 원자폭탄으로 재난을 당한 사람들을 가리켜 원폭 희생자, 부상자, 중상자, 화상자, 폭사자(爆死者), 원폭생존자, 원폭의 아이(原爆の子), 원폭처녀(原爆處女) 등의 용어를 사용했다. 『아사히신문(朝日新聞)』 표제에서도 마찬가지로 1945년부터 5년간 원폭피재자, 원

---

24 竹峰誠一郎(2008), 앞의 논문, 21~23쪽.

폭희생자, 원폭고아, 원폭아가씨(原爆乙女), 원폭장해자와 같은 용어가 사용되었으나 피폭자라는 단어는 사용되지 않았다. 이 단어가 처음 나타난 것은 원폭 투하로부터 10년이 지난 1955년 8월이었다. 즉 일본의 국어사전이나 매체에서는 피폭자라는 단어가 원폭 투하 이후 약 10여 년간 사람들 사이에서 일반적으로 통용되고 있지 않다고 본 것이다.

이 같은 양상은 피폭자가 중심이 된 사회운동에서도 마찬가지였다. 1955년 열린 최초의 원수폭금지세계대회에서도, 그리고 그후 결성된 원폭생존자들의 단체인 히로시마현원폭피해자단체협의회(1956. 5. 결성. 이하 '히로시마피단협')와 나가사키원폭피재자협의회(1956. 6. 결성. 이하 '나가사키피재협'), 그 위의 전국 조직인 일본원수폭피해자단체협의회(1956. 8. 결성)의 발족에서도 피폭자라는 단어가 아닌 '원폭피해자'와 '원폭피재자'라는 용어가 사용되었다. 현재 이 단체들은 모두 원폭피해자, 원폭피재자라는 용어를 '원폭피폭자'라는 용어로 대체했다.[25]

한편 GHQ의 점령이 해제되고 전후 처리 문제가 일본사회의 주요한 정치적 의제로 떠올랐던 1951년 즈음, 히로시마시는 원폭으로 희생된 시민에 대한 국가보상 대책을 대비해 관련한 실태조사를 벌인 적이 있다. 당시 그 공식 명칭은 '히로시마시원폭장해자조사'였다.[26] 또한 일본 내 원폭원호법 제정운동이 고양되던 1956년 무렵에 히로시마현과 히로시마시, 나가사키현과 나가사키시 당국이 지역민의 희망을 담아 원폭원호법안을 작성하고 관련된 진정서를 정부와 국회, 각 정당 등에 제출했을 때에도 그 명칭은 여전히 「원폭장해자원호법안요강」이었다.[27]

---

25 広島県被団協史編集委員会 編(2001), 『核兵器のない明日を願って：広島被団協の歩み』, 広島：広島県原爆被爆者団体協議会.

26 広島県環境保健部原爆被爆者対策課 編(1986), 『被爆40年原爆被爆援護のあゆみ』, 広島：広島県環境保健部原爆被爆者対策課, 37쪽.

27 広島県環境保健部原爆被爆者対策課 編(1986), 앞의 책, 40쪽.

이처럼 원폭 전후 10여 년간 히바쿠샤, 즉 피폭자라는 용어는 사회운동 진영이나 피해자 단체 심지어 지방행정 당국에서도 일반적으로 사용하지 않았다. 오늘날 피폭자로 불리는 이들은 애초에 전재민, 피재자, 부상자 등과 같이 전후 일본의 여러 전쟁 피해자들과 마찬가지로 지칭되었다. 그리고 이후 점차 그 피해의 근원이 원폭으로 초점이 맞추어지면서 원폭생존자나 원폭피해자, 원폭희생자, 원폭장해자, 원폭아가씨, 원폭처녀, 원폭고아 등과 같은 다양한 용어로 차별화되었다.

피폭자라는 용어가 '원자폭탄의 방사선'이라는 특수한 측면과 결합해 만들어지고, 그 배경에는 일본 정부의 전후 보상과 정부 예산의 문제가 결합되어 있다고 지적한 다케미네는, 피폭자라는 용어의 부상의 배경을 일본의 원폭의료법의 역사적 맥락에서 살펴보아야 한다고 지적한다. 그는 일본의 법률상 피폭자라는 것은 일본 정부가 히로시마와 나가사키의 원폭피해자 가운데 원호 대상으로 인정한 사람을 총칭하는 단어로서, 이는 특히 원자폭탄의 '방사선'과 '건강 면'의 영향에 한정된 것이며 한편으로는 행정적 통달 조치를 통해 국내적으로 원호 대상을 한정하기 위해 조작되어 온 측면을 가지는 극히 정치적인 단어라고 비판한다.[28]

요네야마 또한 일본사회에서 '원폭생존자'를 '피폭자'라는 일면적 측면을 부각해서 지칭해 규정하는 것과 관련된 담론적 질서를 설명하면서, 이 용어의 법제도적 기원을 설명한 적이 있다.[29] 그는 일본 정부가 원폭의료법과 원폭특별조치법(원자폭탄 피폭자에 대한 특별조치에 관한 법률, 1968)을 제정해 원폭생존자들에게 의료 혜택을 주게 되었는데, 이러한 공식적인 피폭자 인증 절차가 전후의 반핵 담론과 결합해 일본사회의 주류적인 피폭자 담론을 만들어 냈다고 이야기한다. 피폭자 인증제도 절차와 관련된 의학

28 竹峰誠一郎(2008), 앞의 논문, 21~23쪽.

29 Yoneyama, Lisa(1999), 앞의 책, pp.92~6.

적 · 법적 담론들이 그들의 설명에 진실성이라는 권위를 부여했고, 반핵 운동은 원폭생존자들을 피폭자라는 하나의 정치적 의제로 결합한 강력한 의지와 열망을 가진 정치 주체로 내세웠다는 것이다.

이어서 리사 요네야마(Lisa Yoneyama)는 이 같은 제도적 · 사회운동적 차원의 담론 결합은 피폭자라는 단어가 강력한 정치적 영향력을 행사하는 표상이 된 만큼, 그것이 의료화 · 제도화된 국가 담론 속에서 결코 자유롭지 못하게 된 측면을 만들어 냈다고 보았다. 그는 이것이 피폭자라는 것으로 이야기되고 그 안에서 만들어진 주체는 다층적이고 모순적인 모습이 아니라 '방사선에 노출된 사람'이라는 일면적인 차원에 한정되어 원폭생존자들을 규정하고 있기 때문이라고 주장했다.

또한 그는 원자폭탄의 경험이 한 사람의 인생 경로에서 아주 중요한 지점이기는 해도 그것은 그들 인생의 여러 경험 중 하나일 뿐임에도 불구하고 주류 매체나 주류 담론은 이들을 그저 '피폭자'라는 한 단어로만 규정함으로써, 이들에게 '피폭자'들에게 요구되는 단일한 형태의 경험을 특정한 방식으로만 이야기하게 한다고 비판한다. 그리고 그들이 살아온 중첩된 관계와 상호작용 속 다층적 요소들에 대한 언급을 자제시키는 것이 그 효과다.

실제로 히로시마와 나가사키의 원폭을 경험하거나 그와 관련된 사람들의 이름을 짓는 데 있어 피폭자라는 표현이 갖는 의미 축소를 비난하는 것은 일본의 운동 진영에서는 그리 낯선 것이 아니었다. 히로시마에서 '원폭피해자 상담원모임'의 학습회를 운영하던 구루스 다케시로(來栖武士郎)는 이 단체명이 다른 단체들과 달리 '피폭자' 즉 '히바쿠샤'라고 하지 않고 '원폭피해자'라는 용어를 썼다. "피폭자수첩을 소지하고 있는 이른바 공인된 피폭자뿐만이 아니라 피폭자지만 아직 수첩을 가지고 있지 못하거나 가족을 원폭으로 잃은 피폭당하지 않은 유족이나 고아 등의 관계자를 포함해 원폭에 의한 피해자 모임 활동을 대상으로 하고자 하는 뜻이었다. 원폭

2법[30]으로 규정된 피폭자뿐만 아니라 원폭에 의해 피해를 입은 사람들 모두를 상담 · 원조의 대상으로 하는 것으로, 원폭2법의 한계를 넘어서 그 개정을 시야에 두고 활동을 추진하려는 결의의 표명에 다름 아니다"라고 말했다.[31]

그렇다면 왜 하필 '방사능 피해'에만 제한했을까? 앞 인용문에서 지적한 것처럼 피폭자라는 용어는 지나치게 일면적인 차원으로 규정된 용어임이 분명하다. 원자폭탄은 개인의 신체나 심리, 사회적 관계 및 공동체 수준 등 매우 다양한 수준에서 피해를 초래하고, 원자폭탄 자체가 방사능뿐만 아니라 폭발과 열기 · 바람 · 화재 등 원인이 다양하며, 피폭을 직접 당한 사람뿐만 아니라 그 가족의 삶에도 복잡한 영향을 미쳤다는 것을 모두 포함하지 않는 표현임이 분명하다. 그런데 왜 하필이면 방사능의 피해만은 인정했을까? 그리고 왜 매우 일면적인 것에만 집중하게 되었을까? 이는 역으로 다른 피해들은 왜 구호의 대상이 될 수 없는지를 묻는 것이기도 하다. 이와 관련하여 앞에서 지적한 바와 같이 법적으로 특정한 대상을 지칭하고 명명하는 것이 단순히 이름을 짓는 것 이상으로 특정한 책임과 비난의 소재까지 다루고 있음을 염두에 둘 수 있을 것이다. 특히 이것은 제국일본의 전쟁 책임 인정 및 패전 후 일본의 전후 전쟁 보상 문제와 깊은 관련을 맺고 있다.

다음 절에서는 일본의 원폭피해자 구호정책 자체의 탄생이 특수한 역사적 구성의 산물임을 제시하면서 원폭에 의한 인체 영향 연구가 구호 문제보다 훨씬 일찍 일본 정부와 미국 정부의 관심 대상이 되었음을 보이고자 한다.

---

30 1957년에 제정된 원폭의료법, 이어서 1968년에 제정된 원호특별조치법을 합해 '원폭2법'이라고 부른다. 이 두 법률은 원폭원호법이 제정될 때까지 일본의 원폭피해자 의료 급부 지원의 법적 근거였으며, 이 세 법을 '원폭3법'이라고도 표기한다.

31 竹峰誠一郎(2008), 앞의 논문, 21~23쪽.

3. 패전 직후의 원폭생존자 연구와 구호

1) 패전 직후의 원폭생존자 연구

패전 직후 일본의 원폭피해자들이 다른 전쟁 피해자들인 소위 전재민과 차별화된 것은 아니다. 히로시마와 나가사키의 전재민들은 전시 구호와 전재 부흥의 관점에서 이때까지도 다른 모든 전쟁 피해자와 마찬가지로 연합군 공습의 피해자 범주에 뭉뚱그려져 있었다. 전재민들의 구호를 예로 들어 보자면, 종전 직후 연합군의 공습으로 죽거나 다친 사람들은 전시재해보호법에 따라 구급구호를 받았는데, 히로시마와 나가사키에서 공습의 피해를 입은 부상자들 역시 이 법에 따라 설치된 임시구호소에서 치료를 받았다.[32]

피해 규모가 심대하고 특별했지만 이 법의 규정에 따라 재해 후 60일인 1945년 10월 5일과 9일을 기해 구호소가 폐쇄되면서 이후의 구호는 개인의 몫이 되었다. 같은 해 12월 히로시마의 전재자들이 모여 히로시마전재자동맹대회를 개최해 구호를 호소했으며, 곧이어 이듬해 1월에는 전쟁으로 부모를 잃은 아이들의 수용을 위한 히로시마 전재고아육성소가 개소되기도 했으나, 이들을 위한 특별한 구호 활동은 여전히 진행되지 않았다. 공습 1년을 맞은 1946년 8월 6일 히로시마에서는 이날을 기념하는 소박한 행사가 열렸는데, 그것은 히로시마시와 히로시마시 전재사몰자 공양회가 공동 주최한 전재사몰자 1주년 추도법회였다.[33]

전재민 중에서도 특히 히로시마와 나가사키의 시민들이 문제가 된 것은 의료적·정책적 측면에서보다는 군사 및 과학적 관점에서였다. 연합군의 공습 직후 히로시마와 나가사키에 떨어진 신형 무기가 종래의 무기와는 차

---

32 広島県被団協史編集委員会 編(2001), 앞의 책, 361쪽.

33 広島県被団協史編集委員会 編(2001), 앞의 책, 361쪽.

원이 다르며, 원자폭탄일 가능성을 염두에 두고 가장 처음으로 조사를 벌인 곳은 일본 군부였다.[34] 일본 군부와 정부 당국은 신형 무기 공격에 관한 정보를 수집하고 전쟁을 지속할 것인가의 여부를 두고 대책을 세울 필요가 있었다. 그 때문에 과학적 조사를 동반해야 할 이 군사적 관심은 공습 직후 다른 어떤 것보다 시급하고 즉각적인 조치로 이어졌다.

대본영은 8월 8일 히로시마시에 대본영조사단을 파견했다. 대본영조사단은 8월 10일 조사를 정리하면서 이것이 '원자폭탄'이라고 결론 내렸다. 보고서에는 폭탄의 영향이 극히 심대하며 특히 방사선에 의한 영향으로 추정되는 피해 즉 백혈구가 감소한 자, 외상은 없으나 폭격 후 1~2일 내 갑자기 사망하는 자 등이 상당하고 원폭 투하 이후에도 중심 부근의 토사에서 계속 방사선이 검출되고 있다는 기록이 담겼다.[35] 대본영조사단의 초동수사와 함께 육군성 의무국 소속 히로시마재해조사반의 조사 활동도 이루어졌다. 이 조사반은 군의들로 구성된 것으로 군사전략적 판단을 위한 대본영조사단의 것보다는 일반 시민의 심각한 피해에 대한 조사가 일차적 목적이었다. 이들은 원자폭탄의 인체에 대한 피해 조사, 신병기의 전상(戰傷)의 연구와 치료 방침을 수립할 목적으로 이 연구를 수행했다.[36]

군부의 즉각적인 조치는 학계와도 연결되었다.[37] 일본 군부는 자체 초동수사를 지시함과 동시에 학계에 즉각 도움을 요청했다. 육군인 도쿄사단사령부가 8월 6일 도쿄제국대학에 히로시마 조사를 요청하고, 해군에서는 8월 7일 히로시마시에 해군성이 해군히로시마조사단을 파견함과 동시에 오사

34 笹本征男(1995), 『米軍占領下の原爆調査：原爆被害国になった日本』, 東京：新幹社, 17~18쪽.

35 笹本征男(1995), 앞의 책, 18쪽.

36 笹本征男(1995), 앞의 책, 19쪽.

37 나카야마 시게루 · 요시오카 히토시(2000), 『일본과학기술의 사회사：종전에서 1980년대까지』, 박영일 · 정경택 옮김, 서울：한일미디어, 21~34쪽.

카제국대학에도 히로시마 조사를 요청하여 오사카제국대학조사단이 8월 9일 히로시마시에 파견되었다. 구레진수부(吳鎭守府)도 원폭 공격 직후부터 히로시마시에 조사단을 파견했다. 나가사키에서는 8월 10일 나가사키지구 헌병대가, 8월 14일 구레진수부조사단이 조사에 들어갔다. 8월 13일 서부군에서 요청된 규슈제국대학도 조사에 참가했다.[38] 일본 정부의 조사에서는 원폭 투하 직후 내각을 기반으로 설치된 임시원폭대책위원회가 히로시마시에 기술원조사단을 파견했다.[39] 이처럼 초기 히로시마와 나가사키의 전재민에 대한 구호에 있어 일본 정부의 관심은 다른 도시들의 전재민에 대한 그것과 아무런 차이가 없었지만, 신형 무기인 원자폭탄의 위력을 확인할 수 있는 그 도시와 시민에 대한 군부와 학계의 관심은 지대했다.

원폭의 인체 영향에 대한 미국과 일본의 공통된 관심사는 패전을 공식화하고 한 달이 지난 1945년 9월 14일 일본학술회의(The Science Research Council of Japan, JSC)가 처음으로 다수의 과학자를 동원하여, 원폭 투하 이후의 상황에 대한 포괄적 연구를 시작하는 것에 반영되었다. 일본학술회의는 의학적 효과뿐만 아니라 건물 손상, 열 손상, 대기 효과, 식물 및 야생동물에 대한 효과 등에 대해서도 연구했다. 이 가운데 의학 분야는 쓰즈키 마사오(都築正男)[40] 도쿄대학 교수가 담당자가 되었고, 그는 이후 일본과 미국 두 나라의 방사선 인체 영향 연구에 중요한 역할을 담당하게 된다. 또한 이 계획하에 150명의 연구자와 1천여 명의 보조 인력이 히로시마와 나가사키에 파견된다.[41] 그리고 9월 하순에는 미국의 육군과 해군 그리고

38 笹本征男(1995), 앞의 책, 19쪽.

39 笹本征男(1995), 앞의 책, 20쪽.

40 쓰즈키 마사오(都築正男, 1983~1961)는 태평양전쟁 당시 도쿄제국대학 의학부 교수이면서 해군 군의중장이기도 했다. 원폭 투하 직후 미국과 일본 측의 원폭의 인체 영향 연구에 중요한 기여를 했으며, 이후에도 방사선의 생물학적 영향 연구에서 독보적인 권위자가 되었다.

41 Lindee, Susan(1994), 앞의 책, p.23.

원자폭탄을 개발한 과학 그룹인 '맨해튼프로젝트팀'이 일본 연구진과 별도로 히로시마와 나가사키 현지를 방문해 원자폭탄의 영향을 조사해 나가기 시작했다. 연합군의 점령 기간 동안 이루어진 히로시마와 나가사키 원폭 조사의 성격과 그 의미를 고찰하고 있는 수전 린디(Susan Lindee)의 작업에는 당시 이 같은 미국 정부와 군부, 일본 정부와 군부의 관심들이 잘 드러나 있다.

1945년 10월 12일 원자방사선 피폭에 동반하는 생물학상의 급성 영향을 연구하는 미·일합동조사단(US-Japan Joint Commission)이 조직되었다. 미국 조사자들은 "치사에 이르는 방사선량을 흡수한 사람을 분별해서 생존 가능한 사람들에게 집중할 수 있도록 하기 위해" 방사능 피해자를 어떻게 분류해야 할지를 파악하고 싶어 했으며, 심각한 급성 방사선 피폭증이 어떤 형태로 발현되는 것인지를 규명하고자 했다.[42] 따라서 조사단의 관심사를 실제로 규명하기 위해서는 폭격 직후 수일에서 수주일 내에 가장 심각하게 부상당한 생존자들의 경험에 대한 정보가 필요했다.[43] 이 연구는 1945년 10월부터 한 달 동안 진행되어 1946년 미·일 공동 연구의 기초를 만드는 데 중요한 데이터를 제공하게 된다.[44]

이후 1946년 11월 트루먼 대통령은 히로시마, 나가사키의 생존자들에 대한 장기간의 연구를 시작하도록 하고, 이듬해 3월 미국과학아카데미는 '미국원자력위원회(United States Atomic Energy Commission)'에서 기금을 얻어 '원폭상해조사위원회'를 히로시마에 설립하고 곧바로 원폭에 의한 방사선의 인체 영향 및 질병에 관한 조사·연구를 실시하기로 결정한다.[45] 그와 동시에 미국 측은 일본 측에 공동조사를 제의해 1948년 3월 일본 후생성 국

42 Lindee, Susan(1994), 앞의 책, p.27.

43 Lindee, Susan(1994), 앞의 책, pp.29~30.

44 Lindee, Susan(1994), 앞의 책, p.32.

45 RERF(1999), 『RERF 要覽』, 2쪽.

립예방위생연구소는 히로시마 ABCC에 지소를 두고 미국 측 연구에 협력하게 된다. 같은 해 8월에는 나가사키에도 ABCC가 설치되었다.[46] 이후 방사선의 인체 영향 및 유전에 관한 연구에 대한 관심, 방사능 물질을 취급하는 작업자들의 안전 기준을 마련한다는 실질적인 목표, 그리고 당시 대중적 관심을 사로잡았던 방사선의 유전적 영향에 대한 연구들이 개시되었다.[47]

개시된 연구 중 방사선의 영향에 따른 유전적 문제에 대한 연구는 데이터의 신뢰성 확보와 물리적 어려움 등이 부각되면서 폐기되었지만,[48] 대신 1950년 일본의 국세 조사를 바탕으로 1955년에 개시한 '수명조사집단연구(Life-Span Studies, LSS)'가 이후 이 기관의 가장 중요한 연구 프로그램으로 정착하게 된다. 이 수명조사집단은 태내피폭자 집단, 피폭자 2세 집단을 대상으로 인체의 방사선 피폭에 의한 리스크를 추적 조사할 목적으로 '추출된' 이들로 구성되어, 이들에 대한 역학(epidemiology)·통계·임상·유전학·방사선·생물학 연구 등을 진행하기 시작했다. 이 집단연구와 더불어 히로시마시와 현, 나가사키시와 현의 피폭자 종양·조직을 등록하도록 해 이곳에 등록된 데이터를 수집·해석하는 것이 또 다른 중요한 연구 분야로 떠올랐고 현재에도 여전히 진행 중이다.[49]

그런데 여기에서 몇 가지 특징적인 것은 ABCC의 활동이 원자폭탄, 특히 방사선의 인체 영향 연구를 목적으로 하는 것이었을 뿐 원폭으로 인한 부상자들의 치료와는 전혀 무관한 것이었다는 점이다. 특히 ABCC의 생존자 '무치료(No Treatment)'정책은 원폭의 실제 영향을 온전히 연구할 수 있게 하

46 広島市(2001), 『原爆被爆者対策事業概要』, 広島市, 155쪽.

47 Lindee, Susan(1994), 앞의 책, p.60.

48 1955년 열린 프란시스위원회에서 초기 유전 연구를 비롯한 연구소의 연구 프로그램에 대한 전면적 재검토가 이루어진 결과 연구계획이 대폭 수정되었고, 이때 초기 유전 연구가 폐기된다. 이 위원회의 결론이 현재 계속되고 있는 집단조사의 기초가 되었다.

49 RERF(1999), 앞의 책, 6쪽.

는 것으로, 피폭자를 실험용으로 이용했다는 비난을 받는 대표적인 조치였다. ABCC의 운영에서 두드러지는 또 다른 특징은 원자폭탄 생존자의 신체에 미치는 영향에 대한 연구 기금을 미국원자력위원회가 제공했다는 점이다.

이는 일본 정부 측에서도 마찬가지로 이 공동연구의 기금은 일본 원자력협력 예산에서 반영되었다. ABCC의 협력기관이 된 국립예방위생연구소가 도쿄대의 전염병연구소로부터 분리 독립하면서 "원자력의 효과와 그 이용방법은 장래 점점 진보하는 한편 인체에 미치는 영향의 연구는 단순히 일본 일개의 것이 아니라 더 넓은 인류 일반의 복지 및 공중위생의 문제다"[50] 라고 했다는 말은, 앞으로 이 원폭생존자 연구가 '원자력 시대'에 필요한 방사선의 인체 영향 연구의 기반이 될 것이라는 점을 보여 준다.[51] 이는 당시 원폭생존자에 대한 미·일 공동연구의 기반이 아이젠하워 대통령의 '원자력의 평화적 이용' 선언과 함께 원자력정책을 통해 핵의 정당성을 확보해 가는 과정에서 만들어졌고, 이와 관련해 방사선 장해에 대한 예방과 치료 연구를 조직적으로 실시할 필요가 있었다는 것이 일차적 목적이었다고 한 지적과도 연결된다.[52]

요컨대 전후 히로시마와 나가사키의 원폭생존자에 대한 미·일 공동연구는 실험이 아닌 실제 첫 생존자 연구로서, 폭격으로 마비된 의료 및 행정 체계와 문화적 차이 속에서 어려움을 겪으며 시작되었지만 그것은 이들에 대한 구호와는 무관한 것이었다. 대신 이 연구들은 미소 냉전체제 속에서 핵무기 사용을 염두에 둔 미국의 '시민방어계획'이라는 군사적 관심, 다른 한편으로는 '원자력의 평화적 이용'이라는 구호와 함께 시작된 '원자력(산업) 시대'

---

50 中島竜美(1988), 「'朝鮮人被爆'の歴史的意味と日本の戦後責任」, 在韓被爆者問題市民会議 編, 『在韓被爆者を考える』, 東京 : 凱風社.

51 나카야마 시게루·요시오카 히토시(2000), 앞의 책, 35쪽.

52 1956년 2월 13일 일본 중의원 사회노동위원회 회의록〔일본국회(http://kokkai.ndl.go.jp, 검색일 : 2013. 4. 1)〕.

를 맞아 예방과 치료 수단 강구라는 차원에서 틀을 형성해 나가게 된다.

2) 히로시마와 나가사키 전재민 구호의 경과

한편 민간 차원에서 히로시마와 나가사키의 전재민이 겪고 있는 피해의 특수성에 주목하기 시작한 곳은 의료 분야였다. 원자폭탄으로 인한 인체의 영향은 일반 공습으로 인한 피해와 분명히 다른 부분이 있었다. 일본의료단 히로시마현 중앙병원은 1947년 4월 처음으로 '원폭증'의 진료를 시작했다. 1948년 4월에는 하와이 호놀룰루에서 '원폭이재민 구원상담회(原爆罹災民救援相談会)'가 개최되어 히로시마현 출신자들로부터 '하와이 · 히로시마 전재민구원회(ハワイ広島戦災民救援会)'가 결성되기도 했다.[53]

이 같은 민간 차원의 구호 움직임과 함께 지방정부의 움직임도 가시화되는 듯했다. 1949년 3월에는 처음으로 '히로시마원폭재해 종합부흥대책협의회'가 도쿄에서 개최되었다. 당시 하마이 신조(浜井信三) 히로시마 시장은 평화기념공원과 평화기념관의 건립계획 등을 발표하고 중앙정부에 특별원호를 요구했다.[54] 그러나 히로시마시 행정 당국의 움직임은 처음에는 어디까지나 전재 도시 부흥에 관한 것으로 원폭피해자에 대한 원호 등에 관한 것이 아니었다. 당시 전재 도시 부흥의 문제는 건설성을 중심으로 일본 정부가 추진하고 있던 전재 부흥의 일환으로, 당국은 아시아 · 태평양전쟁 기간 중 본토 공습으로 약 120개 도시가 피해를 입고, 피해를 입은 가구 수는 전체의 20퍼센트에 이르는 것으로 파악하고 있었다.[55] 히로시마시 행정 당국의 원폭재해 종합부흥대책이 다른 전재 도시의 부흥계획과 차별화되어

53 広島県被団協史編集委員会 編(2001), 앞의 책, 362쪽.

54 広島県被団協史編集委員会 編(2001), 앞의 책, 362쪽.

55 根本雅也(2006), 앞의 책, 12쪽.

특별하게 취급될 수 없는 상황이었다는 것이다. 다만 히로시마시 행정 당국은 종전 직후의 하마이·와타나베 시정하에서 원폭피폭자를 위해 진정 활동과 원대협(히로시마원폭장해자 치료대책협의회) 활동을 지원하는 등의 활동을 벌이기는 했다. 그러나 이들 또한 원폭피해자에 대해 직접적인 지원 정책을 취하지는 않았다.[56]

전재민에 대한 원호 문제에 일본 정부가 '나서지 않는' 혹은 '나설 수 없는' 상황은 당시 일본에 주둔해 있던 승전국 GHQ의 존재도 한 요인이었다. 특히 전쟁 당시의 피해에 대한 보상 문제는 전적으로 승전국 지도부 소관의 일로 패전국인 일본이 먼저 나설 수 없었다. 일본 당국은 당시 GHQ의 지시로 제국 시절의 군사 관련 법령을 모두 폐지한 상태였기 때문에 이전의 군인연금, 상이군인에 대한 지원, 전쟁 피해자에 대한 보상 등을 포함하고 있는 모든 보상 조치를 중지하고 있었다.[57]

이 같은 상황에서 전후 일본사회에서 전쟁 피해자와 관련된 원호와 보상 문제가 본격적으로 제기된 것은 미국과 일본의 강화조약 체결을 즈음한 1950년대 초반이다. 강화조약의 조인을 앞둔 1951년 즈음해 연합군의 점령으로 인해 잠복해 있던 전후 처리와 관련된 문제들이 정치상의 과제로 떠올랐다. 그중에서도 전쟁 희생자에 대한 국가의 조치는 가장 큰 문제였다.[58]

그러나 이처럼 샌프란시스코 강화조약 이후 전후 전쟁 피해자와 관련된 일본 정부의 원호 문제가 활발하게 논의되고 실질적인 보상으로 이어졌지만, 이때도 원자폭탄피해자들은 전쟁 피해와 관련된 원호 조치를 받을 대상이라는 범주에 들지는 못했다. 당시 원폭으로 다수의 전쟁 희생자가 있었던 히로시마시와 나가사키시에서는 일반 피해자뿐만 아니라 이들의 요구를 기

56 広島県被団協史編集委員会 編(2001), 앞의 책, 99쪽.

57 広島県環境保健部原爆被爆者対策課 編(1986), 앞의 책, 37쪽.

58 広島県環境保健部原爆被爆者対策課 編(1986), 앞의 책, 37쪽.

반으로 정책을 입안하는 시 행정 당국 또한 일반 '전몰자 · 부상자'를 포함해 '원폭 사상자' 조사를 행하고 그 실태를 밝히는 것을 비롯해 이 희생자들에 대한 국가의 원호를 기대하고 있었다.[59] 그러나 일본 정부는 전후 보상과 원폭원호법은 군인과 군속 · 준군속의 희생자만이 대상으로 했기 때문에 그 대상에서 민간인은 제외되며, 일반 시민으로서의 '원폭장해자'는 다른 민간인 전쟁 희생자와 마찬가지로 국가보상과 원호의 대상이 되지 않음을 분명히 했다. 이는 당시 일본 정부가 전쟁 피해와 관련한 개인 보상의 문제를 '과거에 국가에 의한 고용 관계에 있었거나 또는 그에 준한다고 간주되는 자'에 한정하여 그 이외의 경우는 배제했기 때문이다.[60]

4. 새로운 자격의 범주로서 '피폭자'

1) 비키니 피재의 발생과 '유일피폭국' 담론의 등장

히로시마와 나가사키에 원자폭탄이 투하된 지 12년이 지난 1954년 3월 1일 마셜제도 비키니환초에서 행해진 미국의 수소폭탄 실험으로 근처에서 어부 23명이 승선하여 어업 활동을 하고 있던 제5후쿠류마루(第五福竜丸)가 피폭된 일명 '비키니 피재' 사건이 발생한다. 연합군의 점령이 해제된 이후 2년 만에 벌어진 이 사건은 피폭된 어부들의 급성 방사능 피폭증 발병과 악화 그리고 사망으로 이어진 충격적인 사태의 전개, 또한 일본인들이 사랑하는 참치잡이 어선의 피폭이라는 점에서 곧 방사능으로 오염된 식탁의 문제로 확장되면서 '원수폭금지 서명운동' 및 '원수폭금지세계대회' 개최

59 広島県環境保健部原爆被爆者対策課 編(1986), 앞의 책, 37쪽.

60 赤沢史朗(2006), 「전몰자 추도와 야스쿠니 신사」, 『공익과 인권』 제3권 제2호, 66~67쪽.

등으로 이어지고 이후 일본사회의 풀뿌리 반핵 및 평화운동의 도화선이 되었다고 평가된다. 또한 이 같은 원수폭 금지 여론의 고양과 더불어 히로시마와 나가사키의 원폭피해자들의 원호책 마련에 대한 사회적 지지도 높아졌다. 비키니 피재 후 결성된 '일본피폭자단체협의회'(이하 '일본피단협') 발족 직후 「원폭피해자 원호법안요강」을 발표하는 등 원폭피해자의 국가보상을 국가에 압박하는 활동을 전개하고, 그것이 원수폭금지운동의 고조와 히로시마 및 나가사키 등 지방정부의 움직임과 결합해 원폭피해자 대책을 국가에 요구하는 원동력이 되었다는 점도 이를 방증한다.[61]

단 여기에서 계기라 함은 비키니 피재 사건이 모든 것의 출발점이라는 의미는 아니다. 그보다는 이 사건이 히로시마와 나가사키의 원자폭탄 투하 이후 소규모의 지식인과 행정 당국, 피해자 일부를 중심으로 이루어지고 있던 여러 실천과 표상들이 전국적으로 전개되어 나가는 과정의 중요한 한 결절을 이루면서 증폭제 역할을 했다는 것이 더 적절해 보인다. 더불어 여기에서 좀 더 주목해야 할 점은, 비키니 피재 사건을 통해 원폭피해자 구호제도가 필요하다는 공감을 얻어 가는 과정에서 나타난 특정 방식의 굴절에 관한 것이다.

비키니 피재 사건에는 히로시마와 나가사키의 원폭과는 분명히 다른 점이 있었다. 우선 사건의 피해자와 가해자라는 구도에서 보았을 때는 무엇보다 새로 개발한 수소폭탄의 위력을 평가하기 위해 실험을 하고, 거기에서 민간인인 일본 어부들이 피폭을 당해 사망에 이른 것이 분명했다. 원폭투하의 주체였던 미국이 '아시아 여러 나라에 피해를 입힌 전쟁의 종결과 전 세계의 평화'를 위해서였다고 정당화한 히로시마와 나가사키의 원폭 문제에서는 피해를 본 이들이 곧 전쟁을 개시한 국가의 국민이면서 패전국의 전재민일 뿐이었다. 그 때문에 미국은 앞서 히로시마와 나가사키의 원폭피

---

61 竹峰誠一郎(2008), 앞의 논문, 21~23쪽.

해자들이 요구한 피해 보상에 대해 패전국인 일본은 전쟁과 관련한 어떠한 손해나 보상, 배상도 미국에 요구할 권리가 없다는 샌프란시스코 강화조약을 들어 대응한 적이 없었다. 그런 미국 정부가 비키니 피재 사건 후 피폭당한 어부가 사망에 이르자, 즉각 피해자들에 대한 금전적인 보상책을 마련했다.

원자폭탄과 수소폭탄은 신체적 피해가 다르다는 의견 역시 개진되었다. 비키니 피재 사건이 이슈가 되고 처음 열린 중의원 후생위원회 회의에서는 비키니 피재 사건으로 피폭된 어부들의 상태 등과 관련해서 심도 깊은 논의와 질의가 이어졌다.[62] 이날 회의에서 특히 중요한 문제는 어부들이 수소폭탄[63]의 폭발 실험으로 영향을 받을 것으로 예측되어 어업 활동이 금지된 구역 밖에서 활동하고 있었고, 폭발이 있었던 당시에는 직접적인 외상이 없이 어업 활동을 마치고 돌아왔음에도 불구하고 급작스런 피폭으로 인한 급성 방사능 피폭증으로 여겨지는 상태를 보인다는 점이었다. 이에 당시 원폭피해자들을 오랫동안 치료해 오면서 원자폭탄증 관련 연구에 독보적인 권위를 가진 쓰즈키 마사오 교수가 참고인 자격으로 나와 관련 문제에 대해 언급했다.

쓰즈키 교수는 어부들이 폭탄의 직접 영향권에는 있지 않았으나 그들이 보이고 있는 증세는 확실히 "피폭으로 인한 급성 방사능 피폭증"인 것으로 여겨지며, 이와 관련해서는 조심스럽지만 "원자력 실험으로 생겨난 것으로 보이는 재(灰)"가 원인일 수 있다는 의견을 제시한다. 덧붙여 그는 "오해를 방지하기 위해" 히로시마와 나가사키의 원폭은 지상 높은 곳에서 폭발해 폭발 순간에 발생한 열과 폭풍, 방사능에 의해 직접적인 피해를 입은 것이

---

62 1954년 3월 22일 제19회 국회 중의원 후생위원회 회의록 제18호[일본국회(http://kokkai.ndl.go.jp/)].

63 같은 회의록에서 보면 당시에는 이 실험에서 사용된 폭탄에 대한 정보가 정확하지 않았던 것으로 보인다. 원문에는 '원자력 실험'이라고 언급되어 있다.

며 재는 거의 지상으로 떨어지지 않아 그와 관련된 피해는 다행히 적었다. 이것은 원자폭탄증이라고 할 수 있으나, 후쿠류마루의 어부들은 원자폭탄의 폭발로 인한 직접적인 피해가 아니라 원자력 실험으로 인한 핵분열 생성물의 낙진, 즉 방사성 재를 뒤집어쓰게 되어 나타나는 급성 방사능 피폭증으로 구분해야 한다는 말로 증언을 마쳤다.

쓰즈키 교수의 국회 증언이 있은 후 방사능의 위험에 대한 사회적 관심과 공포 그리고 원자병기의 금지에 대한 여론은 더욱 높아졌다. 비키니 피재 사건 후 일본에서 전국적으로 전개된 원수폭금지 서명운동의 시초가 된 도쿄도 스기나미구(杉並区) 주부들의 움직임은 그 출발을 알리는 신호였다. 이들은 비키니 피재는 원자병기에 의한 일본 국민의 피해이며, 그러한 점에서 히로시마와 나가사키에 이은 "세 번째 피해"라고 규정했다. 전국적인 서명운동이 전개되고 그 과정에서 원수폭금지운동은 일본이라는 국가 수준으로 강조되었다.

무엇보다 중요한 것은 원자병기에 의한 피해자, 곧 원수폭피해자와 방사능에 의한 피해가 초점이 되어 갔다는 점이다. 이는 원수폭피해자 관련 단체 결성에 의해 더욱 강화되었다. 또한 원폭생존자로서 원수폭피해자들이 운동의 중심에 서게 되면서 '원폭 피해를 밝히는 것', '원수폭 금지', '피해자 구원' 등으로 분리되어 있던 그간의 실천들이 생존자였던 원폭피해자들의 신체로 집약되기 시작한다.[64] "어떤 대표도 아닌 피해자로부터 직접 듣는 실상이 의사나 학자로부터 듣는 것보다 훨씬 원폭의 무시무시함을 느낄 수 있고, 마음 깊숙한 곳으로부터 원자병기를 금지해야만 하는 것은 고통스러운 생활을 하고 있는 원폭피해자에게 사랑의 손길을 뻗치는 것이라 생각한다"라는 등의 발언이 힘을 얻었다.[65] 이처럼 비키니 피재 사건은 일본사회

64 根本雅也(2004), 앞의 책, 66~67쪽.

65 竹峰誠一郎(2008), 앞의 논문, 23쪽.

에서 '원폭피해자'를 사회적 공론의 장에 끌어들이고, 무엇보다 이들의 신체를 '방사능의 피해'를 입은 것으로 조명하는 계기가 된다.

비키니 피재 사건은 또한 일본 국회에서 '피폭자'라는 용어가 법제적으로 검토되고 상용화되는 계기를 만들었다. 이는 일본의 중의원과 참의원 회의록을 통해 확인할 수 있다. 1954년 3월 18일에는 피폭된 어부들이 사망에는 이르지 않았으나, 급성 방사능 피폭증으로 병세가 매우 악화되어 있다는 것이 연일 언론에 보도되는 시점이었는데, 이날 참의원 후생위원회 회의에서는 처음으로 관련 회의가 열렸다.[66] 회의에 참석한 정부 담당자들에게 의원들은 긴급 현안 질의로 비키니 수소폭탄 실험으로 어업 환경이 괜찮은지, 방사능의 피폭으로 인한 어산물 피해가 어떤지 등에 대해 주로 물었는데, 이에 대해 구사바 류엔(草葉隆圓) 당시 국무대신은 "방사능이 어장 생태에 어떤 영향을 미쳤고 이것이 사람에게 어떤 영향을 미치는지에 대한 연구는 충분하지 않지만, 일단 그 근처에서 잡은 생선을 시판하는 것은 금지하는 조치를 취했다"고 설명했고, 이에 피폭당한 환자들의 상태를 점검하라는 수준의 주문이 이루어졌다. 이날은 일본의 양원 국회 회의록에서 '피폭자'라는 용어가 처음으로 등장한 날이며, 이후로는 이 용어가 급격하게 높은 빈도로 사용되고 있음을 확인할 수 있다.

이 같은 사태의 전개를 굴절[67]이라는 측면에서 보자면, 비키니 피재 이후 패전국의 전재민이었던 일반 "원폭 상해자"들이 원자병기에 의해 피폭당한 자로서의 특수성이 부각되기 시작했다는 점을 지적하지 않을 수 없다. 비키니 피재가 히로시마와 나가사키의 원폭과는 다른 점이 분명히 있

---

66 1954년 3월 18일 제19회 참의원 후생위원회 회의록 제18호[일본국회(http://kokkai.ndl.go.jp/)].

67 이 용어의 물리학적 의미는 특정한 에너지 파동이 매질의 밀도에 따라 다른 형태로 전개된다는 것이지만, 일반적으로 예를 들 수 있는 것은 빛이 매질의 변화에 따라 특정한 방향으로 바뀌어 진행한다는 것이다.

었음에도 불구하고, 둘 모두 원자병기에 의한 피해자는 점, 그리고 방사능의 피해를 입었다는 점이 이 두 사건에서 동일성의 핵심을 이루었다. 비키니 피재를 계기로 부상한 방사능의 공포에 대한 사회적 여론이 이전과는 완전히 다른 수준에 이르렀다는 점에서 이는 일종의 사회적 매질의 변화였으며, 원폭피해자들의 운동 방향을 굴절시키는 효과를 가졌다고 할 수 있다.

비키니 피재는 기존의 원폭피해자운동과 방사능에 대한 사회적 여론을 변화시켰을 뿐만 아니라, 피폭과 핵병기에 대해 일본 정부가 입장을 표명할 것을 요구하기도 했다. 이에 일본 정부는 표면적으로는 명백하게 반핵이라는 입장을 취해 나가기 시작한다. 또한 방사선의 위험에 대한 사회적 관심과 냉전의 긴장 또한 높아지던 시기에 이러한 입장은 결국 핵공격으로 피해를 입은 일본인 그리고 일본국이라는 인식으로 이어졌다. 그러나 이 과정에서도 여전히 이 같은 "세 번째 피폭", "20세기의 비극", "세계 평화의 출발지", "유일피폭국"과 같은 언설들을 주로 채택한 곳은 일본의 중앙정부보다는 히로시마와 나가사키, 그리고 시즈오카라는 세 개의 현과 시민운동단체들이었다. 이들은 일본국 그리고 일본 정부가 이러한 언설들에 걸맞은 국가로서의 책임을 다할 것을 압박해 나갔다. 그리고 이러한 분위기 속에서 전후 피식민국과의 관계에서 과거의 식민 지배와 전쟁 수행에 대한 어떠한 책임에서도 모호한 입장을 취하고 있던 일본 정부는 "'유일피폭국'이라는 표어를 집어 듦으로써"[68] 제국주의 과거를 소거(消去)하고 국가화된 피해자 담론 속에 안착했다.

전후 미소 냉전체제와 핵안보체제하에 편입되어 전후 부흥을 도모한 일본 정부가 표면적으로는 비핵화한 나라로서 도덕적 지위를 강조하고 평화

68 Todeschini, Maya(1999), "Illegitimate Sufferers : A-Bomb Victims, Medical Science, and the Government," *Daedalus*, 128(2), pp.67~100.

를 외침으로써 외부로부터의 비난에서 한 발짝 물러나 있으려고 한 것이다. 물론 비키니 피재 후 원폭피해자들이 중심이 된 반핵평화운동과 이러한 사회운동의 상징인 원폭피해자를 방치하고 있다는 선언들은 일본 정부를 매우 당혹스럽게 했지만, 한편으로는 일본 정부가 그러한 선언들에 최소한의 대응을 하는 모습을 보여 줌으로써 '유일피폭국'이라는 단어가 중요한 정치적 수사로서 구비되기 시작한다.

2) '원폭장해자'에서 '원폭피폭자'로

비키니 피재 이후 일본 정부는 원폭피해자 구호정책의 수립 과정에서 반핵평화 운동단체나 원폭피해자 단체들이 사용하던 '원자폭탄피해자'나 '원폭환자', '원폭피재자', '원폭상해자', '원폭장해자' 등과 같은 용어가 아닌 '원자폭탄피폭자', 즉 그 단어를 줄여서 오늘날 일반적으로 사용되고 있는 '피폭자'라는 단어를 특정했다. 원폭의료법이 제정되기 이전까지 '피폭자'라는 용어가 일본사회에서 일반적으로 사용되는 개념은 아니었다는 점에서, 이 용어는 적어도 이전까지 사회적 공론의 장에서는 존재하지 않던 새로운 구성원 범주 혹은 새로운 자격의 범주가 탄생했음을 의미했다.

1957년 제정된 일본의 원폭의료법은 피폭자를 "피폭자 건강수첩의 교부를 받은 자"(제2조)라고 정의했다. 그리고 여기에서 원폭피폭자 건강수첩을 교부받을 수 있는 자격은 크게 네 종류로 분류되었는데 다음과 같다. 첫째 제1호, 원폭 투하 당시 히로시마시 혹은 나가사키시의 구역 내 혹은 정부 시행령으로 정한 이 두 도시의 인접 구역 내에 있던 자, 이들은 직접피폭자로 불린다. 둘째 제2호, 원자폭탄이 투하된 때부터 계산하여 정부 시행령에 정해진 기한 내에 정부 시행령에서 규정한 구역에 있던 자, 입시피폭자로 불린다. 셋째 제3호, 앞에서 규정된 사람 이외에 원자폭탄이 투하된 때 혹은 그후 신체에 원자폭탄의 방사능 영향을 받을 만한 사정하에 있었던 자,

구호피폭자로 불린다. 그리고 마지막으로 제4호, 피폭자에 해당하는 것으로 인정되는 그 사람의 당시 태아, 이들은 태내피폭자로 불린다. 이러한 규정은 원폭의료법이 시행된 1958년부터 원폭원호법으로 변경된 이후에도 그대로 사용되고 있다.

중요한 것은 이 법적 규정에서 피폭자를 "방사능 영향을 받은 자"라는 규정에도 불구하고, 그것의 기준은 '구역 내' 혹은 '기한 내'라고 되어 있다. 이는 히로시마와 나가사키의 피폭자가 방사선량이나 체내피폭량 등과 같은 의학적 수치가 아니라 특정한 장소와 시간 범위를 통해 규정된다는 것을 의미하고, 이 장소와 시간이 방사선 영향의 지표가 됨을 의미한다. 그 때문에 원폭의료법 시행 이후 지금까지 이 '구역'과 '기한'의 범위에 대한 경계는 관련 당사자 간의 끊임없는 분쟁의 영역이 되어 왔다. 그리고 추세적으로 히로시마와 나가사키에서 그 '구역'은 지속적으로 확대되는 경향을 보이고 있다.[69]

한편 이렇게 '피폭자'라는 개념에 법적이고 표준적인 정의를 선언한 원폭의료법의 제정은 이것이 단순히 특정한 형태의 어떤 인구집단에 대한 수사적이고 개념적인 차원의 경계 짓기가 아니라, 국가가 이들에게 공인된 법적 자격을 부여하고 한계를 지움으로써 관련된 여러 자원의 불균등한 배분을 구체화하고 정당화하는 경계 짓기를 의미했다.[70] 피폭자건강수첩은 "그 사람이 원자폭탄 피폭의 생존자인지를 판명하는 증명서의 일종"으로 "법적으로 그 개인의 원자폭탄 피폭의 경험을 인증"[71]하는 중요한 매체가 되었다.

---

69 일본 원폭피폭자 원호에 관한 법률 및 세부 시행령, 구역 변화는 다음의 법령 자료 참조. 被爆者援護法令研究会(2003), 『原爆被爆者関係法令通知集』.

70 Lynch, Michael(2004), "Circumscribing Expertise : Membership Categories in Courtroom Testimony," in Sheila Jasanoff, ed., *States of Knowledge : The Co-Production of Science and Social Order*, London ; New York Routledge, pp.162~5.

71 Yoneyama, Lisa(1999), 앞의 책, p.93.

피폭자의 자격을 피폭자 건강수첩을 교부받은 자로 제도화한 이 지점은 그 이전까지 국가에게 피해를 보상할 것을 요구해 오던 원폭피해자들이 이제 지원의 대상이 되고, 국가는 국가가 제공할 자원들을 수급할 자격의 범주를 구성하고 통제하는 좀 더 강력한 주체로 자리매김했음을 의미한다. 피폭된 신체라는 상태가 아니라 수첩이라는 관료제적 증명서가 피폭자를 만드는 것이다. 이제 국가는 이 수첩을 받을 수 있는 사람과 없는 사람을 구분하는 기준, 즉 피폭자의 경계를 만들고 통제하는 행정 관료적 주체로 등장한다. 이제 이 행정 관료적 주체로서 국가는 법적 정의와 행정적 실행 규칙, 관료제적 심사 절차 등을 통해 피폭자건강수첩을 교부받은 자로서 피폭자를 인증하게 된 것이다.

한편 일본에서 원자폭탄의 피해자에 대한 보상이나 지원 수준을 결정하고 그 대상이 되는 범주의 경계를 한정 짓는 행위는 전전의 국가 행위에 대해 정치적으로 평가해야 함을 전제하는데, 이는 매우 민감하고 복잡한 맥락 속에 놓여 있었다. 앞에서 살펴본 바와 같이 샌프란시스코 강화조약 이후 전쟁 피해자와 관련된 일본 정부의 원호 문제가 활발하게 논의되고 실질적인 보상으로 이어졌지만, 이때에도 원자폭탄의 피해자들이 전쟁 피해와 관련된 원호 조치를 받을 대상이라는 범주에 들지는 못했다. 미국 또한 앞서 히로시마와 나가사키의 원폭피해자들이 요구한 피해 보상에 대해 패전국인 일본은 전쟁과 관련한 어떠한 손해나 보상, 배상을 미국에 요구할 권리가 없다는 샌프란시스코 강화조약을 들어 대응한 적이 없었다.

비키니 피재 직후 원폭피해자들이 국가를 상대로 제기한 원폭 피폭에 대한 손해배상 청구소송(일명 '도쿄원폭재판')은 이 같은 논쟁이 가로지르는 쟁점들을 잘 보여 준다. 당시 재판부는 이들의 손해배상청구권은 강화조약으로 방기된 것으로서 기각되었으나 원폭 투하는 국제법 위반이라고 해석했다. 또한 원폭피해자는 "피해의 심대함은 도저히 일반 전재와 비교가 되지 않는다. 피고는 여기에 비추어 충분한 구제책을 내놓아야 한다는 것에 다언을 요하지는 않을 것이다"라며 국가가 이들에 대한 구제책을 강화해야 한다는 판결을 내놓았다. 하지만 일본 정부에게 이 '피해의 심대함'을 구분하는 문제는 단순히 생의학적 측면에 한정되지 않았다. 즉 일본 정부가 원폭피해자들에 대한 원호를 제도화하는 데 있어 제국일본이 수행한 전쟁의 민간인 피해자들과 달리 원폭피해자들만을 대상으로 하는 데에 국내 정치적으로 이를 정당화할 명목이 필요했다.[72] 결론적으로 이러한 요구에 대해 일본 정부는 국내적으로는 국가가 행한 전쟁 수행에 대해서는 책임을 물을 수 없으며, 전쟁으로 인한 일반의 피해는 어쩔 수 없다는 이른바 수인론(受忍論)을 내세우고, '원자폭탄의 피해'는 극히 '특수한 피해'라는 점을 강조해 나갔다. 즉 이는 역으로 '특수한 피해'로서 원자폭탄의 피해는 언제나 '일반의 피해'와의 균형 속에서만 보상되고 지원될 수 있음을 의미한다.

'피폭자 특수주의'의 저울질 과정이라고도 이해할 수 있는 이 과정은 일본의 원폭피해자 구호정책의 근간이 되는 원폭의료법과 원폭특별조치법, 그리고 이 둘을 결합해 새로 제정된 원폭원호법에서 "원자폭탄이 투하된 때 혹은 그후 신체에 원자폭탄의 '방사능 영향'을 받을 만한 사정하에 있었

72 일반 전재민과 원폭피해자를 구분하여 원호하는 것에 대한 반발이 얼마나 일반적인지를 설명하기는 쉽지 않지만, 다음의 사례는 그 기저에 깔린 감정을 짐작하게 한다. 2007년 겨울 나는 조사를 위해 나가사키의 한 숙소에서 머물렀는데, 당시 그곳 주인이었던 친절한 한 중년의 남성은 "왜 '피폭자'들만 특별취급을 받아야 하는가, 전쟁 때는 모두 고생을 했고 '피폭자'들보다 더 많은 피해를 입은 사람도 아무런 정부 지원 없이 살아가고 있다"라며 내가 '특별히' 히로시마와 나가사키의 원폭피해자 문제에 관심을 있다는 사실을 못마땅해했다. 일본이 벌인 전쟁은 '동양문화를 지켜 내려는 성전(聖戰)'이었다는 신념을 확고하게 지닌 그에게 나가사키의 원자폭탄 피해는 미국과 연합국에 의한 다른 공습 피해와 특별히 다를 바 없는 것이었다. 그런 히로시마와 나가사키를 원자폭탄의 도시로만 기억하는 것이 그는 불만이었다. 그러나 그의 정부는 표면적으로라도 오랫동안 이 두 개의 폭탄은 특별하다는 입장을 취함으로써 정치적으로 또 외교적으로 잠시나마 피해국이 된 안도감을 누렸다. 이러한 표면적 입장과 도덕적 선언에도 불구하고 일본 정부의 '비핵(非核)'원칙에 대한 입장은 언제나 모호하게 유지되었다.

던 자”, 즉 ‘피폭자’의 ‘신체적 상해’가 그 피해를 지원하는 것의 핵심을 이룬다는 점에서도 확인할 수 있다. 따라서 이는 실제 원폭피해자 구호정책에서 ‘원자폭탄의 특수한 피해로서의 신체적 상해’의 경계가 어디인지 설정해야 함을 의미했다.

또한 원폭피해자 구호의 정치적 민감함은 일본의 국내적 차원이 아니라 한때 ‘대일본제국’에 속해 있었으나 현재는 국적과 거주하는 영토도 다른 ‘옛 신민들’과의 탈식민지적 관계 속에 얽혀 들었다. 1970년대에 진행된 손진두 소송과 현해탄을 넘어 일본으로 밀항한 한국 원폭피해자들의 존재는 전후 일본 정부가 전전의 대일본제국이라는 국가를 맞닥뜨리게 한 중요한 정치적 사건이었다. 이러한 정치적 사건들 속에서 일본 정부는 그간 회피해 온 ‘옛 피식민국의 신민’의 존재, 즉 한국과 대만 · 중국 · 북한 등지로 귀환한 원폭피해자들, 전후 생계를 위해 브라질이나 미국 등지로 이민 간 일본 국적의 원폭피해자들, 그리고 전쟁 당시 유학이나 포로 등으로 끌려왔다가 자국으로 송환된 미국이나 영국 등지의 원폭피해자들을 직시해야 했다. 이와 관련하여 일본 정부는 ‘피폭자’ 범주에 속할 수 있는 자격으로 일본 영토적 경계 안에 거주하거나 일정 기간 거류할 것을 명시하는 행정 관료제적 규칙을 만들어 냈다가 이후 일본 영토 밖에 거주하는 과거 피식민국의 ‘신민’과 해외에 거주하는 원폭피해자들을 배제해 나갔다.

‘피폭자’ 범주에서 배제된 과거 ‘제국의 신민’이자 ‘피식민자’들의 존재가 문제가 된 것은 이른바 한국 원폭피해자에 대한 ‘피폭자건강수첩’ 교부 문제를 두고 불거진 ‘손진두 소송’에서 가장 극명하게 전개되었다.

1970년 12월 부산에 거주하던 원폭피해자 손진두는 일본 사가현(佐賀県)으로 밀입국해 피폭자로서의 처지를 호소하며 치료를 요구한다. 그러나 그는 곧장 출입국관리령 위반으로 체포되어 후쿠오카형무소에 복역하게 된다. 이 사건을 계기로 결성된 일본 시민들의 모임인 ‘손진두를 구원하는 시민의 모임(救援する市民の会, 이하 ‘손진두구원모임’)’은 즉각 그의 강제송환 반

대운동에 돌입하고 투옥 중인 손진두를 대리하여 피폭자건강수첩의 교부를 신청하게 된다. 그러나 1972년 7월 14일 일본 후생성은 "원폭의료법의 취지는 법에서 규정하는 조치를 실시하는 것으로 지역사회의 복지 향상을 도모하는 데 있고, 동법의 적용을 받는 자는 지역사회와의 결합 관계(거주 관계)가 있을 것이 요건으로 되어 있는데, 손진두의 일본 국내 체류 사실은 동법이 예정하고 있는 거주 관계가 아니며, 따라서 당신에게는 동법이 적용되지 않는다"는 이유로 손진두가 후쿠오카현에 신청한 피폭자건강수첩 교부를 각하하기에 이른다. 이에 모임 소속 회원들은 1972년 10월 2일 후쿠오카현 지사를 상대로 피폭자건강수첩의 교부 각하처분 취소 소송을 제기한다.

재판에서 원고인 손진두 측의 변호인은 "원폭의료법은 1945년 8월 6일, 9일에 피폭자가 가지게 된 일본국에 대한 보상청구권에 관하여, 그 범위를 정한 뒤 구체적인 절차를 정한 것으로 해석된다. 그리고 동법의 취지가 그러한 이상 피폭된 모든 인간이 국적, 현재의 거주 장소, 기타 일절 차별 없이 동법이 정하는 이익을 향수할 권리를 가진다고 하지 않으면 안 된다"고 주장했다. 이렇게 시작된 이 소송은 1978년 3월 30일 최고재판소에 이르기까지 모두 세 번의 승소 판결을 받게 된다.

판결 당시 일본 최고재판소는 원자폭탄의 피폭으로 인한 건강상의 장애는 전쟁이라는 국가의 행위로 이루어진 것임을 전제로 하여, 원폭의료법은 "원폭과 같은 특수한 전쟁 피해에 대해서는 전쟁 수행의 주체였던 국가가 스스로의 책임에 의하여 그 구제를 꾀한다는 일면이 있고, 원폭의료법은 실질적인 국가보상적 배려가 제도의 근저에 있다는 것을 부정할 수 없는 것이다"라고 하여 원폭 피해에 대해 국가가 보상하는 것이 국가의 의무임을 인정하였다. 즉 당시에 존재하고 있던 원폭의료법과 원폭특별조치법이 소위 사회보장법으로서의 다른 공적 의료 급부 입법과 같은 성격을 가지고 있지만, 국가보상적 배려 또한 제도의 근저에 있다는 것을 인정한 것이다.

특히 재판부는 이것이 "피폭자만을 대상으로 특별히 우위법이 된 이유를 이해하는 것"에 대해서는 "원자폭탄의 피해에 의한 건강상의 장해가 역시 예를 찾아볼 수 없는 특이하고 심각한 것이라는 점과 함께, 관련된 장해가 전쟁이라는 국가의 행위에 의해 초래되었다는 것이며, 더욱이 피폭자의 다수가 지금 현재까지 생활상 일반 전쟁 피해자보다도 불안정한 상태에 처해 있다는 사실을 빠뜨릴 수 없다"라고도 기술하고 있다.[73]

손진두 소송에 있어 일본 사법부의 이 같은 법률 해석은 곧 일본의 원폭 피해자 구호정책의 근본적인 변화를 필요로 하는 것이었다. 종전까지 이 법이 사회보장제도의 일환이라고 주장해 온 일본 정부는 이제 이 법의 "특수한 성격"에서 비롯되는 '국가보상적 배려'에 대해 고민해야 했다. 국회는 즉각 원폭특별조치법의 개정에 나섰다. 그러나 법의 개정안이 '원자폭탄 피폭의 특수성'에 대한 검토가 부족하다는 의견이 제시되었다. 1979년 1월 정부에서 마련한 개정안에 대해 사회보장제도심의회는 "금회의 개정안은 국회의 부대결의에 따라 제수당의 증액을 비롯해 상당한 진전이 있었다고 인정된다. 그러나 본심의회가 지적해 온 바에도 불구하고 피폭자에 대한 제도의 기본적인 형태에 대해 아직도 충분한 검토가 되지 않았다는 것은 유감이 아닐 수 없다. 정부에 있어서는 원자폭탄 피폭의 특수성에 관해 전문가에 의한 권위 있는 조직을 설치해, 1978년 3월의 최고재판소의 판결(손진두 소송)의 취지를 토대로 조속히 이 문제에 관한 기본 이념을 명확히 하는 것과 함께 현행 2법의 재검토를 행해야 할 것이다"라고 답신한다.

이에 대해 후생대신은 1979년 6월 도쿄대학 명예교수 2명, NHK 해설위원, 도호쿠학원대학 교수, 전 최고재판소 판사, 전 프랑스 대사, 원자력안전위원회 위원(총 7명)으로 구성된 '원폭피폭자대책 기본문제간담회'를 발족시켰다. 간담회에서 문제가 된 것은 전쟁 피해로서 원자폭탄 피폭이 갖

---

73 最古裁判所 昭和53年3月30日 第1所法庭民集 第32巻 第2号, 435쪽 참조.

는 특수한 성격을 어떻게 이해하고 그와 관련한 '국가'의 역할이 무엇인가에 대한 것, 즉 원폭피폭자 대책의 '기본 이념'이었다. 1980년 12월 11월 후생대신에게 제출된 의견서는 이와 같은 고민을 잘 담아내고 있다.[74]

> 대체로 전쟁이라는 국가의 존망이 걸린 비상사태라는 것에 있어서 국민이 생명 · 신체 · 재산 등에서 그 전쟁에 따른 어느 정도의 희생을 감수하는 것은 어쩔 수 없는데, 그것은 전 국가적인 전쟁에 의한 '일반의 희생'으로서, 모든 국민이 다 같이 감내하지 않을 수 없는 것으로서, 정치론적으로 국가의 전쟁 책임 등을 운운하는 것은 물론 법률론으로서도 개전 · 강화 등과 같은, 소위 정치 행위(통치행위)에 대해 국가의 불법 행위 책임 및 법률상의 책임을 추급해 그 법률적 구제를 구하는 등은 개시되지 않는다고 할 수밖에 없다.[75]

그런데 「간담회 의견서」에서 볼 수 있듯이 일본 정부는 손진두 소송에서 패소했음에도 불구하고 사실상 앞서 도쿄재판 이후 국가가 '국가보상적 성격'을 인정하라는 것을 부정한 것과 동일한 논리로 여전히 국가보상의 논리를 최소화하고자 했다. 손진두 소송에 있어 원폭의료법과 원폭특별조치법이 '국가보상적 배려'에 근거하고 있다는 일본 사법부의 판단은 행정에서 다시 재해석된다.

> ……그렇다면 원폭피폭자 대책은 어떠한 기본 이념에 근거해 행해져야 하는 것일까. 종래 정부는 현행 원폭2법에 의한 대책은 다른 일반 전재자에 대한 대책과의 균형과의 조화 등을 고려해서인지 특별사회보장제도라고 하는 견해를 취해 왔다. ……최고재판소의 판결에도 기술되어 있는 것처럼, 종래 국가에 의

74 広島県環境保健部原爆被爆者対策課 編(1986), 앞의 책, 22~26쪽.

75 原爆被爆者対策基本問題懇談会(1980), 「懇談会意見書」(1980. 12. 11).

해 취해져 온 원폭피폭자 대책은 원폭 피해라는 특수성이 강한 전쟁 손해에 착목한 일종의 전쟁 손해 구제제도로 해석되어야 하고 이를 단순히 사회보장제도로 생각하는 것은 적절치 않다. 또한 원폭피해자의 희생은 그 본질 및 정도에 있어서 다른 일반 전쟁 손해와는 선을 그을 수밖에 없는 특수성을 갖는 '특별한 희생'이라는 점을 고려하면 국가가 원폭피폭자에 대해 '넓은 의미'에 있어서 국가보상의 견지에서 피해의 실태에 대응하는 적절타당한 조치 대책을 강구해야 한다고 생각한다.[76]

의견서의 내용과 같이 간담회는 태평양전쟁으로 인한 일본 국민의 희생은 매우 광범위했고, 모든 국민이 그들의 생명 · 신체 · 재산 등에 대해 많든 적든 어느 정도의 희생을 감수했으나 그 같은 희생 중에서 히로시마 및 나가사키 원폭 투하에 의한 피폭자의 희생이 '극히 특수성이 강한 것'이었다고 보고 있다. 특히 이들은 '넓은 의미'에 있어서 이 법이 국가보상의 견지에서 이루어져야 한다고 했는데, 이것에 대해서는 몇 가지 추가적인 해설을 하고 있다.

우선 이 법이 국가보상의 견지에서 고려되어야 한다는 것이 "전쟁의 개시 및 수행에 관해 국가의 불법행위 책임을 인정하는 것이거나, 원폭피폭자가 위법한 원폭 투하를 한 미국에 대해 가지고 있는 손해배상청구권의 강화조약에 의한 방치에 대한 대상청구권을 인정한다는 의미가 아니라 금차 전쟁 과정에 있어서 원폭피폭자가 받은 방사선에 의한 건강 장해 즉 '특별한 희생'에 대해서 그 원인 행위의 위법성, 고의, 과실의 유무 등에 관계없이 결과 책임으로서, 전쟁 피해에 상응하는 '상당의 보상'을 인정해야 한다는 취지"라고 밝히고 있다.

간담회의 여러 제안과 관련해 논란 속에서 원폭의료법과 원폭특별조치

76 原爆被爆者対策基本問題懇談会(1980), 앞의 자료.

법은 여러 차례 개정을 거듭하였다. 고령화의 진행 등 피폭자를 둘러싼 환경 변화 및 현행 시책을 발전시킬 종합적인 대책을 강구할 것이 강하게 요청되면서, 1994년 12월 「원자폭탄 피폭자에 대한 원호에 관한 법률」이 제정되어 피폭자 건강관리 및 의료에 대한 원폭의료법을 제정하기에 이르렀다. 새로운 법안에는 1980년 간담회에서 제출했던 '국가보상적 배려'에 관한 기본 이념들이 충실하게 기술되었다. 그러나 이미 간담회에서 예견되었다시피 이 법에서 '국가보상적 배려'는 여전히 "국가 책임에 있어 원자폭탄 투하의 결과로서 생겨난 방사능에 기인하는 건강 피해가 다른 전쟁 피해와는 상이한 특수한 피해"라는 점에서 그것을 구제해야 한다는 요구에만 한정된다.

5. 맺음말

전후 일본의 원폭피해자 구호정책의 근간이 된 원폭의료법 · 원폭특별조치법 · 원폭원호법은 '국가보상적 배려'에 근거해 있다는 일본 사법부의 판단에도 불구하고, 정부는 여기에서 '국가보상적 배려'가 전쟁 수행의 주체로서 전쟁의 불법 행위 등과 관련된 피해에 대한 것이 아님을 분명히 했다. 다만 그 '국가보상적 배려'는 전쟁 수행 과정에서 생겨난 이른바 '전쟁 손해', 그중에서도 '방사능의 피해'라는 '특수한 피해'에 대해 국가가 책임을 진다는 의미로 해석되었다. 이는 전후 일본 정부가 일관되게 전쟁 피해와 관련한 개인 보상 문제에서 민간인에 대한 보상을 제외한 논리와 일치한다. 때문에 일본의 원폭피해자 구호정책 역사에서 '피폭자'라는 용어는 전시 중의 국가가 개시한 전쟁에 대한 책임이라는 의미에서 '국가보상적 배려'가 아닌, '방사능'이라는 '특수한 피해'를 입은 이들에 대해 전후 국가가 '특별히' 그러나 '일반 전재민'과 '균형'을 맞추어 '배려'한다는 의미를 갖는다. 이로써 히로시마와 나가사키의 전재민들은 방사능의 피해자로 의미화되고 그 과정에서 과거 제국의 전쟁 책임은 소거되며, 오직 원자폭탄의 생물학적 피해만이 유일한 '국가보상적 배려' 대상으로 한정되었다.

패전 직후 히로시마와 나가사키에 투하된 원폭에도 '살아남은 사람들' 즉 '원폭생존자'는 구호의 측면에서는 '일반의 전재민'들과 동일한 범주에 놓여 있었다. 반면 '원폭생존자'들의 방사능에 의한 인체 영향 연구는 원폭에 대한 시민 방어라는 측면과 원자력의 평화적 이용이라는 미국의 새로운 정책적 관심을 반영한 미 · 일 공동의 주요 관심사가 되었다. 그러나 샌프란시스코 강화조약을 전후로 즈음한 원폭 장해자 구호 움직임과 이어서 벌어진 비키니 피재, 전국적인 반핵평화운동의 흐름은 그 이전의 과학 조사와 구호 활동 속에서 전혀 주목받지 못하던 '피폭된 신체'에 대한 보상 문제를 전면에 등장시키게 된다. 이에 대해 일본 정부는 원폭피해자 구호정책의 수립 과정에서 반핵평화운동 단체나 원폭피해자 단체들이 사용하던 '원자폭탄 피해자'나 '원폭 환자', '원폭 피재자', '원폭 장해자' 등과 같은 용어가 아닌 '원자폭탄 피폭자'(오늘날 일반적으로 사용되고 있는 '피폭자')라는 단어를 특정했다.

일본에서 원폭의료법이 제정되기 이전까지 '피폭자'라는 용어가 일본 사회에서 일반적으로 사용되는 개념은 아니었다는 점에서, 이 같은 '피폭자'라는 용어는 적어도 이전까지 사회적 공론의 장에서는 존재하지 않던 새로운 구성원 범주 혹은 새로운 자격의 범주가 탄생했음을 의미했다. 물론 패전 후 히로시마와 나가사키의 원자폭탄 생존자에 대한 미국과 일본의 과학 연구들은 방사능의 노출이 인체에 미치는 영향이라는 연구 주제에 있어 고정되기보다는 불안정적이어서 완전하지 않았다는 점에서 이 '피폭자'를 한정한 경계는 고정되기보다는 '개념 짓는' 과정 속에 있었다. 그리고 그 과정에서 원폭 투하 직후부터 군부와 제국대학, 미국의 연구진에 의해 수행되어 온 과학 연구들은 원폭피해자 구호정책이 행정적으로 실행되는 과정에

서 원폭피해자 자신들의 신체와 기억, 그리고 기록이 무엇보다 중요한 제도화의 자원이었다.[77]

이처럼 일본의 원폭피해자 구호가 빠르게 법적·행정적 제도화 과정에 들어서면서 일본의 국내외적 정치의 장에서 이 '피폭자'의 범주는 영토적 경계 안에서 개념화되었다. 일본 정부는 이와 관련하여 일본국 영토 바깥에 거주하는 전후 과거 피식민자들의 원폭 피해에 대한 보상 요구에 대해 "피폭자의 자격은 일본국의 영토적 경계 바깥에 존재하는 이들에게는 부여되지 않는다"는 이른바 시정권(施政權)의 논리를 들어 배제해 나갔다. 그러면서도 자국의 원폭피해자들의 원호 확대 요구에 대해서는 원자폭탄 피해가 전쟁으로 인한 '일반의 피해'와 구분되는 '특수한 피해'인 경우에 한정되어야 한다는 수인론과 균형론을 내세웠다. 이렇게 커다란 두 축의 움직임은 일본에서 '피폭자'가 갖는 정치적·사회적 의미와 법적 규정이 과거 일본국이 수행한 전쟁이나 식민 지배에 대한 책임이 아니라 그 피해를 초래한 원인, 주체도 명시하지 않은 원자폭탄 생물학적 손상에 대한 보상에 한정된다. 즉 '제국일본'이 수행한 전쟁의 책임이 소거되는 과정으로 틀 지워짐을 의미한다.

---

77 이 글에서는 일본에서 피폭자의 표상이 소위 '전후 일본'의 사회·문화와 사상적 측면에서 역사적으로 형성되어 오면서 그 의미가 변천해 온 과정을 다루지는 못했다. 제도화 측면에서의 변화가 이러한 사회적·문화적 측면과 결합하는 양상에 대한 연구는 향후 과제로 남겨 둔다.

제국의 퇴로, 전후 지성의 '근대'

마루야마 마사오와 다케우치 요시미를 중심으로

이경희(李京僖, Lee Kyung-Hee)

현 한림대학교 일본학연구소 HK연구교수. 근현대 일본문학·문화 전공.
근대·전후 일본의 민주주의와 내셔널리즘의 전개에 관심을 갖고 연구하고 있다. 주요 논저로 「포스트점령기의 일본, '착한 민주주의'로의 이행 : 1960년대 미제 '근대화'론의 냉전 지형(知形)」(2019), 『일본 전후문학과 마이너리티문학의 단층』(공저·2018), 『일본표상의 지정학 : 해양·원폭·냉전·대중문화』(역서·2014) 등이 있다.

1. 제국의 퇴로에서

냉전 종식, '역사의 종언' 등 거대 담론의 시대가 차례로 막을 내리고 '전후 50년'을 맞은 일본에서는 '끝나지 않는 전후'에 관한 연구가 본격화되었다. 동아시아에서는 냉전 속에 봉인되었던 기억들이 열리고 전쟁 · 전후 처리 문제가 다시 불거지면서, 의문과 의혹의 시선은 '제국일본'뿐 아니라 '포스트제국 일본'으로도 향했다. 외교문서 공개와 점령기 자료 발굴이 계속되면서 전후 초기를 재조명하는 연구는 여전히 일본 안팎에서 활황을 보이고 있다. 한편 전후 초기 일본 지식인들의 관심과 과제는 '전후' 이상으로 '근대'를 향해 있었다. 전후 사상 재건의 대표적 지식인 마루야마 마사오(丸山真男, 1914~1996)와 다케우치 요시미(竹内好, 1910~1977)는 '근대'의 문제와 마주하며 포스트제국으로의 이행을 견인했다.

1993년 10월 13일 『한겨레신문』에는 「월간 아사히 선정 '일본을 아는 100권의 책'」이라는 기사가 실렸다. 기사는 "당신은 이웃 나라 일본을 얼마나 아십니까?"라는 물음으로 시작하면서, '일본의 실체'에 관한 '정확한 이해'를 돕기 위한 도서 100권을 제시하고 있다. 이 고전적인 물음에는 "서울 한복판에서 일제 식민지정책 정당화론으로 물의를 빚은 '심화회' 사건을 계기로 '낯선 이웃 나라' 일본의 실체에 대한 정확한 이해가 새삼스레 요구"되고 있다는 판단이 작용하고 있다.[1] 한일 양국의 역사 갈등을 배경으로 한

1 '심화회 사건'이란 1993년 7월 신라호텔에서 열린 〈아시아 미래회의〉 심포지엄에서 한

이 기사는 "태평양전쟁을 긍정한다거나 국수주의를 옹호하는 극우적 관점의 책들도 끼어 있지만, 바로 그것 때문에 이 목록에서 현대 일본의 지적 스펙트럼을 일별"할 수 있다는 기사의 취지를 밝힌 후, "일본인들이 일본인 독자를 위해 뽑은" 도서 목록[2]을 한국 독자에게 제시하고 있는 것이다.

'일본 알기'의 지침서로 한국 독자에게 공유되던 이 '근대 일본의 지적 유산'에는 제국의 출구에서 다시 '근대'와 마주했던 마루야마 마사오와 다케우치 요시미의 논저도 포함되어 있다. 마루야마의 『일본정치사상사연구』(1952)에 관해서는 "전후 일본 지식인을 대표하는 정치학자가 태평양전쟁 말기 징집되기에 앞서 유서처럼 썼다는 논문"이라고 소개하고 있다.[3] 또 다른 저서 『근대의 초극』에 관한 기술에는 "다케우치 요시미(1959). 태평양전쟁 시작 약 6개월 뒤 '근대의 초극'이라는 주제로 열린 좌담회의 기록"이라고 되어 있다. 언뜻 보면 다케우치가 좌담회 「근대의 초극」[4]의 저자인

국인 명의로 발간된 『추한 한국인』의 원저자 가세 히데아키가 일본의 침략을 정당화한 갖가지 망언에, 심포지엄에 참석한 한국 측 심화회 회원들이 아무런 반박 없이 박수만 쳤다는 것이 알려져 공분을 샀던 사건을 가리킨다(「심화회 日人망언에 박수친 人士 누구인가」, 『동아일보』 1993. 10. 14.자, 19면). '심화회'란 한일 양국의 중견 · 중소기업 경영자들을 중심으로 상호 이해 증진과 협력 관계 강화를 목적으로 1986년 창립된 '한일심화회(韓日心話會)'로 전직 장관 및 저명한 학자들도 가입해 있었다.

2 「〈読書特集〉日本がわかる100冊 : 近代日本の「知の遺産」」, 『月刊Asahi』 1993. 3.

3 「월간 아사히 선정 '일본을 아는 100권의 책'(상)」, 『한겨레신문』 1993. 10. 13.자, 12면. 2년 후 이 책은 한국어로 번역 · 출간되었다. 1998년 2월 17일자 『한겨레신문』은 「전후 일본 지식인 뼈아픈 자기비판 : 일본의 사상 마루야마 마사오 지음」(13면)이라는 기사에서 한국어로 번역 · 출간된 『일본의 사상』(한길사)을 "전후 일본 지식인의 가장 예리한 자기비판 가운데 하나"로 소개하며 "그의 뼈아픈 자기비판의 논리는 그대로 우리 모습을 돌아보는 거울로 삼을 만하다"고 끝맺고 있다.

4 아시아 · 태평양전쟁기로 돌입했을 때 일본에서는 영향력 있는 지식인 13명이 모여 '근대'를 총괄하고 '근대주의=서구주의'의 초극을 표방했다. 1942년 7월 『문학계』가 주최한 좌담회 〈근대의 초극 : 문화종합회의 심포지엄〉(7. 23~24)으로 참석자는 가와카미 데쓰타로(河上徹太郎), 고바야시 히데오(小林秀雄), 니시타니 게이지(西谷啓治), 가메이 가쓰이치로(亀井勝一郎), 하야시 후사오(林房雄), 미요시 다쓰지(三好達治), 스즈

듯하지만, 그가 집필한 것은 1959년에 발표한 평론 「근대의 초극」이다. 따라서 도서 목록상의 『근대의 초극』은 1979년 후잔보(富山房)가 좌담회 〈근대의 초극〉과 참석자들의 제출 논문, 다케우치의 「근대의 초극」을 엮어 출간한 단행본을 가리킨다.

전시기에 부상한 '근대의 초극'론은 "단순한 사상적 영위가 아니라 대중적 차원의 역사적 실천 과제"였고 따라서 "대중을 사상적·실천적으로 동원·향도할 수 있는 내실을 갖춘 것"[5]이어야 했다. 그 이데올로기적 영위는 천황제와 국체를 합리화했고, 결과적으로 전쟁터로 향하는 학생들의 심정적·지적 버팀목으로서 대중적 차원에서의 '역사적 소임'을 완수했다. 그리고 포스트제국으로의 이행에 박차를 가하던 점령 초기에 '울트라 내셔널리즘'의 상징들은 그 가치가 폭락했다. 「근대의 초극」은 '대동아공영권' 이데올로기를 뒷받침하며 사람들을 전쟁터로 내몬 원흉으로 간주되거나[6] 파기되어야 할 '군국주의적인 출판물'로 처리되었다.[7] 그러나 계속성은 "비참한 정체의 붕괴 후 반드시 생기는 문제"[8]기도 하다. 포스트점령기로 들어서자 '근대의 초극'의 부활을 예고하는 움직임들[9]이 조금씩 고개를 들

키 시게타카(鈴木成高), 나카무라 미쓰오(中村光夫), 시모무라 도라타로(下村寅太郎), 기쿠치 세이시(菊池正士), 모로이 사부로(諸井三郎), 쓰무라 히데오(津村秀夫), 요시미쓰 요시히코(吉満義彦)다. 사전 제출 논문과 좌담회 기록은 같은 해 『문학계』(1942. 9~10)에 연재되었고 이듬해에는 단행본으로 간행되면서 부제는 '지적 협력 회의'로 변경되어 '지적 총력전'을 연상시킨다.

5 広松渉(2003), 『〈近代の超克〉論：昭和思想史への一視覚』, 東京：講談社, 100쪽.

6 「竹内好は終わらない」, 『朝日新聞』 2007. 11. 18.字〔http://www.asahi.com/culture/news_culture/TKY 200711180038.html(검색일：2018. 3. 12)〕

7 小田切秀夫(1958), 「「近代の超克」論について」, 『文學』(1958. 4), 495쪽.

8 イアン・ブルマ(1994), 『戦争の記憶：日本人とドイツ人』, 石井信平 訳, 東京：TBSブリタニカ, 77쪽.

9 신판 '근대의 초극'으로 거론된 것은 야마모토 겐키치의 『고전과 현대문학』(1955), 1952년 1월에 개최된 『문학계』의 특집 좌담회 〈현대 운명의 지적 운명〉, 일본문화포럼의 좌담회 〈일본문화의 전통과 변천〉(1958) 등이다.

기 시작했고, 1950년대 후반에는 '근대의 초극'을 둘러싼 단죄와 옹호의 이데올로기 공방이 펼쳐졌다. 제국의 붕괴가 '근대의 초극'의 종언을 약속한 것은 아니었던 것이다.

두 전후 지성은 각각 '근대주의자'(마루야마 마사오)와 '반근대주의자'(다케우치 요시미)의 위치에서 사상적 대화/대결을 지속해 갔고, 그 중심에는 '아시아'와 '내셔널리즘'이라는 전후 세계의 화두와 닿아 있던 '근대(일본)'의 문제가 있었다. 그러한 의미에서 제국일본의 포스트제국으로의 이행을 추동했던 마루야마와 다케우치의 지적 행보는 포스트제국으로 이월한 '근대'와 '근대의 초극'의 문제가 어떻게 전후 사상의 과제로서 재설정되고 전개되었는지 보여 주는 중요한 지적 지표가 된다.

2. 전후 지성의 출발과 '근대의 초극'

1) '근대의 초극'과 전후의 기점 : 마루야마 마사오

마루야마 마사오는 1914년 저널리스트의 아들로 태어나 도쿄대학(구 도쿄제국대학) 졸업 후 법학부 조수로 대학에 남았다. 30세에 소집을 받은 그는 히로시마현(広島県)에 위치한 육군선박사령부의 선박통신연대 참모부정보반에 전속되었고 거기에서 패전을 맞았다. 복원 후 그가 가장 먼저 발표한 글은 「근대적 사유」〔『문화회의』 제1호(1946. 1)〕이다. 격변 속에서도 지속해 온 '가장 절실한 학문적 관심' 분야, 즉 '일본의 근대적 사유의 성숙 과정'을 규명하는 데 몰두할 수 있다는 안도와 의욕이 담긴 글이다. 이는 "존경할 만한 학자, 문학자, 평론가 사이에서 지배적이던 최근 수년의 시대적 분위기"에 관한 씁쓸한 기억을 동반하고 있다. 그의 뇌리에 떠오른 것은 '근대적 정신'을 현대의 제약의 근원으로 규탄하거나, '근대'는 역사적 역할을 다했으니 남은 것은 '초극'뿐이라는 언설이 편만하던 전시기의 기억이다.[10] 마루야마가 이 씁쓸한 기억을 떠올린 것은 전후 과제로서의 '근대적 사유'가 무엇을 유의해야 하는지를 제시하기 위한 것이기도 했다.

> 이미 초극되었어야 할 민주주의 이념의 '세계사적' 승리를 목전에 둔 지금 …… 철학자들은 또다시 그 '역사적 필연성'에 관하여 시끄럽게 이야기하기 시작할 것이다. ……일본에서 근대적 사유는 '초극'은커녕 제대로 획득된 적조차 없다는 사실이 이렇게 해서 겨우 여러 사람의 눈에도 분명해졌다. ……그러나 또 한편으로는 과거 일본의 근대사상의 자생적 성장을 전혀 볼 수 없었다는 견해도 정당하다고는 할 수 없다. 지금 같은 참담한 경우는 '초극'설과 정반대인 소위 '무관'설이 나오기에 절호의 온상인데, 그것은 국민의 사상적 능력에 대한 자신감을 상실하게 만들며 결론적으로 근대사상은 곧 서구사상이라는 과거의 안이한 등식화로 퇴행할 위험을 포장하고 있다. ……(1945. 12. 30).[11]

---

10 丸山真男(1968), 「近代的思惟」(1946, 『文化会議』 第1号), 日高六郎 編, 『戦後日本思想大系 1 : 戦後思想の出発』, 東京 : 筑摩書房, 327쪽. 좌담회 〈근대의 초극〉에 조금 앞서 일본에서는 또 하나의 좌담회가 열렸다. 철학자 니시타니 게이지, 고사카 마사아키(高坂正顕, 1900~1969), 고야마 이와오(高山岩男, 1905~1993), 스즈키 시게타카(역사학자)가 참석했다. 이 중 니시타니와 스즈키는 좌담회 〈근대의 초극〉에도 참석했다. 이들 '교토학파 사천왕'은 총 3회[〈세계사적 입장과 일본〉(『중앙공론』 1942. 1) ; 〈동아공영권의 윤리성과 역사성〉(『중앙공론』 1942. 4) ; 〈총력전 철학〉(『중앙공론』 1943. 1)]에 걸친 좌담회에서 일본의 세계사적 사명과 '대동아공영권'사상을 이론화했다. 좌담회 기록은 1942년부터 이듬해까지 『중앙공론』에 연재된 후 『세계사적 입장과 일본』(1943)이라는 제목으로 출간되었다. '근대의 초극'은 『문학계』와 『중앙공론』 지상의 두 좌담회를 나란히 가리키며 전시기 일본의 지식인을 사로잡은 유행어가 되었다[竹内好(1980a), 「近代の超克」(1959, 『近代日本思想史講座 第7巻』), 『竹内好全集 第8巻 : 近代日本の思想・人間の解放と教育』, 東京 : 筑摩書房, 3쪽]. '근대의 초극'은 근대를 극복하려는 사상적・문화적 시도 일반을 의미하는 용어로도 외연을 확장해 왔다.

11 丸山真男(1968), 앞의 글, 327~328쪽.

'근대의 초극' 시대가 끝났다는 안도감도 잠시, 전전과 단절된 전후의 감각이 일본의 '근대'에 대한 자생력을 부정함으로써 도리어 일본인의 주체적인 근대적 사유을 약화시키지 않을까 하는 우려가 엿보인다. 그 우려는 근대와 서구의 동일시, 서구화 일변도였던 전전으로의 낯익은 퇴행이라는 불길한 예감으로 이어지고 있다. 근대화와 서구화의 동일시, 안이한 근대 부정에 대한 의문과 자성의 목소리는 전시기의 좌담회 〈근대의 초극〉에서도 이미 나왔었다. 나카무라 미쓰오(中村光夫, 1911~1988)는 좌담회 제출 논문 「'근대'에 대한 의혹」〔『문학계』(1942. 10)〕에서 그 모순을 다음과 같이 지적했었다.

> '근대의 초극'—이 과제에는 어딘가 우리가 알 듯 말 듯 한 모호한 데가 있지 않은가. ……지금까지 우리나라에서 일반적으로 그렇게 간주되어 왔듯 근대적이라는 말을 서양적이라는 의미와 동일시하고, 서구의 몰락과 일본의 자각이라는 식으로 문제를 설정하면 일은 간단하다. 그러나 만약 그러한 조잡한 개념으로 문제를 해결할 작정이라면 굳이 신조어를 들고 나올 일은 없을 것이다. 서양을 부정하는 데 서양의 개념을 빌려 오는 것은 그 자체가 이미 견식 없는 모순일 것이다. 현대문화의 과제를 '근대의 초극'이라는 말로 표현한 것은 다름 아닌 현대 서구의 일부 사상가들이기 때문이다"[12]

나카무라는 '근대의 초극'이라는 신조어, 그 언설이 지닌 생래적 모순을 짚어 내고 있다. 그러나 나카무라의 이러한 비판도 좌담회에서는 논의의 주변을 맴돌았다. 그 점에 있어서도 '근대의 초극'론자들이 표방했던 '지적 협력'은 기능 부전이었다.

12 河上徹太郎 外(1943), 『知的協力会議：近代の超克』, 東京：創元社, 1164~165쪽.

이토 유지(伊東祐史, 1974~)는 마루야마가 법학부 재학 시절과 조수 시절에 발표한 논문을 '근대의 초극'이라는 관점에서 재조명했다. 그의 분석은 마루야마의 근대적 사유에 입체성을 더한다. 그에 의하면, 마루야마는 1930년대 이후 국제적으로 대두하던 파시즘 세력을 목격하면서 근대의 합리적 사유가 지닌 한계를 인식했다. 당시의 논문들[13]은 에도시대의 유교사상 소라이(徂来)학에서 근대적 사유와 비합리주의의 접목 가능성을 탐구하며 전시기 국수주의와는 구분되는 '참된 근대의 초극'을 구상한 것이었다. 그러나 태평양전쟁 발발을 전후하여 재집필한 조수 시절 논문에서 마루야마는 일본의 '근대적 사유'의 미흡함을 규명하는 쪽으로 논지를 전회했다. 이 변화를 이토는 날로 악화되는 전황 속에서 개인의 자유의 위기를 직감한 데에서 나온 마루야마의 저항적 표현으로 설명한다.[14] 이토의 분석은 마루야마의 '근대적 사유'와 '근대의 초극'사상이 그의 세계 인식과 현실 인식 속에서 연결되었던 지점을 놓치지 않았다. 전후의 기점에서 마루야마는 지체되었던 '근대적 사유'를 본격화하면서도 전후 세계로의 무비판적 편승과는 거리를 두었다. 그것은 '근대주의'를 비판한 전후 사상의 또 다른 견인자 다케우치 요시미와의 사상적 대화/대결이 지속될 수 있었던 지점이기도 하다.

2) '근대의 초극' 비판과 '민중' 인식의 괴리 : 다케우치 요시미

마루야마 마사오와 다케우치 요시미는 1947년 도쿄대학 동양문화연구소에서 처음 알게 되었다. 1954년 다케우치가 마루야마의 동네로 거처를 옮

13 대학 재학 시절의 첫 논문은 「政治学における国家の概念」〔『東京帝国大学緑会雑誌』 第8号(1936. 12)〕, 조수 시절의 논문은 「近世儒教の発展における徂徠学の特質並にその国学との関連 (1)~(4)」〔『国家学会雑誌』(1940. 2~5)〕이다.

14 伊東祐史(2016), 『丸山真男の敗北』, 東京 : 講談社, 37~57쪽.

기면서 둘의 친분은 한층 두터워졌다. 그러나 그러한 친분이 곧바로 사상적 친연성을 담보하는 것은 아니었다. 패전 후의 다케우치에게는 마루야마가 보였던 '당당한' 사상적 연속성을 찾아보기 어렵다. 교토학파의 좌담회 〈세계사적 입장과 일본〉(제1회, 1941. 11. 26 개최)이 『중앙공론』에 발표된 1942년 1월, 다케우치는 중국문학연구회[15] 기관지 『중국문학』에 「대동아전쟁과 우리의 결의(선언)」라는 글을 무서명으로 발표했다.

> 전쟁은 참혹하다고만 생각했다. 실은 그런 생각이 더 참혹한 것이다. …… 돌연 전쟁이 발발하고 그 찰나에 우리는 모든 것을 납득했다. 모든 것이 분명해졌다. ……솔직히 말하면 우리는 만주사변에 대해 선뜻 찬성하기 어려운 감정이 있었다. 의혹이 우리를 괴롭혔다. 우리는 중국을 사랑하며 중국을 사랑함으로써 반대로 우리 자신의 생명을 지탱해 왔다. ……만주사변이 일어남에 따라 이 같은 확인은 무너지고 무참히 찢겼다. ……동아에서 침략자를 쫓아내는 것에 대해 우리는 조금의 도의적 반성도 필요로 하지 않는다. 적은 일도양단으로 베어 버려야 한다. 우리는 조국을 사랑하고 조국에 이어 이웃 나라를 사랑한다. 우리는 정의를 믿고 또 힘을 믿는다.
>
> 대동아전쟁은 보기 좋게 만주사변을 완수하고 이를 세계사상으로 부활시켰다. 바야흐로 대동아전쟁을 완수하는 것은 바로 우리다.[16]

이 글의 저자가 다케우치인 것은 전후에 와서 알려졌다. 이 '선언'에서 일본낭만파 오카와 슈메이(大川周明, 1886~1957), 도쿠토미 소호(德富蘇峰, 1863~1957)를 떠올리거나 메이지기의 미야자키 도텐(宮崎滔天, 1871~1922),

15 다케우치 요시미, 다케다 다이준(武田泰淳), 오카자키 도시오(岡崎俊夫) 등 도쿄제국대학 중국철학중국문학과(東京大学文学部支那文学科) 졸업생이 1934년에 결성했다.

16 竹内好(1981b), 「大東亜戦争と吾等の決意(宣言)」(『中国文学』 1942. 1), 『竹内好全集 第14巻：戦前戦中集』, 東京：筑摩書房, 294쪽.

나아가 기타 잇키(北一輝, 1883~1937)의 '우익적 아시아사상'의 혈맥을 짚어 내는 것[17]도 무리는 아닐 것이다. '대동아전쟁'의 사명에 대한 다케우치의 확신은 교토학파의 좌담회에서 전쟁을 '도덕적 생명력'의 발현이라고 주장한 고사카 마사아키의 그것[18]과도 그리 달라 보이지는 않는다.

그러나 교토학파의 좌담회가 〈동아공영권의 윤리성과 역사성〉(제2회, 1942. 4), 〈총력전 철학〉(제3회, 1943. 1)으로 회를 거듭할 때 다케우치의 인식은 다소나마 변화를 보였다. 이듬해 일본문학보국회는 중국문학연구회에 대동아문학자대회[19] 참가와 협력을 요청해 왔다. 그때 다케우치 요시미는 「대동아문학자대회에 관하여」(『중국문학』 1942. 11)를 통해 불참과 비협력 의사를 밝혔다. 「대동아전쟁과 우리의 결의」에서의 '성전' 의식이 완전히 불식된 것은 아니다. 그러나 적어도 대동아문학자회의가 아시아 국가의 문학자들에게 일본 정부의 정책을 강요하는 장으로 기능한다는 데까지는 인식이 이르고 있다.[20] 이듬해에는 「『중국문학』의 폐간과 나」(『중국문학』 1943. 3)를 끝으로 1943년 중국문학연구회의 해산과 함께 『중국문학』을 폐간했다. 같은 해 8월 33세이던 그는 소집영장을 받고 중지(中支)파견독립혼성여단의 보충요원으로 복무하게 된다. 그가 패전을 맞은 것은 호남성에 위치한 보도반 중국어 교육 조수로 있을 때였다.

다케우치의 전후 사상의 기점을 보여 주는 중요한 논고로 「중국인의 항전의식과 일본인의 도덕의식」(『지성』 1949. 5)이 있다. 이 글에서 그는 전시

---

17 鶴見俊輔(1995 / 2010), 『竹内好：ある方法の伝記』, 東京：岩波書店, 98쪽.

18 고사카는 전쟁을 반윤리적인 것으로 보는 것은 윤리 · 정의감이 형식주의화한 것이라며, 구질서와 현실 유지를 타파할 '건강한 생명의 반격', '도덕적 생명력'은 전쟁을 통해 발현된다고 했다(「世界史的立場と日本」, 『中央公論』(1942. 1), 183쪽).

19 이 제1회 대동아문학자대회의 의제는 "대동아전쟁의 목적 수행을 위한 공영권 내 문학자의 협력 방법"과 "대동아문학 건설"이었다.

20 鶴見俊輔(1995 / 2010), 앞의 책, 105쪽.

하에 출판된 린위탕(林語堂, 1895~1976)의 소설 『경화연운(京華煙雲, *Moment in Peking*)』(1939)의 일본어 번역본 3종[21]에 삭제 · 생략 · 개찬되었던 부분들을 바로잡으며 저자의 본래 의도를 복원하고 있다. 린위탕이 그리고자 한 것은 일본의 '동아 신질서', '동아공영권', '만주국'의 기만에 대한 중국인의 증오심과 저항정신이었고, 또 그에 비례한 일본 국민의 도덕적 부재였다. 다케우치가 여기에서 강조하고 있는 것은 일본 국민도 전쟁 책임, 특히 '인도에 대한 범죄'에서 자유로울 수 없다는 것이었다. 일본 국민의 전쟁 책임에 관한 다케우치의 비판은 마루야마 마사오의 「전쟁책임론의 맹점」(『사상』 1956. 3)보다도 수년 앞선다. 이 글에서 마루야마는 "지배자와 국민을 구별하는 것은 잘못이 아니나 그렇다고 '국민'=피해자의 전쟁 책임이 모든 의미에서 부정되지는 않는다. 적어도 중국의 생명 · 재산 · 문화의 그 참담한 파괴에 대해서는 역시 우리 국민은 공동책임을 면할 수 없다. 국내문제도 분명 일본은 독일의 경우처럼 정치적 민주주의의 기반 위에 파시즘이 권력을 쥔 것은 아니었던 만큼 '일반 국민'의 시민으로서의 정치적 책임은 가볍지만, 파시즘 지배에 묵종했던 도덕적 책임까지 해제되는가의 여부는 문제"라고 했다.[22] 다케우치는 일본 국민의 윤리의식과 도덕적 책임을 물으며 '인도에 대한 범죄'를 '평화에 대한 범죄'와 엄격히 구별했는데, 여기에서는 1년 전에 종결된 도쿄재판(극동국제군사재판)의 영향을 볼 수 있다.[23]

---

21 일본어역 3종은 『北京歷日』(1940, 藤原邦夫 抄 · 訳, 明窓社), 『北京の日』(1940, 鶴田知也 訳, 今日の問題社), 『北京好日』(1940, 小田嶽夫 外訳, 四季書房).

22 丸山真男(1995b), 「戦争責任の盲点」(『思想』 1956. 3), 『丸山真男集 第6巻』, 東京 : 岩波書店, 160~161쪽.

23 다케우치 요시미는 도쿄재판 판결문을 『마이니치신문』만 게재하고 있다는 것 자체가 일본인의 양심의 부재를 보여 주는 것이라고 비판한다. 그가 인용하고 있는 『마이니치신문』에 게재된 판결문(일부)은 다음과 같다. "일본은 만주에서 공작의 경비를 충당하기 위해, 또 중국 측의 저항력을 약화하기 위해 아편과 마약의 거래를 인허하고 발전시켰다. 중국 정부는 1929년 7월 25일부터 시행할 금연법(禁烟法)을 공포했었다. 펑텐사건(奉天事件) 당시와 그후 얼마간 아편과 마약의 주된 출처는 조선이었다. 일본

다케우치는 린위탕의 저항정신에 관하여 "너무 순진한 것인지도 모른다. 그러나 순진하다 해도 전쟁 중에 '도덕적 생명력'을 제창한 일본의 어용학자와 달리 민중과 동떨어진 것은 아니다. 그것은 이른바 최소 저항선에서 나온 항전의 민중적 이데올로기"[24]라고 평가하고 있다. 주목할 지점은 중국의 '순진한 저항정신'과 일본의 '도덕적 생명력', 중국의 린위탕과 일본의 어용학자를 비교하고 있는 대목이다. 당시의 지식인이라면 '도덕적 생명력'을 제창한 일본의 어용학자가 교토학파를 가리킨다는 것을 알기는 어렵지 않다. 교토학파는 좌담회 〈세계사적 입장과 일본〉에서 '도덕적 생명력(Moralische Energie)'이라는 랑케(Leopold von Ranke, 1795~1886)의 말을 반복하며 '대동아전쟁'사상을 윤리적으로 이론화하고 또 그것을 '대동아공영권'의 실천적 동력으로 규정했다.

다케우치는 교토학파가 주장한 '도덕적 생명력'과 민중의 괴리를 비판하고 있는 것이다. 하지만 이 글의 논지는 일본 국민, 즉 민중의 윤리적 부재를 비판하는 데 맞추어져 있었다. 그러므로 전쟁 중에 군부나 지도층 못지

정부는 조선의 경성에서 아편과 마약을 만드는 공장을 경영했다. 페르시아 아편도 극동으로 유입되고 있었다. 일본 육군은 1929년 약 1천만 온스를 웃도는 대량 아편의 적하를 압수해 타이완에 저장하고 있었다. 이 아편은 미래 일본의 군사행동을 위한 경비에 충당하도록 되어 있었다. 타이완에 또 하나 금제 마약의 출처가 있었다. 호시노가 만주국에 착임한 얼마 후의 교섭에서 만주국 아편 수익금을 담보로 한 3천만 엔의 건국공채를 일본흥업은행이 인수할 것을 승낙했다는 사실을 통해 증명된다. 이 방법은 화북에서 반복되었고 나아가 화남에서도 반복되었다. 조선과 그 밖의 지방에서 수입된 아편은 만주에서 정제된 후 전 세계로 보내졌다. 세계의 금제 백색 마약의 9할은 일본인의 손에서 나온 것이며 텐진(天津)의 일본 조계, 다롄(大連)과 준하는 그 밖의 만주, 러허(熱河) 및 중국의 도시에서 언제나 일본인에 의해 또는 일본인의 감독하에 제조된 것이라는 것이 1937년 국제연맹에서 지적되었다""〔竹内好(1980b), 「中国のレジスタンス：中国人の抗戦意識と日本人の道徳意識」(『知性』 1949. 5), 『竹内好全集 第4巻：現代中国論・中国の人民革命・中国革命と日本』, 東京：筑摩書房, 23~24쪽, 28~29쪽〕.

24 竹内好(1980b), 앞의 글, 35~36쪽.

않게 윤리를 상실했던 민중의 문제를 해결하지 않은 채, 일본의 '민중'을 곧바로 어용학자 비판의 준거로 삼을 수는 없는 것이다. 이는 이 글을 집필 중인 다케우치의 내부에서 린위탕 소설 및 그 일본어 번역을 통해 드러난 일본 '민중'의 실상과 교토학파 비판의 준거로 소환된 '민중'의 이미지가 혼재되어 있음을 보여 준다.

3. '전후 근대'의 계기들 : '아시아' 그리고 '내셔널리즘'

다케우치가 「중국인의 항전의식과 일본인의 도덕의식」을 발표한 1949년, 전후 일본에서는 "서양 근대를 이상화한 계몽주의와 '근대주의'가 다시 비판을 받고 아시아와 일본의 서민 감정이나 전통문화, 그리고 '민족'"이 재평가되기 시작했다. 거기에는 중화인민공화국 성립(1949. 10)의 영향이 적지 않았다. 또 냉전의 본격화로 인한 점령정책의 역코스와 한국전쟁의 발발도 논단의 관심을 주체성과 근대적 인간에서 평화와 민족 독립의 문제로 돌리게 했다.[25] 여기에서의 '근대주의', '근대적 인간'이란 1960년대 일본 논단에 유입된 미국 학자들의 '근대화'론과는 구별된다. 미국 주도의 '근대화'론이 일본에 유입되어 붐을 이루던 1960년대에 와다 하루키는 전자를 '고전적 근대화론'(근대주의)으로 후자를 '현대적 근대화론'으로 구별해 명명하기도 했다.[26]

---

25 小熊英二(2003), 『神奈川大学評論ブックレット 26 清水幾太郎 : ある戦後知識人の軌跡』, 東京 : お茶の水書房, 34쪽.

26 和田春樹(1966), 「現代的「近代化」論の思想と論理」, 『歴史学研究』 第318号, 3쪽. 1960년대 일본에서 붐을 이룬 '근대화'론과 1960년 '하코네회의'에서 미국 학자들과 일본 학자들의 '근대' 인식의 차이, 그것이 전후 일본의 민주주의에 미친 영향에 관해서는 필자의 「포스트점령기의 일본, '착한 민주주의'로의 이행 : 1960년대 미제 '근대화'론의 냉전 지형(知形)」, 『아시아문화연구』 제49집(2019) 참조.

연합국 측과의 강화 문제가 부상하면서 일본의 국론은 유엔 중심의 전면강화와 소련, 중국 등이 제외된 단독강화로 양분되었다. 1949년 11월 요시다 시게루(吉田茂, 1878~1967) 총리는 국회에서 단독강화의 방향을 시사했다. 같은 해 12월 도쿄대학 총장 난바라 시게루는 미국에서 열린 교육자회의에서 전면강화론을 주장해 파문을 던졌다.[27] 난바라의 제자 마루야마 마사오도 '평화문제간담회'[28] 멤버로서 성명문[29]을 통해 전면강화론적 입장을 표명했다. 그러나 1951년 9월 일본 정부는 단독강화 체결에 서명했고 전후 일본과 아시아 국가 간의 온전한 관계 수복은 더욱 요원해졌다. 하지만 '아시아 내셔널리즘'이 전후 세계의 화두로 부상하는 가운데 일본의 지식인들은 '아시아'의 문제에 무심할 수 없었다. 그 선봉에 선 것도 마루야마와 다케우치였다. 단독강화까지 단행한 전후 일본이 어떻게 '아시아 내셔널리즘'과 관계할 것인가는 녹록지 않은 문제였지만, 피할 수도 없는 당면 과제였다.

1) '아시아 내셔널리즘'과의 조우

이즈음 다케우치 요시미는 「근대주의와 민족의 문제」(『문학』 1951. 9)에

27 『昭和毎日：昭和のニュース』〔http://showa.mainichi.jp/news/1950/05/post-7820.html (검색일：2018. 3. 22)〕.

28 '평화문제간담회'는 유럽의 사회과학자들이 평화 문제에 관한 성명문 발표(유네스코본부, 1948. 7)를 의식하여, 『세계』의 편집장 요시노 겐자부로가 조직한 지식인 그룹(1948. 9. 결성)이다. 마루야마를 비롯한 비공산당계 진보파, 공산주의자, 반공산주의적 올드 리버럴리스트가 참가했고 1949~1950년에 성명문을 세 번 발표했다〔小熊英二(2003), 앞의 책, 34~36쪽〕.

29 성명문의 맺음말은 유엔 중심의 중립적 전면강화의 입장을 집약하고 있다〔平和問題談話会(1950), 「講和問題についての平和問題談話会声明」(1950. 1. 15)(『世界』 1950. 3, http://www.isc.meiji.ac.jp/~takan e/lecture/kokusai/data/hmseimei.htm, 검색일：2018. 3. 22)〕.

서 '민족'의 문제가 다시 학술적 논의의 대상이 된 것에 주의를 환기시켰다. 그는 태평양문제조사회(Institute of Pacific Relations. 이하 'IPR')가 주최한 제11회 국제회의(1950. 10. 3.부터 15일간)의 영향을 직감하며 전후 일본의 새로운 단계를 예감했다. 인도 러크나우에서 열린 이 국제회의가 의제로 택한 것은 "극동에서의 내셔널리즘과 그 국제적 영향"이었다. 다케우치는 이 러크나우회의를 언급하며 "일본 이외의 아시아 국가들의 '바른' 내셔널리즘"[30]과의 관계를 재설정하기 위해서라도 일본은 '민족'의 문제를 스스로 해결해야 한다고 주장했다.

「근대주의와 민족의 문제」에서 그는 자신의 주장을 뒷받침하기 위해 마루야마 마사오의 논문 「일본에서의 내셔널리즘」을 참조했다. 러크나우회의 이듬해인 1951년 1월 『중앙공론』의 "아시아의 내셔널리즘" 특집호에 수록된 논문이다. 『중앙공론』의 기획은 전후의 대표적인 저널리즘이 '아시아의 내셔널리즘'을 체계적으로 다룬 가장 이른 시도의 하나였다.[31] 수록 논문들은 중국, 인도, 동남아시아, 일본의 내셔널리즘을 다루고 있다. 마루야마의 논문은 그중 하나다.[32] 다케우치가 마루야마의 논문에서 주목하며 참조한 것은 무엇일까.

아시아의 내셔널리즘, 특히 전형적으로 중국의 그것은 사회혁명과 긴밀히

30 竹内好(1981a), 「近代主義と民族の問題」(『文學』 1951. 9), 『竹内好全集 第7巻 : 国民文学論. 近代日本の文学·表現について』, 東京 : 筑摩書房, 34쪽. 이 글은 잡지 『문학』이 "일본문학에서의 민족의 문제"라는 주제로 기획한 논문의 하나다.

31 丸山真男(1969b), 「追記および補註」, 『増補版 現代政治の思想と行動』, 東京 : 未来社, 512쪽.

32 마루야마의 논문 외에 수록된 특집 논문은 다음과 같다. 蝋山政道, 「二つの世界とアジアの課題」; 和田斎, 「中国のナショナリズム」; 岡倉古志郎, 「インドのナショナリズム」; 橋本正邦, 「東南アジアのナショナリズム」; 堀江忠男, 「アメリカとアジア」; 小幡操, 「イギリスとアジア」; 平野義太郎, 「ソ同盟とアジア」.

> 결합되었다고들 한다. 그러나 일본의 경우, 사회혁명이 내셔널리즘을 소외했기 때문에 버려진 내셔널리즘은 제국주의와 결합하는 수밖에 없었던 것이다. 내셔널리즘은 필연적으로 울트라화하지 않을 수 없었다. "처녀성을 잃었다"(마루야마 마사오)라는 것은 그것을 의미한다. ……근대주의의 부활로 균형이 회복된 지금이야말로 새롭게 그것(내셔널리즘과의 대결—인용자)이 이루어질 시기일 것이다. ……'처녀성'을 잃은 일본이 그것을 잃지 않은 아시아의 내셔널리즘과 결합의 길을 타개하는 것은 필시 심히 곤란할 것이다. ……진지하게 생각하는 사람일수록(예를 들면 마루야마 마사오 씨나 앞에서 언급한 다카미 준 씨) 절망감이 짙은 것은 그 증거다. ……더러움을 스스로의 손으로 씻어야 한다. 특효약은 없다. 한 걸음, 한 걸음, 손으로 더듬어 가면서 타력에 의지하지 않고 손으로 땅을 파듯 한 걸음 한 걸음 나아가는 것이다. 그들이 달성한 결과만 빌려 오는 뻔뻔한 계략은 용납되지 않는다.[33]

다케우치는 일본의 내셔널리즘이 근대화 과정에서 '처녀성'을 상실했다는 마루야마의 발언을 반복 인용하면서, '소박한 민족주의'가 '울트라 민족주의'로 전환한 과정을 두 단계로 설명하고 있다. 사회혁명운동이 내셔널리즘을 소외한 단계와 혁명파에게 '버려진 내셔널리즘'이 울트라화하는 단계다. 그는 '소박한 내셔널리즘'이 울트라화한 근원적인 원인을 '민족'의 문제를 방기한 사회혁명파에게서 찾고 있으며, 지배 권력이 '버려진 민족주의'를 이용한 것은 어디까지나 그 결과라고 보고 있다.

그러나 일본 내셔널리즘에 관한 마루야마의 분석이 다케우치의 그것과 일치하는 것은 아니었다. 마루야마는 아시아 국가들과 일본의 근대화의 차이를 분석하면서, 아시아는 외세의 압력에 대한 위로부터의 근대화에 실패해 식민지와 반(半)식민지 상태에 처했던 반면, 일본은 위로부터의 중

33 竹内好(1981a), 앞의 글, 35쪽, 37쪽.

앙집권적 민족국가를 수립함으로써 독립에 성공했다고 했다. 반면 일본은 독립을 지켜 내는 대신 근대화의 또 하나의 조건인 국민적 해방을 억압했다. 이러한 까닭에 일본의 내셔널리즘은 제국주의와 유착하면서 근대 내셔널리즘의 말기적 변질을 일으켰다고 했다. 민주주의 및 노동운동이 '민족의식(애국심)'의 문제를 방기하고 '세계주의적 경향'으로 내몰린 것은 어디까지나 그 결과라는 것이다. 그리고 그것은 "내셔널리즘의 모든 상징을 지배층 내지 반동분자가 독점하게 되는 악순환"의 구조로 이어졌다고 했다.[34]

다케우치가 말하는 '근대주의'란 "민족을 사고의 통로에 포함하지 않거나 배제"하는 것[35]을 의미하며, 구체적으로는 '민족의 독립'을 생활감정과 무관하게 슬로건화하는 것, 나아가 중국(아시아)의 내셔널리즘을 모델로 일본에 접합시키는 것[36]까지 포함한다. 패전을 '울트라 내셔널리즘의 자기파멸'로 본 그는, 그 원인을 '일본의 근대사회와 문화의 왜곡'으로 설명하는 것의 합리적(근대적) 측면을 인정했다. 그러나 그것만으로는 '울트라 내셔널리즘의 자기파멸'이 재발하는 것을 막을 수 없다는 입장에는 변화가 없었다.[37] 다케우치는 일본 내셔널리즘이 '처녀성'을 상실했다는 마루야마 마사오를 거듭 언급했지만, 일본의 울트라 내셔널리즘의 원인에 관해서는 마루야마와 분명한 차이를 보인다. 그들의 전후 사상 재건의 방향이 각각

---

34 丸山真男(1995a), 「日本におけるナショナリズム」(『中央公論』 1951. 1), 『丸山真男集 第5巻』, 東京：岩波書店, 66쪽.

35 竹内好(1981a), 앞의 글, 32쪽.

36 竹内好(1981a), 앞의 글, 30쪽. 1960년 안보투쟁 후 요시모토 다카아키, 하나다 기요테루가 '내셔널리스트'라고 비판한 다케우치를 오히려 '인터내셔널리스트'라고 한 것도 다케우치의 이러한 입장과 무관하지 않다[吉本隆明(1960 / 2010), 「擬制の終焉」(1960. 9), 谷川雁 · 吉本隆明 · 埴谷雄高, 『民主主義の神話：安保闘争の思想的総括』, 東京：現代思潮新社, 50~51쪽].

37 竹内好(1981a), 앞의 글, 6쪽.

'근대(화)'와 '근대주의 비판'으로 가닥을 잡은 것은 그러한 차이와 무관하지 않다.

2) '근대주의자' 너머의 근대적 사유 : 다케우치의 마루야마 참조

일본의 울트라 내셔널리즘의 원인을 누구보다 합리적으로 설명하고자 한 것은 마루야마 마사오다. 게다가 울트라 내셔널리즘의 부활 가능성에 대한 진단과 지양의 방향을 제시하는 것도 잊지 않았다. 울트라 내셔널리즘에 동원되었던 공동체적 심정의 정신 구조가 패전으로 자동 소멸되거나 질적 변화를 일으킨 것은 아님을 그도 인식하고 있었다. 그것은 사회적 저변으로 분화 · 분산되어 환류하면서 "정치적 표면에서 모습을 감추"[38]었을 뿐이다. 그러한 진단 위에 전통적인 민족주의 감정과 향후 내셔널리즘의 관계, 민족주의 감정의 정치적 재동원 가능성이라는 두 방향으로 사유를 이어 갔다. 민족주의의 정치적인 재동원을 과도하게 우려할 필요는 없다고 하는 한편 일본의 내셔널리즘이 또다시 "반혁명과의 결합이라는 과거의 가장 추악한 유산만을 계승"한다면, "일본은 결정적으로 다른 아시아 · 내셔널리즘의 동향에 등을 질 운명"[39]을 피할 수 없을 것이라고 경고했다. 그러면서도 민주주의가 성공하기 위해서는 '내셔널리즘의 합리화'뿐 아니라 '데모크라시의 비합리화', 즉 민주주의와 내셔널리즘의 접점이 필요하다고 보았다. 다케우치 요시미가 '근대주의자' 마루야마와 사상적 대화/대결을 지속했던 이유다.

다케우치는 1951년 1월 17일 『일본독서신문』에 발표한 「새로운 관점의 도입 : 아시아 내셔널리즘을 중심으로」에서 아시아와 일본의 근대화를 비

---

38 丸山真男(1995a), 앞의 글, 74쪽.

39 丸山真男(1995a), 앞의 글, 76~77쪽.

교한 마루야마의 역사 비판(「일본에서의 내셔널리즘」)에 '완전'한 동감[40]을 표했다. 일본의 내셔널리즘이 초국가주의로 역행하는 대신 아시아 내셔널리즘과의 연결로 갈 가능성이 희박하다는 마루야마의 우려에도 그는 입장을 같이하고 있다.[41] 1950년 IPR이 "극동에서의 내셔널리즘과 그 국제적 영향"을 의제로 인도 러크나우에서 국제회의를 개최했을 때, 참가국들은 테이블 토의를 위해 자료 논문을 제출했다. 이때 일본 측이 제출한 「전후 일본의 내셔널리즘의 일반적 고찰」은 일본 IPR에서 토의를 거쳐 마루야마 마사오가 작성한 것이다. 다케우치가 인용한 「일본에서의 내셔널리즘」(『중앙공론』 1951. 1)은 마루야마가 당시 제출한 논문을 자신의 관점에서 재집필한 것이다.[42]

수년 후 「아시아 민족주의의 제 원리」(1957)에서도 다케우치 요시미는 일본의 민족주의가 초국가주의로 변질된 탓에 중국의 민족주의에 대한 이해력을 상실했다며 IPR에 제출된 논문(마루야마 마사오 작성)을 인용하고 있다.

> 중국은 구 지배계급이 새로운 국면으로의 적응 능력을 지니지 못했기 때문에 열강제국주의에 침식당했는데 그것이 오히려 구사회=정치체제를 근본적으로 제국주의 지배에 반대하는 내셔널리즘운동으로 변혁할 임무를 부과하게 되었다. 각기 다른 형태이기는 하나 반제국주의운동과 사회혁명의 결합은 쑨원에서 장제스를 거쳐 마오쩌둥에 이르는 중국 내셔널리즘의 일관된 전통을

---

40 竹内好(1981f), 「アジアのナショナリズムについて」(『日本読書新聞』 1951. 1. 17.字), 『竹内好全集 第5巻 : 方法としてのアジア. 中国・インド・朝鮮. 毛沢東』, 東京 : 筑摩書房, 5쪽.

41 竹内好(1981f), 앞의 글, 5쪽.

42 丸山真男(1969b), 앞의 글, 512쪽. 각국의 제출 논문과 러크나우회의 관련 기록은 그 이듬해에 일본 IPR 편역의 『아시아의 민족주의 : 러크나우의의 성과와 과제』(1951, 岩書波店)로 출간되었다.

이루었다. 그러나 일본의 경우 도쿠가와체제를 타도하고 통일국가의 권력을 장악한 것은 그 자체도 봉건적인 세력이었다. 다만 그들은 서구제국의 압력에 대항할 필요에서, 국내의 다원적인 봉건적 분권제를 급속히 해소하고 이를 천황의 권위 아래 통합하여 부국강병정책을 통해 위로부터의 근대화를 수행했다. ……일본의 내셔널리즘 사상과 운동은 이러한 일본제국의 발전과 형영상반하여 전개되었다. ……민간의 내셔널리즘운동은 두세 예외를 제외하고 지배체제에 대한 근본적인 반대가 아니라 오히려 지배체제에 내재한 팽창주의적 계기의 편달운동으로 전개되었다. 그 때문에 그것은 사회혁명과 결합하기는커녕 반대로 반혁명 및 반민주주의와 결합했다. ……이렇게 해서 19세기 유럽과 현대 극동 지역에서의 민주적·혁명적 내셔널리즘이 일본에서는 지금까지 뿌리를 내릴 기반을 지니지 못한 것이다"(생략은 다케우치).[43]

다케우치가 인용한 이 글은 마루야마가 중국과 일본의 근대화 과정을 비교한 부분이다. 「일본에서의 내셔널리즘」에서와 마찬가지로 마루야마는 일본의 내셔널리즘이 사회혁명이 아닌 팽창주의적 지배체제(제국주의)와 결합했다고 설명한다.[44] 다케우치는 출처를 "「일본에서의 내셔널리즘」(마루야마 마사오 집필)"[45]이라고 밝히고 있는데, 이는 IPR 국제회의 제출 논문 중 마루야마의 관점이 반영된 서설(「일본의 내셔널리즘의 역사적 배경」)을 가리킨다. 마루야마의 견해라면 『중앙공론』 특집호 수록 논문을 참조하는 것이 더 정확할 텐데 이 글을 인용한 것은, '아시아 내셔널리즘'이 당시 국제사회의

---

43 竹内好(1981e), 「アジア民族主義の諸原理」, 『竹内好全集 第5巻 : 方法としてのアジア. 中国・インド・朝鮮. 毛沢東』, 東京 : 筑摩書房, 19쪽. 이 글은 본디 1957년 『岩波講座現代思想 第3巻 : 民族の思想』에 「中国の民族主義」라는 제목으로 수록.

44 丸山真男(1951), 「戦後日本のナショナリズムの一般的考察」, 日本太平洋問題調査会 訳・編, 『アジアの民族主義 : ラクノウ会議の成果と課題』, 東京 : 岩波書店, 170쪽.

45 竹内好(1981e), 앞의 글, 19쪽.

이목을 집중시킨 주제라는 점, 그리고 일본 내셔널리즘에 관한 마루야마의 글도 그러한 문맥에서 나왔다는 점을 강조하고자 했던 것이 아닌가 생각된다. 다케우치는 전후 논단에 '민족' 담론이 재개하는 데 있어 IPR 러크나우회의의 영향을 매우 중시했고 또 실제로도 그러했다. 그는 10여 년 후 프랑스 문학자 구와바라 다케오(桑原武夫, 1904~1988)와의 대담 「일본의 근대 백 년」에서도 전후 일본의 논단에서 '민족'의 문제가 다시 거론되기 시작한 것은 '아시아 내셔널리즘'을 다루었던 이 IPR의 영향이라고 말하고 있다.[46]

'아시아 내셔널리즘'의 고조는 미소 냉전 구도 속에 부상한 제3세계 국가들의 비동맹·중립 움직임과도 맞물려 전개되었다. 1955년 인도네시아에서 개최된 아시아·아프리카회의(반둥회의)는 그 중요한 지표로 기억된다. 다케우치는 이 회의에 주목하면서 아시아 내셔널리즘을 서구 제국주의와 구별되는 아시아 국가들의 연대의식으로 규정했다.[47] 이러한 다케우치 요시미의 아시아 내셔널리즘론은 2년 후 「아시아 민족주의의 제 원리」라는 제목으로 이와나미강좌 시리즈 제3권 『현대사상 : 민족의 사상』(1957)에 수록했다. 그리고 같은 시리즈 제11권 『현대사상 : 현대일본의 사상』(1957)에는 일본사상사의 고전으로 꼽히는 마루야마의 「일본의 사상」이 수록되었다. 마루야마에게 '근대의 초극'을 전면적으로 다룬 논고는 없지만, 일본의 근대화라는 문맥에서 '근대의 초극'의 역사성과 심리를 언급하고 있으며 이 또한 여러 논자의 주목을 끌었다.

---

46 桑原武夫·竹内好·鶴見俊輔(1970), 「〈対談〉日本の近代百年」(『共同通信』 1965. 1), 『状況的 : 竹内好対談集』, 東京 : 合同出版, 156~158쪽.

47 竹内好(1981f), 앞의 글, 6쪽.

4. '전후 15년'의 사상적 행보와 '근대의 초극'

1) '전근대'의 초극과 '근대'의 초극 사이 : 마루야마의 「일본의 사상」(1957)

마루야마는 「근대적 사유」(1946. 1)에서 약속한 대로,[48] 「초국가주의의 논리와 심리」, 「일본에서의 내셔널리즘」 등 일본 근대화의 구조를 총체적으로 파악한 논고들을 발표해 갔다. 시대를 움직였던 이 논문들[49]은 1950년대에 집중되어 있다. 일본 '근대'의 특질과 구조를 파악한 「일본의 사상」은 그 정점에 위치한다. 일본정신사에 주목한 마루야마는 사상과 사상이 대화/대결('전통'의 주체적 변혁) 없이 잡거할 뿐 '사상의 전통화'는 부재하고 초근대와 전근대가 독특하게 결합되었다는 일본 '근대'의 특수성을 강조했다. 그가 본 일본의 사상적 특수성은 '실감 신앙'과 '이론 신앙'의 분리 · 단절에 있었다. 마루야마는 경전과 교리를 모두 부정했던 모토오리 노리나가(本居宣長, 1830~1801)의 국학을 '실감 신앙'의 출발로 규정하고, 그 대척점에 제도의 물신화[50]라는 '이론 신앙'을 위치시켰다. 전자는 원리적인 것 자체를 부정하면서 실감에 밀착해 생활감정 및 감각의 추상화를 거부하고, 후자는 주체적 방법론의 자각과 부단한 검증 · 재구성을 방기해 추상화된 이론 · 개념 자체를 현실로 둔갑시켜 버리는데, 일본의 사상공간에는 양자의 공통의 장이 부재한다고 비판했다.

일본의 '근대의 초극'사상에 대한 마루야마의 해석은 다음과 같다. 19세기 후반 일본이 개국했을 때, 유럽의 근대는 이미 정치적 · 경제적 · 사상

---

48 丸山真男(1968), 앞의 글, 328쪽.

49 加藤典洋(2017), 『もうすぐやってくる尊皇攘夷思想のために』, 東京 : 幻戯書房, 22쪽.

50 丸山真男(1996), 「日本の思想」(1957, 『岩波講座 現代思想 第11巻 : 現代日本の思想』), 『丸山真男集 第7巻』, 東京 : 岩波書店, 226쪽. 또 마루야마는 제도의 물신화와 이론의 물신화를 정신 구조적 대응 관계로 설명했다[丸山真男(1996), 앞의 글, 238~239쪽].

적 · 문화적으로 위기의 징후들을 드러내며 전환를 맞았다. 그 때문에 일본의 근대는 처음부터 "구화주의와 함께 '근대의 초극'적 사상도 거의 동시에 등장할 운명"에 있었고, 그러한 운명이 일본의 '근대' 이해에 복잡한 음영을 드리웠다고 말한다.[51] 그는 서구화를 비판하는 원리(근대의 초극)마저 서구 유래의 사상에 입각할 수밖에 없었던 이유를 일본의 근대화의 역사적 맥락 속에서 설명했다. 그러한 점에서 마루야마 마사오의 설명은, 서구 유래의 논리로 서구의 '근대'를 비판하는 모순을 짚어 냈던 좌담회 〈근대의 초극〉의 참석자 나카무라 미쓰오의 지적[52]에서 더 나아가 있다.

마루야마는 일본의 '근대의 초극'사상이 지닌 공통의 심리에 대해서도 일본적 맥락을 짚어 냈다. 일본인은 근대화 과정에서 지배체제 및 원리가 개인의 내면과 일상생활의 내부까지 규율하는 것을 체험했기 때문에, 규율성 자체를 근대적 제도나 조직 일반의 원리로 받아들이게 되었다는 것이다. 여기에 '거대도시의 잡연함'이 주는 자극까지 더함으로써 '일가일촌(一家一村) 우리끼리'라는 공동체적 심정과 향수가 각종 '근대의 초극'의 통주저음을 이루게 되었다고 덧붙인다.[53] 이에 대해 고바야시 도시아키(小林敏明, 1948~)는 마루야마가 국학 이데올로그의 의식적인 이론 배제와 대중의 일반적인 이론 기피를 동일시한 오류를 지적했다.[54] 스즈키 사다미(鈴木貞美, 1947~)는 마루야마가 '도시 민중문화에 대한 향수'와 '촌락공동체적 심정'을 동일시한 오류를 지적했다.[55] 이러한 지적들은 전후 최대의 지성으로 꼽히

---

51 丸山真男(1996), 앞의 글, 211~212쪽.

52 中村光夫(1990), 「「近代」への疑惑」(『文學界』 1942. 10), 河上徹太郎 外(1979), 『冨山房百科文庫 23 : 近代の超克』, 東京 : 冨山房, 150쪽, 152쪽.

53 丸山真男(1996), 앞의 글, 231~232쪽.

54 小林敏明(2007), 「「近代の超克」とは何か : 竹内好と丸山真の場合」, 『RATIO』 第4号, 72쪽.

55 鈴木貞美(2015), 『「近代の超克」 : その戦前 · 戦中 · 戦後』, 東京 : 作品社, 390쪽.

는 마루야마의 지적 유산을 상대화하기 위해서도 귀담아들을 필요가 있을 것이다.

다만 마루야마의 분석은 "자유로운 주체의 엄밀한 방법론적 자각"을 동반한 것이었고, 또 '작위성'은 그가 일관한 '근대적 사유'의 핵심적 요소였다. 마르크스주의의 방법론에 관한 마루야마의 설명은 그의 '근대적 사유'가 어떻게 현실 변혁적 구상과 닿아 있는지를 유추케 한다.

> 마르크스주의는, 주지하다시피 미네르바의 올빼미는 석양이 되어 비상을 시작한다는 헤겔주의, 즉 일정한 역사적 현실이 거의 남김없이 스스로를 전개했을 때 철학은 이를 이성적으로 파악하고 개념으로까지 높인다는 입장을 계승하는 동시에 이를 역전시킨 곳에서 성립했다. 세계의 총체적인 자기인식의 성립이 그야말로 그 세계의 몰락의 증거가 된다는 점에 자본제 생산의 전 과정을 이론화하려는 마르크스의 데모니시한 에너지의 원천이 있었다. 그러나 이러한 역사적 현실의 총체적인 파악이라는 사고는, 이론을 픽션으로 생각하는 전통이 얕은 우리 일본에 정착하면 종종 이론(내지 법칙)과 현실의 안이한 예정조화적 신앙을 낳는 소인이 되기도 했던 것이다.[56]

마루야마 마사오는 마르크스가 미네르바의 올빼미로 상징되는 헤겔주의를 역이용해 자본주의의 전 과정을 밝힘으로써 과감하게도 자본주의의 종언이라는 현실의 총체적 변혁을 꾀했다며 마르크스의 역설적 작위성에 주목하고 있다. 이는 마루야마 자신 패전 직후의 「근대적 사유」 이래 "번거로움도 마다하지 않는 스콜라학파적 끈기"[57]로 근대 일본의 특수성을 파악하는데 주력해 온 것과 유비적이다. 그리고 보면 「일본의 사상」의 모두에서

56 丸山真男(1996), 앞의 글, 239쪽.

57 丸山真男(1968), 앞의 글, 328쪽.

"문제는 어디까지나 초근대와 전근대가 독특하게 결합한 일본의 '근대'의 성격을 우리 자신이 아는 데 있다"[58]라고 했던 것도 다분히 암시적이다. 한편에서는 유럽의 근대국가들과, 다른 한편에서는 아시아 국가들의 근대와의 구조적인 비교를 통해 일본의 특수한 근대를 총체적으로 규명하고자 한 것은 자본주의를 끝내기 위한 마르크스의 시도(자본론)처럼, 일본 근대의 전모를 밝힘으로써 역으로 '전근대'와 결합한 일본의 근대를 끝내고자 했던 것이 아닐까. 그것은 "작위적 질서를 형성하는 주체성"이라는 마루야마의 근대적 사유양식[59]의 발현으로 볼 수 있다. 물론 전근대와 초근대의 결합이 어디까지나 일본의 근대화 과정에서 일어난 것이라고 한다면, 그의 시도는 다시 '일본의 (왜곡된) 근대'를 극복하는 것과 연결될 여지를 지닌다. 그것은 마루야마의 '근대적 사유'가 일본이라는 로컬적 문맥에서 '근대의 초극'사상으로 열려 있었음을 시사한다.

2) '근대의 초극'과 '민족의 초극' 사이 : 다케우치의 「근대의 초극」(1959)

스즈키 사다미는 마루야마의 「일본의 사상」이 1950년대의 '근대의 초극'론 부상의 동인으로 작용했을 가능성을 언급했다.[60] 그러나 '근대의 초극'을 둘러싸고 1950년대 후반에 본격화된 논쟁[61]은 「일본의 사상」이 발표되

58 丸山真男(1996), 앞의 글, 194쪽.

59 伊東祐史(2016), 앞의 책, 34쪽.

60 鈴木貞美(2015), 앞의 책, 341~342쪽.

61 오노 다케오의 「재판 「근대의 초극」」(『군상』 1956. 7), 후루타 히카루의 「제2차 대전하의 사상적 상황」(1956, 『근대일본사상사 (3)』), 후루바야시 다카시의 「「근대의 초극」과 낭만파」(1957, 『강좌 일본근대문학사』), 우스이 요시미의 「근대는 우리를 구할 수 있는가?」(『도쿄신문』 1957. 9. 15), 에토 준의 「신화의 극복」(『문학계』 1958. 6), 사코 준이치로의 「전시하의 문학」(『해석과 감상』 1958. 1), 오다기리 히데오의 「「근대의 초극」론에 관하여」(『문학』 1958. 4) 등이 발표되었다. 이와 관련하여 필자는 「좌담회 〈근대의 초극〉론의 서막 : 1950년대의 담론공간과 다케우치 요시미의 「근대의 초극」」

기 전부터 시작되었다. 다만 마루야마의 「일본의 사상」이 다케우치의 「근대의 초극」의 집필 동인으로 작용했을 가능성이라면 지금까지의 논의를 고려할 때 충분히 생각해 볼 법하다. 다케우치는 1950년대 후반에 부상한 '근대의 초극' 논쟁에 주목하며 1959년 「근대의 초극」이라는 제목으로 평론을 발표했다.

다케우치의 「근대의 초극」은 "1. 문제의 처리 방법에 관하여, 2. '초극' 전설의 실체, 3. '12월 8일'의 의미, 4. 총력전 사상, 5. '일본낭만파'의 역할"의 5개 장으로 구성되어 있다. 제1장에서는 1950년대 후반에 부상한 '근대의 초극' 담론을 개관하면서 이데올로기 비판과 선을 긋고 '사상으로서의 근대의 초극'을 논하겠다는 입장을 밝히고 있다. 전후의 '근대의 초극' 연구가 가장 많이 주목해 온 이 평론에 관해서는 대부분 방법론적 측면보다는 논의 내용 자체에 주목하고 있다.[62] 그에 비하면 질박했던 아라 마사히토의 의문이 다케우치의 「근대의 초극」의 방법론적 측면을 생각하는 데에는 얼마간 더 시사적이다.

> 좌담회의 인적 구성을 『문학계』 그룹, '일본낭만파', '교토학파'의 셋으로 굳이 구별해야 하는 이유를 모르겠다. 결석한 야스다 요주로를 데려와야 한다고도 생각지 않는다. 다케우치 요시미에게는 이상적인 형태의 「근대의 초극」이 있는 듯하다. 그래서 이 좌담회 속에 특별한 애착을 품고 있는 것인지도 모른다. ……발표된 그대로의 형태로밖에 다룰 수가 없다. ……교토학파의 입장, 생각을 아는 데 있어 〈세계사적 입장과 일본〉이라는 좌담회도 참고할 필요가 있다. 「근대의 초극」은 어디까지나 「근대의 초극」이다.[63]

(『일본학연구』 제36집)과 「1960년의 〈근대의 초극〉론 : 다케우치 요시미 「근대의 초극」의 영향권의 사정」(『일어일문학연구』 제82권 제2호)에서 논한 바 있다.

62 예를 들어 쑨거(2007), 『다케우치 요시미라는 물음』, 윤여일 옮김, 서울 : 그린비 등.

63 荒正人(1960), 「近代の超克 1」, 『近代文学』(1960. 3), 8쪽.

다케우치는 좌담회 참석자의 인적 구성을 『문학계』 그룹과 일본낭만파와 교토학파의 세 그룹으로 구분하고 있지만, 좌담회 주최 측이나 참석자들에게 그러한 인식은 없었다. 참석자 전원 모두가 반드시 어느 한 그룹에 속해 있던 것도 아니다. 게다가 다케우치는 "이 세 파가 조합되어 사상으로서의 '근대의 초극'을 성립시키고 있다는 것이 내 판단"[64]이라고 하면서도, 정작 좌담회 참석자들의 '실명'이나 개개의 발언에는 큰 의미를 두려 하지 않았다.[65] 그가 「근대의 초극」을 다루는 '문제의 처리 방법'은 지극히 작위적이었다.

그는 『문학계』 그룹을 전시하의 일본 "지식인의 저항과 협력의 축도"[66]로 규정했다. 당시 일본의 지식인들은 대아시아 침략 전쟁이자 대제국주의 전쟁이었다는 '대동아전쟁'의 이중구조[67]를 인식하지 못했고, 따라서 "저항에서 협력으로의 심리적 굴절"[68]을 보였다는 것이다. 또 총력전 상황에서 '저항'사상이 가능했다면 그것은 『문학계』 그룹이 교토학파('대동아공영권'사상의 이론적 조술)와 일본낭만파(국체사상 및 종말론적 과격 낭만주의)의 사상적 성격을 전략적으로 이용해 전쟁 이데올로기 내부로부터 전쟁의 성격을 변질시키는 것이었다고 주장한다. 좌담회의 인적 구성에 따른 사상적 역할을 작위적으로 규정하고 다시 그것을 전략적으로 조합했다는 점에서, 그것은 아라 마사히토의 지적처럼 그 자신만의 "이상적인 형태의 '근대의 초극'"이었다. 그것은 어떠한 논리에 의거한 것이었을까.

다케우치는 '대동아전쟁'의 개전조칙을 러일전쟁, 청일전쟁의 그것과 비교하면서 전쟁의 공식사상을 '총력전', '영구전쟁', '조국(肇國) 이상'의 세 요

---

64 竹内好(1980a), 앞의 글, 18쪽.

65 竹内好(1980a), 앞의 글, 16~17쪽.

66 竹内好(1980a), 앞의 글, 23~24쪽.

67 竹内好(1980a), 앞의 글, 33~34쪽.

68 竹内好(1980a), 앞의 글, 28쪽.

소로 규정했다.[69] 그러고 나서 '공식사상'의 내부에서 가능했을 사상적 저항의 윤곽을 다음과 같이 그리고 있다.

> '총력전', '영구전쟁', '조국(肇國) 이상', 이 세 가지는 서로 모순되면서도 하나 되어 전쟁 사상체계를 만들어 갔다. 전쟁의 모든 사상적 시도는 이 공식 사상을 어떻게 해석할 것인가, 세 기축 간의 균형을 어떻게 조정할 것인가, 또는 조정하지 않고 반대로 모순을 확대할 것인가, 어느 것을 강조하고 억제할 것인가, 요컨대 주어진 명제의 복잡함을 어떠한 논리로 어떠한 방향으로 풀 것인가를 과제로 사상 상호 간의 투쟁도 그것을 둘러싸고 일어났다는 식으로 개괄할 수 있을 것이다. 각 사상은 공식사상과의 관계에서 정립되는 것이지 그것과 떨어진 장소에서 사색은 불가능했다.[70]

12월 8일 이후의 전쟁은 '총력전'이었다. 다케우치가 인정하는 '저항'은 현실에서 작용하지 않는 사상은 사상이 아니라는 전제[71]를 달고 있다. 총력전하에서 가능한 저항의 범위를 전쟁의 공식사상 내부로 제한하는 것도 그 때문이다. 그는 '대동아전쟁'의 개전조칙에서 전쟁의 성격을 구성하는 세 공식 요소를 추출했다. 그런 다음 그 세 요소를 전시기 '근대의 초극'론자들이 전쟁 이데올로기의 전복을 위해 사용할 수 있는 사상적 요소로 제한했다. 저항에 실패했던 전시기 「근대의 초극」을 다케우치가 다시 쓰고자 했던 것은 「근대의 초극」에 결집되어 현실을 움직일 수 있었던 민족 에너지, 그것을 '저항의 내셔널리즘'으로 바꾸기 위해서였다. 전후 사상 재건의 기반을 소위 '민족(내셔널리즘)에 의한 민족(울트라 내셔널리즘)의 초극'에 두

69 竹内好(1980a), 앞의 글, 39~41쪽.

70 竹内好(1980a), 앞의 글, 41쪽.

71 竹内好(1980a), 앞의 글, 38쪽.

고자 했던 것이다. 그럼에도 '근대의 초극'론자들이 전쟁에 저항하기 위해 어떻게 그 세 기축의 균형을 조정했어야 하는지에 관한 구체적인 이미지는 마지막까지 모호한 베일로 덮여 있다는 인상을 지우기는 어렵다.

5. '전후 15년' 너머로

제국의 붕괴 후 안보투쟁에 이르는 '전후 15년'은 전전과의 단절과 연속성을 탐지하는 역사 감각이 여느 때보다 활발하고 유동적인 시기였다. 마루야마 마사오와 다케우치 요시미가 전후 일본의 변혁적 사상을 견인할 오피니언 리더로서 두각을 나타낸 것은 이때다.

마루야마는 일본 근대의 전개 과정과 특수성을 규명할 '근대적 사유'를 전후 사상의 주선율로 삼았다. 그는 제2차 세계대전 종결 후, '아시아 내셔널리즘'이 부상한 국제 동향 속에서 유럽뿐 아니라 아시아 국가들과 일본의 근대/내셔널리즘을 비교하는 시점을 획득했다. 마루야마는 일본 근대의 전개 과정을 총체적으로 규명함으로써 초근대와 전근대의 유착에 의한 초국가주의적 울트라 내셔널리즘을 끝내고자 했다. 즉 제국일본의 왜곡된 근대를 초극하려는 것이었다. 다케우치는 아시아와 일본의 '근대'·'내셔널리즘'을 비교한 마루야마의 논고를 거듭 참조하면서 전후 일본의 논단을 향해 '민족'의 문제를 제출해 왔다. 그것은 민족 에너지를 이용해 울트라 내셔널리즘의 부활을 제어하고 '아시아 내셔널리즘'과의 연결고리를 복구해 보려는 사상적 시도의 일환이었다. 그의 「근대의 초극」 다시 쓰기는 마루야마의 '근대적 사유'와도 통하는 작위성을 보였지만, '이상적인 근대의 초극'을 사상화할 논리적 공백을 메우지는 못했다.

'근대적 사유'와 '근대주의 비판'의 입장에서 사상적 대화를 지속해 온 마루야마와 다케우치는 1960년 안보반대운동에서 다시 만났다. 미·일안보조약의 개정 문제가 표면화된 것은 미 · 일 양국 수뇌회담(1957. 6), 덜레스 미 국무장관과 후지야마 일본 외상의 회담(1958. 9)이 열리면서부터다. 이듬해 일본에서는 13개 간사단체와 그 밖의 134개 실행단체가 가맹한 〈안보개정 저지 국민회의〉가 결성되었다(1959. 3. 28). 다케우치, 마루야마를 비롯해 전후 사상 재건을 주도해 온 일본 지식인들의 안보반대운동이 본격화된 것도 이 무렵부터다.[72] 1960년 5월 19일 밤 기시 정권의 안보 개정 강행체결로 마루야마와 다케우치의 안보투쟁은 안보 개정 반대에서 반독재 민주주의운동으로 옮겨 갔다. 안보투쟁의 전일본학생자치회총연합(전학련) 주류파를 지지하며 "1960년 안보에서 신좌익의 카리스마적 존재"[73]로 부상한 요시모토 다카아키(吉本隆明, 1924~2012)는 '전위(前衛) 귀족의 파산'과 '의제(擬制)의 종언'을 선언했다. 전후 15년을 "부르주아 민주를 대중 속으로 성숙시키는 과정"으로 파악했던 요시모토는, "안보 과정에서의 시민 · 서민의 행동성은 시민민주주의 사상가의 계몽주의와 다를 뿐 아니라 심지어 완전히 무관하기까지 했다"며 대중을 안보반대투쟁의 주체적 세력으로 추대했다.[74] 그가 비판한 계몽주의적 시민민주주의 사상가는 마루야마와 다케우치였다.

전후 일본의 가장 뜨거웠던 '정치의 계절'은 끝나고 고도경제성장과 손잡은 대중의 시대가 막을 열게 된다. 마루야마는 1960년 여름, 미제 '근대화'론 유입의 실질적 기점이 된 하코네(箱根)회의에도 참석했다. 거기에서 그가 목격한 것은 냉전용으로 제작된 이 '지적 버섯구름'[75]의 기세 속에

72 다케우치의 안보조약 반대운동은 이미 1957년부터 시작되었다〔鈴木洋仁(2014), 「「明治百年」に見る歴史意識 : 桑原武夫と竹内好を題材に」, 『人文学報』 第105号, 127쪽〕.

73 「追悼2012 写真特集」〔https://www.jiji.com/jc/d4?p=tit105-jlp12289502&d=d4_psn(검색일 : 2018. 4. 7)〕.

74 吉本隆明(1960 /2010), 앞의 글, 71쪽, 75~76쪽.

75 M・B・ジャンセン(1978), 「「近代化」論と東アジア : アメリカの学会の場合」, 『思想』, 28쪽.

'민주주의'가 '근대화'의 조건에서 소외되는 현장이었다. 미국 주도의 '근대화론'이 붐을 이루고 '전후 허망론'이 세를 더해 가던 1964년, 마루야마는 "대일본제국의 '실재'보다도 '전후 민주주의'의 '허망'에 걸겠다"는 말을 남겼다.[76]

안보투쟁에 전력을 다하던 다케우치는 1960년 「'민족적인 것'과 사상 : 60년대의 과제와 나의 희망」(『주간독서인』 2. 15)에서 1960년대 일본 논단의 과제로서 '메이지 백년제'론을 발안하였다. 다가올 1968년의 '메이지 백 년'이 국수주의자에게 점유되기 전에, 서구파(근대주의)와 일본파(반근대주의)가 함께 '메이지유신 백 년'의 기념 문제를 주제로 공동토의의 장을 마련하자는 것이다.[77] 일본의 논단은 '민족'이라는 관점을 도외시해 왔고 그것이 울트라 내셔널리즘의 반격을 초래할 수 있다는 문제의식은 「근대의 초극」과 연속해 있다. 그러나 이후의 '메이지 붐'은 1960년대 미국 주도의 '근대화'론과 접맥되면서 다케우치의 의도와는 다른 방향으로 전개되었다. '현대적 근대화론'은 메이지의 근대적 과업을 상찬하는 최적의 논거로 작용하면서 아이러니하게도 서구파(근대주의자)와 일본파(반근대주의자)는 공동토의를 넘어 손을 잡았고, '메이지'와 '전후'를 이원화하는 새로운 대립 구도가 파생되었다. 1965년 다케우치는 천하 국가를 논할 생각은 없다며 비평, 논문을 자제하겠다고 했다.[78] 사실상 '평론가 폐업' 선언이었다.

한편에서는 전후 세계의 화두였던 '아시아 내셔널리즘'을 매개로, 다른 한편에서는 전후 일본에 이식된 이념 '민주주의'를 축으로 '근대'의 문제에

---

76 丸山真男(1969a), 「増補反への後記」(1964. 5), 『現代政治の思想と行動』, 東京 : 未来社, 585쪽.

77 竹内好(1981c), 「「民族的なもの」と思想 : 60年代の課題と私の希望」(『週刊読書人』 1960. 2. 15.字), 『竹内好全集 第9巻』, 東京 : 筑摩書房, 62~63쪽.

78 竹内好(1981d), 「六〇年代・五年目の中間報告」(『週刊読書人』 1965. 1. 11.字), 『竹内好全集 第9巻』, 東京 : 筑摩書房, 392~393쪽.

착수했던 전후 일본의 두 지성은 1960년을 정점으로 점차 그 지적 영향력을 축소해 갔다. 동시에 '전후'로 이행한 '근대'는 이념 중심의 '전통적 근대화'론에서 경제 중심의 '현대적 근대화'론으로 자리를 내어 주었다.

근대적 '국가주의'의 이중성과 제국주의 넘기

신채호와 오카와 슈메이를 중심으로

전성곤(全成坤, Jun Sung-Kon)

현 한림대학교 일본학연구소 HK교수. 문화형태론(일본학) 전공.
일본사상이 갖는 내적 특성에 대해 관심을 갖고 연구하고 있다. 주요 저서로는 『내적 오리엔탈리즘 그 비판적 검토』(2012), 『제국에의 길 : 원리 · 천황 · 전쟁)』(공저 · 2015), 『재일조선인 자기서사의 문화지리 2』(공저 · 2018), 『일본 탈국가론』(공저 · 2018)이 있고 옮긴 책으로는 『국민국가의 지식장과 문화정치학』(공역 · 2015) 등이 있다.

1. 들어가면서

국민국가를 논할 때 자주 사용되는 기법에 '상상의 공동체'론이나 '국가 창출론'이 있다. 이 이론은 '서구적 담론'으로 세계화된 포퓰러 디스플린 중 하나이다. 그렇지만 필자는, 이러한 '서구적 시선'만 추종하여 그 시각으로 동아시아의 문제점을 다루는 때 빚어지는 '문제점'을 간과해 버리는 시각에서 위화감을 느낀다. 물론 상상론이나 창출론이 국가의 '의미'를 재고하게 하고, 기존의 패러다임을 바꾸게 하는 계기를 준 것은 사실이다. 그렇지만 그러한 '타자적 시선=서구'의 인식론은 세계적 시각을 획득하는 듯하지만 당사자적 주체성을 소거하는 것이며, 오히려 주체적 특성이나 자율성을 '틀'에 가두는 것은 아닌가 하는 생각이 든다.

이러한 문제점은 '국가를 넘는다는 것'은 무엇인가라는 물음으로 연결된다고 본다. '세계화'라는 구호가 탈국가론으로 바로 연결되는 것은 아닐 것이다. 이를 재고하기 위해서는 역설적으로 국가를 탈한다는 것이 세계화인가를 다시 묻지 않을 수 없다. 그리고 한 국가의 내부에서 세계적 보편성을 만들어 내는 것은 가능한가라는 문제와 동시에 국가 내부의 특수성이 어떻게 세계성을 갖게 되는가를 고려하지 않을 수 없게 된다.

필자는 국가주의나 국민주의가 결국은 그 뒤에 국가를 상정하고 있는 '전제성'에 대한 문제가 어떻게 '세계화와 자국주의'의 벡터로 작동하는가를 살펴보고자 한다. 그리고 세계화를 목표로 하는 보편주의에 부착되는 '제국주의'적 논리와, 반대로 제국주의를 거부하는 '자국주의'가 특수주의의 재구성인가라는 문제이다. 이를 위해 필자는 한국의 신채호가 주장한 트랜스 국가주의와 일본의 오카와 슈메이(大川周明)가 주장하는 울트라 국가주의의 양가성이 갖는 문제점이다. 이 양가성 속에는 앞에서 언급한 것처럼 '국가'를 상정하고 출발한다는 점에서 한계를 갖지만, 그 바탕을 수용하거나 해체하려는 논리 또한 동시에 존재하고 있어 '국가/국민'을 어떻게 볼 것인가에 대한 또 하나의 이론이라고 생각한다.

특히 이 두 사상가의 이론적 배경으로서 주목하는 것은 중국의 유교 즉 외부 사상에 대한 '인식'과 그 해석의 차이성이다.

신채호와 오카와 슈메이는 한국과 일본이라는 점에서 '국가'는 달랐지만, 공통적으로 기존 세계관에 대한 위기의식[1] 특히 서구중심주의에 대한 의심을 통해 서구추종주의에 대한 회의와 '구시대적 유교'를 극복하고자 노력했다. 특히 '진보적'이지 않은 것은 시대적 상황과 어울리지 않는다고 보아 이를 개선하고자 했고, '고유한 전통'이라고 여겨지던 유교 자체가 가진 기존의 틀을 탈피하고자 했다.

다시 말해 중국의 유학이라는 '외부' 사상을,[2] 한국과 일본 각자의 입장에서 '내부적'으로 아유화(appropriatie)[3]하는 '베리에이션'이기도 했다. 바로

---

1 曺明玉(2012), 「申采浩の「我」言說硏究」, 『ソシオサイエンス』 第18号, 51~52쪽 ; 大川周明(1998), 「君国の使命」, 『大川周明関係文書』, 東京 : 芙蓉書房出版, 106~112쪽.

2 신채호(1995b), 「道德」, 단재신채호선생기념사업회 편, 『丹齋申采浩全集 下』, 서울 : 형설출판사, 142쪽 ; 大川周明(1921), 『日本文明史』, 東京 : 大鐙閣, 3쪽. 신채호와 오카와 슈메이는 유교를 중국사상이라고 간주하는 점, 이를 자국의 도덕으로 어떻게 받아들여 왔는가에 초점을 맞추었던 점에서 공통적이었다.

3 澤井啓一(2000), 『〈記号〉としての儒学』, 東京 : 光芒社, 108~111쪽. 타인의 것을 자신에게 맞는 것으로 변형시키는 것의 의미를 포함한다고 밝히면서, 영향과 이해와는 다른 의미로 사용한다. 즉 영향이라는 용어는 그 내용 면에서 모호성을 띠게 되는데, 특히 영향을 준 쪽이 절대적인 것이라고 보는 '전제성'에 대한 문제점이 존재한다고 보았다. 그것은 영향을 받은 쪽이 영향을 준 쪽을 극복·발전·계승한다는 말로 확대된다. 그리하여 영향이라는 말이 사용되면 시작 지점이 있고, 완결된 어떤 형태가 존재한다는 서술 방식에 대해 위화감을 갖는 것이다. 그리고 이해라는 용어도 결국 '시작'에 대

이 아유화가 어떠한 변형이 이루어지는가라는 문제를 밝히기 위하여, '어떻게 아유화했는가'라는 문제와 그 아유화가 만들어 내는 유교국가주의가 어떤 모습이었는가를 확인하고자 한다. 이러한 논리는, 첫째 한국과 일본이 직면했던 근대 이행 시기에 '자국적 국가주의 창출'이 유교와 어떻게 맞물리고 있었는가라는 점, 둘째 유학이 활용되지만 유학에 대한 거리 두기 방식은 달랐고, 그 때문에 결국 서로 다른 유교국가주의를 구축했다는 점이다. 결과적으로 본다면, 신채호는 유교의 '세계주의'를 부정하고 하나의 국가 내부에서만 확대된 것으로 만족했다.

또한 '황실'보다 '국가'에 중점을 두었다. 그리고 고정화되지 않는 '탈중심주의적' 유교국가주의를 주장했다. 반면 오카와 슈메이는 유교국가주의를 도의국가로 정의하면서, 이를 근거로 세계화를 통한 보편주의를 주장했다. 그리고 국가보다 황실에 중심을 두고, 자국적 국가주의를 세계국가주의와 일체화된 보편주의를 주장하게 되었다. 즉 신채호와 오카와 슈메이가 제시한 '개인과 국가'의 문제 속에 내장된 동일성과 차이성은, '근대국가=국민국가'가 제국을 만들어 내려는 보편주의를 '어떻게' 인지해야 하는가를 보여 주는 것이라고 여겨진다.[4]

해 오독이든 오해이든 그것을 받아들인 것 자체를 보아야 한다는 쪽이다. 그래서 '영유'라는 용어를 사용하고, 이 영유는 다시 담론과 실행으로 나누어 설명했다. 즉 당대 사회를 구성하는 요소들에 의해 형성되는 것 자체를 실행이라고 보고, 그것이 이데올로기로 작동했다는 의미로 사용한다. 필자는 이러한 이론을 활용하지만, 영유를 '아유화'라고 표현하고, 그 재생산 과정에서 현전한 이론화 습득이라는 의미로 사용한다.

4 柄谷行人・丸山哲史(2014), 「帝国・儒教・東アジア」, 『現代思想』 第42巻 第4号, 30~44쪽.

2. 신채호와 오카와 슈메이의 특징

신채호(1880. 11. 7~1936. 2. 21)[5]와 오카와 슈메이(1886. 12. 6~1957. 12. 24)[6]가 살던 시기는, 한국은 피식민지로 전락하고 일본은 식민자로서 등장한 시기였다. 지배자와 피지배자의 위치였다는 점을 감안하지만, 그럼에도 불구하고 신채호와 오카와 슈메이를 살펴보려는 이유는 유학 비판을 통한 새로운 자국적 유학 국가를 형성하려는 점에서 동일성이 있었기 때문이다. 서구 사상을 의식하면서 머릿속에서 움직이는 기본적인 인식은 유교에 있었다. 피지배자와 지배자의 위치를 넘어 유교의 아유화 과정이 중첩되고 있었던 것이다.

---

5 왕염려(2012), 「浪客의 新年 漫筆」에 대한 몇 가지 고찰 : '문예'에 대한 담론을 중심으로」, 『한국학연구』 제26집, 213쪽 ; 崔洪奎(1983), 『申采浩의 民族主義思想 : 生涯와 思想』, 서울 : 형설출판사, 15~30쪽 ; 李殷相 外(1980), 『丹齋申采浩와 民族史觀』, 서울 : 형설출판사 ; 申一澈(1983), 『申采浩의 歷史思想硏究』, 서울 : 고려대학교출판부 ; 두전하(2011), 「단재 신채호의 문학과 무정부공산주의」, 『한국학연구』 제25집, 163~193쪽. 신채호에 대한 연구는 주로 사상가 · 사학가 · 언론인 · 운동가 · 독립투사 · 문학자라는 타이틀을 달고 있거나, 민족주의 · 독립운동 · 무정부주의 · 문학작품 등이 주를 이루고 있다. 특히 중국에 망명하여 조선의 독립을 위해 활동한 독립운동가로 알려져 있고, 신채호의 민족주의와 교육사상에 대한 연구는 지금도 이어진다.

6 大川周明(1961), 『大川周明全集 第1巻』, 東京 : 大川周明全集刊行会 · 岩崎書店, 3~10쪽 ; 野島嘉晌(1972), 『大川周明』, 東京 : 新人物往来社 ; 松本健一(2004), 『大川周明』, 東京 : 岩波書店 ; 大塚健洋(1990), 『大川周明と近代日本』, 東京 : 木鐸社 ; 大塚健洋(2009), 『大川周明 : ある復古革新主義者の思想』, 東京 : 講談社 ; 呉懐中(2007), 『大川周明と近代中国』, 東京 : 日本僑報社 ; 松本健一(1986), 『大川周明 : 百年の日本とアジア』, 東京 : 作品社 ; 関岡英之(2007), 『大川周明の大アジア主義』, 東京 : 講談社 ; 臼杵陽(2010), 『大川周明 : イスラームと天皇のはざまで』, 東京 : 青土社 ; 橋川文三 編集(1975), 『大川周明集』, 東京 : 筑摩書房 ; 丸川哲史 · 鈴木将久 編(2006), 『竹内好セレクション II』, 東京 : 日本経済評論社. 오카와 슈메이는 전전(戰前)에 대동아공영권 구호를 이론적으로 뒷받침했다. 1945년 12월 12일 A급 전범용의로 기소되었다가 1948년 불기소처분되었으며, 1957년 영면했다. 일본의 국가주의적 우익으로 다루어지거나 아시아주의자, 이슬람연구자로 불린다.

특히 신채호는 한국을 유교국가라고 보면서 그 유교 때문에 국가가 쇠약한 것이라고 비판했다. 그렇지만 유교 자체에 대한 비판은 아니었다.[7] 신채호는 "유교의 진의(眞義)를 발휘하여, 보수를 변혁하고 실천에 임하여 수구(守舊)를 고쳐 새롭게 한다면, 반드시 민지(民智)를 진흥케 하여 국권을 지켜 낼 수 있으며, 유가(儒家)가 일대 각광을 받을 날이 올 것"[8]이라고 보았다. 기존의 성리학적 세계관으로는 새로운 현실사회에 대응할 수 없다고 보았고, 동시에 서구 근대사상으로만 한국사회를 파악하는 것도 불가능하다는 의미에서 새로운 유학사상에 관심을 갖고 있었다.[9]

오카와 슈메이 또한 "(유교를 ― 인용자) 단순하게 고인(古人)에게 배우는 것이 아니라, 유교에게 고인이 배운 것을 배워야 한다. 즉 고인이 찾으려고 했던 것을 찾는 것에 주의를 기울일 필요가 있다. 즉 후세의 학자는 유교의 쓰임새를 이해하는 것이 아니라 유교의 서책을 이해하는 것이다. 즉 후세의 학자는 일용이 아닌 단지 서책을 이해할 뿐이다. 이것은 고인에게 배우는 것이 없는 것이며, 말하자면 고인의 노예가 되는 것"[10]이라고 여겨, 유교를 모방적으로 수용하는 것에 대해 비판적이었다. 오카와 슈메이의 제언은 유교의 저서 자체가 아니라 유교를 통해 무엇을 배웠는가라는, 다시 말해 배움 자체를 배운다는 의미였다. 오카와 슈메이도 단순하게 유교 경전을

---

7 신채호(1998f), 「儒教界에 對한 一論」, 단재신채호선생기념사업회 편, 『丹齋申采浩全集 別集』, 서울 : 형설출판사, 108~109쪽. 신채호는 "精神은 如何하든지 先賢의 形式이나 能肖하면 是를 儒賢으로 尊하며, 其 實行은 如何하든지 先賢의 文字나 稍通하면 是를 先生이라 稱하여…… 先賢이 山林에 入하였으면 我도 山林에 入하여 其 形容을 模倣하므로…… 此는 不過是 演劇場인데…… 聖人의 心法은 一毫도 效慕치 못하며……"라며 형식적 모방을 비판했다.

8 小川晴久(1989), 「申采浩と儒教」, 『東京女子大學附屬比較文化研究所紀要』 第50巻, 85~99쪽.

9 朴正心(1997), 「愛國啓蒙運動期의 儒教觀」, 『한국철학논집』 제6집, 158쪽.

10 高坂正顯(1999), 『明治思想史』, 京都 : 燈影舍, 50~51쪽.

읽거나 유학자의 흉내 내는 것이 아니라 유교를 통해 새로운 자아를 깨우치는 논리를 찾는 것이 중요하다고 보았다.[11]

이처럼 신채호와 오카와 슈메이는 유교[12]를 통해 신국가 패러다임을 창출하고자 했고, 유교국가주의를 중시했다. 그리고 신채호의 역사관에는 신비주의적 색채가 다분히 존재하는데, 그 신비주의적 색채에 기반을 두었다는 점도 지적된다.[13] 또한 헤겔의 '역사철학'의 영향[14]이나 유신을 위한 국민의 필요성을 주장[15]했다고 보는 연구가 존재한다. 마찬가지로 오카와 슈메이 역시 성장하면서 유학을 학습했는데, 그는 송대(宋代) 유학이 '동아의 지도 원리'라고 제창했다. 오카와 슈메이는 스스로 『중용신주(中庸新注)』를 저술하기도 했다. "오카와 슈메이의 교양적 근간이 된 것은 역시 한학 그중에서도 송대 유학이라고 생각했다. 교양의 근간뿐만 아니라 사상의 핵(核) 혹은 사상의 틀이 그것으로 만들어져 있다는 느낌이다"[16]라며, 오카와 슈메이 사상 구조가 가진 특징을 논했다. 그리고 오카와 슈메이가 '유교'를 '종교'의 한 형태라고 제시한 것도, 당시 형성된 신비주의적 종교론과 동일선상[17]에 있었다고 평가를 받았다. 그러한 의미에서 오카와 슈메이의 『중

---

11 大川周明(1962c), 「日本精神研究」, 『大川周明全集 第1巻』, 東京 : 岩崎書店, 123쪽 ; 松本健一(1986), 앞의 책, 75쪽.

12 이지중(2007), 「단재 신채호 교육관 고찰」, 『교육사상연구』 제21권 제2호, 77~79쪽 ; 朴正心(2007), 「愛國啓蒙運動期의 儒教觀」, 『한국철학논집』 제6집, 172~176쪽 ; 박정심(2004), 「申采浩의 儒教認識에 관한 研究 : 近代的 主體 問題와 관련하여」, 『韓國思想史學』 제22집, 405~436쪽.

13 손문호(1988), 「단재 신채호의 정치사상」, 『湖西文化論叢』 제5집, 76쪽.

14 崔洪奎(1994), 「申采浩의 近代民族主義史學」, 『한국민족운동사연구』 제10집, 152~160쪽.

15 崔洪奎(1983), 앞의 책, 289~291쪽.

16 竹内好(2006), 「大川周明のアジア研究」, 丸川哲史 · 鈴木将久 編, 『竹内好セレクションII』, 東京 : 日本経済評論社, 350~354쪽.

17 飯田篤司(1996), 「『自然的宗教』概念の歴史的位置をめぐって」, 『東京大学宗教学年

용신주』는 다른 주석서와는 다른 '신비적인 속성이 보태어진 것'[18]으로 평가된다. 그리고 또한 오카와 슈메이는 서양철학 헤겔의 논리를 수용[19]한 것이라고 지적되기도 했다.

이러한 의미에서 본다면, 신채호와 오카와 슈메이는 유교에 근거를 두고 서구 이론들도 배척하지 않으면서 유교가 갖는 보편성 논리를 구축하려는 점에서 동일선상에 있었음을 알 수 있다.

3. 유교적 주체론, 주체론적 유교론

신채호와 오카와 슈메이는 맹자의 논리에 공명하는 점에서 공통적이었다. 신채호와 오카와 슈메이가 수용한 것은 맹자의 '만물이 나에게 갖추어져 있다'[20]고 논한 부분이다. 즉 인간의 주관적 심성에 대한 의견이었다. 물론 맹자는 인간의 심성을 통하여 천(天)과 성(性)을 통일된 시각으로 이해하는 이론이다. 이는 『중용』의 도덕적 인성 해석과 연결되어 간다. 즉 천을 인성에 내재하는 자아로서 인식한 공자의 천인관과 인성관은 유가의 도덕적 도통으로 이어진 것이다.[21] 맹자에게 있어서 천은 외재천(外在天)이 아니라 내재천(内在天)이었다. 인간의 심성에 존재하는 것으로 여긴 것이다. 다시 말해 '진심(尽心)과 지성(知性)으로 천을 인식한다는 것'은 천에 부여된 도덕성, 즉 인간의 마음속에 천의 본질이 갖추어져 있음을 자각하는

報』第14号, 41쪽.

18 清家基良(1985), 「大川周明試論」, 『政治経済史学』第230号, 12~32쪽.

19 大川周明(1961), 앞의 책, 43~44쪽.

20 윤재근(2004), 『맹자』, 서울 : 나들목, 46쪽.

21 安榮擢(2013), 「「중용」과 「맹자」에 나타난 도덕적 인성론에 대한 연구」, 성균관대학교 대학원 박사학위 논문, 59~77쪽.

것이라고 출발하고 있었다. 그 근거는 역시 도덕적 가치판단이 근거가 되었고, 그것의 근거로서 천(天)을 이해하는 논리였다. 이를 맹자는 『맹자집주』에서 논하는데, 그것은 '내 안에 모든 것이 갖추어져 있다는 것'은 성선을 위한 것이었다.

이런 맹자의 주관적 심성론을 통해 신채호가 생각한 인간의 심성은 아와 비아라는 두 개의 세계였다. 이러한 신채호의 논리는 주체가 타자를 향해 발화하는 방식의 하나라고 보았다. 특히 아 / 비아라는 도식으로 정립시킨 인식의 틀은, 세계인식과 주체적 자기인식의 도정을 이끌어 가는 동력이기도 했던 것이다.[22] 신채호는 아를 다시 대아(大我)와 소아(小我)로 세분하고 신체적인 것을 소아로 보았는데, 사람들에게 필요한 것은 이 소아가 아닌 정신적이고 영혼적인 대아라고 보아 대아를 강조하였다.[23] 이러한 신채호의 '대아 · 소아론'이 맹자의 '대인 · 소인론'에서 기인한다고 보기도 한다.[24]

여기에서 말하는 신채호의 아는 절대적 개념이 아니라 대상과 상황에 따라 얼마든지 달라질 수 있는 상대적 개념이었다는 점이다. 신채호는 인간이 갖는 한계를 인지하고 있었다. 즉 특정한 개인으로서 존재하거나 하나의 제한된 사회공간에 머물기도 하며, 하나의 민족일 수도 있다는 점을 상정했다. 이를 확장하여 신채호는 아와 비아가 개인 내부에 존재하는 특정 사상일 수 있으며, 하나의 국가 내부의 부분일 수도 있다는 점을 인지했다. 그렇기 때문에 신채호는 그 한정된 부분들을 극복하기 위해서는 끊임없이

---

22 박정심(2014), 「신채호의 我와 非我의 관계에 관한 연구」, 『東洋哲學硏究』 제77권, 375~402쪽.

23 신채호(1995a), 「大我와 小我」, 단재신채호선생기념사업회 편, 『丹齋申采浩全集 下』, 서울 : 형설출판사, 83~87쪽.

24 姜敃錫(2008), 「신채호의 유교관에 대한 연구」, 安東大學校 東洋哲學科 碩士論文, 14쪽.

투쟁해야 하는 것으로, 그 과정 자체가 중요하다고 보았다. 말하자면 역사 진행의 방향과 목적이 아니라 투쟁 자체를 강조했다.[25]

신채호는 아와 비아라는 두 축의 왕복운동을 설정하는 것이었는데, 그것은 객관적 자아를 깨닫기 위한 아 내부의 비아를 인지하는 논리였다. 결국 아가 중심이 되지만 그 아 속에 비아를 상정하면서 그 아와 거리 두기를 실시하고, 그 아를 지속적으로 응시하면서 성찰해 가는 논리였다. 이것은 신채호가 객관적 조건에 규정받지 않는 현재적 상황을 초월하는 주체적 아의 절대적 관념을 확립한 것이기도 했다.[26]

오카와 슈메이 역시 '정신'의 중요성을 의식했다. 오카와 슈메이는 아와 비아의 관계를 설정하고 타(他)의 아를 상대화하고자 했으며, 이를 초극하고자 했다.[27] 그 방법론으로서 오카와 슈메이가 제시한 아와 비아의 레토릭은 서구와 동양의 관계였다. 동양인이 서구를 이해하지 못하는 것을 비아의 존재로서 서구를 설정했다. 그리하여 이를 극복하는 아를 구축하기 위해서는 비아인 서구를 받아들여야 한다고 보았다. 그리하여 오카와 슈메이가 설정한 것은 서구의 유물론과 동양의 정신론이라는 이분법이었다. 아와 비아가 서로 대비되지만, 아의 정신세계가 비아인 서구의 물질세계를 인지함을 통해 두 세계를 합일하는 논리를 찾으려 했다.

오카와 슈메이는 그 합일 논리를 천지인(天地人)과 상중하(上中下)라는 세 가지 세계의 합일론(合一論)을 통해 시도한다.[28] 유교적 천지인의 해석을 통해 개인적 자아는 각자에게 '초감자'적으로 구유(具有)된 것으로, 그 정신적 활동에는 '하나의 통일된 생명'이 작용하고 있는 것이라는 점을 예

25 김기승(2011), 「신채호의 독립운동과 역사인식의 변화」, 『중원문화연구』 제15집, 49쪽.

26 신채호(1995b), 앞의 글, 84~85쪽 ; 裵勇一(1996), 「朴殷植과 申采浩의 愛國啓蒙思想의 比較 考察」, 『한국민족운동사연구』 제13집, 38쪽.

27 大川周明(1962b), 「儒教の政治思想」, 『大川周明全集 第3巻』, 東京 : 岩崎書店, 86쪽.

28 大川周明(1962b), 앞의 글, 15쪽.

로 들면서 그것이 통일적 자아가 발현되는 것이라고 보았다. 오카와 슈메이의 입장에서는 아의 통일이 이루어질 수 있으며, 그것이 아를 기반으로 이루어진다는 것을 설명해 냈다.

즉 '자연적인 것=아'→'인위적인 것=인격'→'도의=국가'→'만인의 통일성=보편성=세계성'으로 나아가는 것이라고 주장했다. 다시 말하자면 오카와 슈메이는 아의 내부에서 비아 즉 우주의 세계를 객관화할 수 있다고 보았다. 물론 아란 개인 안에 있는 것으로, 그 아의 안에서 보편이 발견되는 것으로 이해했다. 이처럼 신채호와 오카와 슈메이는 아의 내부에 비아가 존재한다고 보는 점에서 공통적이었다. 그리고 또 하나 공통적인 것이 그렇다면 어떻게 그 아를 발견해 낼 수 있는가라는 점이었다. 이것은 자연스럽게 '교육'이나 '수양'의 논리로 이어졌다. 즉 인간의 마음에서 일어나는 '생각'은, 교육이나 수양이 없으면 발견되지 않으며, 그것이 발견되지 않으면 동물과 마찬가지라고 여겼다. 이는 맹자가 사람과 금수의 차이점을 논한 것과 유사했다.[29]

특히 여기에서 강조되는 것이 사단(四端)인데, 사단은 공부법을 통해 이 사단지심(四端之心)을 잘 '간직하고 기르며(存心養性)' '넓혀 나가는(擴充)' 수양이 필요하다고 보았다. 다시 말해 이것은 맹자가 말하듯이 모든 사람이 다 갖추고 있는 것이기는 하지만, 이 수양이 없으면 사람과 짐승의 구별이 이루어지지 못한다고 보았다. 바로 사람과 짐승을 구별해 주는 수양이 도(道)라고 보았다. 이것은 달리 표현하자면 인간 심연의 깊은 마음을 회복하는 방법으로, 동물적인 것이 아니라 자각을 통하여 스스로를 돌보는 것을 발견해야 하는 것이었다.

중요한 것은, 맹자는 인간의 도덕 의지는 사회규범에 의한 피동적인 것이 아니라 인성에 내재된 선천적인 성선(性善)에 의한 것이라고 주장한 점

---

29 금장태(2005), 『심과 성 : 다산의 맹자해석』, 서울 : 서울대학교출판부, 60쪽.

이다. 인성의 내재된 것을 그 안에서 수양을 통해 내재된 그것을 자각하는 것이라고 보았다. 그것은 수양이 갖는 중대성을 논한 것이었다. 이러한 수양은 자신의 도덕적 완성을 국가로 확장하고, 그를 통해 천하만물로 확대해 가는 논리로 설명했다.

그런데 이에 대해 신채호와 오카와 슈메이는 동일성과 차이성을 가졌다. 즉 신채호는 이를 수용하지만 하나의 국가 내부에 한정하려 하였고, 천하만물로 나아가는 단계 이전에서 멈추려고 하였다. 오카와 슈메이는 개인에서 국가로, 국가에서 국가를 넘는 초국가주의적인 것으로 외연을 확장하고자 했다. 신채호와 오카와 슈메이는 각각 자신의 논리, 즉 맹자가 제시한 아와 비아의 해석을 근간으로, 아의 내부에서 벌어지는 해석이 갖는 의미를 재해석하고 있었다. 이것은 맹자를 인용하여 '도덕적 주체의 자율의지는 모든 인간 행위의 근거가 되는데, 이는 아 속에서 비아를 자각하고 끊임없이 투쟁해 가야 하는 논리이기도 하며, 생명의 완성을 위한 인간의 노력'이라고 받아들였다. 맹자는 도덕이란 단순히 사회질서를 유지하고 인간의 활동을 윤리적 규범으로 제약하기 위한 것이 아니라, 생명의 완성을 위한 인간 스스로의 노력이라고 보았다.[30]

바로 이 지적은 아주 중대한 논리를 내포하고 있다. 잘 알려진 것처럼 맹자는 윤리와 초윤리의 주체적인 역량을 극도로 선양하여 일체의 외제적인 공적 성취 역시 모두 개체 인격 완성의 표현 혹은 전시에 불과하다고 여긴 것이다. 실제로는 성취되지 않는 것이었다. 물론 그 경지에 도달할 수 없기는 하지만, 합일이라는 세계는 '중'이라는 경지라고 표현했다. 이는 누구에게나 알맞은 적합한 도리를 의미하는 것이었다. 동시에 '용'은 어느 곳에서나 존재하는 영원불변한 것이라는 의미에서 보편성이었다. 그것은 중의 세계인데, 맹자의 논리는 중과 부합되거나 들어맞는다고 보았다. 즉 안

30 김기주(1999), 「人性과 自我 實現 : 孟子 哲學을 중심으로」, 『철학연구』 제72집, 167쪽.

은 밖과의 관계에 의해 환경이라는 변화의 기제를 전제로 했던 것이고, 자신과 타자 안과 밖의 연관성을 중시한 논리였다. 그것은 '중'은 나와 너, 내면과 외면, 중심과 주변, 기준을 알려 주는 잣대였던 것이다.[31]

이를 통해 신채호는 합일의 경지에 도달할 수 없지만, 끊임없이 그 경지에 도달하기 위해 성(誠)으로 투쟁해 가야 주장하는 것이 '중용'이라고 보았다. 오카와 슈메이는 합일의 경지에 도달할 수 있다고 보고, 그 '중용'의 세계는 존재 가능한 것이라고 받아들였다. 이것이 신채호와 오카와 슈메이가 동일하게 사용한 중용이라는 내적 의미가 전혀 다른 외적 내용으로 표출되었던 것이다. 그러니까 신채호와 오카와 슈메이가 '각각의 해석'에서 창출한 '『맹자』와 『대학』, 『중용』'의 해석으로서 '중용'의 경지였던 것이다. 이를 근거로 신채호와 오카와 슈메이는 각각 '유교국가론'을 세운 것이다. 신채호는 '정신이 곧 애국심'이라고 보고, 국민이 정신을 유지하고 보전하도록 '국민의 애국심'을 환기[32]시켜야 한다고 주장했다. 신채호는 국가의 기본으로서 국민을 상정했고, 그렇기 때문에 '민은 교육의 대상'이라며 국민교육을 강조했다. 특히 이 신민(新民)의 필요성을 피력한 것이었다.[33] 그리고 신채호는 "자국 고유의 장점(長)을 보호(保)하고 외래문명의 정수(精)를 채택하여 일종(一種) 신국민을 양성할 만한 문화를 진흥"[34]해야 한다며 '국수주의'의 의미를 제시했다.

신채호의 입장에서는, 새로운 국가로 나아가기 위해서는 외래문화의 수

---

31 이원목(2006), 「中庸思想의 形而下者的 論理構造」, 『유교사상연구』 제25집, 173~181쪽.

32 신채호(1998b), 「國粹保全說」, 단재신채호선생기념사업회 편, 『丹齋申采浩全集 別集』, 서울 : 형설출판사, 116쪽.

33 신채호(1998g), 「二十世紀 新国民」, 단재신채호선생기념사업회 편, 『丹斎申采浩全集 別集』, 서울 : 형설출판사, 226~227쪽.

34 신채호(1998e), 「文化와 武力」, 단재신채호선생기념사업회 편, 『丹齋申采浩全集 別集』, 서울 : 형설출판사, 201쪽.

용이 필요하다는 입장이었다. 물론 외래문화의 수용 태도 그것은 동등한 모방과 동화되는 모방이 존재하는데, 동등적 모방은 깨달음의 모방이며 동화적 모방은 노예적 모방이라고 보아 후자는 경계의 대상[35]이라고 논했다. 피식민자로 전락해 가는 입장에서 신채호는 국권 회복을 위해 인민의 실력을 배양해야 한다고 본 것이다. 주권 상실의 전근대적인 구민(舊民)이 아니라, 국권 회복의 주체로서의 새 시대를 만들어 갈 근대적인 신민(新民)의 양성을 구상한 것이다. 이는 국수주의적인 개념을 바탕으로 했지만, 신채호의 국수 개념은 폐쇄적이고 배타적인 국수주의적 관념이 아니라 민족문화의 특장적인 전통사상을 바탕으로 외국문화를 주체적인 입장에서 비판·수용하는 개화적·진취적인 근대사상의 맹아적 요소였고, 이를 바탕으로 신국민을 양성하려 기획했던 것이다.[36]

오카와 슈메이 역시 유교가 가진 통합성을 접목시키는 방법으로 새로운 학문의 지평을 여는 '원리'를 발견해 냈다. 그것은 '신민(新民)'의 개념과 '수(修)'의 의미 재구성을 통해서였다. 맹자가 언급한 것을 기반으로 삼아, 오카와 슈메이는 모든 개인에게 선천적으로 주어진 것, 즉 아의 세계에 존재하는 '도'는 수양을 통해 발견되는 것으로 이 '도'를 중요한 개념이라고 제시한다. 왜냐하면 이는 자연과 정신을 구분해 내는 논리인데, 이는 달리 말하자면 아 즉 정신의 자각 과정이었기 때문이다. 그리하여 개인의 수양과 사회적 공동체를 위한 신민의 탄생을 합리화할 수 있었다.

오카와 슈메이는 먼저 도는 덕을 밝히는 것으로서 도덕적 본질이라고 해

35 신채호(1998d), 「同化의 悲觀」, 단재신채호선생기념사업회 편, 『丹齋申采浩全集 別集』, 서울 : 형설출판사, 150~152쪽. 신채호는 "韓國社會가 外國社會를 模倣함이 可한가. 曰 不可하니라. 模倣함이 不可한가. 曰 可하니라. 可함은 故何오. 曰 동등적 사상으로 보방함운 가하니라. 불가함은 又 何하오. 同化的 思想으로 模倣함은 不可하니라"라고 논했다.

36 이지중(2007), 앞의 논문, 73~100쪽 ; 裵勇一(1996), 앞의 논문, 25~70쪽.

석했다. 그리하여 오카와 슈메이는 『중용』에서 말하는 '천명(天命)'에 관심을 갖고 이를 해석하여 도를 설명하고자 했다. 즉 "천명을 성(性)이라고 부르고, 성에 따르는 것을 도라고 말한다. 도를 수양하는 것을 가르침(教)"[37]이라고 해석했다. 보통 '수도(修道)'는 보통 '도를 수양한다'라고 읽는데, 오카와 슈메이는 '도를 수양해야 하는 것'이라고 보고 이는 '가르침'으로 해석해야 한다고 보았다. 도덕적 법칙을 하나의 체계로 조직하는 것이라는 의미였다. 도의 수양을 가르침의 문제와 도덕의 법칙을 찾아내고자 한 것이다. 이것이 결합되어 완성된다면 '중화(中和)'의 경지에 도달한다고 보았다.[38]

이처럼 오카와 슈메이는 법칙이라던 체계를 파악하는 것이 도라고 여기고 있었던 것이다. 이는 "대학(大學)의 도는 명덕(明德)을 밝히는 것에 있고, 민(民)을 새롭게 하는 것에 있으며, 지선(至善)에 머무는 것에 있다"[39]는 부분에 집중하게 되고, '재친민(在親民)'을 '백성을 친애(親愛)한다'가 아니라 '백성을 새롭게 한다'[40]고 해석하게 된 것이다. 그래서 설정한 것이 민을 새롭게 한다는 의미의 민은 사회적 생활을 영위하는 사람 전체로서 공동생활체를 가리키는 것이었다. 그러니까 민을 새롭게 한다는 말은 선명하게 발휘된 도념(道念), 즉 덕에 준하여 부단히 사회를 개선하고 갱신해 나가야 하며, 이를 일본 내에서 지속적으로 실행해 가야 한다고 보았다. 물론 이것이 하나의 이상으로서 이 이상에 이르기 위해서는 명덕, 즉 도덕적 본질을 밝히는 것이 중요했고, 이것으로부터 도의 출발이 이루어지는 것이라고 여긴 것이었다. 그런 의미에서 오카와 슈메이는 도덕을 개념화했고, 그것은

37 大川周明(1962d), 「中庸新註」, 『大川周明全集 第3卷』, 東京：岩崎書店, 9쪽.

38 大川周明(1962d), 앞의 글, 10쪽.

39 大川周明(1962a), 「「大學」の根本精神」, 『大川周明全集 第3卷』, 東京：岩崎書店, 79~80쪽.

40 宋天正 注譯 / 楊亮功 校訂(2009), 『大學中庸』, 重慶：重慶出版社, 6쪽.

백성의 체계화였던 것이다.

거꾸로 뒤집어 보면 오카와 슈메이는 백성을 새롭게 해야 하는 이유와 그 도덕 내용을 분명하게 제시해야 했기 때문에 『대학』과 『중용』을 동원한 것이다. 오카와 슈메이의 입장에서 명덕은 '개인'에서 신민(新民)으로 나아가는 '공동체사회'를 연결하고 있었던 것이다. 그것은 만인본질론으로 시작된 것으로, 자신의 본질을 발휘하면 우주 자체가 된다고 해석한 것이었다. 바로 이것이 오카와 슈메이가 가진 사상의 핵심이었다.

4. 유교 '문화권력'과 세계주의

그리고 또 하나 신채호와 오카와의 차이가 존재했다. 바로 맹자가 구분한 대인과 소인의 '입장' 차이였다. 맹자는 대인과 소인 두 부류로 나누었다. 첫째는 대인지사(大人之事)를 행하는 사람, 즉 정신노동에 행하는 사람으로서, 세상을 다스리는 자 즉 치인(治人)이었다. 둘째로는 소인지사(小人之事)로서 육체노동에 종사하는 자이고, 피지배층에 종사하는 사람이었다. 또한 인간관계를 부자, 군신, 부부, 장유(長幼), 붕우(朋友)라는 5개로 분류하여 그 관계에서 중요한 항목으로 덕의(德義)를 내걸고[41] 있었다.

이러한 논리를 신채호와 오카와 슈메이는 '평등' 개념으로 재해석해 냈다. 신채호는 평등[42]의 의미를 애국심과 연결시켰다. 즉 애국심을 도출하기 위해서는 역사를 배워야 하는데, 그 역사는 모든 계층이 포함되어야 하는 평등이었다. 신채호는 "역사를 읽게(讀) 하되 어릴 때(幼時)부터 읽게 할지며, 역사를 읽되 늙어 죽도록(終老) 읽을지며, 역사를 읽게 하되 남자뿐

41 金谷治(2015), 『孟子』, 東京 : 岩波書店, 44쪽.

42 신채호(1998g), 앞의 글, 215~216쪽.

아니라 여자에게도 읽게 하며, 역사를 읽게 하되 상등사회(上等社會)뿐만 아니라 하등사회(下等社會)도 읽게 할지어다"라고 주장했다.[43] 즉 신채호는 어린아이부터 노인까지 그리고 남자와 여자, 다시 말해 상등사회와 하등사회를 포함한 모든 사람이 역사를 알아야 한다고 보았다. 그리하여 모든 국민이 '평등'하게 애국심을 길러야 한다고 주장했다. 그렇지만 이 애국심이 바탕이 된 국민적 통일 관념을 확대하는 것에 실패했다. 그 이유에 대해 황효강은, "각각의 이상에 의해 목표에 도달하는 것으로 연대감에 의한 것이 아니었다. 그 목표로는 공동체를 만들지 않아도 달성할 수 있는 것"[44]이었다고 본다.

즉 중요한 것은, 개인이 각각의 이상에 의해 목표에 도달하는 것은, 연대감에 의한 것이 아니었다는 점이다. 그 목표로는 공동체를 만들지 않아도 달성할 수 있는 것이라고 본 점은 독특한 점이었다. 즉 반드시 공동체가 아니어도 개인 각자가 깨우치는 단계로 나아가면, 그것이 연대나 공동체를 만들지 않아도 사회 전체를 바꿀 수 있는 계기가 되는 것이라고 본 것이다. 그것은 또 하나의 평등의 논리였다.

이를 위해 실천해야 할 것은 민을 국민으로[45]발전시킬 수 있는 개인의 교육이라고 주장했다. 즉 신채호는 민본주의를 시대에 맞게 재해석함으로써 새로운 국가개념을 정립하고자 했다. 군주 국권국가에서 민 주권국가의 시대적 발전을 이룬 것이다. 이처럼 신채호가 주장한 아는 개인적이 자각을 넘어서 사회적 의미로 확대된 것이다. 아의 실질의 역사를 유지해야만

---

43 신채호(1995d), 「歷史와 愛國心의 關係」, 단재신채호선생기념사업회 편, 『丹齋申采浩全集 下』, 서울 : 형설출판사, 77쪽.

44 黃孝江(1994), 「韓末国学派の政治思想 : 申采浩を中心にして」, 『神奈川法学』 第29巻 第2号, 319쪽.

45 장현근(2009), 「민(民)의 어원과 의미에 대한 고찰」, 『정치사상연구』 제15집 제1호, 134~135쪽.

그 주체성을 상실하지 않고 독립을 실현할 수 있다고 믿었기 때문이다. 정신이 살아 있지 않은 역사는 무(無)정신의 민족, 무정신의 국가를 만든다고 보아 정신의 역사를 강조했던 것이다.[46] 신채호는 이를 위한 방법으로 중국의 유교와 다른 조선적인 것을 국수에서 찾아야 한다고 주장하게 된다. 말하자면 신채호의 국수론인 것이다.[47] 신채호는 유림들이 갖고 있는 보수·수구·완고사상·존화주의(尊華主義)를 버리고 민지(民智)를 진흥하고 국권을 옹호하는 데 적극적으로 나아가야 한다고 주장[48]했는데, 이는 국권 상실의 위기를 극복하고 유교가 근대사회에 맞게 변모하기 위한 방법으로 유교의 새로운 개념을 주창한 맥락이었다.

또한 유교가 왕조체제의 정치 이념이었던 점을 들어 황실을 국가로 믿기도 하고 정부를 국가로 믿기도 함으로써 국가에 대한 책임을 군주나 관리에게만 한정시킨 오해의 소지가 있다고 보았다.[49] 이는 달리 표현하자면, 신민(新民) 국가주의였던 것이다. 그리고 이 국수주의는 중국과의 차이점을 찾는 아와 비아의 투쟁을 이어 가는 국가론이기도 했다. 그리고 존화주의란 중국을 멸시한다거나 중국을 버린다는 의미라기보다는 그동안 조선이나 한국사회가 중국에 대해 너무 내면화하던 사고방식을 탈피하는 주체의식에 대한 경고의 의미이자 자각의 의미이기도 한 것이다.

마찬가지로 오카와 슈메이는, 평등의 개념을 '각자의 위치에서 각자의 본분을 다하는 것'이라고 해석했다. 오카와 슈메이의 논리는 지배자의 입

---

46 신채호(1995c), 「讀史新論」, 단재신채호선생기념사업회 편, 『丹齋申采浩全集 上』, 서울 : 형설출판사, 471~472쪽.

47 신채호(1998b), 앞의 글, 116쪽.

48 신채호(1995e), 「儒教 拡張에 対한 論」, 단재신채호선생기념사업회 편, 『丹齋申采浩全集 下』, 서울 : 형설출판사, 109쪽.

49 신채호(1998a), 「國家는 即 一家族」, 단재신채호선생기념사업회 편, 『丹齋申采浩全集 別集』, 서울 : 형설출판사, 148쪽..

장에서 '민'의 통제 방법론을 구상한 것이다. 오카와 슈메이는 평등함이란 상위, 하위를 구분하지만 그 구분 속에서 맡은 역할에 대한 성(誠)을 다하는 것이라고 강조했다. 즉 "상위에 있어도 하위에 있어도 오로지 자신의 위치에서 자신의 인격 확립에 노력해야 하며, 마음에 불평이 없어야 하는 것"[50]을 강조했다. 즉 오카와 슈메이는 각자의 자리에서 각자의 임무에 충실한 것에서 평등의 의미를 찾았고, 그러한 독립적인 역할 속에서 '도'와 만나게 된다는 점이다. 한 발 더 나아가 이러한 개인 각각의 역할 수행에 의해 사회생활에서도 관계의 평등이 실현되어야 한다고 논한다.[51]

좀 더 구체적으로 말하면, 사회생활에서 실현되어야 하는 것은 군신 · 부자 · 부부 · 형제 · 친구(朋友) 관계로, 이를 실현시키기 위해서 필요한 것이 지(知) · 인(仁) · 용(勇) 삼덕의 체득인데, 이를 체득하고 나면 결국 '동일한 것'이 된다는 것이다. 중요한 것은 삼덕의 체득을 위한 '경로'가 아니라 '결과'이며, 그를 통해 '각자의 임무를 성실히 행하는 것'이 바로 '평등'의 '가치'라고 본 것이다. 오카와 슈메이의 입장에서는 각자의 위치에서 자리를 지키는 것이 평등이고, 그것을 깨닫는 것이 또한 개인 모두에게 주어진 의미에서 평등하다고 본 것이다. 즉 수양의 의미와 교육의 의미가 수양을 끊임없이 지속하는 것 자체가 수양과 교육의 의미라고 해석한 것이 신채호인 반면, 오카와 슈메이는 수양과 교육의 내용이 각자의 위치를 깨닫는 것이 평등이며, 이를 위해 완전하게 자신의 위치를 지켜야 한다는 것 자체가 평등이며, 그를 위해 필요했던 것이 수양이고 교육이었던 것이다.

그리고 또 하나는 국권론에 대한 문제였다. 신채호는 군주와 왕조 중심의 사회에서 민을 중심에 두는 민권주의였다.[52] 동시에 신채호의 도덕적

---

50 大川周明(1962d), 앞의 글, 28쪽 ; 赤塚忠(1967), 『新釈漢文大系 2 : 大學 · 中庸』, 東京 : 明治書院, 103쪽.

51 大川周明(1962d), 앞의 글, 43~44쪽.

52 신채호(1998c), 「論忠信」, 『丹齋申采浩全集 別集』, 서울 : 형설출판사, 180쪽.

판단은 시대와 장소에 따라 변하는 상대주의적인 관점이었다.[53] 이를 주장하는 근거로서, 신채호는 생존을 위해서는 시(是)와 비(非)가 아니라 이(利)와 해(害)에 의해서 세상이 움직인다는 논리를 제시했다. 즉 시비의 문제가 아니라 이와 해의 문제이기 때문에 "이해(利害)가 매양 변천이 있는 고로 시비도 매양 변천하나니"라며, 시대가 변하면 이와 해의 관계도 변하듯이[54] 새로운 시대인 당시 충군의 대상은 군주가 아니라 국가로 이행시켜야 한다고 보았던 것이다. 신채호는 만일 군주와 국가의 이해가 상충하는 경우에는 군주를 버리고 국가를 따라야 한다고 주장한다. 신채호는 당시의 신국민은 군주를 위한 중세적 충성이 아니라 국가와 국민을 위한 근대적 충성을 생각해야 한다고 주장한 것이다.[55] 그것이 국가주의를 만들기 위한 신도덕론이었다. 그렇지만 신채호는 가족주의의 진보를 통해 국가주의까지 발전해 나가는 것에 초점을 두었다.

> 近日에 沒覚人士들이 文化主義니 世界主義니 하는 妄想을 가져, 그 論調가 너무 突過함을 보매 더욱 心痛하며, 나는 旣往 儒教의 道德이 그 立論이 너무 淺近하여 現實만 높임을 보고 排斥하였더니, ……世界는 關係上으로는 研究할지언정 主位를 삼아 討論할 바 아니며, 家族主義가 進步되어 國家主義로 나아갈지언정, 國家主義를 넘어 世界主義에 미치지 말며, …….[56]

---

53 신채호(1995b), 앞의 글, 140쪽.

54 신채호(1995f), 「利害」, 『丹齋申采浩全集 下』, 서울 : 형설출판사, 146쪽.

55 신채호(1995f), 앞의 글, 180쪽 : "君上에게는 不忠함도 可한가. 曰 君上은 일국의 주권자라 군상과 국가의 관계가 常相同한 故로 국가에 忠하는 자는 自然 君上에게도 충할지어니와 万一 君與國의 利害가 不兩立하는 境遇에는 君을 捨하고 國을 從하나리라."

56 신채호(1995b), 앞의 글, 141~142쪽.

즉 신채호는 가족주의의 진보를 통해 국가주의까지 발전해 나가는 것은 중요하지만, 국가주의를 넘어 세계주의로까지 확대하는 것은 지나친 것이라고 보았다. 그렇지만 동일한 유교국가주의를 주장한 오카와 슈메이는 '황통의 일관성을 보여 주는 일본'이야말로 세계적으로 탁월한 유교국가주의라고 보아, 일본 유교국가주의=세계주의라는 인식을 주장하게 되었다.[57] 결국 신채호와 오카와 슈메이의 차이점은 바로 내셔널리즘과 애국심에 대한 구별 방법이었다. 그것은 조지 오웰(George Orwell)이 애국심을 "특정한 장소와 특정한 생활양식이야말로 세계 제일이라고 알고는 있지만, 그것을 타인에게까지 강요하려고 생각하지 않고 있다. 애국심은 군사적으로도 문화적으로도 본래 방어적인 것이다. 그러나 내셔널리즘은 권력지향과 어쨌든 결부되어 간다. 내셔널리스트는 항상 보다 강대한 권력, 보다 강대한 위신(威信)을 획득하려고 한다. 그것도 자신을 위한 것이 아니라, 개인으로서의 자신을 버리고 그 속에 자신을 매몰시키는 대상으로서 선택한 국가, 그런 종류의 조직을 위해서이다"[58]라고 표현한 것은, 오카와 슈메이와 신채호의 차이를 설명해 주는 것이다.

5. 나오면서

이상으로 신채호와 오카와 슈메이의 유학 해석과 그를 바탕으로 한 유교국가주의의 내적 양상을 살펴보았다. 신채호와 오카와 슈메이는 유학 해석을 통해 기존 사회의 한계를 돌파하고, 새로운 세계적 보편주의를 창출하

---

57 大川周明(1962b), 앞의 글, 94쪽.

58 ジョージ・オーウェル(1982), 『オーウェル評論集』, 小野寺健 訳, 東京 : 岩波書店, 141~142쪽.

고자 했다. 특히 맹자 해석에서 동일한 아와 비아의 세계관을 형성한 점에서는 동일했다. 그렇지만 『대학』과 『중용』을 재해석하는 과정에서는 서로 다른 국가주의 논리를 구축하고 있었다.

신채호는 유학 자체를 상대화하고, 비판하면서 맹자의 해석을 통해 아/비아를 설정했다. 그리고 『대학』과 『중용』을 통해 아와 비아의 대립을 극복하고 통일체로 나아가기 위해서는 끊임없이 아와 비아의 왕복운동 속에서 찾아야 한다고 보았다. 그러한 비아의 세계를 인지하면서 아를 투쟁해야 하는 것, 그것이 바로 아와 비아의 세계였던 것이다. 오카와 슈메이 역시 맹자 해석을 통해 아와 비아가 존재를 인정했다. 물론 아와 비아를 대립 개념으로 설정하는 점에서 신채호와 동일했지만, 오카와 슈메이는 아 안에서 통일 개념이 생성된다고 보고 있었다. 그렇기 때문에 오카와 슈메이는 개인과 국가의 일체성이 가능하다고 보았고, 그것은 각자의 위치에서 성실하게 역할을 수행해야 하는데, 그를 위해서 필요한 것이 교육이고 수양을 통해 그것을 깨달아야 한다고 주장하게 된다.

물론 신채호 역시 유교가 가진 교양을 통해 신국민의 평등사회로 나아가고자 했고, 오카와 슈메이 역시 개인의 자각 노력을 통해 국가를 변혁시키고자 하는 의미는 동일했다. 그러한 의미에서 국민국가의 창출이라는 논리 속에서 주창된 국민 역할과 전체 국민에서 해당한다는 의미의 평등의 의미였다. 그러나 신채호는 민(民)이 중요하기 때문에 황실을 버리고 국가를 우선시하게 되고, 유교 자체도 일국의 국가주의적 입장에서 유교의 재해석이 이루어져야 한다고 보았다. 반면 오카와 슈메이는 국가보다는 황실의 보편성을 중시하게 되었다. 그렇기 때문에 도의국가가 완성되면, 일본의 황실은 국가를 넘어 타국으로 확장되어 갈 수 있다고 보고 일본의 황실의 확장을 주장하게 된 것이다. 물론 오카와 슈메이뿐만 아니라 신채호에게도 유교국가주의가 갖는 애국심과 내셔널리즘 그리고 이를 포함하면서 내세우는 글로벌주의의 문제가 충돌되고 있었다. 그것은 국가주의와 애국주의는 악인가, 애국주의와 내셔널리즘의 경계는 어떻게 설정되어야 하는가라는 문제와도 연결된다. 그리고 그것은 서구의 근대와 다른 모양의 '근대'를 찾는 의미와도 연결되고 있는 것이다.

제2부

포스트제국과 국민국가의 재현

항일과 향수의 길항

타이완 영화는 식민지 시대를 어떻게 그리고 있나

강태웅(姜泰雄, Kang Tae-Woong)

현 광운대학교 동북아문화산업학부 교수. 표상문화론, 일본영상문화론 전공.
일본문화, 일본영상문화론에 관심을 갖고 연구하고 있다. 주요 저서로는 『제국의 교차로에서 탈제국을 꿈꾸다』(공저·2008), 『전후 일본의 보수와 표상』(공저·2010), 『대만을 보는 눈』(공저·2012), 『일본대중문화론』(공저·2014), 『싸우는 미술 : 아시아 태평양전쟁과 일본미술』(공저·2015), 『이만큼 가까운 일본』(2016), 『물과 아시아의 미』(공저·2017) 등이 있고 옮긴 책으로는 『일본영화의 래디컬한 의지』(2011), 『복안의 영상』(2012), 『화장의 일본사』(2019) 등이 있다.

1. 들어가며

2010년대 들어 타이완에서 일본의 식민지 시대를 소재로 한 영화들이 인기가 많다. 사실 타이완뿐 아니라 이 시대를 배경으로 한 영화는 한국, 중국, 그리고 일본에서도 유행하고 있다. 주지하다시피 한국에서는 〈암살〉, 〈밀정〉과 같은 영화가 대성공을 거두었다. 중국도 마찬가지 상황으로, 2012년 중국 위성방송의 골든타임에 방영된 드라마 200편 중에서 70편이 항일운동을 다룬 것이었다고 한다.[1] 2013년에는 중국 정부가 항일운동을 소재로 한 드라마의 남발을 문제시하여 제작을 제한할 정도였다.[2] 일본에서도 이 시대를 배경으로 한 영화, 애니메이션이 흥행 돌풍을 일으켰다. 2013년 일본에서 흥행 1위를 한 미야자키 하야오(宮崎駿) 감독의 애니메이션 〈바람이 분다(風立ちぬ)〉는 가미카제 특공대가 탑승하였던 제로센전투기를 설계한 사람의 사랑 이야기를 담았다. 그리고 2014년 흥행 1위를 한 〈영원의 제로(永遠の0)〉는 제목에서 드러나듯이 '제로센전투기여, 영원하라'라는 내용으로, 가미카제특공대로 죽은 사람의 손자가 할아버지의 기억을 찾아다니는 영화이다. 한국과 중국의 영화에서 침략자이자 가해자로 등장하는 일본인이, 같은 시대를 다룬 일본의 영화에서는 피해자로 둔갑한다.[3] 그리고 거

---

1 劉文兵(2013), 『中国抗日映画 · ドラマの世界』, 東京 : 祥伝社, 3쪽.

2 林望(2013), 「世界発2013 : 抗日ドラマに中国 : '待った'娯楽化制限 · 放送禁止も」, 『朝日新聞』(2013. 6. 20.字).

3 일본이 자신들을 전쟁의 '피해자'라고 내세우는 경향에 대해서는 많은 연구가 이루어

기에는 타자, 즉 미국인이나 중국인 그리고 조선인이 거의 나오지 않는다는 특징이 있다. 그렇다면 타이완 영화는 식민지 시대를 어떤 식으로 그려내고 있을까?

이 글이 일본의 식민지 시대를 다룬 타이완 영화에 주목하는 이유는 한국, 중국과는 다른 경향을 보이기 때문이다. 타이완에서는 항일을 소재로 한 영화가 인기가 있음과 동시에, 일본에 협력을 하거나 그 시대에 향수를 느끼는 작품 또한 흥행에 성공하였기 때문이다. 한국에서도 항일을 기저로 하는 작품만이 만들어지는 것은 아니다. 식민지 근대화론을 주장하는 이들도 있고, 많지는 않지만 그 시대에 향수를 느끼는 듯한 영화도 만들어진다. 하지만 그러한 영화들이 대중에 받아들여져 흥행에 성공한 사례는 전무하다.

반면 타이완에서는 식민지 시대에 대해 항일과 향수라는 대조적인 시각을 가진 영화들이 모두 흥행했다는 특징을 보이고 있다. 이와 관련하여 이 글이 중점적으로 분석하려는 작품은 다음 두 가지이다. 첫 번째 작품은 일본인에 저항하여 난을 일으킨 타이완 원주민을 주인공으로 하는 영화 〈세에딕 발레(賽德克 · 巴萊)〉(2011)이다. 이 영화는 종래의 흥행 기록을 갈아 치우는 대성공을 거두었다. 두 번째 작품은 〈KANO〉(2014)로 타이완인과 일본인이 한 팀을 이루어 일본 고교야구대회 고시엔에서 준우승을 차지하는 과정을 그렸다. 이 영화는 일본인을 중심으로 아시아의 민족이 힘을 합쳐야 한다는 '대동아공영권'의 논리를 선전하는 영화로도 받아들여질 수 있다. 그런데 이 영화는 2014년 타이완에서 흥행 1위를 차지하였다. 대조적인 시각을 가진 두 영화 모두 흥행에 성공하는 타이완, 그 이유를 분석해

져 왔다. 대표적으로 Orr, James J.(2001), *The Victim as Hero*, Honolulu : University of Hawaii Press가 있고, 일본 영화에서의 피해자 표현에 대해서는 강태웅(2009), 「원폭영화와 '피해자'로서의 일본」, 『동북아역사논총』 제24호가 있다.

보려는 것이 본고의 목적이다.

2. 저항하는 타이완 원주민 : 〈세에딕 발레〉

사람 목을 베면 진짜 사람 즉 '세에딕 발레'가 되고, 그 증표로 얼굴에 문신을 새기던 타이완 원주민 세에딕족. 그들은 여섯 원주민 부족과 함께 1930년 10월 28일 학교 운동회 때문에 모인 일본인 130여 명을 죽이고, 경찰과 일본군과 대치하여 약 2개월간 전투를 벌였다. '우서(霧社)사건'이라 명명된 이 사건은 당시 타이완 총독 이시즈카 에이조(石塚英藏)를 사임케 할 정도로 파괴력이 컸다. 이 사건을 소재로 하여 타이완 영화사상 최대 규모의 제작비가 투여된 〈세에딕 발레〉가 제작되었다. 이 영화는 2부로 구성되어 1부(143분)가 2011년 9월 9일에, 그리고 2부(131분)가 같은 달 30일에 순차적으로 개봉하였다. 두 편을 합하여 4시간 34분에 달하는 엄청난 장편임에도 불구하고 흥행에 대성공을 하였고 2011년 금마장 최우수작품상을 수상하였다.

영화는 세에딕족의 족장이자 우서사건의 지휘자인 모나 루도(莫那魯道)가 젊은 시절 멧돼지를 사냥하는 장면으로 시작한다. 그의 용맹함을 보여주는 장면이 끝나면, 세월이 흘러 중년의 나이가 된 모나 루도는 원주민들의 집단노동 속에서 벌어지는 일본인과의 마찰을 조정하는 중간관리자로 전락해 있다. 모나 루도는 조상 대대로 지켜 온 숲을 채벌해 가는 일본인과, 사냥이 아니라 노역에 종사하고 있는 부족의 젊은이들을 바라만 볼 뿐이다. 그러던 와중에 우서사건의 계기로 거론되는 여러 가지 일들이 벌어진다. 강제 노역의 강도가 심해지고 임금 지불이 제대로 이루어지지 않거나, 모나 루도의 아들이 원주민의 결혼식에서 일본인 경찰에게 축하주를 권했으나 불결하다고 받지를 않아 폭력 사태로 번지기도 한다. 이 밖에도 일본인 경찰이 원주민 여성을 치근대기도 하는 등 원주민과 일본인 경찰 사이에는 타협점 없는 긴장감이 계속되어 일촉즉발의 상태로 발전해 간다.

사냥터를 다른 부족에게 빼앗긴 적이 없음을 자랑으로 삼아 왔던 모나 루도, 그러나 일본인을 쉽사리 그들의 사냥터로부터 물리칠 수 없음은 누구보다도 잘 알고 있다. 영화에서는 대사로만 처리되지만 모나 루도는 실제로 1910년 다른 부족의 족장들과 함께 일본을 방문한 적이 있다. 그는 "일본 사람이 숲속의 나뭇잎보다도 강가의 조약돌보다도 많았다"고 말한다. 일본인에게 반기를 드는 것은 부족의 전멸을 의미하기에 그는 고민한다. 숲속에서 혼자 고민하던 그에게 죽은 아버지가 나타나 부족의 노래를 같이 부르고, 그들이 죽으면 간다고 전해지는 무지개 저편으로 사라진다. 그래서인지 이 영화의 영어 제목은 '무지개 전사(Warriors of the Rainbow)'이다. 팽팽한 긴장감으로 계속되는 이 영화에서 유일하다 할 정도로 마음이 안정되는 숲속 장면이 끝나면 모나 루도는 결기를 결심한다.

모나 루도의 일본에 대한 인식은 원주민이면서 학교를 나와 경찰이 된 '하나오카 이치로(본명 다스키 노빈)'와의 대화에서 드러난다. 하나오카는 일본이 학교·우체국 등을 '시혜'로 지어 주었다고 이야기하지만 모나 루도에게는 중요치 않은 것들이었다. 모나 루도는 하나오카에게 "너는 죽으면 일본인의 신사(神社)로 가느냐, 아니면 선조가 있는 무지개 너머 세상으로 가느냐"고 묻는다. 이러한 대화에서 돌출하는 모나 루도의 고민들은 당시 일본의 식민지 치하에서 침탈을 당하던 우리 민족의 것이었기도 할 터이다.

〈세에딕 발레〉의 1부는 운동회에 모인 일본인을 모두 죽이고 즐비한 시체 가운데에 서 있는 모나 루도를 카메라가 부감으로 찍으면서 끝난다. 2부에서는 일본군과 경찰의 '소탕 작전'이 시작한다. 3백여 명의 원주민을 잡기 위하여 수천 명의 군경이 파견된다. 거기에 비행기·대포·기관총이라는 근대식 무기가 동원되고, 원주민은 칼·활·창과 같은 원시적 무기로 대항한다. 흔들림이 전혀 없는 지도자 모나 루도, 숲의 지리를 꿰뚫고 있어 신출귀몰 이동하는 원주민, 이에 대비되어 소리만 지르다가 당하고 마는 우스꽝스러운 일본군. 이러한 대립 구도 속에서 고도의 영화 기술이 사용된 액션활극이 펼쳐진다. 이는 〈영웅본색〉과 〈미션 임파서블 2〉, 〈적벽대전〉의 감독 존 우(吳宇森, John Woo)가 이 영화의 제작자임을 상기케 한다. 아직도 실제 사용 여부에 학자들의 의견이 갈리지만, 영화 속 일본군은 독가스 살포까지 감행한다. 결국 2개월의 항쟁 끝에 우서사건은 끝이 나고 영화도 끝이 난다. 원주민 사망자는 644명이라 전해진다(남성 332명, 여성 312명).[4]

네 시간 반이라는 긴 상영 시간에도 불구하고 영화는 결코 관객을 따분하게 만들지 않는다. 이는 비장미를 두드러지게 만드는 아름다운 숲을 배경으로 때맞추어 흘러나오는 원주민의 서글픈 노래, 여과 없이 그려지는 잔혹한 폭력 묘사, 뛰어난 카메라 워크와 편집 기술이 뒷받침하기 때문이다. 게다가 '항일'이라는 테마는 한국, 중국이 공유하는 것이기에 이 영화는 한국과 중국 관객도 큰 무리 없이 감상할 수 있다. 〈세에딕 발레〉가 일본에서는 개봉하지 못하지 않을까라고 예측되었으나, 1년 반이 지난 2013년 4월 상영되었다. 멀티플렉스가 아니라 '메이가자(名画座)'라 불리는 예술영화 전용관에서의 소규모 상영이었다. 일본은 이 작품을 항일영화나 반일영화라고 평가하지 않으려고 애쓰는 것처럼 보였다. 『산케이신문』은 이 영화에 대하여 "이민족끼리 충돌하는 것은 피할 수 없다. 일본과 세에딕족의 경우도 그렇다. 중요한 것은 그후 서로를 이해하는 일이다"고 평가하였다.[5] 충

4 伊藤潔(1993), 『台湾：四百年の歴史と展望』, 東京：中央公論社, 121~124쪽.

5 伊藤徳裕(2014), 「台湾の抗日事件を追う記録映画「セデック・バレの真実」から見える日台の絆」, 『産経新聞』(2014. 8. 23.字).

돌의 '불가피성'을 내세우고 미래를 보자는 식의 견해인 것이다. 또는 이 영화가 "항일과 같은 단순한 이야기가 아니라, ……일본 통치 시대에 대한 타이완인의 다원적 이해와 인식이 들어가 있다"고 에둘러 표현하는 연구자도 있었다.[6]

사실 일본은 우서사건이 일어난 바로 그곳을 배경으로 1943년에 〈사용의 종(サヨンの鐘)〉이라는 프로파간다영화를 찍은 적이 있다. 1939년 일본인 순사가 징집되어 떠나게 되자, 그를 배웅하러 나서던 사용이라는 원주민 소녀가 다리에서 미끄러져 죽었다. 이 사건을 애국 소녀 미담으로 추켜올려, 타이완 총독은 사용을 현창하는 종을 만들었다. 이를 소재로 하여 이향란(李香蘭·山口淑子) 주연으로 1943년 국책영화로 만들어진 것이 〈사용의 종〉이다.[7] 여기에는 이향란을 좋아하다가 원주민으로 편성된 다카사고의용대(高砂義勇隊)에 뽑혀 전쟁에 나가는 '모나'라는 인물이 등장한다. 그가 바로 세에딕족 족장 모나 루도가 일본에 남긴 상흔임은 말할 필요 없을 것이다.

3. 힘을 합친 타이완인과 일본인 : 〈KANO〉

〈세에딕 발레〉를 감독한 웨이더셩(魏德聖)은 2014년 2월 〈KANO〉를 발표한다. 이 작품에서 그는 각본과 제작을 담당하고, 〈세에딕 발레〉에 출연한 세에딕족 출신 마즈샹(馬志翔)에게 감독을 맡겼다. 'KANO'란 가농(嘉農) 즉

---

6 林初梅(2015), 「魏徳聖の三部作『海角七号』『セデック・バレ』『KANO』を鑑賞して」, 『東方』 第408号, 4쪽.

7 〈사용의 종〉의 제작과 관련한 전후 사정에 대해서는 다음 논문에 자세하다. 洪雅文(2004), 「戦時下の台湾映画と『サヨンの鐘』」, 岩本憲児 編, 『映画と「大東亜共栄圏」』, 東京 : 森話社.

가의농림학교(嘉義農林學校)의 약칭으로, 이 학교의 야구팀이 1931년 타이완 대표로 고시엔에 출전하여 준우승을 하기까지의 이야기를 담고 있다.

일본에서 야구 선수를 하고 감독도 하다가 그만두고 타이완으로 이주하여 회계 일을 하던 곤도 효타로(近藤兵太郎)는 농림학교 학생들이 야구를 하는 모습과 우연히 마주친다. 이전부터 야구부 부장인 하마다 쓰기미(浜田次箕)로부터 감독을 맡아 달라는 의뢰가 있었지만 거절해 오다가 실제 야구하는 모습을 보고는 마음을 바꾼다. 그는 일본인 6명, 본성인 3명, 원주민 3명을 주력 선수로 하는 팀을 구성한다. 이런 혼성팀으로 어떻게 야구하느냐고 조롱하는 일본인에게 곤도 감독은 "야구에 인종 따윈 관계없소. 원주민은 발이 빠르고, 본성인은 타격이 세고, 일본인은 수비에 능숙하니 이런 이상적인 팀이 어디 있겠소?"라고 반문한다.

곤도 감독은 팀 결성 첫날부터 고시엔 출전을 목표로 하자고 선수들에게 말한다. '고시엔'을 외치며 연습하는 선수들에게, 같은 농업학교 학생들은 고시엔(甲子園)은 씨를 뿌리는 '고시농원(甲子農園)' 같은 게 아니라고 말하며 조롱한다. 그런 조롱을 뒤로하고 팀 결성 1년 만인 1931년, 카노팀은 전도(全島) 우승을 쟁취하여 고시엔 출전권을 따낸다. 타이완에 한 팀만이 허용된 고시엔 출전은 그전까지 일본인만으로 결성된 타이베이상업학교의 점유물이었다. 고시엔에 진출한 카노팀은 모든 이의 예상을 뒤엎고 승리를 계속하여 결승전까지 진출한다.

처음에는 무시하던 신문기자들, 관중도 그들에게 환호를 보낸다. 결승전에서 주전 투수인 객가 출신 우밍제(吳明捷 : 이후 와세다대학으로 진학하여 일본에서 선수 생활을 함)가 손을 다쳐 피가 흘러내린다. 끝까지 완투하고 싶다고 말하자, 감독은 이건 너만의 시합이 아니라고 말한다. 그런데 이 상처를 파파야에 박힌 못이라고 생각하고 던지게 하라고 다른 선수가 말하여 우밍제는 계속 공을 던진다. 못을 박은 파파야는 죽을지도 모른다는 생각에 더 큰 열매를 맺는다고, 이는 하마다 쓰기미 선생이 학생들에게 해준 이야기였다. 우밍제의 피나는 노력에도 불구하고 카노팀은 패배하고 만다. 열심히 싸운 그들에게 관중의 격려가 쏟아진다.

〈KANO〉는 〈세에딕 발레〉와 달리 일본에서 메이가자가 아닌 멀티플렉스에서 상영되었고 흥행에서도 큰 성공을 거두었다. 더불어 곤도 효타로의 기념비가 에히메현 마쓰야마시에 건립되었고, 도쿄의 야구전당박물관에는 카노팀의 당시 사진과 관련 물품이 전시되었다. 이러한 일본의 반응을 한 일본인 연구자의 표현을 빌려 살펴보자. 카노팀이 고시엔에 진출하던 때는 "팍스 재패니카가 실현된 시대이고 그것을 상징하는 제국의 제전이 고시엔이었다고 말할 수 있지 않을까? 가의(嘉義) 마을에도 주위의 농촌에도 전쟁의 그림자는 티끌도 없고, 화면에 경찰도 군인도 나오지 않는다. 단지 밝은 경치 속에서 근대화가 차근차근 진행된다."[8] 〈KANO〉는 일본인이 바라던 타이완의 식민지 기억에 정확히 부합하는 영화였던 것이다. 이러한 〈KANO〉에 대한 일본의 반응은 카노팀이 고시엔에서 활약한 당시의 열광과도 다를 바 없다. 실제 경기를 야구장에 가서 관람했던 기쿠치 칸은 1931년의 『아사히신문』에 다음과 같은 감격의 글을 실었다.

> 내지인, 본도인, 고사족 등의 서로 다른 인종이 같은 목적을 위하여 협력하고 노력한다는 점 때문에 왠지 눈물이 고이는 느낌이 들었다.[9]

하지만 식민지 시대가 아닌 다민족으로 이루어진 타이완의 민족 통합 이야기라면 이해가 가지만, 엄연히 식민자와 피식민자가 존재하는 상황에서의 민족 통합 주장은 식민자의 통치에 순종하고 협력하자는 '선전'으로 비

---

8 沼崎一郎(2017), 「台湾映画『KANO』をどう観るか：人類学的ポストインペリアル批評の試み」, 『東方』 第432号, 11쪽.

9 菊池寛(1931), 「甲子園印象記」, 『東京朝日新聞』 夕刊(1931. 8. 22.字).

추어질 수밖에 없다. 만약 카노팀이 전부 타이완인으로 이루어져 고시엔 출전으로 자신들의 강함을 보여 주려고 했다면, 이는 〈세에딕 발레〉의 항일이라는 테마와 통할 수 있다. 한국과 비교해 보자. 카노팀이 준우승을 한 1931년 고시엔에는 조선의 경성중학교도 출전을 하였다. 조선에서는 이 해뿐 아니라 경성중학교 · 평양중학교 · 인천중학교 등이 두세 번씩 고시엔에 출전하였지만, 한국은 이에 대해 아무런 평가를 하지 않는다. 그 이유는 간혹 조선인도 들어 있었지만, 이 팀들이 대부분 일본인으로 이루어졌기 때문이다. 한국 야구사에서는 1923년 조선인만으로 이루어진 휘문고등보통학교(휘문고보)가 경성중학교를 꺾고 고시엔 8강까지 올라간 성적에 방점을 둘 뿐이다.[10] 그런데 〈KANO〉의 경우, 일본을 중심으로 민족 통합을 했을 때에만 최고의 실력이 나온다는 식으로 결론이 난다.

〈KANO〉의 식민지 시대 기억의 문제는 이뿐만이 아니다. 파파야에 못을 박는다는 이야기의 반복은 타이완을 크고 아름답게 만든 것이 일본이라는 못이라고 생각하라는 식으로 들린다. 카노팀이 타이베이상업학교를 이겨 전도 우승을 쟁취하여 고시엔 출전이 결정된 장면으로 돌아가 보자. 우승기를 들고 야구장을 한 바퀴 도는 선수들을 군중은 일장기를 들고 환호한다. 그런데 이 일장기 환호는 전혀 다른 곳의 일장기 환호로 이어진다. 자난대천(嘉南大圳)이 완성되어 우산터우(烏山頭)댐이 물을 방출하는 장면인 것이다. 고향으로 돌아와 퍼레이드를 벌이던 야구 선수들은 댐이 완성되었다는 말을 듣고 퍼레이드를 멈추고 새롭게 만들어진 저수지로 달려간다. 그리고 자난대천을 주도한 기술자 핫타 요이치(八田與一)에게 야구대회 결과를 보고한다. 카노팀의 귀환을 기다리던 마을 사람들은 해가 저물도록 그들을 만나지 못한다. 이 장면은 사실과 전혀 다르다. 카노팀이 고시엔 출전을 결정한 때는 1931년이고, 자난대천이 완성된 시점은 1930년

10 유홍락(1999), 『한국야구사』, 서울 : 대한야구협회, 26쪽.

으로 1년이나 차이가 난다. 그럼에도 불구하고 영화는 두 사건을 동시에 이루어진 것으로 관객에게 제시한다. 이는 야구대회에서의 승리, 그리고 댐의 건설을 통한 근대화를 동일선상에 놓기 위한 감독의 의도적인 연출인 것이다. 앞에서 지적했듯이 식민지 시대에 대한 항일과 향수라는 대조적인 시각을 지닌 〈세에딕 발레〉와 〈KANO〉는 모두 타이완에서 흥행에 성공하였다.

4. 기억의 차이는 어디에서 오는가?

영화평론가 요모타 이누히코는 〈KANO〉가 "일본의 식민지 통치를 긍정도 부정도 하지 않았다. 단지 그것이 역사적 현실이고, 타이완인이 태어난 시공(時空)을 형성해 왔다는 사실을 은폐 없이 직시했을 뿐이다"라고 평가한다. 그리고 그는 한국과 타이완을 다음과 같이 비교한다.

> 기묘하게도 (1990년대 이후의) 한국 영화에는 일본에 대한 영상이 한 컷도 등장하지 않는다. 일본은 마치 한국에서는 제로인 것처럼 간주된다. 그것은 현재의 일본 영화 최전선에서 재일 한국인의 문제가 적극적으로 언급되는 사실과도 대조적이다. 타이완 영화가 일본 식민지 시대를 진지하게 주시하는 것으로 타이완 정체성 문제에 다가가고 있다면, 한국은 대조적으로 '일본은 없다'라는 원리적 인식에 따라 한국이란 무엇인지에 대한 물음에 답하려 한다. 영화 제작에서 이러한 현저한 차이는, 영화를 뛰어넘어 타이완과 한국의 대일본관을 이해하는 데 있어서도 극히 중요하다. 웨이더셩의 작품은 어느 것도 한국에서 흥행하지 못했지만, 나는 한국인에게 〈KANO〉를 보여 주고 싶다.[11]

---

11 四方多犬彦(2015), 『台湾の歓び』, 東京：岩波書店, 166~167쪽.

요모타의 〈KANO〉에 대한 이러한 평가에는 오류가 많다. "(1990년대 이후의) 한국 영화에는 일본에 대한 영상이 한 컷도 등장하지 않는다"는 것도 그렇고, "현재의 일본 영화 최전선에서 재일 한국인의 문제가 적극적으로 언급되는 사실"도 오류이다. 일본 영화에서 재일 한국인 문제를 적극적으로 언급한 영화는 극히 적고, 그러한 영화를 제작하기 어려운 상황은 계속 이어지고 있다. 그렇다면 그가 "한국인에게 〈KANO〉를 보여 주고 싶다"는 이유는 무엇일까? 요모타는 〈KANO〉처럼 일본인들이 공감할 만한 식민지 시대의 모습을 그린 한국 영화의 출현을 기대하고 있는 것 같다. 요모타의 평가가 전부 틀린 것은 아니다. "타이완 영화가 일본 식민지 시대를 진지하게 주시하는 것으로 타이완 정체성 문제에 다가가고 있다"는 지적은 맞다. 그렇지만 타이완 정체성 문제를 한국과 동일선상에서 논하려고 한 점이 잘못되었다.

주지하다시피 타이완은 조선과 달리 독립국가가 아니었고, 1895년 청일전쟁의 패배로 청나라의 일부분이 떨어져 나가 일본의 식민지가 되었다. 타이완이라는 국가가 존재했던 것이 아니기에 항일운동이 곧바로 독립운동을 의미하는 조선과는 사정이 달랐다. 따라서 타이완인이라는 정체성의 형성은 식민지 시대부터라 할 수 있다. 식민지에서 벗어나자 타이완에는 중국 대륙에서 공산당에 쫓긴 국민당이 들어온다. 국민당은 본성인을 일본의 스파이 또는 노예로 비하하였고, 이러한 외성인과 본성인의 대립은 1947년 2 · 28사건에서 3만여 명의 학살로 이어진다. 이로 인하여 본성인의 외성인에 대한 반감의 골은 깊게 패였고, 반면에 국민당이 들어오기 이전 시대에 대한 동경이 강화되었다. 즉 일본의 식민지 시대는 타이완인이 중국 본토라는 팩터를 무시하고 이야기를 만들어 낼 수 있는 유일무이한 시기인 것이다.

게다가 식민지 시기 타이완은 중국보다 그리고 조선보다 훨씬 좋은 사회환경에 처해 있었다. 조선과 타이완의 식민지 시대 의료 및 경찰제도에 대한 최근 연구가 이를 밝혀내고 있다.[12] 결론적으로 말하자면, 타이완 정체성 주장은 일본 식민지 시대에 대한 긍정론과 떼려야 뗄 수 없는 관계인 것이다. 이는 타이완은 국민당이 들어오고 나서부터라는 외성인의 역사관과 대치된다.

다시 〈세에딕 발레〉로 돌아가 타이완 정체성이라는 측면에서 살펴보도록 하자. 사실 국민당 통치 시기에는 "항일이라는 역사 기억이 정통이자 주류"였다.[13] 그렇다면 논의되어야 할 것은 국민당 시기의 항일과 〈세에딕 발레〉의 그것의 차이점이다. 비교를 위하여 국민당 시기의 항일영화를 거론해 하자. 1972년 미국의 닉슨 대통령이 중국을 방문하고, 일본은 타이완과 단교를 한다. 이러한 국제 정세의 변화는 타이완에서 항일영화 붐을 일으켰다. 국영 영화 제작회사인 '중앙영화사업공사(中央電影事業公司)'가 만든 〈영렬천추(英烈千秋)〉(1973)는 그 대표작이다. 이 작품은 중일전쟁 중 일본군과의 전투에서 사망한 장쯔중(張自忠) 장군을 주인공으로 한다. 그리고 1977년 홍콩과의 합작으로 만들어진 〈해군돌격대(海軍突擊隊)〉는 중일전쟁 때 상하이를 점령한 일본 해군의 군함 이즈모(出雲)를 국민당군이 폭파하려다 실패했던 실제 역사를 바꾸어, 결국 폭파에 성공했다는 허구를 바탕으로 한다. 이처럼 1970년대 타이완에서 유행한 대부분의 항일영화의 주체는 국민당으로, 배경은 중국으로 하였다.[14]

〈세에딕 발레〉를 살펴보면 국민당 통치 시기 항일영화와는 달리 중국, 중국어가 결여되어 있다. 영화에는 원주민과 일본인이 주로 등장하고, 원주

12 문명기(2013), 「대만 · 조선의 '식민지근대'의 격차」, 『중국근현대사연구』 제59집 ; 문명기(2014), 「일제하 대만 · 조선 公醫制度에 대한 비교사적 접근」, 『한국학논총』 제42집.

13 백영서(2012), 「우리에게 대만은 무엇인가」, 백영서 · 최원식 편, 『대만을 보는 눈』, 파주 : 창비, 39쪽.

14 戸張東夫(2006), 『台湾映画のすべて』, 東京 : 丸善, 29~30쪽.

민어 아니면 일본어가 쓰인다. 한족이라 불리는 장사치가 나오지만, 원주민과 일본의 싸움에서는 피난을 가버려 스크린에서 금방 사라질 뿐이다. 여기에는 우서사건을 중국을 배제한 '순수' 타이완의 표상으로 보려는 감독의 의도가 깔려 있다. 55년에 걸친 국민당의 장기집권을 막아 낸 민진당이, 정권을 잡고 2001년 발행한 타이완의 20원짜리 동전에 모나 루도가 새겨져 있는 의미가 거기에 있을 것이다. 반면 민진당을 이기고 다시 국민당이 정권을 잡았던 시대에 열린 2015년 〈항전승리 70주년 기념 영화제〉에서는, 항일영화의 대표작으로 〈세에딕 발레〉가 아니라 40여 년 전에 만들어진 〈영렬천추〉가 상영되었다. 국민당의 마잉지우 당시 총통이 이 영화를 보고 눈물을 흘렸음이 사진과 더불어 타이완 언론에 크게 보도되었다.[15]

이처럼 식민지 시대를 배경으로 하지만 '타이완 정체성의 강조'를 영화 제작자가 최우선 과제로 삼았다고 한다면, 〈세에딕 발레〉와 〈KANO〉는 양립 불가능한 대조적인 시각을 담고 있는 작품이라기보다는 공통점이 많은 영화가 된다. 두 작품 모두 중국인이 아닌 타이완인의 활약을 그렸고, 중국에 대한 표현을 결여하고 있기 때문이다.

5. 피식민자 타이완인과 조선인의 만남 : 〈다다오청(大稲埕)〉

'타이완 정체성의 강조'가 주요한 테마라고 하여 〈KANO〉와 같은 영화가 무비판적으로 받아들여져도 되는 것일까? 타이완에서도 비판이 없지는 않았다. 린진위앤 교수는 「〈KANO〉가 타이완 주체성을 부식(腐蝕)시킨다」는 강렬한 제목의 논설을 통하여, 일본이 자난대천을 만들어 타이완의 쌀 생산량을 늘린 것이 타이완을 위해서 한 일이냐고 하며, "일본이 타이완을 반

15 姚志平(2015), 「觀賞〈英烈千秋〉馬英九致詞哽咽」, 『中時』(2015. 10. 3.字).

환하고 이미 60년이 지났지만, 타이완 민중이 일본을 그리워하고 사모하는 감정은 감소하기는커녕 증가하고 있는 듯하다. 고생스러운 항일 8년으로 무수한 건너편 동포의 생명이 희생되었지만, 일부 타이완 민중은 이해를 보이지 않는다"고 강력히 비판하였다.[16] 린진위앤 교수는 타이완 정체성을 내세우려는 〈KANO〉가 오히려 일본에 의지함을 나타냄으로써 타이완의 주체성을 훼손시키고 있음을 지적한 것이다. 이에 반해 일본의 평론가 노지마 쓰요시는 자난대천에 대한 지적에 대해서는 언급을 하지 않고, 이 글이 외성인이 주축으로 발행되는 신문에 실렸음을 상기시키며, '항일 8년'의 역사를 타이완 본성인들은 공유하지 않고, 본성인은 중국 편이 아니라 "일본인의 한 명으로서, 전쟁의 반대 측 진영에 있었다."고 일축해 버린다.[17] 이러한 논의를 풀어 나가기 위해서는 타이완 영화에 있어서 타이완 정체성의 강조 때문에 부차적인 문제가 되어 버린 식민지 기억의 문제점을 짚고 넘어가지 않으면 안 될 것이다.

이를 위해서 타이완과 마찬가지로 일본의 식민화와 침략에 피해를 본 한국에 대한 타이완의 인식을 알아보는 일이 도움일 될 것이다. 그렇다면 타이완의 식민지 시대 기억에 조선은 등장하지 않을까? 2014년 개봉된 코미디 영화 〈다다오청(大稻埕)〉은 타임슬립을 하여 식민지 시대로 돌아가는 이야기로 많은 인기를 끌었다. 주인공인 잭은 『대만사』라고 이름 붙은 책을 들었다가 들추지도 않고 던져 버리는 대학생이다. 그는 "역사랑 나랑 무슨 관련이 있는데요?"라고 교수에게 물을 뿐이다. 교수가 일본의 '쇼와(昭和 · zhaohe) 시대'라고 말하자, 학생들은 '교합(交合 · jiaohe)' 시대냐며 야한 농담을 주고받는다. 혀를 마는 권설음 발음을 못하는 타이완 출신 교수인 점을 놀리는 것이다. 잭은 박물관에 걸린 식민지 시대 다다오청을 그린 그

16 林金源(2014), 「討論 : KANO腐蝕臺灣主體性」, 『中時』(2014. 2. 12.字).

17 野嶋剛(2015), 『映画で知る台湾』, 東京 : 明石書店, 33쪽.

림 속으로 빨려 들어가면서 1920년대로 타임슬립한다. 타이베이 시내에서 다다오청은 당시 타이완인의 중심지였고, 일본인이 모여 살던 총독부 주변으로부터 서북쪽에 위치한다.[18]

주인공이 과거 시간에 익숙해지려는 순간, 일본 황태자 히로히토(쇼와천황)의 타이완 방문을 앞두고 일본 경찰의 움직임이 바빠진다. 이를 통해 영화의 시대가 언제인지가 확실해진다. 1923년인 것이다. 이때 히로히토의 암살을 계획하는 '한국인' 암살자들이 등장한다(조선인이라고 하지 않고 영화에서는 한국인이라고 지칭한다). 만약 여기에서 히로히토의 암살이 성공한다면, 타이완 그리고 조선은 식민지에서 벗어날 수 있고, 그후 일본이 벌이는 전쟁도 피할 수 있어 인류의 더 큰 불행을 막을 수 있을 것이다. 주인공이 미래에서 왔으니 그러한 생각을 가질 수 있을 터였다. 하지만 영화는 예상치 못한 방향으로 흘러간다.

암살이 성공하면 자신들의 처지가 곤란해지리라고 여긴 타이완인들은 조선인들의 거사를 막기로 결정한다. 그들의 방법은 최대한 많은 사람이 시가행렬을 구경하여 암살 작전 거행을 방해하는 소극적인 방법이었다. 사람을 모으는 방법은 '내일 시가행렬에 나오라고 10명에게 이야기하지 않으면 불행이 닥친다'는 행운의 편지와 같은 작전이었다. 다음 날 히로히토가 탄 차가 다가오자 조선인 암살자는 군중을 피해 옥상에서 총을 겨누고 발사한다. 그러자 이를 막기 위하여 주인공은 과거로 올 때 사용했던 그림과 더불어 몸을 던진다. 그는 총알과 함께 미래로 돌아간다.

여기에서의 조선인은 타이완과 일본이 영위하는 상호 공존의 질서를 깨뜨리고 방해하는 존재로 그려진다. 타이완인의 조선에 대한 이해는 전혀 없고 피식민자 간의 연대도 없다. 이는 같은 피식민자이면서도 조선인으로

---

18 又吉盛清(1996), 『台湾近い昔の旅』, 東京 : 凱風社, 227~228쪽.

혼동되는 것을 '공포'로 여기던 오키나와인들의 반응을 연상시킨다.[19] 하지만 실제 역사는 달랐다. 윤자영이 1924년에, 여운형이 1928년에 상호 협력을 위하여 타이완을 방문하였고, 1928년 신채호도 동방무정부주의자연맹 일 때문에 타이완을 방문하였다가 체포되어 죽고 만다.[20] 〈다다오청〉을 통해서 보는 한 식민지 시대와는 달리 현재의 타이완은 피식민자 간의 연대를 이야기하고 싶지 않은 것 같다. 그보다는 식민자와 피식민자라는 권력관계를 떠나 타이완은 일본과 '대등한' 관계를 맺고 있었다고 주장하고 싶어 한다. 〈다다오청〉에서도 역사에 대한 올바른 기억보다는 '타이완 정체성의 강조'라는 테마로 회귀하는 것이다.

6. 나가며

타이완과 한국은 일본의 식민지라는 타이틀은 공유했지만, 식민지 시대 및 그 시대를 전후한 경험이 전부 같았던 것은 아니었다. 또한 그것을 영화를 통해서 기억하는 방식 또한 다름을, 이 글은 최근 흥행에 성공한 영화들의 분석을 통하여 확인하였다.

한국과 달리 타이완에서는 식민지 시대를 배경으로 하여 항일과 향수라는 서로 대조적인 테마를 가진 영화들이 모두 흥행에 성공하고 있다. 그것은 식민지 시대에 대한 평가보다는 '타이완 주체성의 강조'가 우선시되고 있기 때문임을 밝혀내었다. 하지만 중국과 타이완이라는 양안 관계에 몰입

19 토베 히데아키(2007), 「재일 '오키나와인', 그 호칭이 조명하는 것」(강태웅 옮김), 최원식 · 백영서 · 신윤환 · 강태웅 편, 『제국의 교차로에서 탈제국을 꿈꾸다』, 파주 : 창비, 76~102쪽.

20 추스제(2012), 「신채호를 통해 본 조선과 대만 무정부주의자들의 교류」, 백영서 · 최원식 편, 『대만을 보는 눈』, 파주 : 창비, 216~234쪽.

해 버려 타이완 영화에는 동아시아 전체를 조망하거나 식민지와 침략이라는 가해적 행위에 대한 비판적 시각이 결여되어 있음은 꼭 지적되어야 할 것이다.

제2차 세계대전 전과 후의 오키나와 전통 예능 계승

연속과 비연속

고야 준코(呉屋淳子, Goya Junko)

현 오키나와현립예술대학 음악학부 준교수. 문화인류학 전공.
민속예능 중 특히 문화재로 등록되지 않은 민속예능, 민속음악에 관심을 두고 연구 및 프로젝트를 하고 있다. 주요 저서로는 『학교예능의 민족지 : 창조된 야에야마예능(八重山芸能)』(2017), 『진재 후의 지역문화와 피재지의 민속지』(공저·2018) 등이 있다.

무카이 다이사쿠(向井大策, Mukai Daisaku)

현 오키나와현립예술대학 음악학부 준교수. 음악학 전공.
근현대음악사, 음악미학 그리고 문화 자원으로서의 음악에 관심을 가지고 연구 및 프로젝트를 기획하고 있다. 주요 논저로는 「벤저민 브리텐의 바다」(2014), 『송 오브 섬머』(2017)가 있다.

1. 들어가며

‘야마토유(大和世 : 일본 세상)’에서 ‘아메리카유(미국 세상)’ 그리고 또다시 ‘야마토유’로, 19세기 후반에서 20세기 후반까지 오키나와 지배체제의 변화는 종종 ‘세상’의 변천과 단절로 회자되고는 한다. 첫 야마토유는 1872년 메이지 정부에 의한 일본으로의 병합으로부터 태평양전쟁, 그리고 1945년 오키나와전쟁에 이르는 73년이다. 그사이 류큐처분(1879)에 따른 병합으로 ‘류큐번’으로 불리던 과거의 류큐국은 명실상부한 일본제국의 판도 안에 ‘오키나와’로 편입되었다. 그것은 류큐인이 동화정책에 의해 제국 신민으로서 ‘일본인’ 속으로 편입되어 가는 과정이기도 했다.

한편 아메리카유는 미국의 군사적인 통치하에 있던 1945～1972년에 이르는 27년을 가리킨다. 1952년 4월 28일 샌프란시스코 강화조약이 발효되면서 일본은 주권을 회복하지만, ‘북위 29도선 이남의 난세이제도’는 미국에게 그대로 ‘행정 입법 및 사법상의 권력의 전부 및 일부를 행사할 권리가 있는 것’으로 되어 있다. 동아시아를 둘러싼 긴박한 국제 정세 속에서 오키나와를 둘러싼 정치적 · 경제적 · 문화적 상황은 오키나와의 지정학적 위상에 따라서 변화해 갔다. 그것은 전쟁 전과는 또 다른 ‘포스트제국’적 상황이었다고 해도 좋을 것이다. 이러한 의미에서 오키나와는 동아시아의 정치적 · 문화적 권력의 이행을 상징적으로 보여 주는 지역 중 하나라고 할 수 있겠다.

그리고 1972년 5월 15일 오키나와는 ‘조국 일본’에 복귀를 이룬다. 본 논문은 제2차 세계대전 전후의 정치적 · 문화적 상황의 변화 속에서, 오키나와 사람들이 자신들의 전통 예능(류큐예능)에 어떠한 의미와 가치를 찾아내 왔는지, 그 연속성과 비연속성을 구미오도리(組踊)라는 예능의 계승의 문제에 초점을 맞추어 논하려고 한다.

본고에서 검증의 대상으로 하는 것은 메이지 시대 이후의 근대에 있어서의 류큐예능의 변용, 전후 미국 통치하의 입법을 포함한 문화정책의 추이, 그리고 그러한 상황 아래에서 구미오도리의 계승에 종사하는 예능인들의 의식이나 실천의 변화이다. 또 본고는 이 시대를 통해 어떻게 '전통의 담당자'라는 존재가 구성되어 왔는지도 주목한다. '계승자'란 추상적 존재가 아니라 '계승자'의 존재 자체가 어떤 특정한 역사적 · 문화적 상황 속에 살아가는 개개인이다. 그것을 역사적 검증을 통해 되묻고 싶다는 것이 본고의 또 다른 목적이기도 하다.

그래서 우선 우리가 착목하는 것은 1972년이라는 역사적인 무게를 가진 하나의 통과점이다. 그로부터 전쟁 전후의 오키나와와 전통 예능에 대한 물음은 시작된다.

2. 구미오도리의 '근대'

"당당히 본토 문화재의 반열에 오르게 되었네요. 기쁩니다. 오래 살고 볼 일이네요."

1972년 3월 25일 『마이니치신문』에 류큐예능계를 대표하는, 전쟁 전부터 활동한 예능인의 한 사람인 마지키나 유코(真境名由康, 1889~1982)의 담화가 소개되었다. 그전 날(1972. 3. 24) 구미오도리가 국가의 중요무형문화재로 지정되었음이 발표된 것이다. 중요무형문화재로 지정된 날자는 5월 15일로 오키나와의 '조국 복귀'와 같은 날이었다. 이 소식은 『마이니치신문』

뿐 아니라 다른 대형 신문에도 보도되었다.[1]

아마도 그전에 구미오도리라는 오키나와의 전통 예능이 일제히 '본토'의 언론에 오르내리는 일은 없었을 것이다. 이날 마지키나를 비롯한 전통구미오도리보존회 멤버들은 오키나와에서 '상경'하여, 도쿄 지요다구의 미야케자카에 있는 국립극장의 소극장 안에 있었다. 국립극장 주최 〈제3회 류큐예능 공연 오칸센오도리(御冠船踊)와 류큐가극〉에 출연하기 위해서였다. 1972년 5월 15일 오키나와의 조국 복귀를 앞두고 오키나와의 전통 예능인 구미오도리가 국가 지정 중요무형문화재로 결정되었다는 발표가 이루어진 것이다. 그리고 그날에 맞추어 도쿄국립극장에서 오키나와 전통 예능인들이 구미오도리를 공연한 것은 본토 언론에도 나름대로 보도할 만한 가치가 있는 일로 받아들여졌던 것 같다.

구미오도리는 오키나와의 전통 예능인 류큐예능을 대표하는 장르 중 하나이다. 그 역사는 18세기 오키나와가 독립된 왕권을 가진 '류큐'였던 시대로 거슬러 올라간다. 류큐국은 1429~1879년 450년간 중국과 조공·책봉 관계에 있었다. 다이이치쇼시(第一尚氏), 다이니쇼시(第二尚氏)라는 두 왕통에 의해 계승되면서도 1609년 이후는 일본 지방 다이묘인 사쓰마(薩摩)의 침공으로 청나라와 사쓰마 양쪽에 예속된 상태에 있었다. 구미오도리는 1719년 다이니쇼시 제13대의 쇼케이왕(尚敬王)의 책봉 시 책봉사를 맞이한 환대의 연회를 위한 오도리호코(踊奉行)의 다마구스쿠 조쿤(玉城朝薫, 1684~1734)이 창시한 가무연극을 가리킨다. 창시자인 다마구스쿠 조쿤에 의한 '5번곡'〔〈슈신카네이리(執心鐘入)〉, 〈메카루시(銘苅)〉, 〈고코노마키(孝行之巻)〉, 〈온나모노구루이(女物狂)〉, 〈니도테키우치(二童敵討)〉의 5작품〕 외에도 70작품에 가까운 레퍼터리가 알려져 있다.

1 「真境名由康：人と作品」刊行委員会 編(1987), 『真境名由康 人と作品：人物篇 上巻』, 那覇：「真境名由康：人と作品」刊行委員会, 372~376쪽.

중국에서 온 책봉사들은 적어도 반년 동안 류큐국에 체재했기 때문에 왕부(王府)에서는 책봉사를 대접하기 위해 많은 연회를 열어야만 했다. 중국의 책봉사를 실은 배를 '간센(冠船)'이라 했고, 이들의 예능이 책봉 의례에 따라 행해지는 것이었기에 이를 총칭하여 '오칸센오도리(御冠船踊)'라 부르기도 한다. 류큐국이 중국과의 조공·책봉 관계에 있었다는 상황을 생각하면, 이러한 연회가 나라의 위신을 건 것이었음은 쉽게 상상할 수 있겠다. 한편 다마구스쿠 조쿤을 비롯해 오도리호코에 임명된 사족(士族 : 류큐국의 지배계급인 왕부의 관료)들은 공무로 사쓰마나 에도로 '상행'하여 노(能), 교겐(狂言), 가부키(歌舞伎)라는 일본의 고전예능을 접할 기회를 가진다. 또 요쿄쿠(謡曲 : 노의 대본) 등의 소양은 왕부를 섬기는 사족에게는 중요한 것이기도 했다. 다마구스쿠 조쿤의 5번곡에는 노의 〈도조지(道成寺)〉, 〈하고로모(羽衣)〉, 〈스미다가와(隅田川)〉를 원작으로 한 것도 있어 이들이 일본의 고전 예능을 적극적으로 배워 자신의 예능으로 받아들였음을 보여 준다. 즉 구미오도리란 류큐국을 둘러싼 중국 및 일본과의 정치적·문화적 관계 속에서 성립된 예능이라고 할 수 있겠다.

1866년 마지막 류큐 왕 쇼타이왕(尚泰王)의 책봉 때 상연된 것이 왕부의 예능으로 편성된 구미오도리의 마지막이었다. 이후 구미오도리를 비롯한 류큐예능, 즉 오칸센오도리는 1879년 류큐처분에 의해 그 역사적인 역할을 끝내게 되었다.

메이지 시대 이후의 '야마토유'에 들어가면서 그때까지 왕부에 있어 직능의 일부로 예능을 담당하던 사족 가운데에는, 나하시(那覇市)의 시바이고야(芝居小屋 : 일종의 극장)에서 흥행을 하여 지금까지 몸에 익힌 예능을 생활의 양식으로 하는 사람이 나타나게 되었다. 관객이 왕가와 사족 계급에서 일반 대중으로 옮겨 가면서 당연히 무대 위 예능에도 변화를 보이게 된다. 예를 들어 그들의 고전무용이나 구미오도리는 서민에게는 생소했던 탓에 거기에 '웃음'을 특징으로 하는 교겐을 삽입함으로써 일반 대중에게도

친숙한 것으로 만들기 위한 레퍼터리 구성상의 궁리를 했다.[2]

그때까지 왕부의 외교 의례 속에서 춤을 추고 구미오도리를 담당하던 배우나 음악가들은 이에 처음으로 예능을 전문으로 하는 '예능인'으로서의 정체성을 갖게 된 것이다. 무대의 격식뿐만 아니라 새로운 관객에게 받아들여지는 무대를 만들고 그로 인해 양식을 구한다는 의식이 메이지 시대에 조오도리(雑踊)[3]나 오키나와시바이(沖縄芝居)[4]라는 새로운 무용이나 연극 장르를 만들어 갔다.

마지키나 유코는 이런 시대에 배우로서 활동하기 시작한 예능인 중 한 명이었다. 첫 무대를 밟은 것은 7세 때(1896)로 레퍼터리는 구미오도리 〈오카와데키우치(大川敵討)〉였다. 1907년부터 부친 마지키나 유사쿠(真境名由作)의 극단인 오키나와자(沖縄座)에서는 이미 은퇴한 명배우 다마구스쿠 세이

2 矢野輝雄(1993), 『新訂増補 沖縄芸能史話』, 宜野湾 : 榕樹社, 227쪽

3 조오도리(雑踊)는 고전무용인 '노인 춤', '젊은이 춤', '두 살 춤', '여자 춤'의 어떤 범주에도 들어맞지 않는 다양한 춤을 뜻하는 말로[矢野輝雄(1993), 앞의 책, 233쪽], 초기에는 '앙과-모-이-(처녀 춤)'라고도 불렸다. 레퍼터리로는 농촌의 처녀가 식물로 엮은 우산을 쓴 노라기(野良着 : 농사일 의상)를 입고 춤추는 경쾌한 것, 사족 관리와 유녀의 사랑하는 모습을 서정적으로 그린 것 등이 있다. 반주 음악에는 기존의 류큐 고전음악뿐만 아니라 민요나 민간에서 불리고 있는 속곡(俗曲) 등도 이용되었다. 이것들은 안무도 묘사되는 내용도 음악도 서민적 생활 감정에 기인한 것이며, 기존의 고전춤에 대체되어 관객에게 높은 인기를 얻게 되었다.

4 전통적인 구미오도리가, 류큐 고전어의 대사를 음미하면서 연기하는 것이었던 데 반해, 메이지기에 탄생한 '오키나와시바이'는 연기자는 구어체의 오키나와 방언으로 대사를 이야기하고 때로는 연기자 자신이 노래를 부르면서 연기하는 것에 특징이 있다. 작품 대부분 서민의 생활에 기인한 닌조모노가타리(人情物語)로서 달리 '류큐가극'으로도 불리고 있다. 노래에도 류큐 고전음악뿐 아니라 오키나와 본섬 각지 또는 야에야마(八重山) 등 낙도 지역 민요 등이 도입되었다. 오키나와시바이의 대표적인 레퍼터리로 꼽히는 것은 가네코 야에이(我如古弥栄)의 〈두마이아카(泊阿嘉)〉(1911), 이라하 인키치(伊良波尹吉)의 〈깊은 산중의 모란(奥山の牡丹)〉(1914), 그리고 마지키나 유코의 〈이에섬의 한도쇼(伊江島ハンドー小)〉(1924)의 세 곡으로 이것들은 '3대 가극' 등이라고도 불리며, 상연되자마자 연일 만원사례일 정도로 인기를 누렸다. 이 3대 가극은 현대에도 인기 레퍼터리로 자주 상연되고 있다.

주(玉城盛重, 1868~1945)를 불러 구미오도리를 하게 하고, 마지키나 유코도 그 무대에 자주 출연했었다. 그러나 그 당시 이미 구미오도리는 계승이 위기를 맞은 예능으로 간주되고 있었다. 예를 들어 1917년 『류큐신보(琉球新報)』에 게재된 사설의 집필자들은, "요즘 들어 구미오도리의 〈슈신카네이리〉 같은 연기를 훌륭하게 해낼 수 있는 연기자가 거의 없다고 할 정도로 류큐 고유의 예술은 쇠약해졌다"라며, "우리 고유의 예술이 머지않아 소멸될 운명에 이르지 않을 것인가"라고 위기감을 감추지 않았다. 나아가 "고전극도 충분히 보존하고 옛 류큐의 모습을 영원히 남겨야 한다"(『류큐신보』 1917. 7. 30.자)[5]고 논하고 있다. 이와 같은 구미오도리의 '흥망'을 둘러싼 담론의 배경에는 1910년 전후의 '오키나와 문예부흥'의 움직임이 관련되었다고 볼 수도 있다. 1909년에는 100명이 넘는 참가자들을 모아 〈제1회 류카(琉歌)대회〉[6]가 개최되었고, 이하 후유(伊波普猷)의 동생이자 『오키나와 마이니치신문』 기자인 이하 게쓰조(伊波月城)는 그 류카대회를 "오키나와의 문예부흥의 원년"이라고 평했다.[7] 훗날 '이하 후유의 오키나와학'으로 결실을 맺듯이 오키나와 전통적인 문예와 오키나와 정체성에 대한 관심의 고조가 이런 구미오도리의 쇠퇴에 대한 위기감에도 나타나고 있는 것처럼 생각된다.

신문 등 미디어의 발달로 근대 오키나와 지식인의 언론 활동이 활발해진 것을 감안하면 오키나와 문예부흥에는 매체의 역할이 컸다 하겠다. 구미오도리에 대해서도 1913년 6월 『오키나와 마이니치신문』 주최로 〈고극감상회(古劇鑑賞会)〉가 열리고 나카자(中座)의 배우들이 구미오도리 〈하나우리

---

5 琉球・沖縄芸能史年表作成研究会 編(2010), 『琉球・沖縄芸能史年表』, 浦添 : 国立劇場おきなわ運営財団, 751쪽.

6 류카란 류큐국 시대에 성립한 류큐 독자적인 전통적 단가 형식이다. 일본의 정형시 와카(和歌)와 달리 8・8・8・6의 음절로 구성된 형식을 갖는다.

7 仲程昌徳(2015), 「近代沖縄の文学 : 沖縄の文学の二系統」, 岡本恵徳・高橋敏夫・本浜秀彦 編, 『〈新装版〉沖縄文学選 : 日本文学のエッジからの問い』, 東京 : 勉誠出版, 20~21쪽.

노엔(花売縁)〉과 〈니도테키우치(二童敵討)〉를 공연했다. 그 알림 기사에는 "나카자의 모든 배우가 본사의 주된 뜻에 동조하여 고극 보존의 뜻에 따라서 극의 형식(型)과 연기 또는 춤(所作) 등의 일체를, 몇 달 전부터 간센의 형식을 배우고, 특히 이전의 간센오도리에 출연했던 슈리(首里 : 오키나와 나하시의 북동부로 류큐국의 도읍지였다)에 있는 노옹 두세 명에게 전수를 받는 등 그 연구와 연습은 많은 시일과 노력을 기울였다"(『오키나와 마이니치신문』 1913. 6. 23.자)라고[8] 쓰여 있다.

이러한 구미오도리의 부흥과 계승의 움직임을 환영하는 경향이 있는 한편, 같은 시기의 신문기사에는 배우들이 구미오도리를 계승하는 것에 대한 의구심이나 혐오감을 드러내는 것도 확인된다. 예컨대 1916년 3월 『류큐신보』에 연재된 「연극 혁신의 목소리」라는 기사에서는 나하구의회 의원의 목소리로, "오칸센오도리는 저명한 분들이 선택되어 공연되었었다. 지금은 점점 장사치처럼 되거나 거의 걸인처럼 타락해 버렸다. 인격 없는 자들이 공연하는 것을 어찌 교화 기관이라 할 것인가. 그들은 오로지 해독을 끼칠 뿐이다"(『류큐신보』 1916. 3. 11.자)라는 의견이 실렸다. 한편 마지키나 유코 등 배우 측에서는, "류큐는 예로부터 예술을 중시한 나라로 그 유명한 지넨(知念)은 예술로 사족이 된 사람이다. 그리고 오칸센오도리의 배우가 되는 것은 참으로 명예로운 것으로, 그 선발은 시키나바바(識名馬場)에서 행했었다"(『류큐신보』 1916. 3. 6.자)라는 목소리가 게재되어 있다.[9]

여기에서 구미오도리를 비롯한 류큐예능(일명 오칸센오도리)의 계승을 놓고 계급의 개념이 제기되어 계승자의 정통성 논란이 일고 있다. 류큐예능은 사족의 전통이라는 논리에 대한 배우들의 답변을 보면, 계급은 예능의 계승에 본질적인 것이 아니며 예능 자체에 의해 계급적 차이는 극복할 수

8 琉球・沖縄芸能史年表作成研究会 編(2010), 앞의 책.

9 琉球・沖縄芸能史年表作成研究会 編(2010), 앞의 책.

있다는 것이었다. 실제로 마지키나 유코가 1931년에 산고자(珊瑚座)를 결성했을 때, 그는 자신의 아버지와 같이 구미오도리나 고전무용의 재연에 힘을 쏟고 그 자신이나 단원들도 마지막 오칸센오도리의 '웨카타(親方 : 스승)'들에게 직접 가르침을 받은 다마구스쿠 세이주(玉城盛重)의 문을 두드려 수련을 쌓았다. 마지키나는 "일반인은 취미나 흥미 등으로 춤을 추는데 그런 걸로 진정한 전통을 남길 수는 없다. 그래서 고전을 지키는 것은 우리 연기자들의 사명이라고 다짐하고, 세이주 선생님께 배우러 갔다"고 후에 회상했다.[10] 사족이라는 '정통'적인 계승자가 존재하지 않게 된 근대 이후 구미오도리의 계승은 마지키나 등의 배우들이 주역이 되어 갔던 것이다.

3. 전통 '부흥'과 새로운 전통의 창출

"가을날에는 오키나와를 회상한다. ……나는 섬의 형제들이 지금 어떤 새로운 경험을 하고 있는지 뼈저리게 느끼고 있는 것이다."[11] 1946년 민속학자인 오리구치 노부오(折口信夫, 1887~1953)는 『오키나와를 회상하다』라는 에세이집에서 패전 후의 오키나와에 대한 마음을 다음과 같이 적고 있다.

> 풍문으로 듣자 하니, 이번 괴멸로 샤미센을 연주하는 신사들은 대부분 전사했다고 한다. 구미오도리를 연출할 수 있는 선배 연기자들도 죽음을 면치 못했다. 겨우 구미오도리의 부분부분을 배운 중년의 배우들도 뿔뿔이 흩어진 듯하다. 구니가미(国頭)의 산에 핀 히자쿠라(벚꽃의 일종)처럼 외롭지만, 두리둥실

---

10 畠中敏郎(1987), 「由康と組踊」刊行委員会 編, 『真境名由康 人と作品 上巻(人物篇)』, 那覇 : 刊行委員会, 14쪽.

11 折口信夫(1967), 「沖縄を憶う」, 『折口信夫全集 第17巻』, 東京 : 中央公論社, 420쪽.

> 한적한 내음이 피어오르던 오키나와의 음악, 무용, 극을 종합한 구미오도리도 지금은 다시 볼 수 없는 꿈처럼 사라져 버렸으리라.[12]

오리구치는 전쟁 전 1921년, 1923년, 1935~1936년 3차례 오키나와를 찾아 구다카지마(久高島), 야에야마(八重山) 등 외딴 섬을 포함한 오키나와 각지를 돌며 이하 후유, 스에요시 안쿄(末吉安恭)와 같은 오키나와의 지식인들과 교우를 가졌다. 이하 후유의 『교주 류큐희곡집』 서문에 「구미오도리 이전」이라는 글도 기고했었다. 또 오리구치 노부오는 세 번째 오키나와 방문 때 마지키나 유코의 산고자에서 구미오도리를 감상하고 예능인들과 친분을 맺었다. 이러한 인연으로 구미오도리가 끊기기 전에 꼭 도쿄에 소개하고 싶다는 열의를 가졌던 오리구치는 일본민속협회의 협력하에 오키나와의 예인들을 도쿄에 불러들였고, 1936년 5월 30일과 31일 이틀에 걸쳐 〈류큐 고전예능대회〉를 열었던 것이다. 이는 구미오도리가 처음으로 '내지'에서 상연된 새 시대를 연 획기적 공연이었다.

이러한 오리구치의 감상적인 이야기와는 대조적으로 패전 직후의 오키나와 수용소 안에서는 이미 구미오도리가 상연되고 있었다. 1945년 12월 25일 이시카와시 시로마에(城前) 초등학교에서 개최된 〈오키나와 예능대회〉에서 고전음악가인 오시로 시슈(大城嗣周)를 중심으로 결성된 예능연맹 위문단에 의해 구미오도리 〈하나우리노엔〉이 상연된 것이다.[13] 이듬해 1946년에 출범한 오키나와민정부에는 교육이나 문화정책 등을 수행하기 위한 문화부가 설치되어 미군의 지휘하에 스포츠 및 예능 공연 기획 등이 행해졌다. 특히 예능 공연은 그 핵심이 되는 이벤트로 중시되었다. 미군 정부에서도 오키나와의 점령정책을 수행하는 데 있어 '기초 작업'이 되리라고

---

12 折口信夫(1967), 앞의 글, 426쪽.

13 矢野輝雄(1988), 『沖縄舞踊の歴史』, 東京 : 築地書館, 213쪽.

여겼기 때문이다.[14] 정부는 '순회위문예능단'을 결성해 남부·중부·북부 오키나와 곳곳의 수용소를 돌며 예능 공연을 열심히 수행했다. 게다가 '예능인 자격심사'가 행해져 합격자에게는 '배우 기능 보유자' 증명서가 발행되어 '예술과 연기관(藝術課演技官)'으로서 오키나와민정부에 고용되었다. 다음 해인 1947년 이 제도는 폐지되었기 때문에 불과 1년도 안 되는 기간이었으나, '아메리카유'에서 '쇼와 시대의 오도리호코'가 실현되었다.[15]

『오키나와 타임스』사의 설립자이며, 전후 오키나와를 대표하는 언론인이자 지식인의 한 사람이인 도요히라 료켄(豊平良顕)도 패전 직후의 류큐예능의 부흥에 대해 다음과 같이 회상하고 있다.

> 다마구스쿠 세이주의 사망은 정통한 고전 승계를 위태롭게 하는 '형식(型)'의 죽음처럼 느껴졌다. 다행스럽게도 일찌기 다마구스쿠 세이주, 아라카키 쇼간(新垣松含), 도카시키 슈료(渡嘉敷守良), 그 외 알려지지 않은 무용 스승에게 가르침을 받은 분들이 전쟁 후의 무용부흥에 나섰다. 오락에 굶주린 포로 지구에서 위문 공연이 성행했다. 허탈과 혼미의 패전 직후부터 노래와 춤을 좋아하는 민족성이 유감없이 발휘되었고, 그것이 향토문화 부흥의 계기가 되었다.[16]

그리고 전쟁 전부터 '무관심'이나 '경시 풍조'와 전쟁의 재난에 의한 '형식의 전몰(戰没)'을 극복하기 위해, 도요히라를 중심으로 진행되어 간 것이 '조직적 예능부흥운동의 활발한 추진'[17]이었다. 전쟁 전과 마찬가지로 전쟁

---

14 平良研一(1982), 「占領初期の沖縄における社会教育政策 : 「文化部」の政策と活動を中心に」, 『沖縄大学紀要』 第2号, 42쪽.

15 矢野輝雄(1988), 앞의 책, 213쪽.

16 豊平良顕(1963), 「芸術祭によせて」, 芸術祭運営委員会 編, 『芸術祭総覧』, 那覇 : 沖縄タイムス社.

17 豊平良顕(1963), 앞의 글.

후에도 신문이라는 미디어가 '예능의 부흥'에 큰 역할을 하게 된 것이다. 예를 들어 『오키나와 타임스』사는 1954년부터 〈신인예능제〉(제6회부터는 '예술제'로 개칭)를 주최했다. 이것은 콩쿠르의 개최로 류큐예능의 기능 계승과 계승자의 육성을 도모하고자 한 것이었다. 또 1957년부터는 '신인예능제 무용연구회'를 발족시키고 '형식의 통일'에 관한 논의를 본격화하는 등 도요히라 료켄은 전후의 류큐무용계에 큰 영향을 준다. 그것은 단지 전해진 것을 계승할 뿐만 아니라 적극적으로 '전통'을 만들어 내려고 하는 부흥운동이기도 했다.

도요히라를 중심으로 행해진 '조직적인 예능부흥운동'과 더불어 전후의 연구소나 유파라는 새로운 계승의 장소가 만들어진 것도, 류큐예능의 계승 시스템에 커다란 변화를 가져왔다. 예컨대 마지키나 유코는 1952년 '마지키나 유코 무용연구소'를 설립했다. 전쟁 전에도 류큐예능을 수련하는 연습장은 존재했으나, 여기에서 말하는 '연구소'란 오키나와만의 독특한 교습 · 계승 방식인 스승과 제자의 관계성 및 '유파'에 근거한 예능의 수련장을 의미하는 것이다.[18] 패전 후 얼마 지나지 않아 이러한 연구소가 다양한 무용가에 의해 열리게 된 것이다.

1960년 마지키나 유코는 자신의 연구소를 발전시키는 형태로 '마지키나 본류진훈회(真境名本流真薫会)'를 창립했다. 기존의 류큐예능에는 일본의 고전 예능과 같은 '유파'나 '종가제도'가 존재하지 않았다.[19] 그러나 마지키나가 류큐무용에서 처음으로 유파를 만들고 제자에게 연구소를 설립하기 위한 면허장을 주는 사범면허제도를 확립시킨다. 이는 "자신의 창작 작품의 저작권적 의미를 명시하기 위해 편의상 이름 붙여진 것"[20]이었는데, 마지

18 呉屋淳子(2017), 『「学校芸能」の民族誌：創造される八重山芸能』, 東京：森話社, 73쪽.

19 呉屋淳子(2017), 앞의 책, 113쪽.

20 波照間永子・大城ナミ・花城洋子(2012), 「琉球舞踊における玉城盛重系流会派の系譜」, 『比較舞踊研究』 第18巻, 10쪽.

키나 본인의 의도와 달리 큰 반향을 일으켰다. 예를 들어 그해 3월『류큐신보』에는 "류큐 고전무용을 정통으로 되돌려야"라는 표제 아래에 "그 '진훈회'라는 회명 속에 류큐무용의 창시자 다마구스쿠 조쿤(玉城朝薫)의 薫 한 글자를 더해 고전무용의 진수를 전하는 모임으로 발전시켜 갈 의도를 드러내고 있다. ……이번 마지키나 씨의 종가제도는, 시류에 휩쓸려 가고 있는 무용계를 정통이라는 방파제에서 지켜 내려는 것이다"(『류큐신보』 1960. 3. 3.자)라는 사설이 실려 있다.

그후 1963년에는 역시 구미오도리의 기능 보유자로 인정되는 다마구스쿠 세이기(玉城盛義)가 다마구스쿠류 교쿠센카이(玉城流玉扇会)를 결성한다. 이리하여 류큐의 무용계에도 제자들이 각 유파에 소속되고 스승으로부터 사범의 면허장을 받게 됨으로써 기술의 계승자로서의 자격을 얻는, 일본『오키나와 타임스』사의 전통 예능을 닮은 계승 구조가 성립하게 되었다. 또한 패전 후 얼마 되지 않아 생겨난 시스템임에도 불구하고 '○○류'라는 호칭은 그 유파의 기술 승계의 '정통성'을 암시하는 것이 되었다.

이처럼 류큐예능계에 유파라는 구조가 정착되는 가운데『오키나와 타임스』사의 〈신인예능제〉(1954~)와『류큐신보』의 〈류큐고전예능 콩쿠르〉(1966~)라는 두 신문사에 의한 대회의 개최는 예능인들의 연구소 개설 및 연구소의 활동과 그 조직화에 커다란 영향을 준다. 두 신문사의 콩쿠르의 융성으로 이러한 유파 대부분이 '타임스계 유파회', '신보계 유파회'의 둘 중 하나의 산하에 놓이게 되었다.[21] 이것은 도요히라 료켄에 의한 '조직적 예능부흥운동'의 뜻밖의 부산물이기도 했다.

'조직적 예능부흥운동'은 오키나와에만 머물지 않았다. 1936년 오리구치 노부오의 주도로 도쿄에서 개최된 〈류큐고전예능대회〉 이후 전쟁으로 중단되었던 내지와의 교류가 재개된 것이다.

21 波照間永子 · 大城ナミ · 花城洋子(2012), 앞의 논문, 11쪽.

전쟁 후 처음으로 오키나와에서 내지로 예능사절단이 파견된 것은 1953년 11월의 일이었다. 〈제8회 문부성예술제〉 참가 공연으로 도쿄의 히비야공회당에서 〈류큐 국극 공연〉이 행해져 고전무용, 조오도리 외에 구미오도리 〈만자이테키우치(万歳敵討)〉가 상연되었다. 1955년 11월에는 오키나와문화협회 주최로 〈제10회 예술제〉에 류큐무용 공연이 참가했다. 이때는 더 큰 규모로 일본청년관에서의 3회 공연과 함께, 와세다대학 강당, 가쿠슈인대학 강당의 초청 공연도 열렸다. 이 공연에는 구미오도리 〈슈신카네이리〉가 프로그램에 들어 있었다.

이 〈제10회 예술제〉 참여에 오키나와문화협회 회장으로 큰 역할을 한 것이 도요히라였다. 이 〈제10회 예술제〉 참여에 대해 야노 데루오(矢野輝雄)는 도요히라가 직접 전한 일화를 소개하고 있다. 도요히라에 의하면, 일본 본토의 예술제에 참가하는 데 있어 민속 예능 부문에 참가할 것인가, 국무(邦舞) 부문에 참가할 것인가 하는 문제가 생겼다고 한다. "당연히 비장한 마음으로" 국무 부문에 참가하게 되었지만, 문부성에서도 류큐무용을 "일본 무용이라고 볼지, 향토 무용이라고 할지 꽤나 고민을 하게" 되었다. 그러나 "류큐무용이 역사적으로도 초기 가부키 무용 등의 흐름을 이어받아 예술적으로도 본토의 예술 무용과 동일한 범주에 속하는 것으로 인정"되어, 최종적으로 국무 부문에의 참가가 결정되었다. 이 류큐무용 공연은 예술제 장려상을 수상하여 "오키나와 예능사에서 기념할 만한 공연"이[22] 되었다.

〈제10회 예술제〉 참여를 둘러싼 전말은 전쟁 후에 있어 류큐예능과 일본의 고전 예능의 동일성을 강조하는 시각이 오키나와 쪽에서도 본토 쪽에서도 주류가 되어 갔음을 의미한다. 이처럼 전쟁 후에는 유파가 정착하면서 류큐예능의 계승 자체가 일본 본토와 똑같은 형태가 되어 갔을 뿐 아니라 '북위 29도선'으로 분리된 '내지'와의 교류 속에서 류큐예능 자체의 인식도

22 矢野輝雄(1993), 앞의 책, 163쪽.

오키나와 독자적인 예능임과 동시에 일본의 전통 예능의 일부인 것으로 변화되어 갔다. 그것은 '조직적인 예능부흥운동' 속에서 생겨난 류큐예능의 새로운 '전통의 창출'이라고 할 수 있는 사건이었다.

4. 류큐 정부 「문화재보호법」의 성립과 구미오도리의 '중요무형문화재' 지정

1958년 시인 야마노쿠치 바쿠(山之口貘)는 34년 만에 고향 오키나와로 귀향한다. 그 야마노쿠치의 눈에 특히 인상적인 것 중 하나가 위에서 언급한 전후 오키나와에서의 류큐예능의 '부흥'이었다.

> 패전 후에는 도쿄에서도 오키나와무용이 성행했다는 것은 이미 알려진 일이지만, 오키나와 현지에서도 번성하고 있는 것 또한 놀라울 따름이다. 무려 한 평당 28발의 포탄이 떨어져 모든 문화재를 잃어버린 섬이지만, 오키나와 무용이라는 이 무형문화재만이 유일하게 살아남은 것이라고 거듭 듣고는 했다.[23]

여기에서 야마노쿠치가 '문화재'라는 용어로 류큐무용에 대해 말하고 있다는 사실에 주목하고 싶다. 영어의 cultural property 혹은 독일어의 Kulturvermogen의 역어인, 이 '문화재'라는 단어는 당시 일본어로 정착된 지 얼마 되지 않은 새로운 말이었기 때문이다. 이 말이 일본어 어휘로 보급된 것은 일본에서 문화재보호법이 제정된 데 따른 것이었다.[24]

일본의 문화재보호법은, 1950년 이전의 국보보존법, 사적 · 명승 · 천연

23 山之口貘(2004), 「沖縄の芸術地図」, 『山之口貘 沖縄随筆集』, 東京 : 平凡社, 122쪽.

24 小林真里(2018), 「文化資源」, 『文化政策の現在』, 東京 : 東京大学出版会, 261쪽.

기념물 보존법, 중요 미술품 등의 보존에 관한 법률을 통합하여 제정되었다. 특히 전쟁 전의 법률에 없던 무형문화재 및 매장문화재에 관한 규정을 새로 포함, 그 보호정책을 내놓은 것은 당시로서는 획기적인 일이기도 했다.[25] 이 문화재보호법에서 무형문화재란 "연극, 음악, 공예 기술, 기타 무형의 문화적 산물로, 우리나라에 있어 역사적으로나 예술적 가치가 높은 것"(제2조)으로 정의된다.

한편 1972년 '조국 복귀'까지 미국 통치하에서 일본 본토와 행정 분리 상태에 놓인 오키나와에는 일본 헌법은 고사하고 훗날 제정된 일본의 법률이 적용되는 일도 없었다. 첫머리에서 인용했듯이 1952년 샌프란시스코 강화조약 이후 '북위 29도선 이남의 난세이제도'에서는 미국이 그대로 "행정 입법 및 사법상의 권력의 전부 및 일부를 행사할 권리가 있다"는 것이 명확히 되어 있었기 때문이다. 1952년 출범한 류큐 정부와 입법원은 패전 후 일본에서 성립된 법률에 준거하면서 오키나와에서의 전후 자치체제를 만들려 했지만, 입법원을 통과된 법은 모든 미국 정부의 승인을 거치지 않으면 공포되지 않았다.

이런 정치적 상황에서 패전 직후의 문화재 파괴와 국외 유출에 대한 위기감을 배경으로, 류큐 정부의 문화재보호법이 제정된 것은 1954년의 일이었다. 그해 6월 입법원을 통과하고 미국 정부의 승인을 거쳐 공포되었다. 류큐 정부의 문화재보호법(이하 '류큐법')은 류큐 정부에서의 다른 많은 입법과 마찬가지로 일본법에 준거하는 형태로 제정되었다. 그 조문은 1950년에 시행된 일본 정부의 문화재보호법(이하 '일본법')의 핵심을 이루는 골자를 그대로 답습한 형태로 되어 있었다. 류큐법 제정의 기운 자체가 1950년 일본법 통과에 호응하는 형태로 높아진 것이기도 하다. 그런 의미에서 일본 본토의 문화

25 俵木悟(2018),『文化財 / 文化遺産としての民俗芸能：無形文化遺産時代の研究と保護』, 東京：勉誠出版, 21쪽.

정책은 '행정 분리' 상태에 있던 오키나와에 큰 영향을 주었다 할 수 있을 것이다.[26] 한편 문화재보호법에 대한 미국 정부의 개입은 없었다. 그 제정이 미군 통치에 그다지 큰 영향을 주는 것은 아니라고 여겨졌기 때문일 것이다.

류큐 정부에 의한 문화재 지정은 행정주석 관할하에 놓인 문화재보호위원회에 의해 이루어졌다. 이 문화재보호위원회에서 구미오도리에 대한 문화재 보호의 행정상 조치가 처음 결정된 것은 1959년의 일이었다. 문화재보호위원회는 네 차례에 걸쳐 구미오도리보존회에 지원금을 교부하고 있다.[27] 1959년과 1960년에는 구미오도리 〈슈신카네이리〉, 1964년에는 구미오도리 〈하나우리노엔〉, 1965년에는 구미오도리 〈데미즈노엔(手水の縁)〉과 그 외 개별 항목에 지원 조치가 내려졌다.

구미오도리에 대한 이러한 지원사업의 이유로, 문화재보호위원회는 "구미오도리가…… 지난 대전 후에는 점차 잊혀 일부 특수한 사람들만이 기억하고 있을 뿐이어서 이 사람들의 생존 중에 전수·계승하지 않으면 끊길 우려가 있다"는[28] 점을 꼽았다. 여기에서 말하는 '일부 특수한 사람들'이란, 전쟁 전부터의 예능인 즉 배우들을 말하는 것이고, '존명 중'이란 말할 필요도 없이 고령화를 가리킨다고 생각할 수 있다. 무형문화재에 대한 지원사업 가운데 동일 단체에 네 번이나 지원이 이루어진 것은 '구미오도리보존회' 외에 예가 없다. 이 사실을 보더라도 문화재보호위원회가 구미오도리의 계승에 특별히 큰 관심을 기울이고 있었다는 것을 알 수 있다.

류큐법은 성립 11년 후인 1965년 일본법에 버금가는 형태로 개정되어 처

---

26 沖縄県教育委員会(1977), 『沖縄の戦後教育史』, 那覇 : 沖縄県教育委員会, 827~830쪽.

27 구미오도리보존회는 1959년 3월에 결성된다. 그후 1964년 구미오도리연구회가 발족되고 이듬해 1965년에는 두 모임이 합동으로 류큐무용보존회를 결성하게 된다.

28 伝統組踊保存会三十周年記念誌刊行委員会 編(2005), 『伝統組踊保存会三十周年記念誌』, 那覇 : 伝統組踊保存会, 407쪽.

음으로 '중요무형문화재' 지정제도가 첨가되었다. 류큐 정부에 의한 구미오도리의 중요무형문화재 지정은, 이 류큐법 개정 이후 1967년 6월 5일 문화재보호심의위원회에서 결정되었다. 류큐법에 근거한 중요무형문화재로 지정됨에 따라 구미오도리의 계승에는 더욱 다양한 문화재 보호상의 행정적 조치가 취해졌다. 그중 하나는 기능 보유자의 인정과 거기에 따른 전승자 양성사업의 전개이다. 보유자의 인정에 있어서는 '원칙적으로 연기 경력 연수가 30년 이상인 자' 등의 기준이 만들어지고 전통구미오도리보존회[29] 회원 18명이 연기 및 연주 기능 보유자로 인정되었다. 이듬해 1968년에는 54명의 연기, 연주를 포함한 '전승자'를 결정하고 전승자 양성사업이 행해지게 되었다.

5. '형식의 통일'과 '유파'의 갈등

여기에서 1967년 시점의 구미오도리의 중요무형문화재 지정 요건을 확인해 보자.

1. 연기자　　　원칙적으로 구미오도리 보존 회원일 것
2. 연기, 연출　　전통적인 연기, 연출을 기조로 할 것
   ㉠ 양식적인 연기, 대사에 의할 것
   ㉡ 분장(의상 · 머리 · 화장)은 정해진 방식에 의할 것
   ㉢ 원칙적으로 온나가타(女形)에 의할 것
   ㉣ 대도구, 소도구는 정해진 식에 의할 것
   ㉤ 원칙적으로 정식 무대 기구(機構)에 의할 것

29 전통구미오도리보존회는 중요무형문화재의 지정과 함께 1967년 발족했다.

앞에서 류큐 정부의 문화재보호법이 일본법에 거의 준거하는 것임을 말했으나, 구미오도리의 중요무형문화재 지정 요건을 정할 때도 문화재보호위원회는 일본의 다른 중요무형문화재 지정 요건의 문구를 거의 그대로 준용했다. 예를 들어 '전통 연기 연출을 기조로 할 것'은 노가쿠 및 가부키와 같은 표현이다. 양식적인 연기, 대사에 의할 것, 분장(의상 · 머리 · 화장)은 정해진 식에 의할 것, 대도구 · 소품은 정식 무대 기구에 의할 것, 원칙으로서 정식 무대 기구에 의할 것 등도 가부키의 지정 요건이 그대로 준용되고 있다. '원칙적으로 온나가타에 의할 것'이라는 지정 요건은 1972년 국가 지정을 할 때에 '원칙적으로'가 삭제되고, '온나카타에 의할 것'이라는 가부키의 지정 요건과 통일되었다.[30]

여기에 구미오도리를 일본 본토의 고전 예능과 같은 것으로 규정하려던 문화재보호위원회의 의도가 엿보인다. 한편 이러한 지정 요건을 근거로 전승자 육성사업이 개시되는 가운데 재차 부각된 문제가 있었다. 이 지정 요건에도 기재된 '양식적인 연기'에 관련되는 문제, 즉 형식의 문제이다. 이렇게 말하는 것은, 전승자 육성사업을 펴는 데 있어 '형식의 통일'이 큰 과제로 여겨졌던 것을 당시의 각종 회의록에서 읽을 수 있기 때문이다. 예컨대 1968년 3월 6일 합동협의회에서는 '구미오도리의 전승자 양성에 대하여'가 의제로 되어, "기록하는 이상은 공인할 확실한 형식을 남겨야만 하며, 우선 각 가타를 통일하여 수련해야 한다"라는 의견에 대해 기능 보유자 시마부쿠로 고유(島袋光裕)는 "연출의 근본 문제도 아직 해결되지 않은 상태이므로 일단 각각의 형식을 기록해 두고, 어느 정도 형식을 정해서 수련을 하는 편이 좋다. 지금 상태에서는 형식의 통일은 어렵다"라는 반론을 펴고 있다.[31]

'형식의 통일'의 문제는 패전 후의 류큐무용계에 있어 유파의 문제와 연

---

30 그 외에도 1972년에 국가 지정이 되었을 때, '원칙적으로 정식 무대 기구에 의할 것'이라는 지정 요건에 벗어난다.

31 伝統組踊保存会三十周年記念誌刊行委員会 編(2005), 앞의 책, 413쪽.

결되어 있었다. 구미오도리의 계승자는 동시에 류큐무용의 계승자이기도 했기 때문이다. 류큐무용계의 유파 문제는 구미오도리 계승에도 영향을 주고 있었다. 예컨대 당시 문화재보호위원회에서 구미오도리의 전승자 양성사업에 관련했던 기보 에이지로(宜保榮次郞)는 "그때는 타임스계, 신보계의 무용가 간의 반목이 심했기 때문에 합동으로 상연 종목을 공연할 수 없어 각 기능 보유자가 신청한 대로 발표회가 열렸다"[32]라고 회상하고 있다.

전후에 탄생한 류큐예능의 '유파'는 류큐무용뿐만 아니라 이처럼 구미오도리의 계승에도 적지 않은 영향을 미치고 있었다. 적어도 문화재보호위원회는 전승자 양성사업을 통해 장차 하나의 통일된 형식에 의한 구미오도리가 계승되기를 의도했던 것으로 보인다. 한편 구미오도리 기능 보유자들은, 기예의 계승 자체가 '유파'로 세분화하는 가운데 '형식의 통일'에는 소극적 자세를 보였다. 기능 보유자들의 입장에서는 각각 스승에게 배우며 전수받아 온(혹은 제자들에게 가르치며 전수하고 있는) 기예야말로 '정통'인 것이며, '형식의 통일'은 그러한 스스로의 '정통성'의 부정으로도 이어질 수 있는 문제였기 때문이다. 전승자 양성사업이 예상 밖으로 드러낸 것은 구미오도리에 있어 형식의 정통이란 무엇인가라는 명제를 둘러싸고 당사자 사이에 커다란 인식 차가 빚어지고 있다는 것이기도 했다.

6. 구미오도리의 계승과 젠더

구미오도리의 정통이란 무엇인가를 둘러싼 문제는 '형식'이라는 연기의 문제뿐 아니라 계승자 자신의 속성의 '정통성'을 둘러싼 문제를 다시 한 번

---

32 宜保榮治郎(2005), 「特別寄稿　組踊指定の経緯」, 伝統組踊保存会三十周年記念誌刊行委員会 編, 『伝統組踊保存会三十周年記念誌』, 那覇：伝統組踊保存会, 137쪽.

부각시켰다. 즉 구미오도리의 정통 계승자가 누구냐라는 문제이다.

야마노쿠치 바쿠는 앞에서 인용한 1959년의 에세이 속에서 "오키나와무용이 번창해 가고 있음에도 불구하고 전문가 사이에서는 위기가 언급되고 있다"라고 지적하면서 다음과 같이 말하고 있다.

> 물론 번성하고 있는 것이 위기라는 것은 아니다. 왜냐하면 먼저 기술한 사람들을 이어받을 남자 무용가가 없다는 것이다. 나의 기억으로도, 기존의 오키나와춤은 남자들이 하는 것이지 여성이 하는 게 아니었다. ……하지만 패전 후에는 일반 여성들로부터 무용가가 속속 출현하고 있는 것이다. ……완전히 오키나와의 무용은 남녀가 뒤바뀐 양상으로 활발해지기는 했다.[33]

전후 수련장에서 스승들에게 무용을 배운 여성 무용가들의 무대 위에서의 활약을 일본 본토와 오키나와에서 볼 수 있게 되었다. 그러나 전전 1930년대 중반 쇼와 초기의 예능인들은 이미 극장의 배우들을 중심으로 한 남성 제자뿐만 아니라 여성 제자나 딸들에게도 자신의 기예(藝)를 전해 주려 했다. 예를 들어 전쟁 전의 무용가 아라카키 쇼간은 자신의 딸인 아라카키 요시코(新垣芳子)에게 무용을 전수했다. 그는 "앞으로는 일반 여자가 류큐무용을 이어 가는 세상이 된다"라고 입버릇처럼 말하곤 했다고 셋째딸인 히가 스미코(比嘉澄子)는 회상한다.[34] 실제로 요시코는 1937년 아버지 쇼간이 숨지는 바람에 20세의 나이로 아버지의 '쇼인카이(松蔭会)'를 잇게 되었다. 그러나 불과 3년 후 요시코 자신도 병사했기 때문, 셋째딸 스미코가 18세로 그 뒤를 잇게 된다. 이처럼 전쟁 전에는 이미 류큐예능의 새로운 계승 형태로서 혈연을 축으로 한 여성들에 의한 계승이 시작되고 있었다.

---

33 山之口貘(2004), 앞의 논문, 123쪽.

34 比嘉澄子(1995), 「新垣松含を語る」, 新垣松含記念誌編集委員会 編, 『梨園の名優 : 新垣松含の世界』, 那覇 : 松含流家元 比嘉澄子, 28쪽.

전후에 류큐무용계의 견인자의 한 사람이 된 마지키나 요시코(真境名佳子)도 그러한 여성 무용가의 한 명이다. 마지키나 요시코의 아버지 긴조 고키치(金城幸吉)는 류큐 고전음악의 샤미센의 명연주자로 알려진 인물로, 다마구스쿠 세이주의 무대에서 지우타이(地謡)를 담당하고 있었다. 그 관계로 마지키나 요시코는 다마구스쿠 세이주에게 제자로 들어가게 되었다. 마지키나 요시코는, "내가 세이주 선생님의 수련장에 다니는 것에 주위 사람들은 호기심을 갖고 있었다. 당시 예능은 보통 집안의 자녀가 하는 것이 아니라 게이샤나 연극 연기자들이 다니는 것이라는 통념이 있었다. 그것을 타파하고 향토의 고전 예능을 올바르게 계승하려면 꼭 일반 가정의 자녀들도 이를 배워야 한다고 주장한 것이 나의 부친 긴조 고키치였다"라고 회상하고 있다.[35]

메이지 시대 이후 오키나와에서는 오타 조후(太田朝敷)와 이하 후유가 여성 교육의 장려를 매우 열심히 주창했다. 그들 오키나와 지식인에 의한 계몽운동의 배경에는 여성의 지위 '개선'이야말로 오키나와의 '문명화'에 가장 중요한 것이라는 강한 생각이 존재했다.[36] 류큐예능의 계승자로서 자신들의 딸들을 길러 내려고 한 쇼와 시대 예능인들의 의식의 배후에도 오키나와사회의 이러한 여성관의 변화가 있었다고 생각할 수 있다. 전후 류큐예능의 융성은 배우들을 중심으로 한 남성의 직업적인 예능가가 아닌, 오키나와 독자적인 '유파'에 따르는 연구소와 그곳에서 무용의 수련을 쌓은 수많은 여성에 의해 이루어졌다. 앞으로는 일반 부녀자가 류큐무용을 이어가는 세상이 될 것이라고 했던 아라카키 쇼간의 예언은 현실이 되었다.

전후 구미오도리의 계승에 있어서도 여성 무용가들의 역할은 무시할 수

35 真境名佳子(2011), 「修行断片②」, 真境名佳子伝刊行委員会 編, 『琉球舞踊に生きて：真境名佳子伝』, 那覇：沖縄タイムス社, 70쪽.

36 小熊英二(1998), 『〈日本人〉の境界：沖縄・アイヌ・台湾・朝鮮 植民地支配から復帰運動まで』, 東京：新曜社, 309~312쪽.

없게 되었다. '남자 무용수가 없는' 상황에서 여성 무용가의 존재 없이는 무대가 성립되지 않았기 때문이다. 또한 전전부터 활동하던 예능인 중에는 현대에는 오히려 여성 무용가를 출연시킴으로써 구미오도리를 보다 이상적인 형태로 공연할 수 있다는 생각을 가진 사람도 있었다. 예를 들어 사족 가문에서 태어났고 전전부터 활동한 예능가 긴 료쇼(金武良章)는 "품위야말로 예능의 생명"이라고 강조하며 다음과 같이 말하고 있다.

> 현재 대부분의 경우, 〈슈신카네이리〉의 와카마쓰(若松)를 여성에게 시키고 있습니다. 야도노온나(宿の女)를 남자가 연기하고 와카마쓰를 여성이 한다면 무리한 배역인 것 같습니다만, 오히려 무대의 품위를 유지하기 위해 이것은 훌륭한 것이 아닙니까. 여자는 뭐라 해도 남자보다는 작으니까요. 그래서 야도노온나에 대한 와카마쓰의 가련함이 살아나고 무대의 품위를 높여 주는 것입니다. ……그 생각은 오칸센 시절부터 예능에 종사하는 분들에 의해 계승된 마음, 즉 우아함과 천박함을 느껴 구분하는 마음이 토대가 되어 생겨나고 있다고 생각합니다.[37]

그러나 중요무형문화재 지정으로 여성 무용가들은 구미오도리의 정통 계승자로 간주되지 않게 되었다. 이미 확인했듯이 1967년 중요무형문화재 지정 요건에는 '원칙적으로 온나가타(女形)일 것'〔국가 지정에서는 '온나가타(女方)일 것'〕이라는 문구가 가부키의 지정 요건을 답습하는 형태로 더해졌다. 그러나 '원칙적으로 온나가타(女形)일 것' 혹은 '온나가타(女方)일 것'이라고 하는 지정 요건 자체는, 문구대로 받아들인다면 결코 여성 무용가의 출연을 배제하는 것으로는 생각되지 않는다. 왜냐하면 '온나가타(女形)일 것'은 '온나가타' 이외의 역할, 예를 들면 앞의 긴 료쇼의 이야기에도 있듯

37 金武良章(1983),『御冠船夜話』, 那覇 : 若夏社, 41쪽.

이, 〈슈신카네이리〉의 와카마쓰 등의 와카슈(若衆 : 젊은이)를 여성이 연기할 가능성을 배제하는 것은 아니기 때문이다.

그럼에도 불구하고 결과적으로는 이 지정 요건에 따라 전통구미오도리보존회는 여성 무용가가 입회하는 것을 허용치 않고 남성 무용가만으로 구미오도리가 계승 · 상연되는 것이 전제가 되었다. 여성에 의한 연기법의 계승을 인정하지 않는 가부키의 방식이 답습되었다고 할 수 있겠다. 여성이 다치카타(立方)로 출연할 경우에는 전통 구미오도리로 볼 수 없다는 것이 지금도 전통구미오도리보존회의 기본 입장이다.[38] 그럼에도 1967년 지정 당시 시행된 전승자 양성사업에서는 그 양성 대상자의 54명 중 '무용 연구소 관계' 22명의 절반 정도(10명)가 여성 무용가 차지였다.[39] 그러나 1972년 국가의 지정 이후 이러한 "여성 회원은 모두 물러나게 되었다"고[40] 한다.

7. 나오며

1969년 11월 미 · 일공동성명으로 오키나와의 '조국 복귀'가 결정되었다. 이후 류큐 정부 시대에 지정된 문화재의 국가 지정으로의 이행을 위해 두

---

38 伝統組踊保存会三十周年記念誌刊行委員会 編(2005), 앞의 책, 312쪽.

39 1968년 2월 14일 문화재보호 심의위원회에서 결정된 전승자 명단에는 아자마 스미코(安座間澄子), 다마구스쿠 세쓰코(玉城節子), 긴조 미에코(金城美枝子), 야다 요시코(矢田嘉子), 미야기 게이코(宮城桂子), 마쓰무라 노리코(松村典子), 사토 다카코(佐藤太圭子), 시다 후사코(志田房子), 네로메 지즈코(根路銘千鶴子), 오시로 마사코(大城政子)의 총 10명의 이름이 기재되어 있다〔伝統組踊保存会三十周年記念誌刊行委員会 編(2005), 앞의 책, 411쪽〕. 한편 이 여성 무용가들은 대부분 2009년에 류큐무용이 국가의 중요무형문화재에 지정되었을 때 기능 보유자로 종합 인정되었다.

40 玉城政文(2005), 「雑感」, 伝統組踊保存会三十周年記念誌刊行委員会 編, 『伝統組踊保存会三十周年記念誌』, 那覇 : 伝統組踊保存会, 364쪽.

차례 조사가 행해졌다. 문화재 보호에 관해서는 1970년 11월 일본 정부의 국무회의에서 결정된 제1차 오키나와복귀대책요강 속에서 "오키나와의 문화재의 중요성에 비추어, 전시 피해 문화재의 복원 · 수리, 무형문화재의 기록 · 보존 등을 추진하는 동시에 특히 중요한 문화재에 대해서는 복귀 후 신속하게 국가문화재로 지정한다"는[41] 방침을 발표했다. 문화재 조사에는 일본 정부로부터 조사관이 파견되어 건조물 9건을 중요문화재로, 사적 18건, 명승 1건, 천연기념물 27건이 국가 지정이 되었다. 구미오도리도 국가의 중요무형문화재로 지정하기로 결정되었다. 그리고 국가 지정 고시는 1972년 5월 15일 조국 복귀의 날에 행해지게 되었다. 문화재의 조국 복귀는 문화적 의미에서의 오키나와의 일본 재편입을 상징하는 것이었다.

이렇게 구미오도리는 "류큐 정부 지정으로부터 국가 지정으로 매끄럽게 이행되었다."[42] 그러나 그 순조로운 이행은 전후 일본과 류큐의 문화정책의 형성을 통해서 류큐예능의 모습 자체가 제도적으로 '일본화'되어 간 것과 나누어 생각할 수 없었다. 구미오도리 자체가 과거 류큐국을 둘러싼 중국 및 일본과의 정치적 · 문화적 관계 속에서 성립된 예능이었지만, 오늘날 그 계승의 기본 방향 또한 전후 일본과의 관계성 속에서 형성되었다고 해도 무방하다. 그런 의미에서 구미오도리의 중요무형문화재 지정은 오키나와의 일본 재편입이라는 큰 문화적 정치 구도 속에서 벌어진 사건이라고 할 수 있겠다.

또 지금까지 검증해 온 것처럼 구미오도리의 중요무형문화재 지정은 적지 않게 그 계승 자체에 갈등을 불러일으켰다. 본고에서 검증했듯이 류큐 정부의 중요무형문화재 지정은 구미오도리의 '정통'의 형식(型)이 무엇인지, 그리고 정통성 있는 연기자가 누구인지를 놓고 전통 예능의 계승이 안고

41 沖縄県教育委員会(1977), 앞의 책, 893쪽.

42 宜保榮治郎(2005), 앞의 글, 137~138쪽.

있는 여러 문제를 드러냈기 때문이다. 이는 당시의 무형문화재 보호 방식의 한계를 보여 주는 동시에 전전과 전후 류큐예능 계승의 연속성과 비연속성을 부각시키는 것이기도 했다.

'전통'은 일반적으로 과거로부터 끊김 없이 내려온 것으로 생각된다. 그러나 그러한 전통이 정치적 · 문화적 상황 속에서 자의적으로 '창조되는' 것도 있음을 논한 것은 역사가 에릭 홉스봄(Eric John Ernest Hobsbawm)과 테런스 레인저(Terence Osborn Ranger)의 『만들어진 전통』(1983)이다. 서두에 말한 것처럼 오키나와는 야마토유로부터 아메리카유, 그리고 다시 야마토유로, '세상'의 변천이나 단절을 체험해 왔다. 일반적으로 그러한 사회의 변화와 단절에 따라 계승이 위기에 처하는 것은 무형문화재의 숙명이라고 할 수 있다. 따라서 그것을 보호 · 계승하는 것이 문화재 보호 행정의 사명임은 물론이다. 그러나 동시에 소멸의 위기에 있던 무형문화재가 부활하거나 재창조되는 것은 그 무형문화재가 상징하는 과거의 전통이나 문화에 대한 특별한 의미 부여나 가치 부여가 생겼을 때이다. 그것은 단절된 사회 속에서 이를 극복하기 위한 의식적인 활동이라고 할 수 있다.

한편 국가의 '보호'의 대상이 되어 '문화재'로서 지정을 받는 예능은, 그 계승자인 사람이 주체가 되는 것이 아니라 오히려 예능을 보호하기 위한 규정에 묶여 버리는 상황에 있다. 그런 의미에서 예능에 부여되는 중요무형문화재로서의 '전통성' 또는 '정통성'이라는 표상이 본래 유연하게 살아가야 할 전통 자체의 장벽이 되었음을 지적할 수밖에 없다. 그리고 전통의 계승자는 결코 자명한 것이 아니라 문화재 보호 행정이나 그때그때의 계승자의 존재를 둘러싼 문화적 정치 역학 속에서 중층적으로 결정되어 가는 것이라는 사실도 우리는 잊어서는 안 된다. 오키나와의 전통 예능은 그처럼 '만들어진 전통'으로 현대에 살아 있는 것이다.

포스트제국 시기 한국 영화와 원효 표상의 변모

「신라성사 원효」와 「원효대사」를 중심으로

서재길(徐在吉, Seo Jae-Kil)

현 국민대학교 한국어문학부 부교수. 한국 근대문학 전공.
일제 식민지 식기의 문학, 연극, 방송, 영화 등 대중문화와 미디어에 관심을 두고 연구하고 있다. 주요 저서로는 『식민지 공공성, 실체와 은유의 거리』(공저·2010), 『조선 사람의 세계 여행』(편저·2011), 『만주, 경계에서 읽는 한국문학』(공저·2014) 등이 있고 옮긴 책으로는 『라디오 체조의 탄생』(2011), 『대학이란 무엇인가』(2014), 『사할린 잔류자들 : 국가가 잊은 존재들의 삶의 기록』(2019) 등이 있다.

1. 머리말

한국 불교사와 사상사에서 큰 획을 그은 인물로 평가받고 있는 원효에 대해서는 불교계와 한국사상사 분야에서 다양한 연구가 축적되어 있다. 불교사 및 사상사 측에서 이루어진 연구와는 별도로 원효의 생애에 얽힌 여러 수수께끼에 대해서도 여러 각도에서 자료에 대한 소개와 해석이 이루어지기도 했다. 세계 불교사와 사상사의 차원에서 높은 평가를 받고 있는 원효에 대한 진지한 학술적 논의와는 별도로, 불교나 사상에 대해 전문적인 식견을 갖지 않은 일반 대중에게도 원효는 그의 삶을 둘러싼 여러 가지 이야기들로 인해 흥미와 관심의 대상이 되기도 했다. 원효의 오도(悟道), 파계, 그리고 갖은 '기행(奇行)'에 대한 이야기가 소설이나 영화, 위인전 등 다양한 문학 및 문화 콘텐츠에서 중요한 소재로서 널리 활용된 것이다. 그런데 원효의 삶을 둘러싼 여러 의문에 대해 다양한 해석이 제시되고 원효의 사상을 보다 새롭게 분석하는 등 그의 삶과 사상에 관한 학문적 연구가 확산되는 것과는 별개로, 원효라는 인물이 이 같은 역사 · 문화 콘텐츠 속에서 어떻게 재현되고 있는가 하는 문제는 또 다른 의미를 지닌다. 특정한 역사 인물에 대한 역사 · 문화 콘텐츠 혹은 대중문화 속 표상은 시대 속에서 그 문화를 향수하는 대중의 욕망을 일정한 층위에서 반영하고 나아가서는 시대의 저변을 흐르는 대중의 집단적 무의식을 보여 주기 때문이다.

최근 대중문화 이론에서 흔히 논의되는 원 소스 멀티 유즈(One Source Multi Use. 이하 'OSMU') 차원에서 볼 때에도 원효 이야기는 매우 매력적인 원천 소스인 동시에 한국문화 속에서는 매우 독보적인 콘텐츠라고 할 수 있다. 문화 콘텐츠로서의 원효 이야기에서 가장 근저에 놓여 있는 것은 일연의 『삼국유사』를 비롯한 다양한 문헌 자료에서 발견되는 원효와 연관된 수많은 설화라는 점은 두말할 나위가 없을 것이다.

그러나 오늘날 우리에게 매우 친숙하고 낯익은 원효에 대한 이미지와 표상은 일제 식민지 말기인 1942년 이광수가 「원효대사」라는 제목으로 장편소설을 신문에 연재하여 원효의 삶이 대중에게 알려지기 시작하면서부터 정착되었다고 할 수 있다.[1] 당시 불교에 매우 심취해 있던 이광수는 대일 협력(collaboration)이라는 '수렁' 속으로 한 걸음씩 빠져들고 있었는데, 원효라는 인물의 역사적 행적을 살피면서 그의 고뇌 속에서 자신의 또 다른 모습을 발견하고 대중문화 속으로 원효를 호출한 것으로 보인다. 해방 이전 신문연재본으로만 존재하던 「원효대사」는 해방 이후 단행본으로 간행되는데, 그 당시 이광수는 '친일파'로 몰려 매우 곤궁한 상황에 처해 있었다.

영화계에서 원효의 생애를 그린 작품을 제작하려 한 것은 1940년대 후반의 일이었던 것으로 보인다. 한국 영화사 연구에서 지금까지 전혀 언급된 바 없지만, 조선불교중앙총무원의 기획에 의해 사단법인 조선영화사에서 위촉을 받아 제작한 것으로 짐작되는 「신라성사 원효」의 원작 시나리오가 최근 발굴되어 소개된 것이다. 다만 이 작품은 현재로서는 최종 제작 여부를 확인하기가 힘들다. 원효 이야기를 영화로 완성하여 대중적인 상영을 한 첫 작품은 1962년 동보영화사에서 제작한 장일호 감독의 「원효대사」이다. 이광수의 원작 소설을 시나리오 작가 최금동이 각색한 작품으로, 최무

---

1 이광수 이후에도 한승원, 김선우 등의 작품에서 원효가 본격적으로 다루어졌다. 원효 탄생 1400주년을 기념해서 문학 쪽의 원효 표상을 살펴본 것으로 정효구(2017), 「한국문학에 그려진 원효의 삶과 사상」, 『한국불교사연구』 제11집 참조. 매우 흥미로운 논의이나 「원효대사」가 대일 협력의 혐의에서 자유로울 수 없다는 점을 전혀 고려하지 않고 있다는 점이 아쉬움으로 남는다.

룡 · 문정숙 · 김지미 · 조혜령 등 당대 최고 인기 배우들이 배역을 맡은 작품이다. 아쉽게도 이 작품은 필름이 남아 있지 않은 까닭에 영화의 영상미학(cinematography)을 논의하기는 힘들지만, 당시의 검열 대본을 비롯한 몇 개의 시나리오와 영화 포스터 · 스틸 사진 그리고 영화 리뷰 등이 남아 있어서 영화의 대략적인 내용을 재구성해 볼 수 있다.

본고에서는 해방 이전 창작된 이광수의 「원효대사」에서 시작하여 현재 남아 있는 두 편의 영화 시나리오를 자료로 하여 해방 이후 한국 영화사에서 원효가 어떻게 그려져 왔는지를 살펴보려 한다. 식민지 시기의 이광수의 소설에서 시작된 역사 인물 원효에 대한 표상이 포스트제국 시기 영화 텍스트에서는 어떻게 변화했는지를 밝히고 그 이유를 찾으려 한 것이다.

2. '파계'와 '훼절'의 윤리 감각 : 이광수의 「원효대사」

이광수의 「원효대사」는 『매일신보』에 1942년 3월 1일부터 10월 31일까지 총 183회에 걸쳐 연재된 신문 연재소설이다. 석간 지면에 실렸기 때문에 실제로는 2월 28일에 배달되는 신문부터 연재되기 시작했고, 매회 향린(香隣) 이승만 화백의 삽화가 들어 있다. 이 소설이 연재된 『매일신보』는 대한제국 시기 영국인 배설에 의해 창간된 『대한매일신보』를 그 기원으로 하나, 1910년 한일합병 이후 『대한매일신보』의 대일 비판 논조를 없애려 한 조선총독부의 자금을 통해 일본어판 『경성일보(京城日報)』의 자매지로 성격이 변화했다. 학계에서는 이런 이유로 『매일신보』를 '총독부 기관지'로 평가할 정도여서 당대의 작가들이 꺼리는 지면이었다. 식민지 조선에서 민간 신문은 1919년 3 · 1운동 이후 이른바 '문화정치'의 표방에 따라 1920년에 『동아일보』와 『조선일보』가 창간된 이래 1920년대 중반에는 『시대일보』, 『중외일보』, 『중앙일보』, 『조선중앙일보』 등의 한글 신문이 명멸하는 상황 속에서 2대 민간 신문과 더불어 『매일신보』는 1940년까지 지속적으로 발간되었다. 그러나 1938년 조선교육령 개정과 '국어상용'정책에 의해 『조선일보』, 『동아일보』가 폐간된 1940년 8월 이후에는 『매일신보』만이 유일한 한글 신문으로 존재하게 된 상황이었다. 몇몇 이중언어 잡지를 제외하면 소설가가 장편소설을 연재할 수 있는 매체가 『매일신보』밖에 없어 기존에 『매일신보』를 꺼리던 작가들도 작품을 싣기 위해서는 『매일신보』의 문을 두드릴 수밖에 없는 상황에서 「원효대사」의 연재가 이루어진 셈이다.

〈그림 1〉『매일신보』 연재본 「원효대사」와 삽화

長篇小說
元曉大師
春園 作
香隣 畫
破戒 (十五)

이광수가 이 소설을 집필하기 시작한 1941년 연말은 4년 5개월에 걸친 수양동우회 사건의 재판이 종결되어 전원이 무죄로 판결이 난 시점이었고, 「원효대사」가 연재되던 무렵 이광수는 이미 제국일본에 대한 협력의 길에 들어선 지 오래된 상황이었다. 실제로 연재 하루 전날 게재된 연재 예고에서는 "일체유심의 정신과 대승보살행의 정신 즉 멸사봉공하여 중생을 위한 생활에 나가던 당대의 사기를 총후(銃後) 독자에게 보내고자 하는 바이다"[2]라며 이 소설이 원효를 통해 당대 식민 권력이 요구하고 있던 '멸사봉공'이라

2 「"대승보살행"의 진수, 춘원의 "원효대사"」, 『매일신보』 1942. 2. 27.자.

는 이데올로기적 자장 속에 위치하고 있는 것임을 공공연히 드러내었다. 삼국 통일에 기여한 충신들의 이야기를 통해 충군애국을 체현한 인물들의 영웅담을 그림으로써 전시체제기 전시 동원과 총후 협력에 대한 당국의 기대에 부응한다는 취지에서 「원효대사」의 연재가 이루어졌다는 것이다.

이 작품은 크게 제행무상 · 번뇌무진 · 파계 · 요석궁 · 용신당 수련 · 방랑 · 재회 · 도량의 8개 장으로 나뉘어 있으며, 원효대사가 선덕여왕의 부름을 받고 왕궁으로 들어가는 장면에서 시작하여 '파계'하여 술을 마시고 요석궁으로 가서 요석공주와 잠자리를 갖게 되고, 이후 방랑을 거듭하다 민족 신앙인 고신도(古神道)를 접한 뒤 새로운 사람으로 거듭나고 이후 세속의 부랑자들을 교화하는 길로 나가게 된다는 내용을 담고 있다. 『삼국유사』를 비롯해 『송고승전』, 『화랑세기』 등의 문헌들이 소설 속에 등장하는 것을 통해서 이 텍스트들이 자료로 활용되었음을 알 수 있다. 「원효대사」는 이 자료들을 적극적으로 활용하고 있는데, 소설의 앞부분은 불제자로서의 파계에 관한 이야기가 중심이 되고, 뒷부분은 파계승 원효가 전국을 유랑하면서 고신도와 접하고 군도(群盜) 무리와 대결하여 그들을 교화하면서 성승(聖僧)으로 거듭나는 과정을 그리고 있다. 그런데 후반부 특히 '용신당 수련' 등의 장에서는 신라 화랑도와 풍류 정신을 고신도와 연결함으로써 당시 일본의 신도(神道)와 결부시키려 하는 등 노골적인 대일 협력의 논리를 펼치고 있다는 의심을 받기도 하였다.

그러나 많은 연구자는 또한 '파계'라는 주제가 이광수로 하여금 펜을 들게 하였다는 사실에 주목하고 이에 공감한다. 신문 연재를 일주일 앞둔 『매일신보』 지면에 게재한 「작자의 말」에서 이광수는 "원효는 요석공주로 하여서 파계하여 설총을 낳았다. 그는 어찌하여 파계를 하였던가. 성승의 파계 그것은 큰 사건이다. 오늘까지 해답 못한 문제이다"[3]라며 「원효대사」

3 「작자의 말」, 『매일신보』 1942. 2. 24.자.

에서 자신이 다루려는 주제가 '성승의 파계'에 있다는 사실을 분명히 하고 있기도 하다. 게다가 이 작품이 『매일신보』에 연재된 이래 식민지 시기에는 단행본으로 간행되지 않았음에도 오히려 해방 이후 이광수가 반민특위법 등으로 심적으로 매우 힘든 상황에 처해 있던 시기에 단행본으로 출간되었다는 점은, 이 작품을 대일 협력 텍스트로 단순하게 이해해서는 안 된다는 것을 시사한다. 해방 이후 간행된 단행본이 해방 전 신문 연재본을 저본으로 하면서도 해방 이후의 시각에서 적극적으로 개작을 시도하지 않았다는 점[4]에서 이 작품에 대한 이광수의 모종의 작가적 진정성을 확인할 수 있다는 것이다.[5]

「원효대사」를 연재하기 2년 전인 1940년 이광수는 장편소설 『세조대왕』을 간행하는데, 이 작품은 계유정란으로 권력을 찬탈한 세조가 자신의 조카 단종과 여러 신하를 죽인 것에 대한 두려움과 회의 속에서 불법(佛法)에 귀의하는 이야기를 담고 있다. 이 작품은 자신의 대일 협력에 따른 고뇌가 합리화되거나 불법을 통해서도 초월될 수 없었던 것을 그리고 있는 것으로 평가되고 있다[6] 그렇다면 「원효대사」는 『세조대왕』에서 다루었던 '속죄'의

---

4 방민호에 따르면 장 이름을 바꾸고 행을 나눈 것, 그리고 신라어 탐구에 관한 몇몇 부분을 섬세하게 고치고 미소한 자구를 빼고 넣은 것을 제외하면 과거의 이력을 지우기 위해 의도적으로 개작한 흔적은 전혀 없다고 한다〔방민호(2010), 「이광수 장편소설 〈원효대사〉를 어떻게 읽을 것인가」, 『서정시학』 제20권, 224쪽〕.

5 경성제국대학 제12회 졸업생 이항녕은 해방 직후 자신이 만난 춘원의 모습을 회상하면서 「원효대사」를 그의 참회록으로 읽었다고 기록하고 있다. "내가 그때 만난 춘원은 이미 깊은 참회 속에 있었다. 그가 써낸 여러 소설이 훌륭한 참회록이다. 소설 「원효대사」는 요석공주와 같이 자고 난 뒤 스스로 그 죄를 뉘우치기 위하여 천하를 방황하고 다닌 것을 그린 것이다. 원효는 파계하였지만 그의 참회 생활과 훌륭한 저서로서 우리나라 으뜸가는 스님이 되지 않았는가. 춘원은 참회록이라고 이름 붙인 책을 짓지는 않았으나, 그의 생활이 곧 참회의 생활이었고 또 그가 지은 많은 책이 우리에게 얼마나 많은 감화를 주었던가"〔이항녕(2011), 『작은 언덕 큰 바람』, 파주 : 나남, 242쪽〕.

6 최주한(2013), 「친일협력시기 이광수의 불교적 사유의 구조와 그 의미」, 『어문연구』 제41집 참조.

모티프를 ‘파계’의 모티프로 변주한 작품으로 이해할 수 있을 것이다. 『삼국유사』에서 일연이 ‘불기(不羈)’라는 말로 표현한 원효를 이광수는 ‘파계’라는 측면에서 새롭게 접근하면서 원효라는 역사적 인물을 통해 대일 협력에 번민하던 자신의 문제를 그리려 했던 것이다.[7] 특히 『삼국유사』의 ‘원효불기’의 서술에서 원효가 ‘자루 없는 도끼’를 찾기 위해 일부러 물에 빠져 요석궁으로 가고 있는 것으로 기록된 것과 달리, 「원효대사」에서는 요석공주의 간절한 요구를 중생 구제의 일환이라는 명분으로 수긍하고 ‘파계’를 하는 것으로 설정하고 있는 부분이 눈에 띈다. 이는 외부적 요인에 의해 ‘전향’한 이의 내면풍경을 그리기 위한 설정으로 간주된다.[8]

이광수는 해방 후 간행된 단행본의 머리말에서 “내가 원효대사를 내 소설의 주인공으로 택한 까닭은 그가 내 마음을 끄는 사람이기 때문이다. 그의 장처 속에서도 나를 발견하고 그의 단처 속에서도 나를 발견한다. 이것으로 보아서 그는 가장 우리 민족적 특징을 구비한 것 같다”[9]라고 하여 자신을 원효대사와 동일시하고 있기도 하다. 자신과 원효를 동일시하고 이를 민족적인 것으로 연결한 것은 논리의 비약이라고 하겠지만, 원효를 통해 자신의 내면을 투사하고 있던 점은 분명히 확인할 수 있다. 이 소설에서 ‘파계’를 한 원효의 내면풍경은 다음과 같이 묘사되고 있다.

> 요석궁 문을 나선 원효는 어디로 갈 바를 몰랐다.

---

7 이 같은 관점은 사에구사 교수에 의해 시도된 이후 이유진, 방민호 등에 의해 논의가 심화되어 왔다[사에구사 도시카쓰(2000), 『사에구사 교수의 한국문학 연구』, 심원섭 옮김, 서울 : 베틀북 ; 이유진(2003), 「이광수 작품에 있어서의 파계와 정조상실의 의미」, 사에구사 도시카쓰 외, 『한국 근대문학과 일본』, 서울 : 소명출판 ; 방민호(2010), 앞의 논문 참조].

8 이에 대한 보다 자세한 분석은 이유진(2003), 앞의 논문, 583~584쪽 참조.

9 이광수(1948), 「내가 왜 이 소설을 썼나」, 『원효대사 상』, 서울 : 경진사, 1쪽. 국립중앙도서관 소장본을 이용하였으나 판권란이 없어 소장정보로 서지사항을 판단하였다.

'서로 갈까 동으로 갈까.'

원효는 길바닥에 서서 망설였다. 사흘 전과는 천지가 온통 변한 것 같았다.

원효는 '나는 청정한 사문이다' 하는 자신을 잃어버린 것이다.

길로 다니는 남녀들과 다름이 없는 중생의 몸이 되어 버린 것이었다. 마치 자유자재로 훨훨 날아다니던 몸이 날개를 잘려서 땅에 떨어진 것 같았다. 몸에는 천근 무게가 달린 것 같았다.

'破戒爲他福田如折翼鳥負龜翔空'이라고 후일에 원효가 후생에게 경계한 것이 이때에 느낀 바였다.[10]

위에서는 "사문 원효가 아니요, 수염 난 한 사내", "계집을 보면 탐심을 내는 한 수컷"으로 전락한 원효의 모습을 날개가 꺾여 버린 새의 모습으로 비유적으로 표현되고 있다. 파계 후 원효의 내면풍경을 통해 이 시기 적극적인 대일 협력의 길로 나가고 있던 것으로 알려진 이광수의 내적 갈등을 확인해 볼 수 있다.[11]

즉 이광수가 당시 외면적으로 매우 노골적인 대일 협력을 표방하면서 내선일체사상과 천황제를 옹호하는 글을 썼지만, 내면적으로는 자신의 이 같은 대일 협력을 사문의 파계에 해당하는 것으로 느끼면서 날개가 꺾여 있는 자신의 모습을 상상하고 있었다는 것이다.[12]

---

10 이광수(2014), 『원효대사』, 서울 : 애플북스, 195쪽. 이하 이 텍스트에서 「원효대사」를 인용할 경우에는 인용 면수만 표시한다.

11 방민호는 「원효대사」에 대해 "민족사의 독자적 아이덴티티 구성을 위한 서사물로서의 성격과 내선동조론의 하위 담론으로서의 에스닉 아이덴티티 구성을 위한 서사물로서의 성격 사이에서 동요하는 양상을 보인다"고 평가하고 있다[방민호(2010), 앞의 논문, 235쪽].

12 이광수는 파계한 원효가 자신의 몸의 더러움을 씻는 장면을 통해 파계를 '불결'의 이미지로 표상하는가 하면, 이를 여성의 정조 상실과 같은 것으로 받아들이면서 파계한 승려=정조를 상실한 여성의 몸의 냄새('비린내')와 빛이 사라진 검은 이미지(꺼먼 기왓장)로 표상하였다. 이유진은 이광수 소설에 자주 등장하는 여성 주인공의 '정조 상

3. 포스트제국의 민족 영웅 표상 : 「신라성사 원효」

〈그림 2〉 「신라성사 원효」의 시나리오 겉표지

원효가 영화의 소재로 등장한 것은 해방 이후의 일이다. 현재 확인되는 바로는 해방 직후 조선불교중앙총무원이 기획하고 사단법인 조선영화사가 위촉, 제작에 참여한 것으로 짐작되는 「신라성사 원효」가 그 최초의 시도로 보인다.[13] 이 작품은 극작가 김건이 이광수의 원작 「원효대사」를 시나리오로 각색한 것인데, 해방 이후 조선영화사, 전국문화단체총연합회(이하 '문총') 등에서 활발하게 활동하던 안석주가 제작 지휘를 맡은 것을 고려할 때 해방 공간에 창작된 작품으로 판단되지만, 시나리오가 완성된 정확한 연도나 실제 제작 및 상영 여부는 아직 확인하지 못했다. 다만 남북한에 각각 정부가 수립된 이후인 1949년 사단법인 조선영화사가 사단법인 대한영화사로 이

실'과 「원효대사」의 '파계'를 결부시켜 이 같은 흥미로운 분석을 내놓고 있다[이유진(2003), 앞의 논문 참조].

13 시나리오 표지에 나온 이름을 추적해 보면 총지휘를 담당한 박윤진은 조선불교중앙총무원의 재무국장을 역임하고 있었고, 기획을 담당한 김재봉은 조선불교중앙총무원의 사회국장이었다. 안석주와 김건을 제외하면 일단 두 사람은 영화와는 직접 관련이 없는 사람으로 보인다.

름을 바꾼 것을 고려하면,[14] 해방공간 3년 사이에 기획된 작품일 가능성이 크다. 이 작품의 철필 등사본 시나리오가 2013년 복각·간행되어 일반에 공개되었지만,[15] 아직까지 영화사 연구나 원효에 대한 연구에서 이 시나리오가 언급된 적은 없다. 해방공간의 급변하는 정치적·사회적 상황 속에서 제작을 시도하였으나, 한국전쟁 발발 등의 이유로 실제 제작에 이르지는 못한 작품일 가능성도 있다. 문학은 물론 영화 역시 독자나 관객을 통해 최종적으로 소비됨으로써 완성된다는 점에서 작품의 실제 완성 및 상영 여부가 매우 중요하다고 하겠지만, 대중문화 속에서 원효에 대한 본격적인 표상이 이 영화 시나리오로부터 본격화된다는 점에서는 간과할 수 없는 텍스트라고 할 수 있다. 또한 『삼국유사』라는 가장 저본이 되는 텍스트와 이에 대한 허구적 가공물이자 소설적 각색으로서의 이광수의 「원효대사」라는 문자 텍스트가 영상 텍스트로 매체 전환한 것이라는 점에서, 이 텍스트는 역사 인물을 소재로 한 OSMU에 대한 매우 다양한 논의를 가능하게 하는 텍스트이기도 하다.

원효가 궁궐로 진덕여왕을 찾아가는 장면에서 시작하는 「원효대사」와 달리, 「신라성사 원효」는 원효대사의 일생에 대한 간략한 소개(voice over narration)에 이어 『삼국유사』의 한 대목을 클로스업한 뒤 유혈이 낭자한 신라·백제전쟁에서 거진랑의 장렬한 죽음을 통해 신라가 승리하는 장면으로 시작한다. 벗의 죽음이 가져다준 무상함이 화랑이었던 원효를 불가에 귀의하게 했음을 강조하기 위한 의도적인 플롯 재구성이라고 할 수 있다. 이어 무애당에서 상념에 잠겨 있는 원효가 의상과 당으로 유학 가던 길에

14 「대한영화사 8월 1일 탄생」, 『동아일보』 1949. 7. 24.자.

15 김건(2013), 「신라성사 원효」, 재단법인 아단문고, 『아단문고 미공개자료총서 2013 : 영화소설·시나리오·희곡 편 제2권』, 서울 : 소명출판. 이 시나리오는 등사본 100쪽 분량이며 전체 174개의 신(scene)으로 구성되어 있다. 이하 이 시나리오에서의 인용은 영인본의 인용 면수만 표시한다.

해골바가지의 물을 마시고 도를 깨우치고 귀국한다는 오도설화(悟道說話)의 장면이 총 16개의 신으로 오버랩되어 회상된다. 다시 진덕여왕에 부름을 받은 원효가 여왕의 애틋한 구애를 모른 척하고 나온 뒤 얼마 안 있어 여왕이 승하하고 김춘추가 왕위에 오르자, 거진랑의 아내였던 아유다는 공주가 되어 요석궁에 거처하면서 여왕 때문에 표현하지 못했던 원효에 대한 애정을 드러낸다. 원효는 요석공주가 손수 보낸 고의적삼을 뿌리치고 무애당을 나와 새로운 구도의 길을 찾아 나섰다가 대안대사를 만나 그의 손에 이끌려 주가(酒家)에서 삼모를 만나고, 술을 마시며 희롱하다가 돌아가는 길에 다리 위에서 요석궁 대사를 만나 실랑이를 벌여 결국 요석궁으로 향하게 된다. 요석궁에서 하룻밤을 보낸 뒤 스스로 파계를 범했다고 생각한 원효는 요석궁을 떠나 다시 방랑의 길을 나서게 된다. 태백산맥 아래 아사가의 집을 찾아가 노선(老仙)을 만나고 아사가와 함께 유신과 대안만이 통과했다는 앙아당의 수련을 성공적으로 수행한다. 이후 원효는 저잣거리를 돌아다니면서 전염병에 걸린 백성들을 돌보는 등 수행을 거듭한다. 한편 요석공주는 설총을 낳고 원효를 찾아 이곳저곳을 돌아다니다 아사가를 만나 원효의 소식을 듣고 함께 원효를 찾아다니던 중 거지떼의 우두머리인 뱀복(蛇福)에게 잡히는 신세가 된다. 원효가 요석의 소식을 듣고 뱀복을 찾아오자, 뱀복은 자신의 어머니를 위해 상여를 들어 줄 것과 염불을 해줄 것을 요구한다. 어미의 장례가 끝난 뒤 뱀복은 어미와 함께 무덤 속으로 사라진다. 한편 뱀복의 부하였던 바람과 피리를 비롯한 다른 도적들은 여전히 원효를 끓는 기름 가마에 넣겠다고 위협하지만, 오히려 원효의 설법에 감화되어 원효를 따라 서라벌로 돌아온다. 영화의 마지막은 도적들을 비롯한 만백성 앞에서 원효가 설법을 하는 모습에 이어 원효의 얼굴과 그의 비명(碑銘)이 클로즈업되면서 마무리된다.

앞에서 살펴본 바와 같이 이광수의 「원효대사」는 원효라는 인물의 '파계'와 방랑을 통해 대일 협력 시기 이광수의 내면풍경을 투영한 작품이지만,

이 영화에서 원효의 파계라는 주제는 그다지 중요하게 그려지고 있지 않다. 대신 『삼국유사』를 비롯한 다양한 문헌 설화에 나타나고 있는 원효의 행적에 관련된 에피소드를 중심으로 스토리가 전개되고 있다. 그러나 「신라성사 원효」에 등장하는 다양한 사건들 역시 기본적으로는 이광수의 「원효대사」에 기초하고 있다. 「신라성사 원효」의 표지에는 김건 '극본'이라고 되어 있지만, 이광수의 소설을 김건이 시나리오로 각색한 것이라고 보아도 무방할 것이다. 이처럼 핵심적인 화소(話素)뿐만 아니라 아래에서 보듯 인물에 대한 설명이나 묘사에서도 「원효대사」의 표현을 그대로 차용하고 있을 정도이다.

> 키가 훨쩍 크시고, 얼굴이 달 같으시고, 팔이 길어 무릎에 내려오고, 어려서부터 불도를 존숭하시와 혼인도 아니하신 것이며……(「원효대사」, 19쪽).

> 眞德女王 侍女들이 侍奉한 가운데 坐定하셨다. 키가 크고 얼골이 달ㅅ덩이 같으시고 팔이 길어 무릎 아래까지 드리우셨다(「신라성사 원효」, 540쪽).

소설이라는 장르는 그 속성상 매우 다양한 이야기와 서술자의 논평 등이 복잡하게 얽혀 있다. 이광수는 소설 장르의 고유한 특성이라고 할 수 있는 이 같은 주석적 논평 혹은 비서사적 논평[16] 속에 신라 화랑도의 풍류 정신과 고신도, 그리고 신라의 언어에 대해 매우 장황한 서술을 하고 있다. 이러한 서술 중 일부는 담론적 층위에서 매우 노골적인 대일 협력의 이데올로기를 드러내고 있다는 점에서 일제 말기 이광수 문학의 '친일성'을 증명하는 논거로서 자주 인용되기도 하였다. 이광수가 '파계'라는 주제와 더불어 매우 정성 들여 서술하였던 이 같은 비서사적 논평은, 그러나 장르를

16 김행숙 · 박진(2013), 『문학의 새로운 이해』, 서울 : 민음사.

달리하여 다른 매체로 각색되는 과정에서는 사라질 수밖에 없다.

이광수의 소설을 원작으로 하여 각색된 영화 시나리오는 시기상의 문제가 있겠지만, 그 장르적 특성상 당초 이광수가 소설을 통해 드러내려 한 '파계'의 윤리적 감각과 '고신도'의 담론이 거의 배제되어 있다. 이광수가 이 작품을 쓴 또 다른 이유라고 할 수 있는 고신도사상에 관한 '용신당 수련'장에서의 서술이 소거된 대신, 「신라성사 원효」에서는 원효가 앙아당 수련을 마치는 과정을 원효에 대한 아사가의 일방적인 연정과 연결시킴으로써 불가의 승려와 세속적 사랑이라는 주제를 부각시킨다. 물론 「원효대사」에도 이 인물들을 등장시켜 원효의 오도 과정의 에피소드로 활용하고 있지만, 영화에는 이 부분이 좀 더 비중 있게 처리되어 있다. 진덕여왕의 원효에 대한 흠모, 거진랑의 삼일처(三日妻)였던 아유다(요석공주)의 끈질긴 구애, 유신과 다른 화랑에게도 마음을 허하지 않았다는 주막집 삼모의 원효에 대한 애증, 그리고 앙아당 수련을 함께한 아사가의 원효에 대한 변함없는 존경과 사랑 등을 통해 여성 사이의 사랑의 삼각관계에서 작동하는 긴장감을 유발함으로써 영화적 흥미를 강화하고 있다.

한편 소설에서 다소 간략하게 처리되었던 부분 중 영화에서 비중 있게 등장하는 부분은 당 제국의 제도를 들이는 것에 대한 김춘추, 김유신과 진덕여왕 사이의 대립이다.

◇ 眞德女王 王座에 앉으시고 春秋 庾信 等의 朝臣들 또 慈藏律士의 근엄한 모양도 눈에 띄운다

(朝議가 있는 것이다).

眞德女王　(怒氣띠운 顔色으로) 아니 그래 경을 唐나라에 보낼 쩍에 청병을 해오라고 하였지 唐나라 조정에 가서 벼슬 하고 오랬소 경은 이 나라 신하가 않이라 당나라 신하요.

春秋　(머리를 조아리며) 臣 春秋 다시 한 번 아뢰요. 장차 百濟를 平定하

> 옵자면 모름직이 唐나라를 가는 것이 다시 없는 方便이옵고 唐나라를 친하려면 不得已 唐나라의 환심을 사야만 될 줄 아옵기로 그러한 조약을 맺었사오니 깊이 살이옵소서.
>
> (「신라성사 원효」, 541~542쪽)

「원효대사」에서 진덕여왕이 원효의 불법을 들으면서 잊으려 한 수심의 근원이 김춘추 세력의 득세와 여성 왕에 대한 백성의 동요 때문이었음을 밝히는 장면에서 간략하게 서술되는 내용이, 「신라성사 원효」에서는 위에서 보듯 두 인물이 직접 만나 대화를 나누는 하나의 신으로 처리되고 있다. 신라의 삼국 통일 위업 달성에 대한 화랑도의 기여에 대한 서술과 더불어 당 제국에 대한 진덕여왕의 경계심의 표출을 드러내는 이 장면은 시대적 문맥과 컨텍스트에 따라 의미를 달리할 수 있다. 만일 이 부분이 중일전쟁 이후 전시체제하에서 제시되는 것이라면 화랑도를 둘러싼 담론은 '멸사봉공'의 정신으로, 당 제국에 대한 반발과 주체성의 표출은 전근대적 · 화이론(華夷論)적 질서에 대한 근대 이후의 새로운 동아시아 지역 질서로서의 '동아공영론' 혹은 '동아 신질서' 같은 지정학적 담론에 포섭될 여지가 있기 때문이다. 그러나 새로운 나라 만들기가 지상 과제로서 제시되던 해방 이후에 만들어진 「신라성사 원효」는 이를 민족주의적 자장 속에서 수렴하면서 '신라성사' 원효를 민족적 영웅으로 표상하고 있는 것으로 보인다.[17]

17 실제로 작품을 기획한 조선불교중앙총무원이라는 조직의 성격이나 이 작품의 제작에 참여한 인물들의 면모를 살펴보면, 이들이 해방공간의 정치 지형 속에서 기본적으로 임시정부 등 민족주의 계열과 연관되어 있다는 것을 확인할 수 있다.

4. 대중적 역사드라마와 '일세의 풍류남' : 장일호의 「원효대사」

「신라성사 원효」의 경우 등사본 시나리오만이 남아 있고, 현재까지 조사한 바로는 제작 혹은 상영 여부가 불확실한 데 비해 「원효대사」(1962)는 제작 및 상영에 관한 기록을 확인할 수 있는 유일한 영화 작품이다. 이 영화는 현재 필름이 존재하지 않으나 한국영상자료원에서 검열본 시나리오와 녹음 대본 등이 남아 있어 그 면모를 확인할 수 있다.

〈그림 3〉 「원효대사」의 검열 시나리오(한국영상자료원 소장)

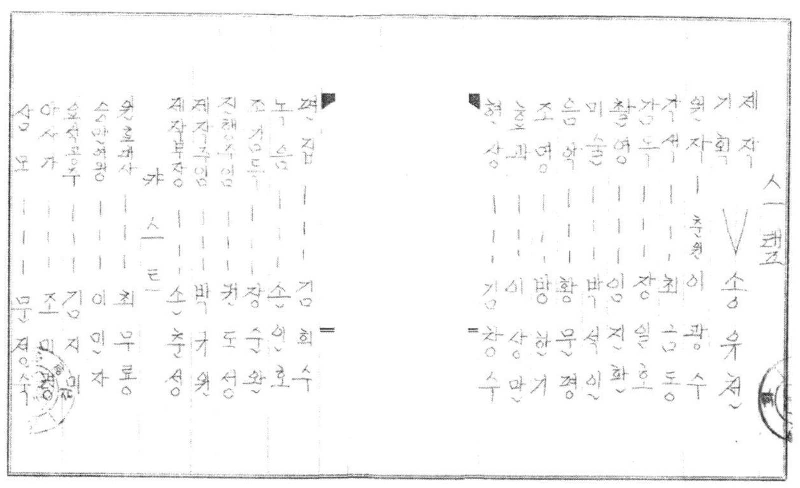

스태프

제작 — 송유천
기획 —
원작자 — 춘원 이광수
각색 — 최금동
감독 — 장일호
촬영 — 임진환
미술 — 박석인
음악 — 황문경
조명 — 방한기
효과 — 이상만
현상 — 김창수

편집 — 김희수
녹음 — 손연호
조감독 — 장순완
진행주임 — 권도성
제작주임 — 박가원
제작부장 — 손춘성

캐스트

원효대사 — 최무룡
요석공주 — 김지미
승만여왕 — 이민자
아사가 — 조미령
상모 — 문정숙

이 작품은 1961년 동보영화사에서 제작한 작품으로서 장일호 감독이 메가폰을 잡고 크랭크인하였다. 신문 기사와 광고에 따르면 영화는 1962년 2월 5일 개봉하였는데, 이날이 음력 1월 1일이었던 것으로 보아 설날 개봉을 염두에 둔 제작이었던 것으로 보인다. 감독 장일호는 신협 배우 출신으로 1961년 영화감독으로 데뷔하여 첫 작품 〈일지매〉와 두 번째 〈원술랑〉에 이어 「원효대사」를 세 번째 작품으로 완성한 사극 전문 감독으로 알려졌는

데, 「원효대사」 이후에는 추석 특선 영화로 〈화랑도〉를 제작하기도 하였다.[18] 원작을 따로 밝히지 않았던 「신라성사 원효」와는 달리 이 영화에서는 시나리오 작가 최금동이 이광수의 원작을 영화 시나리오로 각색했다고 밝히고 있다. 시나리오상에서는 명시적으로 제시되어 있지 않으나 개봉을 앞둔 시기 신문 광고에 따르면 이 영화는 대한불교조계종총무원의 후원을 받은 것으로 나와 있다.[19] 「신라성사 원효」가 조선불교중앙총무원의 기획 작품이었다는 점을 고려하면, 「신라성사 원효」와 「원효대사」 사이에 모종의 연관 관계가 성립하는 것으로 판단된다.

한국영상자료원이 관리하는 역대 한국 영화에 대한 종합적인 데이터베이스인 KMDB에 따르면 이 영화의 내용은 다음과 같다.

> 으뜸가는 화랑 원효(최무룡)는 관포지교를 맺은 절친한 친구 거진랑(권도성)을 싸움터에서 잃고 인생무상을 느끼며 출가한다. 8년 후, 그는 세상이 아는 도력 높은 스님이 된다. 그는 뛰어난 인격과 풍모로 세인의 숭상을 받으며 여인들의 흠모의 대상이 된다. 진덕여왕(이민자)으로부터 요석공주(김지미), 기녀(문정숙), 산골 처녀 아사가(조미령)에 이르기까지 모두 원효를 사랑하게 된다. 어느 날 그는 요석공주와 사랑을 맺어 아이를 낳게 되고, 파계의 번뇌에 사로잡힌 나머지 소성거사(小性居士)로 이름을 바꾸고 탁발거사가 되어 유랑

---

18 장일호는 자신의 초기 작품들을 모두 역사극으로 제작하면서 역사극 전문 감독으로 평가받는다. 그런데 1961~1962년 즈음 역사 인물을 소재로 한 대중문화 콘텐츠는 영화뿐만 아니라 연극 등에서도 매우 유행했다. 「원효대사」 역시 이 같은 '역사물 붐' 속에서 제작되었던 것으로 보인다. 이영일은 당시의 사극영화를 사극 멜로드라마 · 궁중사극 · 사극액션물 · 전기사극으로 크게 나누고, 「원효대사」를 전기사극의 유형에 속하는 것으로 분류하고 있다〔이영일(2004), 『한국영화전사』(개정증보판), 서울 : 소도〕.

19 『동아일보』 1962. 2. 5.자, 4면 광고 참조. 대한불교조계종이 범종단적 기구로 출범한 것은 1962년의 일이다〔대한불교조계종 교육원 편(2015), 『조계종사 : 근현대 편』, 서울 : 조계종출판사, 217~224쪽〕.

한다. 그는 속세의 복장을 하고 마을을 다니며 세인들을 교화하는 데 힘쓰는 한편, 『법화경종요』 등의 많은 저서를 남기고 70세로 열반한다.[20]

위에서 확인할 수 있듯 이 영화는 앞에서 소개한 「신라성사 원효」와 거의 줄거리가 비슷하다. 「신라성사 원효」의 경우 총 174개 신으로 구성되어 있는 것과 비교할 때, 「원효대사」는 총 144개 신으로 구성되어 있다. 비슷한 스토리를 가지고 있으나 몇몇 장면을 편집하면서 전체 분량을 줄였다고 할 수 있는데, 이는 작품의 상영시간이 매우 길었기 때문으로 보인다.[21] 한국영상자료원에서는 「원효대사」의 녹음용 시나리오와 오리지널 시나리오 두 가지를 소장하고 있는데 A4 용지에 워드프로세서로 입력한 분량을 기준으로 녹음용 시나리오는 총 50쪽 분량인데, 편집 완료된 최종본(오리지날) 시나리오는 32쪽 분량으로 약 3분의 2 정도 줄어들어 있는 것도 영화 분량의 삭제와 관련되어 있는 것으로 짐작된다.

「신라성사 원효」와 「원효대사」의 시나리오를 비교해 볼 때 가장 두드러진 차이는 이른바 '오도설화' 부분의 유무이다. 「신라성사 원효」에서는 앞부분에 플래시백을 통해 원효가 불가에 들어선 뒤 불법을 닦기 위해 당으로 유학을 떠나고 그 과정에서 도를 깨우친다는 내용이 들어가 있음에 비해 「원효대사」에서는 이 부분이 빠져 있다. 배역을 표시하는 크레디트에도 의상이 없는 것으로 보아 편집 과정에서 사라졌다고도 보기 힘들어서, 당초에 이 부분은 배제되어 있었던 것으로 판단된다. 원효의 이야기를 영화로 만들 때 어쩌면 가장 중요한 에피소드라고 할 수 있는 오도설화 부분이 완전히 삭제된 것은 매우 의외의 일이다. 그 대신 영화에서 강조되고 있는

---

20 http://www.kmdb.or.kr/db/kor/detail/movie/K/00713(검색일 : 2019. 5. 27)

21 최종 공개된 영화의 상영시간은 3시간이었다(「오락적인 종교사극」, 『동아일보』 1962. 2. 17.자).

〈그림 4〉「원효대사」의 스틸 컷(한국영상자료원 소장)

것은 영화 매체의 특수성을 살린 전쟁 신의 스펙터클과 원효 주변의 여인들이다.

우선 이 영화와 관련하여 한국영상자료원에 남아 있는 유일한 스틸 사진은 영화의 맨 앞부분에 제시되고 있는 신라와 백제의 전쟁에 관한 장면이다(〈그림 4〉 참조). 필름이 없어서 내용을 정확하게 파악하기는 힘들지만, 깃발을 들고 있는 군인들과 말을 탄 장수들이 들판에 도열하고 있는 사진을 통해서 제법 큰 규모의 전쟁 신을 담으려 했다는 것을 알 수 있다. 식민지기 이래 한국 영화의 관객들이 할리우드 영화의 스펙터클에 반응해 온 것은 널리 알려진 것이지만, 흑백영화에서 총천연색 영화로 넘어가던 1960년대 초반의 한국 사극영화에서도 이 같은 전투 장면을 비롯한 활극적 스펙터클과 배우들의 의상이 매우 중요한 영화적 포인트였다는 것을 짐작해 볼 수 있다.[22]

한편 앞의 〈그림 3〉에서 제시한 검열 시나리오의 첫 페이지에는 스태프 다음에 캐스트로 단 배우 다섯 명의 이름만 등장하고 있다. 실제로 영화 상영을 전후로 한 시기의 신문 광고나 영화 포스터를 보면 원효 배역의 최무룡과 승만(진덕여왕) 역의 이민자, 요석공주 역의 김지미, 아사가 역의 조미령, 삼모 역의 문정숙 등 원효 주변의 여인들이 매우 강조되고 있다는

22 무성영화 시기 한국 영화의 특성을 '활극성'과 '공연성'에서 찾고 있는 이순진의 논의와 할리우드가 한국 영화에 끼친 영향에 대한 논의들을 참고. 이순진(2008),「조선 무성영화의 활극성과 공연성에 관한 연구」, 중앙대학교 박사학위 논문 ; 연구모임 시네마바벨(2014),『조선 영화와 할리우드』, 서울 : 소명출판.

〈그림 5〉 영화 「원효대사」 광고

사실을 알 수 있다(〈그림 5〉 참조). 톱스타들의 겹치기 출연이 문제가 될 정도로 배우가 영화의 흥행을 좌지우지하기 시작하던[23] 시기에 당대 최고의 흥행 배우들을 캐스팅하여 홍보 효과를 극대화한 것이라고 할 수 있겠는데, 원효의 오도와 해탈의 과정에 등장했던 네 여인의 역할을 맡은 배우를 전면화함으로써 멜로적 요소를 보다 강화하고 있다는 평가가 가능할 것이다. "그의 뛰어난 인격과 풍모는 세인의 숭상을 받지만 간혹 출중한 여인의 흠모의 대상도 되어 승만여왕, 요석공주, 기녀 삼모, 아사가 등이 원효를 에워싸고 '러브 스토리'를 벌인다. 즉 이 영화는 법도와 인도 사이에서 불도를 지켜 간 원효의 반생기"[24]라며, 이 작품을 원효를 둘러싼 러브스토리로 이해한 당대의 영화평도 이 같은 추정을 뒷받침하고 있다.

> 칼 잘 쓰고 거문고 잘 타는 원효는 서라벌 처녀들의 흠모를 한 몸에 지닌 화랑 중의 화랑. 무산성 싸움에 친구 거진을 잃고, 인생의 무상함에 출가를 했다. 그로부터 8년 후 높은 보살이 된 원효스님의 덕과 법력은 해동에 번졌다. 그러나 일세의 풍류남인 원효는 연신 여난을 겪는다. 영화는 병상에서까지 연연, 원효(최무룡 분)를 짝사랑하는 승만여왕(이민자)의 애틋한 묘사로부터 열

23 「성행하는 겹치기 출연」, 『경향신문』 1962. 12. 25.자.

24 「종교사극 원효대사」, 『경향신문』 1962. 2. 17.자.

> 려, 거진의 삼일처였던 아유다=요석공주(김지미)와의 하룻밤 사랑으로 진전한다.
>
> 한 중생을 구제한다는 뜻과 본능적인 애욕에 휩싸여 그만 파계, '설총'을 잉태케 한 원효는 속죄하기 위하여 고행 길에 나선다. 신라의 고신도, 강하당의 수련으로 한층 도를 닦은 원효의 뒤를 끈기 있게 따르는 요석공주, 아사가(조미령), 그리고 질투의 화신이 된 화류기생 '삼모'(문정숙)의 음모…… 종교적인 정감을 밑바닥에 흘리며 적당히 오락 푸레이를 양념으로 쳐서 따분하지 않다. 춘원이 아로새겼던 원효의 인간 해석에 장일호 감독은 사뭇 접근하려고 애썼다. 인간사를 비치는 초점. 심도가 얕은 아쉬움은 있지만 사극 솜씨는 당당하다. 대안대사 최남현 적연(適演)(흑백씨네스코, 3시간 상영).[25]

같은 날짜의 다른 신문에 실린 위 영화평 역시 원효를 "서라벌 처녀들의 흠모를 한 몸에 지닌 화랑"이자 "연신 여난을 겪는" "일세의 풍류남"으로 바라보고, 그를 흠모하는 여인들과의 멜로 라인을 강조하고 있다. 전체적인 평가에 있어 "종교적인 정감을 밑바닥에 흘리며 적당히 오락 푸레이를 양념으로 쳐서 따분하지 않다"고 해서 예술성과 사상성, 그리고 오락성이 적당히 혼재된 대중 영화로 평가하고 있는 것이다. 실제로 이 작품은 장일호 감독이 1961년에 만든 두 번째 작품 〈원술랑〉과 더불어 1962년 봄 공보부가 주관한 국산영화 최우수작품 시상 부문에 오르기도 하였다.[26] 당시 심사 대상에 오른 작품들의 면면을 보면 〈현해탄은 알고 있다〉, 〈맹진사댁 경사〉, 〈사랑방 손님과 어머니〉, 〈상록수〉, 〈이 생명 다하도록〉, 〈5인의 해병〉, 〈마부〉 등 1960년대 초반 한국 영화사를 대표하는 명작들이 두루 망라되었음을 알 수 있다. 비록 수상에는 이르지 못하였지만, 「원효대사」가 흥

25 「오락적인 종교사극」, 『동아일보』 1962. 2. 17.자.

26 「영화제 출품 최우수작 심사」, 『경향신문』 1962. 3. 18.자.

행성 측면에서만이 아니라 작품성 측면에서도 평가받았다는 사실은 확인할 수 있다.

결국 이광수의 소설 원작이 두 차례의 영화화 과정을 거치면서 실제 배우들을 통해 연기되고 매체의 성격에 부합되게 각색되는 과정에서 원효에 대한 대중적 표상에도 이에 상응하는 변화가 나타나는데, 한국 영화의 성장기라 할 수 있는 1960년대의 「원효대사」는 영화적 볼거리와 러브 라인을 구현하는 '일세의 풍류남'으로 원효를 그려 냄으로써 사상성과 예술성을 겸비한 수작으로 평가받을 수 있었다.

5. 맺음말

대중적으로 잘 알려진 역사 인물에 대한 문화적 표상 속에는 그 시대를 살고 있는 대중의 욕망과 집단적 무의식이 담겨 있다는 점에서 본 논문은 한국 영화 속에 나타난 원효의 문화적 표상에 주목하고 그 변화를 살펴보았다. 『삼국유사』의 문헌 설화에서 비롯된 원효의 이야기가 식민지 시기 이광수에 의해 역사소설로 서사화된 이래 1940년대 후반의 영화 시나리오 「신라성사 원효」를 거쳐 1962년의 역사극 「원효대사」로 이어지는 과정 속에 나타난 원효에 대한 표상의 변화를 분석한 것이다. 식민지 시기 이광수 소설에서 원효의 '파계'가 일본제국에 협력한 지식인의 '훼절'의 문제로서 표상된 것이라면, 포스트제국 시기의 영화에서 원효는 때로는 민족 영웅으로 때로는 '일세의 풍류남'이라는 남성적 주체로 표상되고 있다는 점에 주목한 것이다.

오늘날 우리에게 매우 친숙하고 낯익은 원효에 대한 이미지와 표상은 일제 식민지 말기 이광수가 「원효대사」라는 제목으로 장편소설을 신문에 연재하면서 시작되었다고 할 수 있다. 대부분의 한글 신문이 폐간되고 오로지 『매일신보』만이 유일한 한글 신문으로 존재하게 된 상황 속에서 신문에 연재된 이 작품은 당대 식민 권력이 요구하고 있던 '멸사봉공'이라는 이데올로기적 자장 속에서 원효라는 역사적 인물을 당대의 현실 속으로 호출한 것이었다. 그럼에도 불구하고 작가로서 이광수는 『삼국유사』에서 비교적 가볍게 다루어진 '성승의 파계'라는 문제를 전면화함으로써, 대일 협력이라는 멍에를 짊어진 자신의 모습을 원효라는 인물 속에 투영하였다. 해방 이후 신문 연재본을 거의 손대지 않고 단행본으로 간행했을 때, 당대의 독자 중 일부는 이 작품을 이광수의 참회록으로 읽을 정도로 원효의 파계는 작가의 대일 협력과 유비되었다. 일제 말기 이광수가 외면적으로는 매우 노골적인 대일 협력을 표방하면서 내선일체 사상과 천황제를 옹호하는 글을 쓰는 한편, 내면적으로는 자신의 이 같은 대일 협력을 사문의 파계에 해당하는 것으로 느낄 정도로 갈등 속에 있음을 「원효대사」를 통해 확인할 수 있다.

원효가 영화의 소재로 등장한 것은 해방공간에 조선불교중앙총무원이 기획하고 사단법인 조선영화사가 위촉 제작을 담당한 것으로 짐작되는 「신라성사 원효」가 최초의 시도인 것으로 보인다. 원효의 '파계'와 방랑을 통해 대일 협력 시기 이광수의 내면풍경을 투영한 소설 「원효대사」를 원작으로 하여 각색된 이 영화 시나리오는 그 장르적 특성상 당초 이광수가 소설을 통해 드러내려 한 '파계'의 윤리적 감각과 '고신도'의 담론이 거의 배제되어 있는 대신 진덕여왕, 아유다(요석공주), 삼모, 아사가 등 원효와 주변의 여성 사이의 사랑의 삼각관계를 드러내고 긴장감을 유발함으로써 영화적 흥미를 강화하고 있다. 또한 소설에서 다소 간략하게 처리된 김춘추, 김유신과 진덕여왕 사이의 대립을 민족주의적 자장 속에서 수렴하면서 새로운 나라 만들기가 지상 과제로 제시되던 해방공간의 상황에서 원효를 민족적 영웅으로 표상하고 있다.

장일호 감독의 「원효대사」는 이광수의 소설을 시나리오 작가 최금동이 각색한 작품으로 실제로 영화화된 최초의 작품이다. 이 작품은 원효의 이야기를 영화로 만들 때 어쩌면 가장 중요한 에피소드라고 할 수 있는 오도설화 부분이 영화에서 완전히 삭제된 대신, 영화적 볼거리로서의 활극적 서스펜스와 인물들의 의상을 강조하였다. 이 영화는 원효를 일세의 풍류남으로 설정하고 주변 여성들과의 러브 라인을 스토리의 중심에 놓음으로써 흥행에 성공한 것으로 평가받고 있다. 그뿐만 아니라 구도자로서의 원효의 삶과 내적 고뇌를 배우들의 뛰어난 연기를 통해 표현함으로써 사상성과 예술성을 겸비한 수작으로 평가받을 수 있었다.

결국 이광수의 「원효대사」가 '성승의 파계'라는 문제를 전면화함으로써 일본제국에 협력할 수밖에 없었던 이광수의 내면풍경을 그린 것이라면, 제국 해체 이후 내셔널리즘의 부상 과정에서 생산된 「신라성사 원효」는 원효를 내셔널리즘의 자장 속에서 민족 영웅으로 표상했고, 1960년대 한국 영화의 성장기에 제작된 영화 「원효대사」는 영화적 스펙터클과 멜로를 구현하는 '일세의 풍류남'으로서 원효를 전혀 다른 방식으로 호명하고 있었다고 볼 수 있다.

전후 오키나와(인)의 성찰적 자기서사 「신의 섬」

'오키나와전투'를 사유하는 방식

손지연(孫知延, Son Ji-Youn)

현 경희대학교 일본어학과 부교수, 글로벌 류큐오키나와 연구센터장. 일본 근현대문학 전공. 동아시아, 오키나와, 여성, 마이너리티 등의 키워드에 천착한 연구를 진행하고 있다. 주요 저서로는 『『세이토』라는 장 : 문학 · 젠더 · 〈신여성〉(『青鞜』という場 : 文学 · ジェンダー · 〈新しい女〉)』(공저 · 2002), 『오키나와 문학의 힘』(공저 · 2016), 『오키나와 문학의 이해』(공편 · 2017) 등이 있고 옮긴 책으로 『폭력의 예감』(공역 · 2009), 『일본군 '위안부'가 된 소녀들』(2014), 『오시로 다쓰히로 문학선집』(2016), 『일본 근현대 여성문학 선집 17 : 사키야마 다미』(공역 · 2019), 『오키나와와 조선의 틈새에서』(2019) 등이 있다.

1. 오키나와(적) 사유의 출발점

이 글은 오키나와가 갖는 특수한 역사와 문학에 대한 관심에서 출발하였다. 이를 거칠게 요약하면, 1879년 이른바 '류큐처분(琉球処分)'으로 일본에 강제 편입된 이래 끊임없이 본토와의 차별에 노출되고 전시에는 지상전으로 전 섬이 초토화되었으며, 패전 이후에는 본토와 분리되어 오랜 미 점령기를 거쳐 1972년 일본 '복귀 · 반환' 이후 오늘에 이르고 있다. 그러나 이후의 사정도 순탄치 않다. 미군에 자위대까지 합세한 기지 부담은 오히려 증가하였고, 그로 인한 소음과 미군 범죄, 신기지 건설 문제 등은 온전히 오키나와 주민만의 몫으로 남겨졌다. 오키나와에 대한 일본 정부의 명백한 차별정책이 아닐 수 없다.

이렇듯 본토와의 차별, 오키나와의 비극을 단적으로 보여 주는 사례는 무수히 많지만 그 가운데에서도 가장 상징적인 것은 아시아 · 태평양전쟁 말기에 발발한 일본 유일의 지상전 '오키나와전투(沖縄戦)'라고 할 수 있다. 이른바 '철의 폭풍(Typhoon of Steel)'으로 비유될 만큼 격렬했으며, 군보다 민간인의 희생이 컸던 탓에 세계 역사상 유례를 찾아볼 수 없는 비극적인 전쟁으로 기록되고 있다.

이 글에서 다루고자 하는 오시로 다쓰히로의 「신의 섬(神島)」(『신초(新潮)』 1968. 5)[1]은 바로 이 오키나와전투를 소설 전면에 배치하고 있다. 무엇보다

1 소설의 원제목은 '가미시마(神島)'다. '가미시마'라는 명칭은 실제 존재하지 않는 '가공

이 작품이 문제적인 것은 전쟁의 폭력성을 비판하는 데에 그치지 않는다는 점이다. 소설의 배경이 되고 있는 오키나와전투는 일본(군)과 오키나와(주민) 내부의 차이와 차별을 노정하는 동시에, 그동안 암묵적으로만 존재해 오던 오키나와 내부의 불가항력적인 불신과 갈등 또한 피하지 않고 마주한다. 아울러 자칫 가해와 피해라는 구도가 갖기 쉬운 일면적 묘사, 즉 '가해=일본(군)=악' vs. '피해=오키나와(주민)=선'이라는 이항대립 구도를 택하는 대신, 가해와 피해의 구도가 복잡하게 뒤엉킨 역설적 함의를 다양한 각도에서 드러낸다. 그것이 가능했던 것은 작가 오시로 다쓰히로 스스로가 매우 이른 시기에 오키나와 내부의 자기성찰적 시야를 확보했기 때문인 것으로 보인다.

오키나와문학 관련 연구는 일본이나 한국이나 아직 미비하다.[2] 그 가운데에서도 「신의 섬」은 간행 이래 50여 년이 흐르고 있지만, 일본 문단의 주목을 받은 적도 연구 대상이 된 적도 없다. 이 글의 목적 안에는 이렇듯 철저히 외면당해 온 「신의 섬」이 구체적으로 어떤 점에서 주목할 만한 의미 있는 소설인가를 새롭게 환기시키고자 하는 것도 포함되어 있다. 그런

(상상)의 섬'으로 오키나와의 비극을 압축하고 있다. 최근 필자가 한국어로 번역·소개하면서 '신의 섬'이라는 제목으로 바꾼 것은 이러한 측면을 부각시키려는 의도에서다. 이 글의 텍스트 인용은 『오시로 다쓰히로 문학선집』(2016, 글누림)에 수록된 「신의 섬」에 의하며 페이지만 표기하기로 한다.

2 최근 오키나와문학의 중요성을 인식하고 오키나와 아이덴티티를 동아시아 관점에서 조망하거나 제주 4·3문학이라든가 베트남전쟁과의 관련성에 천착한 연구들이 나오고 있다. 주목할 만한 논의로는, 김재용(2014), 「오키나와에서 본 베트남전쟁」, 『역사비평』 제107호 ; 이명원(2014), 「오키나와 전후문학과 제주 4·3문학의 연대」, 제주대학교 재일제주인센터 편, 『재일제주인과 마이너리티』, 제주 : 제주대학교 재일제주인센터 ; 김재용(2015b), 「한국에서 읽는 오키나와 문학」, 『탐라문화』 제49호 ; 김동윤(2015), 「4·3소설과 오키나와전쟁소설의 대비적 고찰」, 『탐라문화』 제49호 ; 고명철(2015), 「오키나와에 대한 반식민주의로서 경계의 문학」, 『탐라문화』 제49호 ; 곽형덕(2015), 「마타요시 에이키 문학에 나타난 '타자'와의 교섭 과정」, 『탐라문화』 제49호 ; 손지연(2015), 「오키나와 공동체 구상과 여성의 섹슈얼리티」, 『탐라문화』 제49호 등이 있다.

데 문학 영역에서 조금 시선을 돌리면 사회학, 역사학 분야에서는 이 소설의 테마라고 할 수 있는 오키나와전투에서의 주민 학살의 논리와 집단자결(강제사)과 관련한 주목할 만한 논의들이 집적되어 왔다.[3]

전후 오키나와에 있어 전전과 구분되는 전후(적) 사유 혹은 본토와 구분되는 오키나와(적) 사유의 출발은 모두 오키나와전투의 경험으로부터 촉발되었다고 해도 과언이 아니다. 「신의 섬」은 오키나와전투가 내재한 다양하고 복잡한 문제들을 여과 없이 담고 있는 점에서 주의를 요한다. 무엇보다 그 내용이 일본 본토인에게도 오키나와인 스스로에게도, 더 나아가 우리 한국인에게도 불편할 수 있는 소설이라는 점에서 의미하는 바가 크다고 생각된다. 이를테면 본토와의 관계뿐만 아니라 마이너리티라는 유사한 입장에 있던 식민지 조선과의 관계, 오키나와 내부 주민 간의 갈등, 세대 간 갈등 등이 첨예하게 맞부딪히는 양상들이 그러하다. 이 글에서는 다음 세 가지 관점에 주목해 보고자 한다. 우선 ① 소설 「신의 섬」이 작가 자신은 물론 본토인 · 오키나와인 모두에게 불편한 소설일 수밖에 없는 이유를 살펴보고, ② 주인공 다미나토 신코(田港真行)와 후텐마 젠슈(普天間全秀)의 팽팽한 대결 구도를 통해 드러나는 오키나와 특유의 성찰적 사유와 그 의의와 가능성을 짚어 본 후, ③ 소설 전반에 흐르고 있는 '가해'와 '피해' 구도의 역설 혹은 균열, 그리고 그 역설적 구도가 내포하는 의미를 문제 삼고자 한다.

---

3 대표적인 논저로는, 冨山一郎(1995), 『戦場の記憶』, 東京 : 日本経済評論社〔한국어판은 도미야마 이치로(2002), 『전장의 기억』, 임성모 옮김, 서울 : 이산〕; 冨山一郎(2002), 『暴力の予感』, 東京 : 岩波書店〔도미야마 이치로(2009), 『폭력의 예감』, 손지연 · 김우자 · 송석원 옮김, 서울 : 그린비〕; 屋嘉比収(2008), 『友軍とガマ : 沖縄戦の記憶』, 東京 : 社会評論社 ; 屋嘉比収(2009), 『沖縄戦, 米軍占領史を学びなおす : 記憶をいかに継承するか』, 横浜 : 世織書房 ; 강성현(2006), 「'죽음'으로의 동원과 이에 대한 저항 가능성 : 오키나와 '집단자결'의 사례를 중심으로」, 『민주주의와 인권』 제6권 제1호 등이 있다.

2. 모두에게 '불편'한 소설, 「신의 섬」

오시로 다쓰히로의 출세작 「칵테일파티(カクテル・パーティー)」(1967)가 오키나와와 미국(미군)의 관계를 통해 전후 오키나와에 대한 사유의 깊이를 더했다면, 그 이듬해에 발표한 「신의 섬」은 그것의 본토 버전이라고 할 수 있다. 이 무렵은 1960년대 미 · 일군사동맹의 재편 · 강화 움직임과 함께 '오키나와 반환 협상'이 미 · 일 양국 사이에서 활발하게 오갔으며,[4] "핵 없는 반환", "교육권 분리 반환" 등 구체적인 '반환' 방법론에 대해서도 논의가 전개되었다.[5] 오키나와 내부에서도 기대했던 미군의 통치가 환멸로 바뀜에 따라 '평화헌법 아래로의 복귀', 즉 일본으로 복귀운동이 폭넓은 지지를 얻어 가는 상황이었다. 특히 복귀가 임박한 1970년을 전후해서는 '복귀론'이 우세한 가운데 '독립론'과 독립론에 거리를 두며 복귀에 반대하는 '반(反)복귀론'에 이르기까지 다양한 논의가 제출되었다. 이 가운데 오시로는 '독립론'과 '반복귀론' 중간쯤에 자리하며 맹목적인 '본토 지향'과 본토 페이스대로 복귀가 추진되는 데에 대한 경계와 긴장감을 늦추지 않았다.[6]

---

4 사토 에이사쿠 총리는 1969년 11월 닉슨 대통령과 정상회담을 열고 오키나와를 1972년 중 일본에 반환하겠다는 합의를 이끌어 내었다. 1960년대 안보 개정이 오키나와의 분리와 미군 지배를 전제로 한 미 · 일안보체제의 강화였던 반면, 1972년 오키나와 반환은 오키나와의 일본으로의 통합을 전제로 한 미 · 일안보체제의 강화라고 할 수 있다〔아라사키 모리테루(2008), 『오키나와 현대사』, 정영신 옮김, 서울 : 논형, 58쪽 참조〕.

5 岡本恵徳(1996), 『現代文学にみる沖縄の自画像』, 東京 : 高文研, 65쪽.

6 복귀를 앞두고 오시로가 치열하게 고민한 것은 오키나와에 대한 본토의 차별과 오키나와의 본토에 대한 열등감 극복이라는 매우 현실적인 문제였다. 다음 발언에서 그 고민의 일단을 엿볼 수 있다. "나 자신은 실은 복귀운동에는 처음부터 비판적이었고, 운동이 시작된 1950년 무렵부터 여기에 찬물을 끼얹는 글들을 써왔지만 '반복귀론'에 대해서도 비판적이었다. 복귀가 궤도에 오른 후에는 이미 늦었다는 현실을 인식했지만, 나아가 오키나와인의 야마토를 향한 동화 의지를 어찌할 도리가 없다는 사실을 인식한 위에 다시 새롭게 사상을 구축해야 한다고 생각한 것이다"〔大城立裕(1987), 『人間選書110 休息のエネルギー』, 東京 : 農山漁村文化協会, 18쪽〕.

이렇듯 오키나와의 미래에 대한 한치 앞의 전망도 내놓기 쉽지 않던 시기임을 상기할 때 본토와의 관계를 다룬 소설을 집필한다는 것은 설령 그것이 긍정적인 것이더라도 당시로서는 쉽지 않은 작업이었으리라는 점은 상상하기 어렵지 않을 것이다. 그렇다면 과연 작가 오시로가 이 소설을 집필하게 된 경위와 목적은 무엇이었을까?

> 그 소설(「신의 섬」— 인용자)을 쓴 동기랄까, 모델이랄까, 힌트는 게라마(慶良間) 집단자결을 명령한 장군이 있었어요. 그 장군이 전후가 되어 관광으로 오키나와에 왔는데, 그때 섬사람들이 그를 거부한 사건이 있었어요. 그 사건을 계속해서 생각했죠. 그것이 계기가 되어 「신의 섬」을 집필하게 된 겁니다. 그렇지만 단순하게 생각한 것이 아니라, 깊은 역사적인 고민과 그리고 민속학적인 깊은 이해를 통해 완성한 것입니다. 거기에는 일본에 대한 원망도 있었지만 친밀감도 있는, 동화와 이화 사이에서 흔들리고 있는 복잡한 심경을 표현한 것입니다. 「칵테일파티」의 본토 버전이 「신의 섬」이라고 할 수 있죠. 「칵테일파티」와 매우 유사하지만 다른 점은 「칵테일파티」는 싸울 것인가, 친하게 지낼 것인가로 고민했다면, 「신의 섬」에는 싸울 것인가가 아니라 원망할 것인가, 친해질 것인가가 문제였습니다. 싸움까지는 가지 못하죠. 본토에 대해서는 순전히 원망이죠, 원망 쪽이 크죠.[7]

위의 문장은 작가 오시로 다쓰히로의 가장 최근 인터뷰에서 발췌한 것이다. 「신의 섬」을 집필하게 된 동기와 집필 당시의 고뇌에 찬 심경을 토로하고 있다. 오키나와전투 중에서도 특히 비극적인 사건으로 알려진 '게라마

7 김재용 교수와의 최근 인터뷰(2015. 7. 16)에서 작가 오시로는, 「신의 섬」과 관련한 많은 비하인드 스토리를 이야기를 들려주었다[김재용(2015a), 「오시로 다쓰히로 소설가와의 대담」, 『지구적 세계문학』 제6호, 146쪽. 이하 「인터뷰」로 표기한다].

집단자결'에서 모티프를 얻었음을 알 수 있다. 무엇보다 미국에 대한 비판을 담은 「칵테일파티」를 집필할 때와 달리 「신의 섬」은 같은 형제라고 생각했던 본토에 대한 "원망"을 솔직하게 표출한 속내가 인상적이다. 또한 "원망을 들추어내고 강조하는 것"에 대한 "미안"(「인터뷰」, 147쪽)한 심경도 토로한다. 이 같은 본토를 향한 "복잡한 심경"을 작가의 또 다른 표현에 기대어 정리하면 본토에 '동화'할 것인가, '이화'할 것인가로 도식화할 수 있을 듯하다. 이 도식을 작품 속 등장인물에 적용해 보면, 오키나와 내부의 성찰을 집요하게 추궁하는 인물(다미나토 신코), 오키나와와 본토의 중립에 서려는 인물(후텐마 젠슈), 본토에 대한 주관·반감을 분명하게 드러내는 인물〔하마가와 야에(浜川ヤエ)〕, 본토의 입장을 대변하는 인물〔미야구치 도모코(宮口朋子), 기무라 요시에(木村芳枝)〕 등이 다양하게 등장한다. 하마가와 야에로 대표되는 본토에 대한 확고한 주관을 보이는 인물은 본토와 다른 오키나와의 고유의 전통과 문화를 고수하는 것으로 드러나는데, '이화'의 불가피한 단면을 노정하고 있다고 할 수 있다. 특히 흥미로운 것은 본토를 대변하는 두 명의 인물을 내세워 각각 지난 전쟁에서 본토가 오키나와에 범한 과오를 성찰하게 하거나, 거꾸로 오키나와에 대한 몰이해가 어떤 식으로 표출되는지 보여 주는 부분이다. 작가의 심경 고백처럼 「신의 섬」에 등장하는 인물은 모두 '동화'와 '이화' 사이(경계)에 가로놓여 있다. 그러나 엄밀하게 말하면 등장인물 개개인은 둘 중 하나의 포지션을 분명하게 선택하고 있다. 갈등하는 것처럼 보이는 것은 그것을 밖으로 표출하기 어려운 상황에 놓여 있기 때문인 것으로 보인다. "이화의 느낌을 겉으로 표현"하는 것에 상당한 곤혹스러움을 느꼈다는 작가 자신의 고백처럼 말이다. 그런데 작가를 더욱 곤혹스럽게 만든 것은 「신의 섬」에 대한 본토의 철저한 무관심·무반응이었다.

「신의 섬」은 일본 본토에서는 아무도 문제시하지 않았습니다. 나로선 상당히, 상당히 깊이 고심해서 쓴 건데 말입니다. 그런데 그것이 본토의 일본인들에게는 이해하기 어려웠던 모양입니다(「인터뷰」, 146쪽).

「신의 섬」이 지금까지 주목받지 못한 데에는 여러 해석이 가능하겠지만, 우선 추측해 볼 수 있는 것은 오키나와문학에서 본토인들이 기대했던 것은 적어도 본토와의 관계 여부가 아니라는 점이다. 더 직접적으로 말하면 그들의 관심은 점령기 오키나와의 상황, 즉 미국(미군)과의 관계에 있었다고 할 수 있다.[8] 오키나와 출신 작가로는 처음으로 아쿠타가와상을 수상한 「칵테일파티」와 뒤이어 수상한 히가시 미네오(東峰夫)의 「오키나와 소년(オキナワの少年)」(1971)은 공통적으로 '미 점령하' 오키나와의 현실을 비판적으로 조명한 작품이라는 사실이 이를 반증한다. 이와 함께 두 작품 모두에서 미국에 대항하는 수단으로서 오키나와 아이덴티티가 강하게 환기되었다.[9] 이 부분은 본토 비평가들에게 평가받았던 지점이기도 하고 평가절하되었던 지점이기도 하다. 「신의 섬」 역시 '미국'이라는 대상을 '본토'로 바꾸어 넣으며 곳곳에 오키나와 아이덴티티 문제를 피력했으나 결과는 정반대였

8 당시 (본토) 심사위원들이 "「칵테일파티」가 미국 비판이라는 건 잘 알고 있었"(「인터뷰」, 143쪽)다는 작가의 발언이나 심사위원 가운데 미시마 유키오가 "모든 문제를 정치라는 퍼즐 속에 녹여 버렸다"고 혹평한 것에서 정치적 상황, 특히 미국에 대한 비판적 시선이 일정 부분 영향을 미쳤을 것으로 보인다〔本浜秀彦(2003), 「「カクテル・パーティー」解説」, 岡本恵徳・高橋敏夫・本浜秀彦 編, 『沖縄文学選』, 東京 : 勉誠出版, 128쪽〕. 오시로 문학과 미군(미국)의 관련성은 손지연(2015), 「오시로 다쓰히로 문학에서 '미군'이 내포하는 의미 : 오키나와 미국 일본 본토와의 관련성을 시야에 넣어」, 『일본연구』 제39집에서 다룬 바 있다.

9 실제로 히가시 미네오가 「오키나와 소년」으로 아쿠타가와상을 수상했을 때 신선한 충격을 사회 전반에 주었던 것은 소설 전체에 과잉이라 할 만큼 범람한 오키나와(류큐) 고유어 '우치나구치(ウチナーグチ)'였다고 한다. 오시로는 이를 가리켜 "방언의 열등감을 되갚은 일", "표준어 사용에 매진해 온 근대 1백 년의 완전한 전향"이라며 큰 의미를 부여하였다〔大城立裕(2015), 「生きなおす沖縄」, 『世界』 第868号(特輯 : 沖縄, 何が起きているのか, 臨時増刊), 16쪽〕.

다. 작가 자신은 "본토의 일본인들에게는 이해하기 어려웠던 모양"이라는 완곡한 말로 표현하고 있지만, 실은 이해하기 어려웠다기보다 '집단자결'의 가해자로서의 모습을 인정하거나 직접적으로 마주하는 데에 불편한 심기가 작용했으리라는 점은 상상하기 어렵지 않을 것이다.[10]

도미야마 이치로가 지적하듯 "오키나와의 비극을 자기 일처럼 애통해하는 가운데 자신을 희생자로 구성"해 내고, 더 나아가 "가해자 의식"을 "망각"[11]해 온 대다수 전후 일본인에게 「신의 섬」이 발신하고자 한 메시지가 불편할 수밖에 없었던 건 어쩌면 당연한 일일지 모른다. 그것도 1960년대 후반, 아직 복귀 이전의 시점이라면 더욱 그러했을 것이다.

그런데 작가는 가해자로서의 책임을 본토인들에게만 묻지 않는다. 오키나와 내부, 즉 '집단자결'을 명하고 정작 자기 자신은 살아남은 자들의 책임 소재에 대해서도 집요하게 캐묻는다. 이런 점에서 오키나와인 스스로에게도 '불편'한 소설이 아닐 수 없다.[12] 더 나아가 한국인의 입장에서도 편하게만 읽을 수 있는 소설은 아니다. 왜냐하면 미세한 결은 다르지만 오키나와와 마찬가지로 아시아·태평양전쟁에서 일본(군)이었던 한국인으로서의 가해 책임, 1970년대 베트남전쟁에서 한국군의 가해 책임 등을 상기시키기 때문이다. 실제로 「신의 섬」 안에 조선 출신 군부가 오키나와 주민을 방공호에서 쫓아내는 장면이 등장한다.[13] 이것을 어떻게 해석하고 성찰할 것인

---

10 이 작품은 간행 이듬해인 1969년에 희곡으로 만들어져 극단 세이하이(青俳)에 의해 연극 무대에 오르기도 했는데, 작가 오시로는 앞의 인터뷰에서 당시 연기자들 가운데 한 본토 출신 여성이 공연 내용의 비참함에 많은 눈물을 흘렸다고 회고하였다.

11 도미야마 이치로(2002), 앞의 책, 109쪽.

12 오키나와 주민이 '집단자결'이라는 죽음에 동원되는 과정과 그 안에 내재한 복잡한 실상에 대한 논의는 강성현(2006), 앞의 논문에 자세하다.

13 작품 속에는 같은 '일본군' 안에 야마토인·오키나와인·조선인이 뒤섞여 있는 상황을 '3파 갈등'이라 명명하며, 오키나와인(주민)과 조선인의 경우 가해와 피해가 중첩될 수 있음을 예리하게 간파한 장면이 등장한다(「신의 섬」, 189쪽).

가의 문제는 우리에게도 매우 중요해 보인다.

이렇듯 오키나와 출신 작가가 아니면 하기 어려운 중층적이고 복안적인 사고로 충만한 소설 「신의 섬」은 오시로 문학, 더 나아가 전후 오키나와문학을 대표한다고 해도 손색이 없을 것이다. 뒤이은 오키나와 전후 세대 작가들에게서도 오시로 문학의 영향이 엿보인다. 이를테면 메도루마 슌(目取真俊)은 자신의 글쓰기 토대가 오키나와전투의 추체험(追體驗)에서 비롯되었음을 밝히며, (조)부모 세대에게 전해 들은 전쟁 경험담을 작품의 주요 모티프로 삼는다. 묘사 방식이나 작품 분위기는 오시로의 그것과 상당히 다르지만 본토에 대한 거침없는 비판이라든가(비판의 강도는 오시로보다 강해 보인다) 오키나와 내부의 성찰, 그리고 그 출발점을 오키나와전투로 잡는 점에서 오시로 문학의 계보를 잇는다고 할 수 있을 듯하다.[14]

어찌 되었든 「신의 섬」이라는 소설은 당시로서는 작가 자신, 오키나와인, 본토인 모두에게 쉽게 접근하기 어려운 곤혹스러운 문제를 다수 내포하고 있음은 틀림없어 보인다. 그 구체적인 모습을 소설 속 등장인물의 면면을 통해 확인해 가도록 하자.

3. 봉인된 기억으로서의 '신의 섬' : 다미나토 신코 vs. 후텐마 젠슈

우선 소설의 대략적인 줄거리를 인물 중심으로 소개하면 다음과 같다. 소설의 무대는 오키나와 중심부에서 멀리 떨어진 섬 '가미시마'다. 이곳은 1945년 3월 오키나와 근해로 들어온 미군이 가장 처음 상륙한 곳으로, 수

14 「신의 섬」은 메도루마 슌에게, 「칵테일파티」는 마타요시 에이키(又吉栄喜)에게 영향을 미치며 오키나와 작품의 계보가 이어지고 있다는 김재용 교수의 발언에 오시로는 '가해자 의식'을 쓰고 있는 점에서 겹쳐지며 그것은 "오키나와 출신이기 때문에 가능"한 것이라고 답하였다(「인터뷰」, 149쪽).

비대 일개 중대 3백여 명과 비전투원으로 조직된 방위대 70명, 조선인 군부 약 2천 명의 집결지가 되었다. 이야기는 당시 가미시마소학교 교사였던 다미나토 신코가 '섬 전몰자 위령제'에 초대받아 섬을 찾는 장면에서 시작된다. 전쟁이 격화됨에 따라 학생들을 인솔하여 섬 밖으로 소개(疏開)한 이후 23년 만의 방문이다. 몰라보게 변한 섬 모습에 놀라기도 했지만, 그의 관심은 전쟁 말기 섬 안에서 주민 330여 명이 목숨을 잃은 '집단자결'의 전말을 밝히는 데에 있었다. 이후 그의 행보는 오로지 집단자결의 진상을 파헤치기 위한 일에 집중된다. 그가 집단자결과 가장 깊숙이 관련된 인물로 꼽은 이는 가미시마소학교 근무 당시 교장으로 있던 후텐마 젠슈다. 그는 집단자결의 '가해'의 책임 소재를 오키나와 내부에서 집요하게 추궁해 가는 다미나토와 대결 구도를 이루며 집단자결이 은폐하고 있는(은폐할 수밖에 없는) 지점들을 나름의 논리를 들어 대응해 간다.

「신의 섬」에서 빼놓을 수 또 다른 인물로 후텐마 젠슈의 여동생 하마가와 야에가 있다. 그녀는 전전 · 전후를 관통하며 오키나와 전통을 이어 가는 '노로(祝女)'로 등장한다. 오키나와전투에서 남편을 잃고 도쿄로 공부하러 떠난 하나밖에 없는 아들마저 교통사고로 사망하는 불운을 겪는다. 이후의 삶도 순탄치 않다. 그토록 기피했던 본토 출신 며느리와의 불협화음으로 마음고생이 심하고, 전후 시작된 유골 수습에서 남편의 유골을 아직 찾지 못하여 하루 온종일 유골 찾기에 몰두한다. 그런 그녀의 모습은 주변 사람들에게는 집착에 가까운 것으로 비친다. 이외에 전후의 젊은 세대가 다수 등장하는데, 후텐마 젠슈의 아들 후텐마 젠이치(普天間全一), 하마가와 야에의 아들 하마가와 겐신(浜川賢信), 다미나토의 제자로 지금은 가미시마소학교 선생이 된 도카시키 야스오(渡嘉敷泰男), 영화 제작을 위해 가미시마로 건너온 요나시로 아키오(与那城昭男) 등을 들 수 있다. 이들 또한 전쟁을 직접 겪었지만 부모 세대와는 다른 가치관과 전후 인식을 보인다. 집단자결에 대한 인식만 보더라도 부모 세대는 그 기억을 애써 지워 버리고 침묵 혹은 은폐하는 길을 택하지만, 마음속 깊은 곳은 자신만 살아남았다는 죄의식으로 편치 않다. 반면 젊은 세대의 경우는 '집단자결'의 진상을 파헤치는 것은 파장만 몰고 올 뿐 아무런 도움이 안 된다는 입장이다. 거기다 한참 고조되고 있는 복귀운동에도 방해가 될 것이라는 지극히 현실적인 이해가 앞선 듯 보인다. 여기에 하마가와 야에의 며느리이자 겐신의 아내인 본토 출신 기무라 요시에, 오키나와전투에 참전해 이곳 가미시마에서 전사했다는 자신의 아버지의 흔적을 찾아 섬에 들어온 미야구치 도모코 등이 소설을 이끌어 가는 주요 인물에 해당한다.

이 다수의 인물이 길항하는 복잡한 이야기 구조 가운데 이 절에서 주목하고 싶은 것은 집단자결의 '기억(진상)'을 '봉인'하려는 후텐마 젠슈로 대표되는 섬사람들과 그것을 '해체'하려는 다미나토 신코의 대결 구도이다.

> 가미시마의 전투는 오키나와전투 전체에서 보면 일부에 지나지 않으나 비참했던 오키나와전투를 예고하는 서막으로 유명하다. ……십수 년 전, 구로키 대위가 홀로 탈출했다는 이야기가 전해지면서 다미나토는 충격을 받았다. 그후 두세 권의 기록을 보고 그렇지 않았다는 것을 알았다. 이것 말고도 촌장과 국민학교 교장이 군의 수족이 되어 도민들에게 자결을 권하고 자신들은 살아남았다는 이야기도 전해졌다. ……다만 그때부터 언젠가 한번은 진상을 살펴보고 싶다는 생각을 하게 되었다. 진상이라고 해도 역사를 뒤집는다거나 하는 대단한 것이 아니라 단편적인 기록으로 끝나지 않는, 도민들의 심리 상태를 알고 싶었던 것이다. 그것을 파악하지 못한 채 틀에 박힌 기록을 납득해 버리는 것은 무섭다는 생각이 들었다(「신의 섬」, 128~129쪽).

오키나와전투의 서막을 열었던 비극의 섬 '가미시마.' 그에 대한 단편적인 기록이나 소문으로 떠도는 이야기가 아닌 수백 명을 '집단자결'이라는 죽음으로 몰아간 '진상'이 무엇인지 섬사람들 통해 직접 확인해 보겠다는 다미나토의 의지가 피력되어 있는 1장 부분이다. 섬사람 대부분이 집단자결에 대해 입을 굳게 다물고 있는 가운데 이 일과 가장 깊숙이 연관되었을 것으로 보이는 인물이 있다. 당시 가미시마소학교 교장으로 있던 후텐마 젠슈다. 다미나토는 몇 번의 방문과 대화를 시도한 끝에 드디어 그의 입을 통해 집단자결에 관한 이야기를 듣게 된다. 그 내용은 이러하다. 어느 날 일본군 소속 미야구치 군조(軍曹)가 젠슈와 촌장을 동굴로 끌고 가 군도로 협박하며 이곳 섬 주민 가운데 스파이가 있어 우군의 비밀이 적에게 노출되고 있는데, 이를 막기 위해 주민 스스로가 목숨을 끊도록 하라는 명령을 전달받았다는 것이다. 협박이 두려웠던 건지, 미야구치 군조의 말에 공감한 건지, 아니면 주민의 입장에서도 포로가 되기보다 자결하는 편이 좋다고 생각한 건지 판단이 서지 않는 가운데 둘은 주민 설득에 나섰고, 결국 "그날 밤 아카도바루를 중심으로 섬 이곳저곳에서 수류탄을 터뜨리고, 도끼로 가족의 머리를 내리치고, 어린아이의 목을 조르고, 면도칼로 경동맥을 끊"는 비극이 이어졌다. 후텐마 젠슈는 그들의 최후를 하나하나 배웅한 후 자신도 마지막 남은 수류탄을 터뜨렸으나 불발된다. 그렇게 해서 살아남게 되었다는 것이다. 이후 그 일에 관해 기억하고 언급하는 것을 의식적으로 회피해 왔음을 고백한다.

이야기를 다 듣고 난 다미나토는, 집단자결의 책임은 분명 미야구치 군조에게 있으며 그가 섬 주민에게 '잔혹한 역사'를 만든 주체라는 점을 강하게 어필한다. 그러나 후텐마 젠슈는 그런 식으로 그에게 책임을 묻는 일에 회의적으로 반응한다.

> "다미나토 군. 분명하지 않다, 분명히 하고 싶지 않다, 고 하는 것도 훌륭한 역사적 증언이라고 생각하지 않나?"(「신의 섬」, 209쪽)

다미나토의 눈에 비친 후텐마 젠슈의 태도는 "모든 역사적 기술을 부정하는 일"이었지만, "분명히 하고 싶지 않"은 후텐마 젠슈의 심경 또한 헤아린다. 다만 "섬사람들이 무의식적으로 취하고 있는 태도를 후텐마 젠슈는 매우 의식적으로 취하고 있을 뿐"이며, 그것은 결국 "아무런 생산성이 없는 일"이라는 것을 겉으로 표현하지 않고 마음속에 담아 둔다. 오키나와 주민으로서도 개인적으로도 씻을 수 없는 상흔을 남겨 버린 일본(군)에 대한 원망도 하기 어렵고, 모호한 태도를 취할 수밖에 없는 건 아마 후텐마 젠슈 자신 역시 그 책임에서 자유롭지 않기 때문이라는 것은 충분히 가늠할 수 있을 것이다. 그렇다면 젠슈처럼 집단자결에 직접 관여하지는 않았더라도 그에 대한 기억을 공유하는 다른 섬 주민들은 어떠할까? 다미나토를 환영하기 위해 모인 주민 모임에서 다음과 같은 장면이 펼쳐진다.

> "사망했다면, ……전쟁으로?"
>
> "모두 전쟁에서 그랬죠."
>
> "자결했나요?"
>
> 다미나토는 자신도 모르게 조급해졌다.
>
> "개중에는 폭격에 당한 사람도 있겠죠?"
>
> 총무과장은, 확인하는 듯한 얼굴로 주위를 둘러보았다.
>
> "어느 쪽이든, 거의 마찬가지예요……" 어협장이 허리를 굽히며, "일본군에게 살해당한 사람도 있고."
>
> "정말, 있었어요?"
>
> "있어요, 그런 경우……."
>
> (중략)
>
> "정말 아무도 본 사람이 없을까요……?" 다미나토는 천천히 둘러보며, "본 사람이 없는데, 어떻게, 그런 이야기가 나왔을까요……?"
>
> 순간 조용해졌다. 그 조용한 분위기 속에 조심스럽게 부인회장이, 천천히 말을 꺼냈다.

"종전 직후에 바로 퍼진 이야기예요. 처음 누가 말을 꺼냈는지 모르지만, 그런데 필시 무책임한 근거 없는 말이 아니라, 누군가가 정말은 알고 있지만, 단지 그것을 분명하게 말하지 않는 거라고 생각해요, 네."

(중략)

"나로서는 상상도 할 수 없는 심경이 있었을 테지만……." 다미나토는 거의 자문자답처럼, "혹시라도 동포끼리 서로 죽이는 형국이 될 수 있으니까요. 분명하지 않은 이야기는……"(「신의 섬」, 161~162쪽. 밑줄은 인용자).

"자결", "일본군에게 살해당한 사람", "동포끼리 서로 죽이는 형국" 등 의미심장한 발언들이 조심스럽게 오간다. 그러나 곧 "분명하지 않은 이야기"로 치부하며 논점을 피해 간다. 이어지는 대화에서는 "집단자결이라 해도 자신이 도끼를 휘둘러 가족을 죽이고 자기만 가까스로 살아남았다는 것을 솔직하게 말할 사람은 없을 거고, 목격자라고 해도 지금 살아 있는 사람의 일을 적나라하게 말할 사람도 없"기 때문에 "추상적인 기록"(「신의 섬」, 163쪽)만 만들어질 뿐, 진상(진실)을 파악하는 일은 사실상 불가능하다는 결론을 내린다.

그런데 과연 오랜 기간 동안 섬사람들 사이에 암묵적 금기처럼 '봉인'되었던 '집단자결'을 둘러싼 불편한 '진상'을 밖으로 드러내었다는 것만으로 의미를 찾을 수 있는 것일까? 왜냐하면 미야구치 군조로 대표되는 집단자결을 강제한 일본군에 대한 비판은 물론 집단자결에 대한 오키나와 내부의 성찰, 즉 그것을 주민에게 직접 전달하고 실행에 옮기도록 권유한 후텐마 젠슈로 대표되는 이들에 대한 다미나토 신코의 책임 추궁은 어쩐지 충분해 보이지는 않기 때문이다. 그에 대한 작가 오시로 다쓰히로의 보다 분명한 입장은 4절에서 확인할 수 있을 듯하다. 다만 그의 관심이 가해와 피해, 자발과 강제의 양자택일을 하려는 데 있지 않으며, 그가 환기하고자 했던 것은 집단자결이라는 죽음으로 동원되는 과정과 그 성격이 갖는 복잡성이

다. 무엇보다 오시로의 이러한 문제 제기가 상당히 앞선 것이라는 점은 높이 평가할 만하다.[15]

4. 가해 vs. 피해 구도의 역설 혹은 균열

> 그런데 나는 피해자와 가해자를 대립적으로 나눌 것이 아니라, 어느 쪽을 중시할 것인가가 더 큰 문제라고 생각했어요. 1967년 「칵테일파티」가 출판되고, 20년 정도 지난 1985년 한 평론가가 신문에 에세이를 썼어요. 당시 히로시마·나가사키가 많이 언급되었는데, 우리가 과거 중국에 대해 가해자였다는 사실을 자각하지 않으면 안 된다는 논조의 사설이었어요. 1985년에 말이에요. 나는 화가 난다고 할까, 이상한 일이 아닐 수 없었죠. 내가 이미 20년 전에 언급한 것인데 말입니다(「인터뷰」, 145쪽).

작가 오시로의 지적대로 히로시마·나가사키 문제, 그리고 일본(군)의 일원으로서 오키나와의 가해 책임 등에 대한 성찰은 1980년대에 들어서 시

15 그간 '집단자결'이 어떠한 맥락에서 쟁점화되어 왔는지 강성현의 논의에 기대어 간략하게 정리하면, 1982년 교과서에서 '오키나와 주민학살' 내용을 삭제한 것에서 처음 문제가 되었고, 1980년대 후반부터 '집단자결'인가, '주민학살인가'를 둘러싼 공방이 전개되기 시작했다. 집단자결이 권력에 의해 강제된 것이라는 주장과 주민의 자발에 의한 것이라는 주장, 즉 '군대의 논리'와 '민중의 논리'가 대립하는 양상을 보이는데 양쪽 모두 '집단자결'에 이르는 과정을 지나치게 단순화했다는 비판적인 문제의식으로 이어졌다. '군대의 논리'와 '민중의 논리'를 양분하는 것이 아니라 '집단자결'에 이르는 과정에서 가해와 피해, 자발과 강제성이 어둡게 맞물려 작용한 결과라는 복안적 인식의 틀이 마련되는 것은, 노마 필드·도미야마 이치로·야카비 오사무 등의 오키나와 연구자들이 등장하는 1990년대 중반 이후부터라고 보고 있다[강성현(2006), 앞의 논문, 35~36쪽]. 그러나 오시로는 이미 1960년대부터 「칵테일파티」와 「신의 섬」을 통해 그러한 문제 제기를 했음에 우선 주목해야 할 것이다.

작된 것이 아니라 「칵테일파티」와 뒤이은 「신의 섬」에서 이미 깊이 있게 다루었던 문제라는 것을 강조하지 않을 수 없다. 여기에서는 등장인물이 처한 상황이나 관계성이 서로 복잡하게 얽혀 있는 데에 주목하여, "피해자와 가해자를 대립적으로 나눌 것이 아니라, 어느 쪽을 중시할 것인가가 더 큰 문제"라는 것을 일찍이 간파한 오시로 다쓰히로 특유의 사유 방식에 조금 더 가깝게 다가가 보고자 한다.

우선 눈에 띄는 것은 후텐마 젠슈와 미야구치 도모코의 관계이다. 도모코는 오키나와전투에서 전사한 자신의 아버지의 마지막 흔적을 찾고 위령제에 참석하기 위해 섬에 건너와 현재 후텐마 젠슈의 집에 머물고 있다. 그녀는 젠슈의 여동생 하마가와 야에의 남편을 살해한 미야구치 군조의 딸일 수도 아닐 수도 있다. 당시 또 한 명의 '미야구치'라는 성을 가진 이가 있었는데, 두 명 모두 일본군 소속의 '군조' 계급이었고 성 이외에 이름은 알려지지 않았기에 혼란이 생겨 버린 것이다. 그러나 미야구치 군조가 칼을 꺼내 들고 하마가와 겐신을 향하고 있는 장면을 직접 목격한 이가 있다. 바로 후텐마 젠슈다. 전쟁 관련 기억이라면 일체 잊고 싶은 그로서는 그녀의 아버지가 여동생의 남편 하마가와 겐신을 살해한 그 미야구치 군조인지 아닌지는 별로 중요하지 않았다. 오히려 "전쟁을 알지 못하는 세대"인 도모코에게 마음이 '정화'되는 느낌을 받기도 한다. 미야구치 군조의 딸(혹은 딸일지 모르는)에게 숙식을 제공하는 등 무조건적인 호의를 베푸는 것은 적어도 후텐마 젠슈 안에 일본군, 더 나아가 본토인 개개인에 대한 원망은 존재하지 않음을 보여 준다. 달리 말하면 미야구치 군조로 대표되는 일본군, 나아가 전후 일본 본토에 대한 '가해'의 책임은 묻지 않겠다는 의미이기도 하다.

한편 후텐마 젠슈와 달리 평소 오키나와전투 및 집단자결의 '진상'을 분명히 해야 한다는 소신을 갖고 있던 요나시로 아키오(그는 이를 테마로 영화를 제작하기 위해 섬에 건너왔다)에 의해 자신의 아버지의 일을 알게 된 도모코가 속죄의 의미로 위령제가 있던 날, 야에와 함께 유골 찾기에 나섰고 불발탄이 폭발해 도모코가 사망하게 된다. 이 소식을 전해 들은 젠슈가, "그 아가씨는 27도선[16]의 업을 진 거로군……"이라는 모호한 표현으로 반응하는데, 다미나토는 거기에서 젠슈의 한계를 분명히 포착한다.

> 도모코가 역사의 과오를 예수의 십자가처럼 짊어져야 한단 말인가. 그러나 이때 도모코가 젠슈를 대신해 그것을 짊어진 거라고 말할 수 있지 않을까. 다미나토는 젠슈의 한계를 지금 이 자리에서 목격한 것만 같았다. 역사에 대한 책임을, 신문기사를 쫓는 데에만 머물고, 다른 것에 대한 추궁은 극도로 피해 온 생활, 그 함정이 거기에 있었다. 안주의 땅처럼 보이지만 실은 깊은 못이었을지 모른다. 지금의 젠슈가 그것을 감지하지 못했을 리 없다. 젠슈에게는 너무 가혹한 채찍일지 모르지만, 지금은 그것을 생각해야 할 때라고 본다(「신의 섬」, 257쪽).

젠슈와 다미나토의 전후 인식의 차이는 도모코의 죽음을 계기로 분명하게 드러난다. 즉 야에의 유골 찾기가 상징하듯 아직 끝나지 않은 오키나와 전투의 상흔과, 그에 대해 어떤 식으로든 책임지는 모습을 보이려던 본토 출신 도모코의 죽음을 "27도선의 업"이라며 추상화해 버림으로써 일본 본토의 가해 책임과 오키나와 내부의 성찰적 자기인식의 가능성을 차단해 버렸기 때문이다. 다미나토가 비판하고자 한 부분은 "역사에 대한 책임"과 그에 대한 "추궁"이 부재하다는 것, 그리고 그 이상으로 중요해 보이는 것은

16 1951년 체결된 샌프란시스코 강화조약으로 일본은 연합국의 점령 상태에서 독립하여 주권을 회복했지만, 오키나와는 북위 27도선을 기점으로 일본에서 분리되어 미군의 배타적 지배하에 놓이게 되었다. 이후 북위 27도선은 단순한 본토와의 지리적 경계가 아닌, '조국' 분단이라는 현실과 상실감을 확인해 주는 상징성을 띠게 되었다.

젠슈에게 "너무 가혹한 채찍"일지 모르지만 "그것"을 성찰하지 못하고 "안주의 땅"에 안주해 온 데에 있을 것이다. 후텐마 젠슈가 전쟁에서 오키나와 주민들을 '집단자결'로 동원하는 데에 일조했다는 사실은, 오키나와전투를 둘러싼 인식이 '일본 본토=가해 vs. 오키나와=피해'라는 구도로는 다 설명하지 못한다는 것을 드러내 보여 준다. '가해'와 '피해'라는 대결 구도 안에 존재하는 미세한 균열과 역설의 지점은 도모코가 나가사키 출신이라는 설정을 통해 본토의 원폭 피해를 환기시키는 데에서도 확인할 수 있다. 즉 후텐마 젠슈가 '27도선'이라는 은유를 빈번히 사용하며 '조국' 분단이라는 현실과 상실감 내지는 본토에 대한 '원망'과 '이화'의 감정을 표출하는데, 본토 출신 도모코가 '원폭증(原爆症)'이라는 사실 앞에서 "이 선"은 "다시 망막해지면"서 "뒤엉켜"(「신의 섬」, 94쪽) 버리게 된다는 설정이 그것이다. 하마가와 야에와 기무라 요시에, 미야구치 도모코의 관계를 통해 이에 대한 오시로의 사유 방식을 조금 더 구체적으로 들여다볼 수 있을 듯하다.

후텐마 젠슈가 전쟁의 기억을 '봉인'하고 '침묵'으로 일관해 오고 있다면, 하마가와 야에는 그와 반대로 전쟁의 기억을 자신만의 방식으로 계속해서 이어 오고 있다. 오키나와전투에서 목숨을 잃은 남편의 유골을 15년 동안이나 찾아 헤매고 있는 것은 그 단적인 예다. 그리고 후텐마 젠슈와 또 다른 점은 본토 출신 며느리 기무라 요시에와의 대립에서 알 수 있듯, 본토에 대한 불신감·반감이 상당하다는 점이다. 도쿄에서 대학에 다니던 외아들이 어느 날 갑자기 본토 출신 여자와 결혼한다고 했을 때, 또 그 아들이 불의의 교통사고로 사망한 후 며느리 요시에가 홀로 아들의 유골함을 들고 집을 찾았을 때, 야에는 연이어 충격을 받는다. "야마토 며느리 따위는 애초부터 이 집과 어울릴 수 없다"(「신의 섬」, 144~145쪽)고 생각해 왔지만, 지금은 그 며느리라도 잡아 두지 않으면 아들이 완전히 자신을 떠나 버릴 것 같은 두려움에 그녀에게 집착한다. 한편 며느리 요시에의 입장에서도 시어머니 야에는 이해하기 어려운 존재다. 특히 야에가 하마가와 가문에 시집 오면서부터 대대로 이어 온 '노로'라는 설정은 단순한 세대 간의 격차가 아닌, 오키나와와 본토의 격차를 가늠케 해준다.

> "요즘 같은 시대에 새삼스럽게 무슨 신이에요. 그런 말을 하기 때문에 나랑 안 맞는 거예요"라고 요시에가 너무도 분명하게 말하자, 야에는 그 말에서 요시에와 자신의 거리가 너무나 멀다는 것을 의식하는 한편, 지금 이 며느리를 동굴로 인도해 두 사람의 관계를 일체화시킬 수 있을지 모른다는 생각을 했다. 금단의 배소를 다시, 그것도 맨정신으로 다른 사람을 안내하는 것으로 완전히 하마가와 야에라는 노로의 신격(神格)을 멸할 것인가, 아니면 그 백골의 산을 요시에에게 보이는 것으로 요시에의 정념을 무리하게 오키나와의, 야에의 껍데기 안으로 끌어들일 것인가. — 야에는 후자에 걸었다(「신의 섬」, 242쪽).

인용문은 '노로'에게만 허용된 "금단의 배소"를 사람들에게 공개하는 자리이다. 오키나와전투 당시 이 '금기'의 장소에 가족들을 데리고 피난했던 일 때문에 야에는 전후 오랫동안 죄책감에 시달려야 했다. 그것을 이제 와 밖으로 드러내게 된 데에는 며느리 요시에와의 관계를 "일체화시킬 수 있을지 모른다는 생각" 때문이었다. 그러나 요시에의 반응은 야에의 예상과 달랐다. 동굴 여기저기에 흩어져 있는 수습되지 않은 채 "백골의 산"을 이루고 있는 유골을 둘러싸고 팽팽하게 의견이 대립한 것이다. 야에는 이들이 '금기'의 장소에서 죽었기 때문에 '신'을 더럽혔고 그에 대한 책임을 져야 한다는 입장이고, 요시에는 사자들은 모두 동등하게 묻힐 권리가 있다고 주장한다. 언뜻 보면 '노로'로 상징되는 오키나와 고유의 전통에 대한 요시에의 몰이해로 보이지만, 사자에게 '책임'을 묻는 또 다른 중요한 측면을 노정하는 부분이다. 요나시로가 "위령제를 섬사람과 일본군과 미군들이 다 같이 지내는 건 잘못되었"(「신의 섬」, 247쪽)으며, "오키나와 이외의 영(靈)을,

이참에 확실하게 빼내"(「신의 섬」, 190쪽)야 한다며 '위령제의 개혁'을 주장하는데, 이러한 발상은 학도대 · 의용군 · 집단자결자 등의 '희생'을 부각시켜 '순국'으로 미화하기 바빴던 당시의 시대 분위기를 전면에서 거스르는 것이었다.[17] "위령제의 영령을 섬사람들만으로 독립"시킴으로써 "저항운동"으로 이어 가자는 주장 또한 전후 뒤섞여 버린 '가해'와 '피해'의 역설적 구도의 재(再)사유의 필요성을 일깨워 준다. 그런데 요시에의 입장은 이런 문제적 지점들과는 거리가 멀다. 본토 출신이라는 것, 그로 인해 전쟁 책임에서 자유로울 수 없다는 발상은 애초부터 존재하지 않기 때문이다.

이처럼 요시에가 본토 출신인 이상 자신도 전쟁의 가해자일 수 있다는 "윤리적 상상력"[18]이 부재했다면, 도모코는 그 반대의 경우라고 할 수 있다. 도모코의 경우 직접적으로 오키나와 주민을 가해를 행한 일본군이 바로 자신의 아버지라는 특수한 설정을 통해 본토의 전쟁 책임을 대변하는 인물로 등장한다. 위령제 참석을 겸해 후텐마 젠슈의 집에 머물며 아버지의 흔적을 찾던 중 요나시로에게서 야에의 남편을 살해한 일본군이 바로 자신의 아버지라는 사실을 듣게 된다. 이에 충격을 받은 도모코는 위령제가 열리던 날 아침, 야에와 함께 유골을 찾으러 산으로 향한다. 야에는 전시 금기를 어긴 죄책감으로 위령제에는 참여하지 못하고 유골을 찾으러 다니거나

---

17 이에 관한 논의는 오시로 마사야스의 글에 자세하다〔大城将保(2002), 「沖縄戦の真実をめぐって : 皇国史観と民衆史観の確執」, 石原昌家 · 大城将保 · 保坂廣志 · 松永勝利, 『争点 · 沖縄戦の記憶』, 東京 : 社会評論社, 26쪽〕.

18 오에 겐자부로(大江健三郎)는 에세이 「오키나와 노트」(1970)에서 전시 오키나와 주민에게 집단자결을 강요했다고 알려진 수비대장이 전후 오키나와를 방문하려다 거절당한 사건을 환기하며, "죄를 저지른 인간의 후안무치와 자기정당화" 그리고 그의 "윤리적 상상력"의 결여를 강하게 비판한 바 있다〔大江健三郎(1970), 『沖縄ノート』, 東京 : 岩波書店 ; 오에 겐자부로(2012), 『오키나와 노트』, 이애숙 옮김, 서울 : 삼천리, 186쪽〕. 이 책은 '집단자결'이 일본군의 강제에 의한 것이라는 기술을 문제 삼아 출간으로부터 35년이나 지난 2005년 일본 우익 세력에 의해 출판물에 의한 명예훼손 혐의로 제소되기도 하였으나, 2011년 일본 사법부는 오에의 손을 들어 주었다.

산으로 기도하러 다니고는 했다. 도모코의 동행은 위령제에 참석하지 말고 함께 산에 가자는 야에의 간곡한 당부를 거절한 며느리 요시에를 대신하는 의미도 있었다.

소설의 클라이맥스에 해당하는 장면으로 야에는 그날 그토록 찾아 헤매던 남편의 유골을 찾을 수 있었고, 같은 시각 얼마 떨어지지 않은 곳에서 유골 찾기를 도와주던 도모코는 불발탄이 터지면서 그만 사망에 이르고 만다. 아무도 예상치 못한 도모코의 사망을 계기로 소설 속 인물들은 크게 동요한다. 동요의 양상은 매우 다양하게 나타나는데, 각각의 입장 차이를 분명하게 드러내 보인다.

우선 도모코에게 아버지의 일을 알린 요나시로 아키오의 후회와 그를 순간 원망하는 듯했으나 곧 "27도선의 업"(「신의 섬」, 257쪽)이라며 체념하는 반응을 보이는 후텐마 젠슈, 그런 그에게 전후 역사에 대한 인식의 부재라는 결정적인 한계를 감지한 다미나토 신코, 도모코에게 주의를 주지 못해 죽음에 이른 것이라는 자책감을 느끼지만 그보다는 남편의 유골을 찾았다는 기쁨이 앞서는 하마가와 야에에 이르기까지 도모코의 죽음을 바라보는 시선은 각기 다르다. 이에 더하여 요시에가 짊어져야 할 짐을 도모코가 진 것이라며 요시에를 비난하는 섬사람들과 도모코만 동정하고 야에를 격렬히 비난하는 본토 출신 위령제 참석자들의 시선도 포착할 수 있다. 이어지는 장면에서는 섬에 도착하면서부터 '집단자결'에 관심을 갖고 진상을 조사해 오면서 느꼈던 다미나토 신코의 쓴소리가 쏟아진다.

> "어리광부리지 마. 자네들이 과거를 잊고 현실을 살아가려는 거, 그래 그건 좋다고 치자. 그러나 그것은 피 흘리며 살아온 과거를 무시하는 것이어선 안 돼. 섬사람들에게 과거는 이미 사라지고 없어. 그것을 사라져 없어진 것으로 치부해선 안 된다는 거야. 야마토 사람들에게도 그건 확실하게 인식시키는 것이 좋아. 그렇지 않으면 일본 복귀 후에도 다시 잊어버리게 될걸. 그때는 또

그때의 현실이 기다릴 테니까"(「신의 섬」, 260쪽).

"(후텐마 — 인용자) 선생님은 전쟁 범죄자의 일부인 야마톤추를 미워하고, 거기다 그 딸일지 모르는 아가씨를 예뻐하셨습니다. 도모코 씨는 자신의 아버지가 아닌 사람이 죽였을지 모르는 사람의 유골을 대신해서 죽었습니다. 이것을 어떻게 생각하십니까?"(「신의 섬」, 262쪽).

"미야구치 군조의 일이 불가피한 일이었다면 그거야말로 당신들의 원폭 반대도 설득력을 얻게 되는 것이 아니겠습니까?"(「신의 섬」, 262쪽).

첫 번째 인용문은 전쟁의 비극을 망각해 온 오키나와와 본토의 암묵적 공모 관계를 지적하며 오키나와 내부의 성찰을 촉구하는 부분이다. 다음 두 인용문에서는, 도모코의 죽음이라는 극단적인 설정을 통해 전후 지금까지 전쟁에 대해 책임 있는 모습을 보여 주지 않고 있는 본토를 향해 일침을 가하고 있으며, 마찬가지로 미야구치 군조로 대표되는 일본(군)의 가해성에 대한 진상 파악이 누락된 원폭반대운동은 모순이라는 점을 예리하게 지적하고 있다. 소설의 마지막 장면은 위령제를 마치고 섬을 떠나 각자의 자리로 돌아가는 다미나토 신코와 기무라 요시에의 모습을 담고 있다. 오키나와전투의 비극을 상징하는 '집단자결'의 '진상'을 파악해 보겠다는 의욕에 넘쳐 있던 다미나토는 제대로 수행하지 못한 채 이대로 섬을 떠나게 된 데에 "부끄러움"을 느끼는 동시에 앞으로 "그토록 큰 전쟁"(「신의 섬」, 263쪽)이 있었음을 망각하지 않겠다는 의지를 피력한다. 다미나토의 시선에 포착된 요시에는 "겐신의 망령인가, 도모코의 망령인가. 아니면 하마가와 야에의 살아 있는 망령"(「신의 섬」, 264쪽)일지 모르는 '짐'을 안고 떠나는 것으로 비친다. 또 언젠가 다시 이 섬으로 '귀향'해 오리라는 기대감도 버리지 않는다. 요시에 본인의 의중은 어떤지 나타나지 않는 것으로 보아 본토의 반응여하보다는 다미나토에 기대어 곧 다가올 본토 복귀에 대한 오키나와인의 기대와 원망(願望)을 담고 있는 듯하다.

지금까지 살펴본 바로 다미나토 신코라는 인물이 작가 오시로 다쓰히로의 심경을 가장 가깝게 대변하고 있는 듯 보인다. 특히 다미나토가 그동안 참았던 속내를 토해 내는 결말에 이르는 부분, 즉 히로시마·나가사키원폭이 일본의 가해성을 소거·은폐하고 피해국으로 자리매김하면서 '반전 평화'의 중요성을 환기시키는 역할을 해왔고, 그 과정에서 오키나와나 본토나 '같은' 전쟁의 '피해자'인 것처럼 치부함으로써 '은폐'되어 간 것들에 대한 통찰력이 그러하다. 이것은 오키나와전투의 비극을 상징하는 '집단자결'이 '가해'의 주체인 일본 본토에 대한 책임을 묻는 일 없이 오히려 '봉인(침묵)'하고 현실에 안주해 온 오키나와 내부의 성찰적 시야이자 시대를 앞선 오시로 특유의 사유 방식이라 할 수 있을 것이다.

5. 다시 사는 오키나와

지난 2013년 4월 아베 신조(安倍晋三) 총리는 샌프란시스코 강화조약 발효 61주년을 자축하며 '천황' 부부를 포함하여 중·참의원 의장 등 4백여 명이 참석한 가운데 대대적인 행사를 개최하였다. 1997년부터 이른바 '주권 회복의 날'로 명명하며 민간 차원에서 기념해 왔지만, 정부 주관으로 치른 것은 이번이 처음이었다. 같은 날 오키나와 기노완시(宜野湾市)에서는 오키나와 현민 수천 명이 정부의 기념식 개최를 규탄하는 대규모 집회를 열었다. 오키나와 주민에게 있어 '1952년 4월 28일'은 같은 강화조약으로 인해 일본으로부터 분리되어 미국의 군사 점령 아래에 놓이게 된 '굴욕의 날'이기 때문이다. 오키나와가 철저히 배제된 '주권 회복의 날' 행사를 묵도하며 오시로는 「다시 사는 오키나와」라는 제목의 글을 통해, "그 역사의 진상을 망각하고 지금 소박하게 본토만 주권을 회복했다고 만세를 외치는 무자각, 무책임, 부당함은 용서하기 어려운 것"[19]이라고 비판하며 본토를 향한 강한 분노를 쏟아 내었다.

> 제2차 세계대전에서 오키나와는 본토의 안전을 보장받고자 미군의 발을 묶는 전략에 희생되었고, 학생들은 황민화 교육의 영향으로 조국을 위해서라고 믿으며 목숨을 바쳤다. 그 멸사봉공의 근저에는 1879년 류큐처분 이래 1백 년간의 정치적·사회적 차별에 대항하여, 이마만큼 조국을 위해 싸운다면 일본 국민으로 인정해 줄 것이라는 염원이 있었던 것이다. 그것은 '조국 방위'의 은의도 잊고 평화조약을 짓밟았다.[20]

그의 분노와 배신감의 표출이 '오키나와전투'에서의 오키나와 주민의 '은의'와 '희생'을 환기시키는 형태라는 점에서, 오키나와에 대한 본토의 '차별'은 아직 끝나지 않은 현재진행 중이라는 사실을 다시 한 번 일깨워 준다. 90이 훌쩍 넘은 노령의 나이에도 불구하고 후텐마(普天間) 기지 철거와 헤노코(辺野古) 이전 단념을 촉구하며 활발한 글쓰기와 실천적 행보를 이어가고 있는 작가 오시로. 그가 구상하는 '다시 사는 오키나와'는 일본 본토의 계속되는 차별(특히 정치적)에 굴하지 않고 끊임없이 "자기결정권, 오키나와 해방, 국가 통합이라는 철학의 재구성 등을 요구하는 자세"[21]에 있다고 하겠다.

「신의 섬」은 지금으로부터 50여 년 전에 간행되었다. 집필 당시 일본 복귀가 점차 가시화되어 가던 상황에서 "일본에 대한 그야말로 동화와 이화

19 大城立裕(2015), 앞의 글, 14쪽.
20 大城立裕(2015), 앞의 글, 14쪽.
21 大城立裕(2015), 앞의 글, 20쪽.

사이에서, 이화의 느낌을 겉으로 표현한다는 것"은 "상당히 괴로"운 작업이었음을 토로하면서, 지금은 그렇게 괴롭지 않으며 오히려 "원망의 감정"을 분명하게 표현하게 되었다고 말한다(「인터뷰」, 147쪽).

작가 오시로 다쓰히로의 이 의미심장한 말들을 현 상황에 다시 비추어 보니, 과연 「신의 섬」 집필 당시인 50여 년 전은 적어도 지금보다는 낙관적이었던 듯하다. 본토에 대한 오키나와의 원망과 섭섭함을 토로하면서 다른 한편으로는 미안함과 괴로운 감정을 느꼈던 건, '복귀' 이후의 본토와의 관계가 '회복'될 수 있을 것이라는 낙관적 기대감이 존재했기 때문이리라. 그러나 작가의 예측은 보기 좋게 빗나가고 말았다. 2015년 현재 아베 정권의 거침없는 폭주로 인해 일본은 패전 70년 만에 '다시 전쟁을 할 수 있는 나라'로 탈바꿈했다. 일본 국민들은 '패전'의 대가(더 정확히는 오키나와전투에서 주민들의 희생)로 얻은 '평화헌법'을 잃었고, 근린 국가인 우리나라의 정세는 남북 관계의 긴장감 속에서 한치 앞을 예측하기 어려운 형국으로 내몰렸다. 무엇보다 가장 염려되는 것은 비극적인 전쟁의 한가운데로 내몰렸던 오키나와 주민이 '다시' 안게 될 전쟁에 대한 '불안감'이다. 최근의 일본 정부의 행보는 「신의 섬」이 발신하는 메시지와 울림을 한층 크게 해주고 있다.

점령기 일본의 문학공간에서의 연속과 비연속*

잡지 미디어의 미국 담론을 중심으로

이노우에 겐(井上健, Inoue Ken)

현 도쿄대학(종합문화연구과) 명예교수. 비교문학 전공.
비교문학, 비교문화, 미국문학, 번역론에 관심을 갖고 연구하고 있다. 주요 논저로 「번역문학과 장르생성 시론 : 다니자키 준이치로와 사토 하루오의 번역과 산문시 시도를 둘러싸고」(2017), 『번역의 방법』(1997), 『문호의 번역력 : 근현대 일본의 작가번역 다니자키 준이치로에서 무라카미 하루키까지(文豪の翻訳力 : 近現代日本の作家翻訳 谷崎潤一郎から村上春樹まで)』(2011), 『번역문학의 시계 : 근현대 일본문화의 변용과 번역(翻訳文学の視界 : 近現代日本文化の変容と翻訳)』(2012) 등이 있고 옮긴 책으로는 『포스트 휴먼의 탄생(ポスト・ヒューマン誕生)』(2007) 등이 있다.

이경희 옮김(한림대학교 일본학연구소 HK연구교수)

1. 점령기 일본의 문학공간 · 담론공간에 관한 시점

점령기 일본은 종전 후 4년여간 민간검열국(Civil Censorship Department, CCD) 및 민간정보교육국(Civil Information and Educational Section, CIE)에 의한 미디어 규제 아래 있었다. 검열에는 일본의 민주화 · 비군사화를 표방하는 연합군최고사령부(Supreme Commander for the Allied Powers / General Headquarters. 이하 'SCAP / GHQ'), 극동 전략의 일환으로 일본의 보호국 · 동맹국화를 지향하는 미 태평양육군총사령부(General Headquarters, GHQ / United States Army Forces, Pacific, AFPAC) 각각의 의도가 미묘하게 얽혀 있었다.[1] 검열 기준은 명시되지 않았으나 미국 비판, 연합국 진영 비판, 점령군 비판, 전쟁 예찬, 군국주의 옹호, 전전의 봉건적 가치 찬미, 미소 대립에 관한 언급, 점령하의 부정적 현실에 대한 언급 등과 점령체제 · 점령정책 비판, 전전 사상이나 군국주의의 부흥으로 이어지는 표현이 주된 표적이 되었다.

---

* 본문 중 고유명 한자 표기와 인물의 생몰 연도는 옮긴이가 추가한 것이다.

1 이하 점령기 검열 실태에 관해서는 山本武利 · 川崎賢子 · 十重田裕一 外編(2009~2010), 『占領期雑誌資料大系 文学編』(全5巻), 東京 : 岩波書店 ; 山本武利 · 石井仁志 · 谷川建司 外編(2008~2009), 『占領期雑誌資料大系 大衆文化編』(全5巻), 東京 : 岩波書店 ; 江藤淳 編(1981~1982 / 1995), 『占領史録 上 · 下』, 東京 : 講談社 ; 山本武利(1996), 『占領期メディア分析』, 東京 : 法政大学出版局 ; 松田武(2008), 『戦後日本におけるアメリカのソフト · パワー : 半永久的依存の起源』, 東京 : 岩波書店 ; 土屋由香(2009), 『親米日本の構築 : アメリカの対日情報 · 教育政策と日本占領』, 東京 : 明石書店 등을 참조했다.

점령 후기가 되면 사회주의 이데올로기가 검열 대상으로 급부상하면서 쇼와(昭和) 전전기(1926~1945 — 옮긴이) 때와 유사한 억압 구조를 형성하게 된다.[2] 중요한 것은 점령군의 미디어 규제라는 사실 자체가 검열 대상이었던 점이다. 덧붙여 1947년 이후의 사전검열에서 사후검열로의 이행은 과잉된 자주 규제를 도출해 검열 프로세스의 비가시화와 내면화를 촉진시켰다. 사후검열로의 이행이 초래한 굴절 가득한 효과에 관해서는 "사후 검열로의 전환을 계기로 적어도 잡지로 볼 때 언론은 돌연 생기를 잃었다"[3]와 같은 현장 증언이 있다.

검열 기준은 미소 대립이나 중국 대륙, 조선반도의 상황 변화 등 세계정세에 맞추어 빠르게 변화했다. 검열은 문장 표현의 의도에까지는 깊이 관여하지 않고 표현 자체에 한하여 기계적으로 시행되며 영어가 가능한 일본인을 중심으로 6천 명이나 되는 조사관에 의해 집행되었다. 그 때문에 "일본인 추종자들이 많고 여러 섹션에 있는지라 전혀 기준이 없다"[4](이 인용문 뒤에는 "지나치게 소심해 원폭이라는 단어 하나 나온 것만으로 삭제하는 이가 있는가 하면 개의치 않는 이도 있다. 이 때문에 왜 이건 넘어가고 이건 걸리는지 하는 모순이 늘 생긴"다며 검열 조사관으로서 일본인의 대거 참여와 검열 기준 부재의 관련성을 언급하는 내용이 이어지고 있다 — 옮긴이)는 불균등한 결과도 초래했다.

GHQ / SCAP에 의한 검열이 만들어 낸 담론공간 · 문학공간을 '닫힌 언어공간'으로 명명한 것은 에토 준(江藤淳, 1932~1999)이다. 에토의 점령기 연구는 『성숙과 상실 : '어머니'의 붕괴』(1967)의 연장선에서 성립했다. 에토는 근대 일본에 있어서의 '어머니'와 '아버지'의 대비 구도와 고도 경제성장 아래 자연='어머니'가 붕괴되어 가는 과정에서, '아들'의 자기동일성 위기

---

2 山本武利(1996), 앞의 책.

3 臼井吉見(1972), 『蛙のうた : ある編集者の回想』, 東京 : 筑摩書房, 194쪽.

4 大岡昇平 · 埴谷雄高(1984 / 2009), 『二つの同時代史』, 東京 : 岩波書店, 325쪽. 인용은 하니야 유타카의 발언.

와 '성숙'의 계기를 발견했다.[5] 그런데 이후로 에토는 근대 일본의 부재하는 '아버지'라는 모티프, 그리고 대리 '아버지' 미국이 점령하는 '닫힌' 언어공간을 고찰하는 쪽으로 향하게 된다. 점령기 검열의 최대 의도는 산 자와 죽은 자의 연대를 절단하고 일본인의 정체성에 치명상을 입힘으로써 전통적 가치체계를 철저하게 재편하는 데 있었다. 나아가 검열의 존재 자체가 은닉되었기에 피검열자까지 연루된 터부의 재생산 구조를 만들어 낼 수밖에 없었다. 전후 일본의 담론공간은 아직도 그 안에 있다. 에토가 『닫힌 언어공간 : 점령군의 검열과 전후 일본』(1989) 등에서 이야기하는 바는 대략 이렇게 요약할 수 있다.

에토의 논의는 적절히 심성에 중점을 둠으로써 점령 전기의 검열 초점이 전쟁과 점령의 기억을 수정하는 데 있고 그 결과, 왜곡·뒤틀림을 의식 아래로 밀어 넣은 깊은 자기기만에 의해 전후사의 공간이 형성되어 왔음[6]을 간파했다는 점에서 지금도 경청할 만하다. 기존의 언설체계를 대체하고 변동시키는 동인은 오히려 '심정'이며 '심성'이기 때문이다.[7]

에토 준에게 있어 『성숙과 상실』의 집필 계기가 된 것은 야스오카 쇼타로(安岡章太郎, 1920~2013)의 『해변의 광경』(1959)의 재발견이었다. 1920년에 출생한 야스오카 쇼타로는 종전 당시를 되돌아보면서, 전쟁이 끝나고 상황이 어찌 변하든 자신들에게 있는 것은 외부에 대한 막연한 불안뿐이었다고 회상한다. 또 야스오카는 "전시 중에 군국소년 같았던 이들에게는 이러한 고민은 없었을 것이다. ……전쟁이 끝났을 때 30대였던…… 사람들 사이에서는 이제부터 '제2의 청춘'을 사는 거라는 소리도 들렸다"[8]라고 말

5 江藤淳(1993), 『喪失 : "母"の崩壊』, 東京 : 講談社(초판은 1967, 河出書房), 148~151쪽.

6 加藤典洋(2005), 『敗戦後論』, 東京 : 筑摩書房(초판은 1997, 講談社), 52~54쪽.

7 小熊英二(2002), 『〈民主〉と〈愛国〉 : 戦後日本のナショナリズムと公共性』, 東京 : 新曜社, 19~21쪽.

8 安岡章太郎(2005), 『≪合本≫僕の昭和史』, 東京 : 新潮社, 322~323쪽[安岡章太郎

을 잇는다. 1907년에 태어난 다카미 준(高見順, 1907~1965)은 언론제한제법령 철폐가 발표된 1945년 9월 30일 일기에 "이로써 이제 뭐든 자유롭게 쓸 수 있다!", "자국을 점령한 타국 군대에 의해 처음으로 자유가 주어졌다니"[9] 라고 썼다. 그 3일 후에는 GHQ의 『동양경제신보』 몰수〔9월 29일 「진주군의 폭행, 세계의 평화 건설을 방해할 것이다」라는 논설을 게재한 『동양경제신보』가 민간검열국에 압수(10. 1)된 것 — 옮긴이〕 소식을 언급하면서 그 '자유'가 닿을 수 없는 범위 안에 미국이 있음을 깨닫게 된다. 여기에서는 점령하의 의식이 "해방과 예속, 원조와 조종, 독립과 의존, 이라는 이중성"[10] 으로 존재한다.

마루야마 마사오(丸山真男, 1914~1996)는 전쟁 종결에 큰 해방감을 느끼고 점령군의 일본 민주화정책을 환호의 목소리로 맞은 것은 오히려 소수며, "대체로는 연합군의 주둔과 그후의 어수선한 사태를 어딘가 운명적인 것 또는 자연적 · 필연적인 것으로 받아들이며, 졌으니 뭐 어쩔 수 없지라는 식의 허탈감과 체념의 기분이 지배적이었다"[11]라고 말한다. 점령 체험은 야스오카나 다카미의 사례처럼 세대마다 다른 전쟁 체험과 관련지어서밖에 이야기할 수 없다. 또 거기에는 많든 적든 '해방과 예속'의 이중성이 각인되어 있다. "억압감도 아니고 해방감도 아닌 그 중간에 있는 느낌"[12]이 미 · 일 공동의 문화국가 건설 목표에는 적합한 기반을 제공했다.

"졌으니 뭐 어쩔 수 없지"라는 감각은 거대한 흐름에는 거스르지 않지만 그렇다고 스스로를 굽히는 것도 아닌 당참과 통한다. 문학자 중에서 적절한 예를 찾는다면 점령기의 다니자키 준이치(谷崎潤一郎, 1886~1965)의 처

(1984~1988), 『僕の昭和史 I~III』, 東京 : 講談社〕.

9 高見順(1965), 『高見順日記 第5巻』, 東京 : 勁草書房, 343~346쪽.

10 本多秋五(1992), 『物語戦後文学史』, 東京 : 岩波書店, 130쪽.

11 丸山真男(1998), 「被占領の心理」(『展望』 1950. 8), 『丸山真男座談 2』, 東京 : 岩波書店, 3쪽.

12 丸山眞男(1998), 앞의 글, 3쪽.

신법을 들 수 있을 것이다. 다니자키는 전후 초기 창작품인 「A부인의 편지」(『중앙공론』 1946. 8)로 게재금지 처분을 받는다. 소개 중인 여성과 비행 연습 중인 장교의 교류를 서간 형식으로 쓴 이 소설은 군국주의 프로파간다라는 이유로 전면삭제 처분을 받았다.[13] 그러나 저자도 간행처도 태연히 폭풍이 지나가기를 기다리듯 검열 종료 3개월 후 『중앙공론』에 게재했다. 다니자키는 이미 『세설』(『중앙공론』 연재 중인 1943년 군부의 명령으로 게재금지) 등, 검열로 인한 발행금지 경험을 지녔다. 특히 문학과 관련해서는 저자도 출판자도 검열에는 익숙해져 대폭 삭제나 게재금지가 있더라도 허둥대거나 소란피우는 일이 없었으며, "GHQ의 검열이나 지도에 응했다 하더라도 자신의 혼이나 언어 코드를 버리는 것이라고는 추호도 생각지 않았던"[14] 이가 많았다.

이 논문에서는 전전과 점령기에 있어 주로 미국을 둘러싼 담론의 변화와 연속성을 조명함으로써 점령기에 억압과 해방의 이중성의 틈새에서 어떠한 근대화가 전망되었는가를 고찰해 보고자 한다. 전후 사상은 전중 사상의 언어체계를 계승하면서 형성되었으므로 전후와 전중은 결코 언어적으로 단절되지는 않았기 때문이다.[15] 이에 먼저 1942년의 〈근대의 초극〉 좌담회에 입각해 1941년의 미국문학사와 점령기의 미국 관련서를 비교·대조하면서 각각의 담론이 미국을 어떠한 '타자'로 상정했었는지 고찰한다. 다음으로 『웅계통신(雄鶏通信) : 세계의 문화 뉴스』와 『미국문학』이라는 점령기 잡지 미디어에 초점을 맞추어 이를 편집한 모더니스트들의 전전과 전

---

13 山本武利·川崎賢子·十重田裕一 外編(2010), 『占領期雑誌資料大系 文学編 第2巻』, 東京 : 岩波書店에는 앞 페이지에 "suppress"(공개금지)라고 적힌 프랑게문고 소장의 교정쇄가 게재되어 있다.

14 山本武利·川崎賢子·十重田裕一 外編(2010), 앞의 책, 558쪽. 야마모토가 이 책에서 지적하듯이 에토의 일련의 논고에는 오랜 검열 역사 속에서, 전후를 전전과의 관계에서 파악하는 시점이 결여되어 있다.

15 小熊英二(2002), 앞의 책, 19쪽.

후에 관하여, 각각 어떠한 형태로 근대적인 것과 마주하고 아메리카니즘을 상대화했는지 그러한 시점에서 검토할 것이다.

2. 1941년의 미국문학사에서 점령기로

미 · 일 개전의 해인 1941년에는 『미국문학사』라는 제목의 서적이 세 권, 여기에 다카가키 마쓰오(高垣松雄, 1890~1940)의 사후에 제자들이 정리한 미국문학 연구서 두 권, 미국문학을 포함한 세계문학의 현황을 정리한 세계문학 개관서 한 권이 간행되었다.

① 사이토 이사무, 『미국문학사』〔斎藤勇(1941. 4), 『アメリカ文学史』, 研究社〕

② 다카가키 마쓰오 · 다키구치 나오타로 · 스기키 다카시 편, 『현대의 미국문학』〔高垣松雄 · 龍口直太郎 · 杉木喬 編(1941. 5), 『現代のアメリカ文学』, 三省堂〕

③ 하루야마 유키오, 『현대세계문학개관』〔春山行夫(1941. 7), 『現代世界文学概観』, 新潮社〕

④ 다카가키 마쓰오, 『미국문학소사』〔高垣松雄(1941. 10), 『アメリカ文学小史』, 三省堂〕

⑤ 다카가키 마쓰오, 『미국문학론』〔高垣松雄(1941. 10), 『アメリカ文学論』, 研究社〕

⑥ 오쿠보 야스오, 『미국문학사』〔大久保康雄(1941. 12), 『アメリカ文学史』, 三笠書房〕

1930년대 후반 미국문학 연구의 본격화 기운이 고조되고 있었지만,[16] 그것이 미·일 개전의 해에 이만큼 집중된 것을 단순한 우연으로 보기는 어렵다.[17] "미·일 간의 정치적 관계가 긴박해지면서 미국문학을 통해 미국의 정신문화 내용을 알고자 하는 지식인의 실제적 요구"(⑥ 「서문」, 3쪽)의 고조가 있었고, "오늘날의 미국은 우리나라에 대해 큰 적성(敵性)을 보이고 있지만, 아니 바로 그렇기 때문에 미국문학 연구는 더더욱 중요성을 더하게 되었다"(② 「후기」, 338쪽)는 언급에서는 시대적 고려를 넘어서는 미국 연구자의 본심이 느껴진다.

②는 다카가키 마쓰오의 기획을 스기키 다카시(杉木喬, 1899~1968), 다쓰노쿠치 나오타로(龍口直太郎, 1903~1979), 니시카와 마사미(西川正身, 1904~1988)가 완성한 것이다. 미국문학의 역사·본질을 논한 제1부, 미국문학의 오늘과 전망을 논한 제2부와 제3부로 구성되었다. 입문서 형식을 취하면서도 일본에 있어 향후 미국문학 연구의 방향성을 제시한 문헌이다. 주목해야 할 것은 1930년대 일본의 문예대중화를 둘러싼 논쟁의 영향으로 소설을 '예술파'와 '대중적 작가'로 구분하면서, "우리나라의 '대중문학'이라는 관념과 영미의 '대중적인 문학'이라는 관념에는 자연히 큰 차이가 있다"〔야마야 사부로(山屋三郎, 1907~1982), 『현대의 미국문학』 233쪽〕라고 짚어 둔 뒤, '대중적인 작가'의 범위에서 역사소설과 지방주의 작가를 다루고 있다는 점, 또 하나는 문학과 영화의 크로스 장르적 관계를 논한 글 「미국문학과 영화」,

16 일본의 미국 연구기관의 창시자 격인 릿쿄대학(立教大学) 미국연구소가 설립된 것은 1939년이다.

17 이하 이 시기의 미국문학 연구에 관해서는 斎藤光(1969), 「アメリカ文学」, 日本の英学100年編集部 編, 『日本の英学100年 昭和編』, 東京 : 研究社出版 ; 亀井俊介(2009), 「アメリカ文学史をめぐって」, 亀井俊介·平石貴樹 編 / 田中久男 監修, 『アメリカ文学研究のニュー·フロンティア』, 東京 : 南雲堂 ; 平石貴樹(2005), 「日本におけるアメリカ文学史 : 歴史と文学のあいだには」, 平石貴樹 編 / 亀井俊介 監修, 『アメリカ : 文学史·文化史の展望』, 東京 : 松柏社 참조. 문헌 ①, ④, ⑤에 관해서는 이 선행연구들 참조.

「미국 연극과 영화」〔시미즈 고(清水光, 1903~1961) 집필〕 두 편이 수록되어 있는 점이다.

③은 한 권으로 된 신초문고(新潮文庫)인데 모더니즘 이후의 미국문학에도 상당한 지면이 할애되어 있다. 하루야마가 주로 참고한 것은 책에서 언급하고 있는 V. F. Calverton, *The Liberation of American literature*(1932)와 Fred B. Millett, *Contemporary American Authors : A Critical Survey and 219 Bio-Bibliographies*(1940)의 두 권, 그리고 Régis Michaud, *The American Novel To-Day : A Social and Psychological Study*(1928)다. 하루야마의 저서는 프랑스 출생의 일리노이대학 프랑스문학 교수 레기스 미쇼의 저작에 주목했듯이, "한 나라의 문학이 다른 나라의 문학에서 보면 어떻게 보이는가"(3쪽) 하는 것을 주시한 세계문학적 시좌에 그 개성이 보인다.[18]

⑥은 마거릿 미첼의 『바람과 함께 사라지다』〔미카사쇼보(三笠書房), 1939. 2~5〕, 마저리 롤링스의 『애정』(미카사쇼보, 1939. 8) 등의 베스트셀러 번역가가 쓴 미국문학사다. 오쿠보 야스오는 「서문」에 "미국의 국민적 정신의 형성이라는 입장에서 미국문학을 바라보는 블랭켄십 교수의 문학사"(5쪽)에서 골격과 시대 구분을 차용해 집필했지만 내용은 전혀 별개라고 언급하고 있다. 그런데 *American Literature : As an Expression of the National Mind*(Russell Blankenship, 1931)의 "다이제스트판 같은 것"[19]이라 할 만한 기술도 적지 않다. 오쿠보판 미국문학사의 명실상부한 점은 '역사소설' 항목에서 『바람과 함께 사라지다』를 다루면서, 톨스토이의 『전쟁과 평화』와 비교하여 "다만 이 작품에는 톨스토이의 『전쟁과 평화』가 지닌 인생에 대한 사색의 깊이 — 바꾸어 말하면 영원성의 문제에 관한 러시아문학적인 일류

18 하루야마 유키오(春山行夫, 1902~1994)가 국민국가의 경계를 전제한 '문화' 개념에서 자유로운 태도를 유지하고 있는 점은 주목할 만하다.

19 斎藤光(1969), 앞의 논문, 94쪽.

사상성은 없다. ……역설적으로 말하자면 19세기 러시아적 깊이는 도저히 20세기 미국적인 '얕음'을 이해할 수 없을 것이다"(286쪽)라고 덧붙인 후단 부분이다.

1933년에 창업한 미카사쇼보는 오직 외국문학 번역을 다루어 『도스토예프스키 전집』 등을 간행했는데 『바람과 함께 사라지다』가 얻은 대호평을 계기로 미국문학 번역을 영업의 기본 방침으로 삼게 된다. 이렇게 해서 1930년대 존 더스 패서스의 『북위 42도』〔하야사카 지로(早坂二郎) 옮김〕, 싱클레어 루이스의 『메인 스트리트』〔마에다코 히로이치로(前田河廣一郎) 옮김〕 등을 포함한 〈미국첨단문학총서〉를 간행한 신초샤, 『대지』〔1935. 9, 니 이타루(新居格, 1888~1951) 옮김〕를 시작으로 일련의 펄벅 작품을 간행한 다이이치쇼보(第一書房)를 신흥 출판사인 미카사쇼보가 뒤쫓는 형태로 1930년대 미국문학 번역 붐이 형성된다. 미카사쇼보는 마침내 오쿠보 야스오가 엮은 『현대 미국소설 전집』 전 16권(미카사쇼보, 1939~1941)을 기획하기에 이른다. 이 '전집' 진용에서는 오쿠보가 번역한 미국의 베스트셀러 역사대하소설, 하비 앨런의 『앤서니 애드버스』(1933)를 인기 상품으로 만들고 있어, ②에서 말하는 '예술파'와 '대중적인 작가'를 융합한 동시대 미국소설 '전집'을 지향하려 한 출판사와 편자의 의욕을 느낄 수 있다.[20] 오쿠보는 후에 「베스트셀러의 번역」(『신초』 1950. 3)에서 자신이 『바람과 함께 사라지다』와 같은 베스트셀러를 번역한 것은 "건축 이전의 땅고르기"(67쪽)며 최종 목표는 현대 미국문학의 아성을 소개하는 데 있었다고 인정했다.

이미 언급했듯이 미·일 개전 직전의 미국문학 연구 관련서에는 "바로 이러한 시대기 때문에 미국문학을 통해 미국의 정신과 문화를 알아야 한다"는 담론이 자주 등장한다. 그리고 이러한 유의 담론은 점령기에 속속 출

---

20 헤밍웨이의 『가진 자와 못 가진 자』와 시어도어 드라이저의 『미국의 비극 상·하』, 셔우드 앤더슨의 『어두운 청춘』(시미즈 슌지 옮김) 등을 포함한다.

판된 미국문학사와 미국문학론에서도 거의 그 방향을 같이하면서 반복되어 간다. 점령기의 미국문학 연구를 주도한 시가 마사루(志賀勝, 1892～1955)는 『미국문학사』〔1947, 고토쇼인(高桐書院)〕의 「서문」에서 "미국의 문학과 문화를 이해하고 우리의 지식과 행동(특히 세계적인 행동) 위에 유익한 바가 있기를 바란다"(2쪽)라고 쓰고 있다. 잡지 『인간』〔가마쿠라분코(鎌倉文庫)〕 1946년 2월호의 「편집 후기」는 미국 특집을 기획한 이유를 "데모크라시의 고전 국가 미국에서 많은 것을 배우고 많은 것을 흡수해야 한다", "결코 소홀히 할 수 없는 일본문화의 문제, 일본 자체의 문제로 미국 사조를 파악해야 하기"(208쪽) 때문이라고 설명한다.

이런 유의 담론의 점령기판과 전전판의 최대 차이는, 성장하는 나라의 성장하는 문학에 자신의 문학 · 문화의 부흥을 오버랩시켜 미국의 사상 · 문화를 일본문화의 문제로 받아들이려는 자세가 점령기 담론에는 명료히 감지되는 점이다. 거기에서는 근대화의 실현이 절대 유일한 '타자'라 할 미국을 알고 배우는 것과 매우 자연스레 겹쳐진다. 마루야마 마사오의 말대로라면 전쟁기의 '근대의 초극' 담론과 마찬가지로, "우리나라에서 근대적 사유는 '초극'은커녕 제대로 획득된 적조차 없다는 사실"[21]을 보지 않은 채, 점령군에게서 근대문명의 ABC를 지도받은 것이기도 하다.

어쨌든 이러한 인식에 도달했을 때 부상하게 된 것이, 미국문학은 "우리나라 독자에게 익숙한 프랑스 · 독일 · 러시아문학 등과 너무나 색다른 문학이다"[22]라는 인식이었다. 시가 마사루를 필두로 한 미국문학자들은 미국문학이 "색다른 문학"인 이유를 성장 도상의 문학, 젊기에 조야한 미를 지닌 문학이라는 식의 비유로 즐겨 이야기했다. 그리고 미국문학의 독자성은

21 丸山真男(1995), 「近代的思惟」〔『文化会議』 第1号(1946. 1)〕, 『丸山真男集 第3巻』, 東京 : 岩波書店, 4쪽.

22 志賀勝(1948), 『アメリカ文学手帖』, 東京 : 朝日新聞社, 1～2쪽.

문화의 독자성에 지탱된 것이므로 그 배경을 이루는 역사와 문화와 풍토로써 설명하지 않으면 이해하기 어렵다고 설명했다. 시가는 『미국문학 현실주의 시대』〔1950. 12, 겐큐샤(研究社)〕에서 먼저 미국의 국민성, 자본주의, 민주주의의 '특이성'을 주장하며 그것이 미국문학의 표현, 방언이나 속어가 많은 "살아 있는 언어의 자유로운 구사, 강한 리듬이나 속도와 같은 특색"(227쪽)과 분리하기 어렵게 결합되어 있다고 한다. 그리고 "이와 같은 특이성에도 불구하고 미국문학에서 다루는 생활 내지 문화 그 사상과 기분이, 또 그러한 유럽(또는 일본이라도 좋다) 사람들에게 공통된 것을 느끼게 만든다는 점에 이 같은 환영(즉 공감)의 근본 기반이 있다"(227쪽)고 주장하는 것이다.

시가 마사루와 나란히 점령기의 미국문학 연구를 주도했던 니시카와 마사미는 1930년대 말 미국 서적의 번역이 범람했던 현상을 들면서 상업적 동기로 베스트셀러에 달려드는 경향에 고언하였다. 그는 "우리 독서계에 소개해서 의미 있는 작가 · 작품도 있었다. 미첼 부인의 『바람과 함께 사라지다』, 앨런의 『앤서니 애드버스』, 스타인벡의 작품들이 그렇다. 하지만 원작이 아무리 뛰어나다 해도 그것만으로 번역까지 뛰어나게 되는 것은 물론 아니다. 이름은 대지 않겠지만 원작을 모독하는 심히 나쁜 번역이 일부 보인다"[23]라며, 암암리에 미카사쇼보과 오쿠보 야스오의 번역을 비판했다. 이에 대해 오쿠보는 앞에서 인용한 「베스트셀러 번역」에서, 민주주의 국가 미국에서는 문학 역시 상품이며 뛰어난 작품이 베스트셀러가 되는 것은 당연한 이치건만, 전전의 지식인은 미국문학을 한 단계 낮게 보고 연구자의 열심도 새로운 미국소설의 번역 · 소개에 대해서는 현저히 떨어진지라 그

23 西川正身(1947), 「日本におけるアメリカ文学」, 『アメリカ文學ノート』, 東京 : 文化書院, 140~141쪽. 이 논고는 1941년 영문으로 발표한 것을 일본어로 옮긴 것이다. 니시카와의 이러한 유의 논박은 점령기의 「翻訳談義」(『朝日評論』 1950. 8~9)에서도 반복된다.

당연한 이치를 모른다며 반론한다.

미국문학의 번역과 소개를 둘러싼 학계과 제야의 대립 구도는 문학의 근대화와 대중화를 둘러싼 과제와도 깊이 관련되기 마련이다. 하지만 대중문학을 둘러싼 논의는 점령기에는 일단 뒷전이 되고 점령 종료 후로 유보된다. 한편으로는 대중성이 절대적 '타자'와 불가분의 속성을 지녔기 때문이며, 다른 한편으로는 패전 후 곧바로 광범하게 존재했던 미국에 대한 동경, 성장하는 미국을 배우려는 의식에서 "어떤 건축을 들고 오든 괜찮다"(「베스트셀러의 번역」, 67쪽)라는 식의 상황이 되면서 "땅고르기의 시절은 그 순간 날아가고 말았기"(67쪽) 때문이다.

점령기는 또 세계대전으로 인한 외국문학 수용의 공백을 메우려는 의욕이 외국문학을 소개·제공하는 측과 수용하는 측에 비등하게 넘쳐나던 시대였다. 엔폰(円本) 시대〔가이조샤(改造社)의 『현대일본문학전집』(1926. 12)을 비롯해 전집 및 총서류가 한 권당 1엔의 염가로 발매되던 쇼와 초기 — 옮긴이〕의 것도 포함해 번역 위주의 구(舊) 『세계문학전집 제1기 : 19세기 편』〔가와데쇼보(河出書房)〕은, 1948년 8월부터 간행되기 시작한 1950년대 세계문학전집 붐의 선구가 된다. 하나다 기요테루(花田清輝, 1909~1974)는 이러한 시대 상황을 응시하며 점령기에 유보되었던 논의를 이어, 1950년대 말 예술 혁신에는 "일반에게는 비예술로 받아들여지던 대중예술을 부정적인 매개로 삼아야 한다"〔「두 개의 그림 : 전후문학 대비판」(『군상』 1959. 1)〕[24]라고 구가했다. 그러면서 영화에서 전형적인, 예술의 대중화와 종합화의 과정이야말로 근대예술을 초극하는 '근대의 초극'이라고 주장하게 된다.[25]

24 花田清輝(1978), 『花田清輝全集 第8巻』, 東京 : 講談社, 260쪽.

25 鈴木貞美(2015), 『「近代の超克」 : その戦前戦中戦後』, 東京 : 作品社, 47~48쪽. 이하 '근대의 초극(近代の超克)' 개념에 관해서는 필요시 이 책을 참조했다.

3. 좌담회 〈근대의 초극〉에서 점령기 잡지로 : 『미국문학』(시미즈 고 편)을 중심으로

『문학계』 동인, 교토학파, 일본낭만파를 중심으로 한 좌담회 〈근대의 초극〉이 열린 것은 1942년 7월 23~24일 이틀간이다. 이 좌담회를 토대로 좌담회 참석자의 논문을 더해 『문학계』 특집 '근대의 초극'(1942. 9~10)이 기획되었다. 일본 근대화의 모델이었던 서구 근대의 '초극'을 표방한 이 좌담회에는 영미와 전쟁 중임에도 불구하고 실은 "영미에 관한 논의가 거의 없다."[26] 미국이 언급되는 경우에도 대체로 물질문명 비판, 데모크라시 중우론(衆愚論) 등 기존의 비판이 반복될 뿐이다. 앞 절에서 열거한 1941년 간행 저서를 옆에 놓고 볼 때, 적국 미국의 '근대'가 '타자'로서 그에 상응하는 처우를 받지 못했다는 인상은 한층 두드러진다. 좌담회와 논문을 통해 아메리카니즘을 구체적으로 논하며 그 극복이라는 문제를 제기한 것은 영화 평론가 쓰무라 히데오(津村秀夫, 1907~1985)뿐이었다.

쓰무라 히데오는 아메리카니즘 협위론이라는 시점에서 "미국영화는 미국 풍속을 퍼뜨린다. 미국의 생활양식을 동경하게 만든다. 유럽의 영국, 프랑스 그 밖의 각 국민을 향해 그 유효한 독약과 동시에 **대단한 매력**을 퍼뜨렸다"[27]며, 1920년대부터 일본에 침투해 온 아메리카니즘의 물질주의·향락주의를 '초극'하는 것이 초미의 과제라고 주장한다. 쓰무라는 계속해서 또 하나의 '초극'해야 할 아메리카니즘으로서 그 압도적인 기계문명의 힘을 들었다. 쓰무라의 물음에 정면에서 응한 것은 랑케 학자 스즈키 시게타카

26 柄谷行人(1994), 『〈戦前〉の思考』, 東京 : 文藝春秋, 97쪽. 그것은 먼저 집결된 논객들의 전문 분야와의 관계로 독일, 프랑스라는 두 종류의 문학, 미학의 대립이 되어 버렸기 때문이라고 가라타니는 말한다.

27 津村秀夫(1979), 「何を破るべきか」, 河上徹太郎·竹内好 外, 『近代の超克』, 東京 : 冨山房, 126쪽. 이하 '근대의 초극' 특집 인용은 이 책에 의한다.

(鈴木成高, 1907~1988)뿐이다. 데모크라시, 기계문명, 자본주의의 뿌리는 모두 같으며 "표준이 높고 평균이 높다. 거기에 미국의 특징이 있다"(260쪽)라는 스즈키의 지적은 전후의 마루야마 마사오가 미국에 대해 "데모크라시의 나라로서 여러 이데올로기를 허용해 가는 나라다. 그러나 그럼에도 사회적으로 하나의 이상적인 통일성이라는 것이 상당히 강한 나라"[28]라고 언급한 것과도 호응한다. 하지만 아메리카니즘을 1920년대로 소급해 높은 수준의 대중성, 사회성으로 이해하는 시점은 시종일관 다른 참가자와는 맞물리지 못했다. 그러한 시점의 결락은 다이쇼(大正, 1912~1926)·쇼와의 모던문화와 점령기의 문화국가 이상 사이의 단절을 예시(豫示)한다.

가메이 가쓰이치로(亀井勝一郎, 1907~1966)가 중심이 되어 언급한 내용, 즉 기계문명은 인간의 감수성을 마비시킨다는 부정론은 기계시대의 모더니즘 미학에 대한 반동으로 나온 주장이다.[29] 실은 미·일 개전의 1941년은 앞 문헌 ②의 집필자 중 한 명이 기계시대의 미를 논한 영화론·사진론이 출판된 해이기도 했다.

시미즈 고는 전전의 영화 연구를 개척한 한 사람으로 미국 현대문학·연극·사진 연구자기도 했다.[30] 교토대학 문학부 철학과 졸업 후에는 교토회화전문학교에서 철학과 미학을 강의했다. 피츠제럴드의 『비 오는 날 아침 파리에서 죽다』(1955. 4, 미카사쇼보) 등의 역서가 있으며, 잡지 『사상』〔(이와

---

28 木村健康·丸山真男(1998), 「〈対談〉学生の表情」(『文藝春秋』 1946. 10), 丸山真男, 『丸山真男座談 1』, 東京 : 岩波書店, 11~12쪽. 그리고 스즈키 발언의 평가에 관해서는, Harootunian, Harry(2000), *Overcome by Modernity : History, Culture, and Commanity in Interwar Japan*, Princeton : Princeton University Press, pp.38~9 참조.

29 岩本憲児(1991), 「機械時代の美学と映画」, 岩本憲児 編, 『日本映画とモダニズム1920-1930』, 東京 : リブロポート, 213쪽.

30 이하 시미즈 고의 경력과 업적에 관해서는 주로 杉山平一(1983), 「清水光について」(『映像学』 第2巻 第8号)와 那田尚史(2003), 「清水光『映画と文化』解説」(2003, 清水光), 『日本映画論言説体系 第1期 戦時下の映画統制期 3 : 映画と文化』(ゆまに書房)를 참조했다.

나미쇼텐(岩波書店)]에 영화, 무대예술, 사진에 관한 논고를 발표했다. 「사진과 영화」(1932. 11, 『이와나미강좌 세계문학』, 이와나미쇼텐)에서는 모호이너지(László Moholy-Nagy)의 바우하우스 시절 포토몽타주, 포토그램 작품과 이론을 소개함과 동시에 세르게이 에이젠슈타인(Sergei M. Eizenshtein), 프세볼로트 푸도프킨(Vsevolod Pudovkin)의 몽타주 이론, 순수영화 등에 관해서도 논했다. 시미즈는 미·일 개전의 해에 『사상』에 게재한 논문을 기축으로 주저 『영화와 문화』(1941. 10, 교육문화)를 간행했다. 모두에 위치한 「영화와 기계」, 「영화와 문예의 시간성에 관하여」의 장에서는 바우하우스계의 기능미, 기계미, 광학기계가 가져온 정확함과 치밀함의 미라는 관점에서 영화의 기계성, 시간성이라는 특질이 부각된다.[31] 1930년 전후로 많이 출판된 서적 즉 신즉물주의의 영향 아래 기계미를 논한 서적 중 한 권으로, 이타가키 다카오(板垣鷹雄, 1894~1966)를 대표로 한 신흥예술 편(「新興芸術」 編)의 『기계예술론』〔1930. 5, 덴닌샤(天人社)〕의 권두에서 편자 이타가키 다카오는 "먼저 기계는 시각적 현상으로 그 기능 속에 아름다움을 소유한다"(12쪽)며 광학기계에 의한 최고의 아름다움으로 시각미에 이어 위력·속도·질서의 미를 들었다.[32]

시미즈는 이렇게 절대영화(일체의 구체상을 배제하고 기하학적 선과 형, 추상적 이미지와 패턴으로만 구성된 영화 표현 기법으로 1920년대 독일에서 시작—옮긴이)의 가능성을 시야에 두는 한편, "영화는 문예와 다른 방법으로 성격 묘사를 할 수 있다. ……그리고 동작과 성격의 긴밀한 통일로서의 극적 표현은 영화가 연극의 영향 아래 완성한 하나의 형식이다"(『영화와 문화』, 188쪽)

31 岩本憲児(1991), 앞의 논문 참조.

32 이타가키 편저(『기계예술론』—옮긴이)에 수록된 니 이타루(新居格)의 「기계와 문학」은 "영화예술이 사회생활의 템포와 함께 문예 작품 위에 문체의 빠른 속도감과 전환성을 암시한 것은 간과하기 어렵다. 그것도 기계의 작용이 문예에 준 영향의 하나로 꼽을 수 없을까"(『기계예술론』, 19쪽)라며 기계미의 대표로 영화예술을 들고 있다.

와 같이 인접한 제 예술을 담아 종합해 가는 영화의 크로스 장르적 가능성에 적극적인 관심을 두었다. 종전 이듬해에 시미즈 고가 창간하고 편집장을 맡은 것은 잡지 『영화예술』〔교토 : 세이린샤(星林社)〕이다. 창간호(1946. 6) 「편집후기」에 "영화를 중심으로 연극이나 문학, 그 외의 예술도 포함한 예술적인 잡지를 만들고 싶다"(56쪽)고 쓰여 있듯이, 『영화예술』의 편집 의도는 영화를 중심에 두고 장르 횡단의 가능성을 적극적 모색하며 '종합적인 예술잡지'를 지향하는 데 있다. 미국영화를 주된 대상으로 삼으면서 매호에 "미국영화의 원작 소개", "영화화되는 미국문학 소개"라는 소특집을 마련했다.

시미즈 고가 편집인과 발행인을 지낸 월간지 『미국문학』〔교토 : 사쿠힌(作品)출판사〕은 1948년 3월 창간되었다. 제1권 제4호(1948. 8)부터는 간행처가 고토쇼인(교토시 나카교구)으로 바뀌면서 요도노 류조(淀野隆三, 1904~1967)가 발행인이 된다. 창간호 「편집실에서」에 시미즈는 "전쟁 발발 전부터 이 아이를 좀 더 잘 보살폈더라면 어쩌면 저렇게까지 흉측하고 비상식적인 전쟁도 조금은 다른 형태를 띠었을지 모른다"[33]라고 쓰고 있다. 여기에서 '이 아이'란 프랑스문학이나 러시아문학과 비교해 전전에 오랫동안 '의붓자식' 취급을 받아 온 미국문학을 가리킨다. 점령기에 범람한 담론과 비슷하면서도 다른 굴절이 시미즈의 어조에서 감지된다면, 그것은 좌담회 〈근대의 초극〉처럼 미국문화를 경시했던 역사를 직시한 발언이기 때문이다. 영상예술이라는 인접 장르에서 바라본 시점을 늘 잃지 않으면서 미국문학을 접해 온 시미즈였지만, 한편 "우리는 얄팍한 미국영화나 흥미 본위의 대중소설을 통해 미국을 알고 있는 듯하지만 실은 진짜 미국을 조금도 이해하지 못한"[34] 것을 알고 있었다. 그러한 시미즈가 만들려던 것은 미국문학의 매력

---

33 清水光(1948), 『アメリカ文學』 1948. 3.의 속표지.

34 清水光(1946), 「アメリカの現代文化文学」, 『世界文學』 創刊号, 62쪽.

을 이해시키기 위한 '쉬운 잡지'(「편집실에서」)였다.

창간호는 권두 평론 「전망 미국문학」〔아베 도모지(阿部知二, 1903~1973)〕, 「존 스타인벡론」(시가 마사루), 「생쥐와 인간에 관하여 : 소설과 연극」(시미즈 고) 외 총 네 편의 논문과 「달은 지고」와 「통조림 공장 거리」의 작품 소개 및 「스타인벡, 사람과 작품」으로 구성된 "스타인벡 특집", 퓰리처상 수상작 두 편의 소개, 미국문학, 영화 · 연극 · 음악 정보란이 이어진다. 권말에는 멜빌의 단편을 일본어로 옮긴 「필경사 바틀비」〔나카가와 다카시(中川驍) 옮김〕가 더해진다. 4~5단 구성의 약 50쪽 지면에 정보가 가득 담겨 있고 사진이나 일러스트 등을 적절히 곁들이면서 가능한 한 가독성도 추구한 잡지다. 권두 논문의 집필자는 시가 마사루, 스기키 다카시, 후카세 모토히로(深瀬基寛, 1895~1966), 나카노 요시오(中野好夫, 1903~1985), 이부키 다케히코(伊吹武彦, 1902~1981), 호리우치 게이조(堀内敬三, 1897~1983), 나카지마 겐조(中島健蔵, 1903~1979) 등 다른 집필진은 스가 야스오(菅泰男, 1915~2007), 우에쿠사 진이치(植草甚一, 1908~1979), 우에노 나오조(上野直蔵, 1900~1984), 호소이리 도타로(細入藤太郎, 1911~1993), 이지마 다다시(飯島正, 1902~1996), 이시다 겐지(石田憲次, 1890~1979), 후타바 주자부로(双葉十三郎, 1910~2009), 니시카와 마사미, 가와모리 요시조(河盛好蔵, 1902~2000), 니 이타루, 하루야마 유키오 등으로 구성된다. 간사이(関西) 쪽의 시가 마사루 인맥과 도쿄의 다카가키 마쓰오 인맥의 미국문학자를 중심으로 프랑스 문학자, 영화 평론가, 모더니스트 비평가를 배치한 집필진이다. 호리우치, 호소이리, 이지마, 하루야마는 이 시기의 영화 배급을 일원화해 관리하던 CMPE(Central Motion Picture Exchange)가 미국영화 보급을 위해 저명인사를 조직화한 미국영화문화협회(AMCA) 멤버다. "현대 미국연극", "단편 작가 연구", "미국영화", "토머스 울프", "존 더스 패서스", "헤밍웨이", "(미국) 여류작가" 등의 특집 중 편집인 시미즈 고의 개성이 충분히 발휘된 것이 제5호(1948. 9)의 "미국영화 특집"이었다.

좌담회 〈미국과 유럽〉은 발행처가 고토쇼인으로 바뀐 호(제1권 제4호—옮긴이)의 기획이다. 사회는 시미즈 고와 요도노 류조가 맡았다. 최초의 프루스트 번역자이기도 한 요도노는 좌담회 모두에서 향후 편집 방침에 관하여 미국문학을 "세계문학의 일환으로서, 또 세계문학에 있어 미국문학의 위치 부여, 세계문학과 미국문학의 상호 관계"(2쪽)에도 중점을 두며 가고자 한다고 발언한다. 점령기 전반은 애초부터 다양한 잡지 미디어에서 '세계문학'을 향한 길이 모색 · 희구된 시기였다.[35] 미국문학의 매력을 알기 쉽게 전달하고 싶다는 시미즈의 편집 방침과 세계문학적 시야를 전망하는 요도노의 의향의 접점에서 성립한 이 좌담회에는 시가 마사루, 아베 도모지, 나카지마 겐조 등 영국 · 미국 · 프랑스문학 전문가에 더해 신무라 다케시(新村猛, 1905~1992), 구노 오사무(久野収, 1910~1999), 교토의 잡지 『세계문화』(창간자는 신무라 다케시), 주간신문 『토요일』이라는 반파시즘 문화운동계 미디어의 중심인물들의 이름이 줄지었다.

좌담회에서는 먼저 시가가 미국문학에 관하여 파악이 어려운 점, "발붙이기 어려운 점"(「미국과 유럽」, 『미국문학』, 1948. 8, 3쪽)에 관한 지론을 펴며 미국문학을 성장 도상의 문학, 미성년이기에 생명력과 신선함을 지닌 문학으로 위치를 부여했다. 또 바로 그 점에 미국문학의 미래와 첨단성의 근거가 있다고 하면서, 유럽문학과 비교해 독자 대중과의 결속이 깊은 점을 강조한다. 시미즈는 미국문학이 이해하기 어려운 데에는 표현의 문제가 크게 얽혀 있다는 문제를 제기한다. 아울러 프랑스에서의 헤밍웨이 · 포크너 · 더스 패서스 평가를 예로 들며, "프랑스소설은 치밀한 심리 분석에 뛰어난데 미국적 표현, 특히 헤밍웨이의 작품처럼 심리나 감정이 개입되지 않는 행위뿐인 스타일은 그들에게 상당히 친근하다"(6쪽)라고 지적한다. 구노는 헬

35 片山敏彦(1946), 「世界文学への道」〔『文芸』 合併号(1946. 1~2)〕; 〈座談會〉(1946. 8), 「世界文学の摂取」(『人間』); 中野好夫(1947), 「文学の世界性と世界文学」(『文芸』 1947. 1); 〈座談會〉(1947. 8), 「世界文学の道」(『世界文学』) 등.

레니즘적 전통에서 분리되어 떨어져 나온 강함과 약함을 겸비한 점에서 '현실긍정'성, 사회성이라는 미국의 특색을 찾는다.

『미국문학』은 교토에 거점을 두었고 발행은 1년 반이라는 짧은 기간이지만 점령기 후기에 미국문학의 역사와 현재를 소개하는 귀한 매체로서 기능했다. 대규모 종합지에 비해 다채로운 집필진을 두고 있으며 미국문학과 문학 장르 자체를 상대화하는 시점이 유효하게 살아 있는 점, 파악하기 어려운 미국문학을 세계문학적 시야에서 설명하려 하면서 그 표현의 특수성을 언급한 점 등이 주목할 만하다.

『미국문학』 제5호에는 점령기에 활약한 또 한 명의 중요한 모더니스트 이지마 다다시의 「미국문학과 영화」가 게재되었다. 시인이자 프랑스문학자며 영화 평론가인 이지마 다다시는 동인지 『아오조라(青空)』에 참가했고 도쿄제국대학(현 도쿄대학 — 인용자) 불문과 졸업 후에는 『키네마순보』와 『시와 시론』에 동인으로 참여했다.[36] 전전의 저서로 『시네마의 ABC』〔1928, 고세이카쿠쇼텐(厚生閣書店), 보급판은 1929. 9〕, 『토키 이후』(1933. 3, 고세이카쿠쇼텐), 『영화의 본질』(1936. 11, 다이이치쇼보) 등이 있고, 점령기의 저술로는 『영화감상독본』〔1948. 5, 오분샤(旺文社)〕, 『영화와 문학』(1948. 6, 시네로망스샤) 등이 있다. 점령기에는 『미국영화』(1946~1948, 미국영화연구소)의 편집장을 지냈다. AMCA가 모체가 된 『시네마순보』계의 미국영화 전문지다.

프랑스영화를 비평 활동의 중심에 두었던 이지마는 편집책임이라는 입장에서, 수입 해금으로 잇따라 상륙해 오는 미국영화와 다시 마주해야 했다. 『영화감상독본』에서 이지마는 쉬움, 대중성과 사회성, 신화적 이상주의, 그리고 템포, 구상성, 행동성에서 미국영화의 특성을 찾는다. 영화의

36 이지마 다다시(飯島正)의 경력과 저작에 관해서는 牧野守(1996), 「評伝飯島正」, 『キネマ旬報』 通巻1186号 ; 「飯島正略年譜・著作目録・創作目録」, 『演劇学』 第13号(1982) ; 飯島正(1991), 『ぼくの明治・大正・昭和 : 自伝的エッセー』, 東京 : 青蛙房 참조.

'움직임'에는 화면과 화면을 잇는 편집 기술적인 것과 인물 및 물체 자체의 '움직임'이 있는데 구상성과 행동을 존중해 "화면상의 액션을 중요하게 생각하는 미국인의 영화가 영화예술의 본질적인 기술을 처음으로 수립한"(198쪽) 것은 우연이 아니었던 것이다.

「미국문학과 영화」에서 이지마는 문예 작품의 영화화, 영화와 문학의 상호 영향 관계 등을 논하는데 챈들러, 헤밍웨이의 영화화를 언급하며 "영화와 하드보일드파에는 분명 본질적인 연관이 있는 듯하다. 필시 그것은 표현의 점묘적인 구체성일 것이다"(12쪽)라는 매우 시사적인 지적을 한다. 이지마의 이러한 시점의 기저에는 『시네마의 ABC』(1928), 『토키 이후』(1933)에서의 주장 즉 영화의 구성을 숏, 장면, 묘사되는 것의 삼층 구조 리듬으로 파악하려는 「영화 리듬론」이 있었다. 이지마는 그것을 자신이 번역한 『소비에트 · 러시아영화(시네마의 탄생, 영화기술의 미래)』(1930. 4, 오라이샤)의 저자며 프랑스의 영화 비평가인 레옹 무시나크(Léon Moussinac)의 논의, 즉 영화 편집은 영화의 리듬화라는 논에서 배웠다.[37] 점령기의 이지마는, 영화를 영화답게 만드는 리듬이 편집과 묘사 대상 쌍방에 충분히 활용된 시공간으로써 미국영화를 재발견하고, 좌담회에서 시가와 시미즈가 지적한 미국 어법과 미국문학 고유의 표현 문제를 영화 리듬론으로 환언하여 개진한 것이다.

전전에는 기계미학론자였던 시미즈 고와 프랑스영화 중심의 전위적인 영상표현론에 전념했던 이지마 다다시, 그리고 뒤에서 설명할 하루야마 유키오 등, 1930년대에 잡지 미디어를 중심으로 활동하고 전시하의 폐색적인 상황을 체험한 모더니스트들은 전후 일본의 부흥과 근대화의 도정에 관하여, 서구 근대의 가능성과 한계를 다시 음미하고 경유하는 것의 의미

37 이지마의 원전은 Moussinac, Léon(1925), *Naissance du cinema*, Paris : J. Povolozky & Co.

와 효용을 숙지하고 있었다. 미국에 대한 동화는 진정한 근대화라는 담론이 횡행하는 중에 좌담회 〈근대의 초극〉이 잊었던 시도에 착수하여 미국 대중문화를 오히려 '부정적 매개'(하나타 기요테루)로 삼으면서 전후 일본은 미국의 그늘하에 어떠한 근대화를 전망해야 할지를 다시금 되물었던 것이다.

4. 『세르팡』에서 『웅계통신』으로 : 모더니스트 하루야마 유키오의 전간기와 점령기

점령기를 대표하는 잡지의 하나인 『웅계통신 : 세계의 문화 뉴스』는 1945년 11월부터 1951년 7월까지 온도리샤(雄鷄社)에서 간행되었다. 당초에는 월 2회 간행이다가 제2권 제4호부터 월간이 되었다. 창간호부터 제3권 제9호(1947. 10)까지는 하루야마 유키오가 편집을 담당했다. 하루야마는 잡지명의 유래가 장 콕토의 『웅계와 아를캥』과, "오스카 와일드가 '동화의 왕자처럼 아름답다'라고 형용한 풍향계의 닭"(「편집자의 각도」, 창간호, 16쪽)에 있다고 한다. 수탉은 힘있게 여명을 고한다. 풍향계의 닭은 마을의 가장 높은 곳에 있으면서 풍향을 충실하게 가리킨다. 수탉처럼 "세계의 동향에 대한 바르고 충실한 지시자"(창간호, 16쪽)일 것과 "시시각각 변하며 전개하는 일체의 내외 정세에 대해 종합적인 시국 지식을 공급하는"(「편집자의 각도」 제2호, 16쪽) 것이 편집 방침으로 되어 있다. 권말에는 잡지와 같은 제목의 정보 단신란 「웅계통신」이 마련되었다. 창간호에 "단파방송이 해금되었다. ……단파방송은 전파에 의한 잡지로 잡지 저널리즘과 비슷한 각종 다양함이 발휘되어 오락의 역할과 함께 사회 상식을 양성한다는 큰 기능을 하고 있다"(「단파를 이용한 과학방송」, 10쪽)라고 되어 있듯이, 크고 작은 화제를 뒤섞은 단파방송 특집이 커다란 세일즈 포인트가 되었다. 창간 당시에는

16쪽이었고 "매호 반드시 절판되"[38]는 순풍을 만나 월간이 된 후로는 64쪽이라는 네 배 두께에 달했다. 표지에는 컬러 잉크를 사용하고 매호 잉크색을 바꾸는 등 종전 직후의 잡지로서는 세련된 정보지였다고 할 수 있다.

시인이며 번역가, 편집자인 하루야마 유키오는 관동대지진 이듬해에 상경해 신감각파의 거점 잡지 『문예시대』의 해외 문단 소식을 담당했다. 후년에 하루야마는 "그로부터 약 30년 간 전쟁 중 몇 년을 제외하고 나는 끊임없이 해외 문단 소식을 여러 신문·잡지에 써왔다"[39]고 회상한다. 1928년 고세이카쿠쇼텐에 입사해 『시와 시론』(1928. 9~1933. 6)을 창간하고, 이를 개제(改題)한 『문학』에서도 계속 편집을 담당했다. 그동안 시작품과 시론을 발표하고 거투루드 등을 번역하며 세계의 현대작가와 문학사조를 소개했다. 1934년 12월 다이이치쇼보에 입사해 잡지 『세르팡』 편집을 담당(1934. 12~1940. 9)하면서, 『신초(新潮)』와 『행동』 등에 잇따라 논고를 발표한다. 전후에는 1947년 11월 공직 추방으로 『웅계통신』 편집장을 사임한 후에는 해외문학 통신 관련 일을 그만두고 백과사전 집필자로 활약했다.[40] 전전의 저작으로 『조이스 중심의 문학운동 : JOYCEANA』(1933. 12, 다이이치쇼보. 재판 간행 때 『20세기 영문학의 신운동』으로 개제), 『꽃과 파이프』(1936. 1, 다이이치쇼보), 『만주 풍물시』〔1940. 11, 세이카쓰샤(生活社)〕, 번역서 『스타인초(抄)』〔1933. 7, 시노키샤(椎の木社)〕 등이 있고, 점령기의 저작으로 『해외문학산책』〔1947. 9, 하쿠토쇼보(白桃書房)〕, 『미국문화 전망』(편저, 1947. 2, 온도리샤), 『외국영화 감상』〔1949. 6, 시료샤(資料社)〕 등이 있다.

공직 추방에 의한 하루야마 유키오의 퇴사로 제3권 제10호부터 편집장

---

38 山崎安雄(1954), 『著者と出版者』, 東京 : 学風書院, 151쪽.

39 春山行夫(1957), 『読書家の散歩 : 本の文化史』, 東京 : 社会思想研究会出版部, 207쪽.

40 이하 하루야마에 관해서는 中村洋子 編(1992), 『人物書誌大系 24 春山行夫』, 東京 : 日外アソシエーツ 등을 참조했다.

을 지낸 것이 도일 등의 번역으로 이름 높은 번역가이자 『신청년』〔하쿠분칸(博文館)〕의 전 편집장 노부하라 겐(延原謙, 1892~1977)이다. 노부하라의 『웅계통신』은 하루야마 때처럼 해외 미디어의 정보를 부지런히 쫓는 기동력 면에서는 일보 후퇴했으나, '기록문학'을 향한 방향 전환으로 존재감을 발휘해 다카기 도시로(高木俊朗, 1908~1998)의 「임팔」(제4권 제8호) 등을 발표했다.[41]

창간호 목차는 「생활의 방법으로서의 데모크라시」〔시미즈 이쿠타로(清水幾太郎, 1907~1988)〕, 「미국적 능률에 관하여」〔우에노 요이치(上野陽一, 1883~1957)〕, 「신문학의 동향」〔이타가키 나오코(板垣直子, 1896~1977)〕, 「스피드 감각과 생리」〔하야시 다카시(林髞, 1897~1969)〕, 「니시타와 미키」〔간바 도시오(樺俊雄, 1904~1980)〕, 「작가와 전쟁」(헤밍웨이), 「소국에 대한 시야」〔우치야마 쓰토무(内山敏, 1909~1982?)〕, 「관학과 관료」〔기무라 기(木村毅, 1894~1979)〕, 「영어와 미국 영어」(니시카와 마사미), 「단파를 이용한 과학방송」, 「영화계의 신동향」(후타바 주자부로)이다. 창간부터 1946년 말까지의 특집은 "유럽의 현지 보고"(Vol.2-2), "소비에트문화 전망"(Vol.2-4), "소비에트 최고회의 기록"(Vol.2-6), "스탈린의 연설"(Vol.2-5), "미국문화 전망"(Vol.2-7), "중국 보고"(Vol.2-8), "소비에트를 어떻게 보는가"(Vol.2-11) 등이다. 하루야마 편집장 시절 후반에는 "맥아더 원수의 연설"(Vol.2-7), "맥아더 원수의 일본 점령 보고서"(Vol.2-8), GHQ 기자회담 기사(Vol.2-9, 10, 11, 13 ; Vol.3.2~7) 등, GHQ 관련 기사가 늘어난다. 하루야마에 의한 연재 「미국 영어의 주위」는 1947년 내내 계속되었다.

하루야마 편집장 시절의 미국문학 · 문화 관련 기사는 니시카와 마사미의 「청교도 정신에 관하여」(Vol.1-2), 호소이리 도타로의 「전쟁 중의 미국

41 中西裕(2009), 『ホームズ翻訳への道 : 延原謙評伝』, 東京 : 日本古書通信社, 209~218쪽 참조.

문학」(Vol.1-3), 에도가와 란포(江戸川乱歩, 1894~1965)의 「미국 탐정소설」(Vol.2-6, 7, 9), 「신자료에 의한 영미 추리소설계의 전망」(Vol.3-10~11) 등 번역(초역) · 소개된 작가 · 작품으로는 스타인벡의 「통조림 공장 거리」(Vol.2-1), 싱클레어 루이스의 「여성은 남성을 능욕하는가」(Vol.2-5), 화이트먼의 「권두시」(vol.2-6~13), 해밋의 「대실 해밋의 『터키가의 집』」(Vol.2-10) 등을 들 수 있다.

미국 관련 기사나 소개가 많은 것은 당연하나 특집 등에 관해서는 소련이나 중국에도 상응하는 지면이 할애되어 정치, 외교, 사상, 문학, 예술, 영화, 과학, 농업, 의학, 생활문화 등이 균형 있게 갖추어진 지면 구성이다. 『웅계통신』 제1권 제3권(1945. 12)의 「편집자의 각도」에서 하루야마 유키오는 "미국에서 무엇을 배워야 하는가" 하는 물음에 다음과 같이 회답한다. 먼저, 미국을 오늘의 지위로 이끈 미국적 특질을 아는 것. 다음으로 "우리가 살아가는 데 있어서 꼭 필요한 삶의 방식, 생존의 적법이라는 게 있으니 우리가 미국에서 배우고 배우지 않고와 상관없이, 그것이 미국에서는 다른 나라보다 발달하기 쉬운 조건에 놓여 있다……는 점을 잘 파악하는 것"(16쪽)이다. 에두른 표현이기는 하나 여기에서 하루야마는 미국문화를 과도히 특수하게 보는 것을 배제함과 동시에 전후 일본이 지향해야 할 진짜 근대화와 미국화를 안이하게 동일시하는 일이 없도록 논하고 있는 것이다.

하루야마 유키오의 문단 비평 데뷔작은 「의식의 흐름과 소설의 구성」(『신초』 1931. 8)이었다. 구미 전위문학의 본질과 기법을 문단에 전하려 한 이 논고는 동시에 '의식의 흐름'을 소설로 구성하는 방법의 중요성을 지적함으로써, '의식의 흐름'에 절대가치를 둔다는 신심리주의 문학계 신봉자에게 많은 입장을 수정하고자 시도한 것이다. 이러한 균형 감각에 더해 본 논문의 2.에서 언급했듯, 각국 문화를 국민국가적 경계선으로 재단하지 않고 상대적인 시야로 파악해 가려는 세계문학적 시좌야말로 비평가 하루야마의 특색이었다.

그러한 하루야마가 마지막까지 고집하며 견지하려 했던 사상적 입장은 고지마 데루마사(小島輝正, 1920~1987)가 지적하듯이 반파시즘 통일전선(인민전선)에 호응한 '행동주의', '능동 정신'의 입장이었다.[42] 『세르팡』 편집장 시절 「편집후기」에 쓴 "잡지 자체가 시대의 움직임과 가능한 한 폭넓게 직접 접한 것이어야 한다"(1937. 3, 154쪽)라는 언사는 행동주의에 대한 공감이라는 문맥에서 읽혀야 할 것이다. 사실 『세르팡』이라는 잡지가 이 시기 열심히 전한 것은 "정치적 통일전선과 연동한 유럽의 문학자·지식인의 문화적 통일전선의 움직임"[43]이었다. 하루야마가 미쇼(Régis Michaud)의 『프랑스 현대문학의 사상 대립』(1937. 8, 다이이치쇼보)을 번역한 것도, "프랑스문학만을 특히 '프랑스의 국문학'으로 보지 않고 이를 동시대 문학으로서 세계문학의 입장에서 보려 한다"[44]는 입장에 대한 친근감에 더해 프랑스 인민전선, 행동주의 문학에 깊이 공감했기 때문일 것이다. 사실 역서 권말에는 하루야마에 의한 1백 쪽이나 되는 「인민전선 이후의 문학 : 1934년부터 1937년 초에 이르는 기록」이 부록으로 수록되어 있다.

하루야마의 『세르팡』 시절에 관해서는 하루야마 자신이 남긴 글 「나의 『세르팡』 시절」[45]에 자세하다. 편집을 담당했던 첫 호(1935. 1)의 「편집후기」에 하루야마는 "『세르팡』이 오늘날 최대의 독자를 획득한 이유는……

---

42 小島輝正(1980), 『春山行夫ノート』, 神戸 : 蜘蛛出版社, 168~173쪽 참조. 하루야마 유키오의 행동주의적·능동주의적 주장에 관해서는 「イギリス知識階級の思想的動向」(『文芸』 1935. 4) ; 「〈座談會〉知識階級を語る」(『行動』 1935. 12) 참조.

43 小島輝正(1980), 앞의 책, 169쪽.

44 レヂス・ミシヨオ(1937), 『フランス現代文学の思想的対立 : 付録 人民戦線以後の文学』, 春山行夫 訳, 東京 : 第一書房, 391쪽. 원제는 *Modern Thought and Literature in France*(1934).

45 林達夫·福田清人·布川角左衛門 編(1984), 『第一書房 長谷川巳之吉』, 東京 : 日本エディタースクール出版部, 108~127쪽.

이 잡지가 신문저널리즘과 출판저널리즘의 중간 지대에 존재하는 잡지저널리즘의 방향을 정확히 지닌 점이 아닐까"(154쪽)라고 적었다. 그러한 인식에 근거해 하루야마가 세운 편집 방침은 고정 독자층이 생길 법한 "새로운 세르팡의 잡지"(「나의 『세르팡』 시절」, 113쪽)를 지향하는 것이었다. 하루야마가 기획 · 실천한 것은 시의적절한 테마를 설정해 원자료와 관련 자료를 배치한 다각적인 특집을 편성하는 것,[46] 당시의 종합잡지가 커버할 수 없던 해외의 문학 · 예술, 영화, 생활문화, 스포츠 등의 정보를 부지런히 입수하는 것,[47] 1937년 3월호부터 시작된 해외 정보 단신란의 「웅계통신」[48]까지 이 세 가지다. 기사의 일관된 원칙은 요약주의인 만큼 필연적으로 번역물은 대폭의 초역, 번역문학 작품은 다이제스트에 가까워지게 된다. 하루야마 편집장의 방침은 마침내 효과를 거두어 『세르팡』의 매상은 『중앙공론』, 『개조』 등 주요 종합잡지의 목표 부수와 거의 같은 5만 부에 가까워진다. 하루야마가 출판부도 겸임하게 되면서 발표한 것은 대베스트셀러가 된 펄 벅의 『대지』(제1부, 1930. 9)와 히틀러의 『나의 투쟁』〔1940. 7, 무로후세 다카노부(室伏高信) 옮김〕[49]이었다.

하루야마는 『세르팡』에서 시도한 방법 — 원자료와 관련 자료를 배치한 다각적인 특집 편성, 해외문학 · 문화 · 예술 · 영화, 생활문화, 스포츠 등에 관한 정보의 알차고 간결한 소개, 요약주의 등을 거의 그대로 『웅계통신』

---

46 「スターリンとウェルズの討論」을 기축으로 버나드 쇼, 웰스, 케인스 등의 글에 더해 이 주요 인물의 해설기사를 배치하는 기획이 대표적인 점이다(1935. 5). 그 밖에 "「지드의 소비에트비평」 특집"(1937. 2), 헤밍웨이 「이탈리아군 패전의 현지보고」를 축으로 스펜더 외의 글을 더한 "스페인 인민전선 특집"(1937. 7) 등.

47 하루야마는 1935년 2월호 「편집후기」에서 "일본의 종합문화잡지에서 영화를 정면으로 다룬 것은 현재 하나도 없다"(148쪽)고 말했다.

48 잡지 『웅계통신』의 이름은 물론 이 난에 유래한다.

49 『나의 투쟁』의 초역은 『세르팡』(1939. 8)에 일거에 게재된다. 하루야마의 공직 추방의 이유는 그때 편집장이었던 점에서 찾을 수 있다.

에 적용했다. 민족문화를 늘 상대화하려는 시점, 미국문화에 대한 트랜스아틀랜틱한 위치, 1930년대의 행동주의와 연결되는 비(非)마르크스주의적 리버럴리즘이라는 사상 신조에도 흔들림은 없었다. 오랫동안 해외 잡지를 통해 서양 근대와 접해 온 하루야마의 해외 최신 정보를 부지런히 팔로우하는 기동력과 백과사전 집필자로서의 취향은 잡지 『웅계통신』에서 그야말로 십분 발휘되었다. 『세르팡』 사임 후 만주, 북지, 타이완으로의 도항 체험은 대상을 '밖'에서 바라보는 하루야마의 시점을 연마했다.

5. 전후 일본문화에서의 연속 · 비연속성, 근대성의 문제

지금까지 시미즈 고와 하루야마 유키오, 이 두 명의 모더니스트가 제2차 세계대전을 끼고 걸었던 도정을 짚어 보며 시미즈와 하루야마가 마주한 근대와 미국이 어떠한 것이었는지를 검토했다. 시미즈 고가 창간한 『미국문학』은 1949년에는 당초 임무를 반쯤 끝낸 채 종간했다. 전후 저널리즘이 순조롭게 부흥하며 종합잡지가 잇따라 창간 · 복간되어 가는 동안 하루야마가 떠난 후의 『웅계통신』도 그 무게는 상대적으로 저하되어 갔다. 이렇게 해서 전전의 모더니스트들의 미완의 프로젝트가 무대에서 퇴장했을 때, 점령기 일본의 언어공간 · 문학공간은 1920~1930년대식 근대(모더니즘과 모더니티)의 직접적인 연속성을 일단 단절하게 된다. 이하 시미즈, 하루야마 이후의 전후 일본문화에서의 연속과 비연속 및 근대성 문제를 개관하면서 이 글을 맺고자 한다.

일본문화의 전전과 전후의 비연속성을 강조할 것인가 아니면 연속성을 주장할 것인가 하는 것은 거의 고스란히 GHQ / SCAP 주도의 전후 개혁을 평가하는가 아닌가 하는 입장과 직결된다. 이 글의 서론에서 인용한 에토 준의 주장은 전자의 전형일 것이며, 전후 일본사회에서의 자기분열, 반 무의식하에서의 '뒤틀림과 은폐'[50] 구조를 드러내는 가토 노리히로의 설명도 비연속성에 무게를 둔 주장에 속한다고 할 수 있을 것이다.

한편 연속성을 중시하는 주장은 대체로 점령정책이 정치·사회·문화 시스템으로서는 구질서의 재편과 재이용이라는 측면을 농후하게 띤 점에 착목한다. 현대 일본사회의 중핵을 이루는 것이 "실은 정복자와 피정복자 간의 복잡한 상호 영향에서 생겨난 것이다"[51]라고 한 존 다우어의 주장 등이 그 전형이다. 다이쇼 데모크라시, 쇼와 초기 리버럴리즘과의 관계로 초점을 맞추어 연속성을 이야기한다면 전후는 전쟁에서 중단된 민주주의로의 걸음이 재개된 시기가 될 것이다. 또 이를 근대화라는 주제에 근거해서 전개한다면 "1945년에 상정된 단절은 실제로 전전·전중의 파시즘과 전후민주주의와 사이에서가 아니라 근대화의 1단계와 근대를 바르게 획득할 두 번째 기회 사이의 연속성을 제기한"[52](캐롤 글럭, 「현재 속의 과거」) 것이 될 것이다. 다만 지식인층에서는 여전히 유럽 표준이면서 점령하의 일반 대중에게 있어서는 미국화와 거의 같은 뜻이듯, 이 '두 번째 기회', 2단계의 근대화는 1단계의 근대화와 비교해 그 콘트라스트가 보다 현저해진 것이었다.

전전과 전후의 연속성을 다시금 고찰 대상으로 삼을 때, 많은 국민국가에 있어 총력전의 동원체제가 전후사회도 규정했다는 사실은 매우 중요하다. 본래 "제2차 세계대전 후의 국민사회들은 총력전체제가 촉발한 사회의 기능주의적 재편성이라는 새로운 궤도에 있어서는 계속해서 그것을 채택했고 이 궤도 위에 생활 세계를 복원했기"[53] 때문이다. 전후 일본에 있어

---

50 加藤典洋(2005), 앞의 책, 29~50쪽.

51 ジョン・ダワー(2001), 『敗北を抱きしめて 上』, 三浦陽一・高杉忠明 訳, 東京 : 岩波書店, 14~15쪽.

52 アンドルー・ゴードン 編(2001), 『歴史としての戦後日本 上』, 中村政則 監訳, 東京 : みすず書房, 173쪽.

53 山之内靖 / 伊豫谷登士翁・成田龍一・岩崎稔 編(2015), 『総力戦体制』, 東京 : 筑摩書房, 66쪽.

서도 전간기의 데모크라시와 근대화의 조류뿐 아니라 전시기 동원체제 역시 중단이나 우회를 경유해 전후로 계승되어 갔다. 즉 점령기의 억압과 해방의 틈새에서, "정치 · 경제로부터 문화에 이르는 다양한 영역에서 전후사의 원류 · 원형"은 "전간기의 민주주의(1918~1931)와 전시동원체제(1932~1945)"라는 "두 시기에 발단한 몇 가지 새로운 움직임이 상호작용하며 또는 중첩되면서 전개함으로써 형성되고 규정되어"[54](안드레 고든, 「서론」) 간 것이다.

물론 이러한 정치 · 사회 · 문화 시스템의 연속성이 캐롤 글럭이 말하는 "기나긴[55] 전후"를 통과하며 미국의 아시아 · 태평양전쟁 후의 전략적 틀, 그리고 미국과의 일관된 동맹 관계하에서 유지된 것인 이상, 거기에는 필연적으로 미국의 헤게모니와의 "간접적 공범 관계"가 형성되게 되었다. 이러한 '간접적 공범 관계'하에 전후 일본에서는 미국발 근대화론이 서서히 침투해 가게 된다. 로스토나 라이샤워로 대표되는 미국형 근대화론은 ① 유럽 기원에서 벗어나 모든 사회에 적용 가능한 보편 개념으로서의 근대화 모델의 정립을 지향한다, ② '경제성장'이나 '산업화'를 기본 이념으로 하여 사회주의 경제에 의거하지 않는 근대화의 길을 제시할 대항 이데올로기로서 표방되었다, ③ 일본의 사례가 비서양사회에 있어서의 근대화 달성의 모델 케이스로 상정되어 갔다, 는 등의 특징을 지녔다. 이렇게 해서 라이샤워는 주일대사 취임 2년 후인 1963년 근대화 모델이 일찌감치 완성된 나라가 미국이었기 때문에 그것은 오늘날 미국화와 같은 의미로 진행하는 것이라 공언하며, 미국화에 보편적 개념으로서의 근대화의 보증서를 부여하기에 이른 것이다.[56]

54 アンドルー・ゴードン 編(2001), 앞의 책, 12쪽.

55 キャロル・グラック(2007), 『歴史で考える』, 梅崎透 訳, 東京 : 岩波書店 참조.

56 エドウィン・O・ライシャワー(1963), 「近代化ということ : 現代ではそれはアメリカ化という形で進行する」, 西山千 訳, 『文藝春秋』(1963. 9), 104~108쪽.

마루야마 마사오의 「초국가주의의 논리와 심리」〔1946, 1956~1957년 미라이샤(未來社)의 『현대정치의 사상과 행동 상·하』에 수록〕, 오쓰카 히사오(大塚久雄, 1907~1996)의 『근대화의 인간적 기초』〔1948, 하쿠지쓰쇼인(白日書院)〕, 가와시마 다케요시(川島武宜, 1909~1992)의 『일본사회의 가족적 구성』〔1948, 가쿠세이쇼보(学生書房)〕 등 시미즈 고, 하루야마 유키오의 편집 활동과 병행하여 간행된 전후 계몽의 명저는 유럽에 표준을 두고 "서양 대 일본(또는 동양), 근대 대 전근대라는 이항 대립을 자명한 논리 틀로 삼는 경향"[57]을 뚜렷이 지녔다. 그리고 패전 체험을 통해 그 윤곽을 보다 선명하게 부상시킨 논리로 도달 목표로서의 근대를 뜨겁게 논하는 것을 공통의 특징으로 했다.

이러한 전후 계몽 저서의 전제를 이루는 것은 전통적 일본문화의 "부정적 특수성 인식"[58]이었다. 마침내 이러한 일본의 전통문화 부정의 입장은 "더 이상 전후가 아니다"(1956, 경제백서)가 슬로건화되어 가는 1950년대 중반 이후, 서서히 일본 전통문화 재평가의 흐름으로 대체되어 간다. 그리고 그것과 서로 보완하듯 1960년의 안보투쟁을 하나의 전환점으로 고도 경제성장하에 일본의 새로운 통합 원리로서의 근대화 노선이 "냉전하의 미국에서 연마된 전략성 짙은 이데올로기"[59]이기도 한 미국형 근대화론의 그늘 아래 확립되어 가는 것이다. 1960년대 중반의 일본문화를 둘러싸고 이소다 고이치(磯田光一, 1931~1987)는 바야흐로 서구문화는 "거의 드라마를 이루지 않는 형태로 실생활에 침입하고" 있다고 했고, 마쓰모토 겐이치(松本健一, 1946~2014)는 "구미는 더 이상 일본에 있어서의 이념적 의미를 지니지

---

57 安丸良夫(2010), 「戦後知の変貌」, 安丸良夫·喜安朗 編, 『戦後知の可能性 : 歴史·宗教·民衆』, 東京 : 山川出版社, 29쪽.

58 青木保(1990), 『「日本文化論」の変容 : 戦後日本の文化とアイデンティティー』, 東京 : 中央公論社. 아오키는 전후에 있어 일본문화론의 추이를 '부정적 특수성 인식'(1945~1954)부터 제2기 '역사적 상대성 인식'(1955~1963)을 거쳐 '긍정적 특수성 인식'으로 구분하고 있다.

59 安丸良夫(2010), 앞의 글, 26쪽.

못하게 되고 말았다"라고 단언했다. 이소다나 마쓰모토 모두 '서구', '구미' 처럼 유럽과 미국을 일괄해서 말하고 있는데 도쿄올림픽이 개최된 1964년 무렵을 경계로 "이념적 의미를 지니지 못하게 된" 것은 유럽 근대 쪽이고 "실생활에 침입해" 들어와 일상적 현실로 변하게 된 것은 미국형 근대였다. 전후 근대화는 이 무렵부터 고도성장, 대량소비문화, '생활보수'[60]라는 특징을 지닌 3단계로 돌입해 간다고 생각된다.

---

60 色川大吉(2008),『若者が主役だったころ：わが60年代』, 東京：岩波書店.

제3부

포스트제국에서 국민국가의 외부와 내부

제국일본의 잔재인 조선적자의 정치적 다양성

문재인 정부의 조선적자 한국 입국 허용정책이 재일코리안 총체에게 미치는 부정적 영향

김웅기(金雄基, Kim Woong-Ki)

현 홍익대학교 상경대학 글로벌경영전공 조교수. 정치학 전공.

재외동포정책실무위원회 민간위원으로 활동하고 있으며 정책 대상으로서의 재일코리안이라는 관점에서 연구하고 있다. 주요 논저로는 「조선적자의 다양성과 문재인 정부의 입국 허용 정책을 둘러싼 쟁점」(2018), 「재일코리안 민족교육을 둘러싼 정치성 : 1970년대 자주민족학급의 사례를 중심으로」(2019), 『誠心交隣に生きる : 負の歴史を超えて』(공저 · 2016), 『한일관계의 긴장과 화해』(공저 · 2019) 등이 있다.

1. 서론 : 재일코리안의 다양성을 외면하는 대한민국

재일코리안[1]은 이주 시기, 국적 상황, 정치 성향 등에 따라 내부에 다양한 속성이 공존한다는 점에서 여타 재외동포들과 확연한 차이가 있다. 특히 조국 분단이 이들 개개인의 삶에까지 지대한 영향을 미치고 있는 점은 특기할 만하다. 조국의 정세에 크게 영향을 받는 것은 거주국이자 구 종주국 일본에서의 불안한 지위와 밀접한 관계가 있기 때문이다. 시민권 측면에서 볼 때 몇 세대가 지나도록 단지 '쫓겨나지 않을 권리'인 거주권만을 겨우 가진 '무권리의 외국인' 집단으로 살아가는 데 변함이 없는 상황은 남북 분단 조국의 정치 논리에 휘말리기 쉬운 여건을 조성해 왔다. 줄어들고는 있으나 일본사회에의 동화에 대한 부정적 정서가 여전히 굳게 남아 있

1 본고에서는 일본에 거주하는 한민족을 가리키는 다양한 용어 가운데 '재일코리안'을 사용하기로 한다. 다양하고 갈등적인 정치적 속성을 두루 아우를 수 있는 최선의 대안이기 때문이다(최상이라고 주장하지는 않겠다). 이때 '재일조선인'은 하위 범주 중 한 집단을 의미하게 된다. 재일조선인은 역사적 존재, 즉 일제 강점의 결과로 일본으로 이주하게 된 한민족 디아스포라라는 함의로 사용되는 경향이 있으며, 필자 또한 이에 동의하는 바이다. 그러나 오늘날 남북 분단이 엄존하며, 북한/재일조선인총연합(이하 '총련') 지지를 가리키는 용어로 변질되었다는 점 또한 부정할 수 없다. 또한 오늘날 대다수 재일코리안은 북한/총련을 지지하지 않는 데다가 '재일코리안'의 함의에는 일본사회에서 갈수록 거세지고 있는 북한에 대한 비판을 모면하기 위해 총련계 인사들이 북한과의 관계성을 희석시키려 하는 의도도 엿볼 수 있다. 이처럼 여러 상황이 존재함에도 불구하고 '재일조선인'을 총칭으로 사용할 것을 고집하는 것은 일종의 정치적 선택 내지 주장으로 보는 것이 타당할 것이다.

는 점도 이와 무관하지 않을 것이다. 이 같은 재일코리안의 오늘날 위상은 '제국일본의 잔재(殘滓 · legacy)'로 이해할 수 있다. 이들 가운데에서도 특히 조선적(朝鮮籍) 즉 일제 강점 이전의 분단되지 않은 출신지라는 함의를 지닌 법적 지위를 유지하고 있는 이들은 상징적 존재라고 할 수 있다.

한국 외교부나 재외동포재단이 표방하는 '거주국에서의 안정적 정착과 주류사회 진출'이라는 관점에서 본다면, 재일코리안은 전 세계 740만 재외동포 가운데 최하 수준으로 평가될 수밖에 없을 것이다. 6세대가 출현하도록 정체성을 밝힌 형태의 주류사회 진출에 어려움을 겪고 있는 재외동포 집단은 재일코리안이 유일하기 때문이다. 대한민국의 재외동포정책에 있어 이들은 찬물을 끼얹는 존재라고 해도 과언이 아니다.

여전히 다수의 재일코리안이 한국 국적을 고수하려 하는 데 대해 한국 정부는 일단 공식적으로는 이에 긍정적 평가를 표명하고 있다.[2] 그러나 일본 근무 경험이 있는 공직자일수록 불쾌감이나 부정적 인식을 드러내는 경향을 찾아볼 수 있다.[3] 권리 상황이 나아지지 않은 재일코리안의 일본 국적 취득이 자국민의 보호 문제 즉 자신의 책임 문제로부터 해방시켜 주는 일이라는 인식이 있다면 그럴 만도 하다.

구 종주국 일본에서 '무권리의 외국인'으로 살아간다는 것은 재일코리안의 권익 찾기가 결국 일본 정부와 국민의 의지에 달려 있다는 것을 의미한

---

2 예를 들어 참여 정부 시절 외교통상부 재외동포영사국이 펴낸 「참여 정부의 재외동포정책」라는 자료에는 재일코리안에 대해 다음과 같이 기술되어 있다. "재일동포는 일본사회의 극심한 차별과 동화정책에도 불구하고 우리 국적을 유지하여 온 데 긍지를 지니고 있는바, 우리 국적 소지자와 외국 국적 동포를 획일적으로 처우하는 것은 불합리하다는 입장을 견지"〔외교통상부 재외동포영사국(2006), 「참여정부의 재외동포정책」, 34쪽〕.

3 재외동포재단이 주최하는 '재외동포 이해 교육'의 일환으로 필자가 특강강사로 초청한 한 주일 공관 근무 경험자는 학생들을 향해 "저(재일코리안)들이 (일본으로) 귀화를 하지 않은 탓에 우리(한국 정부)에게 골칫거리가 되고 있다" 등의 강의를 했던 것은 그 상징적인 예라고 할 수 있다.

다. 예를 들어 정체성 회복을 위한 민족교육에 대한 일본 국가 및 사회의 명백한 응답은 '다문화 공생'을 표방하는 오늘날에 이르기까지 시종일관 부정적이다. 심지어 당사자들의 독자적 노력을 탄압마저 해오고 있다. 그런데 인색하다는 점에서는 한국 정부도 마찬가지다. 베트남에 거주하는 재외동포 1만 명에 한국학교가 두 곳 있는 데 비해 60만 명 재일동포사회에는 네 곳에 불과하다는 점을 객관적 증거로 들 수 있다. 그것도 네 곳 모두가 당사자 스스로 토지와 건물을 마련한 것이다. 이처럼 외교적으로 반목하는 경우가 잦은 한일 양국이지만 재일코리안에 대한 인색한 자세에 있어서는 궤를 같이한다.

이 같은 추세는 학계도 마찬가지다. 이제 약 90퍼센트에 달하는 자녀들이 일본학교를 다니는 상황에서 국적과 민족명(民族名)은 자신의 뿌리를 찾기 위한 마지막 보루이며, 여기에서 정체성의 근거를 찾으려 하는 이들이 여전히 적지 않다. 그런데 몇몇 한국인 연구자는 이 같은 노력을 비아냥거리기라도 하듯 귀화를 종용한다.[4] 문제는 이 같은 논의가 당사자와의 '불통'

4 2016년 10월 14일 국립외교원 외교안보연구소 일본연구센터가 주최한 〈한일관계에서의 재일한국인〉이라는 국제회의에서, 요코하마국립대학 유혁수 교수는 재일코리안의 국적 문제와 관련해 "중요한 것은 국적 취득 여부 이전에 민족적 소수자로서, 공생의 대등한 주체로서 실체를 갖추는 것이지만, 이미 재일동포 5~6세까지 태어나고 있는 '사실로서 재일(在日)의 진행'이라는 현실을 외면해서는 안 된다"고 주장했다〔「재일동포의 미래①: 유혁수 교수 "일본 국적 취득 터부시할 필요 없어"」, 『월드코리안뉴스』 2016. 10. 14.자, http://www.worldkorean.net/news/articleView.html?idxno=23370(검색일: 2019. 4. 30)〕. 이 같은 주장이 당사자들의 지지를 얻지 못하는 이유는 서경식이 말하는 대로 일본으로의 귀화가 동화 압력 속에서 소수자로서의 정체성 유지를 보장하지 않은 '강요된 귀화'이기 때문이다〔서경식(2017), 「재일동포의 귀화, 어떻게 볼 것인가?」, YTN 2017. 11. 20.자, https://www.ytn.co.kr/_sp/1214_201711201313555 863(검색일: 2019. 4. 30)〕. 유혁수의 발언은 이 같은 측면을 외면한 채 이루어진 것으로 이해할 수 있다. "지금 국적은 권리이며 인권이라는 발상의 전환을 우리 스스로 해야 할 때"라는 그의 주장대로라면, 재일코리안 개개인이 스스로 한국 국적 내지 조선적을 유지하려는 의지 또한 존중되어야 마땅하지만 그가 말하는 권리나 인권에 이 같은 선택지는 포함되지 않은 듯하다. 또한 유혁수가 말하는 '실체'에 대해서는 많은 논란의 소지가 있다.

과 '결석재판' 상태로 이루어지는 경우가 적지 않다는 데 있다.[5] 여타 동포 문제를 연구하는 이들이 당사자들과 당면하는 권익 문제를 함께 해결해 나가는 것과는 달리 재일코리안 연구 종사자들의 논의에서 이 같은 실천은 찾아볼 수 없는 채 '불구경'이라도 하듯 관찰과 방관으로 일관하고 있다.

재일코리안 연구에서 적지 않은 한국인 연구자들이 보여 주는 또 다른 양상이란 일본어 소통에 한계가 있어 당사자들에게 한국어 사용을 요구하는 경우가 흔하다는 점이다. 또한 동포사회로부터 충분한 신뢰를 확보하기도 전에 설문지만 돌리는 경우를 흔히 찾아볼 수 있다. 미국을 비롯한 여타국가 연구자들이 갈수록 일본어를 습득하고 그곳에서 머물면서 연구를 추진하는 것과는 대조적인 모습이다. 이 같은 상황에서는 재일코리안 총체를 분석하고 이에 근거하여 정책 수립에 활용하고자 하는 논의가 나오기를 기대하기란 요원한 일일 수밖에 없다. 이 같은 연구자나 시민운동 관계자들의 관심이 갈수록 한국어 소통이 가능한 총련/조선학교 그리고 이 커뮤니티들을 대상으로 하는 연구에 쏠리는 것도 이 같은 맥락으로 이해할 수 있다.

본고의 주제는 이들이 포함되는 조선적자(朝鮮籍者) 사이의 정치적 다양성이다. 그런데 오늘날 문재인 정부는 이전 정권이 그래 왔듯이 이 점에 대한 인지조차 없는 듯하다. 정치적 다양성, 즉 '북'의 딱지를 떼어 주어야 마땅한 조선적자의 존재를 한국 정부가 함께 인식하지 않는 한 이들은 모조리 '북'으로 간주된 채 정권의 의향에 따라 포용 내지 배척이라는 양극단의 대상이 되는 구도 속에 갇힐 수밖에 없다. 문재인 정부가 진정 '인도주

왜냐하면 '실체'의 내역이 무엇이며, 그 소지 여부를 누가 무슨 자격으로 어떻게 판단하는 것인지 등 많은 영역이 모호하기 때문이다.

5 매우 드문 일이기는 하지만 한국 학자와 재일코리안 당사자가 함께 국적 문제를 논의하는 경우가 있기는 하다. 예를 들어 2017년 6월 29일 서울에서 개최된 〈2017 세계한인학술대회〉 일본분과회의에서 재일코리안의 귀화 당위성을 평소부터 주장한 한 한국인 학자는 재일코리안 당사자들로부터 집중 포화의 대상이 되어 당황하는 모습을 보였다.

의적 차원'[6]에 입각하여 조선적자의 한국 입국 허용정책을 추진하려 한다면 대통령이 거론한 "국적을 불문하고"가 아니라 조선적자들의 다양성을 정확히 인지한 다음 "정치 성향에 기인한 국적을 막론하여" 포용정책을 수립해 나가야 할 것이다. 본고를 집필할 것을 생각하게 된 계기는 여기에 있다.

지금까지 국내에서 논의의 대상이 되고 있는 조선적자란 한국사회에서 그나마 가시적(可視的)[7]인 북한/총련을 지지하거나 어떠한 친화성을 지닌 이들이다. 본고에서는 이들을 가리키며 '조선적자 A'로 표기하기로 한다. 이들과 다른 정치적 속성을 지닌 조선적자와의 차이를 논의하는 데 본고의 목적이 있고 또한 독자의 혼동을 막기 위해서다. 조선적자 A와 다른 정치적 속성을 지닌 이 조선적자들에 대해서는 '조선적자 B'로 표기하기로 한다. 조선적자 B는 국내에서 학술적으로 또는 사회적으로 관심의 대상이 되는 일이 거의 없는 존재다.[8] 조선적자 B의 존재가 국내에서 간과되어 온

---

6 청와대(2017), 「문재인 대통령 제72주년 광복절 경축사」〔2017. 8. 15, https://www1.president.go.kr/articles/524(검색일 : 2019. 4. 30)〕. 이와 관련되는 연설 내용은 다음과 같다. "해방 후에도 돌아오지 못한 동포들이 많습니다. 재일동포의 경우 국적을 불문하고 인도주의적 차원에서 고향 방문을 정상화할 것입니다."

7 박노자는 조선적자의 존재가 한국사회에서 불가시적이라고 인식하고 있다〔박노자(2016), 「타자로서의 '동포', 조선적 재일조선인」, 『한겨레』(2016. 7. 12.자, 검색일 : 2017. 6. 3)〕. 필자는 그의 인식에 동의하면서도 여타 재일코리안에 비하면 상대적으로 주목을 받아 온 편이라고 생각한다. 조선적자, 본고에서 조선적자 A로 분류되는 이들의 주장이 여타 재일코리안에 비하면 국내 언론에 많이 노출되고 있기 때문이며, 그 배경에는 이들의 언어 소통 능력이 있다.

8 조선적자 A를 옹호하는 이들이 조선적자 B에 해당하는 소설가 김석범과 같은 지식인 계층에 대해 부수적으로 언급할 뿐, 조선적자 B의 구체적인 구성이나 주장을 인지하고 있다는 흔적을 거의 찾을 수 없다. 그런데 박노자의 논의에서는 두 가지 속성을 지닌 조선적자 간의 차이에 대한 인지를 엿볼 수 있다. 그는 다음과 같이 조선적자에 대해 설명한다. "총련 소속의, 즉 북한에 좀 더 친화적인 재일동포들도 '조선적'으로 분류되지만, 상당수의 조선적 재일조선인은 남북한 양쪽에 대해 소속감을 느끼면서도 분단체제인 만큼 양쪽 정권으로부터 등거리를 유지하려 한다"(이하 밑줄은 필자)〔박노자(2016), 앞의 기사〕.

원인으로는 조선적자 A가 한국을 오가거나 보수 정권에 의해 입국 거부를 당하는 과정에서 시민운동 관계자 등 한국사회와의 관계성을 구축하고 한국 여론에 호소할 기회를 얻은 데 성공한 데 비해 조선적자 B는 그럴 만한 기회가 없었던 것을 요인으로 들 수 있다. 조선적자 A를 논하는 과정에서 조선적자 B의 존재가 부수적으로 언급되는 경우가 있기는 하지만 이들의 구체적인 주장 내용에 대한 논의에 언급하거나 한국사회가 이들의 주장에 귀를 기울인 것은 재일 소설가 김석범(金石範)의 사례를 제외하고는 전무나 다름없다. 본고에서 거론하게 될 조선적자 B의 경우, 정권 교체와 무관하여 한국 입국이 아예 막혀 있는 데다가 한국어 소통도 불가능하다. 일본어 구사에 한계가 있고 '재일본대한민국민단(이하 '민단') / 총련'이라는 지나치게 단순화된 이분법으로 재일코리안사회를 파악하려는 논의에서는 조선적자 B의 존재가 보이지 않을 수밖에 없다.

하여 본고는 조선적자 중에는 두 가지 정치적 성향이 존재하며 이들이 각기 어떠한 가치관을 지니고 있는지를 밝히는 것을 목적으로 한다. 오늘날 불과 3만 명 선까지 줄어든 조선적자 내부에서조차 정치적 다양성이 존재한다는, 대한민국의 재외동포 가운데 재일코리안이 유일하게 지니고 있는 특징을 함께 논의하게 될 것이다. 또한 오늘날 문재인 정부의 경우처럼 이 같은 조선적자의 정치적 다양성을 한국 정부 및 사회가 인지 내지 허용하지 않음으로 인한 폐해가 재일코리안사회 총체에 어떠한 문제를 야기하는지에 대해서도 논의해 보고자 한다. 구체적으로는 오늘날 한국 정부에 의한 조선적자의 한국 입국 허용 문제를 둘러싼 논의가 마치 '북'의 포용만을 상징하는 방향으로 흐르고 있어 오히려 이들 즉 조선적자 A는 물론 조선적자 B를 포함한 여타 속성을 지닌 재일코리안 총체의 권익을 훼손하는 쪽으로 작용하게 되는 점을 지적할 것이다.

본고의 구성은 다음과 같다. 2.에서 조선적자의 특징과 일본 및 재일코리안사회에서 조선적자가 차지하는 위상 그리고 한국에서 인식의 기원을 이해하기 위하여 1970년대에 시작된 모국방문사업에 대해 살펴볼 것이다. 3.과 4.에서는 두 가지로 나눌 수 있는 조선적자의 정치적 속성 즉 각기의 국가관과 통일관을 검토할 것이다. 그리고 5.는 결론으로 오늘날 진행되고 있는 조선적자 한국 입국 문제 허용 논의의 방향성과 이것이 여타 재일코리안에게 어떠한 영향을 미치게 될 것인지를 논의할 것이다.

2. 조선적자의 위상과 한국 입국 허용 문제

조선적자라는 존재가 출현하게 된 역사적 경위와 특징을 개략적으로 정리해 두고자 한다. 이 같은 이해가 있어야 본고의 논의의 의의를 파악할 수 있기 때문이다.

그 특징이란 첫째, 오늘날 조선적자는 일제강점기, 바꾸어 말하면 '제국일본의 잔재(Legacy of Japanese Imperialism)'로서 출현한 존재이다. 일제강점기 당시 일본 정부는 일본인과 조선인을 비롯한 외지인을 구분하는 잣대로 개개인이 어떤 호적에 편입되어 관리되는지를 기준으로 삼았다. 일본 내 조선인은 내국인과 동일하게 조선호적에 편입되어 내지(内地) 호적에 편입된 일본인과는 별도의 취급을 받아 오다, 해방이 되자 일본 국적을 유지하되 권리 측면에서는 외국인으로 구분되어 소외되기 시작했다.

둘째, 조선인은 1947년 외국인등록령에 따라 본격적으로 외국인으로 관리되기 시작했으며 외국인등록증 국적란에 '조선'이라고 표기하게 되었다. 이는 출신 지역인 조선(한)반도를 가리키는 것이며, 국적 개념이 아니라는 점에 유의해야 한다.[9] 이에 따라 조선인은 모두 일본 국민도 외국인도 아닌

9 이에 대해 일본 정부는 "원래 조선 호적에 속하며 일본 국내에 거주한 채 일본 국적을 상실하여 외국인이 되었다는 특수 사정에 따라 여권 또는 이를 대신하는 국적증명서

모호한 지위에 놓이게 된 것이다. 따라서 당시 상황만을 전제한다면 조선적자를 가리키며 '남도 북도 아닌' 존재로 인식한다는 것은 타당성이 있다.

그러나 셋째, 1948년 조선민주주의인민공화국의 탄생과 1956년 총련의 탄생은 '조선'이라는 호칭에 '북'과의 밀접한 연관성과 한국과의 대항 관계라는 함의를 부여했다. 따라서 뒤에서 설명하듯이 이 시기 이후 조선적자, 특히 그 가운데에서도 북한/총련과 어떠한 연관성을 갖거나 지지하는 이들을 가리키며 '남도 북도 아닌' 존재로 인식한다는 것은 정확한 이해가 아니다. 이 점에 대해서는 뒤의 논의를 통해 명확해질 것이다.

넷째, 조선적자에 대한 그동안의 한국 정부의 인식은 '모조리 빨갱이'였다. 최소 36만 명 이상[10] 있을 것으로 추정되는 일본 귀화자를 제외하고 오늘날 90퍼센트 이상의 재일코리안이 한국 국적을 취득하게 된 직접적 계기는 1965년 한일기본조약과 그 부속조약인 이른바 재일한국인협정이다. 한국 정부와 민단은 한국 국적 취득을 재일코리안사회에서 호소했으며, 일본 정부는 이와 공조하여 한국 국적자에 한하여 협정영주자격(오늘날 특별영주자격)을 부여했다. 이에 따라 민단은 그동안 열세에 있던 총련과의 대결에서 결정적으로 우위에 서기 시작했다. 한국 정부는 이때부터 한국 국적을 선택하지 않은 채 조선적으로 남아 있는 재일코리안을 '모조리 적'으로 간주하는 입장을 고수하고 있다.

를 소지하지 않았으므로 편의상의 조치로 '조선'이라는 명칭을 국적란에 기재한 것"이며, 또한 "이 같은 의미에서 '조선'이라는 기재는 한때 일본 영토였던 조선반도에서 내일(來日)한 조선인을 가리키는 용어"라고 설명했다〔日本社会党朝鮮問題対策特別委員会 編(1970), 『祖国を選ぶ自由：在日朝鮮人国籍問題資料集』, 東京：社会新報, 6쪽. 鄭榮桓(2017), 「在日朝鮮人の「国籍」と朝鮮戦争(1947–1952年)」, 『プライム』 第40巻, 36~62쪽 재인용〕.

10 1952~2016년 사이에 36만 5,955명이 귀화를 통하여 일본 국적을 취득했다〔민단 홈페이지, 「在日同胞社会」 2. 在日同胞 変化 ② 帰化による変化(韓国・朝鮮籍の区分は不明)(http://mindan.org/syakai.php, 검색일：2019. 4. 30)〕.

다섯째, 그런데 '남도 북도 아닌' 조선적자는 총련사회와 다른 곳에 존재한다. 바로 '북'과의 관계성을 거부하거나 아예 없는 조선적자들이다. 이들이야말로 국가 논리에 휘말리지 않은 통일을 바라며, 분단국가를 구성하는 남북 정부에 대해 공히 비판적이라는 특징을 지니고 있는 존재다.

다음으로 오늘날 재일코리안사회에서 조선적자들이 차지하는 위상을 파악해 보고자 한다. 재일코리안 분류에 있어서는 단순히 이주 시기와 국적만 기준으로 삼을 것이 아니라, 뒤 〈표 1〉을 보듯이 남북 분단에 따른 정치적 성향까지 가미한 세 요소에 따라 분류해야 보다 정교한 구분이 가능하다.

일본 재류외국인 통계상 2018년 6월 현재 한국 국적자는 45만 2,701명이며, 이들 가운데 특별영주자는 29만 2,878명이다.[11] 여기에 정주자 7,305명을 더하면 30만 183명이 된다(일반영주자 중 일부도 구영주자로 볼 수 있다). 정주자 중에 뉴커머(new comer)가 섞여 있기 때문에 실제로는 이보다 다소 적을 것으로 보인다. 한편 신정주자 즉 뉴커머임이 분명한 한국국적자들 가운데 일본에서 합법적으로 재류 자격을 얻고 사는 인구는 15만 2,518명으로 파악되며, 실제로는 여기에 무비자로 출입국을 반복하는 이들이 상당수 추가된다. 여하튼 이제 뉴커머가 올드커머의 절반을 상회하는 수준까지 비중을 높이고 있다.

한편 조선적자의 수는 2018년 6월 말 현재 3만 181명이며, 이는 한국 국적자 45만 2,701명과 합한 전체 재일코리안 48만 2,882명 중 6.25퍼센트에 해당된다. 자연사에 따른 감소와 더불어 한국 또는 일본 국적을 취득한 것을 감소 요인으로 들 수 있다. 이처럼 조선적자의 수가 정확히 일본 재류외국인 통계에서 드러나게 된 것은 2016년 3월부터의 일이며, 이 배경에는 자민당 의원 등이 "일본에 거주하는 '북조선 국적자'가 실제 숫자 이상으로

---

11 法務省(2018. 6),「在留外国人統計(旧登録外国人統計)」. 이하 인구 통계는 이 자료에 의거한다.

〈표 1〉 재일코리안사회 구성

	조선적 3만 명		한국 국적 45만 3천 명				일본 국적 36만 명+α
구정주자 (올드커머)	총련계 조선적자 A	비총련계 조선적자 B	총련 구성원 / 지지자	비민단계 (시민층 / 무관심층)	민단 구성원 / 지지자	더블*	귀화자
	특별영주자 29만 3천 명+ 정주자 7천 명±α						
신정주자 (뉴커머)	X		자발적 해외 이주자 14만 2,411명±α				귀화자

* 출처 : 일본정경사회학회(2014), 「혐한 현상으로 인한 재일동포사회의 충격」(재외동포재단 조사연구 용역사업, 3쪽을 본고 논의에 부합하도록 수정).
* 더블 : (잠재적) 이중국적자

과장되게 보인다"라는 의견이 있었다고 한다. '북조선 때리기' 즉 조선적자 수가 현저히 그리고 꾸준히 줄어들고 있다는 사실을 공개함으로써 총련이 쇠퇴하고 있음을 과시하기 위한 조치로 이해할 수 있다. 이는 또한 일본 정부도 조선적 즉 '모조리 북'이라는 인식이 존재한다는 것을 여실히 보여 주는 사례다.

한편 한국 정부 입장에서 볼 때, 조선적자의 존재는 숫자 이상의 의미를 갖게 된다. 대한민국이 한반도 유일의 정통 국가라는 명분을 포기하지 않는 한, 조선적자뿐만 아니라 재일코리안 총체는 지극히 국내 정치의 영역에서 인식될 수밖에 없다. 재일코리안 측에서 어떠한 주장을 펼친다 하더라도 변화시키기가 어려운 국가정체성과 직결되는 민감한 문제이기 때문이다. 조선적자의 한국 입국 허용 문제가 문재인 정부 들어서 다시 도마 위에 오르기 시작한 것은 이들이 남북이 첨예하게 갈등하는 재일코리안사회에서 살아가야 함으로 인해 지극히 정치적 존재로 부각될 수밖에 없는 배경에 비롯된 것이라고 할 수 있다. 노무현 정부 시절에 열려 있던 조선적자의 한국 입국이 이명박 정부 시절인 2010년부터 돌연 봉쇄되다시피 하기 시작했고 박근혜 정부도 이 기조를 그대로 이어 갔다. 이와 대조적으로 김대중·노무현 정부는 한국 입국을 희망하는 조선적자의 여행증명서 신청을 거의 전원 받아들였고, 문재인 정부 또한 이와 유사한 방향으로 정책 전환을 추진하고 있다.

이와 같이 조선적자의 포용과 배척이 번갈아 적용되는 이면에는 1970년대 이후 남북 간의 체재 경쟁에서 이들이 포섭 대상이 되었던 점을 들 수 있다. 앞에서 언급한 바와 같이 1965년 한일 국교 정상화 이후 조선적을 고수하는 조선적자에 대한 적대시 기조 속에서 이들을 회유하기 위해 유신 정부 시절인 1975년부터 중앙정보부가 주도하여 '총련계 재일동포 모국방문사업'이 시작되었다. 1975년에 1,310명, 1976년에는 7,741명의 총련계 인사들이 한국을 방문했으며[12] 대대적으로 보도되기도 했다.[13] 이들 가운데 60%가 국적을 한국으로 변경했다는 대대적인 성과를 거두었다.[14] 이 사업 이후 총련에 대한 민단의 우세가 굳혀진 것이다. 모국초청사업은 조선적 즉 '모조리 북'이라는 인식이 한국사회에서도 확산되는 계기가 되었던 것으로 볼 수 있다.

---

12 오사카 총영사 조일제가 중앙정보부 공보차장 시절 기획하고 중앙정보부 사업으로 시작된 초청사업은 이후 2005년까지 민단 사업으로 추진되었고 총 5만 5,700명이 방한한 것으로 발표되었다〔「모국초청 조총련계 재일교포 민단우세 "분수령"」, 『중앙일보』 1992. 8. 14.자 ; 「중앙정보부 '작품', 조총련 모국 방문단 서울 도착」, 『헤럴드경제』 2016. 6. 10.자〕.

13 당시 보도 영상은 오늘날 '한국정책방송원(KTV) e영상역사관' 사이트 등에서 시청할 수 있다. 한 예로 〈대한뉴스 제1050호 조총련계 재일동포 입국〉〔http://www.ehistory.go.kr/page/view/movie.jsp?srcgbn=KV&mediaid=10075&mediadtl=20283&gbn=DH(검색일 : 2019. 4. 30)〕.

14 『헤럴드경제』, 앞의 기사.

3. '북이기도 하고 남이고자 하기도 하는' 조선적자 A

3.과 4.에서는 두 가지 서로 다른 정치적 속성을 지닌 조선적자(1.에서 A와 B로 분류)가 국가관이나 한국과의 관계에 있어 각기 어떠한 인식을 지니고 있는지 살펴보기로 한다. 여기에서는 '북'과의 친화성을 지닌 조선적자 A에 대해 논하기로 한다.

자신도 조선적자인 한○○는 2016년부터 시작된 일본 정부의 조선적자의 실수(實數) 공개에 대해 다음과 같이 불안감을 드러낸다.

> 이렇게 "일본에 거주하는 '북조선 국적자'가 실수 이상으로 크게 보인다"는 자민당 일부 의원들의 강력한 요청으로 분리집계된다면 이는 '조선적'을 이제 '오해'가 아니라 공식적으로 '북조선적'으로 간주하겠다는 것이며, 또한 그 목적은 사실상의 대(對)북조선 '제재'로서의 조선적자 배제라는 의혹을 지울 수 없다.[15]

그는 이에 더하여 총련이 더 이상 일본 보수 세력의 위협이 되지 못할 정도로 위축되었다는 점을 일본사회에 드러내기 위한 목적이 깔려 있는 것으로 추론하기도 한다. 한○○는 실수 공표가 가져다주는 심적 불안에 대해 다음과 같이 토로한다.

> (조선적자의) 분리집계에 따라 2015년 말 현재 3만 3,939명이라는 숫자를 직시하게 되다 보니 당사자로서 마이너리티감(感)이라고나 할까, 극단적으로 말하면 수용(收容)이든 뭐든 손쉽게 추진당할 수 있는 것처럼 느껴진다. 감소 추

---

15 韓東賢(2016), 「朝鮮・韓国籍」分離集計の狙いとは?：3月公表の2015年末在留外国人統計から」, Yahoo! Japan ニュース〔2016. 3. 7.字, https://news.yahoo.co.jp/byline/hantonghyon/20160307-00055137(검색일：2019. 4. 30)〕.

세에 있는 '조선'적자 수를 굳이 공표한다는 것은 소외감과 무력감, 공포심을 주는 심리적 효과도 있는 것이다.[16]

줄곧 조선학교를 다닌 그의 입장에서 본다면 같은 처지를 공유할 수 있는 이들이 전체 재일코리안 가운데 불과 6퍼센트대까지 줄어들었다는 것은 그야말로 불안감으로 다가올 것이다. 다만 이 같은 심리는 일상적으로 고립되며 살아가는 경우가 대부분인 여타 재일코리안들이 느끼는 불안감과는 다른 성격인 것으로 이해할 수 있다. 성인이 되어 '북한 때리기'가 일본사회에서 가시화되는 상황에 이르러서야 막심한 불안감을 실감하게 되었다는 것은 역설적으로 확실히 총련계 커뮤니티가 현존하고 방패로 기능해온 데 대한 반증이라고 할 수 있기 때문이다.

한국 국적으로 전향한 이들을 포함하여 조선학교 출신자들 사이에서 공유되고 있는 '우리'라는 확고한 자기정체성은 인적 네트워크의 중핵이기에 외형적 규모가 위축했다고 해서 커뮤니티 자체가 잃었다고 볼 수는 없다. 이들에게 재일동포사회란 여전히 가상이 아닌 확고한 일상이자 관념이 아닌 신념의 근간이다. 그 신념이 조성되는 곳이 총련계 사회 구성원들 삶의 중심으로 자리 잡고 있는 민족교육기관이자 북한식 국민교육기관이기도 한 조선학교다. 조선학교가 총련계 커뮤니티의 핵심적 역할을 담당한다는 점에 대해 새삼 논의할 필요는 없을 것이다.

요컨대 민족교육과 실체적 커뮤니티, 이 두 가지야말로 조선적자 A가 여타 재일코리안들이 갖기 어려운 집단의식의 뿌리이자 구심력이다.[17] 이를

16 韓東賢(2016), 「海外渡航の「朝鮮」籍者に「誓約書」強要する入管当局：再入国許可の取り消し警告も」, Yahoo! Japan ニュース〔2016. 4. 3.자, https://news.yahoo.co.jp/byline/hantonghyon/20160403-00056156(검색일：2019. 4. 30)〕.

17 본인이 조선학교를 다니지 않아도 가족이 조선학교·총련 커뮤니티와 밀접한 관계를 유지할 때, 적극적으로 조선적을 선택하는 경우를 찾아볼 수 있다. 리○○는 일본 외

〈그림 1〉 조선적자 A의 국가관과 통일관

* 출처 : 리○○ · 임소희(2008), 「재일동포 리정애의 서울 체류기 : '우리학교'를 보셨나요?」, 『민족 21』 제84호, 159쪽.

통해 조성된 국가관과 통일관은 〈그림 1〉 삽화의 대사 중, 특히 "북은 조국이고 남은 고향"과 "통일 시대가 다가올수록 우리 재일동포의 역할과 가능성은 무한대일지 모른다"에서 여실히 드러난다. 모두 조선학교 및 총련계 커뮤니티에서 널리 공유되고 있는 개념들이다.

한편 조관자는 조선적자 A의 국가관과 통일관에 대해 다음과 같이 지적한다.

국인등록상의 국적이 '한국'이었으나, 여권 발급 시 주일한국공관으로부터 여권 발급의 전제조건인 국민등록을 요구받자 총련계와의 관계가 깊은 가족과 의논 끝에 이를 거부하여 자신의 일본 외국인등록상의 국적을 '조선'으로 변경했다고 한다. 일반적으로 일본에서 '조선'에서 '한국'으로의 변경과 달리 그 반대의 변경은 불가능한 것으로 여겨지고 있다. 그러나 리○○의 경우, ① 대한민국 정식 여권을 소지하지 않은 자, ② 한국의 국민등록을 필하지 않은 자, ③ 본인과 아버지의 재류 자격이 '협정영주'(1965년 한일협정 체결로 한국 국적자들에게만 주어진 영주 자격)가 아닌 자라는 세 요건을 모두 충족할 수 있었기에 '조선'으로의 변경이 가능했다고 한다〔조경희(2014), 「한반도 대표선수라면 남이든 북이든 상관없어」, 일다블로그(2014. 7. 13.자, http://blogs. ildaro.com/1987, 검색일 : 2017. 12. 30)〕.

> 북한을 '사회주의 조국'으로 인식하거나 그 민족적 정통성을 인정했으며, 남북이 서로의 정치체제를 유지하는 연방제통일을 외친 적도 있다.[18]

그가 말하는 연방제란 북한이 한때 제기했던 고려연방제이며, 이는 남한에 의한 흡수통일을 방지하고 북한에게 유리하도록 체제를 유지하기 위한 '느슨한 연방제'를 가리킨다.[19] 조관자의 주장은 조선적자 A가 북한식 국민교육의 영향으로부터 자유로울 수 없다는 점을 지적하는 것으로 이해할 수 있다. 또한 조선적자 A의 조국이 북한이다 하는 인식이 있는 점만큼은 틀림없다. 그런데 필자가 의문을 느낀 것은 남한은 과연 이들에게 어떠한 존재인가 하는 점이다. 즉 조선적자 A가 정통성을 지닌 국가로 인식되고 있는지 여부다. 거의 100%에 가까울 정도로 남쪽이 고향인 재일코리안의 현실을 감안한다면 '남은 고향'이라는 인식은 전혀 이상한 것이 아니다. 다만 남한에도 북한과 이념을 달리하는 국민국가가 통치한다는 점에 대해 어떻게 생각하는지, 왜 '조국'과 '고향'이라며 표현을 달리해야 하는지에 주목해 보아야 할 것이다.

한편 "통일 시대가 다가올수록 우리 재일동포의 역할과 가능성은 무한대일지 모른다"에 대해서는 "일본도 잘 알고 우리말도 할 수 있기에"라는 점을 근거로 들고 있다. 통일 문제가 조선학교식 교육이나 일상생활에서 자주 거론되고 있는 점을 엿볼 수 있다. 통일이 이들의 정체성을 지탱하는 구심점 중 하나인 듯하다.

이 같은 가치관을 어떻게 받아들이는가 하는 정도의 차이는 있겠으나, 전국에 흩어져 사는 조선학교 출신자들은 공통된 교과 내용을 배웠다는 경

---

18 조관자(2015), 「재일조선인 담론에 나타난 '기민(棄民)의식'을 넘어서」, 『통일과 평화』 제7집 제1호, 209쪽.

19 「고려연방제(高麗聯邦制)」, 『한국민족문화대백과사전』〔http://encykorea.aks.ac.kr/Contents/Item/E0066200(검색일 : 2019. 4. 30)〕.

험을 가지고 있다는 점에서 인적 네트워크를 형성하는 데 매우 유리한 위치에 있다는 점 또한 사실이다. 비록 북한식 국민교육이 뒤섞인 민족교육을 받았음으로 인해 이들이 남한사회와 심리적 거리감을 느낄 수도 있겠으나, 급진 · 진보 성향의 시민단체 등과의 인적 네트워크를 쉽게 형성할 수 있는 여건을 갖추고 있는 점은 한국사회에서 대인 관계 구축 측면에서 유리하게 작용된다. 또한 한번 한국 국적으로 전향하기만 한다면 이중언어 구사자로서 한국사회에서 사회 진출이 가능하며, 인적 네트워크 또한 이를 돕는 역할을 제공해 주기도 한다. 정부나 정치가 · 공무원 사이에 이들에 대해 부정적인 인식이 굳게 남아 있는 것도 사실이기는 하지만, 올드커머 재일코리안 가운데 유일하게 한국사회에서 가시적인 존재라는 점은 이처럼 긍정적으로 작용할 수도 있다는 것이다.

그런데 조선적을 고수하게 되면 이와 전혀 다른 양상을 띠게 된다. 〈그림 1〉의 주인공은 한국에 거주하는 내국인과 결혼하였는데 조선적을 고집하여 한국 국적으로 변경할 것을 거부해 온 인물이다. 이로 인해 자신의 결혼식이나 시아버지의 장례 등 큰 가정사라도 없는 한 주일 한국공관에 의해 한국 입국에 필요한 여행증명서 발급을 번번이 거절당해 왔다. 그는 국적에 대해 이렇게 말한다.

> 국적은 제 양심의 문제예요. 한국 남성을 사랑해서 결혼은 했지만 우리 민족이 둘로 갈라져 있는 마당에 어느 한쪽을 선택한다는 게 내키지 않았어요.[20]

이 당사자인 리○○의 경우처럼 이토록 강한 정체성을 갖게 할 수 있는 힘이란 지극히 강한 정치적 신념 같은 것으로 보인다. 확실히 한 총련 이탈

---

20 김상기(2010), 「한국인과 결혼 '무국적자' 리정애 씨의 간절한 호소 : "왜 저는 이 땅에서 살 수 없나요"」, 『국민일보』(2010. 10. 14.자).

자가 증언한 것처럼 "조선학교가 무너지지 않는 한 어떤 식이든 살아남을 것"[21]이라는 증언은 이를 뒷받침해 준다. 이 점은 조선적자 A들에게는 대변해야 할 조직과 사회가 있다는 사실을 의미하게 된다. 따라서 이들의 집단적인 목소리는 결코 위축되지 않는 것이다. 개인으로 자신의 정체성을 찾고자 모국을 찾으러 온 비총련계 재일코리안들에 비해 집단적 존재이기에 가시적인 조선적자 A가 한국사회에서 지지든 반발이든 더 많은 관심을 얻는 것은 이 같은 맥락으로 이해할 수 있다.

조선학교식 민족교육은 한국과 일본에 의한 차별을 비판하며 자성을 촉구하는 데 큰 힘이 되고 있다. 그런데 이 같은 주장을 뒷받침하는 것이 과연 '남도 북도 아니다'라는 조선적자 A 스스로가 주장하는 정체성에서 비롯된 것인지에 대해서는 좀 더 신중하게 접근해야 할 것으로 보인다. 조선적자 A에 해당되는 다른 인사의 인터뷰를 인용한 기사 내용을 살펴보기로 한다.

> 한국사회에서 조선적은 '남북 어느 쪽에도 속하지 않는 경계인'으로 이해되고 있다. 물론 그런 이해가 잘못된 것은 아니다. "이 문제는 참 설명하기 어려운데…… (한동안 침묵) (한국의) 언론이나 진보 쪽에서 조선적을 남도 북도 아닌 사람들이라고 일단 규정을 해요. 그런데 제가 강조하고 싶은 것은 저는 '북이 아닌 것은 아니다'라는 거예요. 재일조선인들의 지난 역사를 보면 북과 여러 인연을 맺으며 살아왔고 나는 (고교까지) 조선학교를 다녔어요. 지금도 총련계 인권단체(재일본조선인인권협회)의 이사로 있어요. 내가 국가적인 정체성을 꼭 북에만 두고 있는 것은 아니지만 북도 인정을 할 수밖에 없어요. 지금까지 내가 스스로 선택해서 살아왔고 활동을 했는데 이를 부정하고 싶진 않습니다."[22]

21 익명을 요구하는 총련 이탈자에 대한 인터뷰, 오사카, 2019. 2. 6.

22 길윤형(2016), 「조선적도 한국 입국도 끝내 포기할 수 없는 이유는」, 『한겨레』〔2016. 7. 6.자, http://www.hani.co.kr/arti/politics/defense/751112.html(검색일 : 2019. 4. 30)〕.

그가 어렵게 "북이 아닌 것은 아니다"라는 이중부정으로 돌려 말한 정체성이란 '북이다'이거나 적어도 '북이기도 하다'라는 진솔한 고민을 토로한 것으로 이해할 수 있다. 조선민주주의인민공화국 공민으로서 남조선이 지배하는 고향을 왕래할 권리[23]를 촉구한다는 주장의 정당성 여부는 독자의 가치관에 따라 차이가 있을 수 있겠지만, 여하튼 논리성 자체에는 모순이 없다. 이 같은 고백을 어렵게 토로한 정○○는 주오사카 한국총영사관을 상대로 여행증명서 발급 거부 처분이 부당하다며 서울행정법원에 제소하여 승소했으나, 제2심과 대법원에서 최종적으로 패소한 인물이기도 하다.

이 같은 그의 신념을 밖으로 피력했다고 해서 입국 자체를 거부하는 명분으로 앞세울 만한 충분한 근거가 될 수 없을 뿐만 아니라 인권 침해의 소지마저 남게 된다. 내국인 중에도 이런 사상을 가진 이들이 적지 않은데도 이와 유사한 조치를 당하는 일은 없다. 오로지 재외동포에 대해서만 가할 수 있는 지극히 차별적인 행태라는 점은 틀림없다. 실제로 제1심 서울행정법원은 "여행증명서 발급 거부 처분을 취소하라"는 판결을 내리기도 했다. 재판부는 판결문을 통해 "남북교류협력에 관한 법률(남북교류법)과 여권법 등은 외국 거주 동포를 단순한 외국인과는 달리 보고 있다"며 "총련 산하 조직 간부로 활동해 왔다는 등의 이유만으로는 여행증명서 발급 시 국가의 안전 보장을 해칠 명백한 우려가 있는 경우에 해당한다고 보기 어렵다"며 원고가 승소한 것이다.[24] 또한 국제인권법상으로도 비자발적으로 고향을 떠난 재일코리안과 같은 디아스포라에 해당하는 이들에게 귀환권을 인정하고 있다.

---

23 길윤형(2016), 앞의 기사.

24 김태우(2010), 「조선적 재일동포 여행증명서 발급 거부는 정당」, 『아시아투데이』[2010. 9. 30.자, http://www.asiatoday.co.kr/view.php?key=401304(검색일 : 2019. 4. 30)].

따라서 원고 패소를 판시한 대법원은 그의 언행이나 신조만을 근거로 하기에는 부족하다고 판단하여, 북한을 왕래하며 총련과 마찬가지로 반국가단체로 규정되어 있는 재일한국민주통일연합(한통련) 부의장을 만났다는 정○○의 행적을 근거로 들 수밖에 없었던 것이다.[25] 당시 대법원에 제출한 한국 정부 측 입장에는 "총련계 단체에서 활동한 정○○ 같은 무국적자는 북한 주민과 동일하게 보아야 하며 외국인보다 더 까다로운 입국 심사를 거쳐야 한다"는 내용까지 포함되어 있었다.[26]

지금까지 살펴본 바와 같이 정도의 차이는 있지만 조선적자 A가 북한/총련과 어떠한 관계성 내지 친화성을 지니고 있는 것은 사실이다. 따라서 이 같은 '북'과의 관계성이 여실히 드러나 있는 상태에서 '남도 북도 아니다'라고 주장하기에는 한계가 있을 것이며, 이 같은 주장을 그대로 받아들이기란 4.에서 논의하게 될 조선적자 B의 주장과 비교해 볼 때 더욱 어려워질 것이다. 정확히 조선적자 A의 국가관 내지 통일관를 정의해 본다면 '남도 북도 아니다'가 아니라 '북이기도 하고 남이기도 하기를 원한다'

---

25 그의 행적에 대해서는 조관자도 다음과 같이 언급한 바 있다. "필자는 재일조선인 정○○ 씨를 일본에서 본 적이 있다. 2006년 겨울로 기억하는데, 당시 대학원생이던 그가 도쿄의 어느 한 출판기념회에서 평택의 반미 집회에 참가한 경험을 피력했다. 일본에 거주하며 마침 정○○ 씨의 연설을 듣게 된 필자는 북한을 자유롭게 왕래하는 재일조선인 청년이 평택 주민 앞에서 북한의 어법으로 미군 철수를 외치는 장면을 머릿속에 떠올렸고, 한국의 변화와 정권의 관용성에 놀랐던 기억이 난다"〔조관자(2015), 앞의 논문, 210쪽〕. 또한 조관자는 "북한의 반미 민족주의가 남한에서 생생하게 재현되는 것을 '탈분단'으로 생각할 수 없으며, 지금까지 전개된 조선적의 통일 표상과 통일운동을 수긍할 수 없기 때문에, 조선적의 정치 활동을 제한하는 정부의 입장에 기본적으로 동의한다"고도 말한다〔조관자(2015), 앞의 논문, 211쪽〕. 이에 대해 정○○는 자신의 블로그에서 "치안 당국의 시점에 동일화한 입장에서 쓰인 극히 이데올로기색이 짙은 '재일조선인론'이며, 솔직히 말해 연구로서의 가치는 제로"라며 반박했다〔「동아시아 평화를 훼손하는 것은 누구인가, 東アジアの永遠平和のために」 2016. 7. 10.자, http://east-asian-peace.hatenablog.com/category/%09%0D박유하『제국의%20위안부』(검색일 : 2019. 4. 30)〕.

26 박현정(2013), 「그들의 시간은 1945년에 멈춰 있다」, 『한겨레 21』 제986호.

가 보다 정확한 표현일 것이다.

4. 분단국가 어느 쪽에도 속하지 않으려 하는 조선적자 B

여기에서는 그동안 북한/총련과의 친화성을 지닌 조선적자 즉 본고의 용어상 조선적자 A로 표기되는 조선적자와 다른 정치적 속성을 지닌 조선적자 사이에는 인식이나 가치관에서 과연 어떠한 특징이 있는지를 검토해 보기로 한다. 우선 조선적자 B 중에는 장편소설 「화산도」의 저자인 소설가 김석범을 비롯해 지식인이 다수 포함되어 있다. 총련에서 일하다 이탈했거나 아예 무관하며 총련에 대해 비판적이라는 점을 특징으로 들 수 있다. 그럼에도 불구하고 문재인 정부가 들어서기 전까지 입국의 길이 막혀 있었다는 점에서는 이들 또한 조선적자 A와 마찬가지였다. 김석범이 '북'과의 친화성이 없음에도 불구하고 한국 입국 길이 막혀 있던 것은 북한뿐만 아니라 한국에 대해서도 비판적이기 때문이다. 그의 비판 내용은 다음과 같이 한국의 보수 진영에서는 도저히 받아들일 수 없는 내용을 담고 있다.

> 과연 친일파, 민족 반역자 세력을 바탕으로 구성한 이승만 정부가 임시정부의 법통을 계승할 수 있었겠느냐. 여기에서부터 역사의 왜곡, 거짓이 드러났으며 이에 맞서 단독선거와 단독정부 수립에 대한 전국적인 반대 투쟁이 일어났고 그 동일선상에서 일어난 것이 4·3사건이다.[27]

이 내용이 보수 진영의 반발을 사 한국 입국 길이 막혔던 것이다. 다만 김석범에 대한 입국 거부 조치는 이전에도 여러 번 있어 왔다.

---

27 김석범(2015), 「제1회 4·3평화상 수상자 김석범 작가의 수상소감」.

제주 출신인 김석범은 제주 4·3사건 당시 일본으로 피신한 후 오사카에 정착하여 총련기관지 『조선신보(朝鮮新報)』 기자로 활동하다가 이탈했으며, 오늘날까지 창작 활동에 전념하고 있는 90세를 넘긴 소설가다. 김석범은 남북한 양측에 살지 않았기에 '살아남은 작가'라고 할 수 있다. 어떤 나라에도 속하지 못했던 것이 그의 삶이라고 할 수 있다. 4·3사건을 배경으로 쓴 소설 「화산도」는 '망명문학'이자 '디아스포라문학'이라는 표현이 걸맞을 것이다.[28] 그의 국가관과 통일관은 『사상으로서의 조선적(思想として朝鮮籍)』이라는 단행본에 실린 인터뷰 내용에 드러나 있다.

> 오, 이 제목이 좋네, '사상으로서의 조선적'이라고. 바로 나의 조선적은 하나의 추상화된 '사상'이거든. 사상의 표출로 사용하는 거지. '사상으로서의 조선적'은 통일을 희구하며 남북 분단을 부정합니다! 식민지 시절에조차 하나였는데, 왜 독립되고 나서 분단이라니. 현실적으로 그렇지 않다 하더라도 그렇게 생각하는 게 사상이다. 실체가 없어도 상관없다. 사상관념으로 정치와 부딪히는 겁니다.[29]

김석범은 분단국가인 남북 양측을 공히 거부하며 귀속하려 하지 않는다. 무국적으로서의 삶을 스스로 선택한 것이다. 이 점에서 결정적으로 조선적자 A와 다르다. 4·3사건을 다룬 「화산도」는 일본에서 두 개의 문학상[30]을 수상할 정도로 명성이 높은 작품이지만, 한국에서는 최근까지 침묵으로 일관할 수밖에 없었다.[31] 그러다가 뒤늦게 2015년에 〈제1회 제주4·3평화상〉

---

28 박현정(2013), 앞의 기사.

29 中村一成(2018), 『思想としての朝鮮籍』, 東京 : 岩波書店.

30 오사라기 지로상(大佛次郎賞, 1984)과 마이니치예술상(1998).

31 한국어 번역이 나온 것은 2015년의 일이다.

을 수상한 것이다. 위의 수상 소감은 「화산도」의 밑바탕이 되고 있는 가치관 그대로이다. 이때도 7년 만의 입국이었다. 그러나 이 같은 소감을 밝혀 보수 단체로부터 검찰에 고발당하여 이후 문재인 정부가 들어서기 전까지 한국 입국에 제한을 받아 온 것이다.

김석범의 정치 활동 경력을 살펴보면 1951년 일본공산당을 탈당한 후 1968년 총련에서도 탈퇴했다. 4·3사건을 겪고 총련을 이탈한 경력을 가진 그의 처지는 "북한이 어디 사람 살 곳인가. 나는 남에 있었어도 죽었을 것이고, 북에 있었다면 총살당했을 것이다"[32]라는 말로 함축된다. 그는 총련 기관지인 『조선신보』 기자로 1960년대에 일한 경력이 있는데, 보수 단체는 이 경력을 트집 잡아 '북의 대변자'라며 공격을 가한 것이다. 총련 측에서 요주의 인물이 된 지 50년이 지났는데도 말이다. 이처럼 김석범의 경력을 살펴보는 것만으로도 국가나 민족단체에 의지하지 않은 채 통일을 지향하는 조선적자의 존재를 앞에서 살펴본 조선적자 A와 동일시한다는 것이 얼마나 억지스러운 일인가 하는 점을 확인할 수 있다.

필자는 여기에서 또 한 명의 조선적자 B에 속하는 한 남성에 대해 논하고자 한다. 정장(丁章)이라는 재일코리안 3세(50대)이며 직업은 시인이다. 일본에서 태어나 줄곧 일본학교만을 다녔으며, 민족단체 활동 경력도 일절 없다. 부모도 일본사회에서만 살아왔기에 당연히 한국어 능력도 매우 제한적이다. 그의 문학적 스승은 김석범을 비롯한 재일 문학자들이기도 하지만 일본인 소설가 시바 료타로(司馬遼太郎)일 정도로 그에게는 '민족'으로서의 자본은 없다. 그는 스스로를 '무국적 재일 사람(無国籍在日サラム)'이라고 칭한다. 조선적을 고집하는 이유를 그는 다음과 같이 말한다.

실은 약 20년 전 대학생 시절 재일동포문학을 읽었을 때 일이다. 나는 그때

32 박현정(2013), 앞의 기사.

까지 자신이 조선적이 무국적이라는 것을 전혀 알지 못하고 있었다. 그럼에도 자신이 무국적자임을 알고 난 후, 내가 누군가 하며 고뇌해 온 나는 자신의 국적에 대해 실로 납득이 가는 기분이 들었다.[33]

실제적 민족 경험이 없는 정장이 지극히 관념적이자 논리적으로 자신의 정체성을 구축해 나간 것은 자연스러운 일이다. 재일코리안의 총칭이나 국적의 문제는 해방 후 재일 문학자들에게는 중요한 논점인 만큼 어떤 호칭을 선택하느냐에 관한 문제는 남북 어느 한쪽의 정치적 입장을 나타내는 일로 여겨져 왔다. 즉 재일코리안 대다수는 이 같은 선택을 통해 '남도 북도 아니'지 않는 존재가 되어 가는 것이다. 그런데 김석범이나 그 외 재일 문학자들의 글을 통해 정체성을 되찾은 정장과 같은 조선적 문학자들은 그야말로 '남도 북도 아닌' 조선적자 B이다. 정장의 말을 빌리면 이들의 삶은 '조국 통일의 마음(祖国統一の思い)'에 비롯된 것이다.[34]

정장의 경우도 남북한의 국적 취득 내지 어느 한쪽 사회에 소속하려는 것이 아니다. 오히려 이를 멀리하려 한다는 점에서 김석범과 공통된다. 이 점에서 '북' 그리고 '남'에 대해서도 소속감을 나타내는 조선적자 A의 국가관과는 확연한 차이가 있다.

민족어와 문화에 접근하기 어렵고 국가 내지 민족으로부터 비롯된 자원(resources)을 얻지 못한 정장이 의지하는 지식체계란 지극히 분단 조국과 동떨어진 곳에 있다. 예를 들어 그가 태어나고 자라면서 몸에 익혀 온 것은 일본국 헌법의 정신이며, 이념적 근거는 칸트의 '도덕적 정치가'다. 국법 · 국제법 · 세계시민법을 도덕적 과제로 간주하는 자야말로 도덕적 정치가이며,

33 丁章(2014), 「無国籍者として生きてきて」, 陳天璽 編, 『国立民族学博物館調査報告(Senri Ethnological Reports) : 世界における無国籍者の人権と支援 — 日本の課題 : 国際研究集会記録』 第118号, 40쪽.

34 丁章(2014), 앞의 글.

그가 바라는 통일 조국의 근간에는 일본국 헌법 전문에 있는 것처럼 "국제사회에서 명예로운 지위를 점하는 국가"라는 이념이 들어설 것을 바라고 있다. 그가 말하는 것처럼 무국적자 입장에서 인간으로서의 존엄과 세계시민적 시민으로서의 권리를 추구하고 있는 것으로 이해할 수 있다. 이 점에서도 조선적자 A와는 차이가 확연히 난다.

하여 정장 또한 남북 정부에 대해 공히 비판적인 입장이다. 북의 체제를 비판도 못한 채 침묵하는 총련 추종자들에 대해 그는 거침없이 비판을 쏟아 낸다. 그의 시는 다음과 같이 시작한다.

북의 시인은[35]

정장

조선총련의 시인은 괴롭다(라고 생각한다)
쓰고 싶은 것을 쓸 수 없다(라고 생각한다)
하고 싶은 말을 할 수 없다(라고 생각한다)
북의 정부를 비판할 수 없다(라고 생각한다)
비판하지 못하는 정부를 지지하는 일만큼
시인에게 힘든 일이 없기에
총련의 시인은 너무나도 괴롭다(라고 생각한다)

이 작품이 발표되자 말할 것도 없이 조선적자 A와 그 지지자들로부터 거센 비난이 쏟아졌다. 이 시로 그가 비판한 것은 표현의 자유가 있는 일본에 살면서도 제대로 표현을 하지 못한 총련계 문학계 인사들이다. 북한과 총련을 비판할 자유를 스스로 포기하여 침묵한다는 것은 표현자로서의 본분을

---

35 丁章(2015), 「北の詩人は」, 『抗路』 創刊号. 한국어 번역은 필자에 의한 것이며, 전문은 〈자료 1〉 참조.

잃었다는 것이 이 시의 내용이다. 이 점과 관련하여 필자가 인터뷰한 자리에서 정장은 "그들이 말 못하는 것을 내가 대신 말해 준 것"이라며 총련계 커뮤니티에서 자유롭게 표현을 할 수 없는 표현자들의 심정을 헤아리기도 했다.

그렇다고 그가 남한체제를 찬양하는 것은 결코 아니다. 그의 「남의 영사관에게(南の領事館へ)」[36]라는 시는 주일 오사카총영사관에 자신의 입국 허용 여부를 묻는 편지라는 형식을 취하고 있다. 이 시 내용을 통해 그의 통일관과 국가관을 알 수 있다.

> 남북통일의 신조에 따라 분단 논리를 따르고 싶지 않은 저는 임시여권 사용을 거부하지 않을 수 없으며, 따라서 (일본) 재입국허가서 사용에 의한 입국을 촉구하는 것입니다. 저는 남북 양측 국가를 공히 국가로 인정하고 있습니다. 또한 동시에 남북 어느 한 측 국가의 존재만을 긍정하거나 부정하는 입장도 아닙니다.[37]

여기에서 주목해야 할 점은 "임시여권 사용을 거부하지 않을 수 없으며, 따라서 재입국허가서 사용에 의한 입국을 촉구"라는 부분이다. 분단국가의 한 측인 한국 정부가 발행하는 임시여권 즉 여행증명서가 아니라 자신이 조선적자로서 태생적으로 갖게 된 유일한 신분 증명 수단인 일본 재입국허가증으로 한국 입국을 허용해 달라는 것이다. 여행증명서라는 제도는 물론 이를 만든 분단국가의 통치 자체를 부정하는 것으로 이해할 수 있다. 이 점에서 여행증명서를 발급받아 한국으로 입국하고 있는 조선적자 A는 비록 부정적이고 비판적이기는 하나, 결국 분단국가인 한국 정부의 권위를

36 시 전문은 〈자료 2〉 참조.

37 丁章(2016), 「南の領事館へ」, 『抗路』 第2号, 126~127쪽.

〈그림 2〉 한국 정부 발행 여행증명서와 북한 여권

* 출처 : 조경희(2014), 「한반도 대표선수라면 남이든 북이든 상관없어」, 일다블로그(2014. 7. 13.자, http://blogs.ildaro.com/1987).

인정하고 그 제도를 따르고 있는 것으로 이해할 수 있어 역시 조선적자 B와는 다른 차이를 보이고 있다.

정장은 이 같은 자신의 선택에 대해 "남북한 남북통일의 신조에 따라 분단 논리를 따르고 싶지 않기 때문"이라고 한다. 남북 양측에 대해 비판적으로 등거리(等距離)를 유지하고 있는 것으로 이해할 수 있다.

이 같은 그의 인식은 "저는 남북 양측 국가를 공히 국가로 인정하고 있습니다. 또한 동시에 남북 어느 한 측 국가의 존재만을 긍정하거나 부정하는 입장도 아닙니다"라는 부분에서 여실히 드러나 있다. 두 개의 분단국가가 존재한다는 사실을 인정하면서도 어느 한 측에 추종하지 않으려 하는 그의 인식은 조선적자 A의 '북은 조국, 남은 고향'이라는 그것과는 현격한 차이가 있다.

이들 간의 차이는 다음과 같이 요약할 수 있다. 첫째, 국가관이다. 분단국가로서의 남북한을 공히 인정하면서도 비판적인 조선적자 B와는 달리 조선적자 A의 비판 대상에 북한이 포함되는 일은 없으며, 남한의 국가 정통성에 대한 이들의 인식이 어떠한 것인지는 알 수 없다. 그러면서도 분단국가가 마련한 제도 자체를 완강히 거부하는 조선적자 B와 달리 조선적자 A는 그 제도가 자신들에게도 적용되는 것을 긍정적이든 부정적이든 받아들이고 있다. 둘째, 국가에 대한 귀속감이다. 조선적자 B는 남북 어느 한측에도 소속하지 않음을 정체성으로 삼고 있는 데 반해, 조선적자 A는 양측에 소속하거나 소속하려는 인식을 가지고 있다. 보다 정확하게는 조선적자 A는 북한의 경우 국가, 남한의 경우는 사회에 귀속하려 한다고 보는 것이 타당할 것이다. 셋째, 통일관이다. 3.에서 본 바와 같이 조선적자 A는 통일과정에서 적극적으로 역할을 수행하고자 할 의지와 자질이 있다고 자부하는 데 비해, 조선적자 B는 통일된 이후에 소속할 가능성을 열어두고는 있어도 그 과정에 대해서는 개입할 생각이 없다는 점에서 차이가 있다.

이와 같이 이제 3만 명을 밑돌 정도로 감소한 조선적자 사이에서도 정치적 견해에 차이가 존재한다는 점을 알 수 있다. 또한 이 사실은 재일코리안 사회가 결코 민단/총련이라는 이분법으로 이해할 수 없는 구조를 지니고 있다는 점도 시사하고 있다.

5. 결론 : 조선적자 한국 입국 허용 논의가 재일코리안 총체에 미치는 영향

정치적 속성으로서야 두 가지로 구분할 수 있지만 조선적자의 입국은 이명박·박근혜 보수 정부에서 거의 완전히 막혀 있었다고 해도 과언이 아니다. 주지하다시피 한국 국적을 취득하지 않은 조선적자는 〈표 2〉로도 알 수 있듯이 김대중 · 노무현 정부 시절 자유로운 왕래가 가능했지만, 이명박 정부 시절인 2010년부터 그 수가 급격하게 감소했을 뿐만 아니라 신청 건수 자체도 크게 줄어들었다. 또한 신청을 해도 거부되는 경우가 절반을 넘었던 것을 알 수 있다.

〈표 2〉 조선적 재일동포 여행증명서 신청 및 발급 현황(외교부)

연도	2005	2006	2007	2008	2009	2010	2011	2012	2013	2014	2015	2016. 8
신청건수	3,329	2,957	2,229	2,033	1,497	401	64	44	86	55	45	26
발급건수	3,358	2,949	2,229	2,030	1,218	176	25	20	40	24	23	9
거부	0	8	0	3	279	225	39	24	40	31	22	17
발급률 (%)	100.8	99.7	100	99.8	81.3	43.8	39	45.4	46.5	43.6	51.1	34.6

* 출처 : 강창일 의원실(2017), 「보도자료 : '조선적(籍) 재일동포' 입국 제도 개선 추진 — '여권법' 개정안 발의」(2017. 3. 16.자).

재일코리안과의 교류가 잦은 제주 선출 더불어민주당 강창일 의원은 2017년 3월 16일 조선적 재일동포 등 무국적 재외동포에 대해 여행증명서의 발급 및 재발급을 정부가 거부하거나 제한하지 못하도록 하는 내용의 여권법개정안을 발의했다.[38] 결국 무산되기는 했지만 강창일이 발의한 이 개정안에는 "현행법 위반 및 남북한 교류 · 협력 저해, 대한민국의 공익을 해칠 위험이 있는 등 특별한 사유가 없는 한 정부가 무국적 재외동포에 대해 여행증명서의 발급 및 재발급을 거부하거나 제한하지 못하도록 하고, 여행증명서의 유효 기간을 일반 재외동포와 같이 최대 3년까지 연장"하는

38 강창일 의원실(2017), 「보도자료 : '조선적(籍) 재일동포' 입국 제도 개선 추진 — '여권법' 개정안 발의」(2017. 3. 16).

내용 등이 포함되어 있었다.[39]

강창일은 "조선적은 실제 국적이 아닐 뿐만 아니라 북한 국적을 의미하지도 않고 일본의 외국인등록 표기에 불과한 데도 불구하고 한국 정부가 이들에 대한 여행증명서 발급을 제한하는 것은 엄연한 차별적 조치"라며, "조선적의 유지를 북한을 지지하는 정치적 의사 표시로 간주하는 것은 심각한 인권 침해로서 정부가 1962년에 가입한 무국적자의 지위에 관한 협약에도 위반하는 것"이라고 지적했다.[40] 그는 또한 "조선적 재일동포 중에는 일본으로 동화되는 것을 거부하고 민족성을 지키고자 하는 동포도 많은 만큼 이들에 대한 불합리한 제약을 없애는 정책적인 변화가 시급하다"라고 말했다.[41]

필자도 이 개정안의 취지에 총체적으로 동의한다. 그러나 여전히 의문스러운 측면도 남아 있다. 문재인 대통령의 대선후보 시절의 공약 때문이다. 뒤의 〈표 3〉에서 알 수 있듯이 국가정보원 개혁 문제는 19대 대통령선거의 주요 쟁점 중 하나였고 진보 진영 각 후보는 해체를 포함한 대대적인 개혁안을 내놓았다. 문재인, 안철수, 심상정 등 중도-진보 후보 공약의 공통된 골자는 국내 첩보 기능은 해체하되 해외 기능은 그대로 존치한다는 것이었다. 내국인이나 재외동포 대부분에게는 이로써 민주화가 한 발 진전되었다는 느낌을 줄 수 있을 것이다. 그러나 남북분단이 일상에 엄존하며 공관을 통한 동포사회 감시 정도가 여타 국가에 비해 현저히 강한 일본 거주 재일코리안 입장에서 볼 때, 이 같은 공약은 국내와 같은 수위의 민주주의

39 강창일 의원실(2017), 앞의 보도자료. 결국 법 개정안은 무산되었으나, 2018년 1월 12일 '외국 국적을 보유하지 아니하고 대한민국의 여권을 소지하지 아니한 외국 거주 동포에 대한 여행증명서 발급 지침'을 통해 조선적자의 여행증명서 발급 문제는 법개정안의 취지와 유사한 방향으로 추진되고 있다.

40 강창일 의원실(2017), 앞의 보도자료.

41 강창일 의원실(2017), 앞의 보도자료.

〈표 3〉 19대 대선후보들의 국가정보원 개혁 공약

국가정보원 해체	
문재인	– 대북한 및 해외, 안보 등 국제범죄를 전담하는 전문 정보기관으로 새 출발. 간첩 조작 등 인권을 침해하고 국내 정보 활동의 빌미가 되어 온 대공수사 기능은 국가경찰 산하 안보수사국으로 이관
안철수	– 국내정치 정보 수집과 사찰 기능을 없애고, 해외 정보와 대북 정보를 전담하는 조직으로 개편 – 국내 정보 수집은 해외·대북 정보, 테러, 안보, 국제범죄 등 국가정보원 본연의 기능에 부합하는 범위로 엄격히 제한 – 정치 개입이나 사찰 등에 대해서는 한치의 관용도 없이 엄중히 책임을 물어 유사한 행위가 반복되지 않도록 하겠음
심상정	– 해외 정보처로 변경하며, 수사권 및 국내 정보 수집 등 관련 업무 관한 폐지

* 출처 : 『크리스찬투데이』 2017. 4. 29.자(http://www.christiantoday.co.kr/news/299803).

가 자신들에게는 적용되지 않을 것임을 의미한다. 즉 공약을 통해 확인해 보는 한, 재일코리안들은 어떠한 정치적 속성이 지니고 있는지를 막론하고 종전과 변함없이 경계와 감시의 대상으로 남게 된다.

이 같은 상황에서 조선적자의 입국 허용 문제가 논의되고 있는 것이다. 강창일의 법 개정안에 의해서도 '남도 북도 아닌' 존재로서 여행증명서 자체를 거부하는 조선적자 B는 구제의 대상이 될 수 없다. 이러한 논의로는 '북이기도 하고 남이기도 하다'이거나 '북이면서 남이고자 한다'는 조선적자 A만이 현실적으로는 한국 입국의 문호가 열리게 될 뿐이다.

한편 김대중·노문현 정부 시절 조선적자 A가 남북 자유 왕래가 가능했던 점을 들어 조관자는 '특혜'라고 표현[42]했는데, 조선적자 B의 존재를 감안한다면 그의 주장을 부정하기 어려울 것이다. 왜냐하면 엄밀히 따져 볼 때 조선적자의 행태 중에 국가보안법에 위배되는 측면이 있으며, 그럼에도 자유 왕래를 허용한다는 것은 조선적자 A들에게 '초법규적 조치'를 제공하

42 조관자(2015), 앞의 논문, 209쪽.

는 것으로 간주되어도 어쩔 수 없는 경우도 있기 때문이다. 조관자가 말하는 '특혜'가 한국사회에서의 그것만을 가리키는 것인지 재일코리안사회 구성원 중에서의 '특혜'도 함께 가리키는 것인지는 알 수는 없다. 다만 확실히 한국사회에서 '북'과의 연루라는 의심을 재일코리안 누구나가 뒤집어쓰고 있는 상황에서, 특히 국내에 거주하는 재일코리안 개개인 중에는 이로 인해 극도로 처신에 신경을 쓰며 살아가고 있는 경우가 적지 않다. 조선적자 A가 이 같은 상황으로부터 자유롭다는 것은 여타 재일코리안 입장에서 볼 때 '특혜'로 보인다 하더라도 어쩔 수 없을 것이다.

이보다 중요한 문제는 오늘날 한국사회가 조선적자 A의 존재만을 인식하고 논의가 펼쳐지고 있는 상황이란 결코 이들에게도 도움을 줄 수 없다는 점이다. 조선적자 A 당사자나 지지자들이 조선적자 B를 비롯한 재일코리안의 다양성을 감안하지 못하는 한, 입국 문제에서 어떠한 진전이 있다 할지라도 결국 한국사회가 조선적자 총체를 '북'으로 인식하는 프레임 자체에는 아무런 변화도 줄 수 없을 것이다.

그런데 이와 대조적으로 조선적자 B의 존재가 함께 감안되어 공히 입국을 허용받는 쪽으로 논의가 진행된다면, 남북교류법에 근거한 여행증명서라는 현행 제도는 더 이상 정당성을 유지하기가 어려워져, 새로운 방안을 마련하지 않을 수 없게 될 것이다. 이때 마련될 제도가 어떻든지 간에 조선적자를 '북'으로만 획일적으로 간주하지 않는 방향, 즉 조선적자 총체를 '북'이라는 고도의 정치성으로부터 해방시키는 방향으로 논의가 추진될 것이다. 또한 한국사회에서 이 같은 인식과 논의가 확산된다면 다양한 정치적 속성을 지닌 재일코리안 총체를 '북'과의 연관성을 의심 받는 상황에서 자유로워질 수 있게 하는 일로도 이어질 것이다.

문재인 정부라는 진보 정권이 해외 감시 기능을 예전 정권과 동일하게 유지하고자 함으로써 야기되는 영향은 남북이 공존하는 사회에 사는 재일코리안이 가장 많이 받을 수밖에 없다. 거듭 강조하지만 이는 국내 또는 여타 재외동포들과 유사한 수준의 민주주의를 재일코리안만은 누릴 수 없다는 것을 의미한다. 진정 문재인 정부가 조선적자의 한국 입국 문제를 대통령 스스로 연설에서 밝힌 대로 "인도주의적 차원에서 고향 방문을 정상화할 것"[43]을 실현하고자 한다면 조선적자 사이에 존재하는 정치적 다양성을 정확히 인지하고 정책 설계 과정에서 누락되는 존재가 없는지를 면밀하게 검토해 나가야 할 것이다. 왜냐하면 이 같은 작업이야말로 남북 간의 체제 경쟁에서 이용당해 온 재일코리안 총체의 모국과의 불행한 역사를 치유하는 일에 기여할 수 있기 때문이다.

---

43 청와대(2017), 앞의 연설문.

〈자료 1〉

「北の詩人は」,	북의 시인은
丁章	정장
朝鮮総連の詩人はつらい(のだとおもう)	조선총련의 시인은 괴롭다(고 생각한다)
書きたいことが書けない(のだとおもう)	쓰고 싶은 것을 쓸 수 없다(고 생각한다)
言いたいことが言えない(のだとおもう)	하고 싶은 말을 할 수 없다(고 생각한다)
北の政府を批判できない(のだとおもう)	북의 정부를 비판할 수 없다(고 생각한다)
批判できない政府を支持することほど	비판하지 못하는 정부를 지지하는 일만큼
詩人にとってつらいことはないのだから	시인에게 괴로운 일은 없기에
総連の詩人はつらすぎる(のだとおもう)	총련의 시인은 너무나도 괴롭다(고 생각한다)
総連の詩人の眼前にはすでに	총련의 시인 눈앞에는 이미
醒めた光景が延々と広がっているのに	황량한 광경이 펼쳐지고 있음에도
それでも総連の詩人は	그럼에도 총련의 시인은
崇拝をやめろとは言えない(のだとおもう)	숭배를 멈추라고 말하지 못한다(고 생각한다)
粛清をやめろとは言えない(のだとおもう)	숙청을 멈추라고 말하지 못한다(고 생각한다)
北の地には大切な人々が生きている	북녘 땅에는 소중한 이들이 살고 있다
親族も同族もまるで人質のように	친족도 동족도 마치 인질과 같이
そのために総連の詩人は	그래서 총련의 시인은
ほんとうの詩が書けない(のだとおもう)	진정한 시를 쓸 수 없다(고 생각한다)
書くべき真実を自由に書けないことほど	써야 할 진실을 자유롭게 쓸 수 없는 일만큼
詩人にとってつらいことはないのだから	시인에게 힘든 건 없기 때문에
総連の詩人はつらすぎる(のだとおもう)	총련의 시인은 너무나도 힘들다(고 생각한다)
ほんとうに核は必要なのか?	정말로 핵은 필요한가?
北の政府にそう問うこともできないままに	북한 정부에 이렇게 묻지도 못한 채

総連の詩人はいつしか
北の政府の身代わりにされて
バッシングの嵐の中で打ちのめされている

총련의 시인은 어느새
북의 정부를 대신하여
맹비난의 폭풍우 속에 휩쓸려 있다

子どもたちまでが濡れ衣を着せられて
朝鮮学校は不条理な制裁を突き付けられている
学校を空爆するのが
国際法違反であるかのように
日本の政府は朝鮮学校に人道の罪を犯す

아이들마저 오명을 뒤집어써
조선학교는 부조리한 제재를 두들겨 맞고 있다
학교를 공중폭직하는 것이
국제법 위반인 것처럼
일본 정부는 조선학교에 인도적 범죄를 저지른다

憎悪が吹き荒れるこの日本の只中に
総連の詩人こそが
抗う詩を書かなければならない!
総連の詩人もそう望んでいる(のだとおもう)

증오가 휘몰아치는 이 일본 한복판에서
총련의 시인이야말로
저항하는 시를 써내야 한다!
총련의 시인도 그러고 싶어 한다(고 생각한다)

しかし北の政府に抗えない詩では
どんな政府にも抗えはしない

그러나 북의 정부를 저항할 수 없는 시로는
어떤 정부에게도 저항할 수는 없다

半島の一つの地平に立って
北や南の政府にも

반도의 한 지평에 서서
북이나 남의 정부에 대해서도

自由に抗い
この列島から世界をめざして闊歩する
在日朝鮮人の詩を
総連の詩人は書きたい(のだとおもう)
書きたくても書けないのだから
総連の詩人はつらい(のだとおもう)

자유로이 저항하여
이 열도에서 나와 세계를 향해 활보하는
재일조선인의 시를
총련의 시인은 쓰고 싶어 한다(고 생각한다)
쓰고 싶어도 쓸 수 없기에
총련의 시인은 괴롭다(고 생각한다)

しかしもっとつらいのは

그러나 더욱 괴로운 것은

北の詩人である(のだとおもう)
北では詩人がほんとうの詩を書けない
それは詩人が生きられないということ
それは詩人が殺されているということ
その地に詩人が存在しないということ
それほどつらすぎることはない(のだとおもう)

북의 시인이다(라고 생각한다)
북에서는 진정한 시를 쓸 수가 없다
그것은 시인이 살아가지 못한다는 것
그것은 시인이 말살당하고 있다는 것
그 땅에 시인이 존재하지 않는다는 것
그것만큼 괴로운 일은 없다(고 생각한다)

〈자료 2〉 남의 영사관에게

정장

오사카대한민국영사관 귀중

근계

저는 우리말을 잘하지 못하기 때문에 이하 일본말로 실례하겠습니다(여기까지 우리말 — 인용자).

저는 재일사람 3세 정장이라고 합니다. 히가시오사카에서 가업과 시업(詩業)에 종사하고 있습니다. 이번에 귀국(貴國)에 관광여행을 위해 제가 입국이 가능할지 그 문의를 위해 서신을 드리게 되었습니다. 저는 귀국 국민이 아니라 일본에 특별영주(特別永住)하는 재일동포입니다. 제가 소지하는 일본 정부 발행 외국인등록증명서의 국적란에는 '조선'이라고 표기되어 있습니다. 이 '조선'이란 북한 국적을 표하는 것은 아닙니다. 이른바 '기호(記號)' 또는 '지역명' 내지 '무국적'으로서의 조선입니다. 지금까지 저는 남북 어느 쪽 국가 구성원이 되어 본 적이 없습니다. 또한 마찬가지로 남북 어느 한 측의 재일 조직(민단 / 총련) 구성원이 되어 본 적도 없습니다. 이는 제가 제 의지에 따라 국적 선택을 보류하고 있기 때문입니다. 따라서 저는 평소 해외여행을 갈 때 일본국 법무성 발행 '재입국허가서'를 사용하고 있습니다. 저는 '재입국허가서'를 사용하여 귀국에의 입국을 촉구하며 지금까지 과거에 세 번 사증 신청을 한 적이 있습니다. 그러나 귀 영사관 담당자님의 회답은 귀국 발행 '임시여권(여행증명서)'을 사용하여 입국하지 않으면 받아들일 수 없다며 과거 세 번 모두 입국을 거절당했습니다. 조선적 재일동포 입국에 있어 귀국이 임시여권 사용을 의무화한다는 논리란 귀국 정부가 우리(이 단어만 우리말 — 인용자) 반도 유일의 정통한 정부라는 논리에 의거한 것이기에 남북통일의 신조에 따라 분단 논리를 따르고 싶지 않은 저는 임시여권 사용을 거부하지 않을 수 없으며, 따라서 재입국허가서 사용에 의한 입국을 촉구하는 것입니다. 저는 남북 양측 국가를 공히 국가로 인정하고 있습니다. 또한 동시에 남북 어느 한 측 국가의 존재만을 긍정하거나 부정하는 입장도 아닙니다. 다만 장래에 제가 국적 선택을 하게 될 경우, 그 선택 대상이 될 국가는 남북 양측 국가 간의 논의에 따라 합의된 민주적이고 평화적 방법에 따라 성립될 통일국가가 될 것으로 생각합니다. 따라서 현시점에서 저는 남북 양측 국가 어느 측 국적도 선택할 생각이 없습니다. 그리고 일본국으로 귀화할 의지도 없습니다. 즉 저는 우리(이 단어만 우리말 — 인용자)민족의 지조를 '무국적'을 고집함으로써 표하는 입장입니다. 제 아내는 일본인이며, 우리 두 아이는 이중국적자입니다. 한 가정의 아버지인 저의 조부모 땅을 온 가족과 함께 여행해 보고 싶다는 소박한 마음으로 이 서신을 쓰고 있습니다. 최근 남북 양측 국민의 민간 교류가 성행되고 있다는 소식을 접하곤 합니다. 남북 양국이 저처럼 국적 선택을 보류하고 무국적 입장으로 있는 재일동포에게도 관광여행의 길을 열게 된다면 남북 분단의 국가적 논리를 초월한, 우리 모든 동포의 민족적 비원(悲願)인 조국통일의 길을 여는 첫 발이 되지 않을까 합니다. 조국 땅을 자유로이 여행해 보고 싶다는 인간으로서 당연한 제 소망이 부디 이루어질 것을 저는 기도하는 마음으로 바라고 있습니다. 그럼 회신을 기다리겠습니다. (여기부터 우리말 — 인용자) 그럼 실례하겠습니다. 잘 부탁드리겠습니다.

돈수

2008년 ○월 ○일

(영사관 측 회신) 안녕하십니까? 주오사카 대한민국 총영사관 사증담당 영사입니다. 귀하가 대한민국에 입국하기 위해서는 대한민국 여권법령에 따라 발급된 '여행증명서'를 소지해야 함을 알려 드립니다. 감사합니다.

불교에 의한 자선사업과 대만형 포스트콜로니얼

전후 대만의 삶의 보장과 종교를 둘러싸고

무라시마 겐지(村島健司, Murashima Kenji)

현 한림대학교 일본학연구소 HK연구교수. 문화사회학, 동아시아연구 전공.
대만을 중심으로 한 재해 부흥과 종교, 제국일본 건조물의 문화 유산화에 관심을 갖고 연구를 진행하고 있다. 주요 논저로는 「종교에 의한 재해 부흥 지원과 그 정당성 : 대만 불교에 의한 다른 두 개의 재해 부흥 지원으로부터」(2017), 『전쟁사회학 : 이론·대중사회·표상문화』(공저·2016), 『중국 운남성 소수민족으로 보는 다원적 세계 : 국가의 틈새를 살아가는 사람들』(공저·2017) 등이 있다.

1. 시작하며

대만은 오스트로네시아어족 계열의 선주민족(先住民族)을 기반으로 하면서도 인구의 9할 이상을 차지하며 17세기 이후 단계적으로 이주해 온 이질적 에스니시티(ethnicity)를 가진 한족(漢族)을 중심으로, 다양한 사람들로 구성되어 왔다.[1] 이주민들은 이주와 동시에 각각의 생활과 밀접한 관계를 가진 여러 종교를 대만사회에 적용하였고, 그것이 오늘의 대만사회를 표상하는 종교 현상의 다양성과 연결되고 있다.

다양한 대만 종교 중에서도 최근 비약적으로 성장하여 오늘날의 대만사회에 지대한 영향력을 가진 것이 바로 불교 단체이다. 현대 대만 불교는 제2차 세계대전 전 중국 불교계의 개혁에 대립하던 태허법사(太虛法師)가 일으키고, 제2차 세계대전 후 중국 대륙에서 대만으로 이주한 인순법사(印順法師)가 이어받은 '인간불교(人間佛教)'[2]라는 사상의 영향을 받았던 몇 개

---

1 대만의 한족은 명 · 청조의 푸젠성(福建省) 남부의 '푸라오계(福佬系)'라 불리던 이주자, 비슷하게 주로 광둥성(廣東省)에서 '핫카(客家)'라 불리던 이주자 그리고 전후 중국 대륙 전체의 이주자로 크게 세 부류로 나뉘며, 각각 다른 에스니시티 그룹을 형성하였다고 생각된다. 푸라오계 혹은 핫카계의 절반 이상은 주로 일본 식민지 이전에 대만에 넘어온 사람이며, 그 본적이 대만성에 있기에 '본성인(本省人)', 전후의 이주자는 본적이 대만 이외의 중국 대륙에 있기에 '외성인(外省人)'이라 칭했다. 무엇보다 오늘날에는 상호 이해와 통혼이 진행되고, 또한 동남아시아를 중심으로 새로운 이주자도 증가하였기에 이러한 카테고라이즈의 타당성에 대해서는 논의의 여지가 있다.

2 '인간불교'란 불교가 '사람과 사람 사이' 즉 세간에 있다는 사상으로, 글자 그대로 해석하자면 '현세'의 불교라는 말이 된다. 그러나 통상적으로는 '관여하는(engaged)'이나 '사

의 문려(門侶) 집단에 의해 견인되고 있으며, 그 대표적인 것으로 불광산(佛光山)·자제공덕회(慈濟功德會. 이하 '자제회')·법고산(法鼓山)을 거론할 수 있다.[3] 여기에 중대선사(中臺禪寺)를 더한 각 집단은 대만 4대 도장(道場)이라고 불리며 각각 거대한 영향력을 가지고 있고, 종교사업뿐 아니라 적극적인 사회사업까지 전개하고 있다. 1960년대 이후에 창립된 이 4대 도장이 단기간에 오늘날의 대만 종교계를 대표하는 모양새로 발전한 것은, 대만의 급속한 경제 발전과 장기에 걸친 계엄령이 해제된 것과 같은 정치적 상황의 변화에 힘입은 바가 크다.[4]

그중에서도 본고의 대상 사례이기도 한 자제회는 1990년대 이후 급성장하여 현재는 대만을 중심으로 전 세계에 약 5백만 명의 회원을 보유하고 있는 세계 최대의 불교 비정부기구(Non-Government Organization. 이하 'NGO')이기도 하다.[5] 자제회는 '불교고난자제공덕회(佛教苦難慈濟功德會)'라고 하

회에 관여하는(socially engaged)' 불교 혹은 세상과 떨어진다는 '출세'와 대비하여 세상 안에 있다는 '입세(入世)'불교라고 번역하고 있다〔蕭新煌(2007), 「新仏教集団のダイナミクス」, 西川潤·蕭新煌 編, 『東アジアの社会運動と民主化』, 東京：明石書店〕. 일본에서도 대만 불교를 '사회참가불교(Engaged Buddhism)'라고 보는 접근법〔金子昭(2005), 『驚異の仏教ボランティア：台湾の社会参画仏教「慈済会」』, 京都：白馬社；Huang, C. Julia(2006), "Globally Engaged Buddhism：The Buddhist Compassion Relief Foundation from Taiwan," 『臺灣宗教研究』 第42卷 第1號, 1~38쪽；陳文玲(2008), 「台湾における社会参加仏教の人類学的研究」, 東京都立大学大学院博士論文〕이 주목받고 있다. 사회참가불교로서의 접근이란 '서양에서는 불교가 기독교와 대비되어 비사회적(disengaged)이라고 파악되고 있다. 즉 불교는 출가를 중시하기에 사회참가를 위한 윤리를 제공하지 않는다고 생각되기 때문이다'〔ランジャナ·ムコパディヤーヤ(2005), 『日本の社会参加仏教：法音寺と立正佼成会の社会活動と社会倫理』, 東京：東信堂, 6쪽〕는 이견에 대해, 대만의 불교나 일본의 신종교 등 출가를 중시하지 않고 적극적으로 사회 공헌을 하는 불교 교단을 사회참가불교로 간주한다는 생각이다.

3 箕輪顕量(2000), 「台湾の佛教」, 『東洋学術研究』 第39巻 第1号, 81~83쪽.

4 江燦騰(2009),『臺灣灣佛教史』, 臺北：五南圖書出版, 388쪽. 대만 종교의 개설에 대해서는 村島健司(2012), 「台湾における生の保障と宗教：慈済会による社会的支援を中心に」, 『関西学院大学社会学部紀要』 第114号 참고.

5 金子昭(2011), 「東日本大震災における台湾·仏教慈済基金会の救援活動：釜石市で

며 1966년에 증엄법사(證嚴法師)와 그녀에게 귀의한 비구니 4명, 주부 약 30명에 의해 동부 도시인 화롄(花蓮)에서 창립되었다. 출가자는 모두 여성으로 그 수는 매우 적었고, 종교사업 이외에 여성을 중심으로 한 재가 회원을 중핵으로 하여 다양한 사회사업을 전개하였으며 대만사회에 줄곧 기여하였다. 특히 그중에서도 재해복구 지원 활동은 특별하여, 태풍이나 지진 재해가 많은 대만에 있어 정부보다 먼저 가설·임시주택을 건설하는 등 '공공적'인 역할까지 수행하였다. 그리고 사회에서도 큰 금액의 의원금이나 재해 자선사업이 자제회를 중심으로 결집하였으며, 자제회가 이러한 역할을 뒷바라지하였다.[6]

필자는 자제회에 의한 재해복구 지원을 사회현상으로서 파악하는 것을 목적으로 한 연구를 하고 있지만, 그것을 직접적으로 다룬 것은 다른 논문이며,[7] 본고에서는 자제회가 평상시에 종사하고 있는 자선사업을 재제로 삼았다. 자제회에 의한 자선사업은 주로 약자 구제를 목적으로 한 것이고 1966년

の義援金配布の取材と意見交換から」, 『宗教と社会貢献』 第1巻 第2号, 73쪽.

6 사회참가불교를 제창한 미국의 종교학자 퀸에 의하면, 이하의 세 요소를 만족하는지의 여부에 따라 사회참가불교인지 아닌지를 검증할 수 있다. 즉 ① 종래의 불교와는 다른 사상과 사명을 보유하거나 받아들이고 있으며, 변화를 향한 대중적 감정을 새로운 상징으로서 체계화하여 불교 상징을 세속적 영역에 제시할 수 있는 새로운 타입의 리더가 있을 것. ② 원시적 교의에 기반하고 있으면서도 그것을 새로이 해석하여 새로운 사회를 향한 전망을 가지고 있을 것. ③ 자선단체나 NGO로서의 조직 형태에 의해 새로운 사회를 향한 전망을 수행하고 있을 것〔Queen, Christopher S.(1996), "Introduction : The Shapes and Sources of Engaged Buddhism," in Christopher S. Queen and Sallie B King, eds., *Engaged Buddhism : Buddhist Liberation Movements in Asia*, Albany : State University of New York Press, pp.6~16〕으로, C. 줄리아 황은 이 조건들을 만족하는 자제회는 사회참가불교로서 자리매김할 수 있다고 주장하였다〔Huang, C. Julia(2006), 앞의 논문, pp.10~24〕.

7 村島健司(2013), 「台湾における震災復興と宗教：仏教慈済基金会による取り組みを事例に」, 稲場圭信·黒崎浩行 編, 『震災復興と宗教』, 東京：明石書店 ; 村島健司(2017), 「宗教による災害復興支援とその正当性：台湾仏教による異なる二つの災害復興支援から」, 『先端社会研究所紀要』 第14号.

의 창설 계기이며, 그후에도 계속되어 온 상징적인 사회사업이었다.

재해 후의 사회에 관한 피재민의 지원 그리고 평상시의 약자 구제를 위한 자선사업은, 모두 '삶의 보장을 위한 사회적 연대'[8]에 기반한 사회적 지원으로 파악할 수 있다. 생명, 생활, 인생과 같은 의미를 지닌 '삶(生)'이란 사람의 존재 이유의 근본이기도 한 한편 혼자 제어하기는 매우 곤란한 것이기도 하고, 자신의 것이기도 하지만 삶의 존재 방식의 결정이 타인의 손에 맡겨지기도 하는 것이 오늘날의 상황이다.[9] 따라서 이러한 타인, 다시 말해 국가나 사회에 맡겨진 삶이 연대에 기반한 사회적 지원에 의해 어떻게 보장받을 수 있는지를 고찰하는 것은, 당면한 과제의 하나이기도 할 것이다.

따라서 자제회의 자선사업을 용례로 하여 그것이 어떻게 시작되어 대만사회 안에서 삶의 보장의 일익을 담당하였는지에 대해, 자제회라는 불교단체 스스로가 보유한 포스트콜로니얼한 양상 그리고 대만사회에 있어서 포스트콜로니얼한 구조 안에서 밝히는 것을 목적으로 한다. 먼저 다음의 2. 에서는 자제회의 개요를 정리하면서 그 특징으로 포스트콜로니얼한 양상을 추출한다. 다음으로 3. 에서는 자제회가 전후의 대만사회 안에서, 어떻게 자선사업을 시작하고 어떻게 확대되어 갔는지 밝힌 후, 4. 에서는 그 이유를 국가에 의한 사회보장정책과 대비하는 것으로 전후 대만사회의 포스트콜로니얼한 구조를 도출하는 것으로 고찰하도록 하겠다.

---

8 齊藤純一(2004), 「社会的連帯の理由をめぐって：自由を支えるセキュリティ」, 齊藤純一 編, 『福祉国家 / 社会的連帯の理由』, 京都：ミネルヴァ書房, 274쪽.

9 근대 이후의 사회에서는 국가에 의한 사회보장이 제도화됨으로써 인해 국가가 주민의 삶을 보장하는 것, 보장할 수 있는 것이 전제가 되었다. 이 국가에 의한 삶의 보장에는, 비인칭(非人稱)의 사회적 연대를 전제로 하며 이는 보험료의 출자와 납세라는 형태를 띤 자원의 이전을 동반하는 강제적 연대이기도 하다[齊藤純一(2004), 앞의 논문, 1쪽 ; 関嘉寛(2008), 『ボランティアからひろがる公共空間』, 松戸：梓出版社, 14쪽].

2. 자제회와 그 포스트콜로니얼한 양상

오늘날의 대만사회 안에서 큰 영향력을 가진 인간불교를 창시한 불교 제 집단은 1960년대 이후 창립된 비교적 새로운 단체임에도 불구하고, 신도들의 자기인식은 물론 종교학이나 불교학 혹은 사회학 등의 학술회에서도 신흥종교로 분류되지 않고 있다. 이는 각 불교 단체가 국민당과 함께 전후 대만으로 넘어온 중국 불교의 흐름을 계승한 정통 불교 유파라고 인식되고 있기 때문이다. 그렇지만 종교적 계보는 같을지라도 본고의 고찰 대상인 자제회는 그 교의(教義), 의식, 신도의 자기인식 등의 면에서 그리고 본고의 고찰 대상인 자선사업을 통한 삶의 보장을 담당한다는 면에서 그 밖의 불교 단체와는 다른 양상을 관찰할 수 있다.

그 이유의 하나로, 자제회가 보유한 '본토성(本土性)[10]'이라는 특징을 거론할 수 있겠다. 여기에서 말하는 '본(本)'은 중국어로 '이것'을 의미하며, '본토'란 '이 토지' 즉 대만 자체를 가리킨다. 외성인의 반대어가 내성인이 아니라 본성인이라는 것도 이러한 인식에 의한다.[11] 이와 같이 대만 4대 도장에 포함된 불광산 · 법고산 · 중대선사가 전후 국민당과 함께 대만에 들어온, 말하자면 외성인 남성 승려들에 의해 창설된 단체라는 점과 대조적으로, 자제회는 일본 식민지기의 대만에서 탄생한, 말하자면 푸라오계 여

---

10 본토성이나 본토화는 전후 대만사회를 고찰하는 중요 개념 중 하나이다. 전후 대만은 중국 대륙에 정통성을 둔 국민당의 독재국가인 중화민국이, 서서히 대만화해 가는 프로세스에 있었으며[若林正丈(2008), 『台湾の政治 : 中華民国台湾鹿野戦後史』, 東京 : 東京大学出版会], 계엄령이 해제되어 민주화가 진행되었던 1990년대 이후에는 대만화가 급속히 이루어진 시대라 할 수 있다. 대만현대사를 전공한 정치학자 와카바야시 마사히로(若林正丈)에 의하면, 이 대만화를 나타내는 영어 'Taiwanization'은 중국어로도 '대만화(臺灣化)'라고 쓰임에도 불구하고 대만에서는 '본토화(本土化)라고 쓰이는 경우가 많았다[若林正丈(2008), 앞의 책, 417쪽].

11 若林正丈(2008), 앞의 책, 417쪽.

성 승려들에 의해 창설되었다는 점에 있어 다른 3대 도장과는 다른 특징을 가지고 있다. 또한 여성이 다수를 점하는 재가 신도의 구성도 증엄법사와 같은 푸라오계가 중심이기 때문에[12] 자제회는 대만의 본토성을 가진 단체라고 여겨지는 것이다.[13]

여기에서는 자제회가 가진 본토성의 특징을 단서로 하여 자제회가 계승한 두 가지 역사적 문맥, 즉 종교적 문맥과 본토적 문맥을 정리하고 이 단체에서 보이는 포스트콜로니얼한 양상을 묘사하도록 하겠다.

1) 자제회와 종교적 문맥

앞에서 기술한 바와 같이 본고의 연구 대상이기도 한 자제회는 1966년에 설립된 비교적 새로운 종교 단체이다. 이 때문에 자제회에 대한 관심을 막 가지기 시작한 때의 필자는 제보자(informant)인 자제회 신도에 대해 자제회를 '신흥종교'나 '신종교'로 칭하여 질문하기도 하였다. 그때 필자는 질문을

---

12 丁仁傑(1999), 『社會脈絡中的助人行為：臺灣佛教慈濟功德會個案研究』, 臺北：聯經出版公司, 58~59쪽 ; 林本炫(1996), 「宗教運動的社會基礎：以慈濟功德會為例」, 釋宏印等 編, 『臺灣佛教學術研討會論文集』, 臺北：財團法人佛教青年文教基金會, 230쪽 ; 盧蕙馨(1999), 「性別, 家庭與佛教：以佛教慈濟功德會為例」, 李豊楙 · 朱栄貴 編, 『性別, 神格與臺灣宗教論述論文集』, 南港：中央研究院中國文哲研究所, 98~104쪽.

13 盧蕙馨(1995), 「佛教慈濟功德會「非寺廟中心」的現代佛教特性」, 漢學研究中心 編, 『寺廟與民間文化研討會論文集』, 臺北：行政院文建會, 741~745쪽. 가장 최근에는 남성 신도도 증가하였으며, 계층이나 에스니시티와 관계없이 폭넓은 계층의 사람들이 참여하는 것을 관찰할 수 있었다〔寺沢重法(2015), 「慈済会所属者の族群と社会階層は多様化しているのか? : TSCS-1999 / 2004 / 2009の分析」, 『宗教と社会貢献』 第5巻 第2号, 37~38쪽〕. 또한 한족 내에서 세분화된 에스니시티의 상이함보다 한족 전체와 선주민족의 에스니시티의 상이함이 더 큰 문제가 되었다. 결과적으로 2009년의 태풍재해 당시 자제회에 의한 재해복구 지원에서는 선주민과의 사이에 큰 알력 다툼이 일어난 것을 보아도 확연히 알 수 있다〔村島健司(2017), 앞의 논문〕.

차단당하며 "자제회는 신흥종교가 아니다", "자제회는 신종교도 아니다"라고 일갈을 들어야만 했다. 그들은 자제회를 '신흥종교'나 '신종교'로 인식하지 않고 오히려 '전통 종교', '정통 종교', '정신(正信) 종교', '회구(懷舊) 종교' 등이라 칭했다. 한편으로 전전(戰前)이나 일본 통치기 이전부터 대만에 존재했던 민간불교인 제교(齋教)나, 불교를 모체로 한 컬트계 신흥종교 혹은 일본 불교는 정통한 불교가 아닌 사교(邪教)라고 취급하였다. 이에 대해 한 간부회원은 다음과 같이 설명한다.

> 자제회의 회장인 증엄법사의 스승은 인순도사(導師)입니다. 인순법사의 가르침은 전통적인 한전불교(大乘佛教)에 기초하고 있습니다. 따라서 자제회의 가르침도 인도에서 시작하여 중국 대륙에 전해지고, 이후 대만에 전래된 정통적인 불교사상을 계승하고 있는 것입니다. 한편으로는 (채식을 하지만 취처는 가능한) 제교라든지, (육식과 취처가 가능한) 일본 불교 등은 정통적인 불교의 사상을 계승한 것이 아니라 할 수 있지 않겠습니까.[14]

전후 대만 불교는 종전 직후의 중국 국민당의 이주와 함께 공산당 정권에 의한 통제를 두려워한 중국불교회가 대만에 들어온 것에 기원한다. 중국불교회는 국민당 정부와의 강한 결착을 유지하였고 불교를 중심으로 파악하는 것에 힘을 기울여, 중국불교회에 속하지 않은 단체의 존속을 인정하지 않았다. 자제회나 불광산 등 오늘날의 대만에서 큰 세력을 가진 불교단체의 다수는 이 중국 불교의 흐름을 따른 것으로, 전후의 중국 대륙에서 대만에 들어온 외성인 승려였던 인순도사를 스승으로 삼은 인물이 각각의 단체의 장을 맡았다.[15]

14 필자에 의한 청취 조사(2008. 12).

15 闞正宗(2004),『重讀臺灣佛教 : 戰後臺灣佛教』, 臺北 : 大千出版社.

따라서 자제회는 비교적 새로운 불교 단체였지만 그 종교적 문맥에 있어서 역사적인 중국 불교의 흐름과 결을 같이하는 것이다. 그 때문에 자제회가 집행하는 의식이나 제전에서 대부분 대승불교의 흐름에 따른 중국 정토종의 염불이 외워진다. 또한 예를 들어 대만의 민간 불교에서는 관음보살이 중앙에 모셔지는 것이 일반적인 데에 비해, 자제회에서는 반드시 석가상이 중앙에 모셔진다. 종교적 문맥에서 자제회가 최소한 일종의 정통성을 담보한 불교 단체로 생각되는 이유이다. 앞에서 거론된 간부회원처럼 많은 신도는 이러한 종교적 정통성을 내면화하였고, 결과적으로 종교적 정통성이 확보되지 않은 신흥종교와의 구별이 엄격하게 지켜지고 있다.

그럼에도 이 종교적 정통성만으로는 중국불교회나 그 사상으로서의 인간불교의 흐름을 포함한 복수의 불교 단체 중 왜 자제회만이 현재와 같은 성장을 이루고 재해복구나 자선사업 등의 삶의 보장을 담당하기에 이르렀는지에 대한 설명이 되지 않는다. 자제회는 같은 종교적 정통성을 보유한 불교 단체 중에서도 어떠한 돌출적 특징을 담보하고 있는 것일까. 다음으로는 자제회가 준거한 다른 하나의 역사적 문맥, 즉 대만사회를 축으로 한 본토적 문맥의 계승을 고찰해 보고자 한다.

2) 본토적 문맥과 포스트콜로니얼한 양상

긴 세월 동안 대만의 신흥종교 연구에 종사해 온 사회학자 취하이위엔(瞿海源)은 2010년 6월에 개최한 〈대만종교학회 연구대회 : 신흥종교와 전통 종교〉에서 "신흥종교와 사회변천"이라는 주제로 기조강연을 하였다. 그 강연 중 취하이위엔은 자제회에 대하여 다음과 같이 언급했다.

> 결국 자제회는 신흥종교인 것일까. 물론 신흥종교는 아닐 것이다. 그러나 당연한 말이지만 자제회는 새로운 종교입니다. 그러니까 나는 지금까지 '신흥종

교'라고 논하지 않고 '신흥종교 현상'이라고 논했던 것입니다.[16]

취(瞿)는 불교 단체로서의 자제회에 대해 종교적 문맥에서 전통 불교를 계승하고 있기에 신흥종교로서 다루는 것은 불가능하다고 논한다. 그러나 자제회가 초래한 여러 사회현상에 대해서는 이제까지의 전통적인 불교가 일으킨 것과는 다른 현상이 관찰되기에, 이것을 신흥종교 현상이라고 정의하는 것은 가능하다고 말한 것이다. 그렇다면 이러한 신흥종교 현상을 관찰하는 것이 가능하고, 또한 그것은 자제회의 어떠한 특징에 유래하는 것일까.

중국불교회나 그 사상으로서의 인간불교라는 종교적 정통성의 근거를 공유하는 다른 불교 단체임에 반해, 앞에서 서술한 바와 같이 자제회는 증엄법사라는 대만에서 태어난 푸라오계 비구니에 의해 창설된 점이 큰 특징이다. 또한 재가의 신도 구성에 관해서도 증엄법사와 같은 푸라오계 여성이 중심이기에 대만의 본토성을 가진 단체로 간주되었던 것이다.

대만은 고전적 세계제국으로서의 청제국, 근대적 식민제국으로서의 일본 그리고 전후 미국의 인포멀(informal)한 제국[17]이라는, 역사상 각각 다른 세 가지 성격의 제국들의 주변에 위치하여, 이들 제국이 대만을 서로 다른 방식으로 지배·포섭할 때마다, 서로 다른 성격의 이주민이 도래하고 선주민과의 관계 재편이 반복되어 왔다.[18] 청조(淸朝)의 대만사회는 원래 대

16 필자도 현장에서 그 기조강연을 경청하였으며, 또한 강연 전후에 개인적으로 질의를 할 수 있었다. 당일의 강연 내용에 대해서는 『홍서격월간(弘誓雙月刊)』 제108호〔http://www.hongshi.org.tw/writings.aspx?code=6312B7BB1BC2C53F5AB91CA5EC72D1E3(검색일 : 2019. 4. 30)〕에 그 전문이 채록되어 있다.

17 와카바야시 마사히로는 전후 세계의 미 제국은 '식민지 미만의 제 수단(諸手段)'을 통하여 영향권을 확보하는 '식민지 없는 제국'이었고, 전후 대만에서 '중화민국'이 아시아 냉전의 심화와 함께 미국의 식민지 없는 제국의 제국 시스템 주변에 포섭되었다고 설명한다〔若林正丈(2008), 앞의 책, 28쪽〕.

18 若林正丈(2008), 앞의 책, 27쪽.

〈그림 1〉 청조기·일본 통치기·중화민국 시기에 따른 대만의 에스니시티 구조*

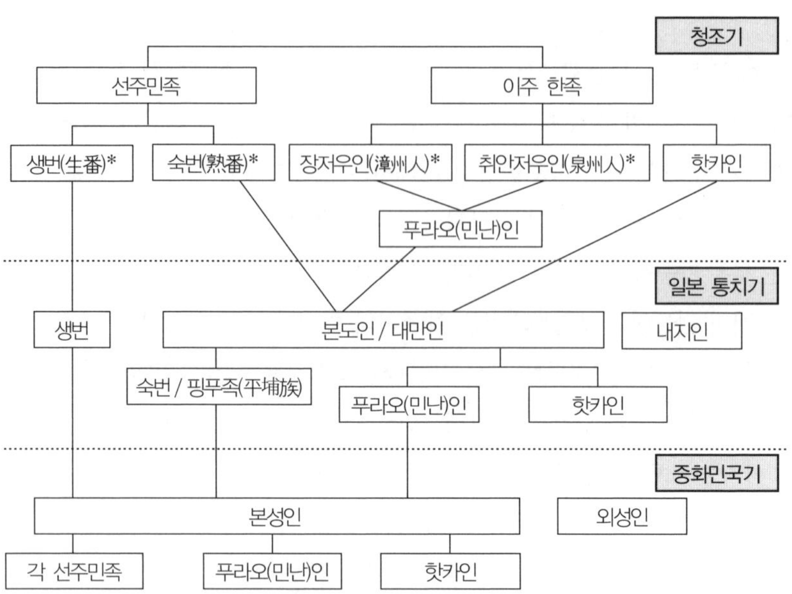

* 若林正丈(2008), 앞의 책, 28~58쪽을 토대로 작성.

* 생번(生番)은 '미개민족'을 가리키고 숙번(熟番)은 '한족에 동화한 미개민족'을 가리킨다. 또한 장저우(漳州)와 취안저우(泉州)는 푸젠성의 도시이며, 핑푸족(平埔族)은 대만 선주민 중 서부 평야에 사는 이들의 통칭이다.

만에서 생활을 하고 있던 여러 선주민족과, 주로 푸젠성(福建省) 남부에서 이주한 푸라오인(福佬人)[19] 혹은 광둥성(廣東省)에서 이주해 온 핫카인(客家人)이라는 이주 한족에 의해 구성되었다. 또한 일본 통치기의 사회구성으로는, 일본에서 온 '내지인(內地人)'에 대비하여, 선주민은 '본도인(本島人)'으로 정의되었다. 그리고 전후의 중화민국 시기에는, '내지인'이 떠나고 외성인(外省人)이 새로운 이주 한족으로서 도래하여 선주민족·푸라오인·핫카

19 푸라오인은 이주 이전 지역에 따라 '장저우인(漳州人)'과 '취안저우인(泉州人)'으로 더욱 세분화할 수 있으나, 본고에서는 이들을 통틀어 푸라오인으로 칭한다.

인 · 외성인이라는 4대 족군(族群)[20]에 의해 사회가 구성되기에 이르렀다(〈그림 1〉).

자제회 신도의 기반인 푸라오인 계층은, 정치적 · 경제적 분배에 관해서는 외래 정권이 우위를 점하는 대만사회 안에서 긴 시간 동안 주변에 위치해 왔다.[21] 즉 일본 통치기에는 내지인을 중심으로 '대일본제국'의, 또한 전후에는 외성인을 중심으로 한 국민당 정권의 주변에 자리매김당해 왔던 것이다. 그러나 푸라오계 사람들은, 4대 족군 안에서도 전체의 73퍼센트를 차지하는 다수파인 한편 정치적으로는 국가의 주변임에도 대만이라는 토지를 기반으로, 서로 다른 외래 정권과 그와 함께 이주해 온 사람들과의 접촉을 통해 이들의 영향을 받으면서 독자적 문화를 발전시키는 데에 이르렀다. 그 때문에 푸라오인 계층을 기반으로 한 자제회는 대만의 본토성을 보유한 불교 단체로 간주되고 있는 것이다.

이러한 푸라오인 계층을 기반으로 한 자제회는 그 특징에 있어서도 대만사회가 이전에 경험했던 식민지 지배의 역사와 관련하여 식민지정책을 받은 국가적 특징이 자제회에 중층적으로 반영되어 있다. 리딩잔(李丁讚)에 의하면 채식주의, 세속적 교의, 재해와 약자 구원 등은 일본 식민지기 이전에 대만에서 보급되어 온 민간 불교인 제교의 가르침에 기반을 둔 것이며, 출가 신자의 엄격한 생활은 그후 대만을 통치한 일본 불교로부터의 흐름을 계승하고 있다. 더욱이 복지 활동을 전개하는 것은 종전 직후 미군과 함께 들어온 기독교의 가르침을 흡수한 것이고, 불교의 생활화는 중국 대륙에서 들어온 중국불교회 개혁파의 정신을 이어받은 것으로 사료된다.[22] 재해나 약자 구원 혹은 복지 활동의 전개와 같은 특징은 오늘날 자제회의 중핵사

20 '족군(族群)'이란 일반적으로 '에스니시티'의 번역어로 통한다.

21 若林正丈(2008), 앞의 책, 88~110쪽.

22 李丁讚(1996), 「宗教與殖民 : 臺灣佛教的變遷與轉型」, 『中硏院民族學研究所集刊』 第81期, 19~52쪽.

업이기도 하며, 뒤에서 설명하겠지만 자제회가 대만사회에 있어서 받아들여지고 막대한 지지를 획득하는 가장 큰 요인이기도 하였다.

자제회에 중층적으로 반영된 각 외래 통치자로부터 대만에 전수된 특징은, 자제회가 가진 포스트콜로니얼한 양상에 다름없다. 통치자들이 항상 외부에서 대만으로 넘어왔을 때, 그들은 항상 대만이라는 토지에 존재했고 국가의 주변에 자리매김한 와중에도 서로 다른 통치 계층이 가진 특징을 흡수해/흡수하기를 강요당해 왔다. 이러한 외래 이주자의 특징이 중층적으로 혼재해 있는 것이야말로, 자제회가 보유한 포스트콜로니얼한 양상의 핵심 요소가 아닐까 생각된다. 앞에서 논한 자제회가 종교적 맥락에 관련하여 중국 전통 불교의 종교적 문맥을 계승한 것에 반해, 포스트콜로니얼한 양상이란 자제회가 대만사회 자체를 축으로 하여 계승해 온 역사적 문맥이고 이것은 대만사회의 본토적 문맥이라고 말할 수 있지 않을까.

자제회가 포스트콜로니얼한 양상을 보유하고 또 대만사회의 본토적 맥락을 계승해 왔다는 특징은, 종교적 문맥을 같이한 다른 4대 도장과는 명확히 다른 경향이다. 불광산을 설립한 성운법사(星雲法師)나 법고산을 설립한 성엄법사(聖嚴法師)는 증엄법사와 함께 인순도사 문하에 있었지만, 그들은 종전 후 함께 대만에 건너온 외성인 승려이기도 하다. 그중에서도 불광산은 유난히 국민당과의 밀월 관계가 지적되어 왔으며,[23] 외래 정권의 주변 입장을 취하던 자제회의 특징과는 상반되는 것이기도 하였다.

대만사회의 인구 계통상에서는 다수파이며, 또한 선주민족을 제외하면 가장 먼저 대만에 이주해 온 푸라오인 계층을 기반으로 한 자제회에게 있어서 그 종교적 문맥은 전통적 중국 불교를 계승한 것이나 보다 특색이 있으며, 또한 다른 유력 불교 단체와 명확히 다른 점으로서, 대만사회에 기반한 본토적 문맥을 보유했다는 점을 여기에서는 지적하고 있다. 자제회가

---

23 江燦騰(2000), 『臺灣當代佛教』, 臺北 : 五南文化事業, 77~82쪽.

가진 특징에 대해서는 역사적으로 대만을 통치해 온 서로 다른 외래 정권과 함께 대만에 들어온 여러 종교 양상이 반영되어 왔으며, 그것을 여기에서는 포스트콜로니얼한 양상이라 적시하였다. 그렇다면 이 절에서 논한 본토적 문맥으로서의 포스트콜로니얼한 양상을 보유한 자제회는, 왜 그리고 어떻게 전후 대만사회 안에서 자선사업을 통한 삶의 보장의 일익을 담당하게 되었는가. 다음 절에서는 자제회가 그 창립 이래 중핵사업이었던 자선사업을 되짚어 보겠다.

3. 자제회와 삶의 보장

비상시 재해 지원 활동과 달리 평상시의 자제회는 이하의 네 가지 사업을 중심으로 활동하고 있다. 즉 ① 독자 사정에 준거하여 생활 지원자를 결정하고 매월 정기적으로 금전과 물자를 지원하는 자선사업, ② 대만 전토에 4개 종합병원을 운영하며 그곳을 기점으로 여러 의료 활동을 벌이는 의료사업, ③ 유치원부터 대학원, 이에 더해 간호전문학교를 운영하는 교육사업, ④ 월간지 등의 출판물 발행과 전문 케이블방송 등의 문화사업 등이다.

자선사업은 1966년 창립 당초부터 시작된 가장 오래된 사업이며 자제회의 중점 활동이기도 하다. 저소득자에 대한 정기적 지원이 주된 활동이고, 원조를 받는 자의 책정은 각 지구에 있는 간부회원인 '위원'의 보고에 의하며, 최종적으로는 본부가 단기 · 중기 · 장기 원조를 결정한다. 2003년도『자제연감(慈濟年鑑)』에 의하면 2003년도까지 장기 생활 지원을 받은 가정은 재해 등의 긴급 시를 제외하면 2만 9,170세대에 이르고 있으며 매월 한 번, 전국에서 일제히 금전과 물자 지원이 이루어진다. 또한 위원에게는 그 지구에 살고 있는 원조 대상자의 생활수준을 정기적으로 조사하는 역할이 주어지고, 이에 따라 원조의 계속 여부나 금전의 증액 등이 결정된다.

의료사업은 1986년 화롄에 건설된 종합병원을 중심으로 대만 전토에 보편적인 의료를 전개하기 위한 의료 네트워크의 구축을 목표로 하고 있다. 동부 화롄에 이어서 1996년에는 남서부, 2004년에는 북부, 2007년에는 종합병원이 각각 완공되면서, 대만 전토를 빠짐없이 자제회의 종합병원이 망라하는 형태가 되었다. 또한 산간 지역 등 의료가 충분히 행해지지 않고 있는 곳에도 진료소를 설치하여 각 병원에서 스태프가 정기적으로 파견되는 제도를 확립하고 있다. 회원은 각 병원에 대해 봉사 활동을 하는 것이 장려되어 있으며, 이를 위한 제도도 마련되어 있다.

오늘날 500만 명에 이르는 회원 수를 가지고 대만에서 확고한 지위를 자랑하는 자제회이지만, 1966년 대만 동부 도시인 화롄에서 '불교고난자제공덕회'로서 발족했던 당초에는 증엄법사와 그녀를 따르는 출가자 4명, 이에 더해 주부 30명으로 이루어진 극히 작은 조직이었다. 현재 자제회가 전개하고 있는 여러 사업도 당시에는 엄두를 내지 못했고, 다만 매일 한 사람이 50전(錢)씩을 저축하여 그것을 생활곤란자에게 지원해 주는 작은 자선사업만이 이루어지고 있었다.

이 동부 도시 화롄에서 탄생한 자제회는, 그 지역을 중심으로 서서히 회원을 증식시키며 활동의 폭을 넓혀 갔다. 1972년에는 의료사업의 선구적인 형태로서 무료진료소가 설치되었고, 다음 해인 1973년에는 태풍 피해를 입은 동부 지방의 재해 구조 활동을 벌였는데, 이것이 대만대진재를 포함한 이후의 재해 지원 활동의 모델이 되었다. 1980년대부터 회원이 전국에서 모였고, 활동도 전국적으로 전개해 나갔다. 그 결과 1989년 자제간호학교가 개교, 1998년의 케이블방송 개국으로 대표되는 교육·문화사업의 시작으로 연결되었다.

이처럼 자제회는 탄생 이래 서서히 사업을 확장해 나가며 회원 수의 확대가 이루어졌다. 증엄법사를 포함한 출가자 5명과 주부 30명으로 시작한 자제회는 1990년대에 회원 수가 1백만 명을 돌파하였고, 그 이후 기세를

멈추지 않고 증가하고 있다.[24·25]

1) 자제회의 탄생 : 동부 도시 화롄에서

오늘날의 재해 지원 현장에서 다대한 영향력을 가진 자제회이지만, 창립 후 얼마 동안은 동부 도시 화롄의 소규모 자선사업에만 종사할 뿐이었다. 여기에서는 자제회가 탄생한 경위에 대해, 이 기간의 중심적 활동이었던 자선사업을 축으로 그것을 요청한 화롄이라는 도시에도 주목해 보고자 한다. 또한 당초에는 소규모 자선사업을 벌였던 자제회가 어떻게 하여 전국 규모의 지명도를 얻을 수 있었던 것인가에 대해 자선사업 내지는 여기에서 파생한 의료사업을 통해 명확히 밝히고자 한다.

화롄이 위치한 동부 지구는 예부터 '호우산(後山)'이라고 불렸다. 호우산이란 대만의 북서에 위치한 중국 대륙에서 이주해 개척을 시작한 사람들에게 있어서 그들이 개척한 서부 지구의 앞을 가로막고 서 있는 중앙산맥의 '산의 뒤쪽'이라는 의미이다. 중앙산맥에는 광폭하다고 여겨진 선주민족이 많이 살고 있었기에, 산을 넘어서 동부 지구로 개척을 진행하는 자는 매우 드물었다. 또한 중앙산맥은 실제 중앙보다 살짝 동쪽 부근에서 대만을 종단하고 있었기에, 동부 지구의 평지 면적이 적어서 매력적인 개발 지역도 아니었다. 이러한 까닭에 이민자들이 최초에 개척을 착수한 남서부나 수

---

24 1994년 이후에는 회원 수 공표를 하지 않고 있는 자제회지만, 스스로도 자제회의 중핵으로 활동하고 있는 인류학자 정펑자(鄭鳳嘉)에 의하면, 1994년 이후에도 회원 수는 줄곧 증가하였으며 특히 1999년에 발생한 9·21대지진 이후에는 현저히 증가세를 보이고 있다고 한다〔鄭鳳嘉(2010), 「在地扎根的兩種模式 : 花蓮地方公廟與慈濟社區志工組織之對話」, 慈濟大學宗教與文化研究所碩士論文, 82~85쪽〕.

25 한편 최근에는 조직의 거대화로 인한 사회 비판이 적지 않다. 예를 들어 2009년의 태풍재해 후 복구 지원 과정에서는 선주민족을 중심으로 한 피재지에서 큰 마찰이 발생하였다〔村島健司(2017), 앞의 논문〕.

도 타이베이(臺北)가 위치한 북부에 비해 현저하게 개발이 뒤처진 지역이었다.

선주민족을 제외하고 인구의 절반 이상이 이민에 의해 구성된 대만사회에 있어서, 사회적 연대의 주요한 근거는 이민 이전부터 계승되어 온 혈연을 중심으로 한 종족적 결속이었다. 그러나 화롄 주민 다수가 스스로를 '제2차 이민자'라고 칭하는 것처럼, 처음 이민자로서 중국 대륙으로부터 대만에 건너와 그곳에서 다시 중앙산맥을 넘어 화롄에 2차 이주를 경험한 주민과 그 자손이 많기에, 혈연을 중심으로 하는 전통적 사회연대조차 가지지 못한 사람들이 많았기 때문이다.

일본 통치 시대의 50년 동안 동부 지구는 바다를 끼고 오키나와와 맞닿아 있기에 일본 통치 시대는 항구가 설치되는 등, 사람의 이주도 그전부터 활발해졌지만 평지 면적이 넓지 않았기에 타 지역의 개발 속도를 따라잡을 만큼의 진전은 이루어지지 않았다. 더욱이 전후 공산당과의 전쟁에서 지고 중국 대륙에서 들어온 국민당은 대륙에의 반격을 꾀하며 대만을 일시적인 거주지로서만 고려하고 있었기에, 스스로의 거점인 수도 타이베이 이외의 도시에 대한 개발은 거의 착수하지 않았다.

남편(작고)이 후에 화롄에서 완공된 자제종합병원의 초대 원장에 부임하게 되어, 타이베이에서 화롄으로 이주한 자제회의 한 간부회원은 당시 화롄에 대해 다음과 같이 이야기하고 있다.

> 나는 타이베이와 도쿄에만 살아보아서 왜 화롄과 같은 시골, 그것도 위험한 지역에 일부러 가는 것이냐고 주위 사람들의 만류를 들어야 했어요. 당시 화롄은 우리처럼 타이베이에 살고 있는 사람들 입장에서 보자면 별로 익숙지 않은 지역이었으니까요.[26]

26 필자에 의한 청취 조사(2005. 8).

그녀가 화롄으로 온 것은 1980년대 중반이다. 그 당시에도 화롄이 위치한 동부 지구는 대만에서 미개척지로 여겨지고 있었다. 실제 1980년대 중반까지는 타이베이와 타이중(臺中) 등 주요 도시로부터의 교통편이 미개통 상태였고, 타이베이에서 화롄까지 가기 위해서는 그 중간 지점에 위치한 수아오(蘇澳)라는 역까지 기차로 이동한 후, 버스를 타고 산도(山道)를 이용하지 않으면 안 되었다. 이 때문에 인구 유동이 활발하지 않고 경제 발전도 뒤처졌으며, 많은 현민은 농사를 생업으로 하는 가난한 생활을 보내야 했다.

자제회는 발족 이후 자선사업을 개시하여 첫해에는 저소득 가정 30호에 대한 생활 지원을 개시하였다. 첫 지원 대상자는 고령의 독거 여성이었으며, 그녀가 사망하기까지 10년간 쌀 등의 생활자원 원조가 이루어졌다. 지금과 같이 금전 지원이 아닌 생활 자원 원조가 행해졌던 이유는, 노인 여성의 집에서 점포까지 상당한 거리가 있음에도 불구하고 교통이 발달하지 않아 금전 원조를 한다고 해도 그녀가 자력으로 생활 자원을 구입하기에는 곤란한 처지였기 때문이다.

물론 현재도 마찬가지지만, 발족 당초에는 특히 자제회의 자선사업의 대상이 된 것은 그녀와 같은 독거노인이 많았다. 이러한 연유를 다음 절에서 상세히 논하겠지만, 당시 대만에서는 퇴역 군인이나 공무원 이외의 사람에 대한 공적 연금제도가 정비되어 있지 않았다. 그 때문에 퇴직자는 직업별로 구성된 독자적 보험에 의해 퇴직 후의 생활을 책임질 필요가 있었다.[27] 그러나 그녀와 같이 남편과 사별한 독거노인은 이러한 보험마저 생활을 책임져 주지 못했다. 또한 대만에서는 일본의 생활보호법에 해당하는 사회구제법이 시행된 것이 1980년의 일로[28] 생활보장에 의존하는 길은 열려 있지

27 林成蔚(2004), 「台湾と韓国における社会保障制度改革の政治過程」, 大沢真理 編, 『講座福祉国家のゆくえ 第4巻：アジア諸国の福祉戦略』, 京都：ミネルヴァ書房, 71~73쪽.

28 小島克久(2003), 「台湾の社会保障」, 広井良典・駒村康平 編, 『アジアの社会保障』,

않았다. 이 때문에 자제회의 자선사업과 같은 도움이 필요했던 것이다.

더욱이 대만 동부 지구는 오키나와와 바다를 끼고 면해 있는 것으로 알 수 있는 것처럼, 태풍이 빈번히 내습하는 지역이었다. 그 때문에 농업종사자는 그때마다 피해를 받게 되었다. 자제회는 1969년 9월에 발생한 같은 동부 지구의 산불 재난 때 피재민에게 물자를 배포한 것을 계기로, 처음으로 대규모 재해복구 지원 활동을 개시하여 이후로도 자선사업의 일환으로서 그 활동을 태풍 피해 등에 확대하기로 하였다. 그리고 1973년 10월에 발생한 태풍의 재해복구 지원 활동에서는 처음으로 모금이나 물자를 일반 시민으로부터 모집하여 리스트를 작성해 물자 지원을 하였고, 이것이 그후의 재해 지원 활동의 모델이 되었다.

이러한 동부 도시 화롄에서 자제회는 탄생했다. 자제종합병원이 건설되고 그 규모가 단숨에 전국적으로 확대된 1986년까지, 자제회는 화롄에서 작은 규모였지만 자선사업을 행하였다. 그것은 높은 뜻을 가지고 주체적으로 행한 활동이라고 하기보다는 증엄법사의 "어떠한 일이 있더라도 가난한 사람을 구해야 한다"는 말에서 드러나듯이, 가난한 사람들을 목전에 둔 상태에서 하지 않을 수 없는 활동이었다고 생각된다. 그러나 그러한 활동을 계속한 결과, 당초에는 증엄법사 이하 소수의 출가자들과 주부 30명으로 시작한 자제회가 20년 후 1986년에는 회원수 8천 명에 이르게 되었다고 할 수 있다.

2) 자제회의 발전 : 종합병원의 완성에서 대만 전토로

화롄에서 자선사업을 진행함에 따라 서서히 분명해진 것은, 금전과 물자 지원은 일시적인 구제이지만 근본적인 구제를 위해서는 그 원인인 병을 퇴

東京：東京大学出版会, 141쪽.

치해야 한다는 것이었다. 이를 위해서는 원조를 필요로 하는 사람들을 위해 의료 설비를 정비하지 않으면 안 되었다. 이 지점에서 자선사업과 병행하여 의료사업을 개시하는 것이 결정되어 1972년에는 생활곤란자에 대한 무료진료소가 설치되었다.

앞에서 거론한 연금 문제와 비슷하게 공적인 건강보험 등으로 의료비가 처리되는 것은 당시에는 군인과 공무원에 한정되었으며, 그 밖의 많은 국민들에게는 병원에서 진찰을 받는 것이 큰 부담이었다.[29]

그러나 점점 작은 진료소만으로는 환자를 커버할 수 없게 되어, 1979년에 스승인 인순법사의 제안에 따라 종합병원의 건설이 구상되기에 이르렀다. 그 이유로 “동부(화롄, 타이동 일대)에는 의료 설비가 잘 정비된 병원이 없기에 동부의 동포가 중병에 걸렸을 때는 타이베이나 가오슝(高雄)에 이송해야 했다. 이송 중 병세가 악화되거나 사망한 사례도 많았다”[30]는 것을 들 수 있다.

계획은 곧 실행에 옮겨진다. 먼저 병원을 건설할 토지를 취득하여 1982년 완공 예정으로 착공하였는데, 이는 곧 군부에서 군용지라는 이유로 간섭이 들어와 좌절된다. 그러나 이듬해 화롄현장(花蓮縣長)의 요청에 대만 정부가 응하여 공유지였던 토지 구입에 성공, 당초 예정보다는 4년 늦기는 하였지만 무사히 계획을 진행할 수 있었다.

당시 대만 정부는 총통이 장제스(蔣介石)에서 아들 장징궈(蔣經國)로 바뀌며 대륙에 대한 반공정책에서 대만 내정의 중시로 계획이 전환되는 과정에 있었다. 또한 『화롄현사(花蓮縣史)』에 의하면 1980년대 중반은 그때까지 개발에 뒤처져 있던 동부 지구에의 개발이 정부 차원에서 진행되는 시기였

29 그후 1980년대에 들어와 종업원 20명 이상의 기업까지 건강보험이 적용되었으나, 전 국민에게 건강보험제도가 적용된 것은 1990년대에 들어서였다〔林成蔚(2004), 앞의 논문〕.

30 財団法人仏教慈済慈善基金会(1999), 『慈済世界』, 慈済基金会日本支部.

다. 화롄에서 타이베이까지 철도가 개통된 것도 그 일환이었다.

이 때문에 동부 도시 화롄에 자제종합병원이 건설된다는 이야기는 정부의 관심을 끌게 되어, 1980년대 중반에는 많은 정부 관계자가 건설 중과 건설 후의 병원을 시찰·방문하게 된다. 자제회 측도 그 시찰을 받아들여 정부 요인의 자제회 방문을 『자제월간(慈濟月刊)』 등의 간행물에 대대적으로 실었다.

이 동안 『자제월간』에는 시찰을 한 정부 요인의 모습이 표지를 장식할 기회가 많았다. 총통인 장징궈가 1984년 동부를 시찰할 때 건설 중인 자제종합병원을 방문한 모습이 표지를 장식한 후 1990년 총통이 된 리덩후이(李登輝)가 표지를 장식할 때까지 다수의 요인이 표지에 등장하였다. 대신 이상의 요인 내역은, 리덩후이 4회(부총통 시 2회, 총통 시 2회), 전 부총통 2회, 행정장관(총리대신에 해당) 2회, 성(省) 정부주석 3회, 내정부장(내정대신에 해당) 3회, 감찰원장 1회, 사법원장(법무대신에 해당) 1회. 또한 이에 따라 전국지에도 빈번하게 자제회가 화제에 오르게 되었다. 『자제연감(慈濟年鑑) 1966~1992』의 정리에 의하면 전국지에 1970년대 이전에는 겨우 23번밖에 등장하지 않던 자제회가 장징궈 총통이 시찰한 1984년에는 60번, 1985년에는 15번으로 감소하기는 했지만 병원이 완성된 1986년에는 102번, 이듬해인 1987년에는 100번 등, 빈번하게 전국에 자제회의 이름이 보도되기에 이르렀다.

따라서 이 자제종합병원 건설에 의해 그때까지 대만의 변방인 동부 지구에서만 활동하던 자제회는 전국에서 회원이 몰리게 되어, 앞에서 살펴본 것처럼 급격한 회원 증가를 경험한다. 전국 규모의 회원에게 지지를 받은 자제회는 이후 진행한 사업 또한 전국 규모에 이르게 된다. 자선사업의 대상은 전국으로 확대되었고 종합병원도 1990년대에 들어서서 타이베이와 남부 지구, 나아가 2000년대에는 중부 지구와 전국을 망라하게 되었다. 또한 새로운 사업으로서 교육사업과 문화사업을 추가하여 1991년 중국 대륙에의 재해복구 지원 활동을 시작으로 국제적 사업도 전개하였다. 1999년 대만대진재 당시에 전국에서 모금과 재해 봉사 활동을 모집할 수 있었던 것은 그 활동이 완전히 전국 규모로 정착했기 때문이다.

4. 자제회와 국가에 의한 사회보장

앞 절에서는 화롄이라는 자제회가 탄생한 도시에 주목하여 국가와 혈연 조직 등 삶의 보장을 위한 사회적 연대에서 소외된 사람이 많이 존재하며, 그들에 대한 사회적 지원을 위해 자제회가 탄생했다는 것을 확인했다. 또한 그 자선사업이 병원 건설을 계기로, 전국 규모로 확대됨으로써, 자제회를 중심으로 한 삶의 보장을 위한 사회적 연대가 넓어졌다는 것을 밝혔다. 이 절에서는 그러한 자제회의 자선사업과 대비되는 요소로서 정부에 의한 사회보장정책에 대해 상세히 논하고, 자제회에 의한 삶의 보장을 필요로 하는 계층이 전후 대만의 포스트콜로니얼한 사회구조 안에서 필연적으로 존재했다는 것을 밝히려고 한다.

대만은 유사 이래 여러 외래 정권에 의해 통치되었다. 최초로 통치한 네덜란드가 대만 남부에 거점을 둔 것이 1624년의 일로, 그때까지는 선주민족이 집락을 중심으로 살아가고 있었다.[31] 2년 뒤인 1626년에는 스페인도 북부를 거점으로 통치를 시작하지만, 1642년 네덜란드에 대만에서 구축되었다. 그후 네덜란드에 의한 통치는 1661년까지 계속되었으나 이를 이어 통치를 계속한 것은 중국 대륙의 청나라에 패해 재기를 꾀하며 군사 거점을 찾던 정성공(鄭成功)이었다. 정씨 세력의 출현으로 대만은 '드디어 중국

31 이하 본 절에서 언급하는 대만의 역사에 관해서는 若林正丈(2001),『台湾：変容し躊躇するアイデンティティ』, 東京：ちくま書房；若林正丈(2008), 앞의 책；丸川哲史(2010),『台湾ナショナリズム：東アジア近代のアポリア』, 東京：講談社를 참고하였다.

사의 궤도 안에 들어가게 되었다'는 말이다.[32]

그 정씨를 쓰러뜨리고 대만에 들어온 것은 청나라였다. 청나라는 대만을 푸젠성의 관할하에 두고 통치를 개시하였다. 그러나 청나라는 대만 통치에 대해 적극적으로 관여하지는 않았다. 동아시아에서는 전근대 최후의 제국이라 할 수 있는 청나라는 "근대국가와 같이 세력 판도 전체에 일원적이고 균질한 지배를 행사할 의지도 능력도 없었"기[33] 때문이다. 이 청조 통치 시대에 많은 한족이 대만에 이주하여, 대만에서 한족의 인구는 정씨 시대의 열 배 이상인 194만 명에 달하였으며, 푸젠성에서 독립하여 대만에 새로운 성(省)이 설치되기에 이르렀다. 전후 이른바 본성인이라 불렸던 푸라오계 사람들과 핫카계 사람들은, 주로 이 시대에 이민을 통해 온 자들을 선조로 하고 있다.

청나라는 121년간 대만을 통치하였다. 이는 대만을 가장 오래 통치한 세력임이 분명하지만, 청일전쟁 패배의 결과 대만은 다음 통치자인 일본에 할양되기에 이른다. "세력 판도 전체에 일원적이고 균질한 지배를 행사할 의지도 능력도 없었"던 청나라와 달리, 근대국가로의 전환을 달성한 일본은 대만 전토에 일원적이고 균질한 지배를 실행할 의지를 가지고 대만 전토에 행정 기구 · 인프라 · 교육체계의 정비를 행했다. 이러한 정책에 의해 식민지 지배를 효율적으로 행사하기 위하여 위에서 밀어붙인 정책이 바로 동화정책이었지만, 결과적으로 "대만사회 스스로의 사회 통치를 초래하게 되었다."[34]

종전 후 대만을 떠난 일본을 대신에 들어온 것은 공산당 정권과의 싸움에서 패한 국민당 정권으로, 또다시 외래 정권에 의한 통치가 시작되었다.

---

32 若林正丈(2001), 앞의 책, 25쪽.

33 若林正丈(2001), 앞의 책, 27쪽.

34 若林正丈(2001), 앞의 책, 46쪽.

전후 대만에는 이주의 역사적 경위의 차이나 언어 등 이민 출신자의 차이에 의한 문화적 차이, 나아가 정치적·경제적 자원의 분배에 얽힌 차이로부터 에스닉 그룹 간의 경계가 존재하였고, 이들은 전전에 푸젠성 남부에서 이민을 와 민난어(閩南語)를 모어로 하는 푸라오인(73퍼센트), 핫카어를 모어로 하는 핫카인(12퍼센트), 전후에 이민을 온 외성인(13퍼센트) 이들 한족 이외의 선주민족(2퍼센트)으로 분류된다.[35] 정치적 자원의 분배란 외성인 엘리트로의 정치권력 집중을 가리키며, 또 경제적 자원의 분배란 후술할 '군공교복지(軍公教福祉)'라고도 불리는, 외성인이 다수를 점하는 직업에 대한 국가의 후한 사회보장정책에 다름없다.[36] 여기에서 자제종합병원의 초대 원장 부인의 말을 인용하도록 하겠다.

> 오늘날에는 그런 일이 없으리라 생각하지만 전후에는 국회의원이나 공무원, 선생과 같은 직업은 외성인이 하는 직업이었습니다. 우수한 본성인은 그러한 직업을 가질 수 없었기에 대체로 의사나 변호사 혹은 작은 회사의 사장이 되었지요. 남편(대만대학병원 부원장 시절에 증엄법사에 초빙되어 자제종합병원 초대 원장에 취임)도 그렇습니다. 남편이 대만대학병원의 부원장이던 시절, 본성인도 국민당원도 아닌데 잘도 그런 직위에 올랐네요, 하는 말을 주변으로부터 들었습니다.[37]

그녀의 남편은 다른 본성인 엘리트와 같이 의사라는 직업을 택했으나 다른 이와 달랐던 것은 국립대학의 요직에 취임하는 것이 가능했다는 점이다. 본성인이 그러한 국가적인 요직에 취임하는 것은 드물었다. 그 때문에

35 若林正丈(2001), 앞의 책, 30~31쪽.

36 若林正丈(2008), 앞의 책, 88~110쪽.

37 필자에 의한 청취 조사(2005. 8).

그녀의 말처럼 주위로부터 국민당원이 아니냐는 의심을 받았다. 그는 대만대학을 수석으로 졸업할 정도의 매우 우수한 인물이었기에 그러한 요직에 오를 수 있었던 것이겠지만, 그녀의 말로부터 당시 국민당원이 아닌 본성인이 국가의 요직에 앉는 것이 얼마나 어려운 것이었는가를 쉽게 이해할 수 있으리라 생각한다.

대만의 사회보장제도는 이러한 상황 아래에서 시작되었다. 대만에서의 사회복지 연구의 일인자이며 대만대학 교수인 린완이(林萬億)는, 전후 국가에 의한 사회보장의 특징을 다음과 같이 기술하였다.

> 이 시기 대만은 여전히 농업이 주 산업이었기에 이론상 사회복지도 농민을 대상으로 하는 것이 당연했으리라. 하지만 사실은 그렇지 않고, 당시 주요 사회보장에 관한 법률은 직업별로 나뉘어 있었으며, 군인·공무원·교원·노동자를 중심으로, 전통적인 사회 구제 방식으로 이를 보충했다. 이는 정책의 방향성이 크게 반영된 결과로, 국가가 사회보장을 통해 그 주요한 지지자들(군인·공무원·교원·공영사업 근무자)을 합법적으로 보호했다는 것을 의미한다.[38]

또한 린청웨이, 고지마 가쓰히사, 쩡마오후이 등의 연구에[39] 의하면 대만에서 전 국민을 대상으로 건강보험제도가 시행된 것은 1995년으로 그때까지는 직업별로 보험제도가 시행되었다. 고지마는 전후 대만의 사회보장제도가 가지는 특징을 네 가지로 들었다. 즉 ① 군인·공무원·교직원 등의 직종별 제도가 설립된 것, ② 제도는 종합보험의 형태를 띠며 하나의 제도

---

38 林萬億(2006), 『臺灣的社會福利：歷史經驗與制度分析』, 臺北：五南圖書出版, 42~43쪽.

39 林成蔚(2004), 앞의 논문；小島克久(2003), 앞의 글；曽妙彗(2003), 「台湾における失業保険の成立と展開：グローバル化の中の福祉国家」, 上村泰裕·末廣昭 編, 『東アジアの福祉システム構築』, 東京：東京大学社会科学研究所.

아래 의료 이외에도 노령 · 유족 · 산재 등의 급여가 이루어졌다는 것, ③ 재원은 보험료를 주로 하지만, 보험료에 대한 정부의 보조(공적 예산 투입)가 이루어지고 있어 그 정도가 제도에 따라 큰 차이가 있었다는 것, ④ 한편으로는 자영업자 · 고령자 · 부양가족(주로 18세 미만)이 사회보장제도의 대상이 되지 못했다는 것이다.[40] 고지마는 상세한 사항에 대해 다음과 같이 해설하고 있다.

> 사회에서 중요하다고 생각되는 집단부터 사회보장제도가 도입되었지만, 그 설계는 제도에 따라 크게 달랐고 이것이 직종에 따른 급여 등의 차이를 낳았다. 특히 군인이나 공무원 등에 대해 급여 내용이 다른 사회보험보다 충실하였으며, 이것이 '군 · 공 · 교복지'라는 말로 나타나게 되었다. 한편으로 무급자나 고령자 등 사회보장제도가 지켜 주지 않는 사람들이 나타나게 되었다.[41]

1980년대 후반의 주요 제도 보험료율을 나타내는 뒤의 〈표 1〉에 공무원보험(공립학교 교원 포함)과 군인보험은 그 65퍼센트를 정부가 부담하는 등, 고지마 가쓰히사가 '군 · 공 · 교복지'라고 지적한 바와 같이 이들에 대한 사회보장은 다른 직업군과 비교했을 때 분명히 높은 비율을 차지하고 있는 것을 알 수 있다. 또한 린청웨이도 마찬가지로 군인 · 공무원의 퇴직 급여와 보험 급여가 1988년 53퍼센트를 정점으로 1980년대 대만의 사회보장비용 전체의 40퍼센트 이상의 금액을 차지하고 있음을 지적하였다.[42]

이러한 바와 같이 사회보장제도에서 우대를 받은 대상은 국민당과 함께 들어온 군인(퇴직 군인 포함)과 공무원, 공립학교 교원이었다. 군대와 함께 들어온 군인들은 당연히 외성 계열 출신이었고, 공무원이나 공립학교 교원

40 小島克久(2003), 앞의 논문, 145쪽.

41 小島克久(2003), 앞의 논문, 145~147쪽.

42 林成蔚(2004), 앞의 논문.

〈표 1〉 1980년대 후반의 주요 제도 보험료율에 따라 작성

	본인 부담	정부 부담	고용주 부담	비고
공무원보험	35%	65%		
노공(勞工)보험 (10인 이상 기업)	20%	-	80%	
군인보험	35%	65%		
농민건강보험	40%	50%		나머지 10%는 농민회가 부담

* 출처 : 小島克久(2003), 「台湾の社会保障」, 広井良典 · 駒村康平 編, 『アジアの社会保障』, 東京 : 東京大学出版会, 146쪽.

의 다수는 외성 계열의 사람으로 구성되어 있었다.

노공보험의 본인 부담률은 20퍼센트라는 가장 낮은 수치를 나타내고 있으나, 고용주는 나머지 80퍼센트를 부담하지 않으면 안 되어 중소기업 경영자들에게 있어서 직원을 고용하는 것은 큰 부담이었을 것이라 생각된다. 마찬가지로 피고용자의 입장에서 보자면 그것이 취업의 애로 사항이 되기도 했을 것이다.

중소기업이나 상점을 운영하는 이들 혹은 그곳에서 일하는 이들은 전후에서 일정 시기까지는 본성 계열 사람들로 한정되었다. 이 말은 즉 전후 국민당의 대만 진입과 함께 북경어가 대만의 공용어가 되었지만, 많은 대만 사람은 원래 사용하던 언어인 민난어나 핫카어만 할 수 있었기에 교역이나 상업 행위를 할 수 있었던 것은 민난어를 사용할 수 있는 본성 계열의 사람들에게 한정되었다는 말이기도 하다.

농업 종사자를 살펴보면 문제는 더 심각하다. 린은 '농민 고령자는 1995년 노령자농민 복지수당제도가 발족하기 전까지 소득 보장의 조치가 전혀 취해지지 않았다는[43] 것을 지적한다. 이는 앞에서 인용한 고지마의 대만사회

43 林成蔚(2004), 앞의 논문, 81쪽.

보장제도의 특징의 ①과 ②에 해당하는 부분이다. 즉 ②와 같이 '제도는 종합보험의 형태를 띠며 하나의 제도 아래 의료 이외에도 노령 · 유족 · 산재 등의 급여가 이루어졌다는 것'이고, 그 가운데 '노령' 급여가 존재했기에 최근까지 대만에서는 전 국민 연금제도가 확립되지 못하였다. 그러나 ①의 '직종별 제도가 설립된 것'에 의해 각각 독자적으로 운용되어 농민건강보험에는 '노령자수당'이 포함되지 않았다는 특징과 연결된다. 그 때문에 나이가 들어 농업에 의한 소득 활동을 하지 못하고 보험료의 자기부담금인 40퍼센트를 지불하지 못하게 된 농업 종사자들은 일절 사회보장을 받지 못하게 되었다. 농업을 생업으로 하는 이들은 전전부터 대만에 거주하며 사유지를 가진 사람들이 중심이었다. 그리고 물론 농업 종사자의 다수는 지방에 살았다. 그렇다. 동부 도시인 화롄과 같은.

이 절에서는 전후 대만에서의 사회보장제도를 들여다봄으로써 그 제도의 사각지대에 어느 특정 계층이 존재했다는 것을 밝혔다. 먼저 노동자 · 종업원 10명 미만의 기업에 근무하는 노동자는 물론, 10명 이상의 기업이라도 고용자가 보험료를 80퍼센트 부담한다는 제도에 의해 보험에 가입하지 않고 취업하는 것을 선택할 수밖에 없는 노동자가 존재했던 것을 쉽게 상정할 수 있다. 또한 농업 종사자는 농업에서 소득을 얻는 동안은 40퍼센트라는 자기부담금을 낼 수 있었을지 모르지만, 고령에 의해 농업 소득이 감소하게 되면 노령 급여가 없기 때문에 생활을 유지하기가 곤란해졌다. 그리고 그러한 특정 계층을 안고 있는 지역은 농지가 많고 경제 발전이 더딘 지방 도시였다.

그러한 전형적인 도시라고 말할 수 있는 동부 도시 화롄에는 국가에 의한 사회보장을 받지 못하는 사람들이 많이 존재하였다. 그곳에서는 그들을 대상으로 한 사회보장 이외의 삶의 보장에 대한 수요가 존재했고, 여기에 자선사업이라는 형태로 응하여 탄생 · 발전한 것이 자제회였다. 이러한 사회보장제도라는 국가에 의한 보장을 받지 못한 자들을 자선사업의 형태로 지원한 것이 자제회의 자선사업의 원점이었으며, 후에 의료사업의 확대와 함께 대만 전토로 확대되어 오늘날 자제회의 융성과 이어지게 된다.

5. 대만형 포스트콜로니얼과 삶의 보장 : 결론을 대신하여

대만은 고전적인 세계제국으로서의 청제국, 근대적인 식민제국으로서의 일본 그리고 전후 미국의 인포멀한 제국이라는 역사상 각각 다른 세 가지 성격의 제국들의 주변에 위치하여, 이 제국들이 대만을 서로 다른 방식으로 지배 · 포섭할 때마다 서로 다른 성격의 이주민이 도래하고 선주민과의 관계 재편이 반복되어 왔다.[44] 따라서 대만의 포스트콜로니얼한 상황을 묘사하기 위해서는 제국 일본과의 연속성 / 비연속성을 고찰하는 것만으로는 불충분하다. 제국일본에 의한 식민지기 이전이나 그 이후 대만에 건너온 사람들 그리고 이들과 함께 퇴적된 문화적 혼종성과 변용하는 사회구조도 포함하여 고찰의 대상으로 삼아야 한다.

본고에서는 그 사례로서 종교적 문맥에 있어서는 전후 대만에 들어온 중국 전통 불교에 기원을 둔 대만에서 탄생한 불교 단체 자제회를 거론하였다. 종교적 문맥을 같이하는 다른 불교 단체와 달리 자제회는 일본 식민지기 이전에 대만에 이주해 온 푸라오계에 속한 사람들을 중심으로 구성되어 대만의 본토적 문맥의 계보에도 자리매김하고 있다. 본토적 문맥의 계보에 있는 자제회는 대만을 통치한 외래 정권과 함께 들어온 여러 종교적 특징을 계승하였고, 전통적 중국 불교와는 다른 포스트콜로니얼한 양상을 띤 불교 단체이기도 했다. 자선사업은 자제회가 지닌 포스트콜로니얼한 양상의 하나로, 창립 이래 계속되어 사회에서 큰 지지를 받는 요인이 되었다.

---

44 若林正丈(2008), 앞의 책, 27쪽.

한편 대만사회는 유사 이래 외래 정권에 의해 통치되어 왔기에 본토적 문맥은 항상 사회의 주변에 자리매김해 왔다. 전후의 사회보장을 예로 들자면, 중국 대륙에서 온 국민당 정부가 '군 · 공 · 교복지'라 일컬어지는 제도에 의해 그 지지자를 합법적으로 보호하는 한편, 본토적 문맥에 위치한 사람들은 국가에게서 삶의 보장을 받는 것이 힘든 사회구조가 존재했다. 이러한 사회구조는 일본의 식민지 통치나 전후 국민당 정권이 대만의 본토적 문맥을 항상 주변에 두고 있던 사회구조로, 전후 대만에서 우발적으로 발생한 것이 아닌 일본 식민지기로부터의 연속성에서 기원한다. 즉 이것이 전후 대만의 삶의 보장에 관한 포스트콜로니얼한 사회구조라고 고려할 수 있다.

전후 대만의 포스트콜로니얼한 사회구조에서 국가에 의한 삶의 보장을 받을 수 없는 본토적 문맥에 놓인 사람들에게, 같은 본토적 문맥을 계승한 자제회는 자선사업을 통해 그들의 삶을 보장해 왔다. 자제회가 탄생한 화롄이라는 도시는 바로 그 주변에 위치하여 당초에는 화롄에서 작은 자선사업에 종사하는 것에 그쳤지만, 병원 건립 과정에서 대만 전토로 넓혀갈 수 있었다. 대만 전토에 확대해 가는 과정은 대만사회의 민주화와 경제성장이라는 사회적 배경과 맞물려 자제회가 급격히 성장할 수 있는 시대였다. 자제회는 현재 전 세계에 5백만 명의 회원을 거느린 세계 최대의 종교 NGO 단체로 성장하였는데, 이는 동시에 오늘날의 대만에서는 본토적 문맥이 이미 사회의 주변에 자리매김할 수 없음을 의미하기도 한다.

또한 본고에서는 에스니시티로서의 한족 푸라오계 사람들을 본토적 맥락에 위치시켜, 일본 식민지기 혹은 전후 국민당 정권기에 있어서의 삶의 보장과 종교의 문제에 대해 고찰해 보았다. 그러나 원래 한족이 도래하기 전부터 대만사회의 주인이었던 선주민족을 주변에 자리매김당한 사람들로 가장 먼저 고찰 대상으로 삼아야 했지만, 본고에서는 주된 고찰 대상으로 삼지 못하였다. 금후 과제의 하나로 삼고 싶을 따름이다.

대한민국 국민국가 형성 과정의 '재일동포'정책

해방 직후부터 이승만 정부 시기(1945~1960)를 중심으로

오가타 요시히로(緖方義廣, Ogata Yoshihiro)

현 홍익대학교 경영대학 조교수. 정치학 전공.
과거사 문제를 중심으로 한일 관계에 관심을 갖고 연구하고 있다. 주요 논문으로 「'재일조선인'과 '재일한국인' : 통합적 명명을 위한 기초연구」(공저·2007), 「한일관계 속 재일코리안의 '조선적'」(2016), 「12·28合意に見る「慰安婦問題」:「合意」直後の日韓主要各紙社說を手がかりに」(2016) 등이 있다.

1. 들어가며

본고는 1948년의 대한민국 정부 수립 시기를 전후하여 '재일동포'와 본국의 관계를 살펴보는 것을 통해 당시 이승만 정부가 재일동포에 대해 어떤 정책을 펼쳤는지를 분석한다. 1945년 한반도는 일본 식민지에서 벗어나 해방을 맞이했으나 주권 국민국가로서 바로 그 모습을 되찾지 못했을 뿐만 아니라 남북 분단이라는 길에 들어설 수밖에 없었다. 본국 상황과 함께 구(舊) 종주국 일본에 계속 살게 된 재일동포들 역시 해방 민족으로서 자유와 독립을 되찾지 못했다. 이와 같은 재일동포에 대해서 대한민국 이승만 정부는 어떤 정책을 선택하게 되었는지 동아시아 국제정치의 관점에서 논의하는 것이 본고의 목적이다. 다만 여기에서 '정책'이라고 하는 것은 법제도상으로 구체적으로 전개된 정부 조치만이 아니라 넓은 의미에서 이승만 정부의 재일동포 인식과 문제 대처 방향 등을 포함한 개념이다. 본고는 현실적으로 어려움을 겪어 충분하지 않았던 이승만 정부의 대처를 포괄적으로 파악해서 '재일동포정책'으로 표현한다.

'재일동포'를 대상으로 하는 연구에는 크게 두 가지가 있다. 하나는 재일동포를 제국주의 일본에 의한 피해자로 보고 그들의 역사적 배경을 밝히는 연구이다. 이와 같은 연구들은 주로 재일동포 당사자들에 의해 일본 학계에서 진행되어 왔다. 재일동포는 말 그대로 일본사회에 존재하는 한반도 출신자들이기 때문에 그 존재에 대한 학문적 관심도 연구의 필요성도 일본과의 관계성에서 인식되는 경향이 있다. 재일동포는 일본사회에서 차별받아

왔고 사회적 소수자이며, 제국일본 식민지 지배를 배경으로 가진 존재이다. 그래서 선행연구들에서 재일동포라는 존재는 식민지 지배의 피해자이자 일본사회의 희생자인 측면이 강조되어 왔다고 할 수 있다.

또 하나가 대한민국 740만 명 재외동포 중 한 지역의 동포로서 재일동포가 언급되는 이른바 '재외동포(Overseas Koreans) 연구'이다. 재외동포 연구는 한국 정부와 재일동포의 관계에 대해서, 또는 한국 정부의 입장에서 재일동포를 분석하는 일종의 정책 연구의 성격을 지닌 것들이 주를 이룬다. 다만 재외동포 연구에서 한국 정부에 의한 재외동포정책은 1990년대에 들어서서 본격화되었다고 보기 때문에 이승만 정부 시기에 주목한 선행연구가 많지 않다. 또한 재외동포 연구에서 재일동포의 존재는 어디까지나 세계 각지에 이산된 재외동포 중 하나로만 설명되어 식민지에 뿌리를 가진 그들의 역사성은 중요시되지 않는 경향이 있다.

이외에도 재일동포의 역사성을 중요시하되 보다 넓은 관점을 도입하려고 디아스포라(diaspora)라는 개념을 적용한 연구들이나 재일동포 작가들의 작품을 분석하는 재일조선인 문학 연구, 그리고 최근 일본사회에서 재일동포를 표적으로 하여 벌어지고 있는 혐오 발언(hate speech) 문제와 같은 인종차별이나 이민 문제의 시각에서 재일동포를 포착하려고 하는 연구 등 다양한 분야의 재일동포 선행연구들이 존재한다. 그럼에도 불구하고 한국 정부가 재일동포를 어떻게 바라보고 어떤 정책을 펼쳐 왔는지, 특히 이승만 정부 시기에 주목한 선행연구는 많지 않다.

이렇듯 선행연구가 충분하지 않음에도 한국 정부의 재일동포정책이라고 해서 흔히 나오는 평가가 '기민(棄民)정책'이다. 재외동포정책이 1990년대 이후 본격화되었다고 간주되듯이 그 이전에는 재일동포에 대한 정책이 존재하지 않았다는 인식이다. 특히 이승만 정부 시기는 식민지로부터 해방된 직후이고 대한민국이 새로이 출범하고 국민국가를 형성해 나가야 하는 시기였기에 재일동포의 존재가 외면되었다는 것이다. 하지만 대한민국

초대 대통령 이승만에게 재일동포는 결코 외면할 수 없는 존재였다. 1965년 체결된 한일기본조약의 부속 협정 네 가지 중 하나에 재일동포의 법적 지위 문제가 포함되었다는 사실만 보아도 알 수 있듯이 재일동포의 존재는 한일 간에서 중요한 현안이었고, 그것은 이승만 정부 시기에도 마찬가지였다.

다만 이승만 정부가 재일동포를 경시하지 않았다는 것이 이승만 정부가 충분한 재일동포정책을 펼쳤다는 것을 의미하는 것은 아니다. 이승만 정부가 능동적으로 '기민정책'을 구상한 것은 아니었으나 재일동포 당사자의 입장에서 '기민'을 당했다고 느껴질 만한 상황이 벌어진 것도 사실이다. 앞에서 언급한 대로 이승만 정부는 대한민국이라는 국민국가 형성 과정에 있었고, 경제적 어려움과 아울러 남북 체제 경쟁이라는 동아시아 냉전 구도 속에서 제약이 컸을 것이다. 그뿐만 아니라 이승만 정부로서 반공 및 반일과 같은 양보할 수 없는 정치적 선택이 재일동포와 직간접적으로 연계되어 충분한 정책 구상이 쉽지 않았음을 짐작할 수 있다.

본고는 대한민국이 주권 국민국가로 형성되어 가는 과정에서 이승만 정부가 재일동포를 어떻게 인식하고 어떻게 대처해 나갔는지를 살펴본다. 특히 반공과 반일을 국시로 삼은 이승만 정부가 세계적 냉전과 한반도 남북 분단이라는 동아시아 냉전 구도, 그리고 일본을 중심으로 둔 미국의 동아시아 안보 전략 등, 당시 한국이 놓여 있던 동아시아 국제 정세를 염두에 두고 재일동포를 둘러싼 문제에 어떻게 대처하려고 한 것인지 분석하고자 한다. 현재까지 다양한 재일동포 관련 연구가 진행되어 왔지만 한국 정부와 관계가 깊을 수밖에 없는 재일동포임에도 불구하고 재일동포에 대한 한국 정부의 능동적 관여를 분석하는 선행연구는 드물었다. 어쩌면 일면적인 시각에 그쳤던 것으로 보이는 재일동포 연구에 본고가 보다 넓은 관점을 제공할 수 있기를 바라는 바이다.

본론에 들어가기에 앞서 재일동포의 호칭 문제를 언급해 두겠다. 일본

역사학계를 중심으로 선행연구들은 '재일조선인'이라는 표현을 학문적으로 가장 객관적이고 본질적인 용어로 간주해 왔다. 한국 학계에서도 이와 같은 경향을 그대로 가지고 있으나, 객관성이라는 측면에서 일본 학계에서만큼 '재일조선인'이라는 표현이 시민권을 확보했다고 보기가 어렵다. 한국어로 표현하는 것의 의미를 고려하면 호칭 문제는 더 복잡하다. 또한 1910년에 대한제국이 식민지화되어 제국일본의 외지(外地)로서 '조선'으로 불리게 된 역사적 경위를 고려한다면, 역시 호칭 문제는 결론 내리기가 쉽지 않다.

재일동포의 호칭 문제를 둘러싼 심도 있는 논의는 다음 기회로 넘기도록 하고, 본고는 재일동포정책에 대한 검토라는 취지에서 대한민국의 입장에서 보는 '재일동포'라는 표현으로 그들 인구 집단을 표현하기로 한다. 필자의 입장에서 '동포'가 아니므로 작은따옴표를 가지고 표현하는 것을 원칙으로 하지만 본문에서는 복잡한 표기를 피하기 위해 작은따옴표를 생략하여 표기하는 것으로 한다.[1]

2. 해방 직후 '재일동포'의 선택과 처우

1) '60만 재일동포'의 기원

1945년 식민지로부터의 해방 이후 대한민국 정부 수립에 이르기까지의 과정은 동아시아 냉전체제 안에서 진행되었던 것처럼 일본에서 해방을 맞이한 재일동포도 역시 동아시아 남북 분단체제의 영향을 고스란히 받을 수

1 재일동포 호칭을 둘러싼 논의는 필자의 공저논문 「'재일조선인'과 '재일한국인' : 통합적 명명을 위한 기초연구」〔『21세기정치학회보』 제17집 제3호(2007)〕 참조. 재일동포 호칭으로는 재일조선인, 재일한국인, 재일한인, 재일코리안, 재일, 자이니치 등이 있다.

밖에 없었다. 일본에 남게 된 재일동포 당사자들은 스스로를 식민지로부터의 '해방 민족'으로 인식하여 당연히 제2차 세계대전 전승국 국민과 동일하거나 적어도 그들에 준하는 대우를 받을 것이라고 생각했다. 하지만 당초 연합국최고사령부(General Headquarters / Supreme Commander of the Allied Powers. 이하 'GHQ / SCAP')은 명확한 재일동포정책을 수립하지 않은 채 그들의 존재를 치안대책 또는 반공정책의 대상으로 보아 경계했고, 일본 정부는 재일동포를 관리와 통제의 대상으로만 간주했다. 한편 패전국 일본은 전쟁 책임에 관해 추궁받기는 했어도 사실상 식민지 책임에 관해서는 불문에 부쳐졌다.

GHQ / SCAP은 1945년 11월 1일부 '초기 기본 지령'[2]에서 재일동포를 "해방 민족(liberated peoples)"으로 규정하면서도 필요에 따라 "적국민(enemy nationals)"으로 취급할 수 있다고 모호하게 규정했다. GHQ / SCAP이 애초 재일동포를 "해방 민족"이라고 한 것의 의미는 그들에게 귀환을 장려하는 것이 전부였던 것으로 해석할 수 있다. GHQ / SCAP은 재일동포의 자치 능력을 낮게 평가하여 그들을 일본 점령정책의 저해 요인으로만 간주한 것은 물론, 국적과 법적 지위에 관한 문제도 대수롭지 않은 부수적인 일에 불과하다고 간주한 것이다.[3]

구 종주국 일본에서 '해방 민족'으로서의 권리를 충분히 누리지 못했던 재일동포는 통치 행정 편의에 따라 때로는 일본 국민과 동일한 취급을 받게 되었다. 1965년 한일 국교 정상화가 이루어질 때 '법적 지위협정'으로 합의를 보게 되는 재일동포의 일본 국내 법적 지위의 정치적 상황은 1948년 대한민국 정부 수립 이전부터 이미 시작된 것이었다. 또한 법적 지위를 둘

2 「일본 점령 및 관리를 위한 연합국최고사령관에 대한 항복 후의 초기 기본적 지령(Basic Initial Post Surrender Directive to Supreme Commander for the Allied Powers for the Occupation and Control of Japan)」(JCS 1380/15=SWNCC 52 / 7, 1945. 11. 1).

3 水野直樹 · 文京洙(2015), 『在日朝鮮人 : 歴史と現在』, 東京 : 岩波書店, 106~108쪽.

러싼 문제만이 아니라 재일동포에 대한 본국의 인식 기반도 이 시기에 형성되었고, 이에 따라 민족 단체들과 본국의 관계 기반도 남북 분단체제 성립 과정에 기원을 둔다.

1945년 8월 15일 제2차 세계대전에서 일본이 패전함에 따라 한반도는 식민지 지배에서 벗어나 해방을 맞이하였다. 일본에서 해방을 맞이한 조선인은 200만~220만 명으로 추산된다. 전쟁 말기부터 일본 본토 공습을 피해 조국으로 돌아가려는 조선인들이 발생하였고, 해방을 맞이하면서 야마구치현(山口県) 시모노세키(下関), 센자키(仙崎) 등의 항구에서 조선인들이 조국으로의 귀환을 시도했다.[4]

재일동포들의 귀환은 해방 직후부터 1946년 3월까지의 '자주귀환기'와 1946년 4~12월의 '계획송환기'로 나눌 수 있다. 해방 직후부터 7개월 사이에 이루어진 자주귀환으로는 일본 정부가 비용을 부담한 공식적 귀환자가 약 100만 명, 자비로 배를 조달하는 등의 비공식적 귀환자가 약 40만 명, 공식·비공식을 합쳐 약 140만 명의 조선인이 일본에서 조국으로 돌아갔다고 한다. 이때 전시 동원된 노무자 중 특별한 사정으로 잔류를 선택한 일부를 제외하고 대부분의 재일동포 노무자가 조국으로 귀환한 것으로 보인다. 전시 동원된 이들 대부분이 단신자였고 일본에 생활 기반을 가지지 않았기 때문에 비교적 용이하게 조국 귀환을 선택할 수 있었다. 사실상 1946년에 들어서면서 노무자나 군인, 군속 등의 귀환은 거의 종료되었고 이제 일반 거주자의 귀환이 남았다.[5]

---

4 森田芳夫(1955), 『法務研究報告書 第43集 第3号：在日朝鮮人処遇の推移と現状』, 東京：法務研修所, 53쪽.

5 金英達(1994), 「在日朝鮮人社会の形成と一八九九年勅令第三五二号について」, 小松裕・金英達・山脇啓造 編, 『「韓国併合」前の在日朝鮮人』, 東京：明石書店, 45쪽. 당시 재일동포들이 귀환하는 과정에서 모든 이가 무사히 조국 땅을 밟을 수 있었던 것은 아니다. 1945년 8월 21일 일본 아오모리현(青森県) 오미나토(大湊) 부근 해군시설국의 조선인 노동자 283명, 일반 조선인 897명을 싣고 부산으로 향하던 해군수송함 '우키

1946년 2월 17일 GHQ / SCAP은 계획송환을 위해 조선인 · 중국인 · 류큐인 · 타이완인에게 조국 귀환 의사의 등록 마감을 3월 18일로 정하고 만약 그때까지 등록하지 않으면 귀환의 특권을 잃게 된다는 지령을 내렸다.[6] 하지만 실제로 귀환한 조선인은 8만 2,900명에 불과했다. 많은 귀환 희망자는 GHQ / SCAP에 의한 1인당 현금 1,000엔과 동산 250파운드(약 113킬로그램)라는 재산 반출 제한 등으로 조국 귀환을 망설인 것이다.[7] 결국 해방 이후 자주송환 및 계획송환이라는 형태로 일본에서 조국으로 귀환한 조선인은 140만~150만 명으로 추산된다.

한편으로 밀항을 통해 다시 일본으로 향해 '재일동포'의 삶을 선택한 이들도 발생했다. 1946년에 들어서면서 한반도로 귀환하는 이들의 수는 저조해지는 한편, 예전에 일본에 거주했던 재입국자이거나 가족 혹은 친척이 일본에 있는 이들을 중심으로 한반도에서 일본으로 건너가는 조선인이 눈에 띄기 시작한다. 그런데 1946년 3~4월 GHQ / SCAP이 그런 조선인의 일본 (재)입국을 사실상 금지했다. 이에 따라 일본으로 건너가려는 조선인의 도일은 '불법 입국'으로 간주되었다.[8] 이로써 이전까지 하나의 생활권을 형성하던 한일 간의 자유 왕래가 차단되어 밀입국의 급증 현상이 나타나

시마마루(浮島丸)'가 24일 오후 5시가 넘어서 마이즈루(舞鶴)항에 들르려다 기뢰에 접촉하여 침몰하였다. 이 사고로 549명이 숨졌다[森田芳夫(1955), 앞의 책, 53~54쪽].

6 SCAPIN-746 : Registration of Koreans, Chinese, Ryukyuans and Formosans, 1946. 2. 17.

7 森田芳夫(1955), 앞의 책, 59쪽 ; 홍인숙(2001), 「第2次 世界大戰 直後, GHQ의 在日朝鮮人政策」, 『한일민족문제연구』 제1집, 160쪽.

8 "본국에 인양한 비일본인은 연합국최고사령관의 허가가 없는 한 상업교통이 가능해질 때까지 일본에 귀환하는 것이 불허된다"(SCAPIN-822 : Repatriation, 1946 / 03 / 16) ; "비일본 국민의 입국 및 등록에 관한 각서"(SCAPIN-852 : Entry and Regitration of Non-Japanese Nationals in Japan, 1946 / 04 / 02). 여기에서 사용되는 "비일본인(non-Japanese)" 또는 "비일본 국민(non-Japanese nationals)"이라는 용어는 중국인, 타이완인, 류큐인만 포함한다는 주석이 달려 있다.

GHQ / SCAP과 일본 정부가 '불법 입국자' 조선인의 수색 및 단속을 강화하게 되었다.

귀환과 잔류의 갈림길에서 잠정적인 선택이었다 하더라도 그때 일본 거주를 선택한 이들이 '60만 재일동포'로 불리는 현재 재일동포 인구 집단의 모체가 되었다. 귀환과 잔류는 물론 밀항이라는 선택에도 당시 미국과 일본의 의도, 그리고 한반도 내 갈등 등 정치적 선택과 혼란까지 복합적으로 영향을 끼쳤다. 패전국 일본의 민주화를 추진한 연합군 점령 당국이었으나, 세계적 냉전의 격화에 따라 일본과 한반도의 왕래를 차단함으로써 한국을 반공의 보루로 간주한 것이다. 일본 오사카(大阪)에 제주도 출신자가 많은 것도 1948년 4·3사건을 계기로 일본에 피신한 이들에 기원이 있다. 재일동포의 기원이라고 하면 제국주의 일본에 의한 식민지 지배에 있다는 것이 사실이지만, 한반도 내의 정치적 갈등도 재일동포사회 형성에 영향을 끼친 것이다. 식민지로부터 해방된 재일동포에게 밀항을 포함하여 자유로운 거주지 선택을 허락하지 않던 것이 당시 동아시아 냉전 구도였고, 1980년대 말부터 세계적으로 냉전 구도가 붕괴했음에도 한반도는 물론 재일동포를 둘러싼 동아시아 냉전 구도는 여전히 현재진행형이다.

2) 온존된 식민주의적 관리·통제체제

해방 직후 동아시아 국제 정세는 식민주의가 온존된 외국인관리제도의 구축을 일본 정부에게 사실상 허용했다. 일본 정부는 패전 직후부터 일찍이 재일동포 귀환 문제에 관심을 보였다. 1945년 9월 1일 일본 정부는 한 통첩[9]을 각 지방에 전달하여 당시 일본의 핵심 산업인 석탄산업을 당분간 유지하

9 「朝鮮人集団移入労務者等ノ緊急措置ニ関スル件」, 『警保局保発甲第3号 内鮮関係通牒書類編冊』.

려고 조선인 노동자 관리체제를 존속할 것을 시도했다.[10]

또한 1945년 12월 일본 정부는 선거법을 개정하여 식민지 출신자(조선인 및 타이완인)의 선거권을 정지시켰다. 일본 정부는 조선인을 "법 형식상 강화(講和)까지는 일본 국민"으로 취급하면서 중의원의원선거법을 개정하여 '호적 조항'을 통해 그들의 참정권을 모두 정지시킨 것이다.[11] 일본 정부는 식민지 시기 조선인을 '일본 국민'으로 편입시키는 한편 '조선호적령'을 통해 '외지인(外地人)'으로 구별하여 내지(內地) 일본의 호적법에서 배제했다. '호적 조항'을 통한 선거권 정지 조치는 식민지 시기의 정책을 그대로 활용한 식민주의적 조치였다.

당시 일본 정부가 재일동포를 계속해서 일본 국민으로 취급한 것은 연합국 점령하에서 재일동포를 직접 관리 및 통제할 수 있는, 즉 검찰·사법권의 행사가 가능한 범위에 두기 위해서였다. 선거법으로 조선인의 정치 참여를 제한한 후 1947년 일본 정부는 신헌법 시행(5. 3) 전날 천황의 마지막 칙령(勅令)[12]으로 '외국인등록령(外國人登錄令)'을 제정하여 이른바 '간주(み

10 出水薫(1993), 「敗戦後の博多港における朝鮮人帰国について：博多引揚援護局『局史』を中心とした検討」, 『法政研究』 第60巻 第1号, 73~75쪽 ; 金太基(1997), 『戦後日本政治と在日朝鮮人問題：SCAPの対在日朝鮮人政策 1945-1952年』, 東京：勁草書房, 99~101쪽, 132쪽.

11 일본의 '한국병합'에 따라 일본제국에 편입된 조선인은 식민 통치하에서 선거권을 부여받았다. 식민지 조선과 타이완에서 제국의회 의원을 선출하기 위한 '선거구'를 정하는 법규정을 정비하지 않았기 때문에 선거가 실시되지 않았으나, 내지(內地) 일본에 사는 조선인과 타이완인은 정치 참여의 기회를 가질 수 있었던 것이다. 1932년 중의원 선거에서는 도쿄 후카가와(深川) 선거구의 조선인 박춘금(朴春琴)이 입후보하여 당선하기도 했다. 다만 선거 참여가 가능했다고 식민 통치하에서 조선인이 정당한 권리를 충분히 누릴 수 있었다고 보기는 어렵다. 박춘금의 경우도 당시 '만주국'을 수립한 일본군부 등 우파가 만주국 '오족공화(五族共和)'의 정치적 선전을 위해 이용된 측면이 지적된다[金賛汀(2010), 『韓国併合百年と「在日」』, 東京：新潮社, 101~102쪽].

12 「勅令第二〇七号 昭和二十年勅令第五百四十二号ポツダム宣言の受諾に伴い発する命令に関する件に基く外国人登録令」, 1947. 5. 2.

なし) 규정'[13]을 통해 '일본 국민'으로 둔 재일동포를 외국인으로 '간주'하여 관리할 수 있도록 규정했다.

한편 GHQ / SCAP은 재일동포의 계획송환이 예상과 달리 저조하게 끝나 상당수의 재일동포가 일본에 남을 것으로 전망된 1946년 말쯤에는 일본에 남게 될 이들을 "정당하게 수립된 조선 정부가 그들에 대해 조선 국민으로 승인할 때까지 그 일본 국적(Japanese nationality)을 보유하는 것으로 간주한다"는 방침을 발표했다.[14] 이는 일본 정부가 재일동포를 '간주 규정'으로 외국인으로서 정치 참여를 제한하면서도 관리 · 통제하에 그들을 두는 정책을 사실상 추인한 조치였다.

이에 대한민국 과도정부와 함께 본국 여론이 강하게 반발했다. 예를 들어 『경향신문』은 사설에서 "조선이 일본의 식민지의 지위에서 이탈했을 시에 조선인이 자동적으로 일본 국적을 이탈한 것은 법리상으로 보아 추호(秋毫)의 의의(疑義)도 없다. 조선이 아직 독립국가로서 자기 정부를 가지지 못했을망정 일본의 주권에서 이탈한 것만은 역연한 사실이며 연합국 또한 승인하는 바이다. 따라서 조선인이 거주지의 여하를 불구하고 자기의 의사에 반해서 타국의 국적 취득을 강요받는다는 것은 국제법상 있을 수 없는 일"이고, "국가의 면목"과 "민족 감정" 면에서 용납하지 못할 일이라고 강하게 비판했다.[15]

이와 같은 거센 반발이 잇따라 나오자 GHQ / SCAP은 재일동포를 일본 국민으로 취급한다는 언론 보도는 오보임을 주장하여 수습에 나섰다. 결과적으로 반발 여론은 가라앉았으나, GHQ / SCAP은 재일동포를 관리 및 통

---

13 제11조 "타이완인 중 내무대신이 정한 자 및 조선인은 이 칙령의 적용에 관해 당분간 외국인으로 간주한다(台湾人のうち内務大臣の定めるもの及び朝鮮人は、この勅令の適用については、当分の間、これを外国人とみなす)."

14 金太基(1997), 앞의 책, 302쪽.

15 『경향신문』 1946. 11. 16.자.

제하기 위해서 일본 정부가 취한 정책을 사실상 추인한 방침을 바꾼 것이 아니었다. 본국에 정식 정부가 없는 상황에서 재일동포가 '해방 민족'의 대우는커녕 관리와 통제를 위해 외국인 아닌 외국인 취급을 받게 된 차별적 상황은 식민지 통치하와 다름이 없었다.

외국인등록령은 1949년 12월 3일 위반 시의 벌칙규정을 엄격화하는 등의 내용이 개정되고 다음 해 1950년 1월부터 시행되었다. 외국인등록증의 상시 휴대의무화, 외국인등록증의 3년갱신제 도입 등, 외국인에 대한 관리제도가 철저하게 정비되었다. 당시 여전히 이어지던 조선인 밀항자는 '불법 입국'의 혐의와 함께 외국인등록 규정 위반으로도 적발되어 강제퇴거의 대상이 되었다. GHQ / SCAP은 출입국관리정책의 일부 권한을 일본 정부에 이양하고 일본 정부는 이에 따라 외국인등록령 강화를 비롯하여 출입국 관리에 관한 조직 및 법제도의 정비를 추진했다. 1949년 즈음부터 GHQ / SCAP의 방침으로 일본 정부는 대일강화 이후, 즉 독립국가로서 국제무대에 복귀한 뒤를 준비하기 시작한 것이다.

1948년 2월 체코슬로바키아의 쿠데타를 비롯해 소련에 의한 6월 베를린 봉쇄 등 세계적인 냉전의 격화 속에서 한반도 남북에서 각각 정부가 수립되고, 1949년에는 중화인민공화국이 성립되면서 공산주의에 대한 GHQ / SCAP의 경계심이 높아졌다. 또한 1949년 4월 4일 북대서양조약(North Atlantic Treaty) 체결로 상징되는 세계적 냉전의 격화와 공산주의 세력의 확대라는 동아시아의 지역 정세가 이어졌다.

그런 국제 정세를 배경으로 GHQ / SCAP이 일본 정부에 의한 식민주의적 '경찰국가'의 성격을 온존한 출입국관리체제를 결과적으로 허용한 것이다.[16] 당시 출입국관리체제의 주된 대상은 조선인이었고, 당시 재일동포는

16 국제법학자 오누마 야스아키(大沼保昭)는 1949년 9월 8일 일본 법무성이 각 도(都) · 도(道) · 부(府) · 현(県) 지사와 검사장(檢事長), 검사정(檢事正)에게 전달한 통첩에서

조선민주주의인민공화국 국가 수립 '경축운동'을 벌이는 등 공산주의 진영을 지지하는 입장을 공식적으로 표명하게 된 재일본조선인연맹(이하 '조련')이 최대 세력이었던 것으로 짐작할 수 있듯이 재일동포는 GHQ / SCAP의 주된 경계 대상 집단이었다.

이승만 정부도 당시 "재일본 거류민은 96퍼센트가 좌경이므로 응급교화정책이 요망"된다는 인식을 보였으며,[17] 그런 가운데 GHQ / SCAP은 공산주의자 단속을 위해 일본 정부의 차별적 조치를 간과한 것으로 보인다.[18] 개정 외국인등록령을 통해 강화된 일본 정부의 외국인정책은 재일동포를 대일강화까지 일본 국민으로 취급한다는 GHQ / SCAP의 방침과 일본 정부의 원래 방침과 모순되는 것이었다. 하지만 냉전이라는 국제 정세의 영향으로 반공정책 강화가 요구되는 가운데 재일동포를 직접적 관리와 통제가 가능하도록 외국인등록제도의 대상으로 삼는 제도가 마련된 것이다. 이에 대해 재일동포 민족단체들은 당연히 반발했으나, 원래 '연합국민' 즉 외국인으로서의 처우를 요구하던 재일동포사회에서 반대운동이 그다지 큰 효

외국인에 대한 강제퇴거 권한의 발동에 관해 검찰관의 주도하에 형사처벌과 아울러 퇴거 절차를 진행하려는 연속성, 즉 검찰 및 경찰 그리고 지방자치단체 수장에 의한 외국인관리체제를 '경찰국가'적 출입국관리체제의 온존이라고 지적했다〔大沼保昭(1986), 『単一民族社会の神話を超えて：在日韓国・朝鮮人と出入国管理体制』, 東京：東信堂, 69~72쪽〕.

17 국무총리비서실(1949b), 「단기 4282년 6월 21일, 제60회 국무회의록」, 『국무회의록(제1~116회)』(관리번호 BA0182402, 1949. 6. 22).

18 오누마는 1949년 12월 당시 GHQ / SCAP의 경계심과 더불어 GHQ / SCAP이 개정 외국인등록령의 본질을 충분히 이해하지 못했던 측면을 지적한다. GHQ / SCAP은 당시 일본의 출입국 관리정책에 있어 '질서 유지'와 '기본적 인권의 담보'라는 두 측면에 관심을 가지고, 그때그때 상황에 따라 한쪽을 강조하는 형식으로 태도를 결정하고 있었다. 그러다가 1950년대에 들어 GHQ / SCAP은 일본의 출입국관리체제의 위험성을 확인하고 비판하는 태도를 보였지만, 1948~1949년에는 동아시아 국제 정세에 따라 일본 출입국관리체제의 문제점을 비교적 간과하는 경향을 보였다는 지적이다〔大沼保昭(1986), 앞의 책, 73쪽, 86쪽〕.

름을 만들지 못했다.

3) 민족 단체의 결성과 분열

해방과 동시에 일본 각지에서 다양한 사람에 의해 다양한 동포 조직이 결성되었다. 그 결과 재일동포로 구성된 자치단체는 한때 3백 개를 넘어섰다. 대부분의 조직이 가진 공통된 목표는 귀환 문제와 일본에서의 생활 권익 문제 등, 바로 눈앞에 닥친 문제를 해결하는 것과 동포들의 단결 및 문화 수준의 향상이었다. GHQ / SCAP 민사국은 1948년 7월 시점에 재일동포 관련 단체를 총 321개 단체로 파악했고, 정치 성향별로 구분하여 좌파 성향이 95개 단체, 우파 성향이 20개 단체, 중립 성향이 30개 단체, 성향불명이 174개 단체, 무정부 성향이 1개 단체, 극자유 성향이 1개 단체라고 인지하고 있었다.[19]

그런 가운데 1945년 10월 15일 도쿄(東京)에서 조련이 결성대회를 열어 출범했다. 당초 조련은 공산주의자부터 민족주의자, 친일 우파 세력까지 다양한 인사들이 모여 조직된 민족 단체였다. 당시 조련의 일부에서는 친일파를 규탄하는 움직임도 있었으나, 단체 결성 시 강령에 재일동포 전체를 대표하는 단체로서 재일동포에게 닥친 현실적인 과제를 직시하고 일본 국민과 "우의(友誼)"를 가질 것을 언급할 정도로, 민족주의적 경향도 이데올로기적 색깔도 짙지 않은 다양한 성향의 재일동포를 아우르는 민족 단체였다.[20]

---

19 최영호(2008), 「재일교포사회의 형성과 민족 정체성 변화의 역사」, 『한국사연구』 제140호, 89쪽.

20 조련 결성 시 채택된 강령은 다음과 같다. "① 우리는 신조선 건설에 헌신적 노력을 기한다. ② 우리는 세계평화 항구유지를 기한다. ③ 우리는 재류동포 생활 안정을 기한다. ④ 우리는 귀국 동포의 편의와 질서를 기한다. ⑤ 우리는 일본 국민과의 호양우의(互讓友誼)를 기한다. ⑥ 우리는 목적 달성을 위해 대동단결을 기한다"〔呉圭祥(2009), 『ドキュメント在日本朝鮮人連盟：1945-1949』, 東京：岩波書店, 14~15쪽〕.

하지만 조련은 서서히 공산주의 세력에 장악되어 갔다. 제국일본의 식민 지배에 협력한 친일파가 민족의 배신자로 비판받는 한편, 식민지 시기를 통해 일본 제국주의에 저항하며 조선 사람들의 독립운동에 동조한 유일한 일본 국내 정당이 일본공산당이었기에 공산주의 세력이 재일동포사회에서 일정한 영향력을 유지했기 때문이다.[21] 1946년 '8월 방침'을 통해 일본공산당이 조련에게 일본 민주혁명을 위해 함께 투쟁할 것을 요구하자, 조련은 민족적 이익보다 계급적 이익을 우선시하여 "천황제 폐지"와 "반동 정부 타도"라는 근본적 정치 목표를 달성하기 위해 일본 공산주의자들과의 공동 투쟁을 선택하기에 이르렀다.[22]

한편 공산주의 세력과의 밀접한 관계에 반발하여 조련을 이탈한 우파 세력은 박열을 중심으로 한 재일본조선거류민단(在日本朝鮮居留民團. 이하 '조선민단')을 1946년 10월 결성했다. 박열의 조선민단도 당초 정치적 성향을 지니지 않는 "무색투명"한 민족 단체를 표방했다. 하지만 조선민단은 조련에 대한 반발로 결성된 단체로서 반공의 입장으로 조련과 대립 관계에 섰고, 이후 과도정부 이승만과의 관계를 통해 단독선거 · 단독정부(이하 '단선 · 단정') 노선을 지지하게 되어 결국 재일동포 우파 세력의 분열까지 초래하게 되었다.

무정부주의자로 널리 알려져 있는 박열이지만 해방 직후부터 본국 정부

---

21 원래 일본 공산주의운동이 해외 조선인으로부터 시작되었다는 역사적 경위 또한 조선인에 대한 일본 공산주의자들의 존중으로 이어진 이유로 설명될 수 있다. 1921년 12월 일본에서 처음으로 결성된 공산당은 그 자금을 코민테른으로부터 받았는데, 해외의 조선인을 통해 전달되었다. 전준은 이에 대해 일본인 공산주의자들에게 코민테른 자금 획득은 무엇보다 큰 운동 요소였기 때문에 "일본 공산주의자들이 해외에 있는 한인에게 경의를 갖게 되었다는 것은 당연했고 이것이 또 재일 한인 공산주의자에 대한 멸시를 삼가고자 하는 자제심이며 대등하게 대우하고자 하는 관용심이 되어 나왔다 해도 과언이 아니다"라고 설명한다[전준(1972), 『朝總聯硏究〈第一卷〉』, 서울 : 高麗大學校出版部, 185~187쪽].

22 朴慶植(1989), 『解放後在日朝鮮人運動史』, 東京 : 三一書房, 89~94쪽.

수립에 적극적으로 관여하는 자세를 보였다. 1945년 12월 상하이 임시정부 주석 김구는 재일동포에 대한 영향력을 확보하려고 한도봉〔韓道峰 : 구명 위혜림(韋惠林)〕을 '선무사'로 도쿄에 파견했다고 한다. 한도봉은 우선 박열을 임시정부에 추대함과 동시에 그 참모 격이 되어 신조선건설동맹(新朝鮮建設同盟. 이하 '건동') 및 조선민단 결성에 있어서 뒤에서 큰 역할을 했고, 박열을 조선민단 단장에 앉히는 것과 일본 도쿄에 '대한민국의회 주일변사공처(駐日辯事公處)'를 개설하는 데 성공했다.[23]

이후에도 김구와의 관계를 유지한 박열이었으나, 1948년 5 · 10총선을 앞둔 상황에서는 단선 · 단정을 지지하는 입장을 취했다. 조선민단 내부에도 김구와 김규식의 남북 협상 노선을 지지하는 인사들이 있었다. 그러나 박열은 그런 일부 세력을 배제하면서 이승만의 정치 노선을 지지했다. 박열과 이승만은 반공 등의 점에서 통한 것으로 보인다.

박열은 1946년 옥중에서 집필한 것으로 알려진 저서 『신조선 혁명론(新朝鮮革命論)』에서 공산주의 세력에 대해 "혹자는 스스로 공산당원임을 자랑하고 또한 혹자는 극좌사상을 조국 독립의 최선의 방도로 오인하고 또 어떤 혹자는 소아병적인 좌익사상에 심취하여 스스로 좌익이 아닌 사람은 인간이 아닌 것 같은 태도를 보이기도 했다"며 비판했다. 그는 "민족해방사상으로서 좌익의 대두는 당연한 일"이라고 인정하면서도 "스스로의 창의로서 그 운명을 타개하는 각오를 망각한다면, 조국 조선은 제국주의 일본의 쇠사슬을 전체주의적 공산 파쇼의 쇠사슬로 바꾸는 일로 끝장날 것"이라고 경고했다.[24]

또한 박열은 신조선 입국(立國)을 위해 미국 또는 소련의 지원이 반드시

23 坪井豊吉(1977), 『在日同胞の動き : 戦前 · 戦後在日韓国人(朝鮮)関係資料』, 東京 : 自由生活社, 252쪽.

24 박열(1989), 『신조선 혁명론』, 서석연 옮김, 서울 : 범우사, 166~168쪽.

필요하다는 국제 정세 인식을 가지고 있었고, 미국과 친밀한 관계를 구축하면서 독립국가로서 자립을 구상한 이승만에 공감했을 것으로 보인다. 박열은 미국에 대해 "자본주의를 내포하면서 어디까지나 자유와 평등의 원칙을 지키고, 민주주의를 표방하는 국가 중 물질문명이 가장 발달한 세계적 대표"라고 인식했으며, 미국이 대일전(對日戰)에서 승리한 것은 "말할 나위 없이 자본주의의 승리며, 거기에서 출발한 근대 물질문명의 승리였다"고 보았다.[25]

조선민단이 출범한 지 얼마 되지 않은 1946년의 한 시점에 박열은 "본국 기관과의 연락 및 그 지시에 따른 활동으로 재일동포 옹호와 지도"를 목적으로 '대한민국의회 주일변사공처'를 도쿄 고엔지(高圓寺)에 개설했다. 이에 이어 과도정부는 1947년 4월 국무회의를 통해 박열을 국무위원으로 임명하였다.[26] 조선민단은 박열 단장의 카리스마성에 의존한 조직이었기에 그의 정치적 입장이 조직의 방향성에 큰 영향을 주었다. 박열은 조선민단 단장으로서 이승만의 단선·단정을 적극적으로 지지하여 5·10총선을 앞둔 4월 24일에는 『조선일보』 1면에서 이승만과 김구 앞으로 보낸 서한의 형태로 이승만 지지의 태도를 표명함으로써 이승만의 정치 노선을 밀어 주기도 했다.[27]

그런데 조직 차원에서 단선·단정을 지지한다는 박열의 정치적 선택은

25 박열(1989), 앞의 책, 15~16쪽.

26 5·10총선거 이후 대한민국 수립과 함께 국회가 개설되자, 1948년 6월 29일 박열은 국무위원을 사임하였고 주일변사공처도 폐지되었다[坪井豊吉(1977), 앞의 책, 252쪽].

27 "총선거를 앞두고 김구, 이승만 양 선생의 협조를 요망함"이라는 제목으로 실린 기사는 김구, 김규식, 이승만의 주장은 "결국 조국의 완전 독립이라는 구극의 목표에서는 완전히 일치하여 있는 것"이지만 "국련(國聯 : 유엔)에서 주장된 총선거의 시기는 목전에 핍박하여 있음으로 돌연한 시일의 지연은 금물이라고 아니할 수 없는 것"이라며 "지금도 선생의 의견 불일치는 참으로 심우(深憂)를 금할 수 없는 바이며 재류동포 일절의 심통지사(心痛之事)"라는 박열의 서한 내용을 전했다(「총선거를 앞두고 김구, 이승만 양 선생의 협조를 요망함」, 『조선일보』 1948. 4. 24.자)

구성원들의 작지 않은 불신을 사게 되어, 조선민단 조직의 약체화를 촉진시키고 말았다. 특히 김구의 남북협상안을 지지하는 이강훈 및 원심창과 같은 조선민단 결성 당시부터의 독립운동가 중요 인사를 배제시킨 것이 큰 타격이 되었다. 또한 5·10총선을 전후로 벌어진 제주 4·3사건도 조선민단 약체화의 요인이 되었다. 제주도에서 벌어진 학살 사태를 피해 제주도민들이 일본에 건너감으로써 사건의 실태가 전해지면서 과도정부와 함께 미군정청을 지지하는 조선민단에 대한 반감도 커졌다. 이를 계기로 조선민단을 떠나 조련에 합류한 동포가 급증했다고 한다.[28]

결국 조선민단은 조련과의 대립 관계에서 열세를 극복할 수 없었다. 하지만 한편으로 한반도 남북 분단체제가 성립되는 과정에서 재일동포사회는 조련과 조선민단의 대립 구도를 형성시켜, 이후 재일본조선인총연합회(조련의 후신)과 재일본대한민국민단(조선민단의 후신)이라는 현재 민족 단체들의 대립 구도로 이어져 갔다.

3. 남북 체제 경쟁과 '재일동포'정책

1) 국민정체성 확립 시도

대한민국 국민에게 이승만의 단선·단정 방침은 필연적 선택이었음에도 이상적인 선택은 아니었다. 적어도 국민국가(nation-state) 정체성으로서 당위성의 관점에서는 1948년의 대한민국 정부 수립은 "결손 국가(broken state)"에 불과했다.[29] 당시 국제 정세는 이승만으로 하여금 공산주의 세력을 배

28 姜鷺鄕(1966), 『논·픽션 駐日代表部』, 서울 : 東亞PR硏究所出版部, 23쪽.

29 김일영(2004), 『건국과 부국 : 현대한국정치사 강의』, 서울 : 생각의나무, 78쪽.

제하면서 주권 국민국가의 모습을 갖춘 대한민국을 출범시킨다는 현실적 선택을 하게 만들었다. 그런 가운데 재일동포사회에서 최대 민족 단체인 조련은 조선민주주의인민공화국 김일성 정부의 수립을 지지하는 입장을 명확히 했고, 적지 않은 재일동포들이 이를 따랐다. 이로써 이승만 정부는 재일동포에 대한 인식에서 더욱더 대한민국 국민정체성(national identity) 확립의 필요성을 인지했을 것으로 짐작할 수 있다.

1948년 8월 15일 대한민국 정부 수립에 이어 9월 8일 정부가 조선민단을 재일동포를 대표하는 유일한 민족 단체로 공인하자 조선민단은 "조선"을 "대한민국"으로 대치하여 '재일본대한민국거류민단(在日本大韓民國居留民團, 민단)'으로 단체명을 변경했다.[30] 민단은 그때 수정한 강령에서 "우리는 대한민국의 국시(國是)를 준수한다"는 선언을 하게 된다. 이승만 정부가 조련을 '적색'으로 보는 것과 동시에 그 대항 세력으로 기대를 건 것이 민단이었다. 대한민국 정부와의 명시적 관계를 맺은 민단은 이전까지 눈에 띄지 않게 활동해 온 친일파 경력의 권일을 외무부장과 상공부장으로 겸임시키는 등 대한민국 정부 수립에 따라 민단 조직의 보다 명확한 "정치화"가 시작된 것으로 판단된다.[31]

하지만 당시 민단 구성원 중에는 여전히 남한 단독정부 수립에 반대하거나 아예 김일성 정부를 지지하는 이들이 있었기 때문에 한국 정부와 일체화되어 가는 민단의 정치 노선에 비판도 적지 않았다.[32] 앞에서 살펴본 바와 같이 박열과 이승만의 관계는 대한민국 정부 수립 이전부터 이어진 것이었고, 반공의식은 물론 주권 국민국가의 인식에서도 두 사람은 일정 정도 가치관을 공유하는 관계였다. 대한민국 수립 이전부터 이어진 교류, 단

---

30 민단은 이후 1994년 단체명에서 '거류'를 지우고 '재일본대한민국민단'이라는 현재의 단체명으로 변경했다.

31 金太基(1997), 앞의 책, 475쪽.

32 民団30年史編纂委員会 編(1977),『民団30年史』, 東京 : 在日本大韓民国居留民団.

선·단정의 지지만 보아도 이승만 정부가 박열의 조선민단을 공인한 것은 자연스러운 일이었고, 북한과의 체제 경쟁에 돌입한 주권 국민국가 대한민국으로서 필요한 국민 만들기(nation-building)의 한 과정이었다고 볼 수 있다.

1948년 9월 19일 이승만 정부는 해외여권규칙(외무부령 제2호)을 공포 및 시행함에 따라 주일대표부를 통해 재일동포를 대상으로 여권을 발행하기 시작했고, 12월 20일 국적법(법률 제16호)을 제정하여 즉시 시행했다.[33] 이어서 다음 해 1949년 6월 25일 이승만 정부는 재외국민등록령(외무부령 제4호)을 공포하여 8월 1일부터 시행했다. 재외국민등록령은 제1조에서 "본령은 외국에 체류하는 국민의 신분을 명확히 하고 그 보호를 적절히 행하기 위하여 그 등록을 실시함을 목적으로 한다"고 정했고,[34] 주일대표부는 이를 11월 1일부터 재일동포에게 적용했다.

재외국민등록과 관련하여 이승만은 1949년 9월 2일 국무회의에서 "재외국 한국인을 전부 등록하게 하고 등록지 않는 자는 공민권을 인정치 않기로" 함을 유시했고, 이어서 9월 12일 임시국회에 보낸 '대통령교서'에서 "대한민국 국민으로서 등록을 거부하는 자가 있으면 그는 공산 분자로 타국을 저의 조국이라고 하는 분자일 것"이고 "이런 사람들은 대한민국 국민의 자격을 인증할 수 없"다고 하며 관련 법안의 성립을 국회에 촉구했다.[35] 주일대표부는 이 등록 사무를 민단에 위촉하고 주일대표부 정환범 대사도 "등록을 거부하는 이는 국적을 상실하고 무국적자는 해외 도항은 물론 모든 외

33 국적법은 제2조에서 "1. 출생한 당시에 부가 대한민국의 국민인 자. 2. 출생하기 전에 부가 사망한 때에는 사망한 당시에 대한민국의 국민이던 자. 3. 부가 분명하지 아니한 때 또는 국적이 없는 때에는 모가 대한민국의 국민인 자. 4. 부모가 모두 분명하지 아니한 때 또는 국적이 없는 때에는 대한민국에서 출생한 자(대한민국에서 발견된 기아는 대한민국에서 출생한 것으로 추정한다)"를 "대한민국 국민"으로 규정하였다.

34 공보처(1949), 『관보』 제119호(단기 4282. 6. 25.자), 4~5쪽.

35 국회사무처(1949), 「국회임시회의속기록 제5회 — 개회식」(단기 4282. 9. 12).

교적 보호를 부여받지 못한다"며 재일동포에게 국민등록을 촉구했다.[36]

1949년 11월 24일에는 재외국민등록법(법률 제70호)이 공포되었다. 이어서 재외국민등록령의 폐지와 함께 1950년 2월 11일 시행령(대통령령 제279호)이 제정되어 이승만 정부는 재외동포에게 국민등록을 요구할 수 있는 법적 근거를 탄탄히 마련한 것이다. 재외국민등록법은 "등록신고를 하지 아니하는 자에 대하여는 공관의 장은 기간을 정하여 그 신고를 최촉할 수 있다"면서 "공관의 장은 전 항의 최촉에도 불구하고 최촉 기간 내에 신고를 아니하는 자에 대하여는 국민으로서 받을 보호를 정지시킬 수 있다"(제8조)라고 명확히 규정했다.

이 재외국민등록제도의 실시는 주일대표부와 민단의 관계에 한 전환점을 가져왔다. 1950년 1월부터 주일대표부는 말단 영사사무를 민단에 위촉함으로써 국민등록, 호적 관리, 귀국 관련 사무 등의 행정적 관리 기관인 민단 본부 및 각 지방 지부를 통해 소속 재일동포에 대한 체계적 관리를 시도했다. 원래 민단이 외교공관 보조 기관의 역할을 맡겠다고 본국 정부에 요구해 왔기 때문에 그것이 이루어진 셈이나, 주일대표부가 민단에 말단 사무만을 맡김으로써 주일대표부와 민단 사이에는 처음으로 상하 관계가 성립된 것이다. 1948년 대한민국 정부 수립 이후 이미 공인 민족 단체가 된 민단의 자주적 성격은 이로써 종속적인 것으로 전환되어 실질적으로도 한국 정부의 말단 기관으로 기능하기 시작했다고 평가된다.[37]

한편 1949년 12월 일본 외국인등록령 개정을 두고 이승만 정부가 문제시한 것은 국적 및 호칭의 문제였다. 개정법에 따라 시행된 등록 신청 절차에 "국적란에 타이완인 및 조선인은 타이완(臺灣) 또는 조선(朝鮮)으로 표기할 것"이라는 주의 사항이 기재된 것이다. 이에 대해 주일대표부는 GHQ / SCAP을

36 森田芳夫(1955), 앞의 책, 106쪽.

37 朴慶植(1989), 앞의 책, 87쪽.

통해 일본 정부에게 외국인등록 시 기재할 국적은 '조선(朝鮮)'이 아니라 '대한민국(大韓民國)' 또는 '한국(韓國)'으로 통일할 것을 요구했다. 이는 '병합 조약'은 원천무효이므로 대한민국 정부 수립으로 재일동포는 자동적으로 본래 국적을 되찾게 되었다는 견해에 따른 주장이었다.

주일대표부로부터 국민등록 관련 사무를 위촉받은 민단도 일본 정부에 직접 동일한 요구 사항을 전달했다. 하지만 GHQ / SCAP 외교국장 윌리엄 시볼드(William J. Sebald)는 재일동포의 국적 문제는 대일강화회의 이전에 결정되지 않는다는 견해를 제시했고, 일본 정부도 '대한민국'을 뜻하는 '한국'이라는 명칭을 사용하는 것은 점령하의 일본 정부 입장에서 적절하지 않다고 주장했다. GHQ / SCAP과 일본 정부는 '한국'이라는 호칭을 사용함으로써 재일동포의 국적을 확정시키는 것으로 간주될 수 있음을 피하고 그 논의는 한일 양국 정부 간 교섭을 통해 정해야 할 문제로 판단한 것이었다.[38]

이승만 정부는 김일성 정부를 상기시키는 '조선'이라는 명칭은 재일동포 사이에서 공산주의운동을 조장할 수 있다는 점과 더불어 '조선'은 식민지 시기에 사용된 명칭으로 식민지 이전의 독립국가로서 대한제국의 역사를 근거로 '한국'이라는 명칭의 타당성을 주장했다. 대한민국 정부 수립을 위한 국호 논의 과정에서 '좌파=조선, 우파=한국, 중립=고려'라는 정치적 인식구도가 굳어져 이승만 정부에서 1950년 1월 이후 '조선'이라는 호칭을 쓰지 않기로 하는 공식 발표를 한 가운데, 대한민국 국민으로 포섭해야 할 재일동포를 '조선'이라는 호칭으로 부르게 되는 것에 반발한 것은 국민 만들기의 측면에서 이승만 정부에게 자연스러운 일이었다.[39] 또한 일본공산

38 金太基(1997), 앞의 책, 673~674쪽.

39 1950년 1월 16일 대한민국 국무총리 이범석의 이름으로 발표된 「국무회의 의결을 거친 국호 및 일부 지명과 지도색 사용에 관한 건」(국무원 고시 제7호)에서 "북한 괴뢰 정권과의 확연한 구별을 짓기 위하여" 국호로서 '조선'이라는 명칭을 사용하지 않기를 확인한 바 있다〔공보처(1950), 『관보』 제261호(단기 4283. 1. 16.자, 1쪽)〕.

당과 친화적인 재일동포가 우세한 와중에 더욱더 '조선'을 허용할 수 없다는 것이 이승만 정부의 필연적인 입장이었을 것이다.

재일동포에 대한 일본 사회의 차별적 시선도 문제시되었다. 당시 언론은 주일대표부 정환범 대표가 미국과 멕시코의 관계를 예로 들어 미국 정부가 멕시코 사람을 '그링고'라고 부르는 것과 마찬가지로, 때로는 차별적으로 쓰인 일본어인 '조센진(朝鮮人)'이라는 표현은 "모욕적 관념을 수반한 것"이라고 하며 "'조선'이라는 것은 북한공산 괴뢰집단이 북한의 명칭으로 채택한 것이다. 민주주의 한국인은 한국이라고 불리우기를 장한다"고 항의한 것을 국내에 전한 바도 있다.[40] 이승만 대통령도 1950년 2월 3일 기자회견에서 "재일교포와 일본 정부 간에 여러 문제가 있는 가운데 외국인등록 실시에서 한인을 '조센진'이라고 호칭하기를 고집한다면, 그것이 그리 중대한 문제가 아니며 한인들은 일본을 '왜국'이라 하고 일본인을 '왜인'이라고 부르게 될 것"이라고 불만을 나타냈다.[41]

결국 일본의 외국인등록제도상에는 '조선'과 '한국' 모두를 표기할 수 있게 되었다. 일본 국내 제도상 국적란의 '조선'이 뜻하는 것은 한반도라는 지역에 불과하고 어느 한쪽 정부도 인정하지 않는다는 이유로 '조선'이라는 표기를 선택하는 재일동포도 적지 않았으나, 국적란 표기를 두고 벌어진 일련의 논의 과정을 통해 재일동포의 외국인등록 국적란의 표기가 '한국'이면 대한민국 지지자를, '조선'이면 조선민주주의인민공화국 지지자를 각각 뜻한다는 새로운 정치적 해석과 개념을 낳게 되었다.

이는 어디까지나 법적 의미를 가지지 않는 일본 외국인등록제도상의 문제임에도 불구하고 국민국가 대한민국의 형성 과정에서 큰 의미를 가지게 되었다. 당시의 호칭과 정체성을 둘러싼 정치적 갈등이 법적 정의와 제도

---

40 『경향신문』 1950. 1. 18.자.

41 『동아일보』 1950. 2. 4.자.

적 제약과 별개로 현재까지 대한민국과 일본의 재일동포에 대한 시각을 지배하고 있다.

2) 반공과 반일의 균형

1949년 세계적 냉전의 격화를 맞이하여 '좌경화'가 우려된 동아시아 지역에서 재일동포에 대한 GHQ / SCAP의 경계는 고조되었고 반공정책은 강화되었다. 1949년 즈음 조련과 민단의 대립도 심해져서 치안의 관점에서도 재일동포사회에 대한 GHQ / SCAP의 부정적 시각은 강화될 수밖에 없었다. 특히 재일동포 최대 세력이던 조련의 활동이 공산주의 활동으로 간주됨에 따라 재일동포 전체가 GHQ / SCAP에 의한 탄압의 대상이 되기도 했다.[42] 그런 가운데 조련의 해산 조치와 제2차 조선인학교 폐쇄명령 사건이 발생했다.

1949년 4월 6일 일본 경찰의 과잉 대응이 문제가 된 도쿄 에다가와(枝川) 사건[43]과 이와 관련해서 보인 일본 언론의 차별적 보도 태도에 대해 주일

---

42 1949년 1월 7일 한국을 방문하여 국무회의에 참석한 민단 박열 단장의 비서 박성진은 재일동포 현황을 보고하면서 "미인(美人)의 선입관이 한인은 악인으로 대하고 일본 관헌은 취체(取締)와 압박이 심하고 형무소 수감 실수의 2할이 한인이며 죄명은 절도이고 민족의 분열이 격심하여 가니 정부로서 재류교포의 실정을 이해 · 인식하는 분을 지도 외교관으로 파견해 주심을 바람"이라고 호소했는데, 이를 통해 일본 정부와 GHQ / SCAP이 공유했던 재일동포에 대한 차별적 인식을 엿볼 수 있다〔국무총리비서실(1949c), 「제3회 국무회의록」, 『국무회의록(제1~116회)』(관리번호 BA0182402, 단기 4282. 1. 7)〕.

43 후카가와(深川) 사건이라고도 한다. 1949년 4월 6일 저녁 도쿄 고토구(江東区)의 재일동포 집중 지역인 에다가와에서 벌어진 사건. 당시 에다가와 주변을 후카가와 지역이라고도 하였다. 재일동포 절도범 검거 과정에서 오해로 경찰을 폭행한 다른 재일동포 용의자 수사를 위해 무장경찰 8백 명이 에다가와에 투입되었고, 재일동포들이 이에 저항하자 8~13일 매일 3백~4백 명의 무장경찰이 투입되어 집요한 수색을 진행했다. 13일에는 750명의 경찰이 동원되어 일본인 1명을 포함한 6명이 체포되었고, 19일에도 경찰 4백 명이 동원되어 10명이 체포되었다. 애초의 절도범 검거 과정을 포함한 일본 경찰의 일련의 대응이 과도하고 억압적이었다는 점이 지적된 사건이다〔朴慶植(1989), 앞의 책, 264쪽〕.

대표부는 항의의 뜻을 전하기 위해서 GHQ/SCAP 외교국을 직접 방문하기도 했고 서한을 보내기도 했다. 본국 정부도 언론을 통해 "대단히 중대한 국제 문제가 될 것이다. 우리는 과거 40년간이나 일본인의 만행 때문에 뼈아픈 고통을 많이 겪어 왔는데, 독립된 오늘에 있어서 그런 일을 당하게 되는 것은 그대로 있을 수 없는 바이며 상당한 조치와 반성을 시켜야 하겠다"는 인식을 보였다.[44] 그런 가운데 1949년 9월 8일 일본 정부는 GHQ/SCAP의 지시에 따라 치안입법 '단체 등 규제령'[45]을 근거로 조련 등 재일동포 민족 단체를 강제로 해산시켰다.

처음으로 조선인학교 폐쇄명령이 내려진 것은 대한민국 정부 수립 이전인 1948년 4월이었다. 특히 오사카(大阪)와 고베(神戸) 지역에서는 새 학기가 시작한 4월, 재일동포들의 거센 반발에 부딪히자 GHQ/SCAP의 일본 점령하에서 최초이자 마지막으로 '비상사태'를 선언하게 되었다. 사상자와 다수의 체포자가 발생한 1948년의 제1차 조선인학교 폐쇄명령 사건은 재일동포사회에서 '4·24교육투쟁', '한신(阪神)교육투쟁' 등의 이름으로 기억되어 왔다. 조선인학교 폐쇄의 교육 문제가 큰 사건으로 발전된 데에는 대한민국 정부 수립 이전의 5·10총선을 앞둔 상황에서 GHQ/SCAP이 "이번 소동 사건의 후막에는 반드시 공산주의자들의 선동이 있는 것으로 확신"하고 "조선인은 다만 학교 문제를 구실로" 폭동을 벌인 것이라는 인식을 가진 것이 배경이 되었다.[46] 하지만 과도정부와 본국 사회는 이 사건을 민족 탄압 사건으로 간주했다.

---

44 『경향신문』 1949. 6. 22.자.

45 「団体等規正令」(政令第64号), 昭和24年(1949年)4月4日. 1952년 7월 21일, 法律 第240号로 폐지.

46 담화는 미군 제8군 "정보장□"의 조지 대령과 GHQ/SCAP 정보부의 윌로비 대장에 의한 것이다. 기사에는 "美軍第八軍情報將□ 조-지大佐談"으로 되어 있고, 보존된 지면상 □ 부분은 판독이 불가능하다(「左翼의 煽動? 在日美軍當局의 談話」, 『경향신문』 1948. 4. 27.자).

우선 과도정부 문교부는 법령의 철회를 요구함과 동시에 문교 공서(公署)를 설치할 것과 문교연합회를 조직하여 교육에 한해서는 절대 자율적 행동을 취할 수 있도록 외무처와 함께 GHQ / SCAP에 건의하고자 했다.[47] 이승만 역시 조선인학교 폐쇄를 민족 교육 탄압 사건으로 간주해 담화를 발표했다. "한인학교에서 공산주의를 침투시키는 고로 폐쇄하라는 지령을 발하였다 하니 이것은 세상을 위만(僞瞞)하는 일인(日人)의 야비한 심장을 표시하는 것뿐"이며, "공산주의를 다 폐쇄한다면 그들의 일인 학교를 먼저 폐쇄하여야 할 것"이라고 일본 정부를 비판했다.[48] 공산주의 세력을 경계하면서 5 · 10총선을 무사히 실시해야 하는 것은 이승만을 비롯한 과도정부의 입장도 GHQ / SCAP과 마찬가지였다. 비난의 대상은 비록 GHQ / SCAP과 미군정이 아니라 일본 정부였지만, 조선인학교 폐쇄에 대한 비판적 입장을 표명한 이승만 등 국내의 반응들은 주목된다.

제1차 조선인학교 폐쇄명령 사건은 '5 · 5 각서'로 일단락되었으나, 1949년에 제2차 사건이 발생했다. 제2차 사건은 1949년 9월 8일 일본 정부의 조련 해산명령에 이어서 "조선인 자제의 의무교육은 이것을 공립학교에서 행하는 것을 원칙으로 한다"(10. 12. 일본 정부 각의결정), "구(舊) 조선인연맹의 본부, 지부 등이 설치한 학교에 대해서는 설치자가 상실되어 당연히 폐교가 된 것"(10. 13 일본 정부 통첩 「조선인학교에 대한 조치에 대해서」)이라는 논리로 조선인학교 폐쇄가 명령 · 강요되었다.[49]

47 『조선일보』 1948. 4. 14.자.

48 『동아일보』 1948. 5. 1.자.

49 藤原智子(2010), 「占領期在日朝鮮人教育史 : 山口県に着目して」, 『教育史 · 比較教育論考』 第20号, 12쪽. 결국 10월 19일 일본 문부성은 조련이 운영하는 민족학교 92개교(초등학교 86개교, 중학교 4개교, 고등학교 2개교)의 즉시 폐쇄와 나머지 245개교(초등학교 223개교, 중학교 16개교, 고등학교 6개교)의 사립화 개편을 통고했고, 사립화 신청 245개교 중 128개교가 심사 대상이 되면서 최종적으로 사립화가 인가된 학교는 정치적 중립성을 인정받은 백두학원(白頭學院. 초 · 중 · 고등학교 3개교) 단 한 곳이

사건에 관해서 당초 주일대표부는 참사관 이교선(李敎善)이 "한국 정부로서는 금번의 일본 정부 조치에 대하여 항의문을 제출할 의도는 없다", "한국민이 포함된 데 대해서는 유감"이지만 "여사한 '테러리스트'적 기관에 대한 금반의 비상수단은 정당한 것으로 볼 수밖에 없다"고 일본 정부의 조치를 긍정적으로 받아들인 모습을 보였다.[50] 그 당시 대한민국 국무회의에서 "재일본 거류민은 96퍼센트가 좌경이므로 응급교화정책이 요망됨"이라는 공보부의 "시사 보고"가 있었던 것처럼,[51] 이승만 정부는 GHQ / SCAP과 일본 정부와 마찬가지로 조련에 대한 경계를 높이고 있는 상황이었다. 특히 이승만 대통령은 주일대표부 역대 수석대표들에게 GHQ / SCAP의 힘을 빌려 "적색 조련"을 해산시키기를 지시했었다고 한다.[52]

하지만 이승만은 이교선 참사관의 기사가 나간 며칠 후 기자회견에서 다른 견해를 표명했다. 이승만은 "조련은 비록 공산당들이나 다 같은 한국 국적을 가진 사람인데 본국의 사전 양해도 없이 재산을 몰수하며 경매에 붙인다는 것은 언어도단", "우리는 현재 공산당과 싸우고 있으나 그들 역시 대한민국의 국적을 가진 일원이다. 일본 정부가 같은 공산당인 일본공산당은 그대로 두고 비단 한국인만 차별적으로 탄압한다는 것은 옳지 못하다"고 비난한 것이다.[53] 주일대표부도 이후 본국 지시에 따라 이교선 참사관의 애초 견해와 달리 항의의 뜻을 표명하게 되었다.

었다[李瑜煥(1980), 『日本の中の三十八度線 : 民団・朝総連の歴史と現実』, 東京 : 洋々社, 134쪽 ; 呉圭祥(2009), 앞의 책, 163쪽]. 학교법인 백두학원은 오사카에서 현재, 건국(建國)유치원과 초·중·고등학교를 운영하고 있다. 건국학교는 일본 학교교육법 제1조가 규정한 '학교', 즉 '일조교(一条校)'의 인가를 받은 학교이다.

50 『동아일보』 1949. 9. 14.자.

51 국무총리비서실(1949d), 「제60회 국무회의록」, 『국무회의록(제1~116회)』(관리번호 BA0182402, 단기 4282. 6. 21).

52 姜鷺鄕(1966), 앞의 책, 32~33쪽, 73쪽.

53 『경향신문』 1949. 9. 17.자.

제2차 조선인학교 폐쇄명령 사건 시 이승만 대통령은 10월 21일 국무회의에서 폐쇄 대상이 된 조선인학교에 대해 "주로 조선인연맹(적색) 경영교"라는 인식을 보이면서 "일본 정부가 반공을 목적으로 한인 이외의 타 외국인 학교까지 일률적으로 폐쇄한다면 별문제이나 한국인에만 한한 문제로서 아국 대사와의 하등 연락 없이 여사한 조치를 취함은 불가하다"고 언급했다.[54] 일본 정부의 조치가 공산주의에 대항하는 의미가 아니라 재일동포에 대한 탄압이라면 문제 삼겠다는 의사를 표명한 것이었고 제1차 사건 때와 동일한 반응이었다.

이상과 같이 조련 해산과 두 차례에 걸친 조선인학교 폐쇄명령 사건에 대한 이승만의 반응은 반공 일변도의 모습이 아니었으나, 동시에 공산주의 옹호의 자세였다고도 볼 수 없다. 일본 정부 조치에 반발한 모습은 오히려 민족주의적 태도로 해석하는 것이 적합해 보인다. 물론 조련이나 조선인학교 재산에 대한 경제적 차원의 실리를 추구하는 동기 부여가 있었고 그 요인이 적지 않았다는 지적도 있지만, 이승만은 민족주의의 관점에서 공산주의자라고 볼 수 있는 재일동포라도 옹호하는 정치적 입장을 취할 수 있었다는 것이다. 한편으로 재일동포 최대 민족 단체였던 조련의 해산은 이승만 정부에게 민단의 우세를 확보할 수 있는 절호의 기회였고, 조선인학교 폐쇄도 공산주의 세력 제거라는 측면을 가졌다.[55] 하지만 일련의 사건은 결국 재일동포에게 민족 교육의 기회를 빼앗은 사건이었고 재일동포사회 전체의 민족적 손실이었던 것만큼은 틀림없다.

동아시아 지역에서 공산주의 세력의 위협이 고조된 1949년 9월이라는 시기와 원래 이승만 정부가 주일대표부와 민단을 통해 노렸던 조련의 해산

54 국무총리비서실(1949a), 「국무회의록 보고에 관한 건(제93회)」, 『국무회의록(제1~116회)』(관리번호 BA0182402, 1949. 10. 22).

55 김봉섭(2010), 「이승만 정부 시기의 재외동포정책」, 한국학중앙연구원 한국학대학원 박사학위 논문, 133~135쪽.

과 공산주의 세력의 제거라는 정책 방향을 고려한다면, 일본 정부에 의한 일련의 조치는 이승만 정부가 환영할 만한 사건이었다. 그럼에도 불구하고 이승만은 종래의 반공의식에 고집하지 않고 민족주의적 차원에서 일본 정부에 대한 항의의 자세를 보였다. 한편 일련의 사건에서 이승만 정부는 실질적인 성과를 아무것도 얻을 수 없었고, 당시 한국이 직면하던 재정적 어려움으로 자국민 보호와 민족 교육 지원이라는 명분에서 성공하지 못한 것 역시 사실이다.

3) 엇갈린 애국심

1948년 8월 15일 대한민국 정부 수립 기념식전의 기회에 민단 박열 단장을 비롯한 13명의 대표단이 이승만 대통령의 초대를 받아 한국을 방문했다. 이때 박열과 일행은 국무회의에도 초대를 받아 "60만 재일동포는 신정부를 물심양면으로 전적 지지한다는 멧세-지(메시지 — 인용자)를 전달"했다.[56] 박열 단장은 한국 체재 중 국회 본회의에도 방청인 자격으로 출석하여 인사를 겸한 발언을 했다. 그는 "일본에 있는 동포의 재산은 1천억 원을 넘는 거액이며 또한 우리 국가 건설에 필요한 일반 기술과 특수 기술자의 수는 수천을 헤아릴 수 있는 현상(現狀)인데 이것은 본국에서 세우는 정책 여하에 따라서는 무조건으로 활용할 수 있는 것"이라고 하며, "그래서 재일 60만 동포에 대한 적절한 시책도 시급히 수립되니 본국에도 공헌할 뿐만 아니라 국제적으로도 친선이 실현되고 세계 평화에 기여하는 바 다대하기를 간절히 바라는 바"임을 호소했다.[57]

앞에서 언급한 대로 이후 민단은 대한민국 공인 민족 단체가 되었고 본

---

56 『경향신문』 1948. 8. 13.자.

57 국회사무처(1948), 「국회속기록 제1회-제41호」(단기 4281. 8. 16).

국의 발전에 적극적으로 참여할 의사를 표명했으나, 동시에 일본에는 해외 공관의 역할을 하는 주일대표부가 설치되어 그 관계는 갈등을 낳게 되었다. 하지만 민족 단체 민단과 대한민국 정부 수립 이후 이승만 대통령의 관계는 어디까지나 형식적인 관계로 양자의 실질적인 협력 관계를 의미하는 것은 아니었다. 예를 들어 1949년도 외무부 예산에 '재일거류민단 지도육성 보조비'로 편성된 5백만 환이 결국 불용 처리되어 민단에 대한 실질적인 지원은 이때 이루어지지 않았던 것처럼 이승만 정부가 민단에 적극적인 지원을 한 흔적은 찾을 수 없고,[58] 오히려 주일대표부의 운영비 등 재일동포의 재력에 의존하는 부분이 컸다.[59]

본국 또는 주일대표부와 재일동포의 불균등한 관계는 6·25전쟁 의용병 참전 문제와 관련해서도 확인될 수 있다. 6·25전쟁 시기는 세계적 냉전이 국지적 열전으로 전환되어 남북 간 체제 경쟁이 가장 치열한 시기였다고 할 수 있다. 이 시기 이승만 정부가 적극적인 재일동포정책을 구상하고 펼칠 여력이 없었음은 쉽게 짐작할 수 있다. 한편 당시 동아시아 지역에서 공산주의의 위협이 커져 가고 있었고, GHQ / SCAP은 공산주의에 대항하기 위해 일본 점령정책을 전환하여 경찰예비대의 편성을 지시하는 등 이른바 전후 일본은 '역코스(Reverse Course)'로 돌아섰고, 민주주의의 정착보다 반공정책체제의 구축을 우선시하는 상황이었다.

6·25전쟁 발발 직후 6월 27일 자세한 상황이 전해지자 재일본한국학생동맹(在日本韓國學生同盟. 이하 '한학동') 학생들이 긴급집회를 열고 의용병 모집을 위해 '재일한교학도의용군 추진위원회(在日韓僑學徒義勇軍推進委員會)'의 설치를 결정했다.[60] 7월 5일에는 도쿄 간다 교리쓰강당(神田共立講堂)에서

58 김봉섭(2010), 앞의 논문, 130쪽.

59 김태기(2001), 「한반도 통일과 재일한국인 : 통일문제를 둘러싼 민족 단체의 분열을 중심으로」, 『한국과 국제정치』 제17권 제2호, 225~226쪽.

60 이때 집회에는 약 1백여 명의 학생이 참석하여 조국을 어떻게 도울 것인가에 대해 심

민단, 한학동, 건청이 공동으로 개최한 '재일본한국민족 총결기(總結起)민중대회'가 열려 "타도 적마(赤魔)"를 위한 단결을 호소했다.

이 대회에는 주일대표부 제2대 대표 김용주 수석공사가 참석해서 "대동단결은 모든 것을 해결하는 최단 거리"이며 "반공 일선에 따라 모든 동포는 민주주의 진영에 규합되어야 함"을 연설했다. 또한 마침 이승만 대통령 특사로 일본에 체재 중이던 전 문교부장관 안호상(安浩相)도 대회에 참석하여 "소위 중간파 분들은 그들(좌파들)에 의해 이용당하기 쉬운 입장에 있다. 이번에 부디 적마 격멸에 일치단결하기를 바란다"는 메시지와 한일 양국의 공립 관계를 위해서도 중요하기 때문에 "우호적 인국으로서 재건되려고 하는 일본의 치안과 질서 유지에는 앞장서서 협력하도록" 요청했다고 한다.[61]

그런데 GHQ / SCAP은 재일동포 의용병 참전에 당초 난색을 보였다. 의용병의 모집이 좌파 재일동포의 북측 참전으로 이어질 것을 우려한 것이다. 이승만도 GHQ / SCAP의 의향에 따라 재일동포 의용병 모집에 소극적인 태도를 보였다. 7월 16일 이승만은 김용주에게 전문을 보내 "의용군 지원에 대해서는 먼저 그 사람들의 사상 · 경력 등이 어떠하며, 실로 애국심을 가지고 헌신하려는 것인지 조사하며, 또 현재로는 군사상 경력과 기술이 있는 사람 외에는 소용없으며 금후로는 준비해 가면서 올지라도 지금으로는 총을 가지고 싸울 사람이 얼마 있으면 좋겠고, 또 군기(軍器)가 있어야 되겠는데 현재 군기가 없어 충분히 싸우지 못하는 형편임에 의용군에 대해서는 스캡(GHQ / SCAP)에 요청해서 군기가 있어야 될 것이오. 그렇지 않으

각하게 토론했다고 한다. 이때 추진위원으로서 의용병 모집에 임했고 1985년에는 민단 제38대 단장을 역임한 박병헌(朴炳憲)의 회고에 따르면, 추진위원이 된 양태근(楊泰根)이 손가락을 물어뜯어 "학생들, 총궐기하여 참전하자"라고 혈서를 썼고 모인 학생들은 "조국 건설을 위해 기꺼이 출병하자"고 했다고 한다[朴炳憲(2011), 『私が歩んだ道』, 東京 : 新幹社, 85쪽].

61 『韓日新報』 1950. 7. 16.자.

면 소용이 없다"는 지침을 내렸다.[62]

이승만이 재일동포사회의 좌경화를 꺼렸을 가능성은 부정할 수 없다. 다만 재일동포에 대한 경계심과는 별개로 GHQ/SCAP의 부정적인 반응을 들은 이승만은 그것을 외면할 수 있는 입장이 아니었을 것이고, 굳이 재일동포의 참전을 추진할 이유 또한 없었다. 그런데 GHQ/SCAP과 주일대표부 또는 본국 정부의 이와 같은 존속적 관계성은 이후 의용병 재일동포들의 참전과 관련해서 상당한 혼란을 초래했고, 이는 재일동포의 주일대표부에 대한 불신으로 이어졌다.

한편 본국의 반응을 모른 채 7월 17일 건청과 합동으로 재일한교자원병 임시사무소를 운영하기 시작했다.[63] 8월 5일에는 민단 중앙본부 의장 김광남을 본부장으로 한 지원병지도본부가 설치되어 민단 중앙본부와 각 지방본부 및 지부에서 의용병 모집이 정식으로 시작되었다.[64] 다시 조국을 잃고 싶지 않다는 '애국심'이 의용병들의 가장 큰 동기 중 하나였지만, 의용병 지원자들에게는 각각 다양한 사정이 있었다. 의용병 중에는 전쟁터가 된 조국에 가족을 둔 이들도 있었다. 의용병으로 참전함으로써 가족과의 재회를 원했거나 가족을 지키고 싶었던 것이다. 또한 의용병에게 상당한 보수가 지불된다는 "터무니없는 소문"이 퍼져 그것을 목적으로 지원한 이들도 있었다.[65] 당시 일본에 사는 재일동포들의 생활고를 고려하면 단순한 욕심이 아니라 생활을 위한 현실적인 선택으로 참전한 이들도 없지 않았을 것이다.

---

62 대통령이 김용주 공사에게 보낸 전문(단기4283년 7월 16일, AA0000117).

63 在日學徒義勇軍同志會(2002), 『在日同胞 6·25戰爭 參戰史』, 서울 : 在日學徒義勇軍同志會, 107~109쪽.

64 在日學徒義勇軍同志會(2002), 앞의 책, 110쪽 ; 국방부 군사편찬연구소(2012), 『6·25 전쟁 학도의용군 연구』, 서울 : 국방부 군사편찬연구소, 222쪽.

65 姜鷺鄕(1966), 앞의 책, 126쪽.

1950년 6월 28일 서울이 조선인민군에게 침투당하자, 6월 30일 트루먼(Harry S. Truman) 미국 대통령은 출격명령을 내려 미군을 한반도에 파견했다. 그러나 조선인민군의 남침은 멈추지 않았고 8월 중순에는 낙동강 부근까지 침투당하자 맥아더는 대대적인 한반도 상륙작전을 결심했다. 이에 따라 미 극동군 병력 보완을 위해 한국 병사 3만~4만 명을 모집하게 된 것이다. 미군은 인천상륙작전을 앞두고 병력 부족을 해소하기 위해 재일동포 의용병 모집에 대한 방침을 변경했다.[66] 1950년 8월 중순 주일대표부 김용주 수석공사는 GHQ / SCAP 참모 제2부 윌로비 부장으로부터 "간단한 통역과 길 안내역을 맡을 한국 출신 요원 1천 명을 10일 안으로 갖추어 달라는 요망"을 들었다.[67] 김용주는 바로 본국의 이승만 대통령에게 연락을 취해 GHQ / SCAP의 요청을 전했고, 이승만은 GHQ / SCAP이 원한다면 그들 요구대로 해주어도 무방하다며 요청을 받아들일 것을 지시했다.

이후 8월 31일 주일대표부는 자원병지도본부와 협의하여 민단 지부와 지방 본부를 통해 의용병 모집을 본격 개시하게 되었다.[68] 의용병의 모집 재개는 미국의 요청에 따라 이승만이 그것을 받아들이고 GHQ / SCAP과 주일대표부, 그리고 민단의 동의하에서 진행된 것이었다. 당시 6 · 25전쟁 중 이승만 정부의 정책 판단은 미국을 따르는 것이 최선이었다. 그래서 GHQ / SCAP의 요청에 응하기 위해 반강제적 동원까지 도입되었을 가능성도 지적된다.

그런데 의용병에 자원해서 참전한 재일동포의 대부분은 대한민국 국민

---

66 인천상륙작전을 위해 한국에서 모집한 병력, 반공 학생 단체 대한학도의용대 약 950명을 포함한 8,625명이 8월 15~24일 사이 부산에서 일본 요코하마(横浜)로 이동해 시즈오카현 히가시후지(静岡県東富士)에서 훈련을 받은 뒤 제7사단에 합류하여 9월 11일 인천으로 출격하였다[(和田春樹(2002), 『朝鮮戦争全史』, 東京 : 岩波書店, 246쪽) ; 中央日報社 편(1972), 『民族의 證言 : 韓國戰爭 實錄 제2권』, 서울 : 을유문화사, 347쪽].

67 金龍周(1984), 『風雪時代八十年 : 나의 回顧錄』, 서울 : 新紀元社, 165~166쪽.

68 서울신문 특별취재팀(1984), 『韓國 外交秘錄』, 서울 : 서울신문사, 128쪽.

이면서 일본에서 태어나 자랐으며, 해방을 맞이한 당시 조국으로의 귀환이 아닌 일본 거주를 선택한 이들이었다. 그러한 재일동포들의 특수한 배경은 그들의 모호한 처우로 이어졌고 한국 정부와 연합군의 미흡한 정책, 그리고 일본의 국가 주권 회복이라는 변수로 인해 큰 비극을 초래하게 되었다. 한국에 남게 된 의용병 재일동포들은 한국 정부가 숙소로 제공해 준 부산 초량동의 소림사(小林寺)에 머물게 되었다.

이와 같은 재일동포 의용병의 귀환 문제를 이유로 이승만 정부의 재일동포정책을 '기민정책'으로 간주하는 경향이 있다. 하지만 이승만 정부가 이 문제에 대해서 아무것도 하지 않았던 것은 아니다. 주일대표부는 1951년 4월쯤 미귀환 의용병의 존재를 알았고, 김용주 수석공사는 최문경 총영사에게 실태조사를 지시했다. 최문경은 별다른 해결책을 찾아내지 못했으나,[69] 이승만 정부는 국무회의에서 논의를 하는 등 의용병 미귀환 문제를 충분히 인지하고 있었다.[70]

이 문제는 일찍이 국회에서도 논의되었고,[71] 정부 차원에서도 이 문제의 해결책을 모색하는 모습을 보였다. '재일학도의용군동지회'가 발간한 『재일동포 6·25전쟁 참전사』의 기록에 따르면 국방부에서 김일환(金一換) 차관이 소림사를 방문하여 일본 귀환이 실현되도록 노력할 것을 약속했고, 미군과의 협의에는 시간이 걸릴지 모른다고 이해를 구하면서 미귀환 의용병들을 위로했다고 한다. 국방부는 그후 실제로 미군 관계 당국과 협의를 가졌고, 의용병의 일본 귀환에 대해 합의를 보았다고 한다.[72]

---

69 姜鷺鄕(1966), 앞의 책, 184~185쪽 ; 金賛汀(2007), 『在日義勇兵帰還せず : 朝鮮戦争秘史』, 東京 : 岩波書店.

70 총무처(1951), 「단기 4284년 3월 27일, 제42회 국무회의록」, 『국무회의록(제1~129회)』(관리번호 BA0587754, 1951. 3. 28) ; 국무총리비서실(1951), 「단기 4284년 6월 19일, 제71회 국무회의록」, 『국무회의록보고철(제1~101회)』(관리번호 BA0135067, 1951. 6. 20).

71 국회사무처(1951), 「국회임시회의속기록 제10회-제52호」(단기 4284. 3. 27).

72 在日學徒義勇軍同志會(2002), 앞의 책, 326쪽.

하지만 더 심각한 문제가 된 것은 전년 9월 8일에 체결된 샌프란스시코 대일강화조약(San Francisco Peace Treaty)이 1952년 4월 28일에 발효됨으로써 연합군 점령 통치에서 벗어나 주권을 회복한 일본이 재일동포 참전 의용병의 입국을 직접 관리하게 된 것이다. 원래 의용병의 일본 출국은 미군이 주도한 것이었기 때문에 부대가 일본에 귀환할 때 연합군 소속으로 일본에 돌아갈 경우에는 사실상 일본 정부가 관여할 일이 아니었다. 그런데 일본이 주권을 회복하면서 출입국 관리는 당연히 일본 정부의 권한이 되었다. 당시 한일 간에는 국교가 없었기 때문에 일본에 입국하기 위한 심사 및 사증 발급을 담당하는 기관이 한국에 존재하지 않았다. 즉 한국에서 일본으로 건너가는 공식 절차가 존재하지 않았다는 것이다.

결국 1952년 2월 대한해운공사의 원주호를 타고 일본으로 귀환한 26명이 공식적으로 귀환한 마지막 의용병들이었다.[73] 애초부터 재일동포 의용병에 크게 주의를 기울이지 않고 동원에만 급급해 전쟁터로 보낸 주일대표부는 물론, 조국의 위기를 그냥 보고 있을 수만은 없어 의용병 모집에 처음부터 관여한 민단도 참전 병사들의 훗날을 깊이 고민하지 못했다. 6·25에 참전한 재일동포 의용병 총 642명 중, 일본으로 돌아가게 된 이가 265명, 전사자가 52명, 전시 실종자가 83명, 본국 한국에 남게 된 이가 242명, 그리고 한국에 남게 된 이들 중 사후에 북송저지공작대가 되어 순직한 이들이 7명이었다.[74]

6·25전쟁의 의용병 참전은 재일동포사회에서 영웅담인 동시에 또 다른 이산가족을 만든 사건으로서 여전히 비극으로 기억된다. 다만 김봉섭이 지적한 바와 같이 민단 입장에서는 이들 642명의 값진 희생이 있었기에

---

73 朴炳憲(2011), 앞의 책, 99쪽.

74 전시 실종자 83명은 1992년 11월 19일 육군본부에서 전사자로 확정하였다〔在日學徒義勇軍同志會(2002), 앞의 책, 451쪽〕.

6·25전쟁을 전후로 치열했던 좌익과의 기 싸움에서 밀리지 않았고, 의도한 것은 아니었을 테고 너무나 잔인한 비극이지만 대한민국 정부 공인 민족 단체로서 오늘날까지 떳떳할 수 있는 근거를 마련할 수 있었다는 시각이 있는 것이 사실이다.[75] 한편 결과적으로 의용병 모집 단계부터 미군의 의향에 따를 뿐이고 재일동포에 대한 주체적이고 책임 있는 태도를 보여주지 못한 이승만 정부는 재일동포사회의 신뢰를 잃게 되었다. 물론 이승만 정부가 당시 적극적인 재일동포 보호정책을 취할 수 있을 정도의 여력이 없었던 것은 사실이지만, 그것은 참전 의용병들의 애국심과의 온도차가 너무나 컸던 것으로 보인다.

4. 한일회담의 난항과 '재일동포' 정책

1) 대일 강경 자세와 한일회담의 중단

샌프란시스코 강화조약 체결국에서 배제된 한국은 일본과 직접 식민지 청산을 위한 교섭을 진행해야 했다. 하지만 대일강화조약에 참여하지 못한 한국을 배상 상대로 보지 않는 일본과의 교섭은 쉽지 않았다. 대일 직접 교섭은 1951년의 예비회담부터 시작하여 재일동포 법적 지위와 관련된 논의도 바로 시작되었다. 재일동포 법적 지위 문제는 그들의 국적 및 거주권의 문제와 함께 그 외에도 불법 입국자와 법규 위반자의 강제퇴거 문제가 논의되었다.

이승만 정부는 철저한 반공정책 구상의 필요성 때문에 6·25전쟁 초반에는 공산주의자 재일동포를 강제송환하여 처벌하려고 했다. 1950년 5월 일

75 김봉섭(2010), 앞의 논문, 138~139쪽.

본에 취임한 지 얼마 되지 않은 주일대표부 김용주 수석공사는 GHQ / SCAP 외교국 휴스턴(Cloyee K. Huston) 부국장을 방문하여 50명의 '폭력 분자'를 한국으로 추방할 것을 요청했다. 그리고 김천해 · 윤근 · 한덕수 등 조련 출신 주요 인사 60명 이상의 이름을 명단에 담아 GHQ / SCAP 외교국에 제출했고, 그중 가장 활동적인 공산주의 지도자라며 한덕수를 지목하여 한국 송환을 주장했다.[76] 이승만 정부는 공산주의자들을 본국에 송환하여 처벌함과 동시에 재일동포사회 내에서의 조련의 영향력 저하를 노린 것이었다.

1950년 말부터 1951년 초에 걸쳐 이승만 대통령은 김용주 수석공사에게 수차례 전문을 보내 재일동포 "악질 공산분자"의 본국 송환을 GHQ / SCAP 또는 일본 정부와 교섭하라고 거듭 지시했다.[77] 이승만은 공산 분자의 활동을 좌시하는 것을 일본의 입장에서도 한국의 입장에서도 위신의 문제라고 생각했다. 김용주는 결국 1951년 3월 26일 GHQ / SCAP 외교국 시볼드와 회담을 가지고 "재일동포 중 일부 악질 공산 분자의 강제추방"을 요청했다. 하지만 1951년 5월 15일 GHQ / SCAP은 일본 현행법상 불법 입국자 외에는 강제송환의 대상으로 간주할 수 있는 근거가 없다며 한국 정부의 요청을 거부했다.

그런데 일본 정부는 1952년 4월 28일 샌프란시스코 강화조약 발효로 주권 회복을 맞이하여[78] 강화조약 발효 당일에 이른바 '법률 제126호'[79]를 공

---

76 金太基(1997), 앞의 책, 681쪽.

77 대통령기록관(1950c), 「韓人 惡質分子 送還 及 其他에 關한 件」(단기 4283. 12. 21), 기록건번호 : 1A00614174529209 ; 대통령기록관(1950a), 「居留民 追放에 關한 件」(단기 4283. 12. 31), 기록건번호 : 1A00614174529219 ; 대통령기록관(1950b), 「前參事官 及 韓人共産黨 騷動에 關한 件」(단기 4283. 12. 16), 기록건번호 : 1A00614174529206.

78 「出入国管理及び難民認定法」(政令第319号), 昭和26年10月4日.

79 샌프란시스코 강화조약 발효 당일인 1952년 4월 28일 공포 및 시행된 「포츠담선언 수락에 따라 발하는 명령에 관한 건에 기반한 외무성 관계 제 명령 조치에 관한 법률(ポツダム宣言の受諾に伴い発する命令に関する件に基く外務省関係諸命令の措置に

포 및 시행했고 11월 1일에는 '출입국관리령'을 시행하였다. 이로써 일본 거주 조선인 및 타이완인에 대한 관리와 등록, 그리고 불법 입국자 강제퇴거 등을 정부 관료에 의해 일괄적으로 수행할 수 있도록 하는 제도가 일본에 완성되었다. 재일동포는 일본 정부의 식민주의적 외국인관리제도하에서 외국인으로 '간주'되어 관리와 통제의 대상으로 포착된 것이다.[80]

이에 이승만 정부는 일본 내 법적 지위 문제가 미확정이라는 이유를 들어 오무라(大村)수용소 억류자의 강제송환을 거부하기 시작했다. 이승만 정부는 새로운 일본 출입국관리제도에 따라 재일동포의 추방이 이루어질 것을 우려한 것이다. 재일동포를 외국인으로 관리 및 통제하려고 하는 일본과의 교섭에서 강제송환 거부는 평화선 선언과 함께 이승만 정부에게 몇 안 되는 외교적 대항수단의 하나가 되었다.[81] 이승만 정부는 재일동포가 일본에 강제적으로 끌려가 거주하게 된 역사적 배경을 근거로 재일동포의 일본 거주권을 주장했다.[82] 하지만 이는 그전까지 이승만 정부가 고집하던 공산주의자

關する法律)」.

80 국제법학자 오누마 야스아키는 1980년대 후반 1945년 패전 이후 일본 정부의 출입국관리체제를 제1기 점령기, 제2기 '52년체제', 제3기 '82년체제'라고 크게 세 시기로 나누었다. 국적법(1950), 입국관리령(1951), 그리고 외국인등록법(1952)을 세 기둥으로 한 '52년체제'는 1970년대 후반에 서서히 변모하다가 1982년 입국관리법이 개정되면서 '경찰국가'적 출입국관리체제가 완화되었다는 측면에서 큰 전환점을 맞이했다고 하여 '82년체제'라고 불린다〔大沼保昭(1986), 앞의 책, 259~270쪽〕. 이후 2009년 일본에서 입국관리법이 개정되고 2012년부터 시행됨에 따라 외국인등록법이 폐지 및 통합되어 외국인 관리 행정의 합리화가 추진되었다. 일본의 새로운 외국인관리제도를 후세들이 '2012년체제' 또는 '2019년체제'로 부르게 될지도 모른다.

81 그 이전에 일본 정부는 '불법입국' 조선인의 본국 송환을 결정했고, 1950년 12월 11일 제1차 995명부터 1952년 3월 11일 제7차 508명에 이르기까지 총 3,633명을 강제추방해 한국 정부에 인도하였다〔森田芳夫(1955), 앞의 책, 179쪽〕.

82 「在日韓僑의 法的地位에 關한 日本政府와의 交涉에 關한 件」 제964호〔단기 4284(1951). 9. 3〕; 외교문서(1951a), 「재일한인의 법적 지위문제 사전교섭, 1951. 5~9」, 『한일회담 예비회담(1951. 10. 20~12. 4)』 분류번호 723.1 JA, 법 1951, 등록번호 78, 정무과, 필름번호 C1-0001, 프레임번호 0320-0332.

들의 한국 송환 요구와 모순되는 주장이 될 수 있었다.

그럼에도 불구하고 이승만 정부는 "재일한국인"의 정의를 "'1945년 8월 9일 이전부터 계속 거주하는 한국인'에 국한할 이유가 없음. ……국적을 확정하는 데 있어서 입국 시기와 입국의 합법·불법은 하등의 표준이 되지 아니한다"고 하여 "현재 일본에 있어서 대한민국 국적법의 적용을 받는 자 중, 일본 국적법의 적용을 받고 있지 않은 자는 일체 대한민국 국민임을 일본 정부는 확인하여야 함"을 주장했다. 거기에 더해 이승만은 주일대표부에 "'공산 분자 추방' 문제에 관해서는 이러한 한인의 추방이 제약된다 하더라도 일단 대한민국 국민으로서 확인된 이상, 선량한 전체 교포의 이익을 위하여…… 추방될 수 없음을 철저히 주장하여야 할 것"을 지시했다.[83] 이 방침은 이승만 정부가 대일 교섭에서 반공보다 식민지 지배 청산이라는 명분을 우선시한 논리로 이루어졌다.

이승만 정부는 국민 통합의 대상인 재일동포를 당연히 대한민국 국민으로 간주하면서 그들이 일본에 안정적으로 정착하기를 원했고, 당시 식민지 시기의 연장선상에서 재일동포를 관리 및 통제하려고 외국인등록제도를 정비하고 실시하는 일본 측에 재일동포를 '특수한 외국인'으로 취급할 것을 요구했다. 이승만 정부는 재일동포가 외국인으로 취급받게 됨으로써 언제 일본에서 추방당할지 모르는 불안정한 법적 지위에 놓일 것을 우려했고, 특수한 역사성을 가지고 일본에 거주하는 재일동포를 '특수한 외국인'으로서 일본 국민과 동등하게 대우할 것을 일본 정부에 요청했다.

한일회담은 한때 이승만과 요시다 시게루(吉田茂) 총리가 "한일 양국은 공산주의 침략의 위기에 직면하고 있으므로 우호 관계에 노력해야 한다"는 점에

83 「在日僑胞의 國籍 및 居住權問題에 關한 件(對 檀紀4284年 9月 10日 韓日代 第3331號)」 제978호〔단기4284(1951). 9. 14〕; 외교문서(1951b), 「재일한인의 법적 지위문제 사전교섭, 1951. 5~9」, 『한일회담 예비회담(1951. 10. 20~12. 4)』, 분류번호 723.1 JA, 법 1951, 등록번호 78. 정무과, 필름번호 C1-0001, 프레임번호 0338-0343.

서 의견의 일치를 보고, 이를 전제로 제2차 회담(1953. 4. 15.~7. 23)과 제3차 회담(10. 6.~21)이 열렸다. 하지만 1953년 7월 27일 6·25전쟁의 정전협정 체결 후, 일본 어선의 평화선 침범을 어느 정도 묵인하던 이승만 정부는 9월 8일 방침을 180도 전환하여 일본 어선 퇴거명령과 함께 평화선을 침범한 일본 어선의 나포를 강화했다. 이승만 정부의 입장에서 일본을 중심으로 둔 미국의 아시아 전략에 대항하기 위한 외교적 수단이었다. 이를 놓고 일본의 여론이 뜨거워지자 일본 정부는 평화선 문제에 적절하게 대응하지 않을 수 없게 되었다.

그런데 1953년 10월 15일 이른바 '구보타(久保田) 발언'으로 제3차 회담이 결렬되자, 이승만 정부는 평화선을 침범한 일본 어선의 나포를 더욱 강화하며 오무라수용소 재일동포 억류자의 석방을 요구했다. '구보타 발언'으로 결렬된 한일회담의 공백은 이후 1958년의 제4차 회담 개최까지 이어지면서 한미 간 갈등으로 발전했다. 미국은 아이젠하워(Dwight D. Eisenhower) 대통령 스스로 나서서 대규모 군사·경제원조 공급과 맞바꾸어 대일 강경 자세의 포기와 경제정책 개혁, 그리고 정전체제 유지에 대한 협조 등의 요구를 제시하는 "포괄적 거래(package deal)"를 시도했다.[84] 하지만 이승만이 이것을 거부했고, 미 국무부 덜레스(John F. Dulles) 장관이 추진한 동북아 지역 집단안보를 위한 동북아시아조약기구(North East Asia Treaty Organization, NEATO) 구상마저 일본을 포함한 집단안보체제는 위험하다는 이유로 거절하여 무산시켰다.

한편 이쯤부터 일본 정부는 국내의 재일동포 생활보호 수급자 문제를 해결하기 위해 한국이 아닌 북한에 접근하기 시작했다.[85] 1955년 2월 25일

---

84 李鍾元(1994), 「韓日会談とアメリカ：「不介入政策」の成立を中心に」, 『国際政治』 第105号, 174쪽.

85 吉沢文寿(2015), 『〈新装新版〉 戦後日韓関係：国交正常化交渉をめぐって』, 東京：クレイン, 136~137쪽.

북한이 소련에 대한 의존도를 낮추기 위해 '남일(南日) 성명'을 통해 일본과의 관계 발전에 대한 의지를 표명했다. 이에 일본의 하토야마 이치로(鳩山一郞) 총리는 3월 26일 국회 중의원 예산위원회에서 '남일 성명'에 대한 질문에 "모든 국가와 민족과 가능한 한 우호 관계를 증진시키고 싶다"고 답변했다.[86] 이는 한국의 입장에서 바로 '용공(容共)'의 자세로 인지되어, 이승만은 4월 12일 국무회의에서 이 문제와 관련해 "일본이 북한 괴뢰와 통상한다는 데 대하여 한국의 입장을 천명(闡明)하도록 하라"고 하는 등 경계했다.[87]

이승만 정부는 일본에 대한 강경 자세의 수위를 더 높여 평화선을 침범하는 일본 어민의 구속정책을 강화함과 더불어 1955년 8월 17~18일에는 각각 재일동포의 모국방문 금지와 대일 교역 및 여행 금지를 결정했다.[88] 이승만의 이와 같은 강경 자세는 식민지 지배 청산을 하나도 염두에 두지 않는 일본에 맞서기 위한 외교적 수단으로서도 남북 체제 경쟁이라는 차원에서 확고한 자세를 취한다는 의미에서도 당연할 수 있는 선택었다고 할 수 있다.

하지만 이와 같은 이승만의 태도가 일본인들의 반감을 샀고 일본에서 사회적 소수자로 사는 재일동포를 둘러싼 환경을 악화시키는 요인이 되었다. 이승만에 대한 반감 여론을 배경으로 일본 정부는 한국 정부의 강경 자세에도 북송사업을 추진했다. 결국 이승만 정부는 북송사업 추진을 저지할 수단을 찾지 못해 일본 정부와 직접 교섭하려고 한일회담의 재개를 고려하게 되었다.

---

86 「第22回国会 衆議院本会議録 第3号」 昭和30年(1955年)3月26日.

87 총무처(1955), 「단기 4288년 4월 12일, 제13회 국무회의록」, 『국무회의록(제1~17회)』(관리번호 BA0085174, 1955. 4. 12).

88 朴正鎮(2012), 『日朝冷戦構造の誕生 : 1945-1965 — 封印された外交史』, 東京 : 平凡社, 120쪽 ; 高崎宗司(1996), 『検証 日韓会談』, 東京 : 岩波書店, 66~70쪽.

1958년 4월 15일 북송사업 반대를 호소하기 위해 제4차 회담의 재개를 요청한 이승만 정부는 재개한 한일회담에서 재일동포의 한국 송환 및 귀국 후 정주를 위한 '보상' 지불을 일본 정부가 부담할 것을 제안했다.[89] 하지만 일본 정부는 송환 문제는 "자국민을 보호해야 할 한국 정부의 의무"이기 때문에 일본 정부가 가능한 지원을 한다고 하더라도 이는 한국 정부가 주도적 역할을 맡아 해결해야 할 문제라고 주장했다.[90] 일본 정부는 식민 지배 책임을 인정하지 않는 일관된 입장으로 애초부터 '보상'을 고려할 의사가 없었기 때문에 이승만 정부의 제안을 거부한 것이다.

물론 국가정체성에 근거한 이승만의 '반일' 민족주의적 자세는 36년에 걸쳐 식민지 지배를 당한 한국으로서 당연한 것이고, 이승만이 대일 국교정상화를 원하지 않았던 것도 충분히 설명될 수 있는 선택으로 보인다. 하지만 그런 이승만의 국제정치관과 국가관을 허락하지 않는 동아시아 국제 정세가 있었고, 미국이 한 축을 이루는 동아시아 국제질서는 이승만 정부의 편을 들어 주지 않았다.

결국 재일동포를 둘러싼 문제와 재일동포사회는 이승만 정부가 원하는 대로 돌아가지 않았고, 이승만 정부도 그런 재일동포에 대한 불신과 경계심을 키우기만 하였다. 결과적으로 이승만 정부에게 재일동포에 대한 정책은 대일 교섭 전략에서 하나의 수단이 되었고, 재일동포를 대한민국에 있

89 "Gist of Talks, Twenty-First Session, Committee on Legal Status of Korean Residents in Japan"(1959. 9. 15) ; 「1-18 : 제18차, 1959. 9. 11」(외교문서), 『제4차 한일회담(1958. 4. 15~1960. 4. 19) 재일한인의 법적 지위위원회 회의록, 제1~22차(1958. 5. 19~1959. 11. 2)』, 분류번호 723.1JA, 법1958-59, 제1~22차. 등록번호 107. 아주과 1959. 필름번호 C1-0003, 프레임번호 1020-24.

90 "Gist of Talks, Twenty-First Session, Committee on Problems of Korean Residents in Japan"(1959. 10. 29) ; 「1-21 : 제21차, 1959. 10. 20」(외교문서), 『제4차 한일회담(1958. 4. 15~1960. 4. 19) 재일한인의 법적 지위위원회 회의록, 제1~22차(1958. 5. 19~1959. 11. 2)』, 분류번호 723.1JA, 법1958-59, 제1~22차. 등록번호 107. 아주과 1959. 필름번호 C1-0003, 프레임번호 1045-51.

어 주변의 존재로 몰아가게 되었다. 결국 이승만 정부 말기에는 이승만과 재일동포 사이의 신뢰 관계가 완전히 무너져 민단마저 이승만 정부에 대한 불신임을 결의하게 되었다.

2) 북·일 관계 접근과 북송 문제

"해방 이후 한국 외교사상 가장 큰 좌절"[91]이라고도 불리는 재일동포 북송사업은 1959년 8월 조인된 '귀환협정'에 의거해서 같은 해 12월 14일 시작되었다.[92] 이후 1967년 12월 22일까지 8년 간 155차례에 걸쳐 일본인 등의 가족을 포함한 8만 8,611명이 북한, 즉 조선민주주의인민공화국으로 '귀국'했다.[93] 그후 북송사업은 3년 동안 중단되었다가 1971년 2월에 조인된 조선적십자회와 일본적십자사 간 '합의서' 및 '회담요록'에 의거하여 다시 시작되었다.[94] 1971년 5월 15일부터는 '귀환협정' 유효 기간 중에 귀환 신청을 이미 했음에도 귀환선을 타지 못한 이들을 대상으로, 12월 17일부터는 북송사업 재개 후 새로이 귀환 신청을 한 이들을 대상으로 집단귀환이

---

91 서울신문 특별취재팀(1984), 앞의 책, 319쪽.

92 1959년 8월 13일 조인된 귀환협정의 정식 명칭은 '조선민주주의 인민공화국 적십자회와 일본적십자사 간의 재일조선인 귀환에 관한 협정(朝鮮民主主義人民共和国赤十字会と日本赤十字社との間における在日朝鮮人の帰還に関する協定)'이다.

93 귀환협정에 의한 '귀국'은 1967년 11월 12일 종료하였으나, 그때 약간 명을 놓쳤다고 하여 같은 해 12월 22일에 '긴급조치에 의한 귀국'으로 제155차 귀환선이 출항하였다〔金英達·高柳俊男 編(1995),『北朝鮮帰国事業関係資料集』, 東京 : 新幹社, 342쪽 ; 公安調査庁(1981),『朝鮮総聯を中心とした在日朝鮮人に関する統計便覧 昭和56年版』〕.

94 1971년 2월 5일 조인된 '합의서' 및 '회담요록'의 정식 명칭은 각각 '귀환 미료자 귀환에 관한 잠정조치의 합의서(帰還未了者の帰還に関する暫定措置の合意書)'와 '향후 새로이 귀환을 희망하는 자의 귀환방법에 관한 회담요록(今後新たに帰還を希望する者の帰還方法に関する会談要録)'이다.

실시되었다. 최종적으로 1984년 7월 25일까지 187회에 걸쳐 9만 3,340명이 이 사업을 통해서 '북송'된 것이다.[95]

재일동포의 90퍼센트 이상이 남한 출신자였던 것을 고려하면 이례적인 귀환사업이 된 이 북송사업에 이승만 정부는 당연히 반대 입장을 취하였고, 일본 정부는 물론 사업의 공식적인 주체가 된 적십자국제위원회(International Committee of the Red Cross. 이하 'ICRC')와의 교섭, 그리고 미국을 비롯한 관계국 등을 통해 다양하게 사업의 취소를 호소하였다. 하지만 결국 북송사업은 실현되었고, '지상낙원'이라는 선전을 믿고 북한으로 건너간 재일동포와 그 가족의 비극은 또 하나의 이산가족 문제를 현재까지 남기게 되었다.

이승만 정부의 입장에서 재일동포 북송사업 저지는 단순한 반공정책을 넘어 국가의 위상이 걸린 문제였다. 남북 체제 경쟁 속에서 적지 않은 재일동포가 남한이 아닌 북한을 선택한다면 국내외에 북한의 우위를 홍보하는 일이 될 수도 있기 때문에 북·일 관계의 접근은 경계할 수밖에 없었다. 또한 이승만 정부의 입장에서 1960년 3월 예정된 대통령선거에 미칠 영향도 생각하지 않을 수 없었다. 즉 국내외적으로 주권 국민국가로서 절대 양보할 수 없는 문제가 북송 문제였다.

북한은 6·25전쟁 정전 직후와 비교하면 경제적으로 부흥이 진전된 가운데 재일동포 집단 귀국을 계획으로 옮겨 정치적 및 경제적 이득을 노렸던 것으로 보인다.[96] 1958년 10월 16일 김일(金一) 부수상은 조선중앙통신사 기자의 질문에 답하여 "여행비나 수송 등의 문제에 대해서 공화국 정부

95 金英達·高柳俊男 編(1995), 앞의 책, 338~342쪽.

96 「김일성 동지와의 회담기록 : 1958년 7월 14~15일」(문서 1 : 1958. 7. 23), 「V. I. 페리센코 일지」; 「김일성 동지와의 회담기록 : 1958년 8월 12일」(문서 2 : 1958. 8. 15) 「V. I. 페리센코 일지」〔菊池嘉晃(2009), 『北朝鮮帰国事業』, 東京 : 中央公論新社, 344~345쪽〕.

는 재일동포 귀국에 필요한 여행비를 일체 모두 부담할 것"이고 "현재 남아 있는 문제는 오로지 기시(岸) 정부가 이에 대해 필요한 조치를 신속히 강구하는 것뿐"[97]이라며 일본 정부의 협조를 독촉하였다. 김일의 발언은 일본 정부가 능동적인 조치를 강구해야 할 부담을 덜어 주었고, 김일성 정부의 요구에 응할 수 있는 환경을 마련해 주었다.

이후 일본 정부는 이승만 정부를 배려하면서도 북송사업을 진전시키는 방침으로 전환하였다.[98] 일본 정부는 1959년 2월 10일 각의에서 ICRC의 참여를 전제로 한 북송사업 추진을 결정했다. 그리고 2월 13일 '재일조선인 중 북조선 귀환 희망자의 취급에 관한 각의 요해(了解)'[99]에 따라 개최된 제네바회담을 거쳐 8월 13일 북·일 적십자 대표단 간에 정식으로 협정이 조인됨으로써 북송사업이 본격적으로 실행에 옮겨졌다.

당시 재일동포가 일본에서 겪었던 차별 상황은 대한민국 국회에서 재일동포가 직접 호소한 것도 있고, 이승만 정부 또한 그것을 인식하고 있었다. 제4차 한일회담 수석대표를 맡았던 임병직은 일본 체재 중 교토·오사카·고베·후쿠오카·시모노세키 등지의 재일동포 거주지를 방문하여 "그들의 가난이 이루 필설로 표현하기 어려울 정도인 것을 목도하고 오직 비통할

---

97 「金一副首相, 朝鮮中央通信社記者の質問に答う(一九五八年十月十六日)」, 外国文出版社 編(1959), 『祖国は待っている!:在日同胞の帰国問題にかんする文献』, 平壌: 外國文出版社, 22~26쪽.

98 朴正鎭(2012), 앞의 책, 235~258쪽.

99 「閣議了解:在日朝鮮人中北鮮帰還希望者の取扱いに関する件」〔昭和34年(1959)2月13日. 한국 정부에 대한 배려로 '각의 결정'보다 어감이 약한 '각의 요해(了解)'를 선택했다는 지적이 있다. 자세한 내용은 다음과 같다. "① 재일조선인의 북선(北鮮:북한) 귀환 문제는 기본적 인권에 근거한 거주지 선택의 자유라는 국제 통념에 근거하여 처리한다. ② 귀환 희망자 귀환 희망 의사의 확인과 그 확인의 결과로 귀환 의사가 진정하다고 인정된 자의 북선 귀환의 실현에 필요한 중개를 ICRC에 의뢰한다. 귀환에 관한 제반 사항의 처리에 대해서는 일본적십자사로 하여금 ICRC와 협의하게 한다. 다만, 일본 측에서 배선(配船)은 하지 않는다."

뿐"이고, "그들이 사는 집이란 서울의 판자집이나 진배없었고, 그로 보아 일본인들이 한국인을 멸시하는 것이 무리가 아니다 싶었다"는 감상과 함께 "그들의 비참한 생활 형편에 접하고 다시 한 번 교포선도책이 영점(零點)에 가깝다는 것을 몸소 경험"했다고 회고했다. 임병직은 아울러 경제적으로 성공한 재일동포들도 만나 "그들은 한결같이 정부가 보다 적극적인 교포선도책을 강구해 주어야 할 것과 경제적 원조를 하여 줄 것을 강경하게 요구" 하는 것을 듣기도 했다.[100]

재일동포에 대한 일본사회 또는 일본 정부의 차별과 탄압은 1953년 10월 한일회담 중단 이후 대일 강경 자세를 취한 이승만에 대한 악감정과 함께 심해졌다. 이 같은 상황은 당연히 본국에도 전달되었다. 주일대표부에서 경무대로 직접 들어간 「유태하 보고서」에도 다음과 같은 언급이 있다. "한일회담이 결렬된 후 일본 정부는 재일동포에 대한 엄격한 탄압, 예를 들어 재일동포 극빈자들에게 공여되는 연간 9억 엔에 달하는 정부 지원의 중단, 재일동포의 한국으로의 추방, 그리고 한국 정부가 한국 내 일본의 해외 공관 설치 제안을 거절할 경우 주일 한국대표부의 철수 등과 같은 조치가 취해질 것임을 암시하는 선전 캠페인에 착수했습니다."[101]

북송사업의 실현은 김일성 정부에게 정치적으로도 경제적으로도 큰 효과를 가져온 외교 전략이었다. 재일동포 귀국운동을 통해 조선민주주의인민공화국 사회주의체제의 우위성을 선전하여 이승만 정부가 국내문제로 여유가 없는 사이 재일본조선인총연합회(在日本朝鮮人總聯合會. 이하 '조총련') 조직 강화와 조총련을 통한 재일동포사회에 대한 영향력 확대, 그리고 대일 접근 외교 전략에 의한 한일회담 견제 등을 이루었다. 최종적으로 북

100 林炳稷(1964), 『林炳稷 回顧錄 : 近代 韓國外交의 裏面史』, 서울 : 女苑社, 522~523쪽.

101 「028 : October 28, 1953」, 국사편찬위원회(2014), 『유태하 보고서 I』, 과천 : 국사편찬위원회, 109쪽, 310쪽.

한에 건너간 재일동포는 9만 3,340명에 달하며 적어도 '지상낙원'이라는 선전의 실상이 허상으로 밝혀진 1980~1990년대까지는 남한에 대한 정치적 우위를 국내외에 선전할 수 있었다. 한편 이승만 정부가 북송사업을 반대했음에도 불구하고 일본 정부가 김일성 정부와 북송사업을 실현시킨 이유는 일본 입장에서 이익이 있었기 때문이다.

이승만 정부가 늦게나마 북송 문제의 심각성을 깨달은 것은 1959년 2월 13일 일본 정부의 '각의 요해'가 발표되었을 때쯤부터였다.[102] 이후 국내에서는 국가보안법 개정 문제를 둘러싸고 대립하고 있던 여야 정당이 일치하여 '북송반대운동'에 참여하게 되었다. 여야 거물급 정치인들이 외무장관실에 모여 '재일한인 북송반대 전국위원회'를 결성하기도 했다.[103] 이승만은 전국위원회대표단을 제네바에 급파하여 북송 저지 활동에 임하게 했다.

하지만 결국 한국대표단은 북·일 간에서 논의된 재일동포 북송사업을 저지할 수 없었다. 최종적으로 8월 13일 인도 캘커타에서 북·일 양측은 북송사업 실시를 위한 협정을 체결하였다. 이를 전후하여 8월 12일 한일회담이 재개되었다. 이승만 정부는 한일회담 자리에서 북송사업 반대 입장을 호소해 나가야겠다고 전략을 전환한 것이다.[104] 이승만 정부는 미국에게 중재를 요청했지만 북송사업의 진행은 이미 되돌릴 수 없는 상황이었다. 이승만 정부의 노력에도 불구하고 북·일 간 합의가 이루어져 북송사업이 현실화되자, 이승만 정부에 대한 국민의 비판과 대일 규탄의 목소리는 높아질 수밖에 없었다. 국회에서는 조정환(曺正煥) 외무부장관에 대한 불신임안이 제출되어 결국 퇴임에 몰렸고, 주일대표부 유태하 대사에 대해서도 파면권고 동의안이 제출되었다.

---

102 국회사무처(1959), 「국회임시회의속기록 제32회-제2호」(단기 4292. 2. 20), 2쪽.

103 서울신문 특별취재팀(1984), 앞의 책, 326쪽.

104 高崎宗司(1996), 앞의 책, 94~96쪽.

한편 1953년 10월 '구보타 발언' 이후 1958년 4월 제4차 회담이 공식 재개될 때까지 한일 관계가 악화된 상황에서 당시 민단은 꾸준히 한일 관계 개선에 대한 요구를 표명했다. 본국 정부의 대일 강경 자세를 못마땅하게 여긴 것이다. 그런 민단 및 재일동포사회에 이승만 또한 결코 좋은 감정만 가지지는 않았으리라 짐작할 수 있다. 1950년대 중반에는 일본에 거주하고 앞으로도 계속 일본에 거주할지 모르는 재일동포들에게 일본사회를 필요 이상으로 자극하는 반일 강경 자세는 쉽게 받아들일 수 없는 정책이 되었고, 반공이라는 이념 하나만으로 재일동포를 통합하는 것도 이미 어려운 상황이 되어 가고 있었다.

한편 1955년 조총련 결성 후 북송사업 추진에서 확인할 수 있듯이 김일성 정부는 조총련을 중심으로 재일동포사회에 대한 지원을 적극적으로 시작하였다. 교육지원금의 송금은 1957년부터 2억 2,160만 엔으로 시작하여 1958년에는 2억 21만 엔, 1959년에는 2억 9,103만 엔, 1960년에는 4억 1,949만 엔, 1970년대 이후에는 10억~20억 엔으로 증액하면서 매년 이루어졌다.[105]

기쿠치의 연구는 재일동포 박재일(朴在一)이 남긴 당시의 말을 다음과 같이 소개한다. "한국 정부는 재일한국인에 대해서 생활이 어렵다면 하루라도 빨리 돌아와라, 모두가 따뜻하게 맞이해 주려고 기다린다는 식의 말을 단 한 번도 해주지 않았고, 따뜻한 말 하나 들어 본 적이 없다. 최근에는 한국으로의 귀국증명서마저 잘 발급해 주지 않는다. 일본이나 공산주의를 비방하는 말이 아니면 친일파다, 공산주의자다, 반동 분자다 해서 눈엣가시처럼 취급한다. ……이런 식으로 해놓고 북한으로 돌아가고 싶다는 이들을 보내지 말라고 하는 것은 해도 해도 너무하다."[106] 정치적 선택을 떠나

---

105 公安調査庁(1981), 앞의 책, 10쪽.

106 菊池嘉晃(2009), 앞의 책, 178쪽.

당시 재일동포사회가 바라던 것을 잘 알고 이용한 것이 김일성 정부였고, 그렇지 못한 것이 이승만 정부였다.

한편 1954년 5 · 20총선거를 앞두고 이승만은 본국 선거에 입후보하려던 재일동포에 대해 불만을 표명했다. "일본에 재류하는 동포들이 이번 총선거에 입후보하는 사람이 잇다고 하야 거류민단의 요청으로 선거에 참석한다 하니 동포의 책임으로나 그 애국심을 가상(嘉賞)은 하나"라고 하면서 일본에 대한 비판을 나열하고, 친일파와 공산주의자에 대한 경계심을 강조하면서 "일본과 한국 사이에 내왕하는 것은 선거 끗날 때까지는 엄금하니 살펴보아야 할 것"이라고 했다.[107] 이를 반일 감정으로 보아야 할지 판단하기 어렵지만, 일본에 대해 강경 자세로 대응하고 있는 가운데 이승만은 재일동포의 입후보를 못마땅하게 여긴 것으로 보인다.

이와 같은 이승만의 태도에 대해서 민단은 "재일 60만 명 동포를 모두 친일파 취급했다"고 해서 항의문을 의결했다.[108] 활발한 북송저지운동을 전개했지만 결국 북송사업을 막지 못한 이승만 정부에 민단 또한 실망했을 것이고, 이 과정에서 이승만 정부에 대한 불만이 쌓여 갔다. 1959년 6월 15일 열린 민단 전체대회에서 "본국 정부에 대하여는 재일동포의 보호시책에 대한 10여 년에 걸쳐 청원을 해왔으나 지금에 이르기까지 성의 있는 시책이 전무하므로 우리는 이 이상 인내할 수 없다. 이로써 자유당 정권에 대하여 불신을 표명한다"고 당시 이승만 정부에 대한 불만을 표시하기에 이르렀다.[109]

---

107 「재일교포의 입후보에 대하여」〔단기 4287(1954). 4. 28〕, 公報處, 『大統領李承晩博士談話集 第二輯』, 25쪽.

108 閔智君(2018), 「韓国政府による在日コリアンの包摂と排除：李承晩政権期を中心に」, 立命館大学大学院政策科学研究科 博士論文, 146쪽.

109 民団30年史編纂委員会 編(1977), 앞의 책, 82쪽.

5. 나가며

본고는 1945년 제국주의 일본의 패전으로 한반도와 함께 식민지에서 해방된 재일동포와 1948년에 정부를 수립한 대한민국 이승만 정부의 관계를 살펴보았다. 선행연구들이 충분하지 않은 이승만 정부 시기의 재일동포정책의 윤곽을 확인하면서 그것을 '기민정책'이라고만 볼 수 없는 복잡성도 확인할 수 있었다. 이승만 대통령의 반공의식과 반일·민족주의의 태도는 단순하지 않았고, 대한민국 국민국가 형성을 위해 필요로 하는 실리와의 타협도 보였다. 동아시아 냉전체제 속에서 대북 체제 경쟁과 대일 교섭 과정을 고려해 이승만 정부의 재일동포정책을 살펴본 것으로 해당 시기의 재일동포와 본국의 관계성을 정리할 수 있었다.

1945년 해방 이후 이승만은 대한민국 정부 수립 과정에서 조선민단의 박열과의 관계에 힘입어 단선·단정 노선에 대한 재일동포사회의 지지를 얻으려고 했고, 1948년 정부 수립 이후에는 공인 민족 단체 민단을 통해서 재일동포를 국민으로 포섭하려고 했다. 그 과정에서 현재 남아 있는 민단과 조총련의 대립 구도가 조선민단과 조련이라는 형태로 형성되었고, 일본 외국인등록제도상의 '한국'과 '조선'이 대한민국과 조선민주주의인민공화국의 관계를 대변하게 된 원점이 되었다.

한편 북한과의 체제 경쟁을 위한 반공의 태도로 이승만 정부는 재일동포에게 '한국적'을 강요하면서 대한민국 국민임을 강요했다. 하지만 결국 그것은 충분히 성공하지 못했고 북송사업 실현의 소지를 제공하고 말았다. 그렇다고 이승만 정부의 재일동포정책이 반공 일변도는 아니었다. 공산주의 세력이 장악한 조련의 해산과 공산주의 교육이 실시되던 조선인학교 폐쇄에 대해 일본 정부를 규탄하는 자세를 보여 반공에만 고집하지 않는 모습도 보였다.

또한 조국을 위해 몸을 던진 6·25전쟁 참전 의용병들의 '애국심'에 이승만 정부는 냉담한 태도로 답했다. GHQ / SCAP을 비롯해 본국은 물론 주일 대표부와 민단도 책임 있는 조치를 취하지 못해 재일동포의 비극은 커졌다. 다만 이승만 정부가 재일동포의 존재를 무시한 것은 아니었다. 결과적으로 무책임했으나 그것은 이승만 정부가 의도한 것이 아니었고 대일강화조약의 발효와 같은 변수가 작동된 복합적인 사건으로 본다면, 선행연구들의 '기민정책'이라는 평가를 유보할 필요가 있다.

한편 이승만 정부로서는 국민국가 형성이라는 명제에서 북송사업은 반드시 막아야 하는 사건이었으나, 그것을 막을 외교적 수단을 강구할 정치적 여력이 없었다. 또한 식민지 지배 책임을 부정하는 일본 정부의 역사인식에 저항하고, 신생 독립국가로서 6 · 25전쟁을 경험하며 경제 부흥이 명제가 된 상황 속에서 효과적인 외교교섭 수단이 없던 이승만 정부에게는 대일 강경 자세를 취한 것밖에 수단이 없었다.

하지만 그로 인해 이승만 정부는 일본과의 신뢰 관계 구축은 물론 재일동포와의 신뢰 관계 구축에도 실패했다. 또한 남북 체제 경쟁이라는 측면에서도 북송사업의 실현을 막지 못한 것은 외교적 실패였고, 국민국가 형성 과정이라는 관점에서는 국민 만들기에 실패한 것이었다. 다만 민단에게 대한민국 공인 민족 단체로서 본국과의 관계는 필수적이었기에 본국과 민단의 종속적 관계는 이후에도 계속되었다. 결과적으로 이승만 정부의 대일 강경 전략은 북 · 일 관계의 접근을 허용했고, 일본 내에서 더욱 어려운 처지에 몰린 재일동포가 조국으로서 대한민국보다 조선민주주의인민공화국을 선택할 수밖에 없는 환경을 제공하고 만 것이다.

이상과 같이 이승만 정부의 재일동포정책은 결코 성공적이지 못했다. 한편으로 이승만이 재일동포를 외면하려고만 한 것도 아니다. 물론 민단이 이승만에 대한 반감과 불신을 쌓았던 것처럼 재일동포 당사자 입장에서 '기민정책'으로 간주할 수밖에 없을 정도로 정책이 부족했던 것도 부정할 수 없는 사실이다. 다만 당시의 세계적 냉전 구도와 그 영향을 받은 한반도의 남북 분단 구도라는 국제정치 환경을 고려하면 이승만의 재일동포정책 구상은 쉽지 않았고, 실제로 그런 국제정치의 영향을 고스란히 받아 형성되었다. 당시 동아시아의 냉전 구도는 지금도 여전히 온존되고 있는 가운데, '한국'과 '조선' 또는 민단과 조총련의 대립 구도, 그리고 본국과 민족단체의 관계성 등 재일동포를 둘러싼 현재 정치 상황의 원형은 그 당시에 나타나 현재까지 이어지고 있다고 할 수 있다.

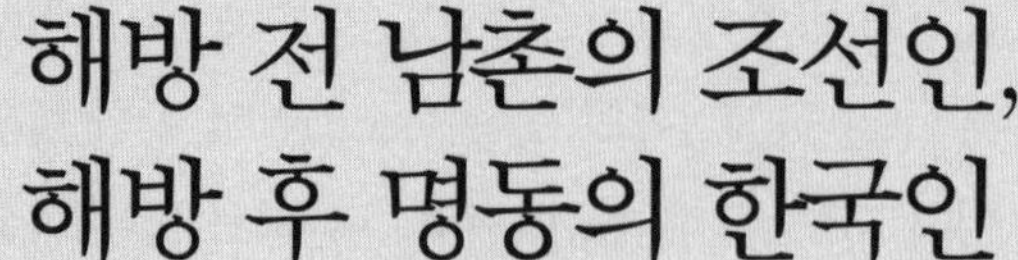

해방 전 남촌의 조선인, 해방 후 명동의 한국인

정충실(鄭忠實, Jeong Choong-Sil)

현 한림대학교 일본학연구소 HK연구교수. 영화사, 문화사 전공

1945년 이후 동아시아의 문화공간에서 권력 작동 방식과 일본·미국제국의 의미에 관해 연구하고 있다. 주요 논저로는 『경성과 도쿄에서 영화를 본다는 것 : 관객성 연구로 본 제국과 식민지의 문화사』(2018), 「춘천, 기지촌 : 1960, 70년대 캠프페이지와의 관계 속에서 형성된 주민의 삶과 문화」(2019) 등이 있다.

1. 서론

식민지기는 제국의 강압이 상존한 억압적인 시기였고 해방공간은 제국의 강압이 사라지면서 좌우의 세력이 대립하는 혼란스런 시기였지만, 이 시기 모든 이의 일상을 억압과 혼란이라는 단어로만 규정할 수는 없을 것이다. 식민지기 제국의 강압과 해방공간 좌우의 대립으로 인한 정치적 격랑 속에서도 사람들은 평범한 일상을 살아갔으며 상황이 허락하는 한에서 소비와 유흥을 즐길 수도 있었다. 한편 평범한 일상 속에서 그들이 즐긴 소비 · 유흥은 정치적 · 사회적 문제와 동떨어져 존재할 수는 없는 것이기에 그것으로부터 직간접적으로 영향을 받을 수밖에 없기도 하였다. 이 글에서는 해방 전후 오로지 거대한 정치적 상황으로는 설명할 수 없는, 그러나 그것으로부터 직간접 영향을 받은 서울(혹은 경성) 명동(혹은 남촌) 지역의 대표적 소비 · 유흥 시설인 백화점, 카페와 다방, 영화관의 상황과 그곳을 방문한 조선인, 한국인의 일상과 문화에 대해 알아보려고 한다.

식민지기 경성의 소비 · 유흥 시설과 문화를 다루는 선행연구로 다방 · 카페를 다루는 것이 있는데 손유경, 오윤정, 우정권의 연구가 이에 해당한다.[1] 손유경과 오윤정의 연구는 문인 · 미술가 등 특정 계층의 커뮤니티 · 아이

---

1 오윤정(2017), 「1930년대 경성 모더니스트들과 다방 낙랑파라」, 『한국근현대미술사학』 제33집 ; 손유경(2002), 「1930년대 다방과 문사의 자의식」, 『한국현대문학연구』 제12집 ; 우정권(2008), 「30년대 경성과 동경의 카페 유흥문화 비교연구」, 『한국현대문학연구』 제26집.

덴티티 형성에 경성의 다방이 어떤 역할을 하는지 설명하고 있으며, 우정권의 연구는 도쿄 카페와 경성 카페의 연관성과 차이를 다루고 있다. 백화점을 다루는 연구로는 손정숙, 김백영, 하야시 히로시게(林広茂)[2]의 연구가 있다. 이들은 경성에서 백화점의 성립, 중소 상점이나 종로 상점가와의 관계 속 백화점 운영 상황과 조선인의 백화점 소비문화를 다루고 있다. 경성 영화관에 관한 연구로는 어느 민족 영화관의 성쇠를 다룬 이순진, 유성영화의 도입으로 경성의 영화관이 종족의 공간에서 취향의 공간으로 변화한 것을 설명한 이화진, 경성 영화문화의 성립과 그 변화가 도쿄 영화문화로부터 영향받은 것임을 규명한 정충실의 연구가 있다.[3] 이외에도 전우용은 경성 남촌 상점가에 초점을 맞추어 전반적인 남촌 상점가의 상황과 그곳을 방문하는 조선인의 소비문화를 다루고 있다.[4]

식민지기 경성에 관한 것에 비해 해방공간 서울의 소비·유흥 시설과 그 문화를 다루는 연구는 매우 적다. 이봉범은 기존의 정치사 연구가 보여 주지 못한 자유와 방종이 착종하는 복잡다단한 서울의 소비·유흥문화를 밝히고 있다.[5] 이명자는 경성 영화관 관객이 서구 근대의 표상이나 문화의 해방구로 서양 영화를 수용하는 것을 설명하고 있다.[6]

---

2 손정숙(2006), 「일제시기 백화점과 일상소비문화」, 『동양고전연구』 제25집 ; 김백영(2009), 「제국의 스펙터클 효과와 식민지 대중의 도시 경험 : 백화점과 소비문화를 중심으로」, 『지배와 공간』, 서울 : 문학과지성사 ; 하야시 히로시게(2007), 『미나카이 백화점』, 김성호 옮김, 서울 : 논형.

3 이순진(2010), 「1930년대 조선 영화문화의 변동과 조선인 영화상설관의 소멸 : 단성사의 몰락 과정을 중심으로」, 『대동문화연구』 제72집 ; 이화진(2011), 「식민지 조선의 극장과 소리 문화의 정치」, 연세대학교 박사학위 논문, 21~83쪽 : 정충실(2018), 『경성과 도쿄에서 영화를 본다는 것 : 관객성 연구로 본 제국과 식민지의 문화사』, 서울 : 현실문화.

4 전우용(2003), 「일제하 서울 남촌 상가의 형성과 변천 : 본정을 중심으로」, 『서울 남촌 : 시간, 장소, 사람』, 서울 : 서울학연구소.

5 이봉범(2010), 「해방공간의 문화사」, 『상허학보』 제26집.

6 이명자(2010), 「미군정기(1945~1948) 외화의 수용과 근대성」, 『영화연구』 제45호.

선행연구들은 1차 자료가 부족하고 정치사 · 사회사 · 경제사 중심으로 연구가 지속되어 온 상황 속에서도 식민지 조선인과 해방공간 한국인의 미시적 일상과 문화를 그리고 있다는 점에서 의미가 크다. 그럼에도 선행연구들은 소비 · 유흥 시설과 그 문화의 변화 양상에 크게 주목하지 않았고, 특히 식민지기의 것이 해방 직후에 어떻게 연결 · 변화되는지는 전혀 언급하지 못하고 있다. 정치적 상황이나 사회적 관계 속에서 남촌 · 명동의 소비 · 유흥 시설에서 발생하는 차별의 문제에도 크게 관심을 기울이지 않았다. 일부 연구들은 정치적 · 사회적 관계를 고려하지 않은 채 소비 · 유흥 시설, 그 문화의 화려함에만 주목하고 있기도 하다. 이에 이상의 논의를 바탕으로 이후에서는 식민지기 최대 번화가인 남촌의 다방, 백화점, 영화관을 중심으로 한 소비 · 유흥 시설 상황과 그 문화가 해방 후 한국전쟁 발발 이전까지 명동에서 연결되고 변화되는 양상, 사회적 관계 속 남촌과 명동의 소비 · 유흥 시설에서 발생하는 민족적 혹은 계급적 차별의 문제를 중점적으로 살펴보려고 한다. 1차 자료로는 식민지기와 해방공간에서 간행된 신문, 잡지, 총독부 자료만이 아니라 해방 후 출판된 남촌, 명동에 관한 수필 작품 등도 이용할 것이다.

2. 식민지기의 남촌의 소비 · 유흥 시설과 문화

1) 정제된 남촌의 소비 · 유흥 시설

경성 남촌에는 미쓰코시(三越), 미나카이(三中井), 조지야(丁子屋) 등 주로 의류와 잡화를 판매하는 여러 오복점(吳服店)이 있었다. 이 중 미쓰코시는 가장 먼저 미국식 백화점 형태로 전환되어 1930년에는 지하 1층, 지상 4층의 콘크리트 건물로 신축된다. 미나카이는 1933년 지하 1층, 지상 7층의 백화점으로 신축되었으며, 조지야는 1929년 백화점으로 전환되어 1933년 증개축을 거쳐 1939년 지하 1층, 지상 4층의 건물로 신축된다. 다양한 상품을 판매하는 상점이었던 히라다(平田)는 1926년 백화점으로 전환된다.[7] '1930년대' 남촌에 있었던 4개의 백화점에서는 의류, 식료품, 서적, 안경, 악기, 시계, 카메라, 가구 등 다양한 상품이 판매되었다. 지하 식당가에는 일본과 서양 음식이 판매되었고 미용실도 입점해 있었으며, 백화점 내 전시장에는 총독부의 전람회나 미술가의 개인전 등이 개최되기도 하였다.[8] 백화점은 다른 형태의 상점과는 달리 기본적으로 상품과 고객, 상인과 고객 간의 직접적 혹은 신체적 접촉을 최소화하고 관객으로 하여금 진열된 상품을 조망하여 구매하게 하는 공간이었다. 당시의 기사에서는 밝은 전등 아래 화려한 상품을 진열해 놓고 아름다운 여종업원이 이를 판매하는 백화점을 "불야성의 스테이지"를 보는 것 같다고 표현하고 있는데,[9] 이를 통해서도 당시 백화점에서는 '접촉'이 아닌 공연을 보듯 '조망'하는 방식으로 소비가 행해졌음을 알 수 있게 한다.

술과 간단한 음식을 먹을 수 있고 여급에 의한 성적 접촉이 제공되기도 한 카페와, 커피 등의 음료와 다과를 즐길 수 있는 다방은 각각 1920년대와 1930년대부터 남촌 지역에 다수 생겨난다.[10] 이곳에서는 당시 사람들이 축음기나 레코드를 소유하기 쉽지 않은 상황에서 레코드 재생과 밴드 연주

---

7 「京畿道 著名銀行, 会社, 商店 案内」, 『朝鮮及滿洲』 1937. 7.号, 104~105쪽.

8 판매 상품은 『동아일보』 1936. 4. 22.자, 3면 ; 『동아일보』 1939. 7. 9.자, 7면 ; 『동아일보』 1939. 9. 22.자, 1면 ; 『동아일보』 1940. 7. 19.자, 2면 ; 『동아일보』 1940. 3. 20.자, 7면의 광고에서 확인할 수 있다. 미용실의 존재는 金八蓮(1935), 「서울 미용원에 모이는 미인 군상, 한청미용원의 반 시간 풍경」, 『삼천리』 제7권 제8호, 122쪽에서 확인할 수 있다.

9 「찬란한 유행품, 야양에 물욕을 담은 청춘안」, 『동아일보』 1932. 11. 22.자, 1면.

10 이에 관해서는 우정권(2008), 앞의 논문, 343~345쪽 ; 전우용(2003), 앞의 글, 200쪽 참조.

〈그림 1〉 미쓰코시백화점

* 출처 : 하야시 히로시게(2007), 『미나카이백화점』, 논형, 144쪽.

〈그림 2〉 미나카이백화점

* 출처 : 하야시 히로시게(2007), 『미나카이백화점』, 논형, 83쪽.

를 통해 음악을 들을 수 있었다.[11] 복잡한 절차를 거쳐야 하고 고가의 서비스료를 지불해야 만날 수 있는 게이샤를 대신해, 일본에서 카페는 도시의 젊은 샐러리맨에게 간편하고 저렴하게 성적 '접촉'을 제공하기 위해 생겨난 것이었다.[12] 당시 남촌의 카페에서도 복잡한 절차 없이 성적 접촉이 제공되었는데, 당시의 한 기사는 남촌 카페에서는 짧은 몇 마디로 남자 손님과 여급 사이의 만남이 성사되며 손님과 여급이 포옹하여 접촉하는 모습을 쉽게 관찰할 수 있다고 말하고 있다.[13] 다른 기사에는 남촌의 카페에서 손님이 여급과 접촉하는 것을 "술병과 웨트리스 하나씩을 끼고 안저"라고 표현하기도 하였다. 여러 손님과 여급이 만나 접촉하는 카페를 "와글와글하는 새벽녘 장터" 같다면서 그곳에서는 "분내, 향수내, 땀내, 입김내, 살내"가 난다고 하였다.[14] 그 냄새들은 여급의 것으로 여급과 아주 가까운 거리 혹은 접촉을 통해 감각 가능한 것이다. 그러나 모든 카페가 남자들의 환락 공간은 아니었다. 특히 '1930년대 이후'에 생겨난 기쿠스이(菊水)나 하나쓰키마루(花月丸), 마루비루 회관(丸ビル会館) 등 좋은 시설을 갖춘 고급 카페들에는 가족이 동반하여 방문하거나 신사, 숙녀가 방문해 주로 간단한 음식과 음악만을 즐길 수 있었다.[15]

술과 성적 접촉을 제공하는 카페에는 여성 · 청년 · 대학생들이 출입하기

---

11 光永紫潮(1936),「漢城カフェー街に春が来る：喫茶店の進出と今後のカフェー」,『朝鮮公論』第277号, 88쪽 ; 이봉구(1978),『에세이 명동 비 내리다』, 서울 : 강미문화사, 74~75쪽, 109쪽.

12 엘리스 K. 팁튼(2012),「카페 1 · 2차 세계대전 사이 일본의 근대성의 경합장」, 엘리스 K. 팁튼 · 존 클락 편,『제국의 수도, 모더니티를 만나다』, 이상우 · 최승연 · 이수현 옮김, 서울 : 소명출판, 217쪽

13 여기자(1932),「남자의 환락경, 카페 답파기」,『별건곤』제53호, 16쪽.

14 雙S生(1931),「대경성 에로 그로 테로 추로 총출」,『별건곤』제42호, 10~11쪽.

15 松本輝華(1930),「カフェー風聞録」,『朝鮮公論』第208号, 95쪽 ;「京城カフェー街縦走記」,『朝鮮公論』第281号(1936), 84~85쪽 ; 光永紫潮(1936),「クリスマス前夜のカフェー戦陣譜」,『朝鮮公論』第285号, 102쪽.

어려웠는데, 이들을 위해 술과 성적 접촉은 제공하지 않고 대신 간단한 과자, 빵이나 커피 등의 차를 제공하는 당시 "끽다점(喫茶店)"이라 불리운 다방이 '1930년대' 남촌 지역에 급격히 증가하였다.[16] 당시 남촌의 다방을 즐겨 방문했던 작가 이봉구의 에세이에서도 남촌의 다방은 '기생'이 존재하지 않아 "다객(茶客)"을 만족시켜 주는 공간이었다고 말하고 있다.[17] 또한 '1930년대'에는 대형화된 카페와 다방이 등장한다. 혼조야(本城屋)는 원래 지하에서 과자와 커피만을 제공했는데, 이후 같은 건물의 지상으로까지 확장해 이곳에서 주변 회사와 관공서의 샐러리맨을 위한 음식을 판매했다. 하나쓰키마루는 3개 층을 점유해 이곳에서 다양한 음식을 즐길 수 있게 했다.[18]

원래 남촌에는 4개의 영화관이 있었지만 '1930년대' 중·후반에는 8개로 증가한다.[19] 1936년에 등장한 메이지좌(明治座)·와카쿠사극장(若草劇場)·고가네좌(黃金座)는 기존의 영화관과는 근본적으로 다른 영화관이었는데, 조선 최초로 도호(東宝)·쇼치쿠(松竹)라는 일본의 거대 영화사에 의해 직영되었고 도쿄 긴자(銀座)의 일류 영화관을 모델로 하여 운영되었다.[20] 기존 영화관과 달리 콘크리트 건물이었으며 수용 인원은 1천 명이 넘는 대형이었고 좌석이나 음향 설비는 최신식의 것을 갖추었다.[21] 기존의 영화관에서는 유성영화 도입 후에도 여전히 변사가 있어 변사는 관객과 농담을 주고받거

---

16 光永紫潮(1936), 앞의 글, 90쪽.

17 이봉구(1978), 앞의 책, 74쪽.

18 「京畿道 著名銀行, 会社, 商店 案內」, 『朝鮮及滿洲』 1936. 7.号, 110쪽 ; 「京城カフェー街縱走記」, 『朝鮮公論』 第281号, 85쪽.

19 정충실(2018), 앞의 책, 135~136쪽 〈표 2〉 참조.

20 「映畵界의 一瞥」, 『동아일보』 1938. 1. 3.자, 11면 ; 「京城封切館聯盟」, 『매일신보』 1941. 8., 9.자. 4면.

21 京城日報·每日申報(1936), 『朝鮮年鑑 3』, 京城 : 京城日報社, 491쪽 ; 「內地人側の京城の映画館を語る」, 『朝鮮及滿洲』 1937. 2.号, 84~88쪽.

나 말다툼을 하고, 남녀 관객은 영화 상영 중 어둠 속에서 '접촉'을 시도하는 등 산만하게 영화를 관람한 것에 반해, '1930년대' 새롭게 등장한 이 영화관들에서 관객은 타인과 접촉하지 않고 변사 없이 집중해 유성영화만을 조용히 감상하는 문화를 형성해 갔다.[22]

이상을 통해 1930년대 이후 남촌의 소비 · 유흥 시설, 그곳에서의 서비스 · 분위기는 변화가 있었음을 알 수 있다. 우선은 규모가 확대되었는데 의류와 잡화를 취급하는 형태였던 오복점은 1930년을 전후로 다양한 상품을 판매하는 규모가 더 큰 백화점으로 전환되고, 이후에도 백화점은 증축 · 개축 · 신축을 통해 더욱 규모를 확대해 갔다. 1930년대의 카페와 다방은 한 건물의 다른 층에서까지 식사 등을 즐길 수 있는 형태로 규모를 확장했다. 1930년대 새롭게 생긴 영화관들은 기존 영화관보다 규모가 커 많은 인원을 수용할 수 있었다. 두 번째는 1920년대에는 입장객이 신체 접촉을 하는 등 다소 거친 분위기에서, 1930년대에는 신체 접촉이 없는 정제된 분위기로 변화해 갔다. 1930년대 주로 생겨난 백화점은 신체 접촉 없이 조망을 통해 상품을 구매하는 공간이었다. 1930년대에는 1920년대와 달리 성적 접촉을 제공하지 않는 카페가 생겨났고 1930년대 급증한 다방은 카페를 대신해 성적 접촉 없이 차와 다과를 즐길 수 있게 하는 공간이었다. 상영 중 싸움을 하거나 남녀가 접촉을 시도하는 이전의 영화관과는 달리 1930년대 중반 남촌에 새롭게 생겨난 영화관에서 관객은 어떠한 접촉도 없이 조용히 영화만을 감상할 수 있었다. 정제된 분위기로의 변화는 방문 고객을 성인 남성 등의 일부 집단 중심에서 여성과 학생, 청년층으로까지 확대하게 하는 것이기도 했다.[23] 정제된 분위기로의 변화를 통한 고객층의

22 「京城の午後：映画館(八)」, 『京城日報』 1938. 7. 23.字, 4면 ; 「마음의 향촌(43)」, 『동아일보』 1939. 8. 30.자, 3면.

23 정제된 분위기로의 변화는 자본의 확장에 의한 변화일 뿐 '진보'나 '개선'으로 정의할 수는 없다. 실제로 영화관에서의 정제된 분위기로의 변화, 감상의 공간으로의 변화는

확대, 시설의 대형화는 1930년대 남촌 소비 · 유흥 시장의 확장을 의미하는 것이다.

2) 일본문화에 대한 열망 속에서 차별받는 상류층 조선인

대규모, 정제된 분위기의 남촌 소비 · 유흥 시설을 조선인도 적극적으로 방문하게 된다. 1931년 기사는 조지야백화점, 미쓰코시백화점의 신 · 개축 이후 북촌 조선인 소비자가 그곳으로 흡수되고 있다고 설명하고 있다.[24] 다른 기사는 종로 일대 상가는 남촌의 백화점에 제대로 대응하지 못해 고급 소비자를 그쪽으로 빼앗기고 있다고 말하고 있다.[25] 이를 통해 원래는 종로 상가를 방문하던 조선인 고급 소비자 상당수가 1930년대 이후 남촌의 백화점으로 발길을 돌렸음을 알 수 있다.

종로의 다방에서는 기생이나 주정꾼의 출입이 있었던 것과 달리 남촌의 다방에서는 그러하지 않아 조선인 문인과 예술가들이 남촌의 다방을 즐겨 방문했다고 한다. 당시 경성의 여러 다방 상황을 설명하는 기사들은 남촌의 다방에는 일본인 대학생이나 일본인 공무원이 많은 가운데 조선인 중에는 문인, 화가, 가수가 많다고 설명하고 있다.[26] 다방을 자주 이용하는 조선인들은 음악이 좋은 다방과 커피 맛이 좋은 다방 등으로 각 다방의 특성을 파악하여 상황에 맞게 다방을 선택해 방문하였다고 한다.[27] 실제로 남

관객의 능동적 해석 가능성을 제거하는 것이기도 했다[정충실(2018), 앞의 책, 164~170쪽, 196~201쪽].

24 「북부 중앙지대에 일대 백화점 출현」, 『동아일보』 1931. 3. 13.자, 3면.

25 「조선인 상업 성쇠」, 『동아일보』 1934. 1. 5.자, 5면.

26 「끽다점 평판기」, 『삼천리』 제6권 제5호(1934), 154쪽 ; 「끽다점 연애풍경」, 『삼천리』 제8권 제12호(1936), 57~58쪽.

27 이봉구(1978), 앞의 책, 74~75쪽, 109쪽.

촌에 위치한 와카쿠사극장에서 영화 〈망향〉(1937, 감독 : 줄리앙 뒤비비에르)을 본 이봉구와 그의 친구들은 그 영화의 배경음악을 다시 듣기 위해 남촌의 한 다방에 몰려가기도 했다. 남촌의 다방에 출입하던 유명 조선인 예술가들은 가끔 연주회, 출판 기념회를 그곳에서 개최하기도 하였다. 홍난파는 다른 음악인들과 더불어 "제금삼중주단"을 조직해 1933년 메이지제과 다방에서 연주회를 개최하였다.[28] 김동인은 단편집 『감자』 출판 기념회를 회비 50전을 받고 남촌 메이지초(明治町)에 있는 무기(麦)라는 다방에서 열었다고 한다.[29]

1936년 대형 고급 영화관의 등장 이후 조선인 관객, 특히 엘리트 관객은 북촌의 영화관 대신 남촌에 새로 생긴 일류 영화관에 쇄도하였다.[30] 아직 북촌의 영화관에서는 변사가 존재하고 관객은 서로 접촉하여 소란스럽게 영화를 관람하는 상황에서 엘리트 관객들은 남촌 일류 영화관의 좋은 시설 속에서 유성영화를 조용히 감상하기 위해 이곳에 모여들게 된 것이다. 남촌의 일류 영화관을 찾아 조용히 유성영화만 관람한 관객은 여전히 변사나 다른 관객들과 이야기를 나누고 음식을 먹으면서 영화를 보는 북촌의 관객을 비난하고 타자화하기도 하였다. 이를 통해 남촌의 일류 영화관을 방문하는 조선인은 고급 영화 관객으로서 자신들의 정체성을 구성하려 했다. 구체적으로 당시 기사들에서 남촌 일류 영화관 조선인 관객은 북촌 영화관에서 소란스럽게 영화를 보는 관객을 "변사가 활동사진에 협력하여 출연하

28 「제금삼중주단, 피로연주회 개최」, 『동아일보』 1933. 6. 1.자, 1면.

29 「김동인 씨 단편집 감자 출판기념」, 『동아일보』 1935. 6. 29.자, 1면.

30 「기밀실, 조선인사회 내막일람표」, 『삼천리』 제10권 제5호(1938), 25쪽에 의하면 고가네좌, 메이지좌, 와카쿠사극장에서 조선인 비중을 각각 6대 4, 5대 5, 5대 5로 보고 있다. 정충실(2018), 앞의 책, 142~147쪽에 의하면 1930년대 중반까지 북촌 영화관은 주로 조선인으로 구성되었고 남촌 영화관은 주로 일본인으로 구성되어 남북 간 민족 경계가 유지되었다고 한다.

는 것을 좋아하는 아저씨"라고 비난한 데 반해,[31] 자신은 영화를 예술로 감상하고 비평 가능한 "영화 마니아"로 규정하였다.[32]

조선인들이 남촌의 소비·유흥 시설을 방문하게 된 것은 단순히 남촌의 것이 대규모이고 정제된 분위기이기 때문만은 아니었다. 식민지기 유년 시절을 겪은 한 인물의 증언에 의하면 본인을 포함해 가족, 친척의 젊은 사람들은 모두 일본 신문만이 아니라 일본 문예 잡지를 열독했고 일본 음악이나 영화 등의 대중문화를 열망하고 좋아했다고 한다. 이러한 일본문화에 대한 열망 속에서 미쓰코시백화점과 남촌의 영화관을 자주 방문했다고 언급하고 있다.[33] 또한 식민지기 경성의 남촌을 자주 방문했던 최남진 작가의 에세이에서는 긴자를 경험한 도쿄 유학생 출신 조선인들은 긴자의 유행이 옮겨진 남촌에 모여들어 긴자의 문화를 그리워하고 향유했다고 설명하고 있다.[34] 즉 일본 소비·대중문화에 대한 열망도 조선인들이 남촌의 소비·유흥 시설을 방문하게 한 중요한 이유였던 것이다.

그러나 이러한 열망과 기대 속에서 남촌의 소비·유흥 시설을 방문하던 조선인들은 소비의 과정에서 차별을 받기도 했다. 당시 조선헌병대 사령부의 조사 기록에서 구체적인 차별 사례들을 확인할 수 있다. 어느 조선인이 전람회를 관람하기 위해 남촌의 한 백화점을 방문했는데, 이때 일본인 점원이 그에게 "조선인은 이해도 못하는 주제에 백화점만 복잡하게 하니 돌아가라"고 소리를 쳐 무안을 주었다고 한다.[35] 서대문에 사는 한 조선인이

31 소종(1937), 「영화가백면상」, 『조광』 1937. 12.호, 236쪽.

32 이헌구(1939), 「하백잡감, 영화마니아(1)」, 『조선일보』(1939. 6. 3.자), 5면.

33 서울특별시시사편찬위원회(2011), 『서울사람이 겪은 해방과 전쟁』, 서울 : 선인, 27～28쪽.

34 최남진(1976), 『막걸리에서 모닝커피까지』, 서울 : 신원문화사, 81～82쪽.

35 朝鮮憲兵隊司令部(1934), 『(朝鮮同胞に対する) 内地人反省資録』, 京城 : 朝鮮憲兵隊司令部, 26쪽.

간장을 사기 위해 남촌의 간장가게를 방문했는데, 이 조선인에게 일본인은 "조선인도 수준이 높아져 요즘 일본제 간장을 사는 경우가 종종 있는데, 조선인은 조선제를 사용하는 게 좋지 않나? 하긴 조선제는 인간이 먹을 것이 못 되니"라고 말하여 면전에서 조선인을 무시했다고 한다.[36] 또한 다른 어떤 조선인이 남촌의 영화관을 방문하였을 때, 어린 여급은 조선인을 '여보(ヨボ)'라고 호칭했다고 한다. '여보'는 흔히 일본인이 조선인을 하대할 때 사용하는 호칭이다. 이에 그치지 않고 좌석 곳곳이 비어 있음에도 그녀는 그 조선인을 화장실에 가까운 좌석으로 안내했는데 그곳에는 조선인만이 모여 있었다고 한다.[37] 이외에도 남촌 식당에서 조선인이 일본 의복을 입고 있다고 무안을 준다거나 조선인이 상품권을 이용하려 할 때 어디에서 주운 것이냐고 조롱하는 경우도 있었다고 한다.[38]

차별 사례는 조선헌병대의 조사 자료만이 아니라 조선인이 작성한 기사에서도 발견할 수 있다. 기사에서는 조선인 필자가 조지야 백화점을 처음 방문해 얼떨떨해하고 있는데, 일본인 점원은 조선 옷감은 2층에 있으니 그쪽으로 가라고 말했다고 기록하고 있다. 이는 조선인은 백화점에서 양복이나 고급 식료품을 살 리가 없다는 일본인 점원의 차별적 인식이 전제되어 있는 발언이라 할 수 있다.

조선인은 남촌의 소비 · 유흥 공간에서 차별만이 아니라 불편함 또한 겪어야 했다. 미쓰코시의 지하 식당가에서 조선 여인들은 물이 필요했음에도 일본어를 몰라 말을 하지 못하고 벙어리처럼 물 달라는 시늉을 해야 했다고 한다. 남촌 상가의 한 화장품 가게에서 조선인 여인은 화장품의 용도를 알지 못해 일본 점원에게 그 용도를 물어야 하나 일본어가 능숙하지 못해

---

36 朝鮮憲兵隊司令部(1934), 앞의 책, 77~78쪽.

37 朝鮮憲兵隊司令部(1934), 앞의 책, 33~34쪽.

38 朝鮮憲兵隊司令部(1934), 앞의 책, 53~56쪽.

질문을 제대로 하지 못하고 사기를 주저하였다고 한다.[39]

남촌의 일부 다방은 이봉구의 표현에 의하면 "일본인 대학생들이 기염을 토"하는 곳이어서,[40] 일본인들이 주로 모여 자신들만의 커뮤니티를 형성하는 곳이었음을 알 수 있다. 이런 다방에서 조선인 문인, 예술가들이 편안함을 느끼기는 쉽지 않았을 것으로 보인다.

3. 해방 후의 명동의 소비·유흥 시설과 문화

1) 열악해진 명동의 소비·유흥 시설

해방 후에는 미쓰코시가 이름을 동화백화점으로 바꾸고 개업하게 된다. 이 시기에도 동화백화점은 화려한 모습이었다. 고급 양주, 양과자, 화장품, 순모 코트 등 값비싼 외제 상품이 판매되었으며 지하층에는 양식, 중식, 냉면 등 다양한 국가의 음식을 소비할 수 있었다. 세탁소가 있어 드라이클리닝을 할 수도 있었고 백화점 내부의 화랑에서는 미술 전시회가 개최되었으며 사교실에서는 스키 강습회가 열리기도 했다.[41]

조지아백화점은 1946년 중앙백화점으로 개칭하여 개업하였지만 곧 미군정에 의해 폐점되어 미군 피엑스로 전용된다.[42] 서울백화점은 미나카이백

---

39 백화점과 상점가에서 조선인이 당한 차별과 불편함의 사례는 双S生(1929), 「大京城狂舞曲」, 『별건곤』 제18호, 82~83쪽에서 확인할 수 있다.

40 「서울 새풍속도(202)」, 『경향신문』 1971. 7. 23.자, 7면.

41 「이응로 화백 개인전」, 『경향신문』, 1947. 7. 1.자, 2면 ; 『경향신문』 1949. 12. 11.자, 1면 광고 : 『경향신문』 1950. 4. 6.자, 2면 광고 ; 「스키 준비체조」, 『동아일보』 1948. 1. 7.자, 2면 ; 「백화점에 대하여」, 『동아일보』 1948. 9. 29.자, 2면 ; 「지하식관 경영자 모집」, 『동아일보』 1948. 4. 21.자, 2면 ; 『동아일보』 1950. 3.30.자, 2면 광고.

42 「정자옥은 중앙백화점」, 『동아일보』 1946. 2. 1.자, 2면 ; 「중앙백화점 폐쇄」, 『동아일

화점 건물에 1947년부터 개업을 하지만 영업을 이어 가지 못했다.[43] 서울 만물전은 히라다백화점 건물에서 영업을 개시하였으나, 1947년 화재로 전소된다.[44] 명동 지역에서는 유일하게 동화백화점만이 영업을 이어 간 것이다. 백화점이 4개에서 1개로 줄어든 것에서 전체적으로 해방 전에 비해 해방 후 명동의 백화점 시장이 축소되었음을 알 수 있다. 판매 실적을 보더라도 서울 전체 백화점의 것이기는 하지만 1945년 11월의 실질 매상액을 100이라 할 때, 1947년 5월은 87에 불과하여 매상이 축소된 것을 확인할 수 있다.[45] 더군다나 동화백화점은 누군가의 소유가 되어 안정적으로 운영된 것이 아니라 정부가 개인에게 관리권을 주어 경영하게 했는데, 이 과정에서 관리자가 자주 교체되고 관리권을 둘러싼 경쟁이 심해 경영이 불안정했다. 해방 전에 운영되던 지하 식당은 1948년 이후에야 개관한 것을 통해 해방 전과 같은 수준에서 운영되지 못한 것을 알 수 있다.[46]

백화점과는 달리 카페와 다방의 수는 줄지 않은 것으로 보인다. 당시 기사에 의하면 1947년 서울 내 카페의 수는 76개, 다방의 수는 41개로 경찰의 허가 남발로 영업 점포 수가 필요 이상으로 많다고 보았기 때문이다. 1949년의 다른 기사는 다방이나 음식점 수가 범람하고 있는 상황이라고 표현하기도 하였다.[47] 점포 수가 줄어들지는 않았지만 카페나 다방이 양질의 서비스를 제공하며 안정적으로 운영되었다고 보기는 힘들다. 무엇보다 카페와

보』 1946. 5. 22.자, 2면.

43 「서울백화점 13일 개점」, 『동아일보』 1947. 5. 11.자, 1면.

44 「서울만물전 개업」, 『동아일보』 1946. 2. 23.자, 2면 ; 「백화점 서울만물전 전소」, 『경향신문』 1947. 3. 19.자, 2면.

45 「갈수록 가난해진 장안의 살림살이」, 『동아일보』 1947. 7. 17.자, 2면.

46 「지하식당 경영자 모집」, 『동아일보』 1948. 4. 21.자, 2면 ; 「관리권 어디로」, 『동아일보』 1950. 5. 9.자, 2면.

47 「늘어 가는 음식점」, 『동아일보』 1947. 6. 12.자, 2면 ; 「음식점 사태의 서울」, 『경향신문』 1949. 3. 4.자, 4면.

〈그림 3〉 동화백화점 지하 식당 양식부 개업 광고

* 출처 : 『동아일보』 1949. 12. 10.자.

다방의 주 상품과 그 재료인 술과 커피 원두, 설탕, 우유 등을 안정적으로 수급받기 어려웠기 때문이다. 1948년 전국적 배급 실시 전까지 한국 전체에서 설탕 수급은 매우 어려웠으며 커피 원두는 정상적으로 수입되지 않고 밀수에 의존해야 했다.[48] 카페에서는 새로 생산된 술을 구하지 못해 생산일로부터 오랜 시간이 경과한 소주, 청주를 팔아 이 때문에 사망 사건 등의 문제가 발생하는 경우가 많았다. 다방에서는 우유를 구하지 못해 미국제 분유를 사용하거나 불량 우유를 사용하는 일이 잦았다고 한다.[49] 해방 이후 미군정과 이승만 정부는 행정력이 충분하지 못해 카페와 다방 등에 대한 위생 단속을 제대로 실시하지 못했고 이로 인해 위생 상태가 좋지 않은

48 「설탕 1인당 1승, 대량 입하로 불일 배급」, 『경향신문』 1948. 1. 25.자, 3면 ; 「거리에 범람하는 수입품」, 『경향신문』 1950. 1. 10.자, 2면.

49 「불량주 150건을 적발」, 『동아일보』 1946. 8. 10.자, 2면 ; 「불량 우유를 팔지 말라 : 음식점, 다방 등을 취체」, 『동아일보』 1947. 10. 5.자, 2면.

〈그림 4〉 해방 후의 시공관

* 출처 : https://encykorea.aks.ac.kr/Contents/SearchNavi?keyword=시공관&ridx=0&tot=3#modal(한국민족문화대백과사전 사이트).

카페와 다방이 많았다고 한다.[50]

남촌에 있던 대형 고급 영화관들은 해방 이후 각각 고가네좌에서 국도극장으로, 메이지좌에서 국제극장으로, 와카쿠사극장에서 수도극장으로 개칭한다.[51] 국제극장은 이후 서울시가 관리하면서 1948년 시공관으로 다시 관명을 바꾸게 된다.[52]

이 영화관들은 여전히 일류 영화관으로서의 지위를 점하고 있었지만[53] 이

50 「늘어 가는 음식점」, 『동아일보』 1947. 6. 12.자, 2면 ; 「음식점 사태의 서울」, 『경향신문』 1949. 3. 4.자, 4면.

51 『서울신문』 1945. 12. 23.자, 2면 광고 ; 「명치좌를 국제극장으로」, 『동아일보』 1946. 1. 27.자, 2면 ; 「위안의 전당 국도극장 개관」, 『동아일보』 1946. 5. 27.자, 2면.

52 「시공관에 명도령」, 『동아일보』 1949. 1. 15.자, 2면.

53 「영화는 개봉이 80원」, 『중앙신문』 1948. 3. 28.자, 2면.

전처럼 좋은 상영, 관람 환경을 유지하지는 못했다. 우선 당시는 영화 수입과 국산 영화 제작이 원활하지 못한 상황이었는데, 이에 식민지기 수입되어 상영되었던 영화들이 재상영되는 일이 매우 잦았다.[54] 구체적으로 1948년 시공관(국제극장)에서는 수입된 지 10년이 넘은 영화를 재상영했다. 오래전에 수입된 영화들은 화면조차 선명하지 못했다.[55] 새로 수입된 영화라 하더라도 시공관 등에서는 영화의 자막이 제대로 보이지 않고 중간중간 필름이 삭제되어 영화의 이야기를 도저히 이해할 수 없는 엉터리 영화가 상영되기도 했다고 한다.[56] 당시 한 기사에 의하면 해방 이후 영화관 경영주들은 전문 영화관 경영인으로서 경험을 쌓아 온 사람들이 아니라 정부의 관리인에 불과했기 때문에 영사기사에 대해 합당한 대우를 하지 않아 경험 많은 영사기사들이 영화관을 떠날 수밖에 없었으며, 이로 인해 영사기가 제대로 관리되지 않았다고 한다. 이에 명동의 일류 영화관에서도 화면이 흔들리고 선명치 않은 경우가 허다하다고 지적하고 있다.[57] 당시 분단 상황으로 전력 수급이 원활하지 않아 명동의 일류 영화관에서도 갑자기 영화 상영이 중지되는 일이 잦았고 난방이 제대로 되지 않아 영화 상영 중 관객이 퇴장하는 경우도 많았다.[58] 관명은 정확히 밝히고 있지 않으나 명동의 한 일류 영화관에서는 정원을 크게 초과하여 무리하게 관객을 1,500명이나

---

54 「저속화하는 극장가」, 『경향신문』 1949. 3. 25.자, 4면.

55 「시공관 비난이 적적 : 묵은 영화를 봉절품이라 기만」, 『자유일보』 1948. 3. 28.자, 2면 ; 「시공관에 물의 : 묵은 영화를 새것인 양 고료(高料)로 상영」, 『경향신문』 1948. 3. 26.자, 2면.

56 「자유제언」, 『자유신문』 1949. 6. 22.자, 2면.

57 「흥행과 기술」, 『예술통신』 제399호(1947. 2. 14.자), 1면 ; 「영사 기사」, 『예술통신』 제374호(1947. 1. 15.자), 1면.

58 「극장의 독선」, 『경향신문』 1949. 2. 10.자, 3면 ; 「시공관의 첫인상」, 『신민일보』 1948. 2. 22.자 ; 「빈번한 정전으로 극장가에도 비명 속출」, 『예술통신』 제365호(1946. 12. 28.자), 1면.

받아 관객이 서서 영화를 보는 일도 있었다고 한다.[59]

화면이 선명하지 않고 자막도 잘 보이지 않으며 중간중간 삭제된 영화가 상영되며, 정원을 넘겨 많은 사람이 가득 찬 상황에서 서서 영화를 보아야 하는 영화관에서 관객은 식민지기 남촌의 일류관에서처럼 집중해 조용히 영화를 감상하기 쉽지 않았을 것이다. 경성의 한 영화관에서는 해방 이후 음향장치의 수준을 이전처럼 유지하지 못해, 사라졌던 변사를 부활시켜 관객은 이전과 달리 변사에게 박수를 보내며 소란스럽게 영화를 보았다고 한다.[60] 당시 한 신문의 기사에서는 식민지기 영화관에서는 억압 속에서도 "예의를 실행"하였던 것과는 달리 해방 후는 상황이 돌변하였다고 하면서 흡연, 아이 우는 소리, 휘파람 소리로 영화관은 상당히 소란스럽다고 하였다.[61] 식민지기에도 남촌에 존재한 일류 영화관이 아닌 이외 영화관에서 소란스러운 풍경은 일상적인 것이기 때문에, 식민지의 "관객이 예의를 실행했다"고 하는 부분에서 이 영화관은 일류 영화관임을 추측할 수 있고 이 영화관에서 관객은 이전과 달리 해방 후에는 조용히 영화를 감상하지 않게 되었음을 알 수 있다.

이외에도 국제극장에서는 재담을 하던 신불출이 정치적 발언을 하다 관객에게 구타를 당한 일이 있었다.[62] 식민지기 북촌의 영화관에서 정치적 소동이 있기는 했지만 조용한 영화 감상 공간인 남촌의 일류 영화관에서는 정치적 소동이 발생하지 않았다는 점에서[63] 이 사건 역시 당시 명동 일류 영화관의 변화된 분위기를 엿볼 수 있게 한다.

---

59 「장내 위생 제로」, 『경향신문』 1949. 11. 9.자, 2면.

60 「뒷거름하는 상설관」, 『한성일보』 1947. 4. 16.자, 2면.

61 「관중심리소관」, 『경향신문』 1947. 4. 17.자, 4면.

62 「태극기를 희롱타 재담꾼 신불출」, 『동아일보』 1946. 6. 13.자, 2면.

63 이에 관해서는 정충실(2018), 앞의 책, 168~169쪽, 192~196쪽.

2) 편안함 속의 상류층 한국인, 차별받는 하류층 한국인

해방 후 시설이나 분위기는 예전 같지 않았지만 명동 소비·유흥 시설의 이용 요금과 판매 상품의 가격은 여전히 고가였다. 기본적으로 명동 일류 영화관들은 해방 이후에도 고급 영화관의 지위를 유지하고 있어 관람료가 다른 영화관에 비해 높았다. 1948년 개봉작 이외의 영화를 기준으로 하면 시공관의 관람료는 80원이었는데 이류 영화관은 그 절반에 지나지 않았다.[64] 당시 신문기사에 따르면 영화 관람은 "수입이 적은 소시민이나 세궁민층에서는 도저히 바라볼 수 없는 그림의 떡"이었다고 하는데,[65] 이러한 상황에서 일반 대중이 보통의 영화관도 아닌 일류 영화관을 방문하기는 대단히 어려웠을 것으로 보인다.

1948년 『동아일보』의 한 기사에서 당시 신문기자로 활동한 이봉구는 자신이 자주 들르는 명동 다방의 커피값은 60원으로, 당시 중·상류층 이상이라 할 수 있는 신문기자에게도 이 가격은 벅찬 수준이라고 하고 있다.[66] 출판 기념회이기는 하지만 당시 명동 한 다방의 입장료는 300원이어서 일류 영화 관람료의 3~4배 수준에 이르기도 하였다.[67] 커피원두 등의 수급이 원활하지 않고 당시에도 명동의 가게세는 상당히 비쌌기 때문에[68] 명동 다방의 커피 가격은 저렴할 수가 없었던 것이다.

미쓰코시백화점은 식민지 경성에서 가장 고급스런 백화점이었으며, 동화백화점이 된 후에도 여전히 고급 상품과 사치품을 주로 판매했다. 당시

---

64 「영화는 개봉이 80원」, 『중앙신문』 1948. 3. 28.자, 11면. 개봉작 이외 영화 상영을 기준으로 시공관은 80원, 수도극장과 국도극장은 50원, 이외의 모든 영화관은 40원이었다.

65 「고달픈 시민의 극장 출입 동태」, 『경향신문』 1949. 12. 5.자, 2면.

66 「다독의 변」, 『경향신문』 1948. 11. 17.자, 3면.

67 「근원수필집 출판기념회」, 『동아일보』 1948. 12. 9.자, 2면.

68 「명동의 실태」, 『국도신문』 1950. 4. 13.자.

기사에서는 동화백화점에서 고가의 외제 상품이 주로 판매되던 탓에 그 "비대중성"이 비난되기도 했다. 계속해서 기사는 식품부의 상품으로는 700~800원의 고급 양주와 비싼 양과자가 대부분을 점하고 있으며 고가의 의류품은 극소수 신사·숙녀의 구매욕을 자극할 뿐이라고 말하고 있다. 가구는 10만 원 내외의 고가로 판매되었으며 지하 식당은 일부 계층의 손님만이 이용할 수 있다고 설명하여[69] 역시 일반 대중이 동화백화점을 이용하기 쉽지 않았음을 말하고 있다.

명동 소비·유흥 시설의 한국인 상류층은 일본인이 사라진 이곳에서 더 이상 차별받지 않고 이곳을 자신들만의 공간으로 점유할 수 있었다. 식민지기 미쓰코시백화점 전시장에서는 총독부나 조선군사령부 주최의 전람회나 행사, 일본인 미술가의 개인전이 주로 개최되었다.[70] 해방 후에는 이응로, 남관, 박영선, 이용우, 이세득 등 여러 한국인 미술가의 개인전이 개최되었고[71] 주변 학교의 행사가 개최되기도 했다. 대표적으로 숙명여중, 이화여중, 경기중학교의 미전, 사진전이 이곳에서 개최되었다.[72] 식민지기 백화점 전시장에서 개최된 총독부의 전람회에서 조선인은 일본인으로부터 면박을 받았던 것과 달리 해방 후에는 주변 학교의 행사가 개최될 정도로 한국인에게, 물론 상류계층 한국인으로 한정되겠지만, 백화점은 친숙하고 편안한 공간이 되었음을 알 수 있다.

---

69 「백화점에 대하야」, 『동아일보』 1948. 2. 29.자, 2면.

70 「사상전전」, 『동아일보』 1940. 5. 26.자, 2면 ; 「군용견 전람회」, 『동아일보』 1934. 1. 6.자, 3면 ; 「東鄕화백 개인전」, 『동아일보』 1940. 6. 6.자, 2면 ; 「금주활동 기대 이송령 씨」, 『동아일보』 1937. 12. 29.자, 3면.

71 「이응로화백 개인전」, 『경향신문』 1947. 7. 1.자, 2면 ; 「남관화백 개인전」, 『경향신문』 1947. 10. 11.자, 2면 ; 「박영선화백」, 『경향신문』 1947. 9. 12.자, 2면 ; 「이용우화백 개인전 연일인기」, 『경향신문』 1948. 4. 4.자, 3면.

72 「경기중학미전」, 『경향신문』 1948. 10. 29.자, 3면 ; 「숙명여중 창립기념」, 『경향신문』 1949. 5. 22.자, 2면 ; 「이화여중미전」, 『경향신문』 1947. 4. 16.자, 2면.

일본인 틈 속에서 유명한 조선인 예술가, 문인들이 남촌의 특정한 다방에서 '가끔' 음악회나 출판 기념회를 개최할 수 있었지만 해방 후에는 이러한 행사가 명동의 많은 다방에서 '자주' 개최되었다. 이외에도 과거 식민지 조선인은 남촌의 다방에서 동창회를 개최하지 못했지만 해방 후에는 이를 쉽게 개최할 수 있었다.[73] 연주회 같은 격식 있고 형식적인 행사뿐만 아니라 격식이 필요하지 않고 편안한 분위기에서 친밀한 관계가 요구되는 동창회 같은 모임이 열렸다는 것은 다방이 해방 전처럼 조선인 중에는 문인이나 예술가 같은 특정인만 출입할 수 있는 공간이 아니라, 해방 후에는 찻값을 지불할 수 있는 상류층이라면 누구나 방문할 수 있고 그들에게 편안한 공간이 되었음을 알 수 있게 한다.

명동 다방의 상류층 한국인들이 즐겨 하던 것 중 하나는 일본 음반을 듣는 것이었다. 당시 기사에는 다방에서 일본 레코드를 듣는 것이 유행이라고까지 표현되었다.[74] 앞에서 살펴보았지만 식민지기 조선인 상류층 사이에서 일본 대중문화가 상당한 인기를 끌었는데, 과거 일본 음악을 좋아하던 이들은 해방 후에도 다방이라는 자신들만의 공간에서 더 이상 차별과 불편이 없는 상황에서 편하게 일본 음악을 즐겼던 것이다. 이에 경찰에서는 명동 다방에서의 일본 음반 재생을 금지하고 단속하여 음반을 압수하였지만, 1951년까지 경찰의 단속이 이어진 것으로 보아 다방에서의 일본 음반 재생은 한동안 지속되었음을 알 수 있다.[75] 일본 음악을 들었을 뿐 아니라 다방을 방문한 한 한국인은 〈요이마치구사(宵待草)〉라는 일본어 가곡이

73 「상지대학 동창회」, 『동아일보』 1949. 10. 28.자, 2면 ; 「집회」, 『경향신문』 1946. 10. 20.자, 3면.

74 「일본레코드 사용금지」, 『동아일보』 1946. 3. 12.자, 2면.

75 명동 다방에서 일본 음반 재생 단속 기사는 「말살하자 일본색 음악」, 『동아일보』 1946. 8. 13.자, 3면 ; 「왜말 레코드단속」, 『경향신문』 1948. 12. 31.자, 4면 ; 「각 다방서 일본 레코드 일소」, 『자유신문』 1951. 9. 26.자, 2면 등에서 확인할 수 있다.

가장 좋다면서 자연스레 다방에서 그 노래를 부르고 다른 이들은 이를 감상하기도 했다고 한다.[76] 명동 다방에 모인 상류층 한국인은 식민지기 자신들만의 공간은 아니었던 이곳을 아름답게 추억했다고 한다. 여배우를 닮은 일본인 마담을 그리워하기도 하고 식민지 시절 다방에서 커피를 끓여주던 소년을 해방 후의 다방에서 다시 만나 반가워하며 안부를 묻고 과거의 추억을 회상하기도 했다.[77] 다방을 방문한 이들은 일본어 레코드를 듣고 일본어 노래를 부르는 것을 넘어 때로는 일본어로 대화를 나누기도 했다고 한다.[78] 일본어 음반을 듣는 것이든 일본어로 대화를 나누는 것이든 일본어는 다방에서 상류층이 자신들만의 커뮤니티를 형성하는 중요한 수단이 되었음을 알 수 있다. 나아가 다방의 상류층 한국인은 일본어를 이해하고 구사할 수 있다는 것을 통해 자신들만의 우월감을 확인할 수 있었을지도 모른다. 다방에서의 사례는 아니지만 당시 상류 계층은 우월감을 과시하기 위해 해방 후에도 자신들끼리 대화할 때 일본어를 사용했다고 한다.[79]

앞에서 살펴보았듯 명동 영화관에서는 식민지기 수입된 재고 영화가 재차 상영되는 경우가 상당히 많았으며, 이 영화들의 자막은 일본어였다.[80] 새로 수입된 영화라 하더라도 명동 일류 영화관에 독점적으로 미국 영화를 배급하던 중앙영화배급사는 도쿄에서 상영되던 일본어 자막의 외화를 번역 작업 없이 그대로 공급하였다.[81] 특히 명동의 일류 극장에서는 거의 외화만 상영되었기 때문에[82] 관객이 영화를 볼 때 일본어 자막을 접해야 하

76 이봉구(1992), 『명동, 그리운 사람들』, 서울 : 일빛, 187쪽.

77 최남진(1976), 앞의 책, 59~60쪽.

78 吳蘇白(1949), 「서울거리의 변모」, 『민성』 제507호, 76쪽.

79 「인천에 범람하는 일본 잔재」, 『대한일보』 1948. 9. 3.자, 2면.

80 「조선극장문화를 모험」, 『대중일보』 1947. 2. 4.자, 1면.

81 「조선극장문화 위협하는 중앙영화사의 배급조건」, 『경향신문』 1947. 2. 2.자, 2면.

82 「민족문화는 어데 갈 거나」, 『경향신문』 1948. 10. 6.자, 4면.

는 경우가 많을 수밖에 없었다. 때로는 일본어 대사로 영화가 진행되는 제국일본이 제작한 국책영화를 타이틀만 바꾸어 상영하기도 했다.[83] 명동의 일류 영화관에서는 일본어 자막의 영화, 때로는 일본어 대사가 흘러나오는 영화가 상영되었기에 식민지기에 교육을 받아 일본어 사용이 능숙한 계층을 중심으로 이 영화관을 방문할 수 있었을 것이다.

일본인이 물러간 소비 · 유흥 시설에서는 기본적으로 고가의 상품이 판매되어 이곳에는 상류층이 주로 입장하였는데, 그들은 식민지 시기 차별받아야 했던 그곳을 자신들만의 편안한 공간으로 점유했으며, 때로는 일본어 사용을 통해 그곳의 배타성을 강화했음을 살펴보았다. 그러나 소비 · 유흥 시설과는 달리 그 외부, 즉 명동의 길거리는 다양한 계층이 섞이는 공간이었다. 당시의 한 기사는 명동 거리에는 유흥과 소비 시설의 주된 이용자인 신사, 유한마담, 대학생뿐만 아니라 한센인, 거지, 아편쟁이, 신문팔이, 노점상 등이 뒤섞여 있다고 설명하고 있다.[84] 후자의 사람들은 소비 · 유흥 시설 방문객을 상대로 상품을 팔아 생계를 영위하기 위해 혹은 연명하기 위해 명동 거리에 나섰다. 명동의 노점상, 날품팔이 등은 행인에게 마구 달려들어 물건을 팔아 달라고 매달렸다고 하며 노점상, 날품팔이마저 여의치 않는 이들은 구걸하며 먹을 것을 구하러 다녔다고 한다.[85]

해방 이전 식민지 남촌의 거리에는 소비 · 유흥 시설 방문자 외 노점상과 걸인의 수가 많지 않았던 것으로 보인다. 한 기사에서 경성에서 노점이 많아진 것은 제2차 세계대전 이후의 일이라고 하나, 유달리 해방 이후부터 한국전쟁 전까지 명동에는 거지가 많았다는 기록에서 이를 확인할 수 있다.[86]

---

83 「영화동맹에서 일제 잔재 영화에 경고적 숙청성명 발표」, 『예술통신』 제140호(1946. 3. 6).

84 吳蘇白(1949), 앞의 글, 78쪽.

85 최남진(1976), 앞의 책, 71쪽 ; 서울특별시사편찬위원회(1973), 『서울통사 하(1945~1960)』, 서울 : 서울시사편찬위원회, 98쪽.

86 「우울한 산보」, 『경향신문』 1947. 11. 20.자, 4면 ; 최남진(1976), 앞의 책, 194쪽.

1935년 기사에서도 지금의 명동에서 후암동과 서울역에 이르는 경성 남부 지역에 걸인을 포함한 부랑자는 31명에 불과하다고 기록하고 있었는데, 이는 지금의 충정로에서 서소문동에 이르는 경성 서부 지역의 90명에 비해서도 대단히 적은 수이다.[87] 식민지기 남촌 지역에 구걸하는 이들과 노점상 등이 적었던 이유는 당시 잦은 단속 등 식민지 정부의 강한 경찰력, 행정력 등에서 이유를 찾을 수 있을 것이다. 1920년대부터 총독부는 식민지 조선 최고의 번화가인 남촌 지역에 활동하는 걸인과 부랑자들을 추악한 존재로 설정하여 시외로 축출하거나 규율할 방안을 고민하고 계획을 세웠는데,[88] 걸인과 부랑자의 축출·규율 등에 관한 이른 시기부터의 관심은 그들에 대한 발 빠른 통제를 가능하게 한 요인이었을 것이다. 이후 남촌에 많은 경찰력을 배치시켜 부랑자와 걸인을 검속하여 이들을 유치하거나 추방할 수 있었다.[89] 실제 해방 직전 남촌을 관할하던 혼마치서의 경찰 수는 경성 내 경찰서 중 가장 많은 309명이었는데, 이를 성북서의 1백 명과 비교해 보면 상당히 많은 경찰력이 남촌 지역에 집중되어 있었음을 알 수 있다.[90]

김영미의 연구에 의하면 식민지 경성에는 거주자들의 친목 도모와 행정 보조, 납세 상려, 위생 사무, 교육과 교화를 위한 정회(동회)가 조직되었는데 정회는 별도의 독립된 사무소를 가지고 있었다고 한다. 특히 일본인 거주 지역과 부촌의 운영 상태가 좋았다고 한다. 정회는 전염병 예방을 위해

87 「首都京城の下層に潜む流浪者の生活」, 『朝鮮及滿洲』 1935. 5.号, 95~96쪽.

88 예지숙(2015), 「일제시기 조선에서 부랑자의 출현과 행정당국의 대책」, 『사회와 역사』 제107집.

89 대표적으로 「연말 경계를 앞두고 부랑자 일제 검거」, 『동아일보』 1932. 12. 10.자, 1면 기사를 보면 혼마치서가 관내를 검속해 체포한 부랑자를 유치시켰다고 한다.

90 수도관구 경찰청 편(1947), 『해방 이후 수도경찰 발달사』, 서울 : 수도관구 경찰청, 84쪽.

마을 입구에서 오가는 상대로 한 사람 한 사람 소독을 하기도 했다.[91] 남촌 지역은 일본인의 주 거주 지역으로 조선에서 가장 번화한 지역이었기에 어느 지역보다 정회가 잘 조직되어 있었을 것으로 보이며, 전염병 예방을 위해 오가는 사람을 통제하여 한 명 한 명 소독할 수 있었듯이 위생이나 교화 등을 명분으로 걸인이나 한센인, 노점상의 출입을 통제할 수 있었을 것이다. 정회의 존재 역시 남촌 지역 거리에 노점상이나 걸인이 활동하기 어렵게 한 중요한 이유가 되었을 것으로 보인다.

반면 해방 이후 서울에서 식민지와 같은 수준의 경찰력은 유지되지 못했다. 선행연구들이 지적하듯이 이는 미군정은 남한에서 최소한의 현상 유지에만 주력했지 많은 문제를 해결하기 위한 적극적 정책을 펼치지 않은 것이 큰 이유였다.[92] 강혜경의 연구에 의하면 해방 이후 서울 지역의 급격한 인구 증가 등의 이유 때문에 경찰이 늘어나기는 했지만 식민지기 경험 많은 경찰의 상당수를 차지했던 일본인 경찰들이 물러간 이후, 새로 채용되는 경찰은 별다른 경험이 없는 한국인들로 채워졌으며 이들도 정치적 사건 처리나 좌익의 통제와 감시에 다수가 배치되어 치안 유지 등에는 상당히 소홀했다고 설명하였다. 특히 경제 범죄, 구체적으로 노점상, 암시장 단속에 상당한 한계를 노출했다고 보았다.[93]

또한 명동에서는 주 거주자였던 일본인 퇴거와 함께 식민지기 조직된 정회 등의 주민 자치 조직이 사라질 수밖에 없어 명동 주민에 의한 걸인이나 한센인에 대한 진입 통제가 상당히 어려워졌을 것이다. 남아 있는 동회(정

91 김영미(2009), 『동원과 저항 : 해방 전후 서울의 주민 사회사』, 서울 : 푸른역사, 113쪽, 120쪽, 158쪽.

92 이연식(2013), 「해방 직후 서울 소재 '적산요정' 개방운동의 원인과 전개과정 : 1946~1947년 제1 · 2차 개방을 중심으로」, 『향토서울』 제84호, 226쪽 ; 서울특별시사편찬위원회(2005), 『서울역사총서 5 : 서울인구사』, 서울 : 서울시사편찬위원회, 609쪽.

93 강혜경(2008), 「미군정기 서울의 치안과 경찰」, 『향토서울』 제71호, 51~70쪽.

회)는 해방 후에는 자치 조직이라기보다는 방공 조직으로서의 성격이 강했던 것도[94] 걸인, 한센인 등의 외부인에 대한 통제를 어렵게 하는 이유였을 것으로 보인다.

이외 해방 이후 해외와 북한 지역으로부터 서울로 유입된 인구는 엄청났는데 일본인 15만~16만 명이 퇴거한 상황에서도 서울 인구는 1945년 90만에서 1948년에는 170만으로 급격히 증가했다.[95] 당시 서울 번동 주민이었던 이의 증언에 의하면 해방 직후 어딘가로부터 자신의 마을로 극장에서 영화가 끝나면 관객이 쏟아져 나오듯이 사람들이 몰려들었다고 하며, 그 사람들이 길뿐만 아니라 자신의 집 마당에까지 몰려와 머무르기도 했다고 한다.[96]

허수는 당시 서울로 이렇게 인구가 집중된 이유는 서울 식량 배급 사정이 나은 것 이외 그나마 소규모 행상 등의 호구 수단이 존재한 것에 있다고 보았다.[97] 별다른 산업 기반이 없는 상황에서 인구가 집중되고 생계 수단으로 너도나도 행상에 뛰어들다 보니 자연히 당시 서울에서 가장 번화한 지역인 명동에도 노점상이나 날품팔이가 증가할 수밖에 없었던 것이다. 더군다나 해외나 북한에서 몰려든 사람들은 명동 주변 지역의 일본인이 버리고 간 1가구용 주택에 3~4가구가 거처하여 명동이 있는 중구와 바로 이웃 지역인 용산구의 인구가 상당히 많이 증가하였으며, 명동에서 멀지 않은 효창공원에는 해외에서 유입된 사람들을 위한 집단 수용소가 건설되었다.[98] 안정적 직업이 없는 해외로부터의 유입자 상당수가 명동 주변에 거주한

94 김영미(2009), 앞의 책, 215~216쪽, 290쪽, 292쪽.

95 서울특별시사편찬위원회(2005), 앞의 책, 627쪽.

96 서울특별시사편찬위원회(2011), 앞의 책, 86쪽.

97 허수(1996), 「1945~46년 미군정의 생필품 통제정책」, 서울대학교 국사학과 석사학위논문, 48~49쪽.

98 서울특별시사편찬위원회(2005), 앞의 책, 640~641쪽.

것도 명동에 노점상, 걸인을 증대시킨 중요한 이유일 것이다.

해방 후 서울에는 한센인들도 급증했는데 이에 서울 지역 유지들은 집단으로 시청에 몰려가 이 문제를 해결하라고 항의하였다고 한다.[99] 서울에서 한센인의 급증은 해방 후 소록도가 제대로 관리되지 못해 강제수용되어 있던 이들의 상당수가 탈출해 서울로 이동하였고 당시 행정력이 부족해 이들을 다시 소록도 등의 수용소로 수송할 여력이 없었기 때문이었다.[100] 서울로 모여든 한센인들은 다시 구걸이나 행상이 용이한 명동으로 집중될 수밖에 없었을 것이다.

즉 해방 이후 경찰력, 행정력이 약화된 명동 공간에 생계를 위해 해외로부터 혹은 소록도로부터 가난한 이들, 버려진 이들이 갑자기 몰려들면서 식민지기와 달리 명동 거리에는 다양한 계층이 섞일 수 있었던 것이다. 또한 즐기기 위해 명동의 소비·유흥 시설을 방문한 자들을 상대로 비참하게 상품을 팔거나 구걸하는 방식으로 연명해야 했던 걸인, 해외로부터 유입된 자, 노점상, 한센인은 당시 돈 없는 이들이 그러하듯 소비·유흥 시설 내부로의 출입을 금지당한 채 유리창이나 문틈을 통해 값비싼 상품과 이를 즐기는 상류층을 부러운 눈길로 그저 바라만 볼 수 있을 뿐이었다.[101] 해방 후 명동에서는 소비·유흥 공간 외부의 길거리에서 소비와 유흥을 즐기기 위해 명동을 방문한 상류층 한국인에게 하류층 한국인이 비참하게 구걸하고 물건을 팔아 달라 매달려야 하는 차별, 상류층이 점유하고 있는 소비·유흥 공간 내부로 하류층이 진입하는 것을 금지당하는 방식의 차별이 있었다고 할 수 있다.

---

99 「시내의 문둥병자」, 『동아일보』 1948. 8. 28.자, 2면.

100 「휴지통」, 『동아일보』 1945. 12. 11.자, 2면 ; 「나환자들 송환」, 『경향신문』 1946. 10. 30.자, 2면 ; 「문둥병환자격증」, 『경향신문』 1947. 6. 12.자, 3면.

101 「민생평 : 땅에 떨어진 민생」, 『경향신문』 1948. 12. 31.자, 4면 ; 吳蘇白(1949), 앞의 글, 76쪽.

4. 결론

1930년대 남촌의 백화점, 카페 · 다방, 영화관은 대형화되고 분위기는 정제되어 갔는데, 이로 인해 남촌의 소비 · 유흥 시장이 확대될 수 있었으며 남촌 소비 · 유흥 시설로 식민지 조선인의 방문도 증가하였다. 한편 남촌의 소비 · 유흥 시설을 방문한 조선인들은 일본인으로부터 모욕과 무시를 당하는 차별을 받기도 하였다. 해방 후 한국전쟁 발발까지 명동 소비 · 유흥 시설은 서비스의 질이나 분위기가 1930년대의 수준을 유지하지 못했지만, 입장료나 판매 상품의 가격은 여전히 고가여서 주로 상류층 한국인만이 방문할 수 있었다. 서비스의 질이나 분위기가 나빠진 상황 속에서도 일본인이 물러간 소비 · 유흥 시설을 상류층 한국인은 자신만의 편안한 공간으로 점유하였다. 때로는 일본어 사용을 통해 그곳의 배타성을 강화하기도 했다. 그러나 명동의 소비 · 유흥 시설 외부, 즉 명동 길거리는 소비 · 유흥 시설을 방문하려 한 상류층만 존재한 것이 아니라 그들과 함께 노점상 · 걸인 · 한센인이 뒤섞여 있는 공간이었는데 이는 식민지 남촌에서와는 차이를 보이는 것이었다. 식민지기와 달리 해방 후에는 경찰력과 행정력이 제대로 갖추어지지 못했으며 주민 자치 조직도 제 기능을 하지 못해 생계와 구걸을 위해, 버려진 이들과 해외로부터 돌아온 자들이 명동 거리에 집중된 것이다. 물론 이 하류층은 상류층에 구걸해야 하는 것뿐만 아니라 소비 · 유흥 시설 내부로의 진입이 차단되는 차별적 상황에 놓여 있었다. 식민지기의 남촌에서 차별 기준과 차별 발생 공간이 민족과 실내였다면, 해방공간의 명동에서 차별 기준과 차별 발생 공간은 계층과 실외의 거리였다고 할 수 있다.

해방공간의 명동에서는 차별의 기준과 차별 발생 공간이 식민지기부터 달라졌을 뿐 해방에도 불구하고 여전히 차별은 존재한 것이다. 이에 상류층과는 달리 차별적 상황에 놓여 있던 명동의 한국인 하류층에게 1945년

8월 15일은 해방의 기점이 되었다고 보기는 힘들 것이다.

나름의 의미에도 불구하고 주어진 지면과 필자의 능력 부족으로 해방공간 명동의 소비 · 유흥 시설과 그 문화에는 미군과 미국문화의 유입이 매우 중요한 문제임에도 이를 전혀 다루지 못했다. 해방공간 명동의 소비 · 유흥 시설에서 새로 유입된 미국의 문화와 잔존한 제국일본의 문화가 경합 · 교섭하는 과정을 분석 · 설명하는 것을 향후의 과제로 설정하려고 한다.

재한 일본인 여성의 전후 '귀환'과 '귀국' 사이에서*

현무암(玄武岩, Hyun Moo-Am)

현 홋카이도대학 대학원 미디어커뮤니케이션연구원 교수. 미디어문화론, 한일관계론 전공. 코리안 디아스포라, 전후 일본인의 귀환 등 초국가적인 사람과 문화의 이동에 관심을 갖고 연구하고 있다. 주요 저서로는 『통일코리아(統一コリア)』(2007), 『노무현 시대의 디지털 민주주의』(2010), 『기시 노부스케와 박정희』(공저 · 2012), 『코리안 네트워크(コリアン・ネットワーク)』(2013), 『'반일'과 '혐한'의 동시대사(「反日」と「嫌韓」の同時代史)』(2016), 『사할린 잔류자들』(공저 · 2019) 등이 있다.

1. 들어가며

제국일본이 해체되면서 조선에서 일본의 정치적 · 경제적 · 인적 세력이 일소된다. 그러나 이에 역행하는 일본인의 흐름이 존재했다. 이른바 재한 일본인 여성이다. 일본의 패전 이전부터 조선인과 혼인 관계를 맺고 한국에 살고 있는 일본인 여성은 민족 문제로 이별하기도 했지만, 대다수는 패전국의 멍에를 떠안으며 광복을 맞은 구 식민지에서의 생활을 선택했다.

한편 일본에서 귀국하는 조선인은 일본인 아내를 둔 사람이 적지 않았다. 대부분이 노동자인 해방 이전의 일본 거주 조선인들은 가족을 조선에 두고 왔거나, 미혼자인 경우에도 일본인 여성을 배우자로 맞이하기를 원하는 사람이 많았다. 또한 일본 여성 측에서도 전쟁 기간에는 일본인 남성이 적었기 때문에 서로를 반려자로 원하는 경우가 자연스럽게 나타났다.[1] 이처럼 일본에 거주하고 있던 조선인 남성과 일본인 여성의 가족은 어느 한

---

* 일본의 패전으로 조선, 만주, 사할린, 남양제도 등 식민지의 일본인이 일본으로 철수 · 귀환하는 것을 히키아게(引揚)=인양이라고 하는데, 본 논문에서는 '인양'을 '귀환', '인양자'를 '귀환자'라 부르기로 한다. 다만 인용이나 고유명사로 쓰일 경우 원문 그대로 사용한다. 또한 패전 직후의 정부 정책에 의한 '인양'='귀환'과 그후 개별적으로 이루어지는 '귀국'을 구분해서 사용한다. 이 논문은 玄武岩(2018), 「在韓日本人女性の戦後：引き揚げと帰国のはざま」, 今西一 · 飯塚一幸 編, 『帝国日本の移動と動員』, 吹田：大阪大学出版会를 한국어로 번역한 것이다.

1 森田芳夫(1964), 『朝鮮終戦の記録：米ソ両軍の進駐と日本人の引揚』, 東京：巌南堂書店, 819쪽.

곳에 거주지를 정해야 했다. 앞으로 자유롭게 왕래할 수 있다고 생각한 많은 일본인 여성이 귀향하는 남편과 동행하게 된다.[2]

이 재한 일본인 여성들에 대해 한일 양국에서는 특히 1965년 국교정상화 이후 왕래가 비교적 자유스러워져 기사나 논픽션을 통해서 일찍부터 그 존재가 알려져 있지만,[3] 학술적 연구의 축적은 부족하다. 사회학자 김응렬(金應烈)이 1980년대에 행한 재한 일본인 여성의 생활사 연구를 선구적인 성과로 들 수 있는데,[4] 그후의 연구도 재한 일본인 여성의 모임인 '부용회'나 공동생활 시설인 '경주 나자레원'에서의 인터뷰를 통한 개인적 체험에 바탕을 둔 생활사의 기술이 중심이다.[5] 재한 일본인 여성의 이동 · 정착 · 귀국에 관한 실증성에 근거한 역사적 실태의 규명은 거의 없었다고 볼 수 있다.

이 글은, 일본이 제국주의적 확장을 전개하는 가운데 생성되어 민족 · 계급 · 젠더가 교차하는 지점에 위치한 재한 일본인 여성이 어떻게 '일제강점기 이후'의 한국에서 살아왔는가, 그 이동과 정착, 귀국과 송환에 대해 한일 관계의 정치적 교섭을 더듬으면서 고찰한다. 거기에서는 한일 양국 사람들을 얽히고 설키게 한 식민지정책의 귀결이, 국민국가의 '경계'와 충돌함으로써 일그러진 제국일본의 이동과 동원으로 말미암아 생성된 현대사의 풍경의 일면이 보인다.

---

2 藤崎康夫(1972),『棄民：日朝のゆがめられた歴史のなかで』, 東京：サイマル出版会, 114쪽.

3 藤崎康夫(1972), 앞의 책；上坂冬子(1982),『慶州ナザレ園：忘れられた日本人妻たち』, 東京：中央公論社；石川奈津子(2001),『海峡を渡った妻たち：ナザレ園・芙蓉会・故郷の家の人びと』, 東京：同時代社.

4 金應烈(1983),「在韓日本人妻の貧困と生活不安」,『社会老年学』 第17号；김응렬(1996),「재한 일본인 처의 생활사」,『한국학연구』 제8호.

5 小林孝行(1986),「戦後の在韓日本婦人についての基礎的研究」,『福岡教育大学紀要(第2分冊)』第36号；綛谷智雄(1998),「在韓日本人妻の生活世界：エスニシティの変化と維持」,『日本植民地研究』 第10号；山本かほり(1994),「ある『在韓日本人妻』の生活史：日本と韓国の狭間で」,『女性学評論』第8号.

2. 민족·계급·젠더의 교차점

제국일본의 확장과 해체의 흐름 속에서 포스트 콜로니얼(탈식민주의)의 시점에 서서 '계속되는 식민지주의'로서 제국/식민지에서 살았던 여성을 고찰하는 것은 매우 중요하다. 이러한 시점은 제국주의와 함께 해외로 진출·이주하게 된 '일본인 여성'에 대해서도, '히키아게 이야기(引揚物語)'라는 피해자 담론에 머무르지 않는 '민족·계급·젠더 상호의 관계성'(김부자)으로부터의 접근을 가능하게 한다.[6]

한반도에서 '민족·계급·젠더 상호의 관계성'의 뒤틀림을 초래하면서 일본인과 조선인의 가족 형성을 뒷받침한 것이 국가정책으로 추진된 해방 전의 '내선결혼'일 것이다. 식민지 조선에서는 지배 민족과 피지배 민족의 신분 차이는 결정적인 것이었지만, 동화정책을 추진하는 제국은 '내선결혼'을 장려함으로써 민족 간 결혼이 이루어졌다.

1921년 '조선인과 내지인의 혼인의 민적 절차에 관한 건'(조선총독부령 제99호)이 제정됨으로써 '내지'(일본)와 '외지'(조선)라는 지역적(地域籍) 간 신분행위를 수반하는 호적 절차가 정비되었다. 이에 따라 내선결혼은 제도적 장벽이 해소되어 '내지인 여성'이 조선 호적으로 이동하는 일이 증가한다.[7] 나아가 1930년대가 되어 황민화정책이 추진됨에 따라 조선에서의 내선결혼의 수가 서서히 늘어나, 점차 그 형태도 조선인 남성과 일본인 여성의 결합이 많아진다.[8]

---

6 金富子(2011), 『継続する植民地主義とジェンダー：「国民」概念・女性の身体・記憶と責任』, 横浜：世織書房.

7 金英達(1999), 「日本の朝鮮統治下における「通婚」と「混血」：いわゆる「内鮮結婚」の法則・統計・政策について」, 『関西大学人権問題研究所紀要』 第39号, 13~14쪽.

8 鈴木裕子(2003), 「内鮮結婚」, 大日方純夫 編, 『日本家族史論集 13：民族・戦争と家族』, 東京：吉川弘文館, 166~176쪽.

그러나 내선결혼은 재류 일본인의 상당수가 식민지의 화이트칼라 직종에 종사하는 '착취투자형 식민지'였던 식민지 조선보다 '내지'나 사할린 등 '이주형 식민지'인 '외지' 쪽이 더 활발했다.[9] 계급적 모순이 민족적 모순을 능가한다면 여성에게 내선결혼은 생활 향상을 위한 하나의 선택이 될 수 있었을 것이다. 특히 식민지제국에서 '내선결혼'은 민족 간 결혼이라 할지라도 '국제결혼'이라는 의식은 희박하여 그 문턱은 어느 정도 낮았다고 할 수 있다.

그렇다 할지라도 지배와 피지배의 민족 관계로 인해 허용받지 못하는 결혼이 적지 않았다. 1939년 12월 경찰 조사에서는 조선인 남성과 일본인 여성의 배우자 9,577쌍 중 법률혼으로 입적한 수가 2,363쌍, 사실혼으로 내연관계에 있는 경우가 7,214쌍이었다. 또한 1938~1942년 사이 조선인 남성과 일본인 여성이 제출한 혼인신고 건수는 조선이 180명이었던 반면 '내지'는 5,242명이었다.[10] 이러한 통계에서도 해방 후 조선인 남편과 함께 내지에서 조선으로 건너간 일본인 여성의 수가 적지 않았음을 엿볼 수 있다. 이렇게 외부로 나갈(=계급) 수밖에 없었던 식민지 지배국(=민족)의 여성(=젠더)으로서의 일본인은, 제국의 붕괴와 반전적 재편 속에서 뒤틀린 생활상의 버거운 짐이 집중함으로써 국제 관계에 휘둘린 것이다.

일본의 패전과 조선의 광복이라는 정치적 격동은 재한 일본인 여성에게도 국경선이라는 '경계'를 의식하게 했다. 혼인 관계를 증명할 수 있으면 자유롭게 왕래할 수 있던 패전 이전과는 달리, '도선(渡鮮)'과 '귀국'은 가족 관계를 유지할 것인가, 의절할 것인가라는 문제로 직결되었다. 더구나 조선에서의 생활은 패전국의 멍에를 짊어지면서 구 식민지에서 살아간다는 것을 의미했다.

---

9 三木理史(2012), 『移住型植民地樺太の形成』, 東京 : 塙書房, 87~89쪽.

10 金英達(1999), 앞의 논문, 31~33쪽.

단 조선에서 살아가기로 결심한 일본인 아내들을 더욱 힘들게 한 것은 사적인 영역에서의 가족 관계였다. 일본의 가족과 결별하고 조선에 왔지만 패전 국민인 며느리를 바라보는 가족들의 시선은 냉담했고, 결국 남편에게 버림받는 일도 종종 있었다. 남편에게는 본처가 있어 푸대접을 받으며 생활을 이어 갔으나 결국 버림을 받는 일도 드물지 않았다. 그러한 경우가 많아서 해방 후의 일본인 귀환 수송 계획이 일단락되는 1946년 봄 이후에는 귀환 업무를 담당하고 있던 부산 일본인 세화회(世話会)에서는 '일선(日鮮)결혼이 파국을 맞아 귀국하는 부녀자들'의 송환이 하나의 업무가 되어 있었다.[11]

미군정 당국의 철수 명령을 받고 부산 일본인 세화회 직원이 1948년 7월에 귀환하자, 일본인 귀환(帰還)=인양(引揚) 업무는 경상남도 후생과에 일임되어 이를 위한 수용소는 '귀환 일본인 수용소'로 개칭되었다. 이 시기에 부산 일본인 세화회가 부산 시내의 일본인 여성을 개별 방문·조사하여 170명을 확인했다. 이때 남한 전체에 1,677명이 있다고 발표되었지만 실제로는 3천 명에 이르는 것으로 추정되었다.[12]

3. 귀환자에서 귀국자로[13]

1) 일본 국적을 박탈당한 조선적 일본인 여성

그러나 재한 일본 여성에게 진정한 시련은 이제부터였다. 1950년 한국전

11 森田芳夫(1964), 앞의 책, 821쪽.

12 森田芳夫(1964), 앞의 책, 818~827쪽.

13 이 절은 필자의 논문「日韓関係の形成期における釜山収容所 / 大村収容所の『境界の政治』」〔『同時代史学会』 第7号(2014)〕의 제2절을 재구성한 것이다.

쟁의 발발은 재한 일본인 여성의 '재한'의 근거인 조선인 남편을 빼앗아 가 곤궁한 생활을 더욱 힘들게 했다. 그리하여 많은 일본인 여성이 전란을 피해 일본으로 돌아가기 위해 부산을 향하게 된다. 전쟁 피난민이 몰린 부산에는 곳곳에 피난민 수용소가 마련되어 있었으나 이 일본인 여성들을 수용한 곳이 소림사(초량동) 및 지은원 등의 사찰과 완월동, 적기(赤崎 : 현 남구 우암동) 등의 피난처였다. 점차 소림사와 적기가 귀환 일본인 수용소의 거점이 된다.

그러나 조선에 남거나 남편과 함께 패전 후 조선에 건너간 일본 여성의 귀국은 뒤에 서술하듯이 더 이상 자의적으로 할 수 있는 일이 아니었다. 호적 등을 확인할 수 없으면 장기간 수용소 생활을 강요당하는 경우도 적지 않았다. 재한 일본인 여성의 귀국 절차는, 우선 본인이 일본의 가족에게 연락을 취해 본인이 기재되어 있는 호적등본 및 신원인수증명서를 입수하고 사진을 첨부하여 부산의 한국 외무부에 '철수신청'을 했다. 그 리스트를 일본 외무성이 입수해 본적지를 확인하고 신원인수인의 유무를 조사하여 입국을 허가한 것에서 알 수 있듯이 절차가 매우 복잡했다.[14]

이러한 수용소 생활을 일본인 여성들은 어떻게 살았던 것일까?

재일 작가인 장혁주(張赫宙)는 1951년 7월 및 1952년 10월에 신문, 잡지의 특파원으로서 한국전쟁을 취재하고 르포나 소설 등 다수의 작품을 남겼다. 첫 방한 때 취재한 『매일정보(毎日情報)』의 특별기사는 전황이나 정치정세, 전쟁으로 피해를 입은 사람들 및 피난민들의 삶에 무게를 두면서도 취재기사 마지막에 '남겨진 일본 부인'의 에피소드로 끝을 맺고 있다.[15] 그 기술은 양적으로 미미한 것이었지만, 이때의 취재 기록은 나중에 발표되는 「이국의 아내(異国の妻)」, 「부산항의 푸른 꽃(釜山港の青い花)」, 「부산의 여

---

14 法務研修所 編(1975), 『在日朝鮮人処遇の推移と現状』, 東京 : 湖北社, 139~140쪽.

15 張赫宙(1951), 「故国の山河」, 『毎日情報』 第6巻 第11号.

간첩(釜山の女間諜)」 등 소설의 모티프가 된다.

'귀환 일본인 수용소라고 패전 직후에 건 간판 그대로'인 소림사의 일본인 수용소를 방문한 장혁주는,[16] "본당에 가득 찬 사람들은 전재민들이고, 한국인 남편이 전사하거나 행방불명되거나 북한군에게 죽임을 당했기 때문에 미망인이 되어, 조국인 일본으로 돌아갈 수밖에 없는 처지에 놓인 사람들임을 금세 알 수 있었다."[17] 재한 일본인 여성의 참상을 생생하게 묘사하고 있는 이 작품들에는 일본인 여성이 친정에서 호적등본이 오지 않아 장기간 수용소 생활에 처해져 있는 모습도 볼 수 있다.

재한 일본인 여성이 귀국할 수 없었던 것은, 일본에 있어서 이 여성들이 '패전 전부터 조선(한국)에 거주하고 있던 사람일지라도 정확하게 말하면 인양자라 말할 수 없는' 존재였기 때문이다. '일본의 호적을 말소하지 않고, 한국인과 내연 관계에 있는 일본 부인만 일본인 인양자가 된다'라고 하여, 한국인 남편에게 입적한 사람은 '조선적 전 일본 부인(朝鮮籍元日本婦人)'으로 파악했다.[18] 즉 패전 전에 조선인 남성과의 법률혼에 의해 '내지'의 호적에서 제적된 일본인 여성은 뒤에서 설명하듯이 '순수한 일본인'으로 간주되지 않았던 것이다.

한국전쟁 이전에는 이 '조선적 전 일본 부인들'에 대해서는 대체로 정해진 규정이 없이 패전 전부터 조선에 거주하던 사람들에게는 '귀환자'='인양자'로서 인양증명서를 발행하고, 패전 후 도항한 사람들에게는 '도항자'로서 상륙증명서를 교부하여 귀향시켰다. 그런데 한국전쟁이 발발하고, 전

---

16 張赫宙(1952a), 「釜山港の青い花」, 『面白倶楽部』 第5巻 第10号, 49쪽.

17 張赫宙(1952b), 「異国の妻」, 『警察文化』 1952. 7.号, 151쪽.

18 작성자 불명, 「鮮籍元日本婦人の入国及び就籍の問題について」, 『太平洋戦争終結による在外邦人保護引揚関係 韓国残留者の引揚関係 第1巻』(外務省外交資料館所蔵, K-7-1-0-15) / (韓国国家記録院 所蔵 CTA0003364)(이하 '『引揚関係 第1巻』'). 덧붙여 이 논문 중의 외무성외교사료관의 자료는 한국국가기록원 소장분을 사용했다.

란을 피해 연합국총사령부(General Headquarter. 이하 'GHQ')가 승인한 선박으로 귀환한 사람들 중에는 '조선적 전 일본 부인'도 포함되어 있었다. 그러나 전쟁으로 남편과 사별하거나 이혼한 일본인 여성과 아이의 '신분의 변동을 금후 적극적으로 입증하는 것은 대단히 곤란'한 일이었다.[19] 일본 정부는 '조선적 전 일본 부인'의 입국 수속 및 허가 등의 처리에 대응해야 했다.

일본의 입장은 '조선적 전 일본 부인'에 대해 '일본에 연고가 없는 자는 원칙적으로 승선을 보류하는 것'이었다.[20] 외무성은 GHQ와의 교섭에서 '일본에 본적을 가지고 있는 자'와 '조선적 전 일본 부인'의 경우 '내지에 확실하게 신원을 보증할 수 있는 사람이 있는 자 및 그들의 자녀'에 대해서는 일본 입국이 '타당하다고 생각된다'라고 했지만, 그렇지 않은 경우는 일본 입국이 '타당하지 않다고 생각된다'고 제안했다.[21]

그러자 GHQ는 외무성과의 절충 과정을 거쳐 '조선적 전 일본 부인'의 신원에 대해 신원인수자의 경제적 능력의 유무나 본인이 조선으로 건너간 것이 패전 전인지 패전 후인지, 또한 그것이 자발적인 것인지 강제적인 것인지, 그리고 정식 결혼인지 내연 관계인지에 대해서 조사하도록 요구했다.[22] 또한 조사 항목에는 사상과 범죄 여부, 정치적 관계에 대해서도 포함되어 있는 것을 보면 사회적·경제적 측면뿐만 아니라 치안의 측면에서도 '조선적 전 일본 부인'은 고려의 대상이 되었다.

---

19 작성자 불명, 「鮮籍元日本婦人の入国及び就籍の問題について」, 外務省外交資料館 所蔵, 『引揚関係 第1巻』.

20 「引揚者等の取扱に関する出入国管理庁と引揚援護庁との業務協定について」(引揚援護庁援護局長より各都道府県知事あて, 1950. 12. 21), 外務省外交資料館 所蔵, 『引揚関係 第1巻』.

21 작성자 불명, 「在韓国の元日本人に関する身元調査に関する件」(1951. 2. 17), 外務省外交資料館 所蔵, 『引揚関係 第1巻』.

22 外務省管理局引揚課(1951), 「在朝鮮日本婦女子引揚に関する件」(1951. 3. 1), 外務省外交資料館 所蔵, 『引揚関係 第1巻』.

이러한 신원 조사에는 많은 시간이 필요하였으며 이것이 소림사 등 귀환 일본인 수용소에서 일본인 여성의 귀국이 늦어지는 요인이 되었다. 부산에서 '일본인이라 칭하는' 귀국 희망자의 신원 조사에 대해서, 외무성은 1951년 1월 이후 종종 GHQ로부터 요청을 받지만 그 239명에 대해서 정식으로 보고한 것은 4월 3일이었다. 다음 달 보고에서 그후 신원 확인 요청이 있었던 사람을 포함한 585명 중 363명은 '귀국 적당자'로 인정했지만, 계속 심사 중인 사람을 제외한 59명에 대해서는 '입국 부적당'이라고 회답했다. 신원인수인이 될 일본의 가족이 인수 의사가 없거나 본적과 가족이 확인되지 않는다는 것이 그 주된 이유였다.[23]

당시 일본 법무부(法務府)는 1951년 4월 19일 발표한 민사국장(民事局長)이 각 지방 법무국장에게 보낸 통지문에서 샌프란시스코 강화조약의 발효에 따라 조선인 및 대만인이 일본 국적을 상실한다고 했는데, '조선적 전 일본 부인'도 그 대상이 되었다.[24] 이 통지는 "원래 내지인인 사람일지라도 조약의 발효 전에 조선인이나 대만인과의 혼인, 입양 등의 신분행위에 의해 내지의 호적에서 제적할 만한 사유가 생긴 사람은 조선인 또는 대만인이며 조약 발효와 함께 일본 국적을 상실한다"(제1조 제3항)고 규정했던 것이다.

이러한 경우에 놓인 많은 일본인 여성은 장기간 수용소 생활을 할 수밖에 없었다. 1950년 11월 6일 수송선 고안마루(興安丸)가 귀환자를 태우고 사세보(佐世保)에 입항하지만 '귀환자'가 아닌 경우 GHQ의 허가가 없으면

23 引揚課(1951), 「在朝鮮日本婦人引揚に関する件・経緯」(1951. 5. 11), 外務省外交資料館 所蔵, 『引揚関係 第1巻』.

24 森田芳夫(1964), 앞의 책, 829쪽. 통달의 정식 명칭은 「평화조약의 발효에 따른 국적 및 호적사무의 취급에 관한 쇼와 27년 4월 19일자 민사 갑 제438호 민사국장통달(平和条約の発効にともなう国籍および戸籍事務の取扱に関する昭和27年4月19日付民事甲第438号民事局長通達)」.

승선할 수 없었다. 공식적으로 한국 정부가 재한 일본인 여성의 귀국선을 마련하여 1951년 5월 29일 제1호선이 출항할 때까지, 소림사의 귀환 일본인 수용소에 있는 6백여 명의 일본인 여성과 아이들은 수개월을 수용소에서 생활했다. 그사이에 하루 쌀 3홉과 현금 50엔이 지급되어 근근히 살아갔지만, 그것도 인플레이션으로 물가가 급등하면서 목숨을 부지하는 것이 고작이었다.

단지 일본 정부는 한국 당국(사회부)이 '한일 친선을 위해 노력하겠다'며 구호품을 보내기도 했기에 '식량에 부족함이 없이 보호받고 있는 것'으로 보고 있었다.[25] 한편 한국 측 입장에서 보면 1951년 1월 국무회의에서 외무부 장관이 귀국 신청이 있는 453명의 재한 일본인 여성을 귀국시키는 것에 대해서 보고한 것처럼,[26] 전쟁 중에 일본인 여성을 계속 수용하는 것은 득이 될 것이 없었던 것이다.

2) '이국(異國)의 아내'들의 귀국

귀환 일본인 수용소에서 오랜 기간 생활할 수밖에 없었던 일본인 여성들은 1951년 3월 '부산 초량동 일본인 인양자 일동'이라는 이름으로 일본 정부에 조기 귀국을 요청하는 탄원서를 보냈다. 탄원서에는 "한국 정부가 요구하는 절차를 완료하고 오로지 귀국할 날을 희망삼아 약 6백 명의 부녀자가 기다리기를 3개월, 혹은 4개월이 지나 사람들의 경제적 궁핍은 이루 말할 수 없고, 어린아이들의 밝은 얼굴은 날로 쇠약해져 병들어 쓰러져 희생되고 있습니다. 12월이 지나가고 1월에도 기다리고, 2월에도 기다리고, 3월

25 外務省管理局引揚課(1951), 「在朝鮮日本婦女子引揚に関する件」(1951. 3. 1), 外務省外交資料館 所蔵, 『引揚関係 第1巻』.

26 「국무회의록보고에 관한 건' 총무처장에게서 대통령 및 국무총리에게 1951년 1월 26일」, 한국국가기록원 온라인검색(BG0000007).

이 와도 우리에게는 귀국할 수 있다는 어떤 희망도 주어지지 않고 있습니다"라고 호소했다.[27]

이 시기에 일본의 대응이 늦어져 진전이 없었던 이유는, 1951년 3월 17일 참의원의 '재외동포 인양 문제에 관한 특별위원회'에서 외무성 인양과장이 말했듯이 '법규적인 백그라운드를 발휘해야 할 상황에 놓여 있었기' 때문이다. 인양원호청은 '내지에 호적을 가지고 있는 사람은 당연히 귀환할 수 있다'라고 하면서도 '일본인이라는 것을 호적상으로 알 수 있고…… 총사령부에 의해 입국 허가를 받은 조선적 일본계 부녀자에 대해서는…… 순수한 일본인의 인양은 아니'라는 입장이었다.[28]

즉 '예전에는 일본인이었지만 조선인으로서 분명한 의식을 가지고 조선에 남을 의사가 있었'거나 '패전 후 조선으로 불법 입국하는 등의 형태로 건너간' 재한 일본인 여성은 '일본을 버리고 조선으로 호적을 옮긴다는 생각도 있었을지도 모르는' 존재였다. 이러한 여성들이 '전란의 소용돌이에 휘말린 결과 이제 와서 돌아가겠다는 것'을 두고 '이것을 소위 인양 해당자로서의 일본인으로서 취급할지, 혹은 지금은 조선인이므로 일본 땅에 이민의 형태로 들어가야 하는 것인지라는' 판단이 필요하게 된 것이다.[29]

1951년 5월 30일 재한 일본인 여성 및 아이들 60명을 태운 송환선이 모지항(門司港 : 후쿠오카현 기타큐슈시)에 입항하자, 여러 신문은 '한국의 아내', '이국의 아내'의 귀국을 크게 보도했다. 이 제1차 송환 이후 1954년 말까지만 하더라도 54회에 걸쳐 1,695명이 한국 정기선으로 귀국했다. 그중 패전

27 「在釜山引揚待機者の帰国促進嘆願書」, 外務省外交資料館 所蔵, 『引揚関係 第1巻』.

28 参議院在外同胞引揚問題に関する特別委員会(1951), 「在朝鮮の日本婦女子の引揚」에 관한 武野義治引揚課長 1951년 3월 17일 답변(国会議事録検索システム).

29 参議院在外同胞引揚問題に関する特別委員会(1951), 「在朝鮮の日本婦女子の引揚」에 관한 森崎隆日本社会党参議院議員의 1951년 3월 17일 질의(国会議事録検索システム).

〈그림 1〉 한국 송환선에 승선하는 일본인 여성 일가족(1951년 5월 28일, 한국국가기록원)

후 처음으로 일본에 귀환한 사람이 577명, 패전 후 일본에서 건너갔다가 귀국한 사람이 440명이며, 이들의 재한 일본인 여성의 자녀라고 생각되는 입국자(한국 국적인 사람 또는 일본에 호적을 신고하지 않은 사람)가 663명이었다.[30] 1950년대는 이와 같이 한국 측이 송환하는 형태로 재한 일본인 여성의 귀국이 이루어졌다.

그러나 모든 '한국의 아내'가 귀국할 수 있었던 것은 아니다. 1952년이 되어서도 소림사나 적기의 수용소에는 여전히 5백 명을 넘는 수용자가 있었다. 이 시기에는 일본 정부도 "'피수용자 전원이 한 푼 없는 빈털털이'로 '대부분이 항만 노동자 · 하역 인부 등의 노동자이며, 부녀자는 여관 · 식당에서 일하거나 일본 선박의 취사나 세탁 등에 종사하여 겨우 입에 풀칠하는 형편이며, 일부 부녀자는 매춘부로서 거리를 헤매며 귀국선에 탈 수 있

30 法務研修所 編(1975), 앞의 책, 141쪽.

기를 절실히 기다리고 있다"[31]고 그 곤경을 파악하고 있었다.

그런데 샌프란시스코 강화조약의 발효로 일본이 주권을 회복함으로써 한국의 제13차 송환선부터 GHQ의 허가 업무를 외무성이 담당하게 되었음에도 불구하고 귀국 허가는 지지부진했다. 한국 측은 일본이 재한 일본인에 대해 입국 허가나 본인 확인 절차를 밟지 않고, 또한 본적 불명인 사람도 신원인수인의 보증만으로 입국시킬 것을 요구했다. 마침내 한국 외무부는 1952년 11월 16일 일본인의 본국 송환이 늦어지고 있는 책임이 일본 정부에 있다고 비난하는 성명을 발표하기에 이른다.[32]

이러한 상황에서 귀환 일본인 수용소의 재한 일본인 여성은, 이번에는 '재한국전재일본인 인양자위원회'를 결성하고 1952년 7월에 재차 '모국이 자유독립을 획득했음'에도 불구하고 호적의 확인이 불가능하다는 이유로 입국허가를 내주지 않는 것에 항의하며 '한국 정부가 일본인으로 인정한 자는 무조건 귀국시킬 것'을 요구하는 탄원서를 외무성에 제출했다. 이에 대해 외무성은 '무제한 방임하면 여러 형태의 부정입국이 있을 것임은 전례를 보아도 명백하다'고 한 후 '일본 국민이라는 국적의 증명은 일본 정부의 고유 권한'이라고 주장하며 어디까지나 정식 절차에 따라 처리하겠다고 회답했다.[33]

이러한 재한 일본인 여성들 모두가 입국허가가 나지 않는 것을 이유로

---

31 入国管理庁下関出張所門司(不明)에게서 外務省亜細亜局第二課에게 1952년 1월 11일「韓国内の諸情勢に関する件」, 外務省外交資料館 所蔵,『韓国残留者の引揚関係雑件 第2巻』(K-7-1-0-15) / 한국국가기록원 소장(CTA0003365).

32 『朝日新聞』1952. 11. 17.字(朝刊).

33 「韓国在住日本婦女子の帰国又は入国に関する陳情に対する回答」(別添 「嘆願書」), 和田アジア局第5より課長大韓民国釜山市草梁洞小林寺収容者内在韓国戦災日本人引揚者委員会山内モヨあて(1952. 9. 30), 外務省外交資料館 所蔵,『太平洋戦争終結による在外邦人保護引揚関係雑件 韓国残留者の引揚関係 第3巻』(K-7-1-0-15) / 한국국가기록원 소장(CTA0003366).

귀환 일본인 수용소에 머문 것은 아니었다. 그중에는 개인 사정으로 눌러 앉은 사람도 있었다. 귀국 후 일본에서 살아가는 일에 대한 불안도 있었던 것이다. 재한 일본인 여성은 귀국해도 조선인과 내연 관계인 상태로 '일본인'인 사람은 제쳐 두고, '한국 국적자'인 경우 외국인등록증을 발급받고 귀환자 기숙사에도 들어가지 못하고, 남편의 사망확인이 증명되지 않으면 이혼도 할 수 없는 상태로 아이들도 무국적 상태로 방치되었다.[34] 부모와 인연을 끊고 조선에 간 경우에는 가족들의 "냉담한 반응 때문에 친구나 아는 사람의 집을 전전하며 약간의 생활보호비를 받고 길거리를 헤매고 있는 사람들도 있다"고 당시의 신문은 전하고 있다.[35]

결국 이러한 일본인 여성들에게 있어서 패전 전과 패전 후는 연속되는 것이었다. 그러한 상황에 단절을 가져온 것은 일본의 패전도 한반도의 독립도 아닌 한국 생활을 정리하고 귀국하는 것이었다.

3) 부산 외국인 수용소

한국전쟁 중 귀국을 희망하는 재한 일본인 여성은 소림사 등의 귀환 일본인 수용소로 분산되어 있었다. 그리고 한국전쟁이 정전협정을 맺으면서 부산 외국인 수용소(부산수용소)가 개설되자 이곳에 수용된다. 1950년대에 많은 일본인 어부가 억류된 것으로 알려진 부산수용소는 애초에는 귀국하는 재한 일본인 여성을 수용하기 위해 만들어진 것이었다.

한국전쟁 휴전 후 1953년 11월 7일 몇 군데의 귀환 일본인 수용소가 통합되어 부산 괴정동 신촌(현 사하구 괴정3동)에 외무부 부산출장소가 관할하

34 『朝日新聞』 1952. 12. 17.字(朝刊).

35 『朝日新聞』 1952. 11. 23.字(朝刊).

는 외국인 수용소가 문을 열었다.[36] 괴정동은 부산 중심부에서 4킬로미터 정도 떨어진 교외에 위치하여 1951년부터 피난민 마을을 건설한다는 소문이 있었다. 본격적으로 마을이 조성되는 것은 1954년 7월의 일로, 부산 시내의 무허가 판잣집을 철거하고 피난민들을 이주시키기 위해서 2천 채의 부지를 확보하여 생긴 마을이 신촌이다.[37] 괴정동은 예전부터 피난민 수용소 후보지였기 때문에 신촌의 건설이 본격화되기 전에 수용소가 설치되었던 것이다.

부산수용소는 원래 재한 일본인 여성의 송환을 위한 대기시설로 규모도 작았다. 따라서 이 일본인 여성들 및 그 자녀들은 '자유송환자'로서 외무부 관할하에 있었다. '자유송환자'는 수용소 생활을 하면서도 출입이 허용되었기 때문에 아이들은 마을로 나와서 영어, 수학을 공부하기도 했다.[38]

한국전쟁 정전협정 이후 한국인 남편을 잃고 혹은 생활고 때문에 아이를 데리고 일본으로 돌아가기 위해 부산으로 향하는 사람은 끊이지 않았다. 1956년 3월 19일 이승만 대통령이 부산수용소를 방문하여 일본인 여성(36명) 및 그 자녀(60명)와 면담하고 '귀국을 원한다면 교통편의를 제공한다'고 말하고, 같은 달 29일 일본으로부터 입국허가를 받지 못하고 장기간 수용소에 있던 사람도 포함하여 전원을 일방적으로 송환했다.

이와 같이 한국 측이 일방적으로 일본인 여성을 송환하게 된 것은 일본 정부의 사무 정체가 원인이었다. 당시 일본 신문이 '일본 정부가 왜 한국으로부터 일본인을 받아들이는 것에 대해 주저하는지 모르겠다'고 한탄하고 있듯이,[39] 재한 일본인 여성이 귀국을 간절히 원하는데도 부산수용소에 발

36 『朝日新聞』 1952. 11. 14.字(朝刊).

37 부경역사연구소(2012), 『사하구지』, 부산 : 부산광역시 사하구청, 137쪽.

38 김경열(1958), 『기항지 : 關門르포』, 서울 : 청우출판사, 89쪽.

39 『読売新聞』 1956. 3. 25.字(朝刊).

〈그림 2〉 부산수용소(외국인 출국대기소)에서 귀국을 기다리고 있는 일본인 여성의 가족〔1965년 / 구와바라 시세이(桑原史成)〕

이 묶여 있는 것은 이해하기 힘든 일로 비치고 있었다. 1958년 6월에도 부산수용소에는 52명이 수용되어 있었다. 이 시기 한국 외무부는 약 1,200명의 일본인 여성이 거주 중이며 그 자녀의 수는 3천 명에 이른다고 추정하고 있었다.[40]

한국전쟁 후 한국 정부는 이른바 '평화선(이승만라인)'을 넘은 일본 어선 나포를 본격화하여 선원인 일본인 어부가 형기를 마쳐도 부산수용소에 억류되었다. 부산수용소에서 '자유송환자'인 일본인 여성은 이 일본인 어부들을 맞이했다. 수용시설의 건물은 달랐지만 재한 일본인 여성과 같은 수용소 안에서 생활한 일본인 어부들은 이 일본인 여성들을 통해 개인이 소지하고 있던 물건을 팔아서 식량 등을 구입했다. 이윽고 두 수용시설이 격리되어 급증하는 일본인 어부들에 대응할 수 있도록 부산수용소의 기능도 억류 선원의 수용시설로 변모해 갔다.

1960년대에 일본 어선 나포가 줄어들면서 부산수용소는 재차 일본인 여성의 수용이 주 업무가 되어 법무부 부산 출입국 관리사무소의 외국인 출국대기소로서 존속하게 된다. 1960년 9월에는 7가구 16명이 이곳에서 귀

40 김경열(1958), 앞의 책, 96쪽.

국을 기다리고 있었다. 부산의 외무부 출장소 한 곳만 보더라도 해방 후 15년 동안 약 8백 명의 재한 일본인 여성이 귀국 절차를 밟기 위해 방문했다. 몸을 의지할 곳 없는 재한 일본인 여성은 부산수용소에서 귀국길에 올랐다.[41]

4. 재한일본부인회에서 부용회로 : 부정된 '재한 일본인'

1) 재한 일본 부인의 본모습

1960년 4월 강경한 반일정책으로 대일 관계를 유지해 온 이승만 정권이 시민혁명에 의해 무너졌다. 그리고 민주당 정권이 수립되자 자유주의적인 분위기 속에서 일본 붐이 일면서, 나아가 이듬해 5월 군사 쿠데타로 권력을 장악한 박정희 정권은 한일 국교정상화를 추진하게 되어 한일 관계에도 호전의 조짐이 보였다. 제국일본에 의한 식민지 지배의 한을 한 몸에 짊어지고 '왜색 일소'의 기세에 눌려 몸을 숨기고 살아왔던 일본인 여성들에게도 한국 정치의 정세 변동은 커다란 전환점이 되었다.

일본인이라는 것을 밝히기는커녕 일본어를 말하는 것조차 불가능했던 재한 일본인 여성들은 반일, 배일의 분위기가 누그러들면서 고향을 그리는 마음으로 서로 의지하는 같은 처지의 사람들과 모임을 가지게 된다. 여전히 일본으로 귀국하기를 희망하는 재한 일본인 여성들이 부산에 모이는 한편, 현실적으로 귀국이 어려운 사람들도 패전 후 15년이 지나 가족과 다시 만나기 위해 일시귀국(고향방문)의 꿈이 부풀어 올랐다. 이러한 일련의 상황들이 재한 일본인 여성들을 결집시키는 모멘텀이 되었다.

---

41 『부산일보』 1960. 9. 25.자.

다만 재한 일본인 여성들이 스스로 목소리를 높이려면 귀국과 정착을 위한 구체적인 조건이 마련되어야 했다. 즉 재한 일본인 여성이 한국에서 정착하거나 일본으로 귀국할 수도 있는 역사에 농락당한 존재라는 것이 인정될 필요가 있었던 것이다. 1960년대에 이러한 재한 일본인 여성들에게 관심을 보이는 사람들이 나타나면서 단순한 '한국의 아내'가 아니라 패전 후 버려진 '재한 일본인'으로서의 여성들이 본모습을 드러내게 된다.

1960년 9월 고사카 젠타로(小坂善太郎) 외무성 장관을 단장으로 하는 친선사절단이 방한했을 때, 5명의 재한 일본인 여성이 방문하여 한국 정부에 일시귀국을 허가해 줄 것을 요청해 달라고 호소했다.[42] 같은 해 11월에 한국을 방문한 민간단체인 일한친화회(日韓親和會)의 가마타 노부코(鎌田信子)는 재한 일본인 여성의 이야기를 듣고 그녀들의 일시귀국에 대해서 일본 정부와 협상했다.[43] '패전 후 최초'로 일본인 여성이 한국을 방문한다는 소식은 재한 일본인 여성의 가슴을 설레게 했다.

1961년 2월에도 9명의 여성이 외무성에 '제2차 세계대전 때, 내선일체의 분위기 속에서 결혼하고 아이를 키웠지만 우리의 절실한 소망은 조국의 재건을 보고, 나이가 들어 여생이 얼마 남지 않은 부모님과 가족을 만나는 것입니다'라고 호소하는 진정서를 보냈다.[44] 그리고 외무성이 1961년 4월 초순 한국 정부에 일시귀국에 대해서 특별한 배려를 요청하자 한국 정부는 같은 해 7월, 주일 한국 대표부를 통해서 '1년 동안의 귀국 기한을 인정한다'는 뜻을 전했고, 한일 양국정부가 일본인 아내의 집단 일시귀국에 관한 협정을 추진하게 된다.

한일 양 적십자사의 교섭으로 협정이 성립된 것은 1962년 10월이었다.

---

42 『朝日新聞』 1961. 7. 15.字(夕刊).

43 『読売新聞』 1961. 8. 1.字(夕刊).

44 『朝日新聞』 1961. 7. 15.字(夕刊).

그러나 고향으로 돌아갈 수 있게 되었지만 여권 취득이나 비자, 재입국 절차가 필요한 것은 제쳐 두고 대부분 가난하게 살고 있는 재한 일본인 여성에게 여비를 마련할 여력은 없었다. 결국 적십자의 지원으로 고향방문이 실현된 것은 1964년 9월이었다. 이때 재한 일본인 여성 55명이 집단으로 일시귀국했고 이듬해인 1965년 9월에는 66명이 제2진으로 일시귀국할 수 있었다.[45]

일본인 여성의 영주귀국에 대해서도 새로운 움직임이 있었다. 1961년 6월 19일 목포의 사회사업가 윤학자〔尹鶴子. 일본 이름 다우치 지즈코(田内千鶴子)〕가 일본적십자사를 방문하여 한국에 거주하고 있던 일본인 부인들의 현실에 대해서 말한 것이 계기였다. 윤학자는 약 1천 명에 이르는 재한 일본인 여성이 남편과 헤어지고 아이를 키우고 있지만 생활이 궁핍하니 신속히 귀국할 수 있도록 해달라고 지원을 요청한 것이었다.[46]

윤학자는 무안군청 관리의 딸로 조선에 건너가 목포 정명여학교에서 음악 교사가 된 후 해방 전부터 조선에서 전도사로 활동하던 남편 윤치호(尹致浩)와 함께 고아원인 공생원을 운영했던 '재한 일본인 처'였다. 윤학자는 한국전쟁 중에 남편이 행방불명되었지만 전쟁으로 고아가 된 아이들을 돌보며, '고아들의 어머니'로 목포 시민들의 사랑을 받았다.[47]

일본적십자사는 윤학자가 방문한 다음 날인 6월 20일에 대한적십자사에게 한국에 거주하는 일본인으로 귀국을 희망하는 사람들에 관한 조사를 의뢰하자 차례차례 회답이 보내왔다. 대한적십자사는 1961년 8월 11일에 재한 일본인은 1,009명으로, 그중 영주귀국을 희망하는 사람은 120명이라고

45 『読売新聞』 1961. 7. 31.字(朝刊).

46 厚生省引揚援護局庶務課記録係 編(1963), 『続々・引揚援護の記録』, 22쪽.

47 윤학자〔尹鶴子. 일본 이름 다우치 지즈코(田内千鶴子)〕에 대해서는 江宮隆之(2013), 『朝鮮を愛し、朝鮮に愛された日本人』, 東京 : 祥伝社 참조.

발표했다.[48] 9월 8일에는 제1차 명단이, 11월 21일에는 보다 상세한 제2차 명단이 일본적십자사에 전달되었다. 그것에 따르면 66가구 206명이 귀국을 희망하며, 51가구 94명이 고향방문을 희망하고 있다는 것이었다.[49] 그후에도 조사가 진행되어 점차 재한 일본인들의 실태가 밝혀지게 된다.

이렇게 해서 한일 적십자사가 지원하는 재한 일본인 여성의 영주귀국이 추진된다. 이 시기의 조사에 의한 귀국 희망자 247명에 대해서는 일본적십자사가 일본 정부에 전달하여 정부가 직접 신원 조사를 한 결과, 입국을 허가한다는 뜻을 밝힌 177명 중 68명이 1961년에 귀국했다. 제1차 22명(귀환자 9명 포함)의 영주귀국은 1961년 12월 23일 실시되었다. 이를 협의하기 위해 일본적십자사 가케가와 이와오(掛川巖) 외사과장과 외무성 아시아국 동아시아과의 쓰루타 쓰요시(鶴田剛) 사무관이 방한했다.[50]

대한적십자사의 협력 아래 영주귀국이 이루어진 사람의 수는 1962년 448명, 1963년 181명, 1964년 273명, 1965년 172명이었다.[51]

2) 부정된 '재한 일본인'

영주귀국의 진전이나 고향방문의 실현으로 활기를 띤 재한 일본인 여성들은 일본 친선사절단의 방한 시에 면담을 요청하는 등, 각지에서 삼삼오오 모이게 된다. 1961년 7월에 한국 정부가 재한 일본인 여성의 일시귀국을 인정한 것을 계기로, 외무성 아시아국 동아시아과의 마에다 도시카즈(前田利一) 과장이 방한했을 때도 재한 일본인 여성들은 그를 맞아 귀국 절차

48 『讀売新聞』 1961. 8. 12.字(朝刊).

49 厚生省引揚援護局庶務課記録係 編(1963), 앞의 책, 22쪽.

50 『경향신문』 1961. 12. 15.자.

51 日本赤十字社(1986), 『日本赤十字社社史稿 第7巻 : 昭和31年~昭和40年』, 東京 : 日本赤十字社, 176~177쪽.

를 둘러싸고 좌담회를 열었다. 이렇게 일시 귀국이 현실성을 띠면서 좌담회에 모인 30여 명의 사람들이 중심이 되어 귀국 절차의 알선을 목적으로 하는 일본부인후원회를 발족시켰다.[52]

그러나 이곳에 모일 수 있었던 사람들은 그나마 형편이 나은 편이었다. 일본부인후원회가 일본인 여성을 찾는 과정에서 목격한 것은 극빈의 삶에 허덕이고 일시귀국 비용조차 대지 못하는 사람들의 모습이었다. 한편 서울 중심부에 있는 명동성당에서도 자유롭게 일본어를 말할 수 있다는 이유로 일본인 여성이 모이게 되고, 그 이름을 야요이회(弥生会)라고 했다. 야요이회도 1962년 8월에 일본적십자사를 방문하여 조속히 귀국 절차를 이행하도록 청원했다.[53]

일시귀국 절차는 물론이거니와 경제적 상호부조가 매우 절실한 과제였던 재한 일본인 여성들은 1962년 12월에 두 단체를 통합하여 다음 달 재한일본부인회를 발족시켰다. 이때 회장에 선임된 사람이 1944년에 조선인 남편을 따라 조선에 건너가 공주에서 여학교 교사를 지낸 히라타 데루요(平田照世)이다. 한일 국교 정상화의 기운이 무르익으면서 회원 수도 늘어나 지방에도 지부가 결성되었다. 한편, 부산에는 일찍부터 일본인 여성들의 모임이 결성되어 있었다. 해방 직후인 1947년부터 가톨릭 교회를 중심으로 일본인 여성들이 모여서 식료품과 의류를 배급받고 있었다. 1962년에 서울의 재한일본부인회의 존재를 알게 된 부산의 일본인 여성들은 지부 설치를 신청하여 재한일본부인회의 부산지부가 된다.

그런데 이러한 통합에 이의를 제기한 일부 사람들이 별도로 재부산 일본인 부인 친목회를 결성하여 활동을 전개했지만,[54] 1966년 부산 일본 총영

52 平田照世(1964), 「在韓日本婦人会の立場よりみた日本婦人の状況」, 『親和』 第123号, 17쪽.

53 『讀売新聞』 1962. 8. 7.字(朝刊).

54 『讀売新聞』 1963. 11. 20.字(朝刊).

사관의 권고에 따라 두 단체는 통합하게 된다.[55] 같은 해 1966년에는 재한일본부인회가 부용회로 이름이 바뀌고, 부용회는 서울 본부와 부산 본부가 독자적으로 활동을 전개하게 된다. 오랜 세월에 걸쳐 부용회 부산 본부를 인솔하게 되는 구니타 후사코(国田房子)도 이 시기에 부용회에 들어오게 되었다.[56]

재한일본부인회가 탄생한 것은 획기적인 사건이었다. 일본과 한국의 지원품이 이 모임을 통해 극빈자에게 전달되었다. 나아가 이 모임이 일본에 지원을 호소해 자금을 모아서 극빈자의 일시귀국 비용을 조달할 수 있게 되었다. 이러한 활동을 중심으로 각지의 일본인이 집결하여 단체를 조직하고 1963년 5월에는 공보부에 등록하여 공인단체가 되었다. 그후 이 모임은 외무부(1964), 보건사회부(1965)로 이관된다.

서울이나 부산에는 재한일본부인회 사무소가 문을 열고 모임의 간판도 내걸렸다. 1965년 6월에 한일조약이 체결된 것은 재한 일본인 여성에게도 일대 사건이었다. 일본 공관에 걸린 일장기를 보고 서로 부둥켜안고 '조국이 우리를 지켜 줄 거야'라며 눈물을 흘렸다고 전해진다.[57] 그런데 일본의 본격적인 한국 진출은 재한 일본인 여성들에게 뜻밖의 영향을 끼치게 된다.

한일조약으로 인적 교류가 활발해지자 일본어나 일본 노래가 울려 퍼지는 '친일 행동'이 비난의 대상이 되어, 그 여파를 재한일본부인회도 비껴 갈 수 없었다. 1965년 8월 서울시 경찰청은 재한일본부인회의 등록을 취소하도록 관계당국에 요청했다. 이 모임의 규약이 회원이 되는 자격으로 '한국에 거주하는 일본 부인'으로 정해져 있음에도 불구하고 여기에 다수의 한

55 『韓国引揚者同胞親睦会 会報』第3号(1971. 11), 21쪽.

56 後藤文利(2010),『韓国の桜』, 福岡 : 梓書院, 74쪽.

57 後藤文利(2010), 앞의 책, 77쪽.

국 국적자가 포함되어 있는 것이 문제가 된 것이었다. 서울시 경찰청의 발표에 따르면, 이 모임의 서울지부 회원 162명 중 일본 국적자는 41명이고 62명이 한국 국적, 12명이 이중 국적, 46명이 국적 불명이었다.[58] 한일 국교정상화를 목전에 두고 여러 부문에 침투하는 '일본'을 경계하는 소리가 높아지는 가운데, '한국인'이 일본어를 구사하면서 일본 이름을 사용하는 것이 용납 안 되었던 것이다.

몇몇 신문이 이 건을 보도함으로써 재한일본부인회는 비판에 직면하게 된다. 그러나 이 모임은 이미 1965년 2월에 규약에 있는 '한국에 재주하는 일본 부인'이라는 회원 조항을 '한국에 재주하는 일본 국적을 가진 부인 및 혼인에 의하여 한국 호적을 가진 일본 출신 부인'으로 변경하는 것을 외무부에 신청하고 승인을 받았다. 조사에 나선 보건사회부 부녀과도 이 모임에 사정을 청취하고, 이미 규약이 변경되어 있는 점, 일본 이름의 사용도 설립 당시부터라는 점을 확인하고, 모임의 목적도 친목과 복지 향상에 있다고 결론을 내렸다.[59] 서울시 경찰청의 압력에 대해 재한일본부인회는 규약 변경이라는 선수를 침으로써 해산 위기를 넘길 수 있었다.

그런데 거기에 재차 타격을 가한 것은 다름아닌 바로 일본 정부였다. 1966년 일본 대사관이 설치되고 나서 재한 일본인 여성들이 조국에 건 기대는 머지않아 예상에 어긋나는 결과를 가져왔다. 일본인으로서 대우해 달라는 재한 일본 여성들의 요망에 대해 일본대사는 '여러분이 살아 계시는 동안은 일본인으로 대우해 드리겠습니다'라고 대답했지만, 그러한 처우에 대한 약속은 이루어지지 않았다. 처우가 개선되기는커녕 '재한 일본 부인이라는 것은 여러분이 아니라, 앞으로 일본에서 이곳으로 오는 사람들을

58 『경향신문』 1965. 8.월 18.자.

59 보건사회부 부녀과 「사회단체규약변경」 1965. 8. 31.(기안), 한국국가기록원 소장, 『법인등록대장(부용회 / 가사원) 1964-1965』(BA0760182).

〈그림 3〉 부산에서 일본에 있는 오빠를 찾는 재한 일본인 가족〔1964년/구와바라 시세이(桑原史成)〕

가리키는 것'이라는 말을 듣게 되어, 재한일본부인회의 명칭마저 일본대사관에 의해 부정된 것이었다.[60]

한국에서는 '사이비 한국인'이라는 비난을 받고, 일본으로부터도 '일본인'으로 인정받지 못했던 것이 재한 일본인 여성이었다. 한일 국교가 정상화된 후에도 전쟁에 휩쓸려 국적 때문에 혼란을 겪은 여성들의 존엄과 인권은 회복되지 못했다. 1966년에 재한일본부인회가 부용회로 명칭을 바꾸게 된 것은 이러한 경위에서였다. 대사관으로부터 '예쁜 꽃이름이라도 붙이면 무난'하다는 말을 듣고 정한 명칭이 '부용회'였다.[61]

부용회라는 명칭을 붙인 사람은 일본에 끌려간 조선 왕조의 마지막 황태자 이은(李垠)과 정략결혼한 황족 나시모토노미야(梨本宮) 가문 출신으로 1963년에 귀국이 허용된 남편과 함께 한국으로 건너온 '재한 일본인 처'인 이방자 여사라 전해진다.

60 本橋成一(1972),「七人の引揚げ者：在韓日本人の二十七年」,『母の友』第233号, 78쪽.
61 『朝日新聞』1966. 9. 17.字(朝刊).

5. 한일 국교정상화가 연 귀국의 길

1) 재한 일본인 여성의 실태조사에 나서는 일본

1960년대에는 한일 관계가 개선됨에 따라 양국의 적십자사가 재한 일본인 여성의 영주귀국과 일시귀국을 지원함으로써 정부 간 교섭도 이루어졌다. 그러나 궁핍한 생활을 해야 했던 재한 일본인 여성에 대한 일본 정부의 관심은 미온적이고 수동적인 대응으로 일관했다. 한일 국교가 정상화 된 후에도 일본 정부의 재한 일본인 여성에 대한 인식은 이 여성들의 '재한 일본인'으로서의 위치를 부정했던 것처럼 근본적으로 1950년대와 변함이 없었다.

다만 1960년대는 한일의 왕래도 가능해져서 한국을 방문하는 저널리스트도 등장했다. 1964년 7월에 한국에 간 보도사진가 구와바라 시세이는 격동하는 정치 정세 속에서 살아가는 한국 사람들을 렌즈에 담으면서도, 한국전쟁을 취재했던 장혁주와 마찬가지로 재한 일본인 여성들의 존재를 놓치지 않았다. 그 리포트는 『태양(太陽)』(1965년 3월호)에 게재되었다. 1964년과 1965년에 실시된 재한 일본인 여성의 일시귀국도 여러 신문에 보도되었다.

그러나 겨우 실체가 드러나기 시작한 재한 일본인 여성은 한일 국교 정상화가 이루어짐에 따라 활발해진 교류의 물결 속으로 묻혀 간다. 먼저 박탈당한 것은 '재한 일본인'으로서의 존재성이었다. 그리고 인도주의적 차원의 문제로 이루어진 한일 적십자사의 재한 일본인 여성의 귀국 지원도 이제는 국가 간 합의에 따라 이루어지는 사안이라고 해서 중단하게 된다.

그래도 뒤늦게 모습을 드러낸 재한 일본인 여성과 그 아이들의 존재는 일본사회의 식민지 지배에 관한 기억을 들추어내지 않을 수 없었다. 작가 후지사키 야스오(藤崎康夫)가 재한 일본인의 존재에 관심을 갖게 된 것도 도쿄의 야간중학교에서 일본어를 배우는 귀국자 자녀와 접한 것이 계기였다. 자신도 어린 시절을 조선에서 보낸 후지사키는 교직을 내팽개치고 1967년 4월에 부산을 방문한 이래 십수 차례에 걸쳐 취재를 이어갔다.[62] 이때부터 잡지에 재한 일본인 여성 및 자녀들에 관한 기사를 다수 집필하고, 이를 엮어서 1972년 『기민(棄民) : 일본·한국의 뒤틀린 역사 속에서』를 출판했다.

한편 1968년 3월 5일 『아사히신문』이 「일본으로 돌아가고 싶다 : 빈곤에 허덕이는 재한 일본인」이라는 기사에서, 그 곤궁한 모습을 보도함으로써 이 문제를 바라보는 일본의 분위기도 달라졌을 것이다. 그러나 일본 정부가 재한 일본인 여성 문제에 본격으로 착수하게 된 것은 그해 11월에 중의원 농림수산위원회의 소속 의원들이 방한하고 돌아가는 길에 부산의 일본 총영사관에서 재한 일본인 여성의 진정서를 받은 것이 직접적인 계기였다. 동행한 아다치 도쿠로(足立篤郎) 중의원 의원은 부산에서 빈민굴에 사는 일본인 여성을 만나 눈물을 흘리고 이를 직접 사토 에이사쿠(佐藤栄作) 총리에게 호소했다.[63]

1968년 12월 3일 한국의 주일 대사가 박정희 대통령의 축전을 지참하고 자민당 총재 선거에서 재선한 사토 총리를 방문하여 양국의 현안 사항에 관해서 협의했다. 이때 사토 총리는 한국 측에 재한 일본인 여성의 귀국에 대해서도 협조를 요청했다.[64] 한일 국교정상화 이후 3년이 지나서야 일본 정부는 재한 일본인 여성의 귀국을 위한 대책 마련에 나선 것이다. 나흘 뒤인 12월 7일 사토 총리는 외무성에 대하여 부산에 모이고 있는 한국 거

62 『朝日新聞』 1985. 4. 29.字(朝刊).

63 第61回 国会内閣委員会 第27号(1969), 足立篤郎衆議院委議員의 1969년 6월 5일 질의(国会議事録検索システム).

64 문서번호 JAW12053 「주일대사에게서 외무부장관에게」(1968. 12. 3), 한국국립국회도서관 소장 『재한일본인 귀환문제 1968-69』(C-0025).

주 일본인 아내의 처우에 대해서 인도적인 입장에서 검토하도록 지시했다.

한국에 유학 중이던 시미즈 야스요(清水安世)가 재한 일본인 여성들의 '생각했던 것보다 훨씬 비참한 삶'에 충격을 받고 사토 총리에게 그 궁핍한 상황을 호소하는 편지를 보낸 것은,[65] 총리가 지시를 내린 뒤인 12월 15일이었지만, 국회에서도 이 편지의 내용이 거론되었다.[66] 일개 유학생에게 도움을 요청하지 않으면 안 될 정도로 재한 일본인 여성들은 곤궁한 처지에 몰려 있었던 것이다.

2) 국비에 의한 귀국

일본 정부로부터 정식으로 재한 일본인 여성의 조사를 의뢰받은 한국 정부는 즉각 조사에 착수했다. 주일대사가 사토 총리로부터 협조를 요청받은 다음 날, 외무부는 일본 측의 요청을 법무부 및 내무부에 전달하고, 재한 일본인의 수와 거주지, 정착 동기, 국적 상황, 생활수준, 귀국 희망자 수, 외국인등록 관계 등에 대한 조사를 요청했다. 재한 일본인의 수에 대해 행정기관에 의한 공식조사가 이루어진 것은 이것이 처음일 것이다.

법무부는 서둘러 12월 26일에 회답을 보냈지만, 그 조사는 각 행정 구역의 관할 내에서 외국인등록을 한 일본인의 수에 한정되어 있었다. 한국 국적자나 외국인등록을 하지 않고 '불법체류' 상태에 있는 사람들 대부분은 조사 결과에 반영되지 않았다. 그렇다고 한다면 이듬해 3월 14일 경찰청 외사과가 각지에서 조사를 하여 내무부가 회답한 조사 결과가 보다 상세하다. 조사 결과에 따르면 재한 일본인의 수는 1,426명으로, 여성이 1,102명,

---

65 『朝日新聞』 1968. 12. 25.字(朝刊).

66 第60回 国会外務委員会 第1号(1968), 帆足計衆議院議員의 1968년 12월 17일 질의(国会議事録検索システム).

남자가 324명으로 밝혀졌다.[67]

다만 내무부에서는 작업이 복잡하고 방대하기 때문에 명단을 작성하는 것은 힘들다고 보고 있었다. 따라서 이 사람들의 귀국 의사를 확인하고 적극적으로 명단을 작성할 필요는 없지만, 일본대사관이 독자적으로 조사를 실시할 경우에는 가능한 한 협조하기로 했다. 이런 연유로 부산의 일본 총영사관에서 관할 지역인 경상남북도 · 전라남도 · 제주도를 대상으로 조사를 실시했지만, 찾아가더라도 일본인임을 감추려 하고 말을 못 알아듣는 시늉을 하는 사람도 드물지 않았다. 또 총영사관의 존재 여부도 모르며 그 조사의 목적도 들으려 하지 않은 채 오로지 일본인임이 알려지게 되는 것을 두려워하는 사람도 있었다.[68]

이처럼 재한 일본인 수에 대해서는 지방에서 숨죽이고 조용히 사는 일본인이 있다는 점을 고려해야 한다. 앞서 언급한 후지사키가 한국의 저널리스트에게 들은 바와 같이, '일본인임을 감추려 하는 사람이 많기 때문에, 또한 경제적으로 어렵게 살아가고 있는 사람일수록 표면에 나오기' 힘들고, '가령 숫자를 파악한다고 하더라도 신뢰할 수 없는 것'이었던 것이다.[69]

그렇다고는 해도 내무부의 조사를 통하여 재한 일본인의 생활 실태를 엿볼 수 있다. 거주지로는 서울에 상당히 몰려 있지만 비교적 적은 강원도나 제주도를 제외하면 전국 각지에 분포하고 있는 것을 알 수 있다. 국적별로 보면 한국 국적이 783명, 일본 국적이 489명이고, 이중 국적이 46명, 무국적이 108명이었다. 생활수준은 상류층이 70명, 중류층이 205명, 하류층이 1,151명으로 대부분 가난하게 생활하고 있던 것을 알 수 있다. 한편 귀국

67 「내무부에서 외무부장관에게」(1969. 3. 14), 『재한일본인상황조사회보』, 한국국립국회도서관 소장, 『재한일본인귀환문제 1969』(Cl-0032).

68 北出明(2009), 『釜山港物語 : 在韓日本人妻を支えた崔秉大の八十年』, 東京 : 社会評論社, 115쪽.

69 藤崎康夫(1968), 「在韓日本人の現状」, 『展望』 第116号, 145쪽.

희망자 수는 223명으로 적다. 귀국은 가난에서 벗어나는 하나의 선택이 될 수 있지만, 그것은 성인이 된 자녀나 한국인 남편과 이별할 수밖에 없는 것이기에 현실적이지 않다고 생각되었을 것이다.

귀국을 희망하는 사람들에게도 현실적인 문제가 앞길을 가로막고 있었다. 일본 정부가 재한 일본인을 받아들일 태세를 갖추고 귀국여비를 지원한다고 해도 하루 벌어서 하루하루를 근근이 살아가는 사람들에게 영주귀국을 신청하기 위해서, 또는 여행증명서를 교부받기 위해서 여러 차례 상경하는 것은 쉬운 일이 아니었다. 또 한일 국교정상화 후 외국인등록이 강화되었음에도 불구하고 그러한 정보에 대해 알지 못하거나 등록비용을 낼 수 없어서 방치하는 등의 출입국관리법 위반자는 벌금을 내지 않으면 출국이 허용되지 않았던 것이다.

이러한 문제에 대해서 협의하기 위해 1969년 1월 7일 한국 외무부는 주한 일본 대사관 쓰루타 쓰요시(鶴田剛) 영사와 의견을 교환했다. 쓰루타 영사는 재한 일본인의 가난한 생활수준을 감안해서 출입국관리법 위반자에게 부과된 벌금에 대한 선처와 한국 정부의 여행허가서 발급에 대해 편의를 봐줄 것을 요청했다.[70] 그해 2월 25일 일본 대사관은 공식적으로 구상서(口上書)를 외무부에 전달하고, 재한 일본인의 실태조사에 대해서 한국측의 협력과 상기 귀국희망자에 대해서 벌금을 부과한 것에 대한 선처 외에 한국 거주자들에게도 벌금을 경감·삭감하고, 출입국 관리법상의 절차 및 귀국 신청을 부산에서도 할 수 있도록 요청했다. 또 한국 국적자에 대해 여행증명서의 교부 절차를 간소화해 줄 것을 요청했다.

한국 정부는 재한 일본인 문제에 관한 일본 측의 제의를 대부분 받아들였다. 출입국관리법 위반자에 대한 벌금도 정상이 참작되면 적절히 경감하

70 작성자 불명, 「주재한일본인 귀국 문제」, 한국국립국회도서관 소장, 『재한일본인 귀환 문제 1968-69』.

기로 하고, 영주귀국을 희망하는 경우 '출국권고 조치'를 내려 벌금을 면제해 주기로 했다. 후에 일본 정부의 요청으로 1년이었던 체류 기간 갱신 기한도 3년으로 연장되었다.

6. 재한 일본인 여성들의 투쟁의 서막

1) 패전 직후의 귀환과 그후 귀국의 갈림길에서

1950년대, '조선적 전 일본 부인'은 스스로 호적등본을 입수하여 한국 정부에 '철수 신청'을 하고 일본 정부의 허가 아래 한국 측이 마련한 선박으로 귀국했다. 1960년대에는 한일 적십자사가 협정을 맺고 창구가 되어 부산까지의 여비를 대한적십자사가, 규슈(九州)까지의 여비를 일본적십자사가 부담하여 귀국이 이루어졌다. 한일 국교정상화로 서울과 부산에 일본대사관과 총영사관이 개설된 이후에는 두 공관에서 귀국 신청을 받게 되어 절차에 소요되는 시간도 대폭 줄어들었다. 다만 호적등본 입수나 신원보증인 확보에 어려움이 있는 사람들이 여전히 많았고 한일 적십자사도 귀국 지원에서 손을 떼게 된다.

그리고 1969년 4월 일본 정부의 지원으로 재한 일본인 여성의 귀국이 시작된다. 일본 정부는 한국 측에 재한 일본인 귀국에 관한 협조를 요청하는 한편, 1969년도 예산에 '재한 일본인 원호비' 명목으로 1,200만 엔을 상정했다. 일본 정부가 공식적으로 재한 일본인의 귀국 대책에 나선 것이 그동안 재한 일본인 여성의 귀국을 막아온 문제를 부분적으로 해소한 것은 사실이다. 호적등본이나 신원인수인 문제는 세대교체의 흐름 속에서 한국전쟁 때보다 어려워지고 있었지만, 호적등본 이외에 다양한 경로로 일본인임을 증명하는 길이 열렸고, 신원인수인을 국가가 알선하는 방안도 도입되었다.

여전히 불안한 귀국 후의 생활에 대해서도 생활보호를 받을 수 있도록 준비가 이루어졌다.

한편 한국의 출국 허가에 관해서는 한국인 남편과 내연 관계에 있는 일본 국적자의 경우, 외국인등록을 하지 않은 출입국관리법 위반자에 대해서도 일본 정부가 한국 정부에 선처를 요청함으로써 해결되었다. 호적등본을 준비하기 위해 필요한 우표값조차 마련하지 못하고, 여행증명서를 신청할 여유도 없는 궁핍한 사람들에게 한국 정부가 편의를 제공한 것은 큰 의미를 갖는 일이었다.

그 당시에도 재한 일본인 여성이 처해 있는 궁핍한 현실은 종종 신문이나 잡지에 소개되었지만 일본 정부가 이 문제에 미적미적 착수하게 되기까지는 한일 국교 관계가 정상화되고 왕래가 활발해져, 국회의원이나 정부 관계자가 현실을 눈앞에서 직접 본 것이 크게 작용했다. 대중 매체를 통해서 본, 상상을 초월한 재한 일본인 여성의 궁핍한 현실이 거기에 있었던 것이다. 이 시기의 국회에서는 '조선적 전 일본 부인'을 '순수한 일본인'이 아니라며 배제하려던 1950년대 이후의 시선도 완화되어, 재한 일본인 여성들을 동정하는 목소리가 힘을 얻게 되었다.

사토 총리가 재한 일본인 여성의 귀국 대책을 지시한 직후인 1968년 12월 17일, 중의원 외무위원회에서 사회당의 호아시 게이(帆足計) 의원은 이 문제가 '전쟁으로 희생된 것 중의 하나'라며 호적등본을 입수하는 것이 어려운 상황을 거론하여 그 해결책을 요구했다.[71] 이에 대해 아이치 기이치(愛知揆一) 외무상은 이 건이 '인도적 문제'임을 분명히 한 후 문제 해결을 위해 관계 각처에 협조를 요청하고 있다고 답변했다. 법적 지위로 재한 일본인 여성을 '조선적 전 일본 부인'으로 간주하는 한 국적 문제는 여전히 커다

---

71 第60回 国会外務委員会 第1号(1968), 帆足計衆議院議員의 1968년 12월 17일 질의(国会議事録検索システム).

란 장벽으로 가로놓여 있었지만, 국회에서는 오히려 '성가시고 시끄럽게 구는 법무성'이라는 비판이 쏟아졌다.[72] 법무성도 입장을 누그러뜨릴 수밖에 없었던 것이다.

한일회담에서는 재한 일본인들의 법적 지위에 관한 논의는 거의 이뤄지지 않았다. 재일한국인 법적지위위원회에서 일본 측은 종종 상호주의 차원에서 재한 일본인 부녀자의 처우에 대해 거론하기도 했지만, 어디까지나 참고사항이었기 때문에 깊이 있는 논의는 이루어지지 않았다.[73] 재일한국인의 법적 지위가 한일협정으로 정해진 것과는 달리, 재한 일본인은 보이지 않는 존재였던 것이다. 그래도 제2차 한일의원간담회(1969. 2. 25)에서는 안보 · 경제문제 외에 재한 일본인 여성의 귀국 문제도 양국의 정치 차원에서 공식의제가 되었다.

그렇다고는 해도 일본 정부의 귀국 대책은 많은 문제를 안고 있었다. 일본 정부가 재한 일본인 여성의 귀국 대책에 나서기 전에는, 한국 측으로부터 귀국 희망자 명단을 받은 외무성이 법무성에 호적 확인을 의뢰해 그 결과를 한국 측에 통보하고, 법무성은 '일본인'으로서의 법적 자격에 적합한 재한 일본인 여성을 선별해 입국심사에 편의를 봐주는 것으로 모든 업무가 끝났다. 그러나 공식적으로 정부가 귀국 지원을 시작하면, 입국 후 귀향비용이나 귀향하는 지역을 정하는 문제, 생활지원 업무를 후생성이 담당하게 된다. 그런데 '우리의 책임은 여기까지'라는 외무성, '성가시고 시끄럽게 구는' 법무성, 알선해 준 장소에 정착할 것을 고집하는 후생성 등 관계 부처가 손발이 맞지 않고, 국가와 지방자치단체 사이에 책임을 지는 범위도 명

---

72 第61回 国会内閣委員会 第27号(1969. 6. 5), 足立篤郎衆議院議員の質疑(国会議事録検索システム).

73 『제7차 한일전면회담 법적지위위원회 제4차회의록』, 「주일대사에게서 외무부장관에게」(1964. 12. 21), 한국동북아역사재단 소장, 『제7차 한일회담 법적지위위원회 회의록 및 훈령 Vol.1』(동북아역사넷 사료라이브러리).

확하지 않았다.

그렇다면 귀국을 희망하는 재한 일본인 여성에 대한 관계 부처의 인식은 1951년 3월 17일 참의원 '재외동포 인양 문제에 관한 특별위원회'에서 제시되어 앞에서 서술한 '전란의 와중에 휘말린 결과, 이제 와서 돌아온다는' 인식과 근본적으로는 변하지 않았다고 할 수 있다. 일본 정부에 의한 귀국 대책이 시작된 후에도 재한 일본인 여성은 '왜 이제 와서 돌아오느냐'고 핀잔을 들어야 했다. 재한 일본인 여성은 이러한 일본 정부의 인식에 맞서 국가에 이의를 제기하게 된다.

2) 한국귀환자동포친목회 결성

일본 정부의 귀국 대책에 따라 일본 국적자의 영주귀국은 순조롭게 진행되었다. 1969년도부터 1971년도까지 3년간 205가구 485명이 '귀환'했다. 그러나 정부가 정의하는 '귀환자'='인양자'는 '1945년 8월 15일까지 연속으로 6개월 이상 본국 이외에 생활의 근거를 가지고 있던 사람'(인양자 보조금 등 지급법)을 가리킨다. 일본이 패전한 후 고향으로 돌아가는 남편과 같이 바다를 건너간 사람은 '귀환자'로 취급되지 않으며 '자유 의지에 의해 잔류한 사람'으로 간주되었다.

특히 한국 국적자인 경우 여러 어려움에 직면한다. 18세 이상 자녀 세대의 동반이 허용되지 않아 고령의 재한 일본인 여성은 홀로 귀국할 수밖에 없었다. 또한 일본에는 외국인의 신분으로 입국하는 것이기 때문에 외국인 등록을 해야 했다. 일본 땅을 밟고 처음으로 직면한 것은 스스로 일본 국적을 포기한 기억도, 설명을 들은 적도 없이 일방적으로 박탈당해 일본인이라는 것이 부정되는 불합리한 처우였다. 일본 국적을 취득하려면 3년이 지나고 귀화(간이귀화)하거나 재판을 거쳐서 인정받을 수밖에 없었다.

일본 국적을 가진 자라면 '귀환자'로서 도쿄의 귀환자 숙소에 입주할 수도 있지만, 한국 국적자인 경우 '귀국자'로서 신원인수인이 있는 본적지에 정착하는 것이 귀국 조건이었다. 형제자매 가운데 누군가가 신원인수인이 되었다고 해도, 그곳에 생계를 꾸려 나갈 방도는 없었고, 도시 지역에서의 거주를 희망해도 허가받을 수 없었던 것이다. 게다가 귀국 시에 동반할 수 있는 가족도 제한이 있었는데, '귀환자'냐 '귀국자'냐에 관계없이 자녀의 교육은 가장 절실한 문제였다. 귀국자의 자녀가 일본어를 배울 수 있는 곳은 도쿄의 야간중학교밖에 없었던 것이다.

1972년 6월 7일, 한국에서 귀국하는 4가족 7명이 부관페리를 타고 시모노세키(下関)에 도착했다. 거기에는 부용회와도 인연이 있으며, 재한 일본인 여성의 귀국을 지원해 왔던 당시 66세의 니시야마 우메코(西山梅子)의 모습도 보였다. 홋카이도 출신의 니시야마는 강제동원된 조선인 남성과 결혼하고 패전 후에 오타루(小樽)에서 조선 반도로 건너간 뒤 26년 만의 귀국이었다. 남편이 먼저 세상을 떠나 한국에 4명의 자녀들과 그 가족을 남기고 홀몸으로 귀국한 것이었다.

1969년 이후의 정부 사업에 의한 귀국이기도 해서 항구에는 시모노세키시 복지사무소와 모지 검역소 담당자가 마중 나와 있었다. 니시야마 일행은 그 담당자를 세워 두고 성명을 읽고 지정된 거주지로 가는 것을 거부했다. 그리고 '귀환자'가 자립하기 위해서 어느 정도 수용 태세를 갖추고 있는 도쿄로 갈 수 있도록 요구하며, 선박회사 사무소의 한 방에서 농성을 시작했다. 1994년에 갈 곳이 정해지지 않은 채, 나리타공항에 내리고 그곳에서 농성을 시작한 중국 잔류부인의 '강행귀국'을 니시야마 일행의 재한 일본인 여성들이 먼저 행동으로 옮긴 것이었다.

그러나 사회적 반향을 불러일으킨 중국 잔류부인의 '강행귀국'과 달리, 이들 재한 일본인 여성의 농성은 규슈 이외의 지역에서는 거의 보도되지 않아 세간의 주목을 끌지는 못했다. 니시야마 일행은 시모노세키시, 모지 검역소의 주선으로 여관에 들어가 3일 동안 외무성 직원과 협상했지만 타협을 보지 못하고, 알선을 받은 거주지에 정착하는 것을 거부하고 도쿄로 향했다. 외무성의 입장에서 보면 '지나친 요구'였지만, 희망했던 도쿄의 도키와(常磐) 귀환자 숙소에는 들어가지 못하더라도, 부랑자를 위한 일시 숙박시설인 도쿄의 신키치(新吉)보호소에서 버티면서 당국과 교섭을 이어 나갔다.

니시야마 일행을 기다리고 있던 것은 일본의 '비정함'이었다. 한국 국적자인 경우 일본 상륙 후 60일 이내에 외국인등록을 해야 했다. 니시야마 일행은 이러한 수용 태세에 반발했지만, 지원자들과 상의하고 마감 시간 직전에 외국인등록을 마쳤다. 아울러 니시야마 일행이 신원인수인이 있는 본적지로 가는 것을 거부하자 일본 정부는 한국 귀국자의 수용을 일시 중단하는 조치를 취했기 때문에 그러한 압력에도 견뎌야 했다. 한반도를 식민통치한 일본 전체가 짊어져야 할 부채를 한국에 있는 연약한 부녀자가 짊어져야만 하는 비운에 대해서, 일본 정부도 일본 국민도 나와 상관없다는 식으로밖에 취급하지 않았던 것이다.[74]

이러한 재한 일본인 여성들의 항의 활동을 지지한 것이 『기민』의 저자인 후지사키나 당시 센슈대학교(専修大学) 조교수였던 교육학자 고야마 쓰요시(小山毅), 보도사진가인 모토하시 세이이치(本橋成一) 등이 1972년 4월 설립한 재한일본인 기민동포구원회이다. 이들은 1971년 1월에 국제교육연구회를 발족시키고 재한 일본인 문제 해결을 위해 노력을 기울였다. 그 과정에서 적극적으로 운동을 전개해 나갈 필요성을 절감한 그룹이 재한 일본인 여성의 조직 만들기에 나선다.[75] 재한 일본인 여성 문제를 해결하기 위해서는 스스로 목소리를 높여 관계 당국에 호소해야 한다고 생각했기 때문

74 『朝日新聞』 1976. 8. 10.字(夕刊).

75 長沼石根(1972), 「「研究会」から「運動体」へ：在韓日本人棄民同胞救援会(サークル歴訪)」, 『朝日アジアレビュー』 第3巻 第3号, 164쪽.

이었다.

1971년 6월 6일에 도쿄에 거주하는 귀국자가 첫 모임을 갖게 되고, 후지사키 · 고야마 등이 후원자 역할을 맡아서 8월 1일에 결성 총회를 개최하여 한국인양자동포친목회가 결성되었다. 결성 총회에서 요구서를 채택하고, ① 일본 국적 · 한국 국적의 구별 없이 생활 · 복지 · 교육을 위해서 취업 알선 및 직업 훈련, 자녀의 일본어 지도기관의 확충, 귀환자 숙소 완비와 지방 거주 희망자를 위한 주택 알선을, ② 남기고 온 남편 · 자녀 · 가족의 귀국을 위해서 가족 단위로 국적과 거주지 선택의 자유 및 귀환 · 귀국 · 입국 절차의 간소화를, ③ 귀국할 수 없는 동포를 위해서 '국가'가 나서서 신원확인, 신원인수인의 법적 보장 및 국적 문제 해결, 귀국 비용의 보장을 요구했다.[76]

한국인양자동포친목회는 이와 같은 요구 사항을 '일제강점기의 미처리 문제'로 규정하고, '우리가 인간으로서 인간답게 살아가기 위해 시급한 문제'의 해결을 요구하며 시위행진을 벌였다. 친목회는 수상 관저를 비롯해 외무성 · 법무성 · 도쿄도(東京都) 등에도 요구서를 보내 면담을 신청했다. 한국에서도 이런 움직임에 호응해 재한 일본인 여성들은 '고국 인양 희망자 및 잔류 가족 일동'의 명의로 일본대사관에 '미처리 문제'의 해결을 호소했다.

3) 귀국자 지원 요구의 선구

그러한 일이 한창 벌어지고 있을 때, 니시야마 일행이 귀국한 것이었다. 한국인양자동포친목회는 니시야마 일행의 귀국에 대비하여 후원회를 만들고 항의 행동을 뒷받침해 나간다. 시모노세키에서의 귀국 기자회견에서는

76 『韓国引揚者同胞親睦会 会報』第3号(1971. 11), 2쪽.

성명문을 낭독한 니시야마에 이어 이 친목회도 항의문을 발표했다. 니시야마 일행은 후생성 등 관공서 앞이나 도쿄 내 각지에서 한국 귀국자의 실상을 호소하는 전단지를 배포했다. 그녀들을 분발하게 한 것은 "너무도 실정을 무시하고 관료적인 인간미가 없는 조치를 취하려고 하는 정부를 향한 항의와 과거 27년간 인도적 입장에서 진지하게 우리들의 고통에 대해 한 번도 손을 내미려고 하지 않았던 일본의 '정치'에 대해 항의"하는 마음이었다.[77]

한국에서 오랫동안 재한 일본인 여성의 생활을 지원하여 '일본인 처의 어머니'라고 불리던 니시야마가 귀국하고, 일본의 냉담한 수용 태세에 '과거의 일을 마무리 짓지 않으려는 이상한 나라'인 일본의 책임을 '죽을 때까지 묻겠다'고 다짐함으로써,[78] 한국인양자동포친목회도 활기를 띠었다. 성인이 된 장남을 제외한 세 딸을 데리고 귀국해 도키와 귀환자 숙소에 입주한 한 명을 제외한 니시야마 일행 3명은 앞으로 한국에 남아 있는 자녀의 가족들을 불러들여야 했기 때문에 친목회의 요구는 절실한 것이었다.

니시야마 등의 요구는 보다 구체화된 형태로 나타났다. 주택의 알선, 직업훈련 및 소개, 일본어 지도기관의 확충이라는 요구가 이러한 기능을 하는 귀환자 센터의 설립 요구로 발전하게 된 것이다. 중일 국교 정상화가 이루어져 중국 잔류 일본인의 귀국이 실현되고, 이러한 기능을 갖는 중국 귀국자 정착촉진센터가 사이타마현 도코로자와시(埼玉県所沢市)에 설립된 것은 1984년의 일이다. 귀국자 센터의 필요성은 그 10년 전부터 재한 일본인 귀국자에 의해서 제기되고 있었던 것이다.

이어서 니시야마 일행은 재한 일본인을 방치한 것에 대한 일본 정부의 책임을 추궁했다. 이 또한 2002년 12월에 중국 잔류 고아가 도쿄 지방법원

77 岡本愛彦(1973), 「なぜ、日本の旗がたたないの? : 天皇への直訴と在韓日本人妻」, 『潮』 第172号, 289쪽.

78 小山毅(1972), 「在韓日本人妻の息衝く叫び」, 『現代の目』 第13巻 第10号, 135쪽.

에 '많은 일본인 고아가 중국에 남아서 생존하고 있음을 알면서, 이를 무시하거나 방치하여 장기간 귀국을 막아 온 피고·국가의 위법성'을 따지고 귀국 후에도 '보통 일본인으로서 생활해 나가기 위해서 필요한 시책을 실시하지 않은 국가의 책임을 묻는다'라고 제소했던 것과 통한다.[79] 제국주의와 식민지정책이 낳은 전쟁 피해자에 대한 국가의 '기민'의 책임을 재한 일본인 여성이 묻기 시작한 것이다.

니시야마는 도쿄의 공영주택에 거주하면서 한국인양자동포친목회의 대표로서 재한 일본인 및 한국 귀국자가 안고 있는 문제 해결을 위해 힘쓰게 된다. 귀국자 자녀들의 교육을 담당하는 야간중학교 교사들과 함께 '인양·귀국자센터' 설립 실행위원을 조직하여 센터 설립운동에 주력했다.[80] 귀국자가 일본어를 포함하여 일상생활에 필요한 사항을 학습하기 위해 일정기간 입주할 수 있는 시설이 가지는 의의와 필요성을 몸소 보이고 있었던 것이다.

니시야마 등의 투쟁은 2000년대 중국 잔류 일본인의 국가배상 청구소송처럼 국가를 제소하는 데까지는 이르지 못했지만, 주로 여성인 재한 일본인의 발생 원인에 대해 국가의 책임을 물은 것은, 후일 귀국자 지원정책 수립을 요구하는 운동의 선구였다고 할 수 있다.

7. 나가며

이른바 '중국 잔류 일본인 등 귀국지원법'이 제정되는 것은 1994년이다. 역사에 농락당한 재한 일본인 여성은 스스로 자신의 역사적 존재성을 표출

---

79 井出孫六(2008), 『中国残留邦人：置き去られた六十余年』, 東京：岩波書店, 168쪽.
80 『朝日新聞』 1976. 8. 10.字(夕刊).

했다. 귀국해 관계 부처에 진정서를 계속 보내고, 각지에서 전단지를 배포하며 호소한 니시야마 등의 '지나친 요구'는 머지않아 패전 후 일본의 역사적 책임에 대응하는 국가적 사업으로서 확립되어 나간다. 재한 일본인 여성과 귀국자의 존재성은 '귀환자'가 시대의 흐름과 함께 '귀국자'로 바뀌어 가는 패전 후의 깊은 골에 빠지고 망각되었다.

한일 국교정상화 이후 일본 정부의 재한 일본인 여성 귀국 대책에 포함되지 못한 사람들을 수용하는 민간 보호시설로서 1972년에 귀국자 시설 나자레원(현 경주 나자레원)이 개설되었다. 그에 따라 재한 일본 여성들의 출국대기소의 기능을 한 부산수용소도 역할을 마쳤을 것이다. 부산수용소는 '평화선'을 넘었다는 이유로 장기 억류된 일본 어부들에게는 한 서린 장소였지만 재한 일본인 여성들에게는 마지막으로 의지할 곳이었다.

귀국하는 재한 일본인 여성의 대기 시설인 부산수용소는 패전 후 일본이 국민국가로 재편되는 과정에서 신원을 조사하여 호적이 확인되어 신원인수인이 있을 경우에만 받아들이는 배제와 포섭의 장치였다. 그곳으로부터 많은 일본인 여성의 자녀들이 미지의 세계로 여행을 떠났다. 재일 한국인의 어린이도 아니고 한국에서 온 뉴커머의 자녀도 아닌 이들 세대는 언어나 정체성의 문제를 안고 있는 독특한 마이너리티이지만, 귀국자로서도 재일 한국인으로서도 존재감은 어디에도 없다.

1982년에 TV니시닛폰(西日本)이 재한 일본인 여성을 테마로 한 프로그램 〈해협 : 재한 일본인 아내들의 36년〉을 방영하고 그해에 가미사카 후유코(上坂冬子)가 『경주 나자레원 : 잊힌 일본인 아내들』을 저술하여 반향을 불러일으키자, 『요미우리신문』 서부 본사에서도 '재한 일본인 처 고향방문' 캠페인을 전개하는 등 재한 일본인 여성의 문제가 주목을 받으며 지원도 이루어졌다. 그러나 1950~1970년대까지 귀국한 재한 일본인 여성이나 그 자녀들이 어떻게 일본사회에 적응해 나갔는지에 대한 기록을 더듬어 나가기는 결코 쉽지 않다.

재한 일본인 여성으로서 한국전쟁 때문에 생겨난 많은 고아를 키운 윤학자나 니시야마 우메코의 삶을 대하면, '국경에 가까운 여성의 역사 속'에서 '두 민족의 한계를 넘어서는 기능을 수행한 곳의 매개자의 사상'〔모리사키 가즈에(森崎和江)〕을 집어 올릴 수 있다.[81] 재한 일본인 여성은 이제 경주 나자레원이나 부용회에서나 만날 수 있는 보이지 않는 존재이지만, 그 '국경에 가까운 여성의 역사'의 한 단면에서는 한일 관계에 있어서 '경계'에 구애받지 않는 또 다른 역사적 공간이 엿보인다.

---

81 森崎和江(1970), 『異族の原基』, 東京 : 大和書房, 12쪽.

초출일람

「손진태의 '조선민속학'과 '신민족주의' 재론」, 남근우

「'토민'의 '토속' 발견과 '신민족주의'」(『남창 손진태의 역사민속학 연구』, 민속원, 2003)와 「'신민족주의' 사관 재고 : 손진태와 식민주의」(『정신문화연구』 제29권 제4호, 한국학중앙연구원, 2006)를 중심으로 이미 발표한 손진태론을 재구성했다. 그 과정에서 지난 10여 년 사이 새로이 발굴된 손진태의 텍스트를 보태 관견을 보완하며 다소의 첨삭과 손질을 가했다.

「제국일본과 한국의 스포츠 내셔널리즘」, 송석원

"The Japanese Imperial Mentality : Cultural Imperialism as Colonial Control — Chosun as Exemplar"〔*Pacific Focus*, 33(2), 2018, pp.308~29〕를 수정 · 보완하였다.

「댐 개발에서 식민지 지배를 생각하다」, 시미즈 미사토

「八田與一 : 物語の形成とその政治性 — 日台交流の現場からの視点」(『日本オーラル・ヒストリー研究』 2009. 9)을 수정 · 보완하였다.

「제국일본의 패전, 전재민 그리고 피폭자」, 오은정

「"전재민(戰災民)"에서 "피폭자(被爆者)"로 : 일본 원폭피폭자 원호의 제도화와 새로운 자격의 범주로서 '피폭자'의 의미구성」(『일본비평』 제19호, 서울대학교 일본연구소, 2018)을 가필 · 수정하였다.

「제국의 퇴로, 전후 지성의 '근대'」, 이경희

「마루야마 마사오와 다케우치 요시미의 전후 사상 재건과 '근대'적 사유 : 전전의 문화권력 '근대의 초극'과의 비/연속성」(『동아시아문화연구』 제73권, 한양대학교 동아시아문화연구소, 2018)을 수정 · 보완하였다.

「근대적 '국가주의'의 이중성과 제국주의 넘기」, 전성곤

「'유교국가주의'와 문화권력, 그 속박과 해방」(『퇴계학논총』 제32집, 퇴계학부산연구원, 2018)을 수정 · 보완하였다.

「항일과 향수의 길항」, 강태웅

「항일과 향수의 길항 : 타이완 영화는 식민지 시대를 어떻게 그리고 있나」(『일본학보』 제111집, 한국일본학회, 2017)를 수정 · 보완하였다.

「포스트제국 시기 한국 영화와 원효 표상의 변모」, 서재길

「한국 영화 속에 나타난 원효 : 『신라성사원효』와 『원효대사』를 중심으로」(『열상고전연구』 제61집, 열상고전연구회, 2018)를 수정 · 보완하였다.

「전후 오키나와(인)의 성찰적 자기서사 「신의 섬」」, 손지연

「전후 오키나와(인)의 성찰적 자기서사 『신의 섬(神島)』 : "오키나와 전투"를 사유하는 방식」(『한림일본학』 제27권, 한림대학교 일본학연구소, 2015)을 수정 · 보완하였다.

「점령기 일본의 문학공간에서의 연속과 비연속」, 이노우에 겐

「占領期日本の文学空間における連続と非連続 : 雑誌メディアにおけるアメリカ言説を中心に」(『アメリカ研究』 第50号, アメリカ学会, 2016)를 수정 · 보완하였다.

「제국일본의 잔재인 조선적자의 정치적 다양성」, 김웅기

「조선적자의 다양성과 문재인 정부의 입국 허용정책을 둘러싼 쟁점」(『일본학보』 제114집, 한국일본학회, 2018)을 수정 · 가필하였다.

「불교에 의한 자선사업과 대만형 포스트콜로니얼」, 무라시마 겐지

「台湾における生の保障と宗教：慈済会による社会的支援を中心に」(『関西学院大学社会学部紀要』第114号, 関西学院大学, 2012)를 대폭 수정 · 가필하였다.

「대한민국 국민국가 형성 과정의 '재일동포'정책」, 오가타 요시히로

「이승만 정부의 '재일동포'정책 연구」(연세대학교 대학원 정치학과 박사학위 논문, 2019)를 재구성 · 가필하였다.

「해방 전 남촌의 조선인, 해방 후 명동의 한국인」, 정충실

「해방 후 명동의 한국인」(『동북아역사논총』 제54호, 동북아역사재단, 2016)을 수정 · 가필하였다.

참고문헌

1. 한국어

1) 논문

강상중(1997), 「'동양'의 발견과 오리엔탈리즘」, 『오리엔탈리즘을 넘어서』, 이경덕 · 임성모 옮김, 서울 : 이산.

강성현(2006), 「'죽음'으로의 동원과 이에 대한 저항 가능성 : 오키나와 '집단자결'의 사례를 중심으로」, 『민주주의와 인권』 제6권 제1호.

강태웅(2009), 「원폭영화와 '피해자'로서의 일본」, 『동북아역사논총』 제24호.

강혜경(2008), 「미군정기 서울의 치안과 경찰」, 『향토서울』 제71호.

고명철(2015), 「오키나와에 대한 반식민주의로서 경계의 문학」, 『탐라문화』 제49호.

곽형덕(2015), 「마타요시 에이키 문학에 나타난 '타자'와의 교섭 과정」, 『탐라문화』 제49호.

김건(2013), 「신라성사 원효」, 재단법인 아단문고, 『아단문고 미공개자료총서 2013 : 영화소설 · 시나리오 · 희곡 편 제2권』, 서울 : 소명출판.

김기승(2011), 「신채호의 독립운동과 역사인식의 변화」, 『중원문화연구』 제15집.

김기주(1999), 「人性과 自我 實現 : 孟子 哲學을 중심으로」, 『철학연구』 제72집.

김동윤(2015), 「4 · 3소설과 오키나와전쟁소설의 대비적 고찰」, 『탐라문화』 제49호.

김백영(2009), 「제국의 스펙터클 효과와 식민지 대중의 도시 경험 : 백화점과 소비문화를 중심으로」, 『지배와 공간』, 서울 : 문학과지성사.

김봉섭(2010), 「이승만 정부 시기의 재외동포정책」, 한국학중앙연구원 한국학대학원 박사학위 논문.

김수태(1996), 「손진태의 식민주의 사관 비판」, 길현익교수정년기념사학논총 간행위원회 편, 『길현익교수정년기념사학논총』, 길현익교수정년기념사학논총 간행위원회.

김수태(2000), 「손진태의 일제 식민주의사학 비판 재론」, 『한국사학사학보』 제2권.

김윤식(1983), 「도남사상과 신민족주의 : 남창과 도남」, 『한국학보』 제9권 제4호.

김응렬(1996), 「재한 일본인 처의 생활사」, 『한국학연구』 제8호.

김재용(2014), 「오키나와에서 본 베트남전쟁」, 『역사비평』 제107호.
김재용(2015a), 「오시로 다쓰히로 소설가와의 대담」, 『지구적 세계문학』 제6호.
김재용(2015b), 「한국에서 읽는 오키나와 문학」, 『탐라문화』 제49호.
김태기(2001), 「한반도 통일과 재일한국인 : 통일문제를 둘러싼 민족 단체의 분열을 중심으로」, 『한국과 국제정치』 제17권 제2호.
남근우(1996), 「'손진태학'의 기초연구」, 『한국민속학』 제28집.
남근우(1998a), 「손진태의 민족문화론과 만선사학」, 『역사와 현실』 제28호.
남근우(1998b), 「식민지주의 민속학의 일 고찰 : 신앙 · 의례 전승 연구를 중심으로」, 『정신문화연구』 제21권 제3호.
남근우(2002), 「'조선민속학'과 식민주의 : 송석하의 문화민족주의를 중심으로」, 『한국문화인류학』 제35집 제2호.
남근우(2008), 「도시민속학에서 포클로리즘 연구로 : 임재해의 '비판적 성찰'에 부쳐」, 『한국민속학』 제47집.
남근우(2009), 「'민속학=민족문화학'의 탈신화화」, 『비교민속학』 제40권.
남근우(2010), 「한국 '역사민속학'의 방법론 재고」, 『한국민속학』 제51집.
남근우(2013), 「민속 개념 재고」, 『실천민속학연구』 제21호.
남근우(2017), 「(민속학) 방법론의 동향과 쟁점」, 한상복 집필책임 / 이기석 · 최병현 · 임돈희 편집책임, 『학문연구의 동향과 쟁점 제6집 : 고고학 · 민속학 · 인문지리학 · 문화인류학』, 서울 : 대한민국학술원.
노태돈(1991), 「해방 후 민족주의사학론의 전개」, 노태돈 · 홍승기 · 이기백 외, 『현대 한국사학과 사관』, 서울 : 일조각.
두전하(2011), 「단재 신채호의 문학과 무정부공산주의」, 『한국학연구』 제25집.
문명기(2013), 「대만 · 조선의 '식민지근대'의 격차」, 『중국근현대사연구』 제59집.
문명기(2014), 「일제하 대만 · 조선 公醫制度에 대한 비교사적 접근」, 『한국학논총』 제42집.
朴正心(1997), 「愛國啓蒙運動期의 儒教觀」, 『한국철학논집』 제6집.
박정심(2004), 「申采浩의 儒教認識에 관한 硏究 : 近代的 主體 問題와 관련하여」, 『韓國思想史學』 제22집.
朴正心(2007), 「愛國啓蒙運動期의 儒教觀」, 『한국철학논집』 제6집.
박정심(2014), 「신채호의 我와 非我의 관계에 관한 연구」, 『東洋哲學硏究』 제77권.
박호성(2002), 「국제 스포츠 활동과 사회통합의 상관성, 가능성과 한계」, 『국제정치논총』 제42집 제2호.

방기중(1997),「해방 후 국가건설 문제와 역사학」, 한국사학논총 간행위원회 편,『한국사 인식과 역사이론』, 서울 : 지식산업사.

방민호(2010),「이광수 장편소설 〈원효대사〉를 어떻게 읽을 것인가」,『서정시학』 제20권.

裵勇一(1996),「朴殷植과 申采浩의 愛國啓蒙思想의 比較 考察」,『한국민족운동사연구』 제13집.

백영서(2012),「우리에게 대만은 무엇인가」, 백영서 · 최원식 편,『대만을 보는 눈』, 파주 : 창비.

손문호(1988),「단재 신채호의 정치사상」,『湖西文化論叢』 제5집.

손유경(2002),「1930년대 다방과 문사의 자의식」,『한국현대문학연구』 제12집.

손정숙(2006),「일제시기 백화점과 일상소비문화」,『동양고전연구』 제25집.

손지연(2015),「오키나와 공동체 구상과 여성의 섹슈얼리티」,『탐라문화』 제49호.

송석원(2011a),「근대일본의 조선민족성 인식에 관한 연구」,『일본연구』 제49호.

송석원(2011b),「문명의 외연화와 지배의 정당성」,『한국동북아논총』 제16권 제3호.

송석원(2014),「조선에서 제국일본의 출판경찰과 간행물의 행정처분」, 서정완 · 송석원 · 임성모 편,『제국일본의 문화권력 2』, 서울 : 소화.

신채호(1995a),「大我와 小我」, 단재신채호선생기념사업회 편,『丹齋申采浩全集 下』, 서울 : 형설출판사.

신채호(1995b),「道德」, 단재신채호선생기념사업회 편,『丹齋申采浩全集 下』, 서울 : 형설출판사.

신채호(1995c),「讀史新論」, 단재신채호선생기념사업회 편,『丹齋申采浩全集 上』, 서울 : 형설출판사.

신채호(1995d),「歷史와 愛國心의 關係」, 단재신채호선생기념사업회 편,『丹齋申采浩全集 下』, 서울 : 형설출판사.

신채호(1995e),「儒教 拡張에 対한 論」, 단재신채호선생기념사업회 편,『丹齋申采浩全集 下』, 서울 : 형설출판사.

신채호(1995f),「利害」,『丹齋申采浩全集 下』, 서울 : 형설출판사.

신채호(1998a),「國家는 即 一家族」, 단재신채호선생기념사업회 편,『丹齋申采浩全集 別集』, 서울 : 형설출판사.

신채호(1998b),「國粹保全說」, 단재신채호선생기념사업회 편,『丹齋申采浩全集 別集』, 서울 : 형설출판사.

신채호(1998c),「論忠信」,『丹齋申采浩全集 別集』, 서울 : 형설출판사.

신채호(1998d), 「同化의 悲觀」, 단재신채호선생기념사업회 편, 『丹齋申采浩全集 別集』, 서울 : 형설출판사.

신채호(1998e), 「文化와 武力」, 단재신채호선생기념사업회 편, 『丹齋申采浩全集 別集』, 서울 : 형설출판사.

신채호(1998f), 「儒敎界에 對한 一論」, 단재신채호선생기념사업회 편, 『丹齋申采浩全集 別集』, 서울 : 형설출판사.

신채호(1998g), 「二十世紀 新国民」, 단재신채호선생기념사업회 편, 『丹斎申采浩全集 別集』, 서울 : 형설출판사.

安榮擢(2013), 「「중용」과 「맹자」에 나타난 도덕적 인성론에 대한 연구」, 성균관대학교 대학원 박사학위 논문.

예지숙(2015), 「일제시기 조선에서 부랑자의 출현과 행정당국의 대책」, 『사회와 역사』 제107집.

오윤정(2017), 「1930년대 경성 모더니스트들과 다방 낙랑파라」, 『한국근현대미술사학』 제33집.

왕염려(2012), 「浪客의 新年 漫筆」에 대한 몇 가지 고찰 : '문예'에 대한 담론을 중심으로」, 『한국학연구』 제26집.

우정권(2008), 「30년대 경성과 동경의 카페 유흥문화 비교연구」, 『한국현대문학연구』 제26집.

이광수(1948), 「내가 왜 이 소설을 썼나」, 『원효대사 상』, 서울 : 경진사.

이기백(1972), 「신민족주의사관론」, 『문학과지성』 1972년 가을호.

이명원(2014), 「오키나와 전후문학과 제주 4·3문학의 연대」, 제주대학교 재일제주인센터 편, 『재일제주인과 마이너리티』, 제주 : 제주대학교 재일제주인센터.

이명자(2010), 「미군정기(1945~1948) 외화의 수용과 근대성」, 『영화연구』 제45호.

이봉범(2010), 「해방공간의 문화사」, 『상허학보』 제26집.

이순진(2008), 「조선 무성영화의 활극성과 공연성에 관한 연구」, 중앙대학교 박사학위 논문.

이순진(2010), 「1930년대 조선 영화문화의 변동과 조선인 영화상설관의 소멸 : 단성사의 몰락 과정을 중심으로」, 『대동문화연구』 제72집.

이연식(2013), 「해방 직후 서울 소재 '적산요정' 개방운동의 원인과 전개과정 : 1946~1947년 제1·2차 개방을 중심으로」, 『향토서울』 제84호.

이원목(2006), 「中庸思想의 形而下者的 論理構造」, 『유교사상연구』 제25집.

이유진(2003), 「이광수 작품에 있어서의 파계와 정조상실의 의미」, 사에구사 도시카쓰 외, 『한국 근대문학과 일본』, 서울 : 소명출판.
이정선(2015), 「일제의 '內鮮結婚' 정책과 현실」, 한림대학교 일본학연구소 27차 워크숍 발표문(2015. 4. 10).
이지중(2007), 「단재 신채호 교육관 고찰」, 『교육사상연구』 제21권 제2호.
이학래(1994), 「민족 시련기의 체육」, 이학래 외, 『한국체육사』, 서울 : 지식산업사.
이학래 · 정삼현(1990), 「일제의 무단 식민지정책이 한국 체육에 미친 영향」, 『체육과학』 제10호.
이화진(2011), 「식민지 조선의 극장과 소리 문화의 정치」, 연세대학교 박사학위 논문.
이훈상(1999), 「의도적 망각과 단선적 역사 서술 : 일제 시대 조선 후기사 인식과 서술」, 『진단학보』 제88호.
장현근(2009), 「민(民)의 어원과 의미에 대한 고찰」, 『정치사상연구』 제15집 제1호.
전우용(2003), 「일제하 서울 남촌 상가의 형성과 변천 : 본정을 중심으로」, 『서울 남촌 : 시간, 장소, 사람』, 서울 : 서울학연구소.
정창렬(1992), 「1940년대 손진태의 신민족주의사관」, 『한국학논집』 제21 · 22합병호.
조관자(2015), 「재일조선인 담론에 나타난 '기민(棄民)의식'을 넘어서」, 『통일과 평화』 제7집 제1호.
조윤제(1988), 「나의 국문학과 학위」(1952), 도남학회 편, 『도남조윤제전집 5』, 서울 : 태학사.
조형근(2014), 「식민지 대중문화와 '조선적인 것'의 변증법」, 서정완 · 송석원 · 임성모 편, 『제국일본의 문화권력 2』, 서울 : 소화.
최영호(2008), 「재일교포사회의 형성과 민족 정체성 변화의 역사」, 『한국사연구』 제140호.
최주한(2013), 「친일협력시기 이광수의 불교적 사유의 구조와 그 의미」, 『어문연구』 제41집.
崔洪奎(1994), 「申采浩의 近代民族主義史學」, 『한국민족운동사연구』 제10집.
한영우(1989), 「손진태의 신민족주의 사학」, 『한국독립운동사연구』 제3호.
함예재(2011), 「총동원체제 일본의 국민체력동원과 메이지신궁대회」, 이화여자대학교 대학원 사학과 석사학위 논문.
허수(1996), 「1945~46년 미군정의 생필품 통제정책」, 서울대학교 국사학과 석사학위 논문.
홍인숙(2001), 「第2次 世界大戰 直後, GHQ의 在日朝鮮人政策」, 『한일민족문제연구』 제1집.

엘리스 K. 팁튼(2012), 「카페 1·2차 세계대전 사이 일본의 근대성의 경합장」, 엘리스 K. 팁튼·존 클락 편, 『제국의 수도, 모더니티를 만나다』, 이상우·최승연·이수현 옮김, 서울 : 소명출판.

赤沢史朗(2006), 「전몰자 추도와 야스쿠니 신사」, 『공익과 인권』 제3권 제2호.

추스제(2012), 「신채호를 통해 본 조선과 대만 무정부주의자들의 교류」, 백영서·최원식 편, 『대만을 보는 눈』, 파주 : 창비

토베 히데아키(2007), 「재일 '오키나와인', 그 호칭이 조명하는 것」(강태웅 옮김), 최원식·백영서·신윤환·강태웅 편, 『제국의 교차로에서 탈제국을 꿈꾸다』, 파주 : 창비.

2) 서적

姜鷺鄕(1966), 『논·픽션 駐日代表部』, 서울 : 東亞PR硏究所出版部.

고려대학교박물관 편(2002), 『남창 손진태 선생 유고집 제2권 : 우리의 민속과 역사』, 서울 : 고려대학교박물관.

국방부 군사편찬연구소(2012), 『6·25전쟁 학도의용군 연구』, 서울 : 국방부 군사편찬연구소.

금장태(2005), 『심과 성 : 다산의 맹자해석』, 서울 : 서울대학교출판부.

김경열(1958), 『기항지 : 關門르포』, 서울 : 청우출판사.

金龍周(1984), 『風雪時代八十年 : 나의 回顧錄』, 서울 : 新紀元社.

김영미(2009), 『동원과 저항 : 해방 전후 서울의 주민 사회사』, 서울 : 푸른역사.

김일영(2004), 『건국과 부국 : 현대한국정치사 강의』, 서울 : 생각의나무.

김진균·정근식(1997), 『근대주체와 규율권력』, 서울 : 문화과학사.

김행숙·박진(2013), 『문학의 새로운 이해』, 서울 : 민음사.

대한불교조계종 교육원 편(2015), 『조계종사 : 근현대 편』, 서울 : 조계종출판사

박열(1989), 『신조선 혁명론』, 서석연 옮김, 서울 : 범우사.

부경역사연구소(2012), 『사하구지』, 부산 : 부산광역시 사하구청.

서울신문 특별취재팀(1984), 『韓國 外交秘錄』, 서울 : 서울신문사.

서울특별시사편찬위원회(1973), 『서울통사 하(1945~1960)』, 서울 : 서울시사편찬위원회.

서울특별시사편찬위원회(2005), 『서울역사총서 5 : 서울인구사』, 서울 : 서울시사편찬위원회.

서울특별시시사편찬위원회(2011), 『서울사람이 겪은 해방과 전쟁』, 서울 : 선인.

서정완·송석원·임성모 편(2011), 『제국일본의 문화권력』, 서울 : 소화.

서정완 · 송석원 · 임성모 편(2014), 『제국일본의 문화권력 2』, 서울 : 소화.
손진태(1981a), 『손진태선생전집 1』, 서울 : 태학사.
손진태(1981b), 『손진태선생전집 2』, 서울 : 태학사.
손진태(1981c), 『손진태선생전집 6』, 서울 : 태학사.
수도관구 경찰청 편(1947), 『해방 이후 수도경찰 발달사』, 서울 : 수도관구 경찰청.
申一澈(1983), 『申采浩의 歷史思想硏究』, 서울 : 고려대학교출판부.
연구모임 시네마바벨(2014), 『조선 영화와 할리우드』, 서울 : 소명출판.
유홍락(1999), 『한국야구사』, 서울 : 대한야구협회.
윤재근(2004), 『맹자』, 서울 : 나들목.
이광수(2014), 『원효대사』, 서울 : 애플북스.
이봉구(1978), 『에세이 명동 비 내리다』, 서울 : 강미문화사.
이봉구(1992), 『명동, 그리운 사람들』, 서울 : 일빛.
이승원 · 오선민 · 정여울(2003), 『국민국가의 정치적 상상력』, 서울 : 소명.
이영일(2004), 『한국영화전사』(개정증보판), 서울 : 소도.
李殷相 外(1980), 『丹齋申采浩와 民族史觀』, 서울 : 형설출판사.
이항녕(2011), 『작은 언덕 큰 바람』, 파주 : 나남.
林炳稷(1964), 『林炳稷 回顧錄 : 近代 韓國外交의 裏面史』, 서울 : 女苑社.
在日學徒義勇軍同志會(2002), 『在日同胞 6 · 25戰爭 參戰史』, 서울 : 在日學徒義勇軍同志會.
전경수(2010), 『손진태와 문화인류학 : 제국과 식민지의 사이에서』, 서울 : 민속원.
전준(1972), 『朝總聯硏究〈第一卷〉』, 서울 : 高麗大學校出版部.
정충실(2018), 『경성과 도쿄에서 영화를 본다는 것 : 관객성 연구로 본 제국과 식민지의 문화사』, 서울 : 현실문화.
中央日報社 편(1972), 『民族의 證言 : 韓國戰爭 實錄 제2권』, 서울 : 을유문화사.
천정환(2010), 『조선의 사나이거든 풋뽈을 차라 : 스포츠민족주의와 식민지근대』, 서울 : 푸른역사.
최남진(1976), 『막걸리에서 모닝커피까지』, 서울 : 신원문화사.
崔洪奎(1983), 『申采浩의 民族主義思想 : 生涯와 思想』, 서울 : 형설출판사.
현대사회와 스포츠 교재 편찬위원회 편(1998), 『현대사회와 스포츠』, 서울 : 경북대학교출판부.
나카야마 시게루 · 요시오카 히토시(2000), 『일본과학기술의 사회사 : 종전에서 1980년대까지』, 박영일 · 정경택 옮김, 서울 : 한일미디어.
도미야마 이치로(2009), 『폭력의 예감』, 손지연 · 김우자 · 송석원 옮김, 서울 : 그린비.
사에구사 도시카쓰(2000), 『사에구사 교수의 한국문학 연구』, 심원섭 옮김, 서울 : 베틀북.
쑨거(2007), 『다케우치 요시미라는 물음』, 윤여일 옮김, 서울 : 그린비
아라사키 모리테루(2008), 『오키나와 현대사』, 정영신 옮김, 서울 : 논형.
오시로 다쓰히로(2016), 『오시로 다쓰히로 문학선집』, 손지연 옮김, 서울 : 글누림.
오에 겐자부로(2012), 『오키나와 노트』, 이애숙 옮김, 서울 : 삼천리.
하야시 히로시게(2007), 『미나카이 백화점』, 김성호 옮김, 서울 : 논형.

2. 외국어

1) 논문

Huang, C. Julia(2006), "Globally Engaged Buddhism : The Buddhist Compassion Relief Foundation from Taiwan," 『臺灣宗教研究』 第42卷 第1號.

Lynch, Michael(2004), "Circumscribing Expertise : Membership Categories in Courtroom Testimony," in Sheila Jasanoff, ed., *States of Knowledge : The Co-Production of Science and Social Order*, London ; New York Routledge.

Queen, Christopher S.(1996), "Introduction : The Shapes and Sources of Engaged Buddhism," in Christopher S. Queen and Sallie B King, eds., *Engaged Buddhism : Buddhist Liberation Movements in Asia*, Albany : State University of New York Press.

Todeschini, Maya(1999), "Illegitimate Sufferers : A-Bomb Victims, Medical Science, and the Government," *Daedalus*, 128(2).

盧蕙馨(1995), 「佛教慈濟功德會「非寺廟中心」的現代佛教特性」, 漢學研究中心 編, 『寺廟與民間文化研討會論文集』, 臺北 : 行政院文建會.

盧蕙馨(1999), 「性別, 家庭與佛教 : 以佛教慈濟功德會為例」, 李豊楙 · 朱榮貴 編, 『性別, 神格與臺灣宗教論述論文集』, 南港 : 中央研究院中國文哲研究所.

李丁讚(1996), 「宗教與殖民 : 臺灣佛教的變遷與轉型」, 『中研院民族學研究所集刊』 第81期.

林本炫(1996), 「宗教運動的社會基礎 : 以慈濟功德會為例」, 釋宏印等 編, 『臺灣佛教學術研討會論文集』, 臺北：財團法人佛教青年文教基金會.

姚志平(2015), 「觀賞〈英烈千秋〉馬英九致詞哽咽」, 『中時』(2015. 10. 3.字).

鄭鳳嘉(2010), 「在地扎根的兩種模式：花蓮地方公廟與慈濟社區志工組織之對話」, 慈濟大學宗教與文化研究所碩士論文.

岡本愛彦(1973), 「なぜ、日本の旗がたたないの?：天皇への直訴と在韓日本人妻」, 『潮』第172号.

光永紫潮(1936a), 「クリスマス前夜のカフェー戦陣譜」, 『朝鮮公論』 第285号.

光永紫潮(1936b), 「漢城カフェー街に春が来る：喫茶店の進出と今後のカフェー」, 『朝鮮公論』 第277号.

亀井俊介(2009), 「アメリカ文学史をめぐって」, 亀井俊介・平石貴樹 編 / 田中久男 監修, 『アメリカ文学研究のニュー・フロンティア』, 東京：南雲堂.

菊池寛(1931), 「甲子園印象記」, 『東京朝日新聞』 夕刊(1931. 8. 22.字)

根本雅也(2006), 「広島の戦後三〇年間にみる原爆被害の表象と実践」, 一橋大学社会学研究課修士論文.

箕輪顕量(2000), 「台湾の佛教」, 『東洋学術研究』 第39巻 第1号.

吉本隆明(1960 / 2010), 「擬制の終焉」(1960. 9), 谷川雁・吉本隆明・埴谷雄高, 『民主主義の神話：安保闘争の思想的総括』, 東京：現代思潮新社.

金子昭(2011), 「東日本大震災における台湾・仏教慈済基金会の救援活動：釜石市での義援金配布の取材と意見交換から」, 『宗教と社会貢献』 第1巻 第2号.

金英達(1994), 「在日朝鮮人社会の形成と一八九九年勅令第三五二号について」, 小松裕・金英達・山脇啓造 編, 『「韓国併合」前の在日朝鮮人』, 東京：明石書店.

金英達(1999), 「日本の朝鮮統治下における「通婚」と「混血」：いわゆる「内鮮結婚」の法則・統計・政策について」, 『関西大学人権問題研究所紀要』 第39号.

金應烈(1983), 「在韓日本人妻の貧困と生活不安」, 『社会老年学』 第17号.

大城立裕(2015), 「生きなおす沖縄」, 『世界』 第868号(特輯：沖縄, 何が起きているのか, 臨時増刊.

大川周明(1962a), 「「大學」の根本精神」, 『大川周明全集 第3巻』, 東京：岩崎書店.

大川周明(1962b), 「儒教の政治思想」, 『大川周明全集 第3巻』, 東京：岩崎書店.

大川周明(1962c), 「日本精神研究」, 『大川周明全集 第1巻』, 東京：岩崎書店.

大川周明(1962d), 「中庸新註」, 『大川周明全集 第3巻』, 東京：岩崎書店.

大川周明(1998), 「君国の使命」, 『大川周明関係文書』, 東京：芙蓉書房出版.

島健司(2012),「台湾における生の保障と宗教：慈済会による社会的支援を中心に」,『関西学院大学社会学部紀要』第114号.

藤崎康夫(1968),「在韓日本人の現状」,『展望』第116号.

末松保和(1974),「前間先生小伝」, 京都大学文学部 国語学国文学研究室 編,『前間恭作著作集 下巻』, 京都：京都大学国文学会.

牧野守(1996),「評伝飯島正」,『キネマ旬報』通巻1186号.

木村健康・丸山真真男(1998),「〈対談〉学生の表情」(『文芸春秋』1946. 10), 丸山真男,『丸山真男座談 1』, 東京：岩波書店.

閔智焄(2018),「韓国政府による在日コリアンの包摂と排除：李承晩政権期を中心に」, 立命館大学大学院政策科学研究科 博士論文.

飯田篤司(1996),「『自然的宗教』概念の歴史的位置をめぐって」,『東京大学宗教学年報』第14号.

柄谷行人・丸山哲史(2014),「帝国・儒教・東アジア」,『現代思想』第42巻 第4号.

福沢諭吉(1970a),「改革の目的を達すること容易ならず」, 慶応義塾 編,『福沢諭吉全集 14』, 東京：岩波書店.

福沢諭吉(1970b),「日清の戦争は文野の戦争なり」, 慶応義塾 編,『福沢諭吉全集 14』, 東京：岩波書店.

福沢諭吉(1970c),「朝鮮問題」, 慶応義塾 編,『福沢諭吉全集 15』, 東京：岩波書店.

福沢諭吉(1970d),「朝鮮新約の實行」, 慶応義塾 編,『福沢諭吉全集 8』, 東京：岩波書店.

福沢諭吉(1970e),「朝鮮の変事」, 慶応義塾 編,『福沢諭吉全集 8』, 東京：岩波書店.

福沢諭吉(1970f),「朝鮮政略は他国と共にす可らず」, 慶応義塾 編,『福沢諭吉全集 13』, 東京：岩波書店.

福沢諭吉(1970g),「土地は併呑す可らず国事は改革す可し」, 慶応義塾 編,『福沢諭吉全集 14』, 東京：岩波書店.

福沢諭吉(1970h),「通俗国権論」, 慶応義塾 編,『福沢諭吉全集 4』, 東京：岩波書店.

福沢諭吉(1971a),「内には忍ぶべし外には忍ぶべからず」, 慶応義塾 編,『福沢諭吉全集 19』, 東京：岩波書店.

福沢諭吉(1971b),「内地旅行 西先生の説を駁す」, 慶応義塾 編,『福沢諭吉全集 19』, 東京：岩波書店.

本康宏史(2015),「総督府官僚の「業績」と「郷土愛」：金沢における八田與一顕彰運動」, 檜山章夫 編,『台湾植民地史の研究』, 東京：ゆまに書房.

本橋成一(1972),「七人の引揚げ者：在韓日本人の二十七年」,『母の友』第233号.
本浜秀彦(2003),「「カクテル・パーティー」解説」, 岡本恵徳・高橋敏夫・本浜秀彦 編,『沖縄文學選』, 東京：勉誠出版.
比嘉澄子(1995),「新垣松含を語る」, 新垣松含記念誌編集委員会 編,『梨園の名優：新垣松含の世界』, 那覇：松含流家元 比嘉澄子.
寺沢重法(2015),「慈済会所属者の族群と社会階層は多様化しているのか?：TSCS-1999 / 2004 / 2009の分析」,『宗教と社会貢献』第5巻 第2号.
山本かほり(1994),「ある『在韓日本人妻』の生活史：日本と韓国の狭間で」,『女性学評論』第8号.
山之口貘(2004),「沖縄の芸術地図」,『山之口貘 沖縄随筆集』, 東京：平凡社.
桑原武夫・竹内好・鶴見俊輔(1970),「〈対談〉日本の近代百年」(『共同通信』1965. 1),『状況的：竹内好対談集』, 東京：合同出版.
書物同好會 編(1940),「今村先生略歷」,『書物同好會會報』第9號.
城将保(2002),「沖縄戦の真実をめぐって：皇国史観と民衆史観の確執」, 石原昌家・大城将保・保坂廣志・松永滕利,『争点・沖縄戦の記憶』, 東京：社会評論社.
沼崎一郎(2017),「台湾映画『KANO』をどう観るか：人類学的ポストインペリアル批評の試み」,『東方』第432號.
小島克久(2003),「台湾の社会保障」, 広井良典・駒村康平 編,『アジアの社会保障』, 東京：東京大学出版会.
小島克久(2003),「台湾の社会保障」, 広井良典・駒村康平 編,『アジアの社会保障』, 東京：東京大学出版会.
小林敏明(2007),「「近代の超克」とは何か：竹内好と丸山真の場合」,『RATIO』第4号.
小林真里(2018),「文化資源」,『文化政策の現在』, 東京：東京大学出版会.
小林孝行(1986),「戦後の在韓日本婦人についての基礎的研究」,『福岡教育大学紀要(第2分冊)』第36号.
小山毅(1972),「在韓日本人妻の息衝く叫び」,『現代の目』第13巻 第10号.
蕭新煌(2007),「新仏教集団のダイナミクス」, 西川潤・蕭新煌 編,『東アジアの社会運動と民主化』, 東京：明石書店.
小田切秀夫(1958),「「近代の超克」論について」,『文學』(1958. 4).
小川晴久(1989),「申采浩と儒教」,『東京女子大學附屬比較文化研究所紀要』第50卷.
孫晉泰(1926d),「朝鮮の古歌と朝鮮人」,『東洋』1929年 5月號.

孫晉泰(1926e),「朝鮮の童謠」,『東洋』1929年 9月號.

孫晉泰(1926f),「朝鮮の子守唄」,『東洋』1929年 8月號.

孫晉泰(1929a),「序說」,『朝鮮古歌謠集』, 東京：刀江書院.

孫晉泰(1933b),「朝鮮民俗採訪錄」,『ドルメン』第2巻 第7号.

孫晉泰(1940),「朝鮮甘藷傳播說」,『書物同好會會報』第9號.

孫晉泰(1940),「朝鮮甘藷傳播說」,『書物同好會會報』第9號.

孫晉泰(1941),「農村娯楽振興問題について」,『緑旗』第6巻 第6号.

孫晉泰(1942),「電光の如く共栄圏の拡大」,『緑旗』第7巻 第1号.

松本輝華(1930),「カフェー風聞録」,『朝鮮公論』第208号.

松田甲(1928),「朝鮮の甘藷に就て」,『朝鮮』第160号.

矢鍋永三郎(1941),「半島文化の新体制」,『朝鮮』第311号.

信原聖(1941),「序」,『朝鮮の郷土娯楽』, 京城：朝鮮総督府.

安丸良夫(2010),「戦後知の変貌」, 安丸良夫・喜安朗 編,『戦後知の可能性：歴史・宗教・民衆』, 東京：山川出版社.

岩本憲児(1991),「機械時代の美学と映画」, 岩本憲児 編,『日本映画とモダニズム1920-1930』, 東京：リブロポート.

鈴木洋仁(2014),「「明治百年」に見る歴史意識：桑原武夫と竹内好を題材に」,『人文学報』第105号.

鈴木栄太郎(1973),「朝鮮の年中行事(草稿)」,『鈴木栄太郎著作集 V』, 東京：未来社.

鈴木裕子(2003),「内鮮結婚」, 大日方純夫 編,『日本家族史論集 13：民族・戦争と家族』, 東京：吉川弘文館.

玉城政文(2005),「雑感」, 伝統組踊保存会三十周年記念誌刊行委員会 編,『伝統組踊保存会三十周年記念誌』, 那覇：伝統組踊保存会.

宜保榮治郎(2005),「特別寄稿 組踊指定の経緯」, 伝統組踊保存会三十周年記念誌刊行委員会 編,『伝統組踊保存会三十周年記念誌』, 那覇：伝統組踊保存会.

緫谷智雄(1998),「在韓日本人妻の生活世界：エスニシティの変化と維持」,『日本植民地研究』第10号.

伊東致昊(1942),「序」,『半島史話와 樂土滿洲』, 滿鮮學海社.

伊藤徳裕(2014),「台湾の抗日事件を追う記録映画「セデック・バレの真実」から見える日台の絆」,『産経新聞』(2014. 8. 23.字).

李鍾元(1994),「韓日会談とアメリカ：「不介入政策」の成立を中心に」,『國際政治』第

105号.
林金源(2014),「討論：KANO腐蝕臺灣主體性」,『中時』(2014. 2. 12.字).
林望(2013),「世界発2013：抗日ドラマに中国：'待った'娯楽化制限・放送禁止も」,『朝日新聞』(2013. 6. 20.字).
林成蔚(2004),「台湾と韓国における社会保障制度改革の政治過程」, 大沢真理 編,『講座福祉国家のゆくえ 第4巻：アジア諸国の福祉戦略』, 京都：ミネルヴァ書房.
林初梅(2015),「魏徳聖の三部作『海角七号』『セデック・バレ』『KANO』を鑑賞して」,『東方』第408号.
入江克己・鹿島修(1989),「天皇制と明治神宮体育大会(1)」,『教育科学』第31巻 第2号.
入江克己・鹿島修(1990),「天皇制と明治神宮体育大会(2)」,『教育科学』第32巻 第1号.
長沼石根(1972),「「研究会」から「運動体」へ：在韓日本人棄民同胞救援会(サークル歴訪)」,『朝日アジアレビュー』第3巻 第3号.
張赫宙(1951),「故国の山河」,『毎日情報』第6巻 第11号.
張赫宙(1952a),「釜山港の青い花」,『面白倶楽部』第5巻 第10号.
張赫宙(1952b),「異国の妻」,『警察文化』1952. 7.号.
斎藤光(1969),「アメリカ文学」, 日本の英学100年編集部 編,『日本の英学100年 昭和編』, 東京：研究社出版.
前間恭作(1929),「孫晉太氏の朝鮮古歌謠集の發刊につきて」,『朝鮮古歌謠集』, 東京：刀江書院.
畠中敏郎(1987),「由康と組踊」刊行委員会 編,『真境名由康 人と作品 上巻(人物篇)』, 那覇：刊行委員会.
伝統組踊保存会三十周年記念誌刊行委員会 編(2005),『伝統組踊保存会三十周年記念誌』, 那覇：伝統組踊保存会.
折口信夫(1967),「沖縄を憶う」,『折口信夫全集 第17巻』, 東京：中央公論社.
鄭栄桓(2017),「在日朝鮮人の「国籍」と朝鮮戦争(1947-1952年)」,『プライム』第40巻.
丁章(2014),「無国籍者として生きてきて」, 陳天璽 編,『国立民族学博物館調査報告(Senri Ethnological Reports)：世界における無国籍者の人権と支援 — 日本の課題：国際研究集会記録』第118号.
丁章(2015),「北の詩人は」,『抗路』創刊号.
丁章(2016),「南の領事館へ」,『抗路』第2号.
齊藤純一(2004),「社会的連帯の理由をめぐって：自由を支えるセキュリティ」, 斉藤純一 編,

『福祉国家 / 社会的連帯の理由』, 京都：ミネルヴァ書房.

曺明玉(2012), 「申采浩の「我」言説研究」, 『ソシオサイエンス』 第18号.

佐藤勝巳(1976), 「古屋先生の略歴」, 『朝鮮研究』 第135号.

竹内好(1980a), 「近代の超克」(1959, 『近代日本思想史講座 第7巻』), 『竹内好全集 第8巻：近代日本の思想・人間の解放と教育』, 東京：筑摩書房.

竹内好(1980b), 「中国のレジスタンス：中国人の抗戦意識と日本人の道徳意識」(『知性』 1949. 5), 『竹内好全集 第4巻：現代中国論・中国の人民革命・中国革命と日本』, 東京：筑摩書房.

竹内好(1981a), 「近代主義と民族の問題」(『文學』 1951. 9), 『竹内好全集 第7巻：国民文学論. 近代日本の文学・表現について』, 東京：筑摩書房.

竹内好(1981b), 「大東亜戦争と吾等の決意(宣言)」(『中国文学』 1942. 1), 『竹内好全集 第14巻：戦前戦中集』, 東京：講筑摩書房.

竹内好(1981c), 「「民族的なもの」と思想：60年代の課題と私の希望」(『週刊読書人』 1960. 2. 15.字), 『竹内好全集 第9巻』, 東京：筑摩書房.

竹内好(1981d), 「六〇年代・五年目の中間報告」(『週刊読書人』 1965. 1. 11.字), 『竹内好全集 第9巻』, 東京：筑摩書房.

竹内好(1981e), 「アジア民族主義の諸原理」, 『竹内好全集 第5巻：方法としてのアジア. 中国・インド・朝鮮. 毛沢東』, 東京：筑摩書房.

竹内好(1981f), 「アジアのナショナリズムについて」(『日本読書新聞』 1951. 1. 17.字), 『竹内好全集 第5巻：方法としてのアジア. 中国・インド・朝鮮. 毛沢東』, 東京：筑摩書房.

竹内好(2006), 「大川周明のアジア研究」, 丸川哲史・鈴木将久 編, 『竹内好セレクションII』, 東京：日本経済評論社.

竹峰誠一郎(2008), 「'被爆者'という言葉がもつ政治性」, 『立命平和研究』 第9号.

中島竜美(1988), 「'朝鮮人被爆'の歴史的意味と日本の戦後責任」, 在韓被爆者問題市民会議 編, 『在韓被爆者を考える』, 東京：凱風社.

中生勝美(1997), 「民族研究所の組織と活動」, 『民族学研究』 第62巻 第1号.

仲程昌徳(2015), 「近代沖縄の文学：沖縄の文学の二系統」, 岡本恵徳・高橋敏夫・本浜秀彦 編, 『〈新装版〉沖縄文学選：日本文学のエッジからの問い』, 東京：勉誠出版.

中村光夫(1990), 「「近代」への疑惑」(『文學界』 1942. 10), 河上徹太郎 外(1979), 『冨山房百科文庫 23：近代の超克』, 東京：冨山房.

曽妙彗(2003), 「台湾における失業保険の成立と展開：グローバル化の中の福祉国家」, 上村泰裕・末廣昭 編, 『東アジアの福祉システム構築』, 東京：東京大学社会科学研究所.

真境名佳子(2011), 「修行断片②」, 真境名佳子伝刊行委員会 編, 『琉球舞踊に生きて：真境名佳子伝』, 那覇：沖縄タイムス社.

陳文玲(2008), 「台湾における社会参加仏教の人類学的研究」, 東京都立大学大学院博士論文.

津村秀夫(1979), 「何を破るべきか」, 河上徹太郎・竹内好 外, 『近代の超克』, 東京：冨山房.

陳鴻図(2007), 「「農業振興」と「営利主義」の狭間：終戦後台湾における嘉南農田水利会の発展」, 『社会システム研究』 第5号.

清家基良(1985), 「大川周明試論」, 『政治経済史学』 第230号.

清水光(1946), 「アメリカの現代文化文学」, 『世界文学』 創刊号.

清水美里(2016), 「日本植民地期嘉南大圳の運営から見る台南エリートの諸相」, 『南瀛歷史, 社會與文化 IV：社會與生活』, 臺南：臺南市文化局.

清水美里(2017), 「日本と台湾における「八田與一」教材化の方向性」, 『史海』 第64号.

村島健司(2013), 「台湾における震災復興と宗教：仏教慈済基金会による取り組みを事例に」, 稲場圭信・黒崎浩行 編, 『震災復興と宗教』, 東京：明石書店.

村島健司(2017), 「宗教による災害復興支援とその正当性：台湾仏教による異なる二つの災害復興支援から」, 『先端社会研究所紀要』 第14号.

村山智順(1941), 「半島郷土の健全娯楽」, 『朝鮮』 第308号.

出水薫(1993), 「敗戦後の博多港における朝鮮人帰国について：博多引揚援護局『局史』を中心とした検討」, 『法政研究』 第60巻 第1号.

沖縄県教育委員会(1977), 『沖縄の戦後教育史』, 那覇：沖縄県教育委員会.

土屋由香(2009), 「親米日本の構築：アメリカの対日情報・教育政策と日本占領』, 東京：明石書店.

波照間永子・大城ナミ・花城洋子(2012), 「琉球舞踊における玉城盛重系流会派の系譜」, 『比較舞踊研究』 第18巻.

平良研一(1982), 「占領初期の沖縄における社会教育政策：「文化部」の政策と活動を中心に」, 『沖縄大学紀要』 第2号.

平石貴樹(2005), 「日本におけるアメリカ文学史：歴史と文学のあいだには」, 平石貴樹 編/亀井俊介 監修, 『アメリカ：文学史・文化史の展望』, 東京：松柏社.

平田照世(1964), 「在韓日本婦人会の立場よりみた日本婦人の状況」, 『親和』 第123号.

豊平良顕(1963), 「芸術祭によせて」, 芸術祭運営委員会 編, 『芸術祭総覧』, 那覇：沖縄タイムス社.

洪雅文(2004), 「戦時下の台湾映画と『サヨンの鐘』」, 岩本憲児 編, 『映画と「大東亜共栄圏」』, 東京：森話社.

和田春樹(1966), 「現代的「近代化」論の思想と論理」, 『歴史学研究』 第318号.

丸山真男(1951), 「戦後日本のナショナリズムの一般的考察」, 日本太平洋問題調査会 訳・編, 『アジアの民族主義：ラクノウ会議の成果と課題』, 東京：岩波書店.

丸山真男(1968), 「近代的思惟」(1946, 『文化会議』 第1号), 日高六郎 編, 『戦後日本思想大系 1：戦後思想の出発』, 東京：筑摩書房.

丸山真男(1969a), 「増補反への後記」(1964. 5), 『現代政治の思想と行動』, 東京：未来社.

丸山真男(1969b), 「追記および補註」, 『増補版 現代政治の思想と行動』, 東京：未来社.

丸山真男(1995a), 「日本におけるナショナリズム」(『中央公論』 1951. 1), 『丸山真男集 第5巻』, 東京：岩波書店.

丸山真男(1995b), 「戦争責任の盲点」(『思想』 1956. 3), 『丸山真男集 第6巻』, 東京：岩波書店.

丸山真男(1996), 「日本の思想」(『岩波講座 現代思想 第11巻：現代日本の思想』, 1957), 『丸山真男集 第7巻』, 東京：岩波書店.

丸山真男(1998), 「被占領の心理」(『展望』 1950. 8), 『丸山真男座談 2』, 東京：岩波書店.

荒正人(1960), 「近代の超克 1」, 『近代文学』(1960. 3).

黄孝江(1994), 「韓末国学派の政治思想：申采浩を中心にして」, 『神奈川法学』 第29巻 第2号.

エドウィン・O・ライシャワー(1963), 「近代化ということ：現代ではそれはアメリカ化という形で進行する」, 西山千 訳, 『文藝春秋』(1963. 9).

M・B・ジャンセン(1978), 「「近代化」論と東アジア：アメリカの学会の場合」, 『思想』.

2) 서적

Harootunian, Harry(2000), *Overcome by Modernity : History, Culture, and Community in Interwar Japan*, Princeton : Princeton University Press.

Huizinga, Johan(1938 / 1971), *Homo Ludens*, Boston : Beacon Press.

Lindee, Susan(1994), *Suffering Made Real : American Science and the Survivors at Hiroshima*, Chicago ; London : The University of Chicago Press.

Mangan, J. A.(1998), *The Games Ethic and Imperialism : Aspects of the Diffusion of on Ideal*, London : Frank Cass Publishers.

Medvedev, Ahores A.(1990), *The Legacy of Chernobyl*, New York : W. W. Norton.

Orr, James J.(2001), *The Victim as Hero*, Honolulu : University of Hawaii Press.

Yoneyama, Lisa(1999), *Hiroshima Traces : Time, Space, and the Dialectics of Memory*, Berkeley : University of California Press.

江燦騰(2000), 『臺灣當代佛教』, 臺北 : 五南文化事業.

江燦騰(2009), 『臺灣灣佛教史』, 臺北 : 五南圖書出版.

宋天正 注譯 / 楊亮功 校訂(2009), 『大學中庸』, 重慶 : 重慶出版社.

林萬億(2006), 『臺灣的社會福利 : 歷史經驗與制度分析』, 臺北 : 五南圖書出版.

陳逢源(1933), 『臺灣經濟問題の特質と批判』, 臺北 : 臺灣新民報社.

闞正宗(2004), 『重讀臺灣佛教 : 戰後臺灣佛教』, 臺北 : 大千出版社.

丁仁傑(1999), 『社會脈絡中的助人行為 : 臺灣佛教慈濟功德會個案研究』, 臺北 : 聯經出版公司.

加藤典洋(2017), 『もうすぐやってくる尊皇攘夷思想のために』, 東京 : 幻戯書房.

江宮隆之(2013), 『朝鮮を愛し、朝鮮に愛された日本人』, 東京 : 祥伝社.

江藤淳(1993), 『喪失 : "母"の崩壊』, 東京 : 講談社.

江藤淳 編(1981～1982 / 1995), 『占領史録 上・下』, 東京 : 講談社.

岡本恵徳(1996), 『現代文学にみる沖縄の自画像』, 東京 : 高文研.

京城日報・毎日申報(1936), 『朝鮮年鑑 3』, 京城 : 京城日報社.

高見順(1965), 『高見順日記 第5巻』, 東京 : 勁草書房.

高崎宗司(1996), 『検証日韓会談』, 東京 : 岩波書店.

古川勝三(1989), 『台湾を愛した日本人 : 嘉南大圳の父八田與一の生涯』, 松山 : 青葉図書.

古川勝三(2009), 『台湾を愛した日本人 : 土木技師八田與一の生涯』(改訂版), 松山 : 創風社出版.

高坂正顯(1999), 『明治思想史』, 京都 : 燈影舎.

公安調査庁(1981), 『朝鮮総聯を中心とした在日朝鮮人に関する統計便覧 昭和56年版』.

関嘉寛(2008),『ボランティアからひろがる公共空間』, 松戸：梓出版社.
関岡英之(2007),『大川周明の大アジア主義』, 東京：講談社.
広島市(2001),『原爆被爆者対策事業概要』, 広島市.
広島市社会局原爆被害対策部(2011),『原爆被爆者対策事業概要』, 広島市.
広島県被団協史編集委員会 編(2001),『核兵器のない明日を願って：広島被団協の歩み』, 広島：広島県原爆被爆者団体協議会.
広島県環境保健部原爆被爆者対策課 編(1986),『被爆40年原爆被爆援護のあゆみ』, 広島：広島県環境保健部原爆被爆者対策課.
広島県「黒い雨」原爆被害者の会連絡協議会 編(2012),『黒い雨：内部被曝の告発』, 広島：広島県広島県「黒い雨」原爆被害者の会連絡協議会.
広松渉(2003),『〈近代の超克〉論：昭和思想史への一視覚』, 東京：講談社.
橋川文三 編集(1975),『大川周明集』, 東京：筑摩書房.
臼杵陽(2010),『大川周明：イスラームと天皇のはざまで』, 東京：青土社.
臼井吉見(1972),『蛙のうた：ある編集者の回想』, 東京：筑摩書房.
菊池嘉晃(2009),『北朝鮮帰国事業』, 東京：中央公論新社.
吉沢文寿(2015),『〈新装新版〉 戦後日韓関係：国交正常化交渉をめぐって』, 東京：クレイン.
金谷治(2015),『孟子』, 東京：岩波書店.
金武良章(1983),『御冠船夜話』, 那覇：若夏社.
金子昭(2005), 『驚異の仏教ボランティア：台湾の社会参画仏教「慈済会」』, 京都：白馬社.
金太基(1997),『戦後日本政治と在日朝鮮人問題：SCAPの対在日朝鮮人政策 1945−1952年』, 東京：勁草書房.
金富子(2011),『継続する植民地主義とジェンダー：「国民」概念・女性の身体・記憶と責任』, 横浜：世織書房.
金英達・高柳俊男 編(1995),『北朝鮮帰国事業関係資料集』, 東京：新幹社.
金賛汀(2007),『在日義勇兵帰還せず：朝鮮戦争秘史』, 東京：岩波書店.
金賛汀(2010),『韓国併合百年と「在日」』, 東京：新潮社.
大江健三郎(1970),『沖縄ノート』, 東京：岩波書店.
大岡昇平・埴谷雄高(1984 / 2009),『二つの同時代史』, 東京：岩波書店.
大豆生田稔(1993),『近代日本の食糧政策：対外依存米穀供給構造の変容』, 京都：ミネルヴァ書房.
大城立裕(1987),『人間選書110 休息のエネルギー』, 東京：農山漁村文化協会.
大沼保昭(1986),『単一民族社会の神話を超えて：在日韓国・朝鮮人と出入国管理体制』, 東京：東信堂.
大川周明(1921),『日本文明史』, 東京：大鐙閣.
大川周明(1961),『大川周明全集 第1巻』, 東京：大川周明全集刊行会・岩崎書店.
大塚健洋(1990),『大川周明と近代日本』, 東京：木鐸社.
大塚健洋(2009),『大川周明：ある復古革新主義者の思想』, 東京：講談社.
藤崎康夫(1972),『棄民：日朝のゆがめられた歴史のなかで』, 東京：サイマル出版会.
木村雅昭(2002),『「大転換」の歴史社会学：経済・国家・文明システム』, 東京：ミネルヴァ書房.
民団30年史編纂委員会 編(1977),『民団30年史』, 東京：在日本大韓民国居留民団.
朴慶植(1989),『解放後在日朝鮮人運動史』, 東京：三一書房.
朴炳憲(2011),『私が歩んだ道』, 東京：新幹社.
朴正鎮(2012),『日朝冷戦構造の誕生：1945−1965 — 封印された外交史』, 東京：平凡社.
飯島正(1991),『ぼくの明治・大正・昭和：自伝的エッセー』, 東京：青蛙房.
法務研修所 編(1975),『在日朝鮮人処遇の推移と現状』, 東京：湖北社.
柄谷行人(1994),『〈戦前〉の思考』, 東京：文藝春秋.
保文克(2016),『近代製糖業の経営史的研究』, 東京：文真堂.
本多秋五(1992),『物語戦後文学史』, 東京：岩波書店.
冨山一郎(1995),『戦場の記憶』, 東京：日本経済評論社.
冨山一郎(2002),『暴力の予感』, 東京：岩波書店.
北出明(2009),『釜山港物語：在韓日本人妻を支えた崔秉大の八十年』, 東京：社会評論社.
四方多犬彦(2015),『台湾の歓び』, 東京：岩波書店.
山崎安雄(1954),『著者と出版者』, 東京：学風書.
山本武利(1996),『占領期メディア分析』, 東京：法政大学出版局.
山本武利・石井仁志・谷川建司 外編(2008～2009),『占領期雑誌資料大系 大衆文化編』(全5巻), 東京：岩波書店.
山本武利・川崎賢子・十重田裕一 外編(2009～2010),『占領期雑誌資料大系 文学編』(全5巻), 東京：岩波書店.

山本武利・川崎賢子・十重田裕一 外編(2010),『占領期雑誌資料大系 文学編 第2巻』, 東京：岩波書店.

山之内靖/伊豫谷登士翁・成田龍一・岩崎稔 編(2015),『総力戦体制』, 東京：筑摩書房.

森崎和江(1970),『異族の原基』, 東京：大和書房.

三木理史(2012),『移住型植民地樺太の形成』, 東京：塙書房.

森田芳夫(1955),『法務研究報告書 第43集 第3号：在日朝鮮人処遇の推移と現状』, 東京：法務研修所.

森田芳夫(1964),『朝鮮終戦の記録：米ソ両軍の進駐と日本人の引揚』, 東京：巌南堂書店.

上坂冬子(1982),『慶州ナザレ園：忘れられた日本人妻たち』, 東京：中央公論社.

色川大吉(2008),『若者が主役だったころ：わが60年代』, 東京：岩波書店.

西尾達雄(2003),『日本植民地下朝鮮における学校体育政策』, 東京：明石書店.

西川正身(1947),「日本におけるアメリカ文学」,『アメリカ文學ノート』, 東京：文化書院.

石川奈津子(2001),『海峡を渡った妻たち：ナザレ園・芙蓉会・故郷の家の人びと』, 東京：同時代社.

笹本征男(1995),『米軍占領下の原爆調査：原爆被害国になった日本』, 東京：新幹社.

小島輝正(1980),『春山行夫ノート』, 神戸：蜘蛛出版社.

小松堅太郎(1939),『民族と文化』, 東京：理想社出版部.

小松堅太郎(1940),『新民族主義論』, 東京：日本評論社.

小松堅太郎(1941),『民族の理論』, 東京：日本評論社.

小野文英(1930),『台湾糖業と製糖会社』, 東京：東洋経済出版部.

小熊英二(1998),『〈日本人〉の境界：沖縄・アイヌ・台湾・朝鮮 植民地支配から復帰運動まで』, 東京：新曜社.

小熊英二(1998),『〈日本人〉の境界』, 東京：新曜社.

小熊英二(2002),『〈民主〉と〈愛国〉：戦後日本のナショナリズムと公共性』, 東京：新曜社.

小熊英二(2003),『神奈川大学評論ブックレット 26 清水幾太郎：ある戦後知識人の軌跡』, 東京：お茶の水書房.

孫晉泰(1929b),『朝鮮古歌謡集』, 東京：刀江書院.

松本健一(1986),『大川周明：百年の日本とアジア』, 東京：作品社.

松本健一(2004),『大川周明』, 東京：岩波書店.

松田武(2008),『戦後日本におけるアメリカのソフト・パワー：半永久的依存の起源』, 東京：岩波書店.
水野直樹・文京洙(2015),『在日朝鮮人：歴史と現在』, 東京：岩波書店.
矢野輝雄(1988),『沖縄舞踊の歴史』, 東京：築地書館.
矢野輝雄(1993),『新訂増補 沖縄芸能史話』, 宜野湾：榕樹社.
安岡章太郎(2005),『≪合本≫僕の昭和史』, 東京：新潮社.
野島嘉晌(1972),『大川周明』, 東京：新人物往来社.
野嶋剛(2015),『映画で知る台湾』, 東京：明石書店.
若林正丈(2001),『台湾：変容し躊躇するアイデンティティ』, 東京：ちくま書房.
若林正丈(2008),『台湾の政治：中華民国台湾鹿野戦後史』, 東京：東京大学出版会
鈴木貞美(2015),『「近代の超克」：その戦前戦中戦後』, 東京：作品社.
呉圭祥(2009),『ドキュメント在日本朝鮮人連盟：1945-1949』, 東京：岩波書店.
呉屋淳子(2017),『「学校芸能」の民族誌：創造される八重山芸能』』, 東京：森話社.
呉懐中(2007),『大川周明と近代中国』, 東京：日本僑報社.
屋嘉比収(2008),『友軍とガマ：沖縄戦の記憶』, 東京：社会評論社.
屋嘉比収(2009),『沖縄戦, 米軍占領史を学びなおす：記憶をいかに継承するか』, 横浜：世織書房.
又吉盛清(1996),『台湾近い昔の旅』, 東京：凱風社.
琉球・沖縄芸能史年表作成研究会 編(2010),『琉球・沖縄芸能史年表』, 浦添：国立劇場おきなわ運営財団.
劉文兵(2013),『中国抗日映画・ドラマの世界』, 東京：祥伝社.
伊東祐史(2016),『丸山真男の敗北』, 東京：講談社.
伊藤潔(1993),『台湾：四百年の歴史と展望』, 東京：中央公論社.
日本社会党朝鮮問題対策特別委員会 編(1970),『祖国を選ぶ自由：在日朝鮮人国籍問題資料集』, 東京：社会新報.
日本赤十字社(1986),『日本赤十字社社史稿 第7巻：昭和31年～昭和40年』, 東京：日本赤十字社.
林達夫・福田清人・布川角左衛門 編(1984),『第一書房 長谷川巳之吉』, 東京：日本エディタースクール出版部.
財団法人仏教慈済慈善基金会(1999),『慈済世界』, 慈済基金会日本支部.
赤塚忠(1967),『新釈漢文大系 2：大學・中庸』, 東京：明治書院.

井出孫六(2008),『中国残留邦人：置き去られた六十余年』, 東京：岩波書店.
朝鮮総督府 学務局(1938),『朝鮮における教育革新の全貌』, 京城：朝鮮総督府.
朝鮮憲兵隊司令部(1934),『(朝鮮同胞に対する) 内地人反省資録』, 京城：朝鮮憲兵隊司令部.
中西裕(2009),『ホームズ翻訳への道：延原謙評伝』, 東京：日本古書通信社.
中村洋子 編(1992),『人物書誌大系 24 春山行夫』, 東京：日外アソシエーツ.
中村一成(2018),『思想としての朝鮮籍』, 東京：岩波書店.
志賀勝(1948),『アメリカ文学手帖』, 東京：朝日新聞社.
「真境名由康：人と作品」刊行委員会 編(1987),『真境名由康 人と作品：人物篇 上巻』, 那覇：「真境名由康：人と作品」刊行委員会.
青木保(1990),『「日本文化論」の変容：戦後日本の文化とアイデンティティー』, 東京：中央公論社.
清水美里(2015),『帝国日本の「開発」と植民地台湾：台湾の嘉南大圳と日月潭発電所』, 東京：有志舎.
秋元律郎(1979),『日本社会学史：形成過程と思想構造』, 東京：早稲田大学出版部.
春山行夫(1957),『読書家の散歩：本の文化史』, 東京：社会思想研究会出版部.
台湾総督府警務局 編(1986),『台湾総督府警察沿革誌』, 東京：緑蔭書房.
澤井啓一(2000),『〈記号〉としての儒学』, 東京：光芒社.
坪井豊吉(1977),『在日同胞の動き：戦前・戦後在日韓国人(朝鮮)関係資料』, 東京：自由生活社.
幣原坦(1919),『朝鮮教育論』, 東京：六盟館.
俵木悟(2018),『文化財 / 文化遺産としての民俗芸能：無形文化遺産時代の研究と保護』, 東京：勉誠出版.
被爆者援護法令研究会(2003),『原爆被爆者関係法令通知集』.
河上徹太郎 外(1943),『知的協力会議：近代の超克』, 東京：創元社.
鶴見俊輔(1995 / 2010),『竹内好：ある方法の伝記』, 東京：岩波書店.
向山寛夫(1987),『日本統治下における台湾民族運動史』, 東京：中央経済研究所.
花田清輝(1978),『花田清輝全集 第8巻』, 東京：講談社.
和田春樹(2002),『朝鮮戦争全史』, 東京：岩波書店.
丸川哲史(2010),『台湾ナショナリズム：東アジア近代のアポリア』, 東京：講談社.
丸川哲史・鈴木将久 編(2006),『竹内好セレクション II』, 東京：日本経済評論社.

後藤文利(2010),『韓国の桜』, 福岡：梓書院.
厚生省引揚援護局庶務課記録係 編(1963),『続々・引揚援護の記録』.
アンドルー・ゴードン 編(2001),『歴史としての戦後日本 上』, 中村政則 監訳, 東京：みすず書房.
イアン・ブルマ(1994),『戦争の記憶：日本人とドイツ人』, 石井信平 訳, 東京：TBSブリタニカ.
キャロル・グラック(2007),『歴史で考える』, 梅崎透 訳, 東京：岩波書店.
ジョージ・オーウェル(1982),『オーウェル評論集』, 小野寺健 訳, 東京：岩波書店.
ジョン・ダワー(2001),『敗北を抱きしめて 上』, 三浦陽一・高杉忠明 訳, 東京：岩波書店.
ランジャナ・ムコパディヤーヤ(2005), 『日本の社会参加仏教：法音寺と立正佼成会の社会活動と社会倫理』, 東京：東信堂.
レヂス・ミシヨオ(1937),『フランス現代文学の思想的対立：付録 人民戦線以後の文学』, 春山行夫 訳, 東京：第一書房.
RERF(1999),『RERF 要覧』.

3. 신문, 잡지, 자료

강창일 의원실(2017),「보도자료：'조선적(籍) 재일동포' 입국 제도 개선 추진—'여권법' 개정안 발의」(2017. 3. 16.자).
공보처(1949),『관보』 제119호(단기 4282. 6. 25.자).
공보처(1950),『관보』 제261호(단기 4283. 1. 16.자).
국무총리비서실(1949a),「국무회의록 보고에 관한 건(제93회)」,『국무회의록(제1~116회)』(관리번호 BA0182402, 1949. 10. 22).
국무총리비서실(1949b),「단기 4282년 6월 21일, 제60회 국무회의록」,『국무회의록(제1~116회)』(관리번호 BA0182402, 1949. 6. 22).
국무총리비서실(1949c),「제3회 국무회의록」,『국무회의록(제1~116회)』(관리번호 BA0182402, 단기 4282. 1. 7).
국무총리비서실(1949d),「제60회 국무회의록」,『국무회의록(제1~116회)』(관리번호 BA0182402, 단기 4282. 6. 21).

국무총리비서실(1951), 「단기 4284년 6월 19일, 제71회 국무회의록」, 『국무회의록보고철(제1~101회)』(관리번호 BA0135067, 1951. 6. 20).

국사편찬위원회(2014), 『유태하 보고서 I』, 과천 : 국사편찬위원회.

국회사무처(1948), 「국회속기록 제1회-제41호」(단기 4281. 8. 16).

국회사무처(1949), 「국회임시회의속기록 제5회 — 개회식」(단기 4282. 9. 12).

국회사무처(1951), 「국회임시회의속기록 제10회-제52호」(단기 4284. 3. 27).

국회사무처(1959), 「국회임시회의속기록 제32회-제2호」(단기 4292. 2. 20).

대통령기록관(1950a), 「居留民 追放에 關한 件」(단기 4283. 12. 31), 기록건번호 : 1A00614174529219.

대통령기록관(1950b), 「前參事官 及 韓人共産黨 騷動에 關한 件」(단기 4283. 12. 16), 기록건번호 : 1A00614174529206.

대통령기록관(1950c), 「韓人 惡質分子 送還 及 其他에 關한 件」(단기 4283. 12. 21), 기록건번호 : 1A00614174529209.

박노자(2016), 「타자로서의 '동포', 조선적 재일조선인」, 『한겨레』(2016. 7. 12.자).

서경식(2017), 「재일동포의 귀화, 어떻게 볼 것인가?」, YTN 2017. 11. 20.자.

외교문서(1951a), 「재일한인의 법적 지위문제 사전교섭, 1951. 5~9」, 『한일회담 예비회담(1951. 10. 20~12. 4)』.

외교문서(1951b), 「재일한인의 법적 지위문제 사전교섭, 1951. 5~9」, 『한일회담 예비회담(1951. 10. 20~12. 4)』.

외교통상부 재외동포영사국(2006), 「참여정부의 재외동포정책」.

청와대(2017), 「문재인 대통령 제72주년 광복절 경축사」.

총무처(1951), 「단기 4284년 3월 27일, 제42회 국무회의록」, 『국무회의록(제1~129회)』(관리번호 BA0587754, 1951. 3. 28).

「일본 점령 및 관리를 위한 연합국최고사령관에 대한 항복 후의 초기 기본적 지령(Basic Initial Post Surrender Directive to Supreme Commander for the Allied Powers for the Occupation and Control of Japan)」.

「在日僑胞의 國籍 및 居住權問題에 關한 件(對 檀紀4284年 9月 10日 韓日代 第3331號)」 제978호〔단기4284(1951). 9. 14〕.

「在日韓僑의 法的地位에 關한 日本政府와의 交涉에 關한 件」 제964호〔단기 4284(1951). 9. 3〕.

「재일교포의 입후보에 대하여」〔단기 4287(1954). 4. 28〕, 公報處, 『大統領李承晩博士談

話集 第二輯』.
『제4차 한일회담(1958. 4. 15~1960. 4. 19) 재일한인의 법적 지위위원회 회의록, 제1~22차(1958. 5. 19~1959. 11. 2)』.
王正方(2017), 「立銅像, 砍銅像, 有意義嗎?」, 『聯合報』(2017. 5. 12).
法務省(2018. 6), 「在留外国人統計(旧登録外国人統計)」.
原爆被爆者対策基本問題懇談会(1980), 「懇談会 意見書」(1980. 12. 11).
最高裁判所 昭和53年3月30日 第1所法庭民集 第32巻 第2号.
「通水開始初年の嘉南大圳水租徵収：百七万七千円納入成績懸念さる」, 『臺南新報』 1930. 9. 2.字.
「閣議了解：在日朝鮮人中北鮮帰還希望者の取扱いに関する件」〔昭和34年(1959) 2月13日〕.
「金一副首相, 朝鮮中央通信社記者の質問に答う(一九五八年十月十六日)」, 外国文出版社 編(1959), 『祖国は待つている!：在日同胞の帰国問題にかんする文献』, 平壌：外国文出版社.
「団体等規制令」(政令第64号), 昭和24年(1949年)4月4日.
「愛妹を売って嘉南大圳の水租納入」, 『臺灣新民報』 第344號(1930. 12. 20.字).
「第22回国会 衆議院本会議録 第3号」 昭和30年(1955年)3月26日.
「朝鮮人集団移入労務者等ノ緊急措置ニ関スル件」, 『警保局保発甲第3号 内鮮関係通牒書類編冊.
「出入国管理及び難民認定法」(政令第319号), 昭和26年10月4日.
「勅令第二〇七号　昭和二十年勅令第五百四十二号ポツダム宣言の受諾に伴い発する命令に関する件に基く外国人登録令」, 1947. 5. 2.
「學科配當表」
『경향신문』
『국도신문』
『국민일보』
『대중일보』
『대한매일신보』
『대한일보』
『동아일보』
『매일신보』

『문장』
『민성』
『별건곤』
『부산일보』
『삼천리』
『서북학회 월보』
『서울신문』
『신민』
『아시아투데이』
『예술통신』
『월드코리안뉴스』
『자유신문』
『재한일본인 귀환문제 1968-69』
『재한일본인 귀환문제 1969』
『제7차 한일전면회담 법적지위위원회 제4차회의록』
『제7차 한일회담 법적지위위원회 회의록 및 훈령 Vol.1』
『조광』
『조선일보』
『중앙신문』
『중앙일보』
『한겨레』
『한성일보』
『韓日新報』
『향토연구』
『헤럴드경제』
『臺灣新民報』
『京城日報』
『読売新聞』
『東洋』
『月刊Asahi』
『朝鮮』

『朝鮮公論』
『朝鮮及滿洲』
『朝鮮総督府官報』
『朝日新聞』
『中央公論』
『太平洋戦争終結による在外邦人保護引揚関係 韓国残留者の引揚関係 第1巻』
『太平洋戦争終結による在外邦人保護引揚関係雑件 韓国残留者の引揚関係 第3巻』
『韓国引揚者同胞親睦会 会報』

4. 인터넷

국가기록원(http://www.archives.go.kr/next/viewMain.do).
국립국어원 표준국어대사전(http://stdweb2.korean.go.kr).
국립대만대학부속도서관 데이터베이스 臺灣日治時期統計資料庫(https://ntu.primo.exlibrisgroup.com).
일본국회(http://kokkai.ndl.go.jp).
재일본대한민국민단(http://mindan.org/syakai.php).
조경희(2014), 「한반도 대표선수라면 남이든 북이든 상관없어」, 일다블로그(2014. 7. 13. 자, http://blogs.ildaro.com/1987).
한국민족문화대백과사전(http://encykorea.aks.ac.kr).
한국영화데이터베이스(http://www.kmdb.or.kr/db/kor/detail/movie/K/00713).
한국정책방송원(KTV) e영상역사관(http://www.ehistory.go.kr).
『홍서격월간(弘誓雙月刊)』(http://www.hongshi.org.tw/magazine.aspx).
国会議事録検索システム(http://kokkai.ndl.go.jp).
『昭和毎日：昭和のニュース』(http://showa.mainichi.jp/news/1950/05/post-7820.html).
「追悼2012 写真特集」(https://www.jiji.com/jc/d4?p=tit105-jlp12289502&d=d4_psn).
Yahoo! Japan ニュース(https://news.yahoo.co.jp).

한림일본학연구총서 II 포스트제국의 문화권력 시리즈 1

문화권력

제국과 포스트제국의 연속과 비연속

초판 발행 2019년 8월 30일

지은이 한림대학교 일본학연구소 편
펴낸이 한림대학교 일본학연구소
펴낸곳 도서출판 소화
등록 제13-412호
주소 서울시 영등포구 버드나루로 69
전화 02-2677-5890
팩스 02-2636-6393
홈페이지 www.sowha.com

ISBN 978-89-8410-497-6 94080
978-89-8410-496-9 (세트)

값 30,000원